Data Management Body of Knowledge
second edition, Revised

DAMA数据管理知识体系指南

(原书第2版修订版)

[美] DAMA国际 著

上海市静安区国际数据管理协会 译

本书全面深入地探讨了有效数据管理面临的挑战、复杂性及其巨大价值；定义了一套数据管理的指导原则，阐述了如何将这些原则应用于不同的数据管理功能领域；提供了企业级数据管理实践的功能框架，涵盖广泛采用的实践、方法、技术、职能、角色、交付成果和衡量标准；确立了数据管理的通用术语体系，成为数据管理专业人员最佳实践的基础。本书为数据管理和IT专业人员、企业高管、知识工作者、教育者和相关研究人员提供了数据管理知识体系框架，帮助他们更好地管理数据、优化数字基础设施。

Data Management Body of Knowledge second edition, Revised, DAMA International
ISBN 978-1-634-62421-3

Copyright © DAMA International 2024

Simplified Chinese Translation Copyright © 2025 by China Machine Press. This edition is authorized for sale in the World.

All rights reserved.

本书中文简体字版由上海市静安区国际数据管理协会授权机械工业出版社在全球独家出版发行。未经出版者书面许可，不得以任何方式抄袭、复制或节录本书中的任何部分。

北京市版权局著作权合同登记　图字：01-2024-5301号。

图书在版编目（CIP）数据

DAMA数据管理知识体系指南：原书第2版修订版 / 美国DAMA国际著；上海市静安区国际数据管理协会译. 北京：机械工业出版社，2025.3（2025.5重印）. -- ISBN 978-7-111-77863-9

Ⅰ．F272.7-62

中国国家版本馆CIP数据核字第2025AT7124号

机械工业出版社（北京市百万庄大街22号　邮政编码100037）
策划编辑：张星明　　　　　责任编辑：张星明　陈　倩
责任校对：梁　园　梁　静　　责任印制：常天培
北京铭成印刷有限公司印刷
2025年5月第1版第3次印刷
210mm×285mm · 31.5印张 · 776千字
标准书号：ISBN 978-7-111-77863-9
定价：138.00元

电话服务　　　　　　　　　　网络服务
客服电话：010-88361066　　　机　工　官　网：www.cmpbook.com
　　　　　010-88379833　　　机　工　官　博：weibo.com/cmp1952
　　　　　010-68326294　　　金　书　网：www.golden-book.com
封底无防伪标均为盗版　　　　机工教育服务网：www.cmpedu.com

本书翻译组

胡　博	曹剑锋	陈　飙	代国辉	杜绍森	杜啸争	高　峰
高　伟	黄万忠	贾西贝	康　凯	李天池	刘　晨	刘　申
刘贤荣	吕　靖	毛　颖	彭文华	石秀峰	汪广盛	王宏源
王建峰	王妙琼	王　赛	温传林	徐兆刚	张　瑾	赵华新
郑保卫	郑煜颖	David Jin	David Cheung	Jeffrie Wang		

中文版序一

国际数据管理协会（DAMA 国际）终于推出了《DAMA 数据管理知识体系指南（第 2 版）》（DAMA-DMBOK 2）的修订版。

如大家所知，DAMA 国际作为一个全球性的专业组织最为人所知的贡献应该是以下这两项：一是数据管理知识体系（Data Management Body of Knowledge，DMBOK），二是数据管理专业人员认证。当然，DAMA 国际的工作还有许多其他亮点，比如每年的 EDW（Enterprise Data World）大会等。但无论如何，DMBOK 仍然是最重要的。DAMA 国际从成立的第一天起就一直致力于建设一套系统化的并可落地的数据管理知识体系。DAMA-DMBOK 2 的出版无疑具有里程碑意义。

DAMA-DMBOK 2 在 2017 年就出版了，而英文修订版直到 2024 年才出版，相隔时间有点久。应该说过去的这些年，虽然各个行业都发生了许多变化，但 DAMA-DMBOK 2 中提到的那些话题（领域，Domain）至今仍然是我们每天都会遇到的问题，书中所述的那些方法论和实施指南仍然没有过时。而随着我国数字化进程的推进，我们更加认识到这本书的珍贵。

DAMA 国际在 2024 年 9 月召集了 DAMA-DMBOK 3 的第一次编写务虚会，正式的编写工作从 2024 年 11 月开始。

过去的几年，我们坚持初心，完成了不少工作。在科研上，从《首席数据官知识体系指南》的出版，到《数据资产管理知识体系指南》等论著的编写，从多部论著的翻译到本修订版的翻译，都是很好的证明。感谢大家及志愿者的理解、支持和参与！

借此机会，我要感谢胡博博士和其他各位译者为本修订版翻译所做出的贡献，也感谢各地数据从业者对本书出版的期待！

汪广盛
2024 年 10 月 1 日国庆节于上海

中文版序二

在数据被誉为新型资产的时代，健全的数据管理实践的重要性不容忽视。国际数据管理协会（DAMA 国际）非常荣幸地推出《DAMA 数据管理知识体系指南（第 2 版修订版）》。这一修订版体现了我们对数据管理领域不懈的承诺，致力于为数据管理社区提供前沿、全面且实用的指导，以应对当今不断变化的数据环境。

本修订版旨在为广大的受众群体提供权威参考，包括数据管理专业人士、企业领导者、教育工作者及学生。无论你是数据管理领域的新手，还是经验丰富的从业者，这本书都将为你提供宝贵的洞见和实用的建议，帮助你应对数据管理的复杂挑战，推动你的组织走向卓越的数据管理之路。

在此，我谨代表 DAMA 国际，向上海、北京等地的相关机构表达最深切的感谢和最诚挚的敬意。你们为数据管理事业做出的卓越贡献和不懈努力，推动了数据管理在中国乃至全球的发展，我们对你们所取得的成绩感到无比自豪。你们始终致力于推广最佳实践、分享数据知识，并营造一个充满活力的数据管理社区，这不仅提升了我们这一行业的标准，也赋能了无数的数据管理专业人士。你们举办的众多活动、研讨会和教育项目，为大家提供了宝贵的学习机会，并成为许多人灵感和成长的源泉。

我们尤其感激你们在《DAMA 数据管理知识体系指南（第 2 版修订版）》翻译和本地化过程中的辛勤付出。这个艰巨的任务需要细致入微的关注、文化的敏感性及对专业内容的深入理解。你们对这一项目的奉献确保了这本书中的宝贵见解和框架能够为更多中文社区的专业人士所掌握，使更多人能够从中受益。

展望未来，我们期待继续与你们合作。你们的创新思维、热情及对卓越的追求，是 DAMA 国际宝贵的财富。让我们继续携手推动数据管理专业的发展，共同打造一个全球实践社区，使数据这一关键资产得到有效的利用和重视。

再次感谢你们的卓越贡献，感谢你们作为 DAMA 国际大家庭的重要成员所做的一切工作。我们对未来充满期待，相信在我们的共同努力下，前方将有更多的机遇等待我们去探索和实现。

当你翻阅这本书时，希望它能够助你充分发挥数据的力量，激发创新，达成组织目标。欢迎阅读本书。

此致。

彼得·艾肯（Peter Aiken）
国际数据管理协会主席
2024 年 9 月 20 日

中文版序三

人们对人工智能充满了期待，希望它能够引领未来的发展。然而，人工智能的运行需要建立在坚实的数据基础之上，以支持其操作和分析处理。但现实情况是，大多数组织目前的数据基础并不牢固，其原因多种多样：

- 人工智能依赖的许多系统构建于老旧的技术之上，难以承载当今复杂的需求。
- 在建设这些系统时缺乏完整的文档记录，导致后期维护困难。
- 设计这些系统的初衷是满足 10 年前的业务需求。随着时间的推移，业务需求已经发生了翻天覆地的变化，但这些老旧系统未能反映新的、日益变化的需求。
- 很多系统是从应用层面开发的，而不是从企业全局的角度考虑，缺乏整体性和前瞻性。
- 这些系统主要处理结构化数据，而今天我们还需要应对文本数据、模拟数据及其他各种类型的数据，这些都对数据基础提出了更高的要求。

此外，还有许多其他因素使得人工智能试图在一个摇摇欲坠的数据基础上运行。那么，当人工智能建立在这样不稳定的数据基础上时，会发生什么呢？我们常说："输入垃圾，输出垃圾"（Garbage In，Garbage Out），这句话今天依然适用。

如果你希望在人工智能领域取得成功，必须先夯实一个可靠、稳固、准确且完整的数据基础。如果没有这个坚实的基础，人工智能将无法真正发挥其潜力，最终只会让人失望。

希望这本书能为你获得牢固的数据基础指引方向，帮助你在数据和人工智能的世界里走得更远。

在此，我向中国的朋友们致以诚挚的问候。

比尔·因蒙（Bill Inmon）
数据仓库之父
2024 年 8 月 8 日

中文版序四

在这个充满不确定性的时代,数据对人类社会的贡献至关重要。正如彼得·德鲁克所言,世界正从信息技术(IT)的"技术"(Technology)向"信息"(Information)转变。

《DAMA 数据管理知识体系指南(第 2 版)》是一本极为重要的书籍,我对它充满了敬意——无论是它的影响力、权威性,还是前瞻性。这本书不仅展现了当今数据管理领域的卓越实践,也为未来的发展指明了方向。我相信,这本开创性的作品不会止步于此,未来还会有更令人瞩目的版本!

这本书的作者们都是在数据管理领域拥有丰富经验的专家,他们中的许多人都是大家耳熟能详的。尽管《DAMA 数据管理知识体系指南(第 2 版)》包含权威的理论论述,但它更多的是一部充满实践经验的指南,凝聚了当今行业中最优秀从业者的智慧。所有的编辑者、贡献者都意识到,这本书展示了出版人史蒂夫·霍伯曼(Steve Hoberman)所倡导的深刻洞见。他不仅是这本书的出版人,还是一位备受尊敬的作家、教育家和数据技术的实践者。

回顾历史,当计算机在 20 世纪 50 年代末至 60 年代初问世时,人们最初将其称为电子数据处理(EDP)或自动数据处理(ADP)。随后,这些术语演变为数据处理(DP)、信息系统(IS)、管理信息系统(MIS),最终发展为信息管理(IM)和信息技术(IT)。尽管这些名称在不断变化,但其本质依然是围绕数据和信息的处理。今天,我们看到,许多人仍将 IT 等同于信息处理,而忽略了数据的重要性。

事实上,早在 20 世纪 70 年代初期,IBM 系统开发部门(SDD)就推出了一个名为"未来系统"(F/S)的数据计算机原型,尽管这一系统最终未能进入市场,但它包含了一些我们今天才意识到的先进特性,类似于现代的数据处理系统。

无论是从行业还是从技术角度来看,数据的概念对信息技术(IT)的发展都起到了至关重要的作用。我们看到,许多当时广受欢迎的技术都引起了市场的广泛关注,而它们的核心都是在处理各种形式的数据。

在 1998 年 8 月 24 日的《福布斯》杂志中,彼得·德鲁克提出了"下一次信息革命"的观点:"下一次信息革命已经悄然来临,但信息科学、信息管理和信息产业还在寻找它的真正方向。它不是一场关于技术、设备、技能或速度的革命,而是一场观念上的革命。"过去 50 年,信息革命一直以信息技术(IT)中的"技术"(T)为中心。而下一次信息革命将是一场关于信息本质和目标的深层变革。

彼得·德鲁克认为,计算机革命实际上是第四次信息革命。第一次信息革命可以追溯到 6000 年前的文字发明,它是记录信息的开端。第二次革命是 1455 年古腾堡发明的可移动印刷机,极大地推动了知识的传播。因此,今天的计算机和信息技术,实际上是在加速和优化信息的管理和传播,从而降低了成本,提高了效率。

1965年我加入IBM工作时，计算机的营销口号是"更好、更快、更便宜"，这正是当时推动计算机发展的动力所在。然而，《DAMA数据管理知识体系指南（第2版）》不仅是对当今数据从业者知识的总结与精炼，更重要的是，它为未来的数据管理奠定了基础。因为数据处理（Data Processing，DP）和信息技术（IT）的焦点已经从"T"（技术处理）逐渐转向了"I"（信息与数据本身）。数据的真正价值和目的在于创造财富与价值，而不仅仅是通过降低成本来提升生产力。这种深刻的转变，让我不禁想起了BangLink。

那么，这种转变究竟是何时发生的呢？这正是DAMA国际存在的初衷与使命——阐明、推动并支持这一重要转变。所有参加过亚特兰大企业数据世界大会的人，都会听到关于这个话题的许多精彩演讲。在未来的50年中，我们中的许多人也许还会在回顾这段历史时说："我们曾在现场！我们见证了这一切！"我们有了自己的《DAMA数据管理知识体系指南（第2版）》，它忠实地记录了2017年的发展和现状。

在这个从"技术时代"向"信息时代"过渡的关键时期，我们对奉献与热情的敬意不应局限于此时此刻，而应当始终保持长久的感恩与尊重。在此，我要向DAMA-DMBOK的所有贡献者、DAMA国际及那些坚持不懈的同行和竞争者们致以诚挚的谢意！

让我们共同拥抱《DAMA数据管理知识体系指南（第2版）》，期待未来的新版本带来更多突破与启迪！

约翰·扎克曼（John Zachman）

扎克曼框架创始者

译者序

正如每一版的 DAMA-DMBOK 都是来自全球数据管理大师知识和经验的结晶，DAMA-DMBOK 中文版的每一次出版，从来也不是某一个人或某几个人的功劳，而是 DAMA 中国数据治理专业人员集体劳动的成果。2012 年，DAMA-DMBOK 首次引入中国，一举填补了国内在数据管理知识体系方面的空白。2020 年，DAMA-DMBOK 2 中文版全新面世，这本书全面更新和拓展了数据管理知识体系框架，不但涵盖新兴的数据管理领域和最新的发展趋势，还更加注重对实际操作和应用能力的培养，为数据管理从业人员提供了实用的指导和建议，因此成为大多数相关从业工作人员案头的必备读物。

借着 DAMA 国际在 2024 年 4 月底推出 DAMA-DMBOK 2 修订版之际，我们迅速组织国内的志愿者，从拿到原书书稿到完成翻译，只用了不到 3 个月的时间。本次翻译虽然不一定能解决全部问题，但我们相信这本书能够给读者带来更好的阅读体验。特别是对于那些以考促学，正在备战 CDGA（数据治理工程师认证）、CDGP（数据治理专家认证）、CDAM（数据资产管理师）和 CDMP（数据管理专业人员认证）的人而言，我们认为一本通俗易懂的教材才是对其数据素养提升最大的帮助，也希望广大读者持续给我们更多的意见和反馈，帮助让我们将后续的工作做得更好。

参加这本书的翻译工作，弥补了我个人没有直接参与 DAMA-DMBOK 第 1 版和第 2 版具体翻译工作的遗憾。感谢数据管理领域的同仁、感谢上海市静安区国际数据管理协会的工作人员及 DAMA-DMBOK 第 2 版的译者们，当然最应该感谢的是本书翻译组的各位译者，没有他们的辛劳付出，本书不可能这么快与读者见面。

胡博
2024 年 10 月 15 日于深圳

原书第 2 版修订版序

　　DAMA 国际很荣幸发布《DAMA 数据管理知识体系指南（第 2 版）》（DAMA-DMBOK 2）的修订版。自 2017 年《DAMA 数据管理知识体系指南（第 2 版）》出版以来，许多数据专业人士与我们联系，指出了一些可以轻松改进或纠正的地方。我们非常感谢你们的反馈。2023 年，我们花时间征求了全球数据管理专业人员社区的更多意见，并将这些意见汇总到该修订版中。此次过渡性发布包含了对 2017 年版本的一系列修正和改进，从拼写错误到事实性错误。这些修正使 DAMA-DMBOK 2 能够继续作为数据管理知识的权威资源。当然，具体的实施方法最好由你们来完成。DAMA 国际的宗旨是通过分享创意、趋势、问题和解决方案，使大家能够持续学习共同进步。这是一项巨大的成就，本书团队应当获得全球数据管理专业人员社区的集体感谢！

彼得·艾肯（Peter Aiken）
国际数据管理协会主席

克里斯·布拉德利（Chris Bradley）
《DAMA 数据管理知识体系指南（第 2 版修订版）》主编

原书第 2 版序

DAMA 国际很荣幸发布《DAMA 数据管理知识体系指南（第 2 版）》（DAMA-DMBOK 2）。自 2009 年第 1 版出版以来，数据管理领域发生了重大变化。数据治理已成为许多组织的标配，新技术使得"大数据"（各种格式的半结构化和非结构化数据）的收集和使用成为可能，并且随着人们探索和利用大量日常生活中产生的数据和信息的能力不断增强，数据伦理的重要性也随之增长。

这些变化令人兴奋，同时也对我们的职业提出了新的及不断增加的要求。DAMA 国际不仅通过重新制定 DAMA 数据管理框架（DAMA 车轮）补充细节并勘误，还通过扩展 DMBOK 的涵盖范围应对这些变化：

1）将所有知识领域的语境关系图进行了改进和更新。

2）将数据集成和互操作增加为新的知识领域，以突出其重要性（第 8 章）。

3）对数据管理所有相关方面伸张伦理道德的必要性，数据处理伦理被单独作为一章（第 2 章）。

4）将数据治理的角色单独作为一个职能（第 3 章）描述，并与每个知识领域相关联。

5）采取类似方法处理的还有组织变革管理，在第 17 章中进行了描述并融入各知识领域章节。

6）关于大数据和数据科学（第 14 章）及数据管理成熟度评估（第 15 章）的新章节帮助组织理解它们的目标并提供实现目标的工具。

7）第 2 版还囊括一套新制定的数据管理原则，能够支持组织有效管理数据并从数据资产中获得价值（第 1 章）。

我们希望 DAMA-DMBOK 2 能作为全球数据管理专业人员的重要资源和指南，但同时我们也认识到这只是一个起点，真正的进步将来自我们不断应用和深入学习这些理念。DAMA 国际的存在是为了让大家通过分享创意、趋势、问题和解决方案而共同进步。

苏·吉恩斯（Sue Geuens）

DAMA 国际总裁

劳拉·塞巴斯蒂安-科尔曼（Laura Sebastian-Coleman）

DAMA 国际出版官

目　录

中文版序一

中文版序二

中文版序三

中文版序四

译者序

原书第2版修订版序

原书第2版序

第1章　数据管理 1

1.1　引言 1

1.1.1　业务驱动因素 2

1.1.2　目标 2

1.2　基本概念 2

1.2.1　数据 2

1.2.2　数据与信息 3

1.2.3　数据是组织的资产 4

1.2.4　数据管理原则 4

1.2.5　数据管理的挑战 6

1.2.6　数据管理战略 13

1.3　数据管理框架 14

1.3.1　战略一致性模型 14

1.3.2　阿姆斯特丹信息模型 15

1.3.3　DAMA-DMBOK框架 16

1.3.4　DMBOK金字塔 18

1.3.5　DAMA数据管理框架的演变 19

1.4　DAMA和DMBOK 22

参考文献 24

第2章 数据处理伦理 ... 27
2.1 引言 ... 27
2.2 业务驱动因素 ... 28
2.3 基本概念 ... 29
2.3.1 数据的伦理原则 ... 29
2.3.2 数据隐私法背后的原则 ... 30
2.3.3 在线数据的伦理环境 ... 33
2.3.4 违背伦理进行数据处理的风险 ... 33
2.3.5 建立数据伦理文化 ... 36
2.3.6 数据伦理和治理 ... 39
参考文献 ... 39

第3章 数据治理 ... 42
3.1 引言 ... 42
3.1.1 业务驱动因素 ... 44
3.1.2 目标和原则 ... 45
3.1.3 基本概念 ... 46
3.2 活动 ... 51
3.2.1 定义组织的数据治理 ... 51
3.2.2 制定数据治理战略 ... 53
3.2.3 实施数据治理 ... 58
3.2.4 嵌入数据治理 ... 61
3.3 工具和方法 ... 61
3.3.1 在线展示/网站 ... 61
3.3.2 业务术语表 ... 62
3.3.3 工作流工具 ... 62
3.3.4 文档管理工具 ... 62
3.3.5 数据治理计分卡 ... 62
3.4 实施指南 ... 62
3.4.1 组织和文化 ... 63
3.4.2 调整和沟通 ... 63
3.5 度量指标 ... 63
参考文献 ... 64

第4章 数据架构 ... 66
4.1 引言 ... 66

	4.1.1 业务驱动因素	67
	4.1.2 数据架构的交付物和实践	67
	4.1.3 基本概念	69
4.2	活动	75
	4.2.1 建立企业数据架构	76
	4.2.2 评估现有数据架构规范	77
	4.2.3 制定数据架构路线图	77
	4.2.4 在项目中管理企业需求	77
	4.2.5 与企业架构集成	79
4.3	工具	80
	4.3.1 数据建模工具	80
	4.3.2 数据资产管理软件	80
	4.3.3 图形化设计软件	80
4.4	方法	80
	4.4.1 生命周期预测	80
	4.4.2 使用清晰图表	81
4.5	实施指南	81
	4.5.1 就绪评估和风险评估	82
	4.5.2 组织和文化变革	83
4.6	数据架构治理	83
	4.6.1 数据架构治理活动	83
	4.6.2 度量指标	84
参考文献		84

第5章 数据建模和设计 87

5.1	引言	87
	5.1.1 业务驱动因素	87
	5.1.2 目标和原则	87
	5.1.3 基本概念	89
5.2	活动	107
	5.2.1 规划数据建模	107
	5.2.2 构建数据模型	107
	5.2.3 评审数据模型	111
	5.2.4 维护数据模型	111
5.3	工具	111
	5.3.1 数据建模工具	112

- 5.3.2 血缘分析工具 ... 112
- 5.3.3 数据剖析工具 ... 112
- 5.3.4 元数据库 ... 112
- 5.3.5 数据模型模式 ... 113
- 5.3.6 行业数据模型 ... 113

5.4 最佳实践 ... 113
- 5.4.1 命名约束的最佳实践 ... 113
- 5.4.2 数据库设计的最佳实践 ... 114

5.5 数据模型治理 ... 114
- 5.5.1 数据模型和设计质量管理 ... 114
- 5.5.2 数据建模度量指标 ... 116

参考文献 ... 118

第6章 数据存储和运营 ... 122

6.1 引言 ... 122
- 6.1.1 业务驱动因素 ... 123
- 6.1.2 目标和原则 ... 123
- 6.1.3 基本概念 ... 124

6.2 活动 ... 140
- 6.2.1 管理数据库技术 ... 140
- 6.2.2 管理数据库运营 ... 141

6.3 工具 ... 151
- 6.3.1 数据建模工具 ... 151
- 6.3.2 数据库监控工具 ... 151
- 6.3.3 数据库管理工具 ... 152
- 6.3.4 开发人员支持工具 ... 152

6.4 方法 ... 152
- 6.4.1 在低阶环境下的测试 ... 152
- 6.4.2 物理命名标准 ... 152
- 6.4.3 所有变更操作脚本化 ... 152

6.5 实施指南 ... 153
- 6.5.1 就绪评估/风险评估 ... 153
- 6.5.2 组织与文化变革 ... 153

6.6 数据存储和运营治理 ... 154
- 6.6.1 度量指标 ... 154
- 6.6.2 信息资产跟踪 ... 155

目录

　　　6.6.3　数据审计和数据验证 ………………………………………………… 155
参考文献 ……………………………………………………………………………… 156

第 7 章　数据安全
7.1　引言 …………………………………………………………………………… 158
7.1.1　业务驱动因素 ………………………………………………………… 159
7.1.2　目标和原则 …………………………………………………………… 161
7.1.3　基本概念 ……………………………………………………………… 162
7.2　活动 …………………………………………………………………………… 177
7.2.1　识别数据安全需求 …………………………………………………… 177
7.2.2　制定数据安全制度 …………………………………………………… 179
7.2.3　定义数据安全细则 …………………………………………………… 180
7.2.4　评估当前的安全风险 ………………………………………………… 182
7.2.5　实施控制措施和规程 ………………………………………………… 182
7.3　工具 …………………………………………………………………………… 186
7.3.1　杀毒软件/安全软件 …………………………………………………… 186
7.3.2　Web 安全 ……………………………………………………………… 186
7.3.3　身份管理技术 ………………………………………………………… 186
7.3.4　入侵检测和入侵防御软件 …………………………………………… 186
7.3.5　防火墙（防御） ……………………………………………………… 187
7.3.6　元数据跟踪 …………………………………………………………… 187
7.3.7　数据脱敏/加密 ………………………………………………………… 187
7.4　方法 …………………………………………………………………………… 187
7.4.1　应用 CRUD 矩阵 ……………………………………………………… 187
7.4.2　即时部署安全补丁 …………………………………………………… 187
7.4.3　元数据中的数据安全属性 …………………………………………… 188
7.4.4　项目需求中的安全要求 ……………………………………………… 188
7.4.5　加密数据的高效搜索 ………………………………………………… 188
7.4.6　文件清理 ……………………………………………………………… 188
7.5　实施指南 ……………………………………………………………………… 188
7.5.1　就绪评估/风险评估 …………………………………………………… 188
7.5.2　组织和文化变革 ……………………………………………………… 189
7.5.3　用户数据权限可见性 ………………………………………………… 189
7.5.4　外包服务界的数据安全 ……………………………………………… 190
7.5.5　云环境的数据安全 …………………………………………………… 190
7.6　数据安全治理 ………………………………………………………………… 191

7.6.1 数据安全和企业架构 191
7.6.2 度量指标 192
参考文献 194

第8章 数据集成和互操作 196
8.1 引言 196
8.1.1 业务驱动因素 198
8.1.2 目标和原则 198
8.1.3 基本概念 199
8.2 活动 208
8.2.1 规划和分析 209
8.2.2 设计数据集成解决方案 211
8.2.3 开发数据集成解决方案 212
8.2.4 实施和监测 213
8.2.5 维护数据集成和互操作的元数据 214
8.3 工具 214
8.3.1 数据转换引擎/ETL工具 214
8.3.2 数据虚拟化服务器 214
8.3.3 企业服务总线 215
8.3.4 业务规则引擎 215
8.3.5 数据和流程建模工具 215
8.3.6 数据剖析工具 215
8.3.7 元数据库 216
8.4 方法 216
8.5 实施指南 216
8.5.1 就绪评估/风险评估 216
8.5.2 组织和文化变革 217
8.6 数据集成和互操作治理 217
8.6.1 数据共享协议 218
8.6.2 数据集成和互操作与数据血缘 218
8.6.3 度量指标 218
参考文献 219

第9章 文档和内容管理 221
9.1 引言 221
9.1.1 业务驱动因素 221

　　9.1.2　目标和原则 ·· 222
　　9.1.3　基本概念 ·· 223
9.2　活动 ··· 236
　　9.2.1　生命周期管理计划 ·· 236
　　9.2.2　管理生命周期 ··· 239
　　9.2.3　发布和分发内容 ·· 242
9.3　工具 ··· 242
　　9.3.1　企业内容管理系统 ·· 242
　　9.3.2　协作工具 ·· 245
　　9.3.3　受控词汇表和元数据工具 ·· 245
　　9.3.4　标准标记和交换格式 ·· 245
　　9.3.5　电子举证技术 ··· 247
9.4　方法 ··· 248
　　9.4.1　诉讼应对预案 ··· 248
　　9.4.2　诉讼应对数据地图 ·· 248
9.5　实施指南 ·· 249
　　9.5.1　准备评估/风险评估 ··· 249
　　9.5.2　组织和文化变革 ·· 250
9.6　文档和内容治理 ··· 251
　　9.6.1　信息治理框架 ··· 251
　　9.6.2　信息泛滥 ·· 252
　　9.6.3　以内容质量为导向的信息治理 ··· 253
　　9.6.4　度量指标 ·· 253
参考文献 ·· 254

第10章　参考数据和主数据 ·· 256
10.1　引言 ·· 256
　　10.1.1　业务驱动因素 ··· 256
　　10.1.2　目标和原则 ·· 257
　　10.1.3　基本概念 ··· 258
10.2　活动 ·· 274
　　10.2.1　主数据管理活动 ·· 274
　　10.2.2　参考数据管理活动 ··· 276
10.3　工具和方法 ··· 277
10.4　实施指南 ·· 278
　　10.4.1　遵循主数据架构 ·· 278

10.4.2 监控数据移动 278
10.4.3 管理参考数据变更 278
10.4.4 数据共享协议 279
10.4.5 组织和文化变革 280
10.5 参考数据和主数据治理 280
10.5.1 治理过程既定事项 280
10.5.2 度量指标 281
参考文献 281

第11章 数据仓库和商务智能 284

11.1 引言 284
11.1.1 业务驱动因素 285
11.1.2 目标和原则 285
11.1.3 基本概念 286

11.2 活动 295
11.2.1 理解需求 295
11.2.2 定义和维护数据仓库/商务智能架构 295
11.2.3 开发数据仓库和数据集市 296
11.2.4 加载数据仓库 297
11.2.5 实施商务智能产品组合 297
11.2.6 维护数据产品 298

11.3 工具 301
11.3.1 元数据库 301
11.3.2 数据集成工具 302
11.3.3 BI工具类型 302

11.4 方法 305
11.4.1 原型驱动需求 305
11.4.2 自助式商务智能 305
11.4.3 数据审计 306

11.5 实施指南 306
11.5.1 就绪评估/风险评估 306
11.5.2 发布路线图 307
11.5.3 配置管理 307
11.5.4 组织与文化变革 307
11.5.5 专职团队 308

11.6 数据仓库/商务智能治理 308

	11.6.1	获得业务认可	309
	11.6.2	客户/用户满意度	309
	11.6.3	服务水平协议	309
	11.6.4	报表策略	310
	11.6.5	度量指标	310
参考文献			311

第12章 元数据管理 ... 314

- 12.1 引言 ... 314
  - 12.1.1 业务驱动因素 ... 315
  - 12.1.2 目标和原则 ... 316
  - 12.1.3 基本概念 ... 317
- 12.2 活动 ... 327
  - 12.2.1 定义元数据战略 ... 327
  - 12.2.2 理解元数据需求 ... 328
  - 12.2.3 定义元数据架构 ... 328
  - 12.2.4 创建和维护元数据 ... 330
  - 12.2.5 查询、报告和分析元数据 ... 332
- 12.3 工具 ... 332
- 12.4 方法 ... 332
  - 12.4.1 数据血缘和影响分析 ... 332
  - 12.4.2 应用于大数据采集的元数据 ... 334
- 12.5 实施指南 ... 335
  - 12.5.1 就绪评估和风险评估 ... 335
  - 12.5.2 组织和文化变革 ... 335
- 12.6 元数据治理 ... 336
  - 12.6.1 过程控制 ... 336
  - 12.6.2 元数据解决方案文档 ... 336
  - 12.6.3 元数据标准和指南 ... 337
  - 12.6.4 度量指标 ... 337
- 参考文献 ... 338

第13章 数据质量管理 ... 340

- 13.1 引言 ... 340
  - 13.1.1 业务驱动因素 ... 341
  - 13.1.2 目标与原则 ... 342

13.1.3 基本概念 ·· 343
13.2 活动 ·· 353
　13.2.1 定义数据质量框架 ·· 353
　13.2.2 定义高质量数据 ·· 354
　13.2.3 识别维度和支持业务规则 ·· 355
　13.2.4 执行初始数据质量评估 ·· 355
　13.2.5 识别改进措施及明确优先级 ·· 356
　13.2.6 定义数据质量改进目标 ·· 356
　13.2.7 开发和部署数据质量运营工作 ·· 357
13.3 工具 ·· 362
　13.3.1 数据剖析工具 ·· 362
　13.3.2 业务规则模板和引擎 ·· 363
　13.3.3 数据解析和格式化 ·· 363
　13.3.4 数据转换和标准化 ·· 363
　13.3.5 数据增强 ·· 364
　13.3.6 事件管理系统 ·· 364
13.4 方法 ·· 365
　13.4.1 有效的度量指标 ·· 365
　13.4.2 数据剖析 ·· 367
　13.4.3 预防性措施 ·· 368
　13.4.4 根因分析 ·· 369
　13.4.5 纠正措施 ·· 369
13.5 实施指南 ·· 370
　13.5.1 就绪评估/风险评估 ·· 371
　13.5.2 组织和文化变革 ·· 371
13.6 **数据质量与其他知识领域** ·· 372
　13.6.1 数据质量与数据建模和设计 ·· 372
　13.6.2 数据质量与元数据管理 ·· 373
　13.6.3 数据质量与主数据/参考数据管理 ······································· 373
　13.6.4 数据质量与数据集成和互操作 ·· 373
　13.6.5 数据质量与数据治理 ·· 373
参考文献 ·· 374
附录 ·· 375
　附录A　数据质量ISO标准 ·· 375
　附录B　数据质量维度的延伸阅读 ·· 376
　附录C　统计过程控制 ·· 380

第14章 大数据和数据科学 ... 382

14.1 引言 ... 382
- 14.1.1 业务驱动因素 ... 383
- 14.1.2 原则 ... 383
- 14.1.3 基本概念 ... 383

14.2 活动 ... 394
- 14.2.1 定义大数据战略和业务需求 ... 394
- 14.2.2 选择数据源 ... 394
- 14.2.3 获取和采集数据 ... 395
- 14.2.4 设定数据假设和方法 ... 396
- 14.2.5 集成和对齐数据并进行分析建模 ... 396
- 14.2.6 利用模型探索数据 ... 397
- 14.2.7 部署和监控 ... 398

14.3 工具 ... 399
- 14.3.1 MPP 无共享技术和架构 ... 400
- 14.3.2 分布式文件数据库 ... 401
- 14.3.3 数据库内算法 ... 401
- 14.3.4 大数据云解决方案 ... 401
- 14.3.5 统计计算和图形语言 ... 402
- 14.3.6 数据可视化工具 ... 402

14.4 方法 ... 402
- 14.4.1 分析建模 ... 402
- 14.4.2 大数据建模 ... 403

14.5 实施指南 ... 404
- 14.5.1 战略一致性 ... 404
- 14.5.2 就绪评估/风险评估 ... 404
- 14.5.3 组织与文化变革 ... 405

14.6 大数据和数据科学治理 ... 406
- 14.6.1 可视化通道管理 ... 406
- 14.6.2 数据科学和可视化标准 ... 406
- 14.6.3 数据安全 ... 407
- 14.6.4 元数据 ... 407
- 14.6.5 数据质量 ... 407
- 14.6.6 度量指标 ... 408

参考文献 ... 409

第 15 章　数据管理成熟度评估 411

15.1　引言 411
15.1.1　业务驱动因素 412
15.1.2　目标和原则 413
15.1.3　基本概念 413

15.2　活动 417
15.2.1　规划评估活动 417
15.2.2　执行成熟度评估 419
15.2.3　结果解读 420
15.2.4　制订针对性的改进计划 421
15.2.5　重新评估成熟度 421

15.3　工具 421

15.4　方法 422
15.4.1　选择 DMM 框架 422
15.4.2　DAMA-DMBOK 框架的使用 423

15.5　实施指南 423
15.5.1　准备评估/风险评估 423
15.5.2　组织和文化变革 424

15.6　成熟度管理治理 424
15.6.1　DMMA 流程监督 424
15.6.2　度量指标 424

参考文献 425

第 16 章　数据管理组织和角色期望 427

16.1　引言 427

16.2　了解现有的组织和文化规范 427

16.3　数据管理组织的结构 428
16.3.1　分散式运营模式 429
16.3.2　网络式运营模式 429
16.3.3　集中式运营模式 430
16.3.4　混合式运营模式 430
16.3.5　联邦式运营模式 431
16.3.6　确定组织的最佳模式 432
16.3.7　数据管理组织的替代方案和设计考虑因素 432

16.4　关键成功因素 433

- 16.4.1 高管层的支持 ·· 433
- 16.4.2 明确的愿景 ·· 433
- 16.4.3 前瞻性的变革管理 ·· 433
- 16.4.4 一致的领导力 ·· 434
- 16.4.5 持续沟通 ··· 434
- 16.4.6 利益相关方的参与 ·· 434
- 16.4.7 宣讲和培训 ·· 434
- 16.4.8 度量采纳情况 ·· 434
- 16.4.9 坚持指导原则 ·· 435
- 16.4.10 渐进而非革命 ··· 435

16.5 建立数据管理组织 ·· 435
- 16.5.1 确认当前数据管理参与者 ·· 435
- 16.5.2 确认委员会参与者 ·· 436
- 16.5.3 确认和分析利益相关方 ··· 436
- 16.5.4 让利益相关方参与进来 ··· 437

16.6 数据管理组织与其他数据相关机构的交互 ··· 437
- 16.6.1 首席数据官 ·· 438
- 16.6.2 数据治理 ··· 438
- 16.6.3 数据质量 ··· 439
- 16.6.4 企业架构 ··· 439
- 16.6.5 全球化组织的管理 ·· 440

16.7 数据管理角色 ··· 440
- 16.7.1 组织角色 ··· 441
- 16.7.2 个人角色 ··· 441

参考文献 ··· 442

第 17 章 数据管理和组织变革管理ꞏꞏꞏ 445

17.1 引言 ·· 445

17.2 变革法则 ··· 445

17.3 不是管理变革，而是管理转型过程 ··· 446

17.4 科特的变革管理八大误区 ·· 448
- 17.4.1 误区一：过于自满 ·· 448
- 17.4.2 误区二：未能建立足够强大的指导联盟 ··· 449
- 17.4.3 误区三：低估了愿景的力量 ·· 449
- 17.4.4 误区四：缺乏关于愿景的足够沟通 ·· 450
- 17.4.5 误区五：没有及时扫清变革障碍 ·· 450

17.4.6 误区六：未能创造短期收益 450
17.4.7 误区七：过早地宣称胜利 451
17.4.8 误区八：忽视将变革融入企业文化 451
17.5 科特的重大变革八步法 452
17.5.1 营造紧迫感 452
17.5.2 组建指导联盟 455
17.5.3 勾勒愿景和战略 458
17.5.4 宣传贯彻变革愿景 460
17.6 变革的秘诀 463
17.7 创新扩散和持续变革 464
17.7.1 随着创新扩散需克服的挑战 465
17.7.2 创新扩散的关键要素 465
17.7.3 创新采纳的5个阶段 466
17.7.4 接受或拒绝创新变革的影响因素 467
17.8 持续变革 467
17.8.1 紧迫感/不满意感 468
17.8.2 设定愿景 468
17.8.3 指导联盟 468
17.8.4 相对优势和可观测性 468
17.9 沟通数据管理的价值 469
17.9.1 沟通原则 469
17.9.2 受众评估与沟通准备 470
17.9.3 考虑他人的影响 470
17.9.4 沟通计划 470
17.9.5 保持沟通 471

参考文献 472

原书第2版修订版致谢 474

原书第2版致谢 475

第 1 章 数据管理

1.1 引言

越来越多的组织已经认识到，数据是一项关键资产。数据和信息能够为组织提供有关客户、产品和服务的深刻洞察，以帮助其实现创新和战略目标。然而对数据重要性的认识归认识，很少有组织能够真正地把它作为一种资产去管理，更遑论从中持续地获得价值（Evans 和 Price，2012）。数据的价值既不会突如其来，也不能凭空捏造，它只有在有明确意图、合理计划、全面协作和坚实投入的有效管治下才能得到。

数据管理（Data Management）是对与数据相关的规划、制度、程序和实践进行开发、执行和监督的活动，目的是在数据的整个生命周期中交付、控制和保护数据，并提升数据的价值。

数据管理专业人员（Data Management Professional）指在数据管理的任意阶段或任何方面开展工作（包括涵盖数据整个生命周期的技术管理工作，以及确保数据被正确地利用和发挥作用的业务管理工作），以推动组织战略性目标达成的人员。数据管理专业人员在组织内可能担任着不同的角色，诸如数据库管理员、网络管理员、程序员这类高度技术性的角色，以及数据管理专员（Data Steward）、数据战略官（Data Strategist）、首席数据官（Chief Data Officer，CDO）等战略性的业务角色。

数据管理活动范围非常宽泛，包括从数据中获取战略价值的一致决策能力到数据库的技术部署和性能管理等。因此，数据管理的技能需要涵盖技术和非技术（"业务"）两个类型，管理数据的责任必须由业务角色和技术角色共同承担，这两个领域的人员必须通力协作，以确保组织拥有满足其战略需求的高质量数据。

数据和信息不仅仅是为了获取未来价值而投资的资产，它们也是大多数组织日常运营中不可或缺的部分。它们被称为数字经济的"货币""生命之血"，甚至是"新的石油"[○]。虽然我们无法保证组织一定能够从数据分析中获得有用的价值，但如果没有数据，组织可能连基本的业务都无法开展。

为了支持数据管理专业人员更好地开展工作，国际数据管理协会（DAMA 国际）编写了《DAMA 数据管理知识体系指南（第 2 版）》（DAMA-DMBOK 2）。该书以 2009 年发布的第 1 版为基础，提供了随行业发展和成熟而与时俱进的数据管理基础知识。

本章概述了数据管理的原则，讨论了遵循这些原则所面临的挑战，并提出了应对这些挑战的方法。本章还描述了 DAMA 数据管理框架，该框架为数据管理专业人员在各个数据管理知识领域开展工作奠定了基础。

○ 通过搜索引擎搜索"数据作为货币""数据如生命之血"和"新的石油"，会有大量参考资料。

1.1.1 业务驱动因素

信息和知识是组织取得竞争优势的关键。拥有关于客户、产品、服务和运营的可靠而又高质量数据的组织，比那些没有数据或拥有不可靠数据的组织做出的决策要更靠谱。数据管理的失败好比资产管理的失败，结果都是资产浪费和机会丧失。数据管理的主要驱动力是让组织能够从其数据资产中获得价值，就像有效管理财务和实物资产能够让组织从这些资产中获得价值一样。

1.1.2 目标

在组织内部，数据管理目标包括：
1）理解并满足企业及其利益相关方（包括客户、员工和业务合作伙伴等）的信息需求。
2）捕获、存储、保护数据资产并确保其完整性。
3）确保数据和信息的质量。
4）确保利益相关方数据的隐私和保密性。
5）防止数据和信息被未被授权的用户不当地访问、操作和使用。
6）确保数据被有效利用，为企业增加价值。

1.2 基本概念

1.2.1 数据

长期以来，数据的定义主要强调其在反映世界客观事实（Fact）方面的作用⊖。就信息技术而言，数据也被理解为以数字形式存储的信息（数据不只局限于已数字化的信息，其管理原则同样适用于纸质承载的及数据库中捕获的数据）。尽管如此，由于人们现在可以通过电子方式捕获更多的信息，所以会有越来越多在早期不会被当作"数据"的东西在今天被称为"数据"，比如人名、地址、生日、周六晚餐吃了什么、最近购买的书等。

诸如个人事实信息被汇总及分析，并用于获利、改善健康或影响公共政策等案例已不胜枚举，大家也早已司空见惯。然而，测量各种事件和活动的技术能力（从大爆炸的影响到我们自己的心

⊖ 《牛津美国新词典》将数据定义为"为进行分析而收集在一起的事实和统计数据"。美国质量协会（ASQ）将数据定义为"一组收集到的事实"，并描述了两种数值数据类型：测量或变量数据及计数或属性数据。国际标准化组织（ISO）将数据定义为"以适合进行沟通、解释或处理的形式重新诠释信息的表征"（ISO 11179）。该定义强调了数据的电子性质，并且正确地假设数据需要标准，因为它是通过信息技术系统进行管理的。然而，这些定义并未提及在不同系统中以一致的方式对数据进行规范化的挑战，也没有很好地解释非结构化数据的概念。

跳），以及收集、存储和分析数据（视频、图片、录音、文件）的技术能力，几乎超越了将这些数据整合为可用信息的能力。因此，想要利用数据的多样性产生价值但又不被其存在的巨大体量和极快的产生速度所影响，就需要有可靠和可扩展的数据管理实践能力。

大多数人认为，因为数据代表事实，所以它就是关于世界的真实表示，并且这些事实会相互契合、相互印证，但"事实"并非总是那么简单明了。数据是一种表示方式，它代表自身以外的事物（Chisholm，2008）。数据既是对其代表对象的解释，自身也是必须被解释的对象（Sebastian Coleman，2013）。还有一种说法认为，人们需要上下文（Context）才能使数据有意义。上下文可以被看作数据的表征体系，该体系包括一个通用词汇表和一系列关于各组件之间关系的描述。如果了解这样一个体系的约定，就可以解释其中的数据⊖。这些约定通常被记录在元数据（Metadata）这种特殊类型的数据中。

然而，由于人们经常对如何表征概念做出差异性的选择，他们会创造出不同的方式表示相同的概念。源于这些差异性的选择，数据呈现出不同的形态。回想一下人们用来表示日期的方式就有多种，并且这还是在大家都有一个共识定义的概念前提下。假设再考虑更复杂的概念（如客户或产品），那么这些概念需要表示的内容粒度及详细程度就不总是那么显而易见了。并且，管理信息的过程会随着时间的推移而变得复杂，概念表示的过程也变得更加复杂（见第10章）。

即便是在同一个组织内部，也经常会用多种方式表达相同的想法。因此，需要使用数据架构、建模、治理，以及元数据和数据质量管理等帮助大家共同理解和使用数据。当数据跨越多个组织时，这种表达多样性问题会成倍增加。因此，需要制定行业级的数据标准，以提高数据的一致性。

组织一直需要管理它们的数据，技术的变化扩大了这种管理需求的范围，也改变了人们对数据的理解。这些变化使得组织能够以新的方式使用数据创建产品、共享信息、提炼知识，并提高组织的成功率。然而，技术的快速发展，以及随之而来的数据生产、捕获和挖掘能力的增强，加大了组织对有效数据管理的需求。

1.2.2 数据与信息

关于数据与信息之间的关系已经被广泛讨论。数据被称为信息的"原材料"，而信息被称为"上下文中的数据"⊖。人们惯常使用DIKW分层金字塔描述底部的"数据"（Data）、中间的"信息"（Information）和"知识"（Knowledge），以及顶部的"智慧"（Wisdom）之间的关系。虽然DIKW分层金字塔对于描述为何需要良好的数据管理很有帮助，但这种表示方式对数据管理提出了几个挑战：

1）这种表示方式是基于一种假设，即数据是简单地天然存在的。但事实上数据并非简单地天然存在着，它需要被创造。

2）在描述从数据到智慧的过程时，人们通常很难意识到，首先需要利用知识去创造数据。

⊖ 有关数据构造性的更多信息，请参阅：《数据与现实》（Kent，2012）和《商业非智能》（Devlin，2013）。

⊖ 参见 English（1999）和 DAMA（2009）。

3）金字塔模型意味着数据和信息是分离的事物，而实际上，这两个概念是相互交织且相互依赖的。数据是信息的一种形式，信息也是数据的一种形式。

在组织内，为了清晰地传达不同利益相关方（Stakeholder）不同用途的需求和期望，给信息和数据划清界限可能有一定帮助。"这是上一季度的销售报告信息，它来源于数据仓库里的数据。下一季度，这些销售报告数据将用于生成季度业绩指标信息。"如果认识到需要为不同目的管理数据和信息，人们就明白了数据管理的一个核心原则：数据和信息都需要被管理。如果将它们与用途和客户需求一起管理，它们的质量都将更高。在整个 DMBOK 中，这两个术语是可以互换使用的。

1.2.3 数据是组织的资产

资产（Asset）是一种经济资源，能够被拥有或控制、持有或产生价值。资产可以转换为货币。尽管对"将数据作为资产进行管理到底意味着什么"的理解仍在不断发展和变化，数据仍普遍地被认为是一种新的企业资产。20 世纪 90 年代初，一些组织曾质疑"商誉"的价值是否应该被赋予货币价值，而现在"商誉"已经被显示为损益表上的一个科目。同样，数据货币化虽然没有得到完全采纳，但也越来越普遍。相信用不了多长时间，人们就会将其视为损益表的另一个科目（见第 3 章）。

如今，组织已经开始依靠其数据资产做出更有效的决策并进行更高效的企业运营。企业利用数据洞察客户、创造新的产品和服务，并通过削减成本和控制风险提高运营效率。政府机构、教育机构和其他非营利性组织也需要高质量的数据指导其运营、开展战术和战略活动。随着组织越来越依赖数据，数据资产的价值可以被更加明确地界定。

许多组织自称数据驱动型组织。企业要想保持竞争力，不能只依靠直觉或本能做出决策，而是要利用事件触发器（Event Trigger）并应用分析方法，以获得可操作的洞察。数据驱动意味着，数据必须通过业务领导力和专业技术知识的结合，以高效且专业的方式进行管理。

此外，当今的商业快节奏意味着变革不再是可选的，数字化转型已成为常态。为了应对这一点，企业业务部门必须与数据技术人员一起制定信息解决方案，协同合作。企业必须规划如何获取和管理用以支持业务战略的数据，还必须充分抓住机会以新的方式利用数据。

1.2.4 数据管理原则

数据管理与其他形式的资产管理有许多共通之处。数据管理涉及了解组织拥有的数据及这些数据可能实现的价值，而后确定如何最好地利用数据资产以达到组织的目标。

与其他资产管理流程相同，数据管理流程也必须平衡战略和运营需求。这种平衡可以通过遵循一些原则来实现，这些原则可以帮助人们认识数据管理的突出特点，并指导数据管理实践，如图 1-1 所示。

1）数据是一种具有独特属性的资产。数据是一种资产，但它与其他资产在某些重要方面有一定差异，这些差异影响了它的管理方式。其中最显著的是，数据在被使用时不会被消耗，这与金融资产和实物资产不同。

2）数据的价值可以并且应该用经济术语来表达。数据之所以被称为资产意味着它具有价值。虽然可用一些定性方法和定量方法评估数据的价值，但目前还没有形成通用的标准。想要做出更好的数据决策，企业应该开发一个一致的方法评估其数据的价值，同时评估低质量数据的代价和高质量数据的收益。

3）管理数据意味着管理数据的质量。确保数据适合其用途是数据管理的首要目标。为了管理数据的质量，组织必须确保自己理解利益相关方的要求，并根据这些要求对数据进行衡量。

4）管理数据需要元数据。管理任何资产都需要了解该资产的有关数据（员工人数、会计代码等）。用于管理和指导数据使用的数据被称为元数据。因为数据看得见摸不着，因此要了解它是什么及如何使用它，需要掌握元数据的定义和相关知识。元数据源自与数据创建、处理和使用相关的一系列流程，包括架构、建模、管理、治理、数据质量管理、系统开发、IT 和业务运营及分析等。

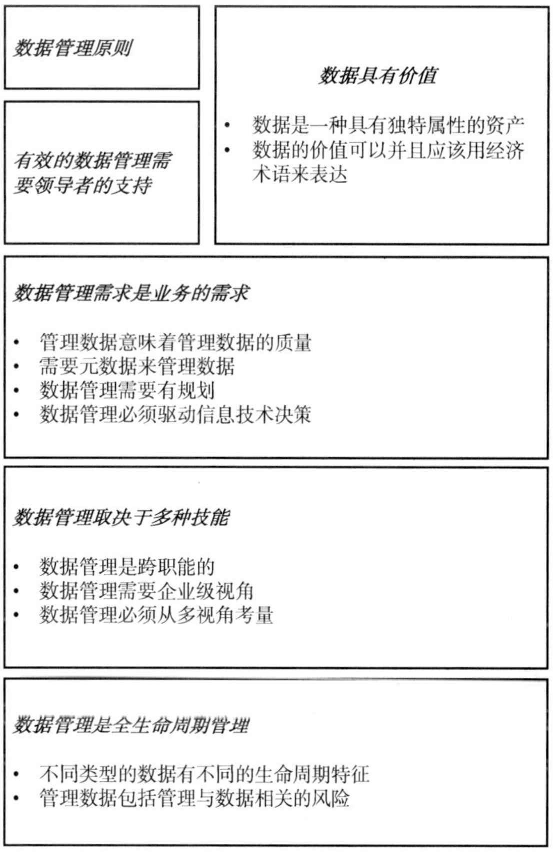

数据管理原则	数据具有价值
有效的数据管理需要领导者的支持	• 数据是一种具有独特属性的资产 • 数据的价值可以并且应该用经济术语来表达
	数据管理需求是业务的需求 • 管理数据意味着管理数据的质量 • 需要元数据来管理数据 • 数据管理需要有规划 • 数据管理必须驱动信息技术决策
	数据管理取决于多种技能 • 数据管理是跨职能的 • 数据管理需要企业级视角 • 数据管理必须从多视角考量
	数据管理是全生命周期管理 • 不同类型的数据有不同的生命周期特征 • 管理数据包括管理与数据相关的风险

图 1-1　数据管理原则

5）数据管理需要有规划。即便是小型组织，也可能具有复杂的技术和业务流程。数据在多个地方被创建并在多个地方流转和应用。为了协调工作并保持最终结果的一致性，需要从架构和流程的角度进行数据管理规划。

6）数据管理是跨职能的，需要一系列的技能和专业知识。数据管理需要技术和非技术技能及协作能力，单个团队无法管理组织的全部数据。

7）数据管理需要企业级视角。数据管理存在局部应用的可能，但必须在整个企业范围内应用才能发挥最大的作用。这是数据管理和数据治理紧密相连的原因之一。

8）数据管理必须从多视角考量。数据是流动的，数据管理必须不断发展演进，才能跟上数据创建和使用方式及数据消费者的步伐。

9）数据管理贯穿整个数据生命周期。数据是有生命周期的，管理数据需要管理其生命周期。因为数据会产生更多的数据，所以数据生命周期本身可能非常复杂。数据管理实践需要考虑数据的生命周期。不同类型的数据，生命周期特征不同，管理需求也就不同。在数据管理实践中必须认识到这些差异，并保持足够的灵活性以满足不同类型的数据生命周期管理需求。

10）管理数据包括管理与数据相关的风险。数据除了是一种资产，还代表组织潜在的风险。数据可能丢失、被盗或被滥用，组织必须考虑其使用数据引发的道德影响。与数据相关的风险必须作为数据生命周期的一部分进行管理。

11）数据管理必须驱动信息技术决策。数据和数据管理与信息技术及其管理密切相关。管理数据需要寻求方法，确保技术能够满足组织的战略数据需求，而不是由技术来主导。

12）有效的数据管理需要领导者的支持。数据管理涉及一套复杂的流程，为了高效实现数据管理，需要领导者协调、合作和承担责任。实现这一目标不仅需要具有管理技能，还需要来自管理层的愿景和目标的支持。

1.2.5 数据管理的挑战

数据管理具有源自数据本身的独特属性，这给遵循数据管理原则带来了诸多挑战。下面将讨论这些挑战的具体细节，其中许多挑战涉及不止一项原则。

1. 数据资产与其他资产的区别[⊖]

实物资产能够被看到、被触摸及被移动，并且在同一时刻只能出现在一个地方。金融资产必须在资产负债表上被核算。数据却有所不同：数据不是有形的；尽管数据的价值经常随着时间的推移而变化，但它是耐用的、不会磨损的；数据易于复制和传输，但它一旦丢失或毁坏，就不容易重现；由于数据在被使用时不会被消耗，它甚至可以在不消失的情况下被偷盗；数据是流动的，可以用于多种目的，同样的数据甚至可以同时被多人使用——这对于实物或金融资产来说是不可能的；数据被多次使用会产生更多的数据，大多数组织必须管理不断增加的数据及理清数据集之间的关系。

这些差异使得确定数据的货币价值极具挑战性。如果不用货币价值，就很难衡量数据对组织业绩的贡献。这些差异还会引发其他影响数据管理的问题，如定义数据所有权、盘点组织拥有的数据量、防止数据被滥用、管理与数据冗余相关的风险，以及定义和执行数据质量标准等。

尽管衡量数据价值面临挑战，但大多数人都已认识到数据确实具有价值。一个组织的数据对其自身而言是独有的，如果组织独有的数据（如客户列表、产品库存或索赔历史记录）丢失或销毁，那么替换这些数据将是不可能实现或成本极高的事情。数据也是组织描述其他资产的元资产（Meta-Asset），是组织认识自身的途径，为组织的洞察力提供了条件。

在组织内部和组织之间，数据和信息对业务的开展至关重要。大多数经营性商业交易涉及信息交换。这些信息都是以电子形式交换的，会形成数据轨迹。除了记录已经发生的交换，这些数据轨迹还可以提供有关组织运作方式的信息。

在所有组织中，数据都是十分重要的角色，因此要谨慎进行数据管理。

⊖ 本节内容源自《信息时代的数据质量》（Redman & Thomas，1996）41-42页、232-236页，以及《数据驱动》（2008）第一章"数据和信息的奇妙而危险的属性"。

2. 数据估值

价值是某项事物的收益与其成本之间的差额。对于某些资产，如股票，计算其价值很容易，只需要计算卖出价格和买入成本之间的差额就可以得出。但对于数据而言，计算其价值十分复杂，因为无论是数据的成本估值还是收益估值都没有统一的标准。

因为每个组织的数据都是独特的，所以数据估值的方法需要从阐明可以在组织内部一致应用的一般成本和收益类别开始。类别举例包括[⊖]：

1）获取和存储数据的成本。
2）数据丢失后的更换成本。
3）数据丢失对组织的影响。
4）风险缓解成本及与数据相关的潜在风险成本。
5）改进数据的成本。
6）高质量数据的收益。
7）竞争对手对数据的支付意愿。
8）数据潜在的销售价格。
9）创新性使用数据的预期收入。

数据估值面临的主要挑战是数据的价值是与其应用场景关联的（对一个组织有价值的数据可能对另一个组织没有价值），并且通常是具有时效性的（昨天有价值的数据今天可能不再有价值）。尽管如此，组织中某些类型的数据可能随着时间的推移始终具有价值。以可靠的客户信息为例，随着时间的推移，以及更多与客户活动相关的数据得以积累，客户信息甚至可能变得更有价值。

因为组织需要从财务角度了解资产以便做出一致的决策，所以将财务价值与数据相关联进行数据管理尤其重要。赋予数据价值是赋予数据管理活动价值的基础。数据估值过程也可以用作变革管理的一种手段。要求数据管理专业人员及其支持的利益相关方理解其工作的财务意义，可以帮助组织转变对自身数据的理解，并通过这种理解改进其数据管理方法。

3. 数据质量

数据质量管理是数据管理的核心。组织管理数据的目的是利用数据，如果他们不能依靠数据满足业务需求，收集、存储、保护和访问数据就会失去意义。为了确保数据满足业务需求，他们必须与数据消费者合作定义这些需求，包括对数据质量的需求。

由于数据与信息技术联系紧密，所以管理数据质量经常被视为一种事后考量。IT 团队通常对他们创建的系统应该存储的数据不屑一顾，可能是当程序员看到"垃圾进、垃圾出"的数据后不想管。但需要使用这些数据的人不能忽视数据质量，他们通常假定数据是可靠的和值得信赖的，直到他们有理由怀疑这种假定。一旦数据倍受质疑，就很难重拾信任。

[⊖] 当 DAMA-DMBOK 2 准备付印时，新闻中出现了另一种评估数据价值的方法：Wannacry 勒索软件攻击（2017 年 5 月 17 日）影响了 150 个国家或地区的 10 万多个组织。不法分子利用软件劫持数据，直到受害者支付赎金才释放数据。http：//bit.ly/2tNoyQ7。

数据的主要用途是从中学习知识，然后应用所学知识创造价值。例如，通过了解客户习惯可以改进产品或服务，通过评估组织绩效或市场趋势可以制定更好的业务策略等。

低质量的数据将对组织决策产生负面影响。低质量的数据对于任何组织来说代价都是高昂的，虽然代价可能有所不同，但专家们普遍认为组织在处理数据质量问题上的支出占收入的10%~30%。国际商用机器公司（International Business Machines，IBM）曾估计2016年美国低质量数据的成本为3.1万亿美元[⊖]。许多低质量数据的成本是隐秘的、间接的，因此难以衡量，但有些成本是直接且易于计算的，比如罚款。

低质量数据的成本来源于：

1) 废弃返工。
2) 应急措施和隐性修正流程。
3) 组织效率低或生产力水平低。
4) 组织内部冲突。
5) 工作满意度低。
6) 客户不满意。
7) 机会成本，包括创新能力受限。
8) 合规成本或罚款。
9) 声誉损失。

高质量数据相应的收益包括：

1) 提升客户体验。
2) 提高生产力。
3) 降低风险。
4) 快速把握商机。
5) 增加收入。
6) 从洞察客户、产品、流程和商机中获得竞争优势。

正如这些成本和收益所示，管理数据质量并不是一项一次性的工作。生成高质量数据需要规划、承担责任，并确立将质量融入流程和系统的观念。所有数据管理职能都会不同程度地影响数据质量，因此在执行任何数据管理工作时都要考虑到这一点（见第13章）。

4. 规划得到更好的数据

正如本章引言所述，从数据中获取价值绝非偶然，它需要多种形式的规划。首先需要认识到，组织可以控制自己获取和创建数据的方式。如果组织将数据视为自己创造的产品，它就会在数据的整个生命周期中做出更好的决策。这些决策需要经过系统性的思考，因为其涉及：

1) 数据连接业务流程的方式，这些流程本来可能被认为是独立的。

⊖ Redman 和 Thomas 指出："不良数据每年造成3万亿美元的损失"。《哈佛商业评论》，2016年9月22日。https://hbr.org/2016/09/bad-data-costs-the-u-s-3-trillion-per-year。

2）业务流程的支持技术与业务流程之间的关系。

3）系统的设计和架构及系统产生和存储的数据。

4）数据可能用于推进组织战略的方式。

为了规划得到更好的数据，一方面需要对数据的架构、建模或其他相关设计职能采取一些战略性的方法；另一方面取决于业务团队和 IT 领导班子之间的战略协作。当然，能否规划得到更好的数据还取决于各个项目的有效执行能力。

挑战在于，常见的组织压力及长期的时间和成本费用压力，都会阻碍更好地开展规划。组织在执行战略时必须平衡长期目标和短期目标，只有权衡清晰才能做出更好的决策。

5. 元数据和数据管理

为了将数据视为资产进行管理，组织需要可靠的元数据。在这个意义上，元数据应该被全面地理解。它不仅包括第 12 章中描述的业务、技术和操作元数据，还包括嵌入在数据架构、数据模型、数据安全需求、数据集成标准和数据运营流程中的元数据（见第 4 章~第 11 章）。

元数据描述了组织拥有的数据是什么、它代表什么、如何分类、来自哪里、如何在组织内部流动、如何在使用中演进、谁可以使用它、谁不能使用它，以及它是否具有高质量。数据是抽象的，定义和其他上下文情境描述能够使其容易被理解，它们使数据、数据生命周期及包含数据的复杂系统变得可解释。

元数据本身也是数据因此需要像数据一样进行管理。元数据管理通常是组织全面改进数据管理的起点，不管理元数据的组织通常也无法做好数据管理。

6. 数据管理是跨职能的

数据管理是一个复杂的过程。在组织内部，数据由负责数据生命周期中不同阶段的团队在不同的地方进行管理。数据管理需要良好的设计能力规划系统、较高的技术能力管理硬件和软件，需要数据分析技能理解、分析问题和解释数据，需要语言技能定义需求并在模型中达成共识，还需要战略思维发现为客户服务和实现目标的机会。

挑战在于如何让具备这些不同技能和视角的人认识到数据管理的不同部分如何协调工作，以便在共同目标下高效协作。

7. 建立企业视角

数据是组织的"横向"要素，应该跨越销售、市场、运营等"纵向"部门流动。数据不仅是组织的特有资源，有时甚至在部门间也存在差异。由于数据通常被简单视为运营过程的副产品（如销售交易记录是销售过程的副产品），数据管理的规划往往局限于眼前的需求。

即使在同一组织内，数据也可能存在分散性。不同部门可能对同一概念（如客户、产品、供应商）有不同的表示方式。数据集成或主数据管理项目的从业者可以现身说法，这些差异无论是微妙还是显著，都为跨组织的数据管理带来了挑战。然而，利益相关方通常会假设组织的数据应该是连贯的，因此数据管理的目标之一就是使数据在逻辑上协调一致，以便广泛的数据消费者使用。

数据治理之所以变得日益重要，是因为它帮助组织跨部门对数据进行决策（见第3章）。

8. 从其他视角考虑数据管理

如今的组织既使用自己内部产生的数据，也使用从外部获取的数据，因而必须考虑不同国家（地区）和行业不同法律和合规的要求。数据的创建者常常忘记数据会被他人在未来使用。了解数据的潜在用途有助于更好地规划数据生命周期，从而提高数据质量。同时，数据也可能被滥用，考虑到这种风险可以降低误用的概率。

9. 数据生命周期

与其他资产一样，数据也有生命周期。为了有效地管理数据资产，组织需要了解并规划数据生命周期，这是战略性的管理要求，着眼于组织将如何使用数据。组织不仅要界定其数据业务需求，还要界定其数据管理需求，其中包括使用、质量、控制和安全方面的制度和期望、企业架构和设计方法，以及对基础设施和软件开发采取可持续的方法。

数据生命周期源于产品生命周期，但不能将它与系统开发生命周期混淆。从概念上讲，数据生命周期很容易被描述（图1-2），它包括创建或获取、移动、转换、存储、维护、共享、使用及处置数据的过程⊖。在数据的整个生命周期中，数据可能会被清理、转换、合并、增强或聚合。随着数据的使用或增强，通常会创造新的数据，因此数据生命周期会进行内部迭代。数据很少是静态的，管理数据涉及一系列内部交互的过程，与数据生命周期保持一致。

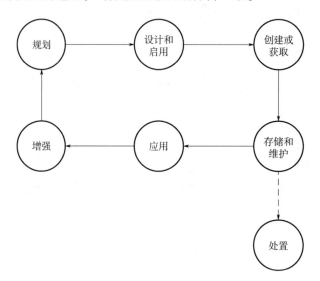

图1-2 数据生命周期中的关键活动

组织中数据生命周期的具体情况可能非常复杂，因为数据不仅具有生命周期，还具有血缘（数据从起点流动到使用点的路径，也被称为数据链）。了解数据血缘（Data Lineage）需要记录数据集的起源，以及在访问和使用它们的系统中的流动和转换。生命周期和血缘相互交叉，有助于相互理

⊖ 有关产品生命周期和数据的信息，请参见 McGilvray（2008）和 English（1999）。

解。一个组织越了解数据的生命周期和血缘，管理数据的能力就越强。

数据管理对数据生命周期的关注有下列 5 个方面的重要影响：

1) 创建和使用是数据生命周期中的关键要点。数据管理必须了解数据的产生或获取方式及使用方式。产生数据需要花费资金，数据只有在被消费或应用时才会实现其价值（见第 5、6、8、11、14 章）。

2) 数据质量管理必须贯穿整个数据生命周期。数据质量管理是数据管理的核心。低质量数据带来的是成本和风险，而非价值。如前所述，由于数据通常是运营过程的副产品，并且组织往往未明确制定质量标准，数据质量管理常面临挑战。由于数据质量可能受到生命周期中多个事件的影响，必须将质量管理作为数据生命周期的一部分进行规划（见第 13 章）。

3) 元数据质量管理必须贯穿整个数据生命周期。由于元数据也是数据的一种形式，并且组织依赖其管理其他数据，元数据质量必须以与其他数据质量相同的方式进行管理（见第 12 章）。

4) 必须在整个数据生命周期中进行数据安全管理。数据安全管理的目标是确保数据安全，降低与数据相关的风险。那些需要保护的数据必须在其从创建到销毁的整个生命周期中受到保护（见第 7 章）。

5) 数据管理工作应聚焦于关键数据。组织产生了大量的数据，其中很大一部分实际上从未被使用，试图管理每一条数据是不可能的。数据生命周期管理要求将重点放在组织的关键数据上，并将 ROT 数据（Redundant，Obsolete，Trivial，冗余的、过时的、不重要的数据）降至最低（Aiken，2014）。

10. 不同类型的数据

由于不同类型的数据各有不同的生命周期管理要求，管理数据变得更加复杂。任何管理系统都需要对所管理的对象进行分类。数据可以按数据类型（如事务数据、参考数据、主数据、元数据，或类别数据、资源数据、事件数据、详细事务数据），可以按数据内容（如数据域、主题领域），也可以按数据所需的格式或保护级别进行分类。数据还可以按数据存储或访问的方式和位置进行分类（见第 5 章和第 10 章）。

由于不同类型的数据有不同的要求，与不同的风险相关，并在组织内发挥不同的作用，许多数据管理工具都集中在数据分类和控制方面（Bryce，2005）。例如，主数据与交易数据具有不同的用途，因此管理要求也各不相同（见第 9、10、12 和 14 章）。

11. 数据和风险

数据不仅会带来价值，也会带来风险。低质量（不准确、不完整或过时）的数据因其信息不正确产生风险，数据被误解和滥用也会产生风险。

组织从高质量的数据中获得最大价值——可获得、相互关联、完整、准确、一致、及时、可用、有意义和可理解。然而，对于许多重要的决策，人们都存在信息偏差——所知道的和做出有效决策所需要知道的有差异。信息偏差可能会对组织运营效率和盈利能力造成较大影响。认识到高质量数据价值的组织会采取具体、积极的措施，在监管和道德文化框架内提高数据和信息的质量和可用性。

随着信息作为部门组织资产的作用日益增强，监管机构和立法者更加关注信息的潜在用途和滥用。从《萨班斯-奥克斯利法案》（Sarbanes-Oxley，专注于控制从交易到资产负债表的金融交易数据的准确性和有效性），到偿付能力监管 II（Solvency II，专注于支撑保险行业风险模型和资本充足率的数据血缘和数据质量），再到过去 10 年快速增长的数据隐私法规（涵盖各个行业和司法管辖人员的数据处理），很明显，虽然目前会计还未将信息作为资产纳入资产负债表，但监管环境越来越期望将它列入风险登记册，并对其采取适当的缓解措施和控制措施。

同样，随着消费者越来越了解数据是如何被使用的，他们不仅希望流程运行得更顺畅、更高效，还希望自己的信息能够得到保护和尊重。对于数据管理专业人员而言，这意味着战略利益相关方的范围比传统情况下的范围更广（见第 2 章、第 7 章）。

不幸的是，当这些风险没有得到管理时，该企业的股票不会被看好，监管者会对企业的运营施加罚款或限制，客户的购买量也会下降，从而导致数据管理对资产负债表的影响越来越大。

12. 数据管理与技术

正如本章引言和其他地方所述，数据管理活动涉及多个方面，需要具有技术技能和业务技能。由于绝大多数数据是以电子形式存储的，数据管理策略受技术的影响较大。从一开始，数据管理的概念就与技术紧密地结合在一起，并且这种状况还在延续。在许多组织中，构建新技术的动力与获得更可靠的数据之间存在持续的紧张关系——就好像两者是相互对立的，而不是彼此需要的。

成功的数据管理需要对技术做出正确的决策，但管理技术与管理数据不同。组织需要了解技术对数据的影响，以防止技术的诱惑影响它们对数据的决策。相反，与业务战略相一致的数据需求应该推动技术决策。

13. 高效的数据管理需要组织建立领导力并投入

《领导者的数据宣言》（*The Leader's Data Manifesto*）指出，组织增长的最佳机会在于数据。尽管大多数组织已将其数据视为一种资产，但它们距离数据驱动还很远。许多人不清楚他们拥有哪些数据或哪些数据对其业务最关键。他们混淆了数据和信息技术，且对两者管理不善。他们没有数据战略蓝图，同时低估了数据管理所涉及的工作。这些条件加剧了管理数据的挑战，并指出了组织成功的关键因素：坚定的领导和组织中各级人员的参与[⊖]。

数据管理既非易事，亦非简单之举。然而，因为很少有组织能够做好它，所以它是一个基本上未被利用的机会。要想在数据管理上取得进步，需具备前瞻的思维、周密的规划及改变的意愿（见第 15 章至第 17 章）。

对首席数据官（CDO）角色的倡导源于人们认识到管理数据具有的这些独特挑战，并且成功的数据管理必须是由业务驱动的，而不是由 IT 驱动的。CDO 能够引领数据管理规划，并促使组织利

⊖ 《领导者的数据宣言》全文可在以下网址查阅：http://bit.ly/2sQhcy7。

用其数据资产，从中获得竞争优势。但 CDO 的职责不能仅限于领导项目，还必须引导文化转型，助力组织采取更具战略性的数据管理方法。

1.2.6 数据管理战略

战略是一系列选择和决策的集合，是组织高层共同制定的实现高层次目标的高阶行动计划。在国际象棋游戏中，战略是一系列有序的动作，旨在通过将死获胜或平局生存。战略计划是实现高层次目标的高层行动计划。

数据战略应包括利用信息获得竞争优势和支持企业目标达成的业务计划。数据战略必须源于对业务战略中固有的数据需求的理解：组织需要哪些数据、如何获取这些数据、如何管理并确保其长期的可靠性，以及如何利用这些数据。

通常，数据战略需要一个支持性的数据管理项目策略——用于维护和提高数据质量、数据完整性、访问性和安全性的计划，同时减少已知和潜在的风险。该策略还必须能解决与数据管理相关的已知问题。

在许多组织中，数据管理战略由 CDO 拥有和维护，由数据治理委员会（Data Governance Council，DGC）提供支持，并通过数据治理团队执行。通常，在成立数据治理委员会（DGC）之前，CDO 甚至会起草初步的数据战略和数据管理策略，以获得高级管理层对建立数据管理和治理的承诺。

数据管理战略的组成部分应包括：

1）令人信服的数据管理愿景。

2）用于数据管理的业务场景概述和选定的案例。

3）指导原则、价值观和管理理念。

4）数据管理的使命和长期方向性目标。

5）数据管理成功的预期衡量标准。

6）符合 SMART（具体的、可衡量的、可执行的、现实的、有时间限制的）原则的短期（12~24 个月）数据管理计划目标。

7）数据管理角色和组织的描述，及其权责的概要描述。

8）数据管理项目组成部分和计划的描述。

9）有明确范围的优先工作任务。

10）包含项目和行动计划的实施路线草案。

数据管理战略规划的交付成果包括：

1）数据管理章程，包括总体愿景、商业场景、目标、指导原则、成功衡量标准、关键成功因素、可识别的风险、运营模式等。

2）数据管理范围声明，包括规划目的和目标（通常为 3 年），以及负责达成这些目的/目标的角色、组织和领导。

3）数据管理实施路线图，包括确定具体的项目、计划、任务分配和交付里程碑（见第 15 章）。

数据管理策略应涉及与组织相关的所有 DAMA 数据管理框架知识领域。

1.3 数据管理框架

数据管理涉及一系列相互依赖的职能，每个职能都有其自身的目标、活动和责任。数据管理专业人员不但需要斟酌从抽象的企业资产中提炼价值带来的挑战，还需要考虑战略与运营的平衡、特定的业务与技术的需求、风险与合规要求，以及消除人们在数据表示客观世界和数据是否为高质量方面的冲突性理解。

由于数据管理需要跟进的内容很多，所以拥有一个框架全面理解数据管理并洞悉其组件之间的关系会对人们有所帮助。相互依赖的职能之间需要对齐，任何组织想从数据中提取价值，负责数据管理不同方面的人员都需要进行协作。

DAMA-DMBOK 框架针对不同层次不同视角提供了一系列关于如何进行数据管理的见解。这些见解可以用来澄清战略、制定路线图、组织团队和协调各职能步调一致。

DAMA-DMBOK 2 中呈现的想法和概念可以在不同的组织中以不同的方式应用。组织管理数据的方法取决于行业、使用的数据范围、文化、成熟度水平、战略、愿景及正在解决的具体挑战等关键因素。本节描述的框架提供了一些视角，通过这些视角可以理解数据管理，并应用 DAMA-DMBOK 中提出的概念。

1）前两个模型，即战略一致性模型（Strategic Alignment Model，SAM）和阿姆斯特丹信息模型（Amsterdam Information Model，AIM）展示了影响组织数据管理的高阶关系。

2）DAMA-DMBOK 框架（包括 DAMA 车轮图、六边形图和语境关系图）描述了由 DAMA 定义的数据管理知识领域，并解释了它们在 DMBOK 中的关系。

3）最后两个模型以 DAMA 车轮图为起点重新排列各个部分，便于人们更好地理解和描述各个数据管理知识领域之间的关系。

1.3.1 战略一致性模型

战略一致性模型（Henderson & Venkatraman，1999）提炼了数据管理方法的基本驱动因素。模型的核心是数据与信息之间的关系。信息通常与业务战略和数据的运营使用相关联。数据则与信息技术和支持使数据可用的流程相关联。围绕这一概念的是 4 个基本领域的战略选择：业务战略、信息技术战略、组织基础设施与流程、信息技术基础设施与流程。

真正的战略一致性模型比图 1-3 中所示的内容更复杂，每个角落的六边形都有自己的深层结构。例如，在业务战略和 IT 战略内部，需要考虑其各自范围、能力和治理。运营必须考虑基础设施、流程和技能。各个部分之间的关系帮助组织了解不同组件的战略契合度及各个部分的功能整合。即使是模型的抽象描述，也有助于理解影响数据和数据管理决策的组织因素。

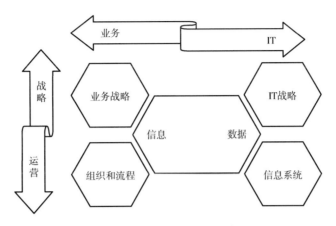

图 1-3 战略一致性模型⊖

1.3.2 阿姆斯特丹信息模型

阿姆斯特丹信息模型与战略一致性模型相同，都是从战略角度看待业务与技术的一致性（Abcouwer, Maes & Truijens，1997）⊜。所谓的"九宫格"识别了一个关注结构和战术的中间层，包括规划和架构。此外，它还认可信息交流的必要性（在图 1-4 中表现为信息治理和数据质量支柱）。

战略一致性模型和阿姆斯特丹信息模型的创建者详细描述了各组件之间的关系，从横轴（业务战略/IT 战略）和纵轴（业务战略/业务运营）两个角度进行了阐述。

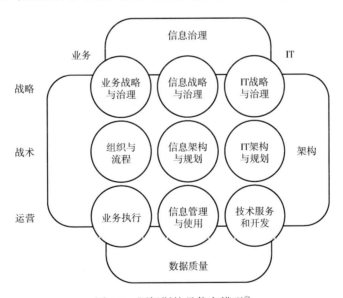

图 1-4 阿姆斯特丹信息模型⊜

⊖ 由 Henderson 和 Venkatraman 改编。

⊜ 另请参阅：业务与信息技术对齐博客，《阿姆斯特丹信息模型（AIM）九宫格》（2010.12.8）。https://businessitalignment.wordpress.com/tag/amsterdam-information-model/《IT 管理框架》第 13 章。Van Haren 出版社，2006。http://bit.ly/2sq2Ow1。

⊜ 改编自 Maas。

1.3.3 DAMA-DMBOK 框架

DAMA-DMBOK 框架详细阐述了构成数据管理整体范围的知识领域。以下从 3 个视角描绘 DAMA 的数据管理框架：

1）DAMA 车轮图（图 1-5）。
2）DAMA 环境因素六边形图（图 1-6）。

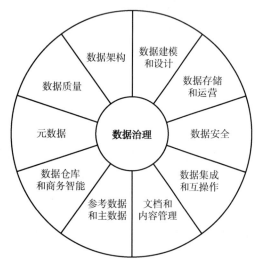

图 1-5 DAMA 数据管理框架图（DAMA 车轮图）

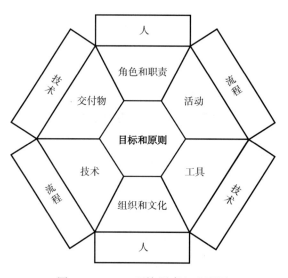

图 1-6 DAMA 环境因素六边形图

3）知识领域语境关系图（图 1-7）。

DAMA 车轮图定义了数据管理的知识领域。它将数据治理（Data Governance）置于数据管理活动的核心，因为治理需要数据管理职能内部的一致性，所以需要在各职能之间进行平衡。其他知识领域（如数据架构、数据建模等）在车轮图中均匀分布，它们都是成熟数据管理职能的必要部分，但根据组织的需求可能会在不同时间实施。这些知识领域是 DAMA-DMBOK 2 第 3 章至第 13 章的重点。

环境因素六边形图展示了人、流程和技术之间的关系，是阅读 DMBOK 语境关系图的关键。它将目标和原则置于中心，为人们执行活动、有效使用工具以进行成功的数据管理提供了指导。

知识领域语境关系图描述了知识领域的细节，包括与人员、流程和技术相关的细节。它基于用于产品管理的 SIPOC（供给者 Supplier、输入 Input、过程 Process、输出 Output 和消费者 Customer）图的概念。语境关系图将活动置于中心，这些活动产生了满足利益相关方需求的可交付成果。

每个语境关系图都是从知识领域的定义和目标开始的。目标驱动的活动被分为规划（P）、控制（C）、开发（D）和运营（O）4 个阶段。左侧（流入活动）是输入和供给者，右侧（流出活动）是成果/交付物和消费者，活动下方是参与者，底部是影响知识领域各个方面的方法、工具和度量指标。组织与文化是一个重要的反复出现的主题，在数据治理、数据管理成熟度评估、数据管理组织和角色期望及数据管理和组织变革管理的章节中进行更明确的阐述。为了强调在使数据管理

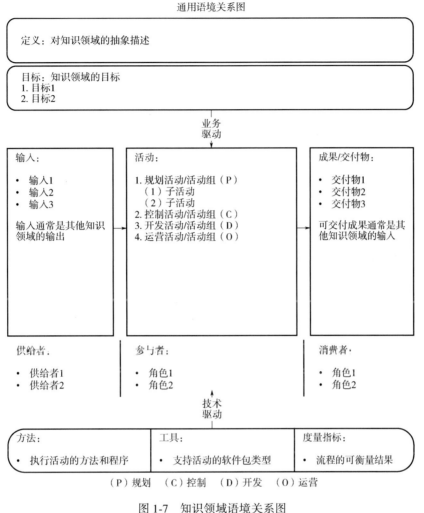

图 1-7 知识领域语境关系图

成功可衡量方面的指导，语境关系图增加了度量维度。图 1-7 中的列表是示例性的，而不是详尽无遗的。项目将以不同的方式适用于不同的组织。高级角色列表仅包括最重要的角色。每个组织都可以通过调整这种模式满足自己的需求。

知识领域语境关系图的组成部分包括：

1）定义：简明扼要地定义了知识领域。

2）目标：描述了知识领域的宗旨及每个知识领域内指导各项活动的基本原则。

3）活动：是实现知识领域目标所需的行动和任务。有些活动用子活动、任务和步骤来描述。活动分为规划、控制、开发和运营 4 个阶段。

①规划活动（Planning）。为实现数据管理目标确定战略和战术路线，需要定期进行。

②控制活动（Control）。持续确保数据的质量，以及数据访问和使用系统的完整性、可靠性和安全性。

③开发活动（Development）。围绕系统开发生命周期（SDLC），即分析、设计、构建、测试、准备和部署展开。

④运营活动（Operational）。支持使用、维护和改进供访问和使用数据的系统和流程。

4）输入：是每个知识领域启动活动所需的事物。许多活动需要相同的输入，比如业务战略知识。

5）成果/交付物：是知识领域活动的产出，是每个职能部门负责生产的有形事物。交付成果可能是自身的输出，也可能是其他活动的输入。一些主要交付成果需要由多个职能部门共同完成。

6）角色与职责：描述个人和团队在知识领域内如何贡献活动。在概念上进行角色描述，重点关注大多数组织中所需的角色组。个人的角色根据技能和资格要求进行定义。使用信息时代技能框架（Skills Framework for the Information Age，SFIA）来协助调整角色。许多角色将是跨职能的[一]（见第 16 章）。

①供给者：负责提供输入或允许获得输入的人员。

②参与者：执行、管理或批准知识领域活动的人员。

③消费者：直接受益于数据管理活动所产生的主要交付成果的人。

7）工具：实现知识领域目标所运用的应用程序和其他技术[二]。

8）方法：在知识领域内开展活动和生产可交付成果所使用的技术和程序。方法包括通用惯例、最佳实践建议、标准和协议，以及新出现的替代方法（如适用）。

9）度量指标：是衡量评估绩效、进度、质量、效率或其他效果的标准。指标定义了每个知识领域内工作的衡量标准。它还可以衡量更抽象的特征，如改进或价值。

虽然 DAMA 车轮图展示了一组知识领域集的概要，六边形图识别了知识领域结构的组成部分，知识领域语境关系图呈现了每个知识领域的详细信息，然而在现有的 DAMA 数据管理框架中，没有一个框架能描述不同知识领域之间的关系。为解决这一问题，我们努力重新制定一个新的 DAMA-DMBOK 框架，并将在接下来的两节中具体介绍。

1.3.4 DMBOK 金字塔

很多组织一旦被问及最希望利用数据做什么，大多数回答是希望能够最大限度地利用自己的数据努力实践先进的黄金金字塔（如实现数据挖掘、分析等高级实践等）。但是这座金字塔只是一座有更大结构金字塔的顶部，或者说是在一个巨大基础上形成的顶峰。大多数组织都是还没有定义好数据管理战略就开始进行数据管理，也就是在不太理想的条件下构建金字塔，这无异于构建空中楼阁。

彼得·艾肯（Peter Aiken）的框架使用了 DMBOK 功能领域描述组织当前的状态。组织也可以利用该框架确定前进的方向，从而拥有可靠的数据和流程支持战略性业务目标。为实现这一目标，许多组织都会经历类似的逻辑步骤（图 1-8）。

第 1 阶段：组织购买一款有数据库功能的应用程序。这意味着它们有了数据建模/设计、数据存储和数据安全的基础（如让某些人进入并阻止其他人进入）。为了使系统在其环境中与数据一起运行，它们需要进行集成和互操作性工作。

㊀ http：//bit.ly/2sTusD0.

㊁ DAMA 国际并不认可特定的工具或供应商。

第1章 数据管理

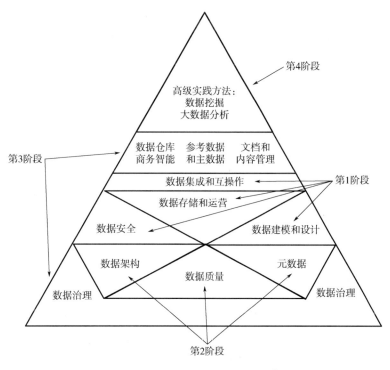

图 1-8 购买或构建数据库能力[一]

第2阶段：一旦组织开始使用应用程序，它们将面临数据质量方面的挑战。但是，能否获得更高质量的数据取决于元数据是否可靠和数据架构是否一致。这也体现了来自不同系统的数据如何协同工作。

第3阶段：管理数据质量、元数据和架构需要数据治理为数据管理活动提供结构性支持。数据治理还有助于战略计划的执行，如文档和内容管理、参考数据管理、主数据管理、数据仓库和商务智能，从而在黄金金字塔中充分实现高级实践。

第4阶段：组织利用其管理数据的优势，提高自身的分析能力，构建黄金金字塔顶端。

彼得·艾肯的金字塔是基于DAMA车轮图构建出来的，但它也为其显示了各知识领域之间的关系。这些知识领域并非都是可以互换的，它们之间存在着多种相互依赖的关系。金字塔框架有两个驱动因素：一个是在基础上构建的理念，即需要在正确位置上使用相互支持的组件；另一个是有些矛盾的理念，即这些组件可能会以任意顺序放置。

1.3.5 DAMA 数据管理框架的演变

彼得·艾肯的金字塔描述了一个组织如何发展更优秀的数据管理实践。学习DAMA知识领域的另一种方法是探索这些知识领域之间的依赖关系。DAMA功能区依存关系如图1-9所示。从苏·吉恩斯（Sue Geuens）开发的框架可以看到，商务智能和分析功能对所有其他数据管理职能都有依赖关系。它们直接依赖主数据和数据仓库解决方案，这些解决方案又反过来依赖输入系统和应用程

[一] 金字塔图形版权归数据蓝图（Data BluePrint）公司所有，经授权使用。

序。可靠的数据质量、数据设计和数据互操作性实践是可靠系统和应用程序的基础。此外，包括元数据管理、数据安全、数据架构和参考数据管理在内的数据治理在这个模型中提供了所有其他职能都依赖的基础。

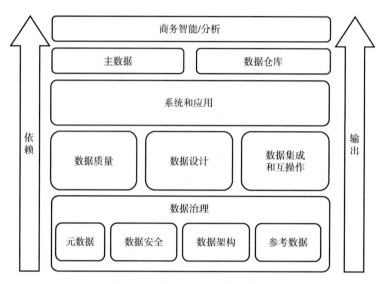

图 1-9　DAMA 功能区依存关系

图 1-10 描绘了 DAMA 车轮图的第三种替代方案。它同样借鉴了架构的概念提出 DAMA 知识领域之间的关系，并提供了更多知识领域内容的细节来阐明这些关系。

该框架始于数据管理的指导目的：使组织能够从其数据资产中获取价值，就像从其他资产中获得价值一样。实现数据价值需要对数据全生命周期进行管理，因此与数据生命周期相关的数据管理职能被描绘在图 1-10 的中心位置。这些职能包括：对可靠、高质量的数据进行规划和设计；建立流程和功能，使数据能够被启用和维护；利用数据进行各种类型的分析，并通过这些过程提升其价值。

生命周期管理部分描述了支持传统数据使用（商务智能、文档和内容管理）所需的数据管理设计和运营职能（建模、架构、存储和运营等）。它还识别出了支持新兴数据使用（数据科学、预测分析等）的新兴数据管理职能（大数据存储）。在数据真正被管理为资产的情况下，组织可能能够通过将其销售给其他组织（数据货币化）直接从中获得价值。

与那些通过基础活动和监督活动支持数据生命周期的组织相比，仅关注直接生命周期功能的组织无法从数据中获得更多的价值。基础活动如数据风险管理、元数据和数据质量管理，贯穿整个数据生命周期。通过这些基础活动，组织可以做出更好的设计决策，使数据更加易于使用。如果这些管理工作执行得好，数据的维护成本就会降低，数据消费者对数据也会更有信心，使用数据的机会也会增加。

很多组织都用数据治理的形式行使监督职能，以成功支持数据生产和使用，并保障基础活动按照规范执行。数据治理职能可以使组织成为以数据驱动的组织；通过制定战略和支持原则、制度和管理实践，确保组织认识到从数据中获取价值的机会并采取行动。数据治理还应该成为组织变革的管理活动，以教育并鼓励组织能够战略性地使用数据的行为。因此，当组织的数据管理行为日渐成

第 1 章 数据管理

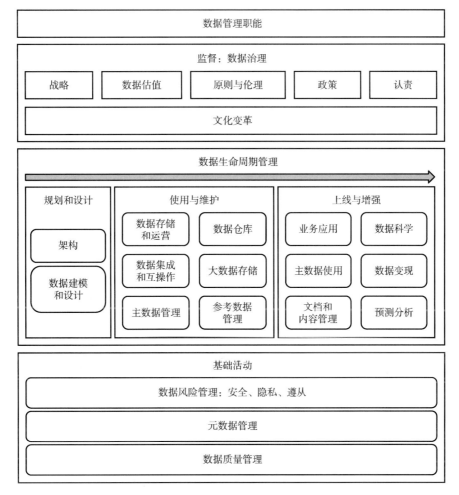

图 1-10 DAMA 数据管理职能框架

熟时，对组织文化进行变革的必要性便涵盖了数据治理职责的广度。

DAMA 数据管理框架也可以被描述为另一种形式的 DAMA 车轮图，其核心活动围绕着数据管理生命周期，并包含在数据治理的严格范围内（图 1-11）。

该框架的中心是核心活动，包括元数据管理、数据质量管理和数据架构定义。

生命周期管理活动可以从规划角度（风险管理、建模、数据设计、参考数据管理）和支持角度（主数据管理、数据技术开发、数据集成和互操作、数据仓库及数据存储和运营）来定义。

生命周期的管理活动源于数据的使用，如主数据使用、文档和内容管理、商务智能、数据科学、预测分析和数据可视化。其中许多活动基于对现有数据的深层理解，会增强或开发出更多的数据。数据货币化的机会可以被认为是数据的使用途径。

数据治理活动通过战略、原则、制度和管理进行监督和管控。它们通过数据分类分级和数据估值来实现一致性。

呈现 DAMA 数据管理框架不同形式描述的目的是提供额外的视角，并就如何应用 DMBOK 中提出的概念展开讨论。随着数据管理越来越重要，此类框架成为数据管理社区内部，以及数据管理社区与利益相关方之间有效的沟通工具。

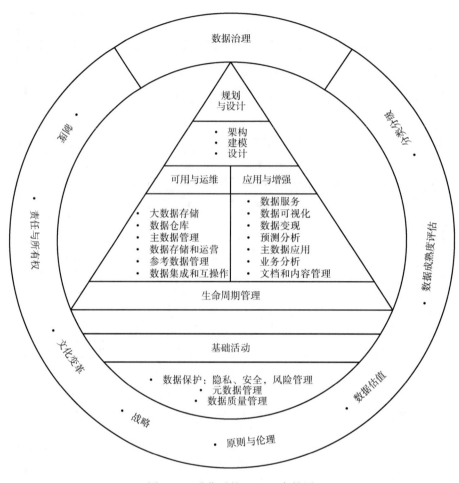

图 1-11 进化后的 DAMA 车轮图

1.4 DAMA 和 DMBOK

数据管理带来了诸多挑战，其中大多数已为业内组织所认知。至少从 20 世纪 80 年代开始，组织就已认识到管理数据是其成功的核心。随着人们创造和利用数据的能力及意愿不断增强，对可靠数据管理实践的需求也随之增加。

DAMA 国际的成立正是为了应对这些挑战。DAMA-DMBOK 作为一本面向数据管理专业人员的易读、权威的参考书，通过以下方式支持 DAMA 国际的使命：

1）为实施企业数据管理的实践提供功能框架，包括指导原则，广泛采用的实践、方法和技术，职能，角色，可交付成果和指标。

2）建立数据管理概念的通用词汇表，并作为数据管理专业人员最佳实践的基础。

3）作为 CDMP（数据管理专业人员认证）和其他认证考试的基本参考指南。

DMBOK 基于 DAMA-DMBOK 数据管理框架的 11 个知识领域构建（DAMA 车轮图，见图 1-5）。第 3 章至第 13 章重点介绍知识领域，每个知识领域章节都遵循一个共同的结构：

1）引言，包括：①业务驱动因素；②目标和原则；③基本概念。

2）活动。

3）工具。

4）方法。

5）实施指南。

6）与数据治理的关系。

7）度量指标。

知识领域描述了数据管理活动的范围和背景。知识领域包含数据管理的基本目标和原则。由于数据在组织内水平流动，知识领域活动相互交叉并与其他组织职能交叉。

1）数据治理。通过建立满足企业需求的数据管理和决策体系，对数据管理进行指导和监督（第3章）。

2）数据架构。通过与组织战略对齐，定义了管理数据资产的蓝图，旨在确立和满足战略数据需求（第4章）。

3）数据建模和设计。建立精确的数据模型，发现、分析、表示和传达数据需求的过程（第5章）。

4）数据存储和运营。包括存储数据的设计、实施和支持，旨在最大限度挖掘数据的价值。在整个数据生命周期中，开展从数据规划到数据处置的相关运营活动（第6章）。

5）数据安全。确保数据隐私和安全，防止数据泄露，并确保数据得到适当访问（第7章）。

6）数据集成和互操作。涉及在数据存储、应用程序及组织内部和组织之间进行数据流动和整合的相关流程（第8章）。

7）文档和内容管理。涉及规划、实施和控制非结构化媒体中数据和信息的生命周期管理活动，尤其是那些满足法律法规合规要求的文档（第9章）。

8）参考数据和主数据。涉及对核心关键共享数据进行持续的协调和维护，使关键业务实体的真实信息以准确、及时和相关联的方式在各系统间得到一致使用（第10章）。

9）数据仓库和商务智能。包括规划、实施和控制流程，管理决策支持数据，使分析人员和决策者能够通过数据分析从数据中获取价值（第11章）。

10）元数据管理。包括规划、实施和控制活动，以便获取和使用高质量、集成的元数据，其中包括定义、模型、数据流和其他对于理解数据及创造、维护和访问数据系统至关重要的信息（第12章）。

11）数据质量管理。包括质量管理技术的规划和实施，旨在评估和提升数据在组织内的适用性和质量（第13章）。

除了有关知识领域的章节，DAMA-DMBOK还包含有关以下主题的章节：

1）数据处理伦理。描述在数据使用过程中，数据伦理在做出明智的、对社会负责的决策方面发挥的核心作用。所有数据管理专业人员都应以数据收集、分析和使用的伦理意识为指导（第2章）。

2）大数据和数据科学。描述随着人们收集和分析大型而多样化数据集能力的增强而出现的技术和业务流程（第 14 章）。

3）数据管理成熟度评估。概述评估和改进组织数据管理能力的方法（第 15 章）。

4）数据管理组织和角色期望。提供组织数据管理团队和实现成功数据管理实践的最佳实践和注意事项（第 16 章）。

5）数据管理和组织变革管理。描述了如何规划并推进组织文化变革，这是在组织中嵌入有效的数据管理实践的必然结果（第 17 章）。

一个组织如何管理数据取决于其目标、规模、资源和复杂性，以及对数据如何支持其总体战略的认知程度。虽然大多数企业不可能完全执行每个知识领域中所描述的全部活动，但是了解更广泛的数据管理背景有助于更好地决定在这些相关职能内部和组织之间改进实践时重点关注何处。

参考文献

Abcouwer, A. W., Maes, R., Truijens, J.: *Contouren van een generiek Model voor Information management.* Primavera Working Paper 97-07, 1997. http://bit.ly/2rV5dLx.

Adelman, Sid, Larissa Moss, and Majid Abai. *Data Strategy.* Addison-Wesley Professional, 2005. Print.

Aiken, Peter and Billings, Juanita. *Monetizing Data Management.* Technics Publishing, LLC, 2014. Print.

Aiken, Peter and Harbour, Todd. *Data Strategy and the Enterprise Data Executive.* Technics Publishing, LLC, 2017. Print.

APRA (Australian Prudential Regulation Authority). *Prudential Practice Guide CPG 234, Management of Security Risk in Information and Information Technology.* May 2013. http://bit.ly/2sAKe2y.

APRA (Australian Prudential Regulation Authority). *Prudential Practice Guide CPG 235, Managing Data Risk.* September 2013. http://bit.ly/2sVIFil.

Borek, Alexander et al. *Total Information Risk Management: Maximizing the Value of Data and Information Assets.* Morgan Kaufmann, 2013. Print.

Brackett, Michael. *Data Resource Design: Reality Beyond Illusion.* Technics Publishing, LLC, 2014. Print.

Bryce, Tim. *Benefits of a Data Taxonomy.* Blog 2005-07-11. http://bit.ly/2sTeU1U.

Chisholm, Malcolm and Roblyn-Lee, Diane. *Definitions in Data Management: A Guide to Fundamental Semantic Metadata.* Design Media, 2008. Print.

Devlin, Barry. *Business Unintelligence.* Technics Publishing, LLC, 2013. Print.

English, Larry. *Improving Data Warehouse and Business Information Quality: Methods For Reducing Costs And Increasing Profits.* John Wiley and Sons, 1999. Print.

Evans, Nina and Price, James. *Barriers to the Effective Deployment of Information Assets: An Executive Management Perspective.* Interdisciplinary Journal of Information, Knowledge, and Management Volume 7, 2012. Accessed from http://bit.ly/2sVwvG4.

Fisher, Tony. *The Data Asset: How Smart Companies Govern Their Data for Business Success*. Wiley, 2009. Print. Wiley and SAS Business Ser.

Henderson, J. C., H Venkatraman, H. *Leveraging information technology for transforming Organizations. IBM System Journal*. Volume 38, Issue 2.3, 1999. [1993 Reprint]. http://bit.ly/2sV86Ay and http://bit.ly/1uW8jMQ.

Kent, William. *Data and Reality: A Timeless Perspective on Perceiving and Managing Information in Our Imprecise World*. 3rd ed. Technics Publications, LLC, 2012. Print.

Kring, Kenneth L. *Business Strategy Mapping-The Power of Knowing How it All Fits Together*. Langdon Street Press (a division of Hillcrest Publishing Group, Inc.), 2009. Print.

Loh, Steve. *Data-ism: The Revolution Transforming Decision Making, Consumer Behavior, and Almost Everything Else*. HarperBusiness, 2015. Print.

Loshin, David. *Enterprise Knowledge Management: The Data Quality Approach*. Morgan Kaufmann, 2001. Print.

Maes, R. "*A Generic Framework for Information Management.*" PrimaVera Working Paper 99-02, 1999.

McGilvray, Danette. *Executing Data Quality Projects: Ten Steps to Quality Data and Trusted Information*. Morgan Kaufmann, 2008. Print.

McKnight, William. *Information Management: Strategies for Gaining a Competitive Advantage with Data*. Morgan Kaufmann, 2013. Print. The Savvy Manager's Guides.

Moody, Daniel and Walsh, Peter. *Measuring The Value Of Information: An Asset Valuation Approach*. European Conference on Information Systems (ECIS), 1999. http://bit.ly/29JucLO.

Olson, Jack E. *Data Quality: The Accuracy Dimension*. Morgan Kaufmann, 2003. Print.

Redman, Thomas. *Bad Data Costs U.S. $3 Trillion per Year*. Harvard Business Review. 22 September 2016. Web.

Redman, Thomas. *Data Driven: Profiting from Your Most Important Business Asset*. Harvard Business Review Press. 2008. Print.

Redman, Thomas. *Data Quality: The Field Guide*. Digital Press, 2001. Print.

Reid, Roger, Gareth Fraser-King, and W David Schwaderer. *Data Lifecycles: Managing Data for Strategic Advantage*. Wiley, 2007. Print.

Rockley, Ann and Charles Cooper. *Managing Enterprise Content: A Unified Content Strategy*. 2nd ed. New Riders, 2012. Print. Voices That Matter.

Sebastian-Coleman, Laura. *Measuring Data Quality for Ongoing Improvement: A Data Quality Assessment Framework*. Morgan Kaufmann, 2013. Print. The Morgan Kaufmann Series on Business Intelligence.

Simsion, Graeme. *Data Modeling: Theory and Practice*. Technics Publications, LLC, 2007. Print.

Surdak, Christopher. *Data Crush: How the Information Tidal Wave is Driving New Business Opportunities*. AMACOM, 2014. Print.

Waclawski, Janine. *Organization Development: A Data-Driven Approach to Organizational Change*. Pfeiffer, 2001. Print.

White, Stephen. *Show Me the Proof: Tools and Strategies to Make Data Work for the Common Core State Standards*. 2nd ed. Advanced Learning Press, 2011. Print.

第 2 章 数据处理伦理

2.1 引言

简单来说，伦理（Ethics）是基于是非观念的行为准则，通常聚焦于公平、尊重、责任、诚信、品质、可靠性、透明度和信任等理念。数据处理伦理（Data Handling Ethics）指如何以符合伦理原则的方式去获取、存储、管理、使用和处置数据。对于想从数据中获得长远价值的组织来说，必须遵循数据处理伦理原则进行数据处理，一旦违反数据处理伦理原则，数据就会泄露给危险的人或暴露在危险的环境之中，有可能导致组织声誉受损和客户流失等多重损失。在某些情况下，违反数据处理伦理原则的行为甚至会触犯法律[一]。归根到底，对于数据治理专业人员及其所在的组织来说，数据伦理本质上是一个社会责任问题。

数据处理伦理问题较为复杂，但主要集中在几个核心概念上：

1）对人的影响。数据可能会反映个人特征，并被应用于做出影响人们生活的各类决策，因此必须要管理它的质量和可靠性。

2）滥用的可能性。滥用数据会对个人和组织产生负面影响，因此防止数据被滥用于数据伦理道德是当务之急。

3）数据的经济价值。数据具有经济价值。应该基于数据所有权的伦理原则，决定由谁以何种方式获取这种价值。

组织在很大程度上基于法律法规的要求进行数据保护。然而，由于数据能够描述人的信息（客户、员工、患者、供应商等），数据管理专业人员应该认识到除了法律法规，还需要从伦理道德因素考虑，防止数据被滥用。即使是那些与个人信息不直接相关的数据，也可能被用来做出影响人们生活的决策。

需要注意的是，数据处理伦理不仅要考虑保护数据，还要对数据质量进行管理。决策者及受决策影响的人，都希望数据能够完整、准确。不论是从业务角度还是从技术角度看，数据管理专业人员都需要承担数据管理的伦理责任，降低数据被歪曲、滥用或误解的风险。这种责任贯穿数据从产生到处置（如销毁）的整个生命周期。数据处理伦理语境关系图见图 2-1。

遗憾的是，许多组织尚未意识到数据管理中的伦理义务且未对其做出响应。它们仍然采用传统的技术观点，声称不理解数据；或者，它们认为只要遵循法律法规的规定，就不会有数据处理的相关风险。这是非常危险的想法。

[一] 美国的《健康保险可携带性和责任法案》（HIPAA）、加拿大的《个人信息保护和电子文档法案》（PIPEDA）、欧盟的《通用数据保护条例》（GDPR），以及其他数据保护或隐私信息保护法规描述了处理个人标识数据（如姓名、地址、宗教信仰或性取向）和隐私数据（访问控制）的要求。

图 2-1 数据处理伦理语境关系图

数据环境（Data Environment）的发展非常快。几年前组织自身都想象不到现在使用数据的方式。虽然法律规定了一些伦理原则，但立法速度跟不上数据环境快速变革，无法完全避免变革带来的风险。组织必须认识到并履行其保护委托给它们的数据的伦理义务，并培养重视信息处理伦理的文化。

2.2 业务驱动因素

正如爱德华·戴明（W. Edward Deming）在关于质量的定义中提及的，伦理指"即便在没有人注意的情况下也正确地做事"（"doing it right when no one is looking"）。能够按照伦理原则使用数据逐渐被认为是一种商业竞争优势（Hasselbalch and Tranberg，2016）。遵循伦理要求的数据处理可以提升组织自身、组织的数据及基于这些数据处理出来的结果的可信度。这可以帮助组织更好地建立与利益相关方之间的关系。创建伦理文化需要引入适当的治理活动，包括建立控制机制以确保数据处理的预期结果和最终结果都符合伦理的要求，不辜负他人的信任或侵犯他人的尊严。

数据处理不会在"真空"中发生，客户和利益相关方期望企业业务及数据相关流程所产生的结果都是符合伦理要求的。组织建立数据处理伦理原则的主要目的是降低其数据被员工、客户或合作伙伴滥用的风险。保护数据不受侵犯，如抵御黑客攻击、防止潜在的数据泄露等，也是一项伦理责任（见第7章）。

数据所有权模型的差异会影响数据处理的伦理要求。例如，技术提升了组织间共享数据的能力，这意味着组织在共享不属于自己的数据时，必须要遵循伦理原则进行决策。

首席数据官（Chief Data Officer，CDO）、首席风险官（Chief Risk Officer，CRO）、首席隐私官（Chief Privacy Officer，CPO）和首席分析官（Chief Analytics Officer，CAO）等新角色专注于利用可接受的数据处理实践控制风险。但伦理责任远不只是这些角色的责任，要想合乎伦理地处理数据，整个组织必须认识到滥用数据可能带来的风险，并形成基于保护个人及尊重数据所有权的数据处理共识。

2.3 基本概念

2.3.1 数据的伦理原则

公认的生物伦理学原则的重点是维护人类的尊严，这也为数据的伦理原则提供了一个很好的出发点。例如，医学研究领域的贝尔蒙特原则（Belmont Principles）也适用于信息管理学科（US-HSS，1979）。

（1）尊重他人

这一原则反映了对待个人最基本的伦理要求，即尊重他人的个人尊严和自主权。该原则还要求，在人们处于"弱势"的情况下，要格外注意保护他们的尊严和权利。

当人们将数据视为一种资产时，其内心是否还能铭记数据也会影响、代表或改变人。个人数据不同于其他原始"资产"，如石油或煤炭。不按伦理原则使用个人数据会直接影响人的互动交往、就业机会和社会地位。在设计信息系统时，是否限制了人的自主权或自由选择权？是否考虑过处理数据的方式方法可能会对那些精神或生理上存在疾病的人带来怎样的影响？是否清楚地说明了他们要如何访问和使用数据？数据处理是否是在用户知情、同意的基础上进行的？

（2）行善

这一原则有两个要素：一是"不伤害"；二是将利益最大化、危害最小化。

"不伤害"伦理原则在医学伦理学上历史悠久，在数据和信息管理方面也有明确的应用。伦理数据和信息从业者应该识别利益相关方，考虑数据处理的结果，在努力实现利益最大化的同时，最大限度降低处理流程设计带来的风险。处理流程的设计方式是基于"零和博弈"还是"双赢"的理念？数据处理是否具有不必要的入侵性？是否可用一种风险更小的方法满足业务需求？相关的数据处理是否缺乏透明度，从而会掩盖可能对人们造成的危害？

(3) 公正

这一原则指待人的公平公正。

这一原则可能会涉及一些问题：在相似的情形下，不同的个人或某一群体是否受到了不平等的对待？流程或算法的结果是否会导致对特定群体利益分配不均或造成伤害？机器学习训练所用的数据集是否包含了会无意中加深文化偏见的数据？

美国国土安全部的门罗报告（Menlo Report）将贝尔蒙特原则应用于信息和通信技术研究，并增加了第四个原则：尊重法律和公共利益（US-DHS，2012）。

2015年，欧洲数据保护监督机构（European Data Protection Supervisor，EDPS）发表了一个关于数据伦理的观点，强调了关于数据处理和大数据发展的"工程、哲学、法律和道德影响"。它呼吁关注数据处理要维护人类尊严，并明确提出了信息生态系统中确保数据处理伦理所需的四大支柱，即：

1) 面向未来的数据处理监管，尊重隐私权和数据保护权。
2) 对个人信息处理的责任主体。
3) 数据处理的产品和服务设计与工程中的隐私意识。
4) 扩大个人自主权。

这些原则与贝尔蒙特原则大致一致，重点是提升人的尊严和自主权。EDPS指出，隐私是一项基本人权。对于那些致力于塑造可持续发展的数据生态的创新者来说，应该将尊严、隐私和自主权视为一种机遇而不是发展的阻碍，并呼吁与利益相关方保持透明度和建立沟通。

数据治理是一个重要的工具，它可以通过制定一些原则来确保谁可以使用哪些数据及在什么情况下处理数据是合适或必要的。数据处理对所有利益相关方的伦理影响和风险必须被从业者认真考虑，并以类似数据质量管理的方式进行管理。

2.3.2 数据隐私法背后的原则

公共制度和法律试图根据伦理原则来明确是非，但无法细化到每一种情况。例如，欧盟、加拿大和美国的隐私法采用了不同的方法来分辨数据伦理方面的是非，这些原则也可以为组织制度提供框架。

隐私法并不是一个新事物。隐私和信息隐私这两个概念与尊重人权的伦理要求紧密相连。1890年，美国法律学者塞缪尔·沃伦（Samuel Warren）和路易斯·布兰代斯（Louis Brandeis）将隐私和信息隐私描述为需要法律普遍保护的人权，这是构成美国宪法中几项权利的基础。1973年，公平信息实践的行为规范被提出。1974年，《美国隐私法案》（US Privacy Act）中重申了信息隐私作为一项基本权利的概念，即"隐私权是受美国宪法保护的基本人权"。

在第二次世界大战期间发生侵犯人权事件之后，《欧洲人权公约》（the European Convention of Human Rights）将一般隐私权和特定的信息隐私权（或保护个人数据的权利）纳入人权，是维护人类尊严的基本权利。1980年，经济合作与发展组织（Organization for Economic Co-operation and Development，OECD）制定了《公平信息处理准则和原则》，成为欧盟数据保护法的基础。

OECD 的 8 项核心原则，即公平信息处理标准，旨在确保以尊重个人隐私权的方式处理个人数据。具体包括：对数据采集的限制、对高质量数据的期望、数据采集需要用于特定目的、对数据使用的限制、安全保障、对开放性和透明度的要求、质疑与自己相关数据准确性的权利，以及组织遵守准则的责任。

此后，经济合作与发展组织的原则被欧盟《通用数据保护条例》（GDPR，2016）的基本原则取代，见表 2-1。

表 2-1 GDPR 基本原则

GDPR 基本原则	描述
公平、合法、透明	个人数据应以合法、公平、透明的方式处理
目标限制	必须按照特定的、明确的、合法的目的收集个人数据，且不得将数据用于这些目的之外
数据最少化	个人数据收集必须充分、相关，并且仅限于处理与目的相关的必要信息
准确性	个人数据必须准确，必要时需要及时更新。必须采取一切合理的步骤，确保在个人数据不准确时能立即删除或纠正
存储限制	以允许识别数据主体的形式保存，时间不超过处理个人数据的目的所必需的时间
完整性和保密性	必须确保个人数据得到安全妥善的处理，包括使用适当的技术或组织措施防止数据被擅自或非法处理，防止数据意外丢失、被破坏或损坏
问责机制	控制数据的人员应负责并能够证明其符合上述这些原则

这些基本原则支持和平衡了个人对其数据的某些合法权利，包括访问权、纠正不准确数据的权利、可移植性、反对可能造成损害或窘境的个人数据处理的权利及删除数据的权利。处理个人数据需要征求数据所有者的同意，且该同意意见必须是自由给予、具体、知情和明确的肯定行为。GDPR 通过有效的治理和记录，在设计上实现了满足合规性要求的隐私授权。

加拿大的隐私法将隐私保护制度与行业自律全面结合。《个人信息保护和电子文档法案》（PIPEDA）适用于在商业活动过程中收集、使用和传播个人信息的各个组织。它规定每个组织在使用消费者个人信息时必须遵守规则，但可以有例外。表 2-2 描述了基于 PIPEDA 原则的加拿大隐私法定义务[⊖]。

在加拿大，联邦隐私专员（Federal Privacy Commissioner）全权负责处理针对组织的隐私投诉。但是，他们只是担任监察员的角色，他们只能建议（即使在委员会内部也不具有法律约束力，且没有先例价值）。

表 2-2 加拿大隐私法定义务

PIPEDA 原则	描述
问责机制	组织有责任对其控制下的个人信息负责，并指定专职人员保证组织遵守原则
明确目的	组织在收集个人信息时或收集之前必须明确收集的目的
授权	组织收集、使用或披露个人信息必须获得个人的知情和同意，不适用的情况除外

⊖ http：//bit.ly/2tNM53c.

(续)

PIPEDA 原则	描述
收集、使用、披露和留存限制	个人信息的收集必须限于为达到组织确定的目的所必需收集的信息。应以公平、合法的方式收集信息。除经个人同意或法律要求，不得使用或披露个人信息用于其他目的。只能在实现这些目的所需的时间内保留个人信息
准确性	个人信息必须尽可能准确、完整和最新，以达到预期的使用目的
保障措施	个人信息必须受到与信息敏感程度相匹配的安全保障措施保护
公开性	组织必须向个人提供与其个人信息相关的制度和实践行为的具体信息
个人访问	根据要求，个人应被告知其个人信息的存在、使用和披露情况，并有权访问这些信息。个人应有权质疑信息的准确性和完整性，并酌情予以修正
合规挑战	个人应能够针对以上原则的遵从情况，向负责的组织或个人发起合规性质疑

2012年3月，美国联邦贸易委员会（the US Federal Trade Commission，FTC）发布了一份报告，建议组织根据报告描述的最佳实践（设计隐私）设计和实施自己的隐私项目。该报告重申了美国联邦贸易委员会对公平信息处理原则的重视。美国隐私计划标准见表2-3。

表2-3 美国隐私计划标准

原则	描述
发布/告知	数据收集者在收集消费者个人信息之前，必须披露对这些信息的用途
选择/许可	个人信息是否收集或如何收集，以及会被用于收集目的之外的情况，都必须征求被收集者的意见
访问/参与	消费者应能够查看和质疑收集到的有关他们的数据的准确性和完整性
完整/安全	数据收集者必须采取合理措施，确保从消费者那里收集的信息是准确的，并防止未经授权的使用
执行/纠正	建立一种可靠的机制，对不遵守这些公平信息实践的行为实施制裁

制定这些原则的目的是体现OECD公平信息处理指南中的概念，包括强调数据最小化（合理的收集限制）、存储限制（合理的保留）、准确性，以及公司必须为消费者数据提供合理安全保障的要求。公平信息实践的其他重点如下：

1）简化消费者的选择，减轻消费者的负担。
2）建议在整个信息生命周期中保持全面的数据管理。
3）为消费者提供不跟踪（Do Not Track）选项。
4）要求消费者明确地同意。
5）关注大型平台提供商的数据收集能力、透明度及明确的隐私声明和制度。
6）个人对数据访问。
7）培养消费者保护个人隐私数据的习惯。
8）设计时就考虑到隐私保护。

全球正逐渐趋向加强对个人信息隐私的立法保护，这一趋势遵循了欧盟立法设定的标准。全球范围内的法律对数据跨国际边界流动施加了各种限制。即使在跨国企业内部，全球范围内共享信息也会受到法律限制。因此，组织需要制定政策和指南，既确保员工遵守法律要求，又能在组织的风险承受范围内使用数据。

2.3.3 在线数据的伦理环境

目前已经出现了数十项倡议和计划，旨在创建一套编纂原则，以指导美国的在线道德行为（Davis，2012）。主题包括：

1）数据所有权。控制在社交媒体网站和数据代理中个人数据的权利。个人数据的下游聚合器可以将数据嵌入个人不知情的深层文件。

2）被遗忘的权利。能够从网络上删除个人信息，尤其是为了调整个人在线声誉时。该话题属于数据保留实践范畴。

3）身份。获得唯一且准确的身份，并可选择匿名的权利。

4）在线言论自由。可自由表达自己的观点，反对欺凌、煽动恐怖、"挑衅"或侮辱他人。

2.3.4 违背伦理进行数据处理的风险

大部分从事数据工作的人都知道，利用数据歪曲事实是能够实现的。达雷尔·赫夫（Darrell Huff）的经典著作《如何利用统计数据来撒谎》（*How to Lie with Statistics*，1954）描述了一系列利用数据歪曲事实的方法，以创造一个事实的虚假表象。这些方法包括主观的数据选择、范围操控和遗漏一些数据点等，很多方法至今仍在被使用。

理解数据处理伦理含义的一种方法是调查大多数人认同的违背伦理的行为。符合伦理的数据处理需要积极地承担相关责任。例如，根据可信度等原则，确保数据的可信既包括对数据质量维度的度量（如准确性和及时性），还包括基本的真实性和透明度——不使用数据欺骗或误导人们，并对组织数据处理背后的来源、使用和意图保持透明。以下场景描述了违反这些伦理原则的做法。

1. 时机选择

基于时间的选择，通过故意遗漏或添加某些数据点有可能让报告或活动"说谎"。通过"日终"的股票交易操纵股市，可以在收盘时人为地提高股价，从而操纵股票的价格。这被称为市场择时（Market Timing），是非法的行为。

商业情报人员可能最先注意到异常情况。事实上，他们现在被视为世界股票交易中心的重要参与者，开展交易模式重塑、寻找类似问题、分析报告、审查和监控规则、发起警报等工作。具备伦理意识的商业情报人员需向相关治理或管理部门报告此类异常情况。

2. 可视化误导

图表可以用来以误导的方式呈现数据。例如，改变比例可以使趋势线看起来更好或更糟。省略数据点、比较两个事实而不澄清它们之间的关系，或忽视公认的视觉惯例（如饼图中的百分比之和必须等于100%），都可以用来诱骗人们用与数据本身不符的方式解读可视化信息㊀。

3. 定义不清或无效的比较

美国的一家新闻媒体曾报道，根据美国2011年人口普查局的数据，美国有1.086亿人依靠领取福利金生活，而只有1.017亿人有全职工作，看起来似乎总人口中有更多人在依靠福利金生活㊁。媒体解释了这些差异："福利人口"的1.086亿人来自人口普查局的数据……2011年第四季度，参与经济状况调查项目的人群包括"居住在一个或多个受惠家庭中的每一个人"，因此也包括那些没有获得政府福利的个人。而且，"有全职工作的人"的数字只包括有工作的个人，而不是指有就业人员家庭中的每一个人㊂。

在展示信息时，符合伦理的做法是交代清楚事情的背景及意义。例如，进行人口普查时，清晰、明确地说明普查人口的定义，以及"依靠福利"等类似用语意味着什么。当遗漏了所需的上下文时，呈现出的表面现象可能会扭曲数据的含义。不管是故意欺骗还是能力不足导致了这种后果，这样使用数据都是不符合伦理的。

从数据伦理视角来看，不滥用统计数据也是十分必要的。

在一段时间内，对数据进行统计平滑处理可能会完全改变人们对数据的看法。"数据挖掘和窥探"是最近创造的一个术语，是数据挖掘统计调查中的一种现象，即对数据集进行详尽的相关性分析，本质上是对统计模型的深度训练。由于存在"显著统计性"，人们有理由期待一些具有显著统计性的结果，但实际上是随机的结果，未受过训练的人可能会被这个结果误导。这种现象在金融和医疗领域较为多见㊃（Jensen，2000）。

4. 偏见

偏见是一种有倾向性的观点。在个人层面，偏见与不合理的判断或歧视有关。在统计学中，偏见指实际值与期望值之间的偏差。这种情况通常是由抽样或数据选择的系统误差带来的㊄。偏见可能存在于数据生命周期的不同阶段：当数据被收集或创建时，当数据被用于分析时，甚至在选择数据分析方法或呈现分析结果时都可能存在偏见。

正义的伦理原则构建起一种积极的责任，即意识到数据采集、处理、分析或解释过程都有可能受偏见的影响。这在大规模数据处理中尤其重要，因为大规模数据处理可能会对历史上受到歧视或不公平待遇的群体产生极大的影响。在无法避免引入偏见的情况下使用数据，特别是在降低过程透

㊀ 如何统计，《误导性图表：现实生活中的例子》，http：//bit.ly/1jRLgRH（2014年1月24日）。另请参阅io9网站《互联网上最无用和最误导性的信息图表》，http：//bit.ly/1YDgURl；请参阅http：//bit.ly/2tNktve Google "误导性数据可视化"以获取更多示例。有关反例，即具有道德基础的视觉效果，请参阅Tufte（2001）。

㊁ 截至2015年，美国总人口约为3.214亿人。http：//bit.ly/2iMlP58。

㊂ http：//mm4a.org/2spKToU。该示例还展示了误导性的视觉效果，如在条形图上，1.086亿个条形图显示为1.017亿个柱状图的大约5倍。

㊃ 另请参阅W. Edwards Deming的众多文章：http：//bit.ly/2tNnlZh。

㊄ http：//bit.ly/2lOzJqU。

明度的同时加剧偏见，会使结果在不中立的情况下披上公正或中立的"外衣"。

偏见有以下几种类型：

1）预设结论的数据收集。分析人员被迫收集数据并生成结果，支持一个预先定义的结论，而不是努力得出一个客观的结论。

2）带有偏见地使用所收集的数据。数据的收集可能存在较少偏见，但分析师迫于压力不得不使用它来证明预先设定的目的，甚至可以为此目的操纵数据（如果不符合要求，则一些数据可能会被丢弃）。

3）预感和搜索。分析师有一种预感，并且想要满足这种预感，所以只使用了能证实这种预感的数据，且没有考虑数据的其他可能性。

4）带有偏见的抽样方法。虽然抽样是收集数据的常用方法，但是选择样本集的方法也会受偏见影响。对于人类来说，不带偏见的采样几乎是不可能的。为了减少偏见，可以使用统计工具选择样本，并建立足够的样本量。意识到用于训练的样本数据集可能存在偏见十分关键。

5）背景和文化。偏见往往是基于文化或背景的，因此，要中立地看待事物，就必须跳出这种文化或背景。

偏见问题来源于许多因素，如数据处理的类型、所涉及的利益相关方、数据集的填充方式、正在实现的业务需要及流程的预期结果。然而，消除所有的偏见并不总是可行的，甚至是不可取的。业务分析师构建场景时，对低价值客户（不再产生新业务的客户）存有业务偏见是常态。这些低价值客户会被剔除出样本，或者在分析中被忽略。在这种情况下，分析人员应记录他们正在研究的这个群体的定义及判定标准。相比之下，采用预测算法确定"犯罪风险"的个人或预测警务发送资源到特定的社区，会有更高的违反正义和公平原则的风险。因此，应该使用更有效的预防措施确保算法的透明度和问责机制，并在利用数据集训练预测性算法的过程中消除偏见[⊖]。

5. 转换和集成数据

数据集成过程也面临伦理挑战，因为数据在从一个系统转移到另一个系统的过程中会发生变化。如果数据的整合未经治理，就会出现不符合伦理要求的处理方式，甚至存在违法风险。这些伦理风险与数据管理中的基本问题交织在一起，包括：

1）数据来源和血缘不明。如果一个组织不能明确数据的来源及其在系统之间流动时的变化情况，就不能证明数据能代表它所声称的内容。

2）数据质量差。组织应该有明确的、可衡量的数据质量标准，并应该依据标准度量其数据。如果没有这种标准确认，组织就不能为数据提供担保，数据消费者在使用数据时就可能面临风险或使他人处于危险之中。

3）元数据不可靠。数据消费者依赖可靠的元数据，包括对单个数据元素的一致定义、数据来源和血缘的记录（如数据集成的规则）。如果没有可靠的元数据，数据可能会被误解和滥用。如果

⊖ 有关机器学习偏见的例子，请参阅 Brennan（2015）及福特基金会和 ProPublica 网站。除了偏见，还有不透明的问题。随着学习机器的预测算法变得越来越复杂，很难追踪其决策的逻辑和起源。请参阅 Lewis 和 Monett（2017）。http://bit.ly/1Om41ap；http://bit.ly/2oYmNRu。

数据在组织之间流动，甚至是跨境流动，应标明元数据的来源、谁拥有元数据，以及元数据是否需要特定的保护等信息。

4）缺少数据修改的历史记录。组织应该保留与数据更改方式相关的可审计信息。即使数据修改的目的是提高数据的质量，这样的做法也可能是非法的。数据修改应该始终遵循一个正式的、可审计的变更控制流程。

6. 数据的混淆和编辑

混淆和编辑数据是进行信息脱敏或信息匿名化的常见做法。但是，如果下游的活动（分析或与其他数据集整合）需要公开数据，那么仅是混淆就还不足以保护数据。这些风险存在于以下活动中：

1）数据聚合。跨越多个维度聚合数据并删除可识别的数据时，数据集仍可以用于其他分析，而不必担心泄露个人标识信息（Personal Identifying Information，PII）。按地理区域聚合是一种常见的做法（见第7章和第14章）。

2）数据标记。数据标记用于对敏感数据（保密、机密、个人等）进行分类，并控制其发布到合适的群体，如公众或供应商，甚至是来自某些国家或其他群体的供应商。

3）数据脱敏。数据脱敏是一种只有提交符合要求的数据才能解锁流程的做法。操作人员无法看到原本的数据是什么，他们只能输入提供的答案，如果这些答案是正确的，则允许进行下一步的活动。使用数据脱敏的业务流程包括外包呼叫中心和只能访问部分信息的分包商。

在数据科学分析中，使用超大的数据集引起了对匿名化有效性的实际关注，而不是仅仅停留在理论层面。在大型数据集中，即使输入数据集是匿名化的，也可以通过某种方式重新组合数据，使操作者能够被识别出来。当数据进入数据湖（Data Lake）时，首先要考虑的是对其进行敏感数据分析，然后采用公认的保护方法。然而，仅凭这些措施无法提供足够的保障，这也是组织必须要有强有力的治理和对数据处理伦理的承诺的原因（见第14章）。

2.3.5 建立数据伦理文化

建立符合伦理原则的数据处理文化需要理解现有的实践，定义预期行为，并将其编入相应的制度和伦理规范中，同时提供相应的培训和监管来推行预期行为。正如其他的关于数据管理和文化创新的举措，这一过程同样需要坚强领导力。

数据处理伦理显然包括遵守法律，但也会影响分析和解释数据的方式，以及如何在内外部利用好数据。明确重视伦理行为的组织，在其文化中不仅要有行为准则，还要保证有明确的沟通机制和治理控制措施，以支持员工提出质疑并提供适当的优化路径。这样，当员工意识到存在违背伦理的行为或风险时，他们可以在不担心被报复的情况下提出问题或中止进程。改善组织在数据方面的伦理行为需要有一个正式的组织变革管理（Organizational Change Management，OCM）过程（见第17章）。

1. 评审现有数据处理方法

改进的第一步是了解组织当前所处的状态。评审现有数据处理方法的目的是理解它们在多大程度上直接且明确地与伦理和合规驱动因素有关。评审还应在建立和维护客户、合作伙伴和其他利益相关方的信任方面，确定员工对现有做法的伦理含义的理解程度。评审的交付物应记录组织在整个数据生命周期，包括数据共享活动中收集、使用和监督数据的伦理原则。

2. 识别原则、实践和风险因素

数据处理伦理规范化的目的在于降低数据被滥用的风险，从而减少对客户、员工、供应商、其他利益相关方甚至是整个组织造成的伤害。一个试图改善其做法的组织应该了解这些通用原则，比如保护个人隐私的必要性及行业特定问题，包括保护与财产或健康相关信息的必要性。

组织达成数据伦理要求的方法必须符合法律法规的合规性要求。例如，在全球开展业务的组织需要广泛了解其业务所在国基于法律基础之上的伦理原则，以及国家之间协议的特定要求。此外，大多数组织都有其特定的风险，这与该组织的技术路线、员工流动率、收集客户数据的方式或其他因素有关。

原则应与风险（如果不遵守原则可能出现的问题）和实践（避免风险的正确做法）相一致。应通过管控来支持实践，以健康信息处理为例：

1）指导性原则。人们对自己的健康信息享有隐私权。因此，除了一部分为了照顾患者而被授权访问的人，患者的个人健康数据不应被其他人访问。

2）风险。如果患者的个人健康数据能够被广泛获取，这些个人信息就会为公众所知，从而侵犯患者的隐私权。

3）通常做法。只有护士和医生才能访问患者的个人健康数据，并且仅可用于提供护理。

4）控制。应对包含患者个人健康信息系统的所有用户进行年度审查，以确保只有那些需要访问的人才有访问权限。

3. 制定合乎伦理的数据处理战略和路线图

在评审了当前的状态并制定了一系列原则之后，组织可以通过正式制定战略来改善其数据处理方法。这些战略必须同时包含伦理原则和与数据相关的预期行为，并以价值观声明和伦理行为规范来表达。战略组成部分包括：

1）价值观声明。价值观声明描述的是一个组织的信仰，包括但不限于真理、公平和正义。这些声明为数据和决策的伦理处理提供了一个框架。

2）符合伦理的数据处理原则。符合伦理的数据处理原则描述了一个组织如何应对数据带来的挑战。例如，如何尊重个人的隐私权。原则和预期行为可以总结为伦理规范，并通过伦理制度来支持。规范和制度的社会化也应列入培训和沟通计划。

3）合规框架。合规框架包括驱动组织义务的因素。符合伦理的行为应能保障组织符合合规性要求。合规要求也受地域和行业的影响。

4）风险评估。风险评估定义了组织内出现具体问题的概率和影响。这些措施优先用于可缓解风险的相关行为，包括员工遵守伦理原则的情况。

5）培训和沟通。培训应该包括对伦理原则的审查。员工必须熟悉相应规范，了解违背伦理的后果。需要持续开展培训，如要求每年出具一份年度数据伦理报告。沟通也应覆盖所有员工。

6）路线图。路线图应包括经管理层批准的时间表和活动。这些活动包括执行培训和沟通计划、识别和弥补现有实践中的差距、风险缓解及监控计划。应制定详细声明，反映组织在数据适当处理方面的目标定位，包括角色、职责、流程及专家咨询参考。路线图还应涵盖所有适用的法律和文化因素。

7）审计和监测的方法。通过培训加强伦理观念和伦理原则，同时监测具体活动，以确保这些活动符合伦理原则。

4. 采用对社会负责的伦理风险模型

参与商务智能、分析和数据科学的数据专业人员通常负责描述以下数据：

1）他们是谁，包括他们的原籍国家、种族、民族和宗教特征。

2）他们在做什么，包括政治、社会和潜在的犯罪行为。

3）他们住在哪里，他们有多少钱，他们买了什么，他们和谁交谈，他们给谁发短信或电子邮件。

4）他们被如何对待，包括分析的结果，如评分和偏好跟踪。在未来业务中，将会根据这些给他们打上有"特权"与否的标签。

这些数据可能会被滥用并且与基本的伦理原则相抵触，如尊重他人、行善和正义等。

执行商务智能、分析和与数据科学相关的活动时，需要一种超越当前所在组织界限的伦理观念，这会对更广泛的群体产生影响。伦理观点之所以是必要的，不仅因为数据容易被滥用，还因为组织的社会责任也不允许其损害数据。

例如，某一组织可能会针对其判定为"不良"的客户设置标准，以便停止与这些客户的商务合作。但是，如果该组织在特定地区垄断了一项基本服务，其中一些人就会发现自己无法获得必要的服务，他们也将因为该组织的决定而受到伤害。

使用个人数据的项目应该有一套严格的使用规则。该规则见抽样项目的道德风险模型（图2-2），该模型要求说明：

1）他们如何选择研究群体（箭头1）。

2）如何获取数据（箭头2）。

3）活动分析的重点（箭头3）。

4）如何获取结果（箭头4）。

每个领域都应该被考虑在内，并处理好潜在的伦理风险，尤其是要处理好那些对客户和公民的负面影响。

该风险模型不仅可用于决定是否执行项目，还能为影响项目的执行方式提供参考。例如，可以以匿名的方式生成数据，并将个人信息从文件中删除。加强并确保文件的安全性，并根据当地或其他适用的隐私法律进行审查。如果组织在相关领域是垄断者，并且公民对于其提供的资源（如能源或水）没有其他供应商可选择，法律就可能不允许其拒绝客户。

因为数据分析项目很复杂，人们可能看不清伦理上面临的挑战，每个组织都需要积极地识别潜在的风险，并保护那些确实看到了风险并提出疑虑的举报人。自动化监控不足以完全防止不符合伦理的活动。分析师也需要反思自身可能存在的偏见。企业的文化和伦理规范会影响企业行为——伦理模型的学习和使用。DAMA 国际鼓励数据专业人员采取专业立场，并向那些可能没有意识到数据特定用途会影响他们工作的业务领导介绍这些风险情况。

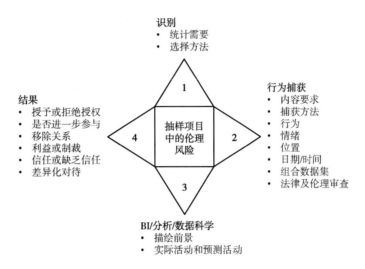

图 2-2 抽样项目的道德风险模型

2.3.6 数据伦理和治理

对数据处理行为的监督属于数据治理团队和法律顾问共同担责的范围。他们必须共同跟踪法律的最新变化，并通过确保员工了解自己的义务，以降低不当伦理行为带来的风险。数据治理必须为数据处理实践制定标准和政策，并提供监督。员工应期望数据能够得到公平的处理，在举报违规行为时能受到应有的保护，且不会影响其个人生活。数据治理有一个特殊的监督责任，即审查商务智能、分析和数据科学研究提出的计划和决策。

DAMA 国际要求 CDMP 人员都要签署一份正式的伦理原则，其中包括在聘用他们的组织之外进行数据处理时也要履行伦理义务。

参考文献

Blann, Andrew. *Data Handling and Analysis*. Oxford University Press, 2015. Print. Fundamentals of Biomedical Science.

Council for Big Data, Ethics, and Society (website). http：//bit. ly/2sYAGAq.

Davis, Kord. *Ethics of Big Data: Balancing Risk and Innovation*. O'Reilly Media, 2012. Print.

European Data Protection Supervisor (EDPS). *Opinion 4/2015 Towards a new digital ethics: Data, dignity and technology*. http：//bit. ly/2sTFVlI.

Federal Trade Commission, US (FTC). *Federal Trade Commission Report Protecting Consumer Privacy in an Era of Rapid Change*. March 2012. http：//bit. ly/2rVgTxQ and http：//bit. ly/1SHOpRB.

GDPR REGULATION (EU) 2016/679 OF THE EUROPEAN PARLIAMENT AND OF THE COUNCIL of 27 April 2016 on the protection of natural persons with regard to the processing of personal data and on the free movement of such data, and repealing Directive 95/46/EC (General Data Protection Regulation).

Hasselbalch, Gry and Pernille Tranberg. *Data Ethics：The New Competitive Advantage*. Publishare. 2016.

Huff, Darrell. *How to Lie with Statistics*. Norton, 1954. Print.

Jensen, David. *Data Snooping, Dredging and Fishing：The Dark Side of Data Mining A SIGKDD99 Panel Report. SIGKDD Explorations*. ACM SIGKDD, Vol. 1, Issue 2. January 2000. http：//bit. ly/2tNThMK.

Johnson, Deborah G. *Computer Ethics*. 4th ed. Pearson, 2009. Print.

Kaunert, C. and S. Leonard, eds. *European Security, Terrorism and Intelligence：Tackling New Security Challenges in Europe*. Palgrave Macmillan, 2013. Print. Palgrave Studies in European Union Politics.

Kim, Jae Kwan and Jun Shao. *Statistical Methods for Handling Incomplete Data*. Chapman and Hall/CRC, 2013. Chapman and Hall/CRC Texts in Statistical Science.

Lake, Peter. *A Guide to Handling Data Using Hadoop：An exploration of Hadoop, Hive, Pig, Sqoop and Flume*. Peter Lake, 2015.

Lewis, Colin and Dagmar Monett. *AI and Machine Learning Black Boxes：The Need for Transparency and Accountability*. KD Nuggets (website), April 2017. http：//bit. ly/2q3jXLr.

Lipschultz, Jeremy Harris. *Social Media Communication：Concepts, Practices, Data, Law and Ethics*. Routledge, 2014. Print.

Mayfield, M. I. *On Handling the Data*. CreateSpace Independent Publishing Platform, 2015. Print.

Mazurczyk, Wojciech et al. *Information Hiding in Communication Networks：Fundamentals, Mechanisms, and Applications*. Wiley-IEEE Press, 2016. Print. IEEE Press Series on Information and Communication Networks Security.

Naes, T. and E. Risvik eds. *Multivariate Analysis of Data in Sensory Science*. Volume 16. Elsevier Science, 1996. Print. Data Handling in Science and Technology (Book 16).

Olivieri, Alejandro C. et al, eds. *Fundamentals and Analytical Applications of Multi-way Calibration*. Volume 29. Elsevier, 2015. Print. Data Handling in Science and Technology (Book 29).

ProPublica (website). *Machine Bias：Algorithmic injustice and the formulas that increasingly influence our lives*. May 2016. http：//bit. ly/2oYmNRu.

Provost, Foster and Tom Fawcett. *Data Science for Business：What you need to know about data mining and data-analytic thinking*. O'Reilly Media, 2013. Print.

Quinn, Michael J. *Ethics for the Information Age*. 6th ed. Pearson, 2014. Print.

Richards, Lyn. *Handling Qualitative Data：A Practical Guide*. 3 Pap/Psc ed. SAGE Publications Ltd, 2014. Print.

Thomas, Liisa M. *Thomas on Data Breach: A Practical Guide to Handling Data Breach Notifications Worldwide*. Legal Works, 2015. Print.

Tufte, Edward R. *The Visual Display of Quantitative Information*. 2nd ed. Graphics Pr., 2001. Print.

University of Texas at Austin, Department of Mathematics (website). *Common Misteaks Mistakes in Using Statistics*. http://bit.ly/2tsWthM. Web.

US Department of Health and Human Services. *The Belmont Report*. 1979. http://bit.ly/2tNjb3u (US-HSS, 1979).

US Department of Homeland Security. *Applying Principles to Information and Communication Technology Research: A Companion to the Department of Homeland Security Menlo Report*. January 3, 2012. http://bit.ly/2rV2mSR (US-DHS, 2012).

Witten, Ian H., Eibe Frank and Mark A. Hall. *Data Mining: Practical Machine Learning Tools and Techniques*. 3rd ed. Morgan Kaufmann, 2011. Print. Morgan Kaufmann Series in Data Management Systems.

第 3 章 数据治理

3.1 引言

数据治理（Data Governance，DG）是对数据管理工作履行职权和实施管控（规划、实施、监督和执行）的行为。无论组织是否正式确立了数据治理职能，它们都会对数据管理活动做出决策。但只有那些建立了正式数据治理职能的组织，才能更加有目的性地去行使这些权力和实施管控（Seiner，2014），进而更好地从数据资产中获得价值。

数据治理职能可以指导所有其他数据管理职能。数据治理的目标是确保数据依照相关制度和最佳实践得到良好的管理（Ladley，2012）。虽然数据管理总体的驱动因素是确保组织从其数据中获取价值，但数据治理的重点是如何对数据做出决策，以及要求人员和流程在与数据相关的行为方面应该如何表现。数据治理职能的具体范围和目标取决于组织需求，但通常包括以下方面：

1）战略。界定、沟通和推动数据战略和数据治理战略的执行。
2）制度。制定和执行与数据及元数据生命周期（创建、访问、使用、安全、质量、文档化和处置）管理相关的制度或政策。
3）标准。制定和执行数据管理标准。
4）监督。在质量、隐私、安全和数据管理制度和规程等关键数据管理领域实际开展监察、审计和纠正工作。
5）合规。确保组织能够满足数据相关法规的合规性要求。
6）问题管理。识别、界定、提升和解决与数据安全、数据访问、数据质量、法规合规、数据所有权、制度、标准、术语或数据治理规程相关的问题。
7）数据管理项目。发起改善数据管理实践的举措。
8）数据资产估值。为评估数据资产的业务价值制定一致的标准和流程。

为了实现上述目标，开展数据治理时应制定相应的制度和规程，在组织的不同层级推进数据管理实践活动，参与组织变革管理工作，积极向组织传达改善数据治理的优势，并宣传和倡导将数据作为资产进行成功管理所需的行为。

对于大多数组织而言，正式推进数据治理需要将其融入组织变革管理（见第 17 章），并得到"首席"高管（如首席风险官、首席财务官或首席数据官等）的支持。

创建和分享数据和信息的能力已经改变了个人和经济的互动模式。在动态的市场环境中，数据作为差异化竞争因素的一部分，正在促使组织重新调整数据管理职责。这种变化在金融、电子商务、政府和零售行业都很明显。组织也愈加努力地向数据驱动转型——主动考虑将数据需求作为战略制定、工作规划和技术实施的一部分。然而，这样做往往会带来重大的文化挑战。此外，由于文化可以使任何战略偏离方向，数据治理的努力还需要包括文化变革的要素，这同样需要强有力的领导支持。

为了使数据成为资产并从中获益，组织必须建立重视数据和数据管理活动的文化。即使有最好的数据战略，数据治理和数据管理规划也不一定会成功，除非组织愿意接受并管理变革。对许多组织来说，文化变革是一项重大的挑战。变革管理的基本原则之一是组织变革需要个体变革（Hiatt & Creasey，2012）。当数据治理和数据管理需要重大的行为变革时，要想成功则离不开正式的变革管理。数据治理语境关系图见图 3-1。

数据治理与管理职责

定义：对数据资产管理工作履行职权和实施管控（规划、实施、监督和执行）的行为

目标：
1. 使组织能够将其数据作为资产进行管理
2. 定义、批准、传达和实施数据管理的原则、制度、程序、指标、工具和职责
3. 监督和指导制度合规、数据使用和管理活动

业务驱动

输入：	活动：	成果/交付物：
• 业务战略与目标 • IT战略与目标 • 数据管理和数据战略 • 组织制度与标准 • 业务文化评估 • 数据成熟度评估 • IT实践 • 监管要求	1. 定义数据治理策略（P） 　（1）制定数据治理策略 　（2）执行准备情况评估 　（3）执行发现和业务协调 　（4）开发组织接触点 2. 定义数据治理组织（P） 　（1）定义数据治理运营框架 　（2）制定目标、原则和制度 　（3）承保数据管理项目 　（4）参与变更管理 　（5）参与问题管理 　（6）评估监管合规性要求 3. 实施数据治理（O） 　（1）支持数据标准和程序 　（2）制定业务术语表 　（3）与架构组协调 　（4）支持数据资产评估 4. 嵌入数据治理（C，O）	• 数据治理策略 • 数据策略 • 业务/数据治理策略路线图 • 数据原则、数据治理制度、流程 • 运营框架 • 路线图和实施策略 • 运营计划 • 业务术语表 • 满意度调查 • 数据治理计分卡 • 数据治理网站 • 沟通计划 • 数据估值 • 数据管理成熟度评估

供给者：	参与者：	消费者：
• 企业高管 • 数据管理员 • 数据所有者 • 主题领域专家 • 成熟度评估师 • 监管者 • 企业架构师	• CIO　　　　• 员工 • CDO/首席数据管理员　• 高管 • 执行数据管理员　• 监管机构 • 协调数据管理员　• 客户 • 业务数据管理员 • 数据治理机构	• 数据治理机构 • 项目经理 • 合规团队 • DM利益共同体 • DM团队 • 业务管理 • 架构组 • 合作伙伴组织

技术驱动

方法：	工具：	度量指标：
• 简洁的消息传递 • 联系人列表 • 徽标	• 网站 • 业务词汇表工具 • 工作流工具 • 文档管理工具 • 数据治理计分卡	• 遵守监管和内部数据制度 • 价值 • 有效性 • 可持续性

（P）规划　（C）控制　（D）开发　（O）运营

图 3-1　数据治理语境关系图

3.1.1 业务驱动因素

最常见的数据治理驱动因素就是监管合规，尤其是像金融服务和医疗健康这样的强监管行业。应对不断变化的法律法规要求需要有严格的数据治理流程。高级分析（Advanced Analytics）和数据科学（Data Science）的涌现也带来了额外的驱动因素。虽然监管合规要求或者数据分析都有可能驱动数据治理，但是许多组织开展数据治理工作还源于其他业务需求，如缺少可信的数据资产或发生了由于数据不可靠导致的运营问题。一个典型场景是：一家公司需要有更好的客户数据，就会选择进行客户主数据管理（Master Data Management，MDM），随后才会意识到成功的主数据管理还需要依赖进一步的数据治理。数据治理本身并不是目标，目标是使数据管理直接与组织战略相协调。它越能够高效地帮助解决组织的问题，人们就越可能改变自身行为和实施相关数据治理实践适配。数据治理的驱动力通常在于降低风险或者优化流程。

（1）降低风险

1）一般风险管理。监督风险数据对财务和声誉的影响，包括对法律（电子举证）和监管问题的应对。

2）数据安全。通过对数据的有效性、可用性、完整性、一致性、可审计性及安全性的控制来保护数据资产。

3）隐私。通过制度和合规性监控来控制隐私/机密/个人身份信息（PII）。

（2）优化流程

1）监管合规。对监管要求能够高效、一致地做出响应的能力。

2）数据质量提升。通过使数据更可靠，提高业务绩效的能力。

3）元数据管理。建立业务术语表以定义和定位组织内部数据，确保管理向组织提供广泛的其他元数据的能力。

4）开发项目的效率。改进软件开发生命周期（Software Development Life Cycle，SDLC），以应对整个组织数据管理中的问题和机遇的能力，包括通过对数据生命周期的治理来管理数据特有的技术负债。

5）供应商管理。处理与数据相关的合约（如云存储、外部数据采购、数据产品销售和外包数据运营）并进行控制的能力。

在组织内部，明确数据治理的特定业务驱动因素并将其与整体业务战略保持一致至关重要。过分强调"数据治理组织"往往会让部分领导层感到疏远，他们认为这会增加额外的负担而没有明显的好处。对组织文化的敏锐把握至关重要，需要使用恰当的描述、运营模式和角色。尽管会有人声称很难理解数据治理是什么，但治理本身是一个常见的概念。数据管理专业人员只是将其他类型的治理概念和原则应用到了数据领域，而不是创造了新的方法。常见的是将数据治理与审计和会计进行类比。审计员和财务主管为管理金融资产制定规则，而数据治理专业人员为管理数据资产制定规则。当然，其他领域也会执行类似规则。

数据治理是持续性的，并非一次性的，聚焦于从其数据中获取价值并降低相关风险。数据治理团队可以是一个具备特定责任的虚拟组织或垂直机构（Line Organization）。只有充分理解全部角色和活动才能发挥数据治理的作用，为此还需要建立可良好运转的运营框架。数据治理职能应当考虑到特有的组织和文化问题，以及组织内部具体的数据管理挑战和机遇（见第1章和第16章）。

数据治理职能独立于IT治理职能。IT治理专注于IT投资决策、IT应用组合、IT项目投资组合。换言之，IT治理包括硬件、软件，以及总体技术架构。IT治理使得IT战略和投资与企业目标和战略相协调。信息和相关技术的控制目标（Control Objectives for Information and Related Technology，COBIT）框架为IT治理提供了标准，但是只有很小比例的COBIT框架解决了数据和信息管理问题。一些重要问题，比如美国《萨班斯-奥克斯利法案》的合规性，涵盖了公司治理、IT治理及数据治理问题。相比之下，数据治理只关注数据资产管理及把数据作为资产来管理。

3.1.2 目标和原则

数据治理的目标是使组织能够将数据视为资产来管理。数据治理提供原则、制度、流程、框架、指标和监督，以便将数据作为资产管理并指导各层面的数据管理活动。要实现这一总体目标，数据治理职能必须：

1）可持续。数据治理职能必须具有"黏性"。数据治理不是一个具有明确结束时间的项目，而是一个需要组织承诺能持续投入的企业职能。数据治理需要改变数据的管理和使用方式，这并不意味着必须要大规模地新建组织和持续调整，而是在初始阶段实施了数据治理的某一部分之后，依然可以通过持续的方式来管理变革。可持续的数据治理依赖于业务领导力、资金和所有权。

2）可融合。数据治理不是一个附加流程。数据治理活动需要融入软件开发方法、数据分析、主数据管理、风险管理及其他活动。

3）可衡量。良好的数据治理能够产生积极的财务影响，但要证明这种影响需要了解初始情况，并规划可衡量的方案。

实施数据治理职能需要致力于变革。以下制定于21世纪早期的原则，能够帮助数据治理奠定坚实的基础[⊖]。

1）领导力和战略。成功的数据治理始于有远见、有担当的领导。企业业务战略驱动数据战略，而数据战略引领数据管理活动。

2）<u>业务驱动</u>。数据治理是一项业务职能，必须像治理与数据交互的业务一样治理与数据相关的IT决策。

3）共担责任。在所有数据管理知识领域，数据治理是业务数据管理专员和技术数据管理专员的共同责任。

4）多层级的。数据治理在企业全局或局部范围内都有发生，并且经常发生在中间各层级。

5）基于框架。因为数据治理活动需要跨职能、跨领域进行协调，所以数据治理职能必须建立一个能界定责任与交互的运营框架。

6）基于原则。指导原则是数据治理活动的基础，对于数据治理制度尤其如此。通常，组织会

⊖ 数据治理研究所。http://bit.ly/1ef0tnb。

制定不含正式原则的制度——试图解决特定的问题。有时候原则能从制度中逆向构建。然而，作为制度工作的一部分，最好开始就能阐明一套核心原则和最佳实践。引用原则能够缓和潜在的阻力。随着时间的推移，额外的指导性原则还会在组织内部形成，与其他数据治理文件一起在内部公开发布。

3.1.3 基本概念

正如财务审计人员实际上并不执行财务管理一样，数据治理的作用是确保数据被恰当地管理而不是直接管理数据（见图 3-2）。数据治理代表监督和执行之间固有的职责分离。

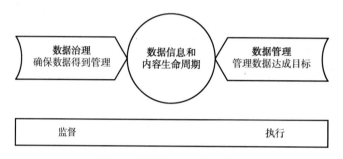

图 3-2 数据治理和数据管理

1. 以数据为中心的组织

以数据为中心的组织将数据视为资产，并在数据整个生命周期的所有阶段都对其进行管理，包括项目开发和持续运营。要转向以数据为中心，组织必须改变将战略转化为行动的方式。数据不应被当作业务流程和应用的附属，确保数据的高质量也是业务流程的目标之一。鉴于组织都期望通过基于分析得到的洞察进行决策，有效的数据管理就成为第一要务。

人们很容易将数据、系统和基础设施混为一谈。要成为以数据为中心的组织，需要以不同的方式进行思考，并认识到管理数据与管理 IT 的不同。但要想完成上述转变并不容易，现行文化、内在政治、纠缠不清的所有权、预算竞争及遗留系统等，都是企业建立数据治理和数据管理愿景的巨大障碍。

虽然每个组织都需要发展自己的数据治理原则，但寻求从自身数据中获取更多价值的组织通常认同如下观点：

1）数据应当作为公司资产进行管理。
2）数据管理最佳实践应该在整个组织层面得到激励。
3）公司数据战略必须直接与整体业务战略保持一致。
4）数据管理流程应得到持续改进。

2. 数据治理组织

治理的核心是"治"。数据治理可借用政治治理这一术语来理解，它拥有包括类似立法的职能（定义制度、标准、企业数据架构）、类似司法的职能（问题管理和问题修复），以及类似行政的职能（保护和服务、行政责任）。为了更好地管理风险，大多数组织采取"代议制"的数据治理形式，以便能够听取所有利益相关方的意见。

每个组织应当采取一种能支持其业务战略，并有可能在其内部文化氛围背景下取得成功的数据治理模型。组织也应当做好准备，不断调整该模型以应对新的挑战。这些模型的组织架构、形式级别和决策机制各有不同，一些模型是集中式的，另一些则是分布式的。

数据治理机构也可以具有多个层级，以回应大型复杂企业内不同级别的关切——包括本地的、业务部门的和企业全局的。数据治理工作通常在多个委员会之间进行分工，每个委员会的目的和监督水平都不相同。

图3-3数据治理组织构成，代表一种通用的数据治理模型。其中，纵向显示了组织内部不同层级开展的数据治理活动，横向则显示了数据治理职责在组织职能、技术（IT）和业务领域之间的分工。表3-1描述了在数据治理运营框架内可能建立的典型数据治理委员会/机构。需要注意的是这并非某一个委员会/机构的组织架构图，而是用于诠释组织内各个机构如何通力合作共同执行数据治理职能。

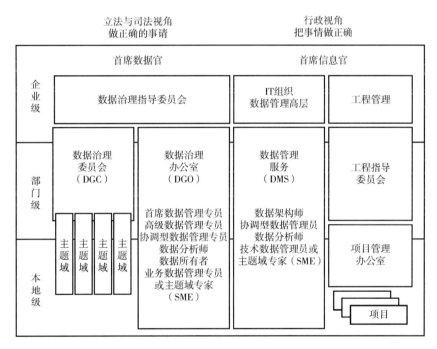

图 3-3 数据治理组织构成

表 3-1 典型数据治理委员会/机构

数据治理组织	描述
数据治理指导委员会	组织中数据治理的最高权力机构，负责监督、支持和资助数据治理活动，由跨职能的高级管理人员组成。通常根据DGC和CDO的提议，为数据治理和数据治理发起的活动提供资金。反过来，该委员会可能会受到来自更高级别的针对资金或战略举措的指导委员会的监督
数据治理委员会（DGC）	管理数据治理举措（如制度或指标的制定）、问题和问题修复，由来自组织（集中式或联邦式）或相应业务单元（复制式）的高管组成（图3-4）
数据治理办公室（Data Governance Office，DGO）	所有DAMA-DMBOK知识领域都在持续关注企业级数据定义和数据管理标准，由标记为数据专员或监护人和数据所有者的协同角色组成

(续)

数据治理组织	描述
数据管理责任团队	关注一个或多个特定主题领域或项目的兴趣社区，与项目团队就关注领域相关的数据定义和数据管理标准进行协作或咨询。由业务和技术数据管理人员和数据分析师组成
本地数据治理委员会	大型组织可能有事业部级或部门级数据治理委员会在企业数据治理委员会的支持下工作，较小的组织应该尽量避免这种复杂性

3. 数据治理运营模型类型

如图 3-4 所示，数据治理运营模型分为 3 种类型：在集中式模型（Centralized Mode）下，一个数据治理机构监督所有主题域的全部活动；在复制式模型（Replicated Model，又称为分布式模型）下，每个业务单元采用同样的数据治理运营模型和标准；在联邦式模型（Federated Model）下，一个数据治理组织与多个业务单元协调以维持一致的定义和标准（见第 16 章）。

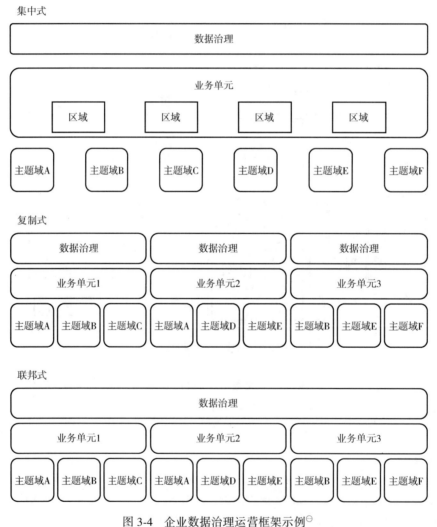

图 3-4 企业数据治理运营框架示例⊖

⊖ 改编自 Ladley（2012）。

4. 数据管理职责

数据管理职责（Data Stewardship）是最常用的标签，用于描述对数据和流程的责任和义务，以确保有效控制和使用数据资产。数据管理职责可通过设定专门工作岗位，并由职位名称及职位描述来约定；也可以采用非正式的形式，由帮助组织从其数据中获得价值的人来行使。"所有人""监护人""受托人"一类术语通常可看作执行类似管理职责的同义词。

数据管理责权范围的重点因组织而异，取决于组织战略、文化、组织试图解决的问题、组织数据管理的成熟度，及其行权工作的规范程度。然而，在大多数情况下，数据管理的责权重点包括但不限于以下方面：

1）创建和管理核心元数据。定义和管理业务术语、有效数值和其他关键元数据。数据管理专员通常负责组织的业务词汇表，该词汇表将成为与数据相关的业务术语的权威来源。

2）记录规则和标准。定义业务规则、数据标准和数据质量规则并将其文档化。用于界定预期的高质量数据的规则经常深藏于产生数据或者消费数据的业务流程之中。数据管理专员帮助制定这些规则，以确保组织内部就这些规则达成共识并一致使用。

3）管理数据质量问题。数据管理专员经常参与识别和解决数据相关问题或促进解决过程。

4）执行日常数据治理活动。数据管理专员负责确保数据治理制度和举措在日常工作和项目中得到实施。他们应当影响决策以确保数据管理的方式支持组织整体目标的实现。

5. 数据管理专员的类型

管理员是以替人管理财产为职业的人。数据管理专员（Data Steward，又称为数据管家）则是为了组织的最高利益代表他人来管理数据资产的人（McGilvray，2008）。因为数据管理专员代表所有相关方的利益，所以需要从企业全局角度确保数据的高质量和有效利用。优秀的数据管理专员对数据治理活动负有责任，并会定期投入时间专注参与这些活动。

根据组织的复杂程度及其数据治理工作的目标，正式任命的数据管理专员可根据其在组织中的地位、工作重点或同时兼顾两者进行区分。例如：

1）首席数据管理专员（Chief Data Steward）：可代替CDO主持数据治理机构，或者可以在类似委员会的虚拟组织或其他分布式数据治理机构中充当CDO。他们也可能直接是管理层主管领导。

2）高级数据管理专员（Executive Data Steward）：在数据治理委员会任职的高级管理人员。

3）企业数据管理专员（Enterprise Data Steward）：对跨业务职能的数据域进行监督。

4）业务数据管理专员（Business Data Steward）：是业务专业人员，通常被认为是主题领域专家（Subject Matter Expert，SME），负责一个数据子集。他们与利益相关方一同定义并控制数据。

5）数据所有者（Data Owner）：是业务数据人员，拥有其管辖范围内有关数据的决策审批权。

6）技术数据管理专员（Technical Data Steward）：是在某一知识领域内进行操作的IT专业人员，如数据集成专家、数据库管理员、商务智能专家、数据质量分析员或者元数据管理员。

7）协调型数据管理专员（Coordinating Data Steward）：领导并代表业务和技术数据管理专员团队参与跨团队讨论及与高层数据管理专员之间的讨论。协调型数据管理专员在大型机构中尤为重要。

DAMA-DMBOK 1指出："最优秀的数据管理专员通常是被发掘出来的，而非刻意培养的"（DAMA，2009）。这种说法认为在大多数组织中，即使没有设立正式的数据治理职位，也会有人管理数据。这些个人已经参与帮助组织降低与数据相关的风险，并已从数据中获得了更多的价值。正规化他们的管理职责和责任化他们正在进行的工作，能够使他们更成功、做出更多贡献。话虽如此，但事实上数据管理专员可以"培养出来"，人们可以接受培训从而成为数据管理专员，已经管理数据的人也可以继续发展自己的技能和知识，使自己在管理工作中的表现更加出色（Plotkin，2013）。

6. 数据制度

在数据制度中将数据管理原则和管理意图整编为指令性的基础规则，用于管理数据和信息的创建、获取、完整性、安全性、质量和使用。

数据制度是全局性的，支持数据标准及与数据管理和使用相关的关键行为预期。各组织的数据制度差异很大，数据制度描述了数据治理要"做什么"和"不做什么"，而数据标准和数据流程描述了数据治理"如何做"。数据制度的数量设置应当相对较少，并且陈述应简明扼要。

7. 数据资产估值

数据资产估值是了解和计算数据对组织具有多少经济价值的过程。由于数据乃至商务智能都是抽象的概念，人们很难将其与经济影响联系起来。要理解无形资产（如数据）的价值，关键在于理解它的使用方式和使用价值（Redman，2008）。与许多其他资产（如货币、物理设备）不同，数据集不可替换（替代）。一个组织的客户数据与另一个组织的数据在重要方面会有所不同，不只客户本身，还有与之相关的数据（如购买历史、喜好等）。组织如何从客户数据中获取价值（从数据中了解其客户及如何应用洞察信息）可以成为一种差异化竞争优势。

数据生命周期的大部分阶段（包括获取、存储、管理及处置）都涉及成本。数据只有被使用才会产生价值。当数据被使用时，也会产生相应的风险管理成本。因此，当使用数据的收益超过获取、存储数据的成本，以及使用数据带来的风险时，使用数据就会产生价值。

衡量数据资产价值的其他办法包括：

1）替换成本。在灾难或数据泄露中丢失的数据的替换或恢复成本，包括组织内的交易、域、目录、文档和指标等数据。

2）市场价值。企业并购时作为商业资产的价值。

3）识别商机。通过利用数据（如在商务智能中）识别出的机会可以获得的收入价值，包括通过将数据用于交易或出售所获得的收入。

4）销售数据。一些组织将数据打包后作为商品出售，或者把从自身数据中获得的洞察作为商品出售。

5）风险成本。根据可能受到的处罚、补偿成本、诉讼花费计算的价值，源于以下法律或监管风险：①缺失必要的数据；②出现不该出现的数据（如发现法律规定不可留存的数据，应清除而未清除的数据）；③不正确的数据，导致客户、公司财产乃至声誉上的损失；④风险和风险成本的减少被用于改善和认证数据的运营干预成本所抵消。

如表 3-2 所示,为了描述信息资产价值的概念,可将通用审计原则转换为通用信息原则⊖。

表 3-2 数据资产会计原则

原则	描述
责任原则	组织必须确定各类数据和内容的最终负责人
资产原则	全部类型的数据和内容都是资产且具备其他资产的特性,它们应当如同其他物质或者金融资产一样得到管理、确保安全和落实责任
审计原则	数据和内容的准确性取决于一家独立机构的周期性审计
尽职调查原则	如果一项风险已知,必须上报。如果风险可能出现,必须得到确认。数据风险包括不良数据管理实践造成的风险
持续经营原则	数据和内容对于成功的、持续的业务运营和管理至关重要(如它们不被视作临时的达成结果的手段或者仅仅是业务的副产品)
评估级别原则	在最合理的级别或者用最易于衡量的方式将数据视作资产
负债原则	基于监管和伦理对数据或内容的误用或者不当管理带来财务负债
质量原则	数据和内容的意义、准确性和生命周期能够影响组织的财务状况
风险原则	存在与数据和内容相关的风险,此种风险必须被正式确认,作为负债或者作为控制和降低内在风险的承担成本
价值原则	数据内容具有价值,基于其使用方式来满足组织目标、内在市场价值和/或其对于组织的商誉(资产负债表)估值的贡献。信息的价值反映了减去维护和移动的成本后它对组织的贡献

3.2 活动

3.2.1 定义组织的数据治理

数据治理活动必须支持组织的业务战略和目标。这些业务战略和目标既可以为企业的数据战略提供信息,也可以为组织的数据治理和数据管理活动提供信息。

数据治理使数据相关的决策实现责任共担。数据治理工作跨越了组织和系统边界,支持数据的综合视图。成功的数据治理需要明确了解治理的内容、对象及治理的主体。

相对于在某个特定部门单独开展数据治理,在企业级层面开展数据治理是最有效的。界定企业数据治理的范围通常需要定义"企业级"意味着什么,继而数据治理可以在该范围内生效。

1. 执行就绪评估

在规划数据治理职能时,评估组织当前的信息管理能力、成熟度和有效性至关重要。因为这些评估可被用来衡量工作的实际效果,对于管理和延续数据治理职能而言也很有价值。典型评估包括:

⊖ 改编自 Ladley(2010)。请参阅《普遍接受的信息原则》108-109 页。

1）数据管理成熟度。了解组织使用数据做什么，衡量其当前数据管理能力和负荷。主要关注业务人员对公司在管理数据和使用数据发挥其优势的印象如何，如工具使用、报告水平等（见第15章）。

2）变革能力。首先，由于数据治理需要行为变革，所以组织对于数据治理所需的变革能力的评估就很重要。其次，此项活动将帮助识别潜在阻力，数据治理经常需要正式的组织变革管理。评估变革能力时，变革过程将评估现行组织架构、文化理念，以及变革管理过程本身（Hiatt & Creasey，2012）（见第17章）。

3）协作准备度。此项评估显示组织在管理和使用数据时的协作能力。由于管理职责的定义跨越了功能领域，因此具有协作性质。如果一家组织不知道如何进行协作，文化就会成为数据管理职责开展的阻碍。永远不要假设一家组织知道如何进行协作。当协作准备度评估与变革能力评估一起开展时，此项评估提供了对执行数据治理文化能力的深层理解。

4）业务一致性。此项评估有时包括变革能力评估，业务一致性评估主要检验组织在多大程度上将数据的使用和业务战略对齐。令人惊讶的是，发现与数据相关的活动往往是如此临时和随意。

2. 对齐业务执行探索

数据治理职能必须通过识别并交付具体的利益（如减少向监管机构缴纳的罚款额）为组织做出贡献。探索活动将识别和评估现行制度及指南的有效性——应对何种风险、鼓励何种行为、实施效果如何等。探索也可以识别数据治理机会，以提升数据和内容的可用性。业务一致性将业务利益与数据治理职能的要素相结合。

数据质量分析是探索活动的一方面。数据质量评估提供对现有问题和困难的洞察，以及与低质量数据相关的影响和风险。数据质量评估能够识别使用低质量数据执行业务流程的风险，以及作为数据治理的一部分，开展数据质量工作带来的财务收益和其他收益（见第13章）。

数据管理实践评估是数据治理探索过程的另一个重要方面。例如，这可能意味着识别核心用户，创建一份潜在数据管理推动者的初始名单，用于持续的数据治理活动，以及从探索和协调一致的活动中得出数据治理需求清单。例如，如果监管风险使得业务领域产生了财务隐患，就要明确提出支持风险管理的数据治理活动，这些需求将推动数据治理战略和策略。

3. 创建组织触点

业务协调一致，进行对齐的部分工作是为数据治理创建组织触点。图3-5描述了CDO组织触点示例，这些触点说明即便是在数据治理职能部门的直接权力范围以外的领域，企业数据治理和数据管理方法仍具有一致性和连贯性。

1）采购与合同。数据治理职能部门与供应商/合作伙伴管理或者采购部门合作，一起针对数据管理合约制定和执行标准合约语言。这些可能包括数据即服务（Data-as-a-Service，DaaS）和与云相关的采购、其他外包、第三方开发工作或者内容采购/授权交易，以及以数据为中心的IT工具的采购和升级。

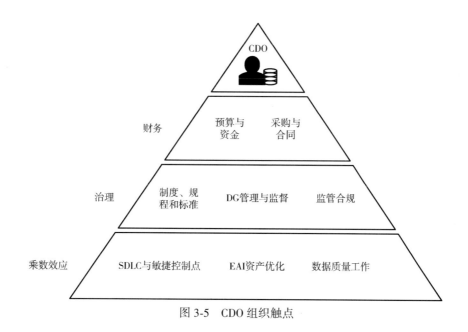

图 3-5 CDO 组织触点

2）预算与资金。如果数据治理职能部门不直接控制所有与数据采购相关的预算，该办公室就会成为防止重复投资和确保数据资产优化的协调中心。

3）制度合规。数据治理职能部门不仅需要了解所在国家和地区乃至国际环境中的法规和制度，还需要了解这些因素如何影响组织及其数据管理活动，持续监测、识别并跟踪新的及潜在的影响和要求。

4）软件开发生命周期/开发框架。数据治理职能部门在系统或应用开发生命周期中识别能够建立企业制度、流程和标准的控制点。

数据治理职能影响的触点支持了组织管理其数据的连贯性，因此，可提高其使用数据的灵活度。本质上，这是一张关于组织如何感知到数据治理的蓝图。

3.2.2 制定数据治理战略

数据治理战略界定了治理任务的范围和目标。数据治理战略应该全面制定，并与总体业务战略、数据管理和 IT 战略共同发布。数据治理战略应迭代实施，各部分逐步得到开发和批准。虽然数据治理战略的具体内容应根据组织情况定制，但是交付成果一般应包括：

1）章程。确定数据治理的业务驱动因素、愿景、使命和原则，包括准备度评估、内部流程发现和当前问题或者成功标准。

2）运营框架和责任。为数据治理活动定义组织架构和职责。

3）实施路线图。制度和指令集推出的时间框架、业务术语表、架构、资产估值、标准和规程、预期的业务和技术流程变革、支持审计活动和法规遵从的交付成果。

4）规划运营目标。描述可持续的数据治理活动的目标状态。

1. 定义数据治理的运营框架

尽管制定数据治理的基本定义很简单，但是要创建一个能被组织采纳的运营模式则相对困难。

构建组织数据治理运营模式时须考虑以下几个方面：

1）数据对组织的价值。如果组织以出售数据为生，则显然数据治理对该组织拥有巨大的商业影响力。那些将数据当作非常重要的商品看待的组织（如脸书、亚马逊）都需要一种反映数据角色的运营模式，而对于那些将数据视如运行副产品的组织而言，数据治理就显得没有那么重要。

2）商业模式。去中心化与中心化、本地化与全球化等是影响商业模式的主要因素，数据治理运营模式也据此界定。特定 IT 战略、数据架构和集成应用功能的链接应当在目标运营框架设计中体现（见图 3-6）。

3）文化因素。例如，纪律服从程度和变革适应能力。一些组织会以制度和原则为借口抵制治理的介入。在进行变革时，治理战略需要倡导一种适应组织文化的运营模式。

4）监管影响。相对于弱监管的组织，受到强监管的组织将有不同的数据治理理念和运营模式，可能会关联风控或法务部门。

数据治理分层架构是数据治理解决方案的重要组成部分，它明确了数据管理活动的责任划分、数据所有者等，并阐明了数据治理组织与数据管理人员之间的沟通和协作机制、变革管理流程及解决问题机制。图 3-6 展示了一个运营框架示例，仅供参考，具体实践中应根据组织的实际情况进行调整。

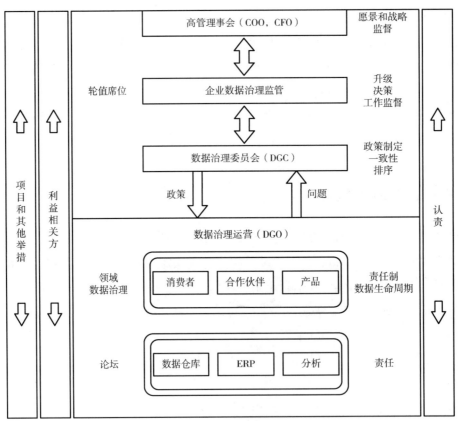

图 3-6　运营框架示例

2. 制定数据治理的目标、原则和制度

数据治理的目标、原则和制度，将指引组织通往期望的数据治理未来状态。

目标、原则和制度通常由数据管理专业人员、业务制度人员或者这些人员的组合在数据治理委员会（DGC）的支持下起草，由数据管理人员和管理团队进行评审和优化，由数据治理委员会或类似机构做终审、修改和采纳。

制度可以有不同的外在表现，示例如下：

1）数据治理办公室（DGO）将保证组织的数据使用。

2）数据拥有者由数据治理办公室批准。

3）数据拥有者将依据其业务能力领域划分指定数据管理专员。数据管理专员将负责协调数据治理活动的日常职责。

4）最大限度地提供标准化报表/仪表盘/计分卡，以满足大多数业务需求。

5）授权用户将有权访问特定数据以进行临时/非标准报告。

6）定期评估所有关键数据，以评价其准确性、完整性、一致性、可访问性、唯一性、合规性和效率等。

必须有效地沟通、监测、强制执行和定期复评数据制度，数据治理委员会可授权给数据管理指导委员会（Data Stewardship Steering Committee）。

3. 推动数据管理项目立项

提升数据管理能力的行动计划为企业提供效益，这通常需要跨部门的支持或者被数据治理委员会关注。类似的行动计划很难得以推动，因为它们可能被认为是"完成工作"的障碍。推动的关键在于阐明其提升效率和降低风险的方式。组织要想从数据中获得更多价值，需要将开发或者提升数据管理能力列为优先事项。

数据治理委员会负责界定业务场景，并监督项目状态和数据管理提升项目的进度。数据治理委员会要与项目管理办公室（Project Management Office，PMO）协同分工。数据管理项目可能被认为是整体IT项目集的一部分。

数据治理委员会可能也将与企业级重大项目进行协调以提升数据管理水平。实施企业资源计划（Enterprise Resource Planning，ERP）、客户关系管理（Customer Relationship Management，CRM）、主数据管理（Master Data Management，MDM）等大型项目对数据管理有重大影响，这些项目会延伸到多个业务单元，因此都需要数据治理委员会协调。

其他项目中的数据管理活动必须与内部机制相结合，包括系统开发生命周期、服务交付管理和信息技术基础设施库（Information Technology Infrastructure Library，ITIL）组件和PMO流程⊖。每个带有重要数据组件的项目（几乎每个项目都有）都应当在SDLC（规划和设计阶段）早期明确数据管理需求。这些需求包括架构、监管合规，权威源系统识别和分析，以及数据质量的检查和纠错。除此之外，还应当有数据管理支持活动，包括使用标准测试基线进行需求验证测试。

4. 参与变革管理

组织变革管理是推动组织系统和流程变革的手段。变革管理研究所（Change Management Insti-

⊖ http://bit.ly/2spRr7e.

tute）认为，组织变革管理不仅仅是解决项目"人员管理"的问题，而应该被视为整个组织优化管理的方法。组织通常只是管理项目的过渡，而不是组织的演变（Anderson & Ackerson，2012）。在变革管理成熟的组织中，会建立明确的组织愿景，自上而下积极领导和监控变革，并设计和管理较小的变革工作，还会根据整个组织的反馈和合作调整变革计划（Change Management Institute，2012）（见第17章）。

对于许多组织而言，数据治理所需的正式性和纪律性与现有实践存在差异。采纳这些实践要求人们改变其行为和互动方式。一个正式的组织变革管理计划，加上合适的高管赞助，是推动所需行为改变的关键，以确保数据治理活动的持续性。组织需要建立一个团队负责如下事项：

1）规划。规划变革管理，包括执行利益相关方分析、获取高层支持和建立一种克服抵触变革情绪的沟通方法。

2）培训。为数据治理职能创建和执行培训规划。

3）影响软件系统的开发。与项目管理办公室一道将数据治理步骤加入软件开发生命周期。

4）制度实施。沟通数据制度和组织对数据管理活动的承诺。

5）沟通。增强数据管理人员和其他数据治理专业人员的角色和责任意识，提升数据管理项目目标和期望。

沟通对于变革管理过程非常重要。支持正式数据治理的变革管理项目应当关注沟通的重点聚焦在以下几个方面：

1）推广数据资产价值。教育和告知员工关于数据在达成组织目标过程中的角色。

2）对有关数据治理活动的反馈开展监测和行动。除了分享信息，沟通计划应当得到相关反馈，以指导数据治理职能和变革管理过程。积极寻求和使用利益相关方的反馈信息，有助于建立对数据治理目标的承诺，并找到成功和改进的机会。

3）开展数据管理培训。组织各个层级的培训，以增强对数据管理最佳实践和流程的意识。

4）在以下五大重点领域衡量变革管理的效果[一]：①对变革需求的意识；②参与和支持变革的愿望；③如何变革的知识；④执行新技能和行为的能力；⑤保持变革有序的力度。

5）执行新指标和KPI（关键绩效指标）。对员工的激励应当与支持数据管理最佳实践的相关行为一致。既然企业数据治理需要跨职能合作，激励机制也应当鼓励跨部门的活动和协作。

5. 参与问题管理

问题管理是识别、量化、划分优先级及解决数据治理相关问题的过程，包括：

1）权力。关于决策权和程序的问题。

2）变革管理升级。变革管理过程中引发的问题。

3）合规。与满足合规需求相关的问题。

4）冲突。制度、规程、业务规则、名称、定义、标准、架构、数据所有权及相关者与数据信息利益的冲突。

5）一致性。与制度、标准、架构、规程一致性相关的问题。

㊀ http://bit.ly/1qKvLyJ.

6) 合同。商议和审查数据共享协议、采购和销售数据及云存储。
7) 数据安全和身份识别。隐私和保密问题,包括违规事件调查。
8) 数据质量。检测并解决数据质量问题,包括灾难事故、安全漏洞。

许多问题都可由数据管理团队解决。需要沟通和/或升级的问题必须被记录,并且可以上升至业务单元数据治理乃至更高级别的数据治理委员会,如图3-7所示。使用数据治理计分卡确认与问题相关的趋势,比如在组织内部何处发生、什么根本原因导致等。不能在数据治理委员会层面解决的问题,应当提交给数据治理指导委员会。

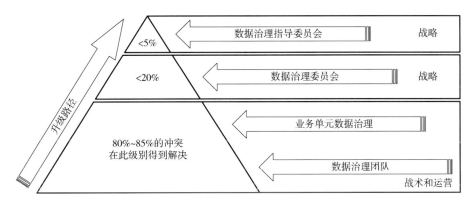

图3-7 数据问题升级路径

数据治理需要以下控制机制和规程:

1) 识别、获取、记录、跟踪和升级问题。
2) 分配和跟踪行动事项。
3) 记录利益相关方的观点和可选的解决方案。
4) 决定、记录和沟通问题解决方案。
5) 促成客观、中立的讨论以便听取所有观点。
6) 将问题升级到更高层级的权力机构。

数据问题管理是非常重要的。它建立了数据治理团队的信誉,对数据消费者有直接、积极的影响,并且减轻了产品支持团队的负担。解决问题也证明数据能够得到管理,并且其质量可以得到提升。成功的问题管理需要控制机制,以便展示工作成效和解决方案的影响力。

6. 评估法规遵从性要求

每家企业都受政府和行业监管的影响,包括对数据和信息管理方式的监管要求。数据治理职能的一部分就是确保监管合规。监管合规通常是实施数据治理的初始原因。数据治理指导建立充分的控制机制,以监测和记录对于数据相关监管要求的遵从情况。一些全球性的法规对数据管理实践有重大的影响,例如:

1) 会计标准。如美国政府会计标准委员会(Government Accounting Standards Board,GASB)和财务会计标准委员会(Financial Accounting Standards Boar,FASB)的审计标准对信息资产的管理方式有重大影响。

2）BCBS 239（巴塞尔银行业监管委员会）原则及新巴塞尔协议Ⅱ（Basel Ⅱ）提及有效风险数据加总和风险报告原则，这是一整套针对银行的规定。自 2006 年起，在欧盟国家开展业务的金融机构都需要报告标准信息以证明流动性。

3）CPG 235。澳大利亚审慎监管局（Australian Prudential Regulation Authority，APRA）监管银行和保险机构发布了标准和指南以帮助机构满足这些标准。其中，CPG 235 是一项管理数据风险的标准，关注数据风险源头和全生命周期数据管理。

4）PCI-DSS。即支付卡行业数据安全标准（Payment Card Industry Data Security Standard）。

5）Solvency Ⅱ。即偿付能力Ⅱ，欧盟监管要求，适用于保险行业，类似于巴塞尔协议Ⅱ。

6）隐私法案。地方、主权国家和国际法均适用。

数据治理组织与业务领导和技术领导一起评估这些监管要求的影响，组织必须决定如下事项：

1）哪些方面的监管要求与组织相关？

2）怎样合规？需要哪些制度和规程实现合规？

3）何时要求合规？如何监测、何时监测合规？

4）组织能否采用行业标准达到合规？

5）如何证明合规？

6）违规的风险和处罚是什么？

7）如何识别和报告违规行为？如何管理和整改违规情况？

数据治理监测组织应对监管需求或者涉及数据和数据实践的审计进行响应，如在合规报告中证明数据质量（见第 6 章）。

3.2.3 实施数据治理

由于数据治理包括许多复杂的需要协调的工作，所以它并不是一蹴而就的，而是需要规划。这不仅需要考虑组织变革，还需要创建一个实施路线图详细说明时间计划及不同工作之间的关系。例如，如果数据治理职能侧重于改善合规，优先事项就可能由具体的监管要求驱动。在一个联合式数据治理组织中，各种业务线的实施都可以根据其参与程度和成熟度及资金的情况按不同时间表进行。

一些数据治理职能是基础性的，其他工作依赖它们开展。这项工作有一个初始版本且需要持续的培育。早期优先进行的活动包括：

1）定义数据治理流程以满足高优先级目标。

2）建立一个业务术语表，记录术语和标准。

3）企业架构和数据架构协调，以便更好地理解数据和系统。

4）为数据资产分配经济价值，以便更好地决策和理解数据如何促进组织的成功。

1. 支持数据标准和规程

标准的定义为"被用作评价其他事物质量好坏的好事物"或者"由权威者设置和建立的事物，作为衡量数量、重量、长度、价值或者质量的规则"⊖。由于标准提供了一种比较的方法，故有助于

⊖ http：//bit.ly/2sTfugb.

定义质量，也有助于简化流程。通过采用标准，组织只需做一个决定并将其编入一套规则，而不需要再为每个项目重新做一次相同的工作。执行标准应该促进使用这些标准的流程产生一致的结果。

不幸的是，建立或采用标准往往是一个政治化的过程，这样的过程往往会导致遗忘初心。大多数组织在开发或执行数据治理或执行数据治理标准方面做得不好。在某些情况下，组织没有意识到这样做的价值，因此没有花时间去做。有时候，组织虽然意识到了这样做的价值，但不知道如何去做。因此，"标准"在组织内部和组织之间差异很大，对符合标准的期望也是如此。数据治理标准应当是强制性的。

数据标准可以采取不同的形式，具体取决于其描述的内容：推断如何填充一个字段，管理不同字段间关系的规则，记录可接受和不可接受值的详细记录、格式等。数据标准通常由数据管理专业人员起草。数据标准应当由数据治理委员会或者指定工作组（如一个数据标准指导委员会）评审、批准和采用。数据标准记录的详细程度有一部分取决于组织文化。请记住，记录数据标准提供了一个捕捉细节和知识的机会。相较在前期就将其记录下来而言，通过再造或者反向工程来获取这项知识的代价更大。

对于数据标准，必须进行有效沟通、监测和进行周期性的评审与更新。最重要的是，必须采用适当的方法执行。数据能够用标准来衡量。数据治理委员会或者数据标准指导委员会依据合规标准，按既定日程或者按软件开发生命周期审批流程对数据管理活动进行审计。

数据管理规程（Data Management Procedure）是一种记录的方法、技术和步骤，用于完成特定活动，产生确定的结果和成果物。与制度和标准一样，不同组织的流程差异较大。与数据标准类似，流程文档以明确的形式捕捉组织知识，通常由数据管理专业人员起草。

在数据管理知识领域内可以被标准化的概念示例包括：

1）数据架构（Data Architecture）。企业数据模型、工具标准和系统命名规则。

2）数据建模和设计（Data Modeling and Design）。数据模型管理规程，数据建模命名规则，定义标准、标准域和标准缩写。

3）数据存储和运营（Data Storage and Operation）。工具标准，数据库恢复标准和业务连续性标准，数据库性能、数据保留和外部数据获取。

4）数据安全（Data Security）。数据访问的安全标准、监测和审计规程、存储安全标准和培训需求。

5）数据集成（Data Integration）。用于数据集成和互操作的标准方法和工具。

6）文档和内容（Documents and Content）。内容管理标准和规程，包括企业分类法的使用、法律搜索的支持、文档和邮件保留期限、电子签名，以及报告分发方法。

7）参考数据（Reference Data）和主数据（Master Data）。参考数据管理控制规程、记录系统、建立和强制使用声明、实体解析方案的标准。

8）数据仓库（Data Warehousing）和商务智能（Business Intelligence）。工具标准、处理标准和规程、报告和可视化格式标准、大数据处理标准。

9）元数据（Metadata）。采集的标准的业务和技术元数据，元数据整合规程和使用情况。

10）数据质量（Data Quality）。数据质量规则、标准衡量方法、数据修复标准和规程。

11）大数据（Big Data）和数据科学（Data Science）。数据源识别、权限、获取、记录系统、共享和更新。

2. 制定业务术语表

业务术语表的内容一般由业务数据管理人员负责。因为人们说话用词的习惯不同，所以制定业务术语表是非常必要的。由于数据代表的是其他事物（Chisholm，2008），所以对数据进行清晰的定义特别重要。许多组织开发了自己的内部词汇表。术语表是在组织内部分享词汇的一种方法。开发和记录数据定义减少了模糊性并提升了沟通效率。定义必须清楚、用词准确，并可解释任何特例、同义词或者变体。术语审批者应包括核心用户群体代表。数据架构通常可以提供主题域模型的定义草稿和类型分解。业务术语表有以下目标：

1）形成对核心业务概念和术语的共同理解。
2）降低由于业务概念理解不一致而造成的数据滥用风险。
3）提升技术资产（根据技术命名规则）与业务组织之间的协调性。
4）最大限度提升搜索能力使得组织知识得以访问。

业务术语表不仅仅是术语和定义的列表，每个术语还与其他有价值的元数据相关联，如同义词、指标、血缘、安全和隐私等级、业务规则、负责该术语的管理员等。

3. 与架构团队协作

数据治理委员会是数据架构的利益相关方，可能发起并批准数据架构组件，如面向业务的企业数据模型。数据治理委员会可能会与企业数据架构指导委员会（Enterprise Data Architecture Steering Committee）或者架构评审委员会（Architecture Review Board，ARB）互动，以评审工程及其迭代项目。企业数据模型应当由数据架构师和数据管理人员在主题域团队中一同开发和维护。根据组织的情况，此项工作可以由企业数据架构师或者管理专员协调。随着业务需求的发展，数据管理团队应当提出变更建议并扩展开发企业数据模型。

企业数据模型应当由数据治理委员会审查、批准和正式采用。该模型必须与关键业务战略、流程、组织和系统协调一致。在管理数据资产时，数据战略和数据架构是协调"把事情做正确"和"做正确的事情"的关键。

4. 定义数据资产估值方法

数据和信息之所以能够成为资产，是因为它们拥有价值或者能够创造价值。今天的会计实践将数据视为无形资产，就像文档、专家知识、交易内幕和其他知识产权一样。也就是说，组织认为为数据赋予货币价值是具有挑战性的，数据治理委员会应该组织开展此工作并为此制定标准。

一些组织通过估算因信息不充分造成的损失来计算数据资产的价值。信息鸿沟（需要什么信息与可以得到什么信息之间的差异）代表商业负债，弥合或者防止这一鸿沟的成本被用于估计缺失数据的业务价值。自此，组织能够开发模型用于估计现有信息的价值。

价值估算可以被嵌入数据战略，这将为数据质量问题的根治方案和其他数据治理举措带来业务场景，从而论证这些方案和举措的合理性。

3.2.4 嵌入数据治理

数据治理组织的一个目标是将数据治理活动嵌入将数据作为资产的一系列相关流程。数据治理职能的持续运作需要规划。运营计划包含实施和运行数据治理活动所需的事件列表，它概述了维持成功所需的活动、时间安排和技术。

可持续性意味着确保流程和资金到位，以保证组织数据治理框架持续运作。这一要求的核心是，组织接受数据治理，管理职能，监测和衡量结果，克服经常导致数据治理职能受阻和失败的障碍。

为了深化组织对于数据治理的总体理解，可以创建数据治理兴趣社区，以便数据治理应用的本地化和员工相互学习。这在实施数据治理的第一年特别有用，但会随着数据治理运营的成熟而逐步减弱。

3.3 工具和方法

数据治理基本上都是组织行为，虽然不是一个单纯通过技术就能解决的问题，但整个过程离不开工具的支持。例如，数据治理需要持续沟通。数据治理职能应当充分持续利用现有沟通渠道以一致的方式传递关键信息，使得利益相关方知晓相关制度、标准和需求。

此外，数据治理职能必须有效管理其自身工作和自有数据。工具不仅有助于完成这些任务，还能帮助支撑任务的量化。在选择特定功能的工具（如业务术语表解决方案）之前，组织应当定义其总体治理目标和需求，并着眼建造工具集。例如，一些业务术语表解决方案包括用于制度和工作流管理的附加组件。如果需要这些附加组件功能，则应在采用工具之前明确需求并进行测试。否则，组织即便拥有多种工具，也不能满足其需求。

3.3.1 在线展示/网站

数据治理职能应当在线呈现，使人们能够通过中心网站或协作门户网站获得核心文档。网站能够提供文档库、搜索功能，以及进行管理简单的工作流程。网站也能够通过标识和持续的可视化展现为该数据治理职能建立品牌。一个数据治理职能的网站应当包括：

1）数据治理战略和职能章程，包括愿景、收益、目标、原则和实施路线图。
2）数据制度和数据标准。
3）描述数据管理的角色和责任。
4）工作新闻发布。

5）数据治理论坛的链接。

6）有关数据治理主题的高管消息链接。

7）数据质量度量报告。

8）问题识别和调整更新的规程。

9）请求服务或者问题反馈链接。

10）文档、演示文稿和培训计划，附带相关在线资源的链接。

11）数据治理职能的联系信息。

3.3.2 业务术语表

业务术语表是数据治理的一个核心工具。它包含已经达成统一定义的业务术语，并将之与数据相关联。有许多业务术语表工具可供使用，其中一些可作为大型 ERP 系统、数据集成工具或者元数据管理工具的一部分，有些则是单独使用的工具。

3.3.3 工作流工具

大型组织可能需要考虑使用健全的工作流工具管理流程，如实施新的数据治理制度。这些工具将流程与文档相连接，并且可用于制度管理和问题解决。

3.3.4 文档管理工具

在大多数情况下，治理团队使用文档管理工具协助管理制度和程序。

3.3.5 数据治理计分卡

收集指标跟踪数据治理活动和制度合规情况，可以使用自动计分卡向数据治理委员会和数据治理指导委员会报告。

3.4 实施指南

组织基于数据成熟度评估（见第 15 章）收集的信息，确定好数据治理工作计划及运营计划，并准备好实施路线图，即可着手实施数据治理流程和制度。在大多数情况下，数据治理工作的实施会采取渐进式策略，要么将其纳入大型项目（如主数据管理）一并实施，要么按区域或部门逐步推进，很少有组织在一开始就将数据治理工作部署到整个企业范围内。

3.4.1 组织和文化

如前所述，数据治理的固有形式和规则对许多组织来说都是不同的、新鲜的。数据治理通过改变行为而带来价值。这些变化可能会面临阻力，新的决策和项目治理方法可能需要培训，并经历一个被接受的过程。

有效且持久的数据治理职能需要在组织对数据的思维和行为上实现文化转变，需要一个持续的变更管理计划支持新的思维和行为，以及实施新的政策和流程，以实现预期的未来状态。不论数据治理战略多么精确或独特，只要忽视商业文化就会降低数据治理成功的概率。关注变更管理必须成为数据治理战略的一部分。

变革管理是可持续发展的关键，变革的可持续性事关过程的质量，它可衡量过程持续增加价值的难易程度，保持数据治理功能需要规划变革（见第 17 章）。

3.4.2 调整和沟通

数据治理职能在更广泛的业务和数据管理战略背景下逐步实施。要取得成功就必须在牢记全局目标的同时推动局部治理有序开展。数据治理团队需要灵活应对，根据条件的变化适时调整其方针。管理和沟通变革需要的工具包括：

1）业务/数据治理战略图。该图连接数据治理活动与业务需求，定期衡量和沟通数据治理如何赋能业务，对数据治理持续地获得支持至关重要。

2）数据治理路线图。数据治理路线图不应当是僵硬死板的，应当与业务环境或者优先事项的改变相适应。

3）持续的数据治理业务场景。必须定期调整业务场景，以反映组织不断变化的优先级和财务状况。

4）数据治理指标。该指标应随着数据治理职能的成熟增长和变化。

3.5 度量指标

为了应对阻力或者漫长学习曲线带来的挑战，数据治理职能必须能够通过指标来衡量进展和成功，这些指标能够展示数据治理参与者如何增加业务价值并实现目标。

为了管理所需的行为变革，重要的是衡量数据治理的推广进展，掌握数据治理需求的合规程度及洞察数据治理给组织带来的价值。除了有效性指标，增强数据治理的价值指标和那些验证组织在推广后仍有资源支持数据治理的持续性指标，对于维持数据治理职能也非常重要。指标示例包括：

1）价值。

2）对业务目标的贡献。

3）降低风险。

4）提升运营效率。

5）有效性。

6）目标和目标达成情况。

7）数据管理人员使用相关工具的程度。

8）沟通有效性。

9）教育/培训有效性。

10）采取变革的速度。

11）可持续性。

12）制度和流程的执行情况（如是否正常工作）。

13）标准和规程的符合情况（如是否遵守指导并且必要地改变行为）。

参考文献

Adelman, Sid, Larissa Moss and Majid Abai. *Data Strategy*. Addison-Wesley Professional, 2005. Print.

Anderson, Dean and Anderson, Linda Ackerson. *Beyond Change Management*. Pfeiffer, 2012.

Avramov, Lucien and Maurizio Portolani. *The Policy Driven Data Center with ACI: Architecture, Concepts, and Methodology*. Cisco Press, 2014. Print. Networking Technology.

Axelos Global Best Practice (ITIL website). http://bit.ly/1H6SwxC.

Brzezinski, Robert. *HIPAA Privacy and Security Compliance-Simplified: Practical Guide for Healthcare Providers and Practice Managers*. CreateSpace Independent Publishing Platform, 2014. Print.

Calder, Alan. *IT Governance: Implementing Frameworks and Standards for the Corporate Governance of IT*. IT Governance Publishing, 2009. Print.

Change Management Institute and Carbon Group. *Organizational Change Maturity Model*, 2012. http://bit.ly/1Q62tR1.

Change Management Institute (website). http://bit.ly/1Q62tR1.

Chisholm, Malcolm and Roblyn-Lee, Diane. *Definitions in Data Management: A Guide to Fundamental Semantic Metadata*. Design Media, 2008. Print.

Cokins, Gary et al. *CIO Best Practices: Enabling Strategic Value with Information Technology*, 2nd ed. Wiley, 2010. Print.

De Haes, Steven and Wim Van Grembergen. *Enterprise Governance of Information Technology: Achieving Alignment and Value, Featuring COBIT 5*. 2nd ed. Springer, 2015. Print. Management for Professionals.

DiStefano, Robert S. *Asset Data Integrity Is Serious Business*. Industrial Press, Inc., 2010. Print.

Doan, AnHai, Alon Halevy and Zachary Ives. *Principles of Data Integration*. Morgan Kaufmann, 2012. Print.

Fisher, Tony. *The Data Asset: How Smart Companies Govern Their Data for Business Success*. Wiley,

2009. Print.

Giordano, Anthony David. *Performing Information Governance: A Step-by-step Guide to Making Information Governance Work*. IBM Press, 2014. Print.

Hiatt, Jeff and Creasey, Timothy. *Change Management: The People Side of Change*. Prosci, 2012.

Huwe, Ruth A. *Metrics 2.0: Creating Scorecards for High-Performance Work Teams and Organizations*. Praeger, 2010. Print.

Ladley, John. *Data Governance: How to Design, Deploy and Sustain an Effective Data Governance Program*. Morgan Kaufmann, 2012. Print. The Morgan Kaufmann Series on Business Intelligence.

Ladley, John. *Making Enterprise Information Management (EIM) Work for Business: A Guide to Understanding Information as an Asset*. Morgan Kaufmann, 2010. Print.

Marz, Nathan and James Warren. *Big Data: Principles and best practices of scalable realtime data systems*. Manning Publications, 2015. Print.

McGilvray, Danette. *Executing Data Quality Projects: Ten Steps to Quality Data and Trusted Information*. Morgan Kaufmann, 2008. Print.

Osborne, Jason W. *Best Practices in Data Cleaning: A Complete Guide to Everything You Need to Do Before and After Collecting Your Data*. SAGE Publications, Inc, 2013. Print.

Plotkin, David. *Data Stewardship: An Actionable Guide to Effective Data Management and Data Governance*. Morgan Kaufmann, 2013. Print.

PROSCI (website). http://bit.ly/2tt1bf9.

Razavi, Behzad. *Principles of Data Conversion System Design*. Wiley-IEEE Press, 1994. Print.

Redman, Thomas C. *Data Driven: Profiting from Your Most Important Business Asset*. Harvard Business Review Press, 2008. Print.

Reinke, Guido. *The Regulatory Compliance Matrix: Regulation of Financial Services, Information and Communication Technology, and Generally Related Matters*. GOLD RUSH Publishing, 2015. Print. Regulatory Compliance.

Seiner, Robert S. *Non-Invasive Data Governance*. Technics Publications, LLC, 2014. Print.

Selig, Gad. *Implementing IT Governance: A Practical Guide to Global Best Practices in IT Management*. Van Haren Publishing, 2008. Print. Best Practice.

Smallwood, Robert F. *Information Governance: Concepts, Strategies, and Best Practices*. Wiley, 2014. Print. Wiley CIO.

Soares, Sunil. *Selling Information Governance to the Business: Best Practices by Industry and Job Function*. Mc Press, 2011. Print.

Tarantino, Anthony. *The Governance, Risk, and Compliance Handbook: Technology, Finance, Environmental, and International Guidance and Best Practices*. Wiley, 2008. Print.

The Data Governance Institute (website). http://bit.ly/1ef0tnb.

The KPI Institute and Aurel Brudan, ed. *The Governance, Compliance and Risk KPI Dictionary: 130+ Key Performance Indicator Definitions*. CreateSpace Independent Publishing Platform, 2015. Print.

第 4 章 数据架构

4.1 引言

架构（Architecture）最初指建造房屋（尤其是可居住建筑）的艺术和科学，以及在此过程中形成的成果——建筑物本身。现今，从更普遍的意义上来说，架构指系统组件元素的有组织排列，目的在于优化整体结构或系统的功能、性能、可行性、成本和美观度。

架构一词常被用以描述信息系统设计的多个方面。在国际标准《系统和软件工程：架构描述（2011）》（ISO/IEC 42010：2007）中，架构被定义为："系统的基本结构，具体体现在相关的组件、组件之间的相互关系和环境，以及设计和演变的原则"。然而，依赖上下文语境，架构一词既被看作对系统当前状态的描述、一组系统的构成组件、对意向的单系统或一组系统（未来状态或拟议架构）进行设计过程中遵循的准则（架构实践）的描述，也被看作对系统工件（Artifact）（如架构文档）的描述，或对从事设计工作的团队（如架构师或架构团队）的描述。

在实践中，企业在不同层级上推进架构设计（企业级、业务条线级或者项目级等）时所关注的重点也不同（基础架构、应用架构或者数据架构）。非架构设计人员可能会对架构师所做的事情感到困惑，分不清楚这些层次和重点之间隐性的区别和联系。因此，架构框架的价值之一，就是让非架构师能够理解上述这些关系。

企业架构涵盖不同类型，包括业务架构、数据架构、应用架构和技术架构。良好的企业架构有助于组织了解其系统的现状、加速向系统期望状态的转变、支持合规并提高效率。其中，数据架构的目标是有效地管理数据及存储和使用这些数据的系统。

本章将从以下几个方面考虑数据架构：

1) 数据架构成果。通常表现为各层级的模型、定义和数据流，它们也被视为数据架构的工件。
2) 数据架构活动。指数据架构的设计、部署，并实现其目标的活动。
3) 数据架构行为。指参与架构工作不同角色人员的协作、思维和技能对企业数据架构的影响。

这三个方面是本章数据架构的关键组成部分。

数据架构是数据管理的基础。由于大多数组织都拥有超出个人理解能力的数据，有必要采用不同层级的抽象呈现组织的数据，以便人们理解数据和基于数据做出管理决策。

数据架构工件包括用于描述现状、定义数据需求、指导数据集成和控制数据资产的规范，这些规范通常在数据战略中体现。一个组织的数据架构由一系列不同抽象层次的主设计文档所构成，这些文档包括规定数据收集、存储、安排、使用和处置方式的标准。数据架构还通过描述数据在组织系统中传输的所有容器和路径来进行分类。

最详细的数据架构设计文档是正式的企业数据模型，包含数据名称、全面的数据和元数据定义、概念性和逻辑性实体及其关系，以及业务规则。物理数据模型也包括在内，但物理数据模型更多的是数据建模和设计的产物，而非数据架构的一部分。

当数据架构能够完全支持整个企业的需求时，它的价值最大。企业数据架构能够实现跨企业的一致性数据标准化和集成。

架构师创建的文档构成了有价值的元数据。在理想情况下，架构文档应存储并管理在企业架构工件库（Enterprise Architecture Artifact Repository）中。

我们正处于终端客户数字化的第三波浪潮之中。第一波浪潮是银行和金融交易；第二波浪潮是各种数字服务交互，物联网和远程信息处理推动了第三波浪潮；在第三波浪潮中，汽车、医疗设备和工具制造等传统行业也正在进行数字化转型。

数字化转型几乎发生在每一个行业。新的沃尔沃汽车现在为客户提供 7×24 小时全天候服务。这些服务不仅包括车辆相关事宜的服务，还包括为客户提供餐厅推荐和商店定位的服务。起重机、托盘装载机和麻醉设备等生产企业也需要收集及传输数据，以实现及时服务。此业务模式是将设备供应变为按使用或者按可用性付费的合同。许多此类公司在这些领域几乎没有任何经验，因为此前这些工作都是由零售商或售后服务提供商负责的。

具有前瞻性的组织在设计新的市场产品时，应当包括数据管理专业人员（如企业数据架构师或战略数据管理专员），因为如今这些产品通常包含硬件、软件和服务，这些硬件和服务要么收集数据，要么依赖于数据访问，或两者兼而有之。

4.1.1　业务驱动因素

数据架构的目标是搭建业务战略和技术实现之间的桥梁。数据架构是企业架构的一部分，其主要职责为：

1) 为组织把握新技术带来的潜在商机，为快速升级其产品、服务和数据做好战略准备。
2) 将业务需求转换为数据和系统需求，以确保业务流程能持续获得所需数据。
3) 管理整个企业的复杂数据和信息交付。
4) 促进业务和 IT 的对齐。
5) 成为变革、转型和敏捷响应的推动者。

以上这些业务驱动因素会影响对数据架构的价值评价。

数据架构师创建并维护组织层面的数据及其流转系统的相关知识，促使组织把数据当作资产进行管理，并通过识别数据应用、降低成本和减缓风险的机会，增加由此带来的价值。

4.1.2　数据架构的交付物和实践

数据架构的主要交付物包括：

1) 满足数据存储和处理的需求。
2) 满足企业当前和长期数据需求的结构和规划设计。

数据架构语境关系图如图4-1所示。

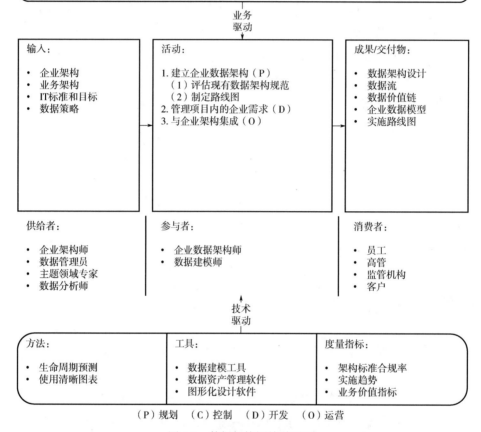

图4-1 数据架构语境关系图

架构师以能为组织带来价值的方式开展架构设计，并通过最优的技术布局、有效运营、提升项目效率及强化组织的数据应用能力等加以体现。为此，要求组织具有完善的设计和规划，以及确保落实这些规划和设计的能力。

为了达到该目的，数据架构师需要定义及维护以下规范：

1）明确组织的数据现状。

2）提供数据和组件的标准业务用语。

3）确保数据架构与企业战略及业务架构保持一致。

4）描述组织的数据战略需求。

5）概述满足这些需求的高阶集成设计内容。

6）与企业整体架构路线图相整合。

总体来说，数据架构实践包括：

1）使用数据架构工件（主蓝图）定义数据需求、指导数据集成、管控数据资产，以及使新投入数据项目与业务战略保持一致。

2）与改进业务或 IT 系统开发的利益相关方展开合作，既学习他们，又影响他们。

3）通过数据架构建立企业级语义，并通过通用的业务词汇表展现。

4.1.3 基本概念

1. 企业架构类型

数据架构的设计与企业架构中的其他架构息息相关，包括业务架构、数据架构、应用架构和技术架构。表 4-1 是上述这些架构类型的描述和比较。由于这些架构彼此间会相互影响和约束，因此，来自不同领域的架构师必须协同确定架构开发的方向和要求。

表 4-1　企业架构类型

类型	企业业务架构	企业数据架构	企业应用架构	企业技术架构
目的	识别企业如何为消费者和其他利益相关方创造价值	描述应该如何组织和管理数据	描述企业应用的结构和功能	描述能使系统发挥功能和产生价值的物理技术
元素	业务模型、业务流程、业务能力、服务、事件、策略、用语	数据模型、数据定义、数据映射规范、数据流、结构化的数据 API	业务系统、软件包、数据库	技术平台、网络、安全、集成工具
依赖项	确立对其他架构的要求	管理由业务架构创建和需要的数据	按业务要求处理特定数据	承载并执行应用架构
角色	业务架构师和分析师、业务数据管理专员	数据架构师、建模师、数据管理专员	应用架构师	技术架构师

2. 企业架构框架

企业架构框架是用于开发一系列相互关联架构的基础结构。不同的架构框架提供了思考和理解架构的不同方式，总体来说，它们是"架构的架构"。国际电气工程师协会（Institute of Electrical and Electronics Engineers，IEEE）计算机分会制定了一个标准的企业架构框架《系统和软件工程——架构描述和对比表》⊖（ISO/IEC/IEEE 42010：2011），其常见框架和方法中就包括作为架构类型之一的数据架构。

最著名的企业架构框架是 Zachman 框架（见图 4-2）。它由约翰·扎克曼（John Zachman）在 20 世纪 80 年代开发，并一直处于演进过程中。约翰·扎克曼意识到，在建筑、航空等众多行业中，许多利益相关方基于企业、价值链、项目或者系统等不同角度对于架构持有着不同的理解。他运用这一概念揭示了企业内部对不同架构类型和架构层级的需求。

⊖　http：//bit.ly/2tNnD2j；http：//bit.ly/2rVinIq.

	是什么	怎样做	在哪里	由谁来做	什么时间	为什么	
管理层	库存识别	流程识别	分发识别	责任识别	时间识别	动机识别	上下文范围
业务管理	库存定义	流程定义	分发定义	责任定义	时间定义	动机定义	业务概念
架构师	库存表示	流程表示	分发表示	责任表示	时间表示	动机表示	系统逻辑
工程师	库存规范	流程规范	分发规范	责任规范	时间规范	动机规范	实施部署
技术员	库存配置	流程配置	分发配置	责任配置	时间配置	动机配置	工具组件
操作员	库存实例	流程实例	分发实例	责任实例	时间实例	动机实例	操作实例
	库存集	过程流	分发网络	责任分配	时间周期	动机意图	

图 4-2 简化的 Zachman 框架

Zachman 框架实际上是一种本体（Ontology），它提供一个 6×6 的矩阵框架用来描述企业及其关系所需的完整模型集。它不定义如何创建模型，只是简要揭示应该存在什么模型。

矩阵框架包括两个维度，以"问询式沟通"（是什么、怎样做、在哪里、由谁来做、什么时间、为什么）作为列，以"具象化转换"（识别、定义、表示、规范、配置和实例）作为行。该框架按照单元格分类（行和列的交叉点），每个单元格代表一个独特的设计工件。

"问询式沟通"就是一组基本的问题，这些问题可用于询问任何一个实体。将其转换成企业架构，各列理解如下：

1）是什么（What）。元素清单列，用来构成架构的实体。

2）怎样做（How）。流程列，说明执行的活动。

3）在哪里（Where）。分布列，说明业务位置和技术位置。

4）由谁来做（Who）。职责列，说明角色和组织。

5）什么时间（When）。时间列，说明间隔、事件、周期和计划。

6）为什么（Why）。动机列，说明目标、策略和方法。

"具象化转换"代表将抽象概念转变为具体实例的必要步骤，即概念实例化的过程。矩阵的每一行代表不同的参与角色：规划者、所有者、设计者、建造者、实施者和用户。每个角色看待过程的视角不同，要解决的问题也不同，并且用行的形式加以描述。例如，每个视角均与"是什么"列（元素清单列或者数据列）有关，具体说明如下：

1）管理层视角（业务上下文）。在标识模型中定义业务要素范围的业务原始清单。

2）业务管理视角（业务概念）。理清管理层作为所有者在定义模型中所定义业务概念之间的关系。

3）架构师视角（逻辑模型）。详述系统需求和由架构师作为设计人员在表达模型中所表达的无约束设计。

4）工程师视角（物理模型）。在特定技术、人员、成本和时限的约束下，由工程师作为构建者针对规范模型中的专用模型的设计、优化。

5）技术员视角（组件装配）。由技术人员作为实施者在配置模型中进行配置，以特定技术、超场景的视角展示组件是如何组装和运行的。

6）操作员视角（操作类）。操作员作为参与者使用的实际功能性实例，该视角不涉及模型。

正如前面提到的，Zachman 框架中的每个单元格代表一个特定类型的设计组件，在行和列的交叉点中进行定义。每个组件代表从特定视角如何回答那些基本的问题。

3. 企业数据架构

数据架构为组织中重要元素定义了标准术语和设计方案。企业数据架构的设计包括业务数据描述，涵盖数据的收集、存储、集成、传输和分发等方面。

随着数据以源（feed）或接口方式在组织内流动，数据会被安全地集成、存储、记录、编目、共享、报告、分析，并交付给利益相关方。在此过程中，数据可能会被验证、增强、关联、认证、汇总、匿名化，并用于分析，直到归档或删除。因此，企业数据架构的描述必须包括企业数据模型（如数据结构和数据规范）及数据流设计。

1）企业数据模型（Enterprise Data Model，EDM）。企业数据模型是一个整体的、企业级的、与实现无关的概念或逻辑数据模型。它为企业提供通用的、一致的数据视图。通常，企业数据模型用于表示一个高层次的、简化的数据模型，但这只是为了展示而做的抽象处理。企业数据模型包括关键的企业数据实体（业务概念）及其之间的关系、关键的业务规则和一些关键属性。它为所有数据及数据相关的项目奠定了基础。所有项目级的数据模型都必须基于企业数据模型设计。企业数据模型应该由利益相关方审核，以便达成共识，以确保其有效地代表整个企业。

2）数据流设计（Data Flow Design）。数据流设计定义了跨数据库、应用、平台和网络（组件）存储和处理的现实需求和主蓝图。数据流将数据的流动映射到业务流程、位置、业务角色和技术组件。

需要将以上这两个方面很好地结合在一起。如前所述，这两者不仅需要体现在当前状态和目标状态（架构师视角）中，还需要体现在过渡状态（项目视角）中。这两方面的详细说明如下：

（1）企业数据模型

一些组织将企业数据模型创建为独立的工件。还有一些组织认为，企业数据模型是由不同视角和不同详细程度的数据模型组成的，这些模型一致性地描述了一个组织对数据实体、数据属性及其在企业中关系的理解。企业数据模型包括通用的（企业范围的概念和逻辑模型）和应用程序或项目特定的数据模型，以及定义、规范、映射和业务规则。

由于这些模型提供了有用的指导和参考，采用行业标准数据模型可以加快开发企业数据模型的进程。然而，即使组织从外购的数据模型开始，制作企业级数据模型也需要大量的投入，其工作包括定义和记录组织的词汇、业务规则和业务知识。完成企业级数据模型设计和开发后，仍然需要持续投入时间和精力于后继维护和持续丰富企业数据模型的工作中。

需要设计企业数据模型的组织，必须决定投入多少时间和精力来构建和维护企业数据模型。企业数据模型可以在不同细节级别上构建，因此资源的可用性将影响最初的范围。随着时间的推移，企业的需求会发生变化，企业数据模型的范围和细节水平通常也会随之拓展。大多数成功的企业数据模型都是采用分层的方式逐步迭代构建的。图4-3所示企业数据模型，展示了不同模型之间是如何关联的，以及概念模型最终如何与物理应用模型关联。它区分了：

1）各主题域的实体和关系视图。
2）企业主题域的概念概述。
3）同一概念模型下详细的、带有部分属性的逻辑视图。
4）应用或项目的逻辑和物理模型。

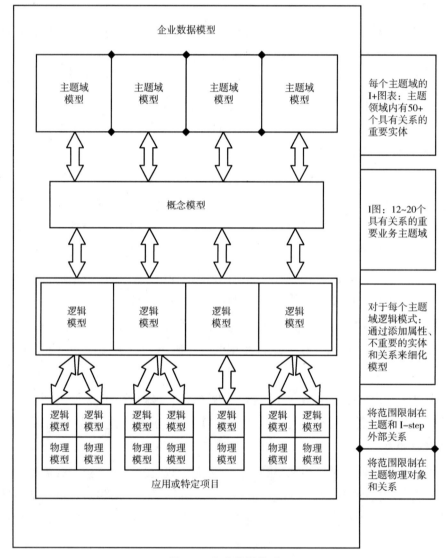

图4-3 企业数据模型

各层级的模型都是企业数据模型的组成部分。其中，链接创建了在纵向各级模型之间和同级模型之间追踪实体的路径。

1）纵向。纵向是不同层级模型之间的映射。模型链接是通过这些映射创建的。例如，项目的物理模型中定义的"移动设备"存储的数据表/数据文件，可以与项目的逻辑模型中的"移动设备"实体对应，可以与企业逻辑模型中的"产品"主题域中的"移动设备"实体对应，也可以和企业概念模型中的"产品"概念实体及主题域模型中的"产品"实体相关联。

2）横向。横向上，同一个实体和关系可能出现在同一层级的多个模型中。以某一主题为中心的逻辑模型中的实体可能与以其他主题为中心的模型中的实体相关联，在模型图中标记为其他主题域的外部链接。例如，"产品零件（Product Part）"实体可能出现在"产品（Product）"主题域模型及"销售订单"（Sales Order）、"库存"（Inventory）、"市场营销"（Marketing）主题域中，它们之间通过外部链接相关联。

所有层级的企业数据模型都是通过使用数据建模技术开发的（见第5章）。

图4-4是一个包含3个主题域的模型示意图，每个主题域包含一个概念数据模型和一系列实体。横向实体间的关联可以跨越主题域边界；每个企业数据模型中的实体应该仅属于一个主题域，但是可以和任何其他主题域的实体关联。

因此，概念性企业数据模型跨越多个主题域模型，可以采用自上而下或者自下而上的方法进行创建。采用自上而下的方法时，从主题域开始，先设计主题，再逐步设计下层模型。采用自下而上的方法时，主题域结构则是基于现有数据模型向上提炼抽象而成。通常推荐两种方法结合使用，从使用现有模型自下而上开始，借助将主域建模委托给项目的方式扩充模型数量，从而完善企业数据模型。

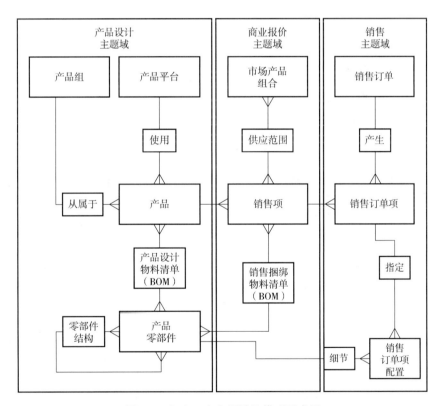

图4-4 包含3个主题域的模型示意图

主题域的识别准则必须在整个企业数据模型中保持一致。常用的主题域识别准则包括：使用规范化规则，从系统组合中分离主题域（根据不同的资金来源划分），从数据治理结构和数据所有权（或组织）中形成主题领域，基于顶级流程（业务价值链）或者基于业务能力（使用企业架构）。

如果主题域结构是使用规范化规则形成的，那么它对于数据架构工作通常是最有效的。规范化过程将建立承载/构成每个主题域的主要实体。

（2）数据流设计

数据流是一种数据血缘记录文档，它描述了数据是如何在业务流程和业务系统中流动的。端到端的数据流说明了数据的来源、存储和使用的位置，以及数据在不同流程和系统内部及之间流动时是如何转换的。数据血缘分析有助于解释数据流中特定点的数据状态。

数据流映射和记录了数据与以下各项之间的关系：

1）业务流程中的应用程序。
2）数据存储位置或数据库。
3）网段（对于安全映射很有用）。
4）业务角色，描述哪些角色负责创建、更新、使用和处置数据。
5）发生本地差异的位置。

数据流可以用于描述不同层级模型的映射关系：主题域、业务实体，乃至属性层面。系统可以通过网段、平台、常用应用集或独立服务器呈现。数据流可以通过二维矩阵（见图4-5）或数据流图（见图4-6）的方式呈现。

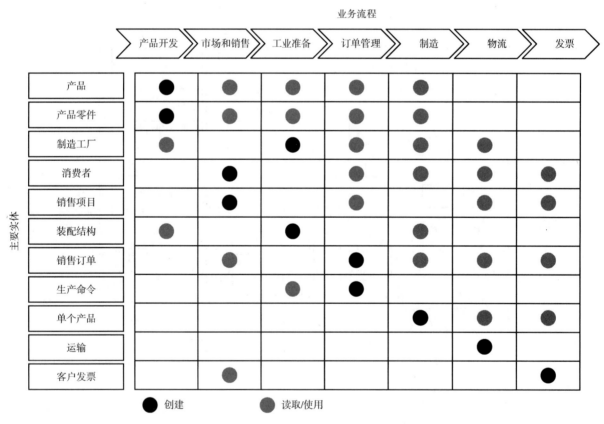

图 4-5 矩阵形式描述的数据流

通过矩阵形式可以清晰地展现各个流程创建和使用数据的过程。采用矩阵方法显示数据需求的优势是可以清晰地看出数据不是只在一个方向上流动。在复杂的数据使用场景中，数据交换是多对多的,并会在多个位置出现。通过矩阵方法可以明确流程中的数据获取职责及数据依赖关系,反过来也可以促进流程的制定。那些喜欢使用业务能力的人也可以用同样的方式展示这一点——将流程轴替换为能力轴即可。在企业模型中构建此类矩阵是一个长期的过程。IBM 在其业务系统规划(Business Systems Planning,BSP)方法中介绍了这种做法。后来,在 20 世纪 80 年代,詹姆斯·马丁(James Martin)在他的信息系统规划(Information Systems Planning,ISP)方法中推广了这一做法。

图 4-6 中的数据流是一个传统的高阶数据流图,描绘了流动于系统之间的数据类型。此类图表可以用多种格式和详细程度进行描述。

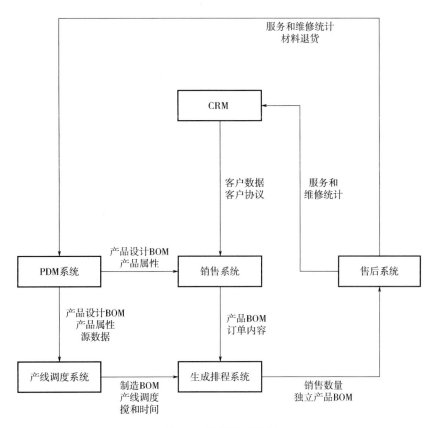

图 4-6 数据流图示例

4.2 活动

数据架构和企业架构通常从以下两个角度来处理复杂性:

1)以质量为导向(Quality-oriented)。专注于提高业务和 IT 开发周期内对架构管理的执行力。不对架构进行管理,架构将会恶化,系统会逐渐变得更加复杂和僵化,从而给组织带来风险。不受控制的数据交付、数据备份和混乱的接口关系会降低组织的效率,并降低对数据的信任。

2)以创新为导向(Innovation-oriented)。专注于业务和 IT 转型,以应对新的期望和机遇。利用颠覆性技术和数据来推动创新已成为现代企业架构师的一个角色。

运用这两种导向方法有不同的方法论。面向质量的方法应与传统的数据架构工作保持一致，其中架构质量改进是逐步完成的。架构任务被分解到项目中，由架构师参与或由委托项目执行。通常，架构师需要掌握整体架构，并专注于与治理、标准化和结构化开发直接相关的长期目标。对面向创新的方法通常不用面面俱到，可以应用未经广泛验证的业务逻辑和前沿技术。这种方法往往需要架构师与组织内部的某些人员建立联系，而这些人员与 IT 专业人士平常是很少打交道的（如产品经理和业务设计师）。

4.2.1 建立企业数据架构

理想情况下，数据架构是企业架构的组成部分。即使没有企业架构，也依然可以构建数据构架团队。在这种情况下，组织应该设计有助于明确目标和驱动数据架构的框架。该框架将对数据架构实施路线图中的方法、范围和工作优先级产生影响。

选择一个适用于业务类型的框架（如对于政府组织可以使用政府框架）。该框架中的视角和分类必须有利于不同的利益相关方的沟通。这对于数据架构的实施计划尤为重要，因为它涉及业务和系统术语。数据架构与业务架构之间具有天然的密切关系。

建立企业数据架构通常包括以下工作，这些工作可以串行或并行执行：

1）制定策略。选择框架，制定方法，开发路线图。

2）架构接受度与文化建设。建立沟通机制，并激励积极参与者。

3）组织并开展工作。通过明确责任和职责组织数据架构工作。

4）确定工作方法。明确最佳实践，并与企业架构协调，在项目开发中开展数据架构工作。

5）产出结果。在总体路线图中产出数据架构结果。

企业数据架构也会影响项目和系统开发的范围边界，体现在：

1）定义项目数据需求。通过数据架构为企业提供每个项目的数据需求。

2）评审项目数据设计。通过设计评审确保概念、逻辑和物理数据模型与架构一致，并支持组织的长期战略。

3）确定数据血缘影响。确保数据流中的应用业务规则一致且可追溯。

4）控制数据拷贝。数据拷贝是提高应用程序性能并使数据更易于获取的常见方式，但也可能在数据中创造不一致性。数据架构治理确保有足够的拷贝控制方法和机制，以实现所需的一致性（并非所有应用程序都需要严格的一致性）。

5）实施数据架构标准。为企业数据架构生命周期制定和实施标准。标准可以表示为原则、流程、指南和规划蓝图。

6）指导数据技术和更新决策。数据架构师与企业架构师合作，管理数据技术版本、补丁和每个应用程序使用的策略，作为数据技术的路线图。

4.2.2 评估现有数据架构规范

每个组织都可能保留着有关现有系统的一系列文档。为了解当前数据架构，需要识别这些文件，并评估其准确性、完整性和详细程度。如果有必要，则需要更新这些文件使其真实地反映系统的当前状态。

4.2.3 制定数据架构路线图

对于一个不依赖于现有流程从零开始创立的企业，一个最佳的数据架构将仅仅基于运行企业运行所需的数据。数据架构内部的优先级将由业务战略确定，并且架构决策可以不受历史的影响。问题在于，很少有组织能够处于这种状态。即使在理想的情况下，数据依赖关系也会迅速出现并需要进行管理。数据架构路线图提供了一种管理这些依赖性并做出前瞻性决策的方法。路线图有助于组织权衡利弊并制订务实的项目计划，使其与业务需求和机会、外部要求及可用资源保持一致。

企业数据架构路线图描述了该架构 3~5 年的发展路径。该路线图结合业务需求、实际情况和技术评估，阐述了目标架构如何成为现实。企业数据架构路线图应包括高阶里程碑、所需资源和成本估算，并且必须与整体企业架构路线图相整合。企业数据架构要根据业务能力工作流进行划分。该路线图应以数据管理成熟度评估（见第15章）为指导。

大多数业务能力需要数据作为输入，另一些业务能力也会产生数据，其他业务能力可能依赖于这些数据。通过解决业务能力之间的数据流依赖关系链，可以使企业架构和企业数据架构形成一个连贯的整体。

业务数据驱动路线图从最独立的业务能力（对其他业务能力依赖度最低）开始，并以那些对其他能力依赖度最高的能力结束。遵循整体业务数据生成顺序依次处理每个业务能力。图 4-7 是一个业务能力数据依赖链的例子，顶部是依赖度最低的业务能力。产品管理和客户管理不依赖任何模块，因此属于主数据。依赖度最高的业务能力模块位于底部，客户发票管理依赖于客户管理和销售订单管理，而后者又依赖另外两个管理模块。

因此，对于图 4-7 而言，路线图最好从产品管理和客户管理能力开始，然后从上到下解决每一个依赖关系。

4.2.4 在项目中管理企业需求

数据架构不应受开发时点的限制。描述组织数据架构的数据模型和其他规范必须具有足够的灵活性，以适应未来的需求。架构级别的数据模型应具有企业的全局视角，并具有可被整个组织理解的明确定义。

在开展开发类项目，实施数据获取、存储和分发等解决方案时，需要依据业务需求和企业数据架构建立标准，且这个过程是逐步完成的。基于业务需求和企业数据架构建立的标准，开发用于数

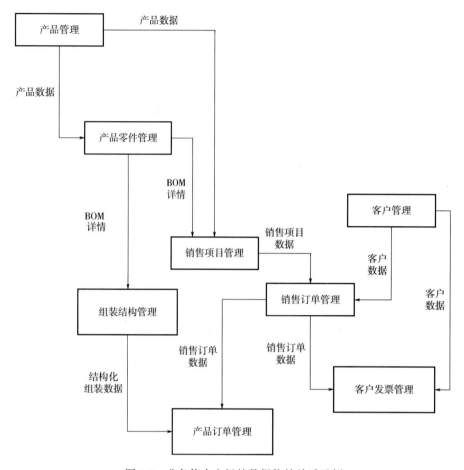

图 4-7 业务能力之间的数据依赖关系示例

据获取、存储和分发的项目实施方案。

在项目层面，借由数据模型明确数据需求的过程是从审查业务需求开始的。通常，这些业务需求是特定于项目目标的，不会对企业整体产生影响。然而，这个过程仍然应该包括制定术语定义和开展其他支持数据变得可用的活动。

重要的是，数据架构师必须能够理解与整体架构相关的需求。当项目详细设计完成时，数据架构师应该确定：

1）详细设计中所涉及的企业级实体是否符合约定的标准。

2）详细设计中的哪些实体应该被包含在整体企业数据架构中。

3）是否需要对详细设计中的实体和定义进行泛化或改进，使其更加通用，以便于更新现有的数据架构，以应对未来的趋势。

4）是否需要更新数据架构，或者是否应该引导开发人员复用已有的架构。

组织经常等到需要设计数据存储和集成时，才开始考虑数据架构的问题。然而，最好在项目规划早期就考虑这些因素，并贯穿整个项目生命周期。

企业数据架构项目的相关活动包括：

1）确定范围。确保项目范围和接口与企业数据模型相对应。理解项目对整个企业数据架构的潜在贡献，包括模型和设计，以及确定应该（或能）复用哪些既有组件。针对这些有待设计的部分，需要界定所依赖项目范围以外的利益相关方，如现有的各下游流程。确定能共享或复用的各个构建，并将其纳入企业逻辑数据模型和指定存储库。

2）理解业务需求。获取与数据相关的需求，如实体、来源、可用性、质量和痛点，并评估满足这些需求所产生的业务价值。

3）设计数据架构。设计工作起始于详细的目标规范，包括数据生命周期视角下的业务规则。验证设计结果，必要时还要解决针对扩展和改进标准化模型的相关需求。对项目数据架构师而言，企业逻辑数据模型和企业架构存储库是一个理想场所，以便查找和复用跨组织共享的各个组件，审查并采用数据技术标准。

4）实施。

①企业应对购买的应用程序（现成商用程序）实施逆向工程，与相应数据结构做映射，识别并记录结构、定义、规则方面的缺失和差异。理想情况下供应商会提供其产品的数据模型，而出于专利方面的考虑，供应商也可能不提供。如果可能，应协商获得带有深度定义的模型。

②要将应用程序的数据模型和通用数据结构、既有流程和新流程做映射，了解数据复用时CRUD应如何操作。强制要求使用记录系统或其他权威数据，识别和记录这些差距。

③在建设过程中，依据数据结构部署相应的数据存储，并与标准化或设定的规范相集成（见第8章）。

企业数据架构师在项目中的角色取决于开发方法。将架构活动纳入项目的过程也因方法而异。具体的开发方法有如下3种：

1）瀑布法。作为企业整体设计的部分，按顺序、分阶段的理解需求和构建系统。该方法应包含用于控制变更的多个稽查点。这种模式虽然基本能涵盖数据架构的各项活动，但要确保以企业视角推进。

2）迭代法。渐进式分步了解和构建数据架构（小型瀑布模式）。这种方法根据模糊的总体要求创建原型，初始阶段至关重要，最好在早期迭过程中就构建出全面的数据设计方案。

3）敏捷法。以离散交付包（称为"Sprints"）的形式学习、创建和测试数据架构的相应内容。这类包足够小，如果需要可以直接丢弃，损失也不大。敏捷法（Rcrum、快速开发和统一流程）会促进面向对象且重视用户界面设计、软件设计和系统行为的建模，并借助数据模型、数据获取、数据分发规范完善此类方法。DevOps（开发运维一体化）是一种新兴且流行的敏捷方法，其实用经验证明，在程序员和数据架构师关系紧密且都遵循标准和指南的情况下，可以改进数据设计并做出有效的设计决策。

4.2.5 与企业架构集成

规范的企业数据架构开发工作包括从主题域层到更加细分的各个层级，也会涉及其他架构域，并在有经费支持的项目中实施。此类项目通常会提升项目优先级，尽管如此，还是应该积极处理企业级数据架构的相关事宜。事实上，数据架构可能会影响项目范围，因而，最好还是将数据架构事宜与项目集管理一并处理，以助推路线图的实施并产出更好的项目成果。

同样，规划企业应用程序开发和集成工作应该有企业数据架构师的参与，就目标应用程序蓝图和实现蓝图的路径提供数据架构方面的建议。

4.3 工具

4.3.1 数据建模工具

对管理各层级的企业数据模型而言，数据建模工具和模型存储库都是必要的。多数建模工具都包括数据血缘和关系追踪功能，使架构师能管理不同抽象层级、为不同用途创建的数据模型之间的血缘（见第5章）。

4.3.2 数据资产管理软件

数据资产管理软件用于对系统进行盘点、描述其内容，并追溯系统之间的关系。除此之外，这些数据资产管理工具还能确保组织遵守与软件许可相关的合同义务，并收集与资产相关的数据，以用于降低成本和优化IT资源利用。由于具有编制IT资产清单的能力，这类工具会收集和保存关于系统及所属数据的高价值元数据，这对数据流的创建和当前状态的搜索非常有用。

4.3.3 图形化设计软件

使用图形化设计软件创建架构设计图、数据流、数据价值链和其他架构工件。

4.4 方法

4.4.1 生命周期预测

架构设计内容可能是理想化或面向未来的，能被实施和应用的，或者是退役方案。无论内容是什么，都应该被清晰地记录下来。例如：

1）当前的（Current）。当前受支持且在用产品。
2）部署期的（Deployment period）。将在1~2年内部署、使用的产品。
3）战略期的（Strategic period）。预计2年后才会用到的产品。

4）退役的（Retirement）。已经退役或1年内即将退役的产品。

5）首选的（Preferred）。多数应用程序首选使用的产品。

6）受限的（Containment）。仅限于特定应用程序使用的产品。

7）新兴的（Emerging）。正在研究和试点测试以备未来可能部署的产品。

8）已评估的（Reviewed）。已经进行评估且有评估结果，以及当前不在上述状态之列的产品。

有关管理数据技术的更多信息，请参阅第6章。

4.4.2 使用清晰图表

图表是基于一套既定的视觉规范呈现信息的工具。它们必须被规范地使用，否则可能会被误解，甚至被错误地使用。对图表的使用需要遵从干扰最小化、有用信息最大化的原则，具体使用规范如下：

1）图例应明确且一致。图例应该标识所有对象和线条及其含义。图例应该放置在所有图表的相同位置。

2）图表中的所有对象应与图例相匹配。当使用图例作为模板时，虽然并非图例中的所有对象都会出现在具体的图表中，但图表中出现的每一个对象都应该在图例中有对应的说明。

3）线条方向应清晰且一致。所有线条的流向都应该从一侧或一角（通常是左侧）开始，并尽可能流向另一侧或另一角。因为有可能出现循环和回路，所以需要确保反向流线及环路清晰易懂。

4）线条交叉显示方法应保持一致。线条可以交叉，但必须清楚地表明交叉点不是连接点。应该采用跨线，并保持跳跃方向一致。不要线线相连，尽量减少交叉线数量。

5）图表对象属性应保持一致。大小、颜色、线条粗细等方面的任何差异都应具有某种意义，否则这些差异会造成混淆，增加读者的阅读难度。

6）图表中的对象应线性对称。与随意放置的图表相比，将对象以行和列的形式放置的图表更具可读性。尽管很难对齐所有对象，但至少应对齐一半对象（水平或垂直），以大大提高图表的可读性。

4.5 实施指南

正如本章引言所述，数据架构包括工件、活动和行为。因此，实施企业数据架构包含的主要工作为：

1）建立企业数据架构团队并举办问题研讨会。

2）制定数据架构工件的初始版本。例如，企业数据模型、企业范围内的数据流和数据架构路线图。

3）在开发项目中，形成和建立遵循数据架构规范的工作方式。

4）建立整个组织的数据架构工作的价值认识。

由于它们可以同时启动，数据架构的实施应至少包括上述工作中的两项，或者至少将其作为并行活动在同一段时间内完成。数据架构的实施可以从组织的一部分或从某个数据域开始，如产品数据域或客户数据域。在认知和工作方式成熟后，可以扩大实施范围。

数据模型和其他数据架构构建通常在系统开发项目中初步创建，然后由数据架构师进行标准化和管理。由于没有任何可以复用的架构工件，第一个开发项目将会有大量的数据架构工作。应该为这类早期项目提供特殊的架构费用支持。

数据架构师应该与业务和技术架构师合作，共享优化组织效率和灵活性的共同目标。整个企业架构的业务驱动因素也会对企业数据架构的实施策略产生显著影响。

在鼓励采用颠覆性技术创新发明的解决方案导向型文化中，要建立企业数据架构就需要敏捷性实施方案，包括要有跨层级的概述性主题域模型，在敏捷冲刺阶段参与各细分层级，呈现为逐步演进的形态。在创新文化中，由于开发工作的进展非常快，需要确保数据架构师尽早参与初始的开发工作。

针对计划开发项目，企业架构的质量驱动因素可能强行推进一些企业级的初级数据架构工作。通常，企业数据架构工作从急需提升的主数据领域开始。一旦建立初步数据架构并得到接受，架构工作就会拓展到业务事件数据领域（交易数据）。这是传统的实施方法。其中，企业数据架构师制定蓝图和模板，以便在整个系统环境中使用，并且使用多种治理方法确保落地和遵守。

4.5.1 就绪评估和风险评估

启动架构项目相比其他项目面临更多风险，尤其是在组织内部首次尝试建立架构时。最突出的风险有：

1）缺少管理层支持。在项目计划的执行过程中，企业的任何组织变动都可能影响架构流程。例如，新的决策者可能会对流程产生怀疑，并试图阻止参与者继续参与数据架构工作。管理层之间建立支持，架构流程才能在组织变动中存活下来。因此，一定要争取多名高层管理人员参与数据架构的开发过程，或者至少要有理解数据架构收益的高级管理人员参与。

2）缺乏公认的成绩记录。高层支持对项目的成功至关重要，同样重要的是对执行数据架构功能的人员的信任。向资深的架构师同事寻求帮助，以确保开展最重要的工作。

3）管理层信任度不够。如果管理层要求所有沟通都必须经过他，这可能表明他对自己的角色感到不确定，或者是除了数据架构过程的目标还有其他利益，或者是对数据架构师的能力感到不确定。无论何种原因，管理层都必须允许项目经理和数据架构师在项目中发挥主导作用。项目经理和数据架构师应争取获得高层信任，并在工作中保持独立。

4）管理层适得其反的决策。可能有一种情况，即管理层虽然已充分认识到组织的数据架构价值，但不知道如何实现它，甚至可能做出与数据架构师的工作相抵触的决策。这并不意味着管理层的管理不当，而是表明数据架构师需要与管理层进行更清晰或更频繁的沟通。

5）文化冲击。要考虑数据架构将如何影响相关工作人员的工作文化。试着想象员工在组织内部改变自己行为的难易程度。

6）缺乏有经验的项目经理。确保项目经理具有企业数据架构方面的经验，特别是当项目涉及大量数据组件时。否则，管理层应该考虑更换或培训项目经理（Edvinsson，2013）。

7）单一维度视角。一个业务应用的所有者，有时候可能倾向于支配对整个企业级数据架构的看法（如 ERP 系统的所有者），而牺牲了一个更平衡、包罗万象的视角。

4.5.2 组织和文化变革

组织推进架构实施的快慢取决于其文化的适应性。设计工作的性质要求架构师与整个组织的开发人员和其他创造性思考者合作。通常，这些人习惯于以自己的方式工作，对于采用正式架构原则和工具所需做出的改变，他们可能会接受，也可能会抵制。

以结果为导向、战略一致的组织最有可能采用架构实践。这些组织通常以目标为导向，了解客户和合作伙伴面临的挑战，并能够根据共同目标设定实施的优先级。

一个组织采纳并实施数据架构的能力依赖于以下几个方面：

1）对架构方法的文化接受度（培养支持架构的文化）。
2）组织将数据视为商业资产而不仅仅是 IT 问题。
3）组织能够放弃局部视角，采用面向企业的数据视角。
4）组织能够将架构交付物融入项目方法论中。
5）正式数据治理的接受程度。
6）组织能够全面审视自身，而不是仅关注项目交付和 IT 解决方案（Edvinsson，2013）。

4.6 数据架构治理

数据架构活动能直接支持不同层级数据模型的映射管理及控制数据。数据架构师通常充当数据治理活动业务联络人的角色。因此，企业数据架构和数据治理组织必须保持良好的一致性。在理想情况下，应该为每个主题领域甚至其中每个实体分配数据架构师和数据管理专员。此外，业务监督应与流程监督对齐。业务事件主题领域应与业务流程治理对齐，因为通常每个事件实体对应一个业务流程。

4.6.1 数据架构治理活动

数据架构治理活动包括：

1）监督项目。包括确保项目符合所需的数据架构活动，使用和改善架构资产，并按照既定的架构标准实施。

2）管理架构设计、生命周期和工具。必须界定、评估和维护架构设计。企业数据架构是企业长期整合规划的"分区规划"之一。数据架构的未来状态会影响项目目标，并影响项目组合中某些项目的优先级。

3）定义标准。为数据在组织内的使用制定规则、指导方针和规范。

4）创建与数据相关的工件。使工件符合治理规范的要求。

4.6.2 度量指标

企业数据架构的度量指标反映了架构目标：架构遵从性、实用性及数据架构的业务价值。作为客户对项目整体业务满意度的一部分，数据架构指标通常每年监测一次。

1）架构标准遵从性。架构标准遵从性指标衡量项目与既定数据架构的符合程度，以及项目在与企业架构交互过程中对流程的遵循情况。跟踪项目异常指标也有助于理解企业接受数据架构的障碍。

2）实用性。跟踪企业架构在多大程度上提高了组织实施项目的能力，至少包括以下两个方面：

①使用/复用/替换/淘汰指标。确定新架构文档与复用、替换或淘汰的文档的比例。

②项目执行效率指标。这些指标衡量项目的交付周期，以及通过使用可复用和引导性工件提高交付效率的资源成本。

3）业务价值度量指标。跟踪预期的业务效果和收益进展情况。

①业务敏捷性提升。衡量生命周期改进或成本降低的收益。

②业务质量。衡量业务场景是否按预期实现；根据新创建或集成的数据衡量项目是否真正带来了变化，以及这些变化是否带来了业务的提升。

③业务运营质量。衡量效率提高的指标。例如，准确性提高，以及减少由于数据错误而导致的纠错时间和费用。

④商业环境改善。例如，与减少数据错误相关的客户留存率提高以及提交报告时监管当局发出的指责减少。

参考文献

Ahlemann, Frederik, Eric Stettiner, Marcus Messerschmidt, and Christine Legner, eds. *Strategic Enterprise Architecture Management：Challenges, Best Practices, and Future Developments*. Springer, 2012. Print. Management for Professionals.

Bernard, Scott A. *An Introduction to Enterprise Architecture*. 2nd ed. Authorhouse, 2005. Print.

Brackett, Michael H. *Data Sharing Using a Common Data Architecture*. John Wiley and Sons, 1994. Print.

Carbone, Jane. *IT Architecture Toolkit*. Prentice Hall, 2004. Print.

Cook, Melissa. *Building Enterprise Information Architectures：Re-Engineering Information Systems*. Prentice Hall, 1996. Print.

Edvinsson, Hakan and Lottie Aderinne. *Enterprise Architecture Made Simple Using the Ready, Set, Go Approach to Achieving Information Centricity.* Technics Publications, LCC, 2013. Print.

Executive Office of the President of the United States. *The Common Approach to Federal Enterprise Architecture.* whitehouse. gov, 2012. Web.

Fong, Joseph. *Information Systems Reengineering and Integration.* 2nd ed. Springer, 2006. Print.

Gane, Chris and Trish Sarson. *Structured Systems Analysis: Tools and Techniques.* Prentice Hall, 1979. Print.

Hagan, Paula J., ed. *EABOK: Guide to the (Evolving) Enterprise Architecture Body of Knowledge.* mitre. org MITRE Corporation, 2004. Web.

Harrison, Rachel. *TOGAF Version 8.1.1 Enterprise Edition-Study Guide.* 2nd ed. The Open Group. Van Haren Publishing, 2007. Print. TOGAF.

Hoberman, Steve, Donna Burbank, and Chris Bradley. *Data Modeling for the Business: A Handbook for Aligning the Business with IT using High-Level Data Models.* Technics Publications, LLC, 2009. Print. Take It with You Guides.

Hoberman, Steve. *Data Modeling Made Simple: A Practical Guide for Business and Information Technology Professionals.* 2nd ed. Technics Publications, LLC, 2009. Print.

Hoogervorst, Jan A. P. *Enterprise Governance and Enterprise Engineering.* Springer, 2009. Print. The Enterprise Engineering Ser.

ISO (website). http://bit.ly/2sTp2rA, http://bit.ly/2ri8Gqk.

Inmon, W. H., John A. Zachman, and Jonathan G. Geiger. *Data Stores, Data Warehousing and the Zachman Framework: Managing Enterprise Knowledge.* McGraw-Hill, 1997. Print.

Lankhorst, Marc. *Enterprise Architecture at Work: Modeling, Communication and Analysis.* Springer, 2005. Print.

Martin, James and Joe Leben. *Strategic Information Planning Methodologies.* 2nd ed. Prentice Hall, 1989. Print.

Osterwalder, Alexander and Yves Pigneur. *Business Model Generation: A Handbook for Visionaries, Game Changers, and Challengers.* Wiley, 2010. Print.

Perks, Col and Tony Beveridge. *Guide to Enterprise IT Architecture* Springer, 2003. Print. Springer Professional Computing.

Poole, John, Dan Chang, Douglas Tolbert, and David Mellor. *Common Warehouse Metamodel.* Wiley, 2001. Print. OMG (Book 17).

Radhakrishnan, Rakesh. *Identity and Security: A Common Architecture and Framework For SOA and Network Convergence.* futuretext, 2007. Print.

Ross, Jeanne W., Peter Weill, and David Robertson. *Enterprise Architecture As Strategy: Creating a Foundation For Business Execution.* Harvard Business School Press, 2006. Print.

Schekkerman, Jaap. *How to Survive in the Jungle of Enterprise Architecture Frameworks: Creating or*

Choosing an Enterprise Architecture Framework. Trafford Publishing, 2006. Print.

Spewak, Steven and Steven C. Hill. *Enterprise Architecture Planning: Developing a Blueprint for Data, Applications, and Technology*. 2nd ed. A Wiley-QED Publication, 1993. Print.

Ulrich, William M. and Philip Newcomb. *Information Systems Transformation: Architecture-Driven Modernization Case Studies*. Morgan Kaufmann, 2010. Print. The MK/OMG Press.

第 5 章　数据建模和设计

5.1　引言

数据建模（Data Modeling）是发现、分析和界定数据需求的过程，然后用一种被称为数据模型的精准形式来表示和传达这些需求。数据建模是数据管理的关键组成部分，建模过程要求组织发现并记录其数据是如何相互关联的，同时通过建模过程设计数据之间彼此的关联适配方式（Simsion，2013）。数据模型展示并帮助组织理解其数据资产。

用于表示数据的方案（Scheme）有很多种，最常用的 6 个方案是：关系型（Relational）、维度型（Dimensional）、面向对象型（Object-Oriented）、基于事实型（Fact-Based）、基于时序型（Time-Based）和非关系型（NoSQL）。这些方案的模型主要建立在 3 个细节层面：概念、逻辑和物理。每种模型都包含一组组件，如实体、关系、事实、键和属性。一旦模型构建完成，就需要对其进行审核。当模型通过审核后，还需要对其进行维护。数据建模和设计预警关系见图 5-1。

数据模型包含并承载着对数据消费者至关重要的元数据。在数据建模过程中产生的大部分元数据对于其他数据管理职能来说都是重要且必要的，如数据治理所需的定义和数据仓库和分析所需的数据血缘等。

本章将介绍数据模型的用途、数据建模的目标、原则及数据建模涉及的基本概念和通用术语，并使用一系列与教育相关的案例介绍不同数据模型的工作原理及其之间的差异。

5.1.1　业务驱动因素

数据模型对于有效的数据管理非常重要，它的作用主要有：
1）提供有关数据的通用术语。
2）捕获并记录有关组织数据及系统的显性知识。
3）在项目建设期间充当主要的沟通工具。
4）为应用程序的定制、集成甚至替换提供起点。

5.1.2　目标和原则

数据建模的目标是确认和记录不同视角对数据需求的理解，从而开发出更符合当前和未来业务需求的应用，同时为成功地完成广泛的数据应用项目和数据管理活动奠定基础，如主数据管理和数据治理职能。良好的数据建模能够降低维护费用，增加未来重复利用的可能性，进而降低构建新应用的成本。数据模型是元数据的一种重要形式。

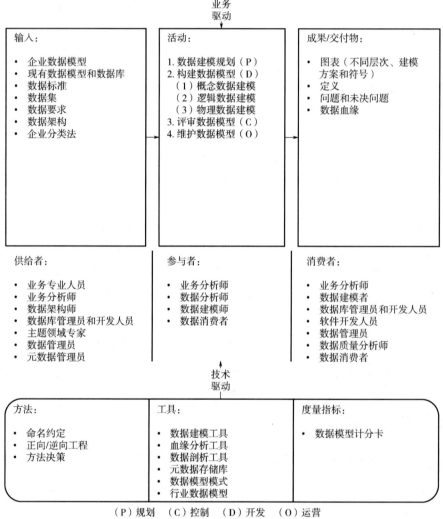

图 5-1 数据建模和设计预警关系图

确认和记录不同视角的理解有助于：

1）形式化（Formalization）。数据模型记录了对数据结构和数据关系的精确定义，能够评估业务规则实施后对数据的影响，无论是当前的状态还是期望的目标状态。形式化的定义为数据引入了规范的结构，从而降低在访问和保存数据时发生数据异常的概率。通过展现数据中的结构和关系，数据模型使数据更容易被使用。

2）范围定义（Scope Definition）。数据模型有助于解释数据的上下文边界，并帮助定义组织要采购的应用程序、项目、倡议或现有系统的实施范围。

3）知识留存与文档化（Knowledge Retention/Documentation）。数据模型通过捕获知识以显性形式保留企业记忆，它可作为未来项目使用的现状版本文档。数据模型帮助人们理解一个组织或业务领域、现有应用，或修改现有数据结构的影响。数据模型就像地图一样，能够帮助业务专业人员、项目经理、分析师、建模师和开发人员了解环境中的数据结构。正如制图者为他人绘制地理地图以供导航使用，建模者为他人理解信息环境提供了一张"信息地图"。

5.1.3 基本概念

本节将介绍可以被建模的几种不同数据类型、数据模型的组成部分、可供开发的数据模型类型，以及在不同情况下选择不同类型模型的原因。这一系列定义是非常广泛的，部分原因是数据建模本身就是有关如何界定数据的过程。理解支撑这些实践的概念是很有必要的。

1. 数据建模和数据模型

在系统建设的生命周期中，数据建模通常贯穿系统的设计、开发和运维阶段。同时，数据建模也可以被应用于更广泛的领域（如业务和数据架构、主数据管理和数据治理等），这些领域工作的直接产出物不是数据库中的表结构，而是对组织数据的理解。

模型是某种事物存在的表现或某种待开发事物的模式设计。一个模型可以包含一个或多个图表。模型图利用标准的符号，便于人们理解其表示的内容。地图、组织架构图和建筑蓝图就是一些日常使用的模型图。

数据模型描述了对当前数据的理解或者对未来数据的期望。数据模型包含一组带有文本标签的符号，这些符号试图以可视化的方式展现数据需求，并将其传递给数据建模人员。模型描述的数据集可大可小，大到描述整个组织的数据情况，小到服务一个项目。模型以一种文档的形式，用于对数据需求进行表述和对建模过程中产生的数据进行定义。数据模型是用来将数据需求从业务传递到IT，以及在 IT 内部充当从分析师、建模师、架构师到数据库设计人员和开发人员的主要媒介。

2. 可被建模的数据类型

有 4 种主要类型的数据可以被建模（Edvinsson，2013）。在所有给定组织中进行建模的数据类型反映了该组织的优先事项或需要数据模型项目的优先级别：

1）类别信息（Category Information）。这即用于对事物进行分类和分配类型的数据，如按市场类别或业务部门分类的客户，按颜色、型号、尺寸等分类的产品，按是否正在进行或是否已经完成等状态进行分类的订单等。

2）资源信息（Resource Information）。这即实施过程所需的基本资源，如产品、客户、供应商、设施、组织和账户等。在 IT 专业术语中，资源实体有时被称为参考数据或主数据。

3）业务事件信息（Business Event Information）。这即在业务操作过程中创建的数据，如客户订单、供应商发货单、现金提款和商务会议记录。在 IT 专业术语中，事件实体有时被称为交易型业务数据。

4）详细交易信息（Detail Transaction Information）。详细交易信息可以是通过销售网点系统（无论是在线下门店还是线上商城）生成的，还可以是通过社交媒体网站、其他互联网交互行为（如点击事件流等）及机器中的传感器（包括船舶和车辆、工业装备或个人设备中的部件，如 GPS、RFID、Wi-Fi 等）产生的。这种类型的详情信息与业务事件信息的用途类似，可以被汇总、衍生其他数据，并用于趋势分析。通常，这些大体量或快速变化的数据被称为大数据。

以上这些类型指的是"静态数据"（Data at rest）。当然，"动态数据"（Data in motion）也可以被建模。例如，在某个系统方案中，协议、消息和事件等都可以被建模。

3. 数据模型组件

本章后续将重点讨论表示不同类型数据的模型是如何通过不同约定来定义的。然而，大多数数据模型都包含相同的基础组件：实体（Entity）、关系（Relationship）、属性（Attribute）和域（Domain）。

（1）实体

在数据建模之外，实体的定义指区别于其他事物的对象。在数据建模中，实体则是组织收集信息的对象。实体有时被认为是组织内存在的"名词"。一个实体可以被看作对一个基础问题的回答——谁、是什么、何时、何地、为什么、怎么办或是这些问题的综合（见第 4 章）。表 5-1 定义并列举了一些常用的实体类别（Hoberman，2009）。

表 5-1 常用的实体类别

分类	定义	示例
谁	相关的人或组织。也就是谁对业务很重要。"谁"通常指一个参与方的泛指或角色，如客户或供应商。人员或组织可以有多个角色，也可以包含在多个参与方中	员工、患者、玩家、嫌疑犯、客户、供应商、学生、乘客、竞争者、作者
是什么	为相关企业提供的产品或服务。它通常指组织的产出或提供的服务。也就是什么对企业来说是重要的。类别、类型等属性在这里非常重要	产品、服务、原料、成品、课程、歌曲、照片、书
何时	与企业相关的日历或时间间隔。也就是什么时候经营	时间、日期、月、季度、年、日历、学期、财年周期、分钟、出发时间
何地	企业相关的地点。地点可以指实际的地方或者网络地址。也就是业务在哪里开展	邮寄地址、分发点、网址、IP 地址
为什么	企业相关的事件或交易。这些事件使业务得以维持。也就是为什么企业得以运行	订单、退货、投诉、取款、存款、恭维、查询、贸易、索赔
怎么办	与企业相关的事件文档。文档提供事件发生的证据，如记录订单事件的购买订单。也就是如何知道事件已发生	发货单、合同、协议、账户、购买单、超速票、装箱单、贸易确认书
度量	在特定时间点或超过时间点的其他类别（什么、在哪里）的计数、总和等	销售额、商品计数、付款额、余额

1）实体的别名。通用术语"实体"可以用其他名称表示。最常见的是"实体类型",因为它表示某种类型的东西。例如,"简·史密斯"属于"员工",因此"简·史密斯"是实体,"员工"是实体类型。然而,在今天广泛使用中,通常将实体认为是"员工",而将"简·史密斯"认为是实体的实例(见表 5-2)。

表 5-2 实体、实体类型和实体实例

用法	实体	实体类型	实体实例
普通用法	简·史密斯	员工	
推荐用法	员工		简·史密斯

实体实例是具体实体的产生或值呈现。"学生"实体可能有多个学生实例,名字是"鲍勃·琼斯""乔·杰克逊""简·史密斯"等。"课程"实体可以有"数据建模基础""高级地质学""17 世纪英国文学"等"课程"实例。

实体别名也可以依数据模型方案的选择而变化。在关系模型中实体经常被直接命名使用;在维度模型中该术语则经常被称为"维度"(Dimension)和"事实表"(Fact Table);在面向对象模型术语中则经常被称为"类"(Class)或"对象"(Object);在基于时序模型术语中经常被称为"中心"(Hub)、"卫星"(Satellite)和"链接"(Link);在非关系型模型中经常被使用为"文档"(Document)或"节点"(Node)。

实体别名也可以根据模型的抽象级别而变化。概念层的实体可以称为概念或术语,逻辑层中的实体直接被称为实体(根据数据模型方案不同而存在不同术语),在物理层上术语则因数据库技术而异,最常见的术语是"数据表"(Table)。

2）实体的图形表示。在数据模型中,实体通常以矩形(或带有圆角的矩形)出现,内部则标注它们的名称,如图 5-2 所示,其中有 3 个实体:"学生"(Student)、"课程"(Course)和"讲师"(Instructor)。

图 5-2 实体

3）实体的定义。实体的定义对任何数据模型业务价值都将产生重要贡献,本质在于它们是业务核心的元数据。高质量的实体定义阐明了业务词汇的含义,并为管理实体关系的业务规则提供了严谨性。它们有助于业务和 IT 专业人员做出明智的业务和应用设计决策。高质量的实体数据定义有 3 个主要特征:

①清晰性。定义应该易于阅读和理解。简单来说,句子表达清晰,没有晦涩的缩写词或不明确的术语,如不会包括"有时"或"通常"这样的字眼。

②准确性。定义是对实体进行精准和正确描述。相关业务领域的专家应审查有关定义,以确保它们是准确的。

③完整性。定义的部分都应完整存在。例如,在定义代码时,应包括代码值。在定义标识符时,定义中应包含该标识符的唯一性范畴。

(2) 关系

关系是实体之间的联系。关系捕获了概念实体之间的抽象交互、逻辑实体之间的详细交互，以及物理实体之间的明确约束。

1) 关系的别名。关系这个通用术语在不同的建模方案中可能被称为其他名称，其别名会因方案的不同而有所变化。例如，在关系建模方案中，通常直接使用"关系"（Relationship）；在维度建模方案中，通常使用"导航路径"（Navigation Path）一词；在非关系型建模方案中，则经常使用"边"（Edge）或"连接"（Link）等表示关联。此外，根据建模的层次细节不同，关系的别名也会有所不同。在概念和逻辑级别上，关系直接被称为"关系"。但是在物理级别上，关系可能会用其他名称表示，如"约束"（Constraint）或"引用"（Reference），这取决于具体的数据库技术。

2) 关系的图形表示。关系在数据建模图上显示为线条。有关信息工程示例参见图5-3。

在这个例子中，"学生"和"课程"之间的关系捕获了"学生可能参加课程"的规则。"讲师"和"课程"之间的关系捕获了"讲师可能授课"的规则。线上的符号（称为基数）以精确的语法捕获规则。在关系数据库中，关系通过外键表示，在非关系数据库中则通过边或连接表示。

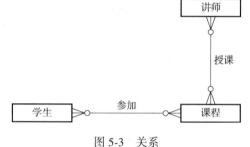

图5-3　关系

3) 关系的基数。在两个实体之间的关系中，基数（Cardinality）捕获一个实体（实体实例）与另一个实体之间的关系的数量。基数由出现在关系连线两端的符号表示。数据规则通过基数进行指定和执行。没有关系基数，只能说两个实体以某种方式相连。

对于基数，选择很简单：0、1或"多"。关系的每一侧都可以具有0、1或"多"的任意组合（"多"意味着可能比1多）。指定0或1可以捕捉实体实例是否在关系中是必需的。指定1或"多"可以捕捉在给定关系中有多少个特定实例参与其中。

图5-4是关于"学生"和"课程"的工程示例中所用的基数符号的说明。业务规则为：

①每一名学生可以参加一门或多门课程。

②每一门课程可以被一名或多名学生参加。

4) 关系的元数。关系中实体的数目被称为关系的"元数"，最常见的有一元、二元及三元关系。

①一元（递归）关系。一元关系（也称为递归或自引用关系）只涉及一个实体。一对多的递归关系描述了

图5-4　基数符号

一个层次结构，多对多的递归关系则描述了一种网络或图结构。在层次结构中，一个实体最多拥有一个父亲实体（或称为更高阶的实体）。且子实体处于关系中"多"的一边，而父实体只处于关系中"1"的一边。在网络关系中，一个实体可以拥有多于一个的父亲实体。

例如，学生选择一门"课程"通常会有先决条件的要求。要想参加生物学研讨会，学生必须首先参加生物学讲座，因此参加生物学讲座就成为生物学研讨会的先决条件。在如下关系数据模型中，使用信息工程符号，可以将这种递归关系建模为层次结构或网络关系。

第一个例子（图 5-5）为层次结构，第二个例子（图 5-6）为网络关系。在第一个例子中，参加生物学研讨会需要首先参加生物学讲座和化学讲座。一旦参加生物学讲座被选为生物学研讨会的先决条件，则参加生物学讲座不可再作为其他课程的先决条件。第二个例子则允许参加生物学讲座作为其他课程的先决条件。

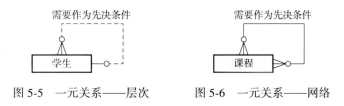

图 5-5 一元关系——层次　　图 5-6 一元关系——网络

②二元关系。在传统数据模型图中，这种关系是最常见的，涉及两个实体。图 5-7 是一个 UML 类图，其中"学生"实体和"课程"实体构成二元关系。

图 5-7 二元关系

③三元关系。三元关系指拥有 3 个实体的关系。图 5-8 所示为一个基于事实（对象角色表示法）建模的例子，"学生"可以在特定的"学期"中选择一门特定的"课程"。

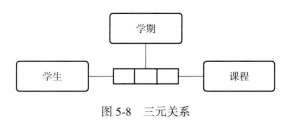

图 5-8 三元关系

5）外键。外键通常用于在物理模型建模方案中代表关系。在逻辑关系数据建模中，有时也会用这种方法表示。定义两个实体之间关系的同时，就可能会有外键的建立，这取决于数据建模技术或数据建模工具，以及两个实体是否相互依赖。

在图 5-9 所示的例子中，"注册"（Register）需要两个外键（Foreign Key，FK），"学生"的"学号"（Student Number）和"课程"的"课程号"（Course Code）。"课程号"来自"课程"实体，"学号"来自"学生"实体。外键体现在关系中的"多"的一边的实体，即子实体中。"学生"和"课程"是父实体，而"注册"是子实体。

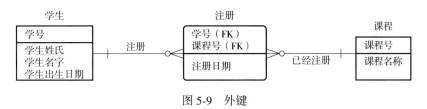

图 5-9 外键

(3) 属性

属性用于定义、描述或度量实体的特征。属性可能具有域。属性在实体的物理模型表现为表中的列、字段、标签或节点。

1)属性的图形表示。在数据模型中，属性一般被描述为实体矩形中的列表。如图 5-10 所示，"学生"实体的属性包括"学号"（Student Number）、"学生姓氏"（Student First Name）、"学生名字"（Student Last Name）和"学生出生日期"（Student Birth Date）。

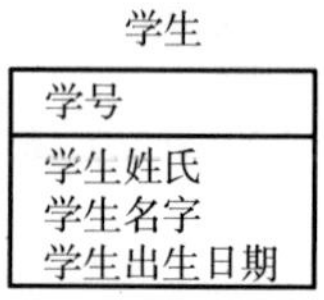

图 5-10 属性

2)标识符。标识符（又称为键）是一个或多个属性组成的属性组，它可以唯一地界定某个实体的特定实例。本节根据键的结构（简单键、代理键、复合键、组合键）和功能（候选键、主键、备用键）将其分类。

①按结构划分键。简单键（Simple Key）只有一个属性，这个属性可以唯一界定一个实体实例。通用产品码（Universal Product Code，UPC）和车辆识别号码（Vehicle Identification Number，VIN）都属于简单键。代理键（Surrogate Key）也是一种简单键，是界定数据表内实例唯一性的标识符，这种键通常是一个计数器且通过系统以自动但非智能的方式生成。代理键是一个整数，其意义与其表的数值无关（换言之，一个数值为"1"的代表月份相关数据的代理键不能被推断为其代表"一月"）。代理键服务于技术功能，而不应展现给最终的数据库使用者。代理键隐藏于视线之外，帮助维持实体的唯一性，保证更多有效的结构间导航。

复合键（Composite Key）是由两个或多个属性组成的候选键，它们共同唯一地标识一个实体。组合键（Compound Key）指每个属性本身都是外键的复合键。

②按功能划分键。超级键（Super Key）是任意一组能够唯一标识实体的属性。候选键（Candidate Key）是一个或多个属性的最小属性组（如一个简单键或组合键）可以用来标识它（们）所属的实例，最小的含义指候选键的任何一个子集都不能唯一地界定实例。一个实体可以有多个候选键。例如，对于客户这一实体来说，候选键可以为电子邮箱地址、移动电话号码及顾客的账户号码等。候选键可以作为业务键（有时被称为自然键）。业务键（Business Key）是业务专业人员用于检索一个实体实例的一个或多个属性。业务键和代理键彼此之间互不包含。

主键是一个候选键，这个候选键是被选出的、可以唯一识别一个实体的标识符。虽然一个实体可能包含多个候选键，但是只有一个候选键可以作为实体的主键。备用键（Alternate Key）是未被选为主键的、可以唯一标识实体的候选键。备用键仍然可以用于寻找某个特定的实例。通常情况下，主键为代理键，备用键为业务键。

③标识关系和非标识关系。独立实体指其主键仅包含只属于该实体的属性。非独立实体指其主键至少包含一个来自其他实体的属性。在关系模式中，大多数数据模型图用矩形符号表示独立实体，用圆角矩形表示非独立实体。

在图 5-11 所示的例子中，"学生"和"课程"是独立实体，"注册"则为非独立实体。

非独立实体至少含有一个标识关系。标识关系指父亲实体（关系图中"1"端实体）的主键转换成为子实体的主键的外键，正如"学生"和"注册"之间、"课程"和"注册"之间的关系。在非标识关系中，父亲实体的主键转换成子实体的非主键外键属性。

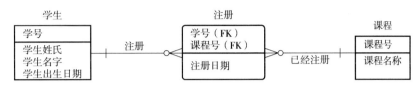

图 5-11 独立和非独立实体

（4）域

在数据建模中，域是某个属性能够被赋予的全部可能值。域的定义可以通过不同的方式进行表达。域的主要作用是对属性的特征进行标准化。例如，日期的域包含所有可能的日期，适用任何逻辑数据模型或物理数据模型的"日期"字段，例如：

1）聘用员工的日期。

2）订单录入的日期。

3）提交索赔的日期。

4）课程开始的日期。

域中所有的值都被称为有效值，不在域中的值被称为无效值。属性的值不应超出其分配的域。例如，员工性别编码可以被限制在只有"女性"和"男性"的域中。聘用员工的日期域，可以被简单地定义为所有有效日期，即便在此规则下，聘用员工的日期域不包含每一年的"2月30日"。

可以用附加的规则对域进行进一步限制，这些限制规则被称为约束（Constraint）。规则可以涉及域的格式、逻辑或两者皆有。例如，若要将聘用员工的日期域限制在比今天的日期更早的时间，可以将"2050年3月10日"从域的有效值内删除，尽管这个日期是一个有效的日期。聘用员工的日期也可以被约束在某个特定的工作日（如星期一、星期二、星期三、星期四或星期五）。

域可以用不同的方式定义：

1）数据类型。指定属性能够采用的标准数据类型，如整数、字符（30个字符以内）和日期都属于数据类型域。

2）数据格式。使用包括模板和掩码等格式的域，如邮政编码和电话号码，以及字符的限制（仅用字母、数字代码，还是用字母、数字代码和某些特殊符号的组合等），用这些格式来定义有效值。

3）列表。包含有限值集合的域。人们都非常熟悉下拉列表就属于此类。例如，订单状态码的列表，域的值仅限制在订单开立、发货、订单结束及退货。

4）范围。在特定数据类型内，介于最小值和最大值之间所有的值。有些范围可以不设边界。例如，订单送货日期必须在订单下达的日期和其之后的3个月之内。

5）基于规则的。通过规则定义有效值的域。规则包括将关系或组合中的值与计算值或其他属性值进行对比。例如，物品价格必须高于物品成本。

4. 数据建模方案

最常见的6种数据模型方案分别为：关系型、维度型、面向对象型、基于事实型、基于时序型和非关系型。每种模式都有特定的图形符号（见表5-3）。

表 5-3 建模方案和符号

方案	示例符号
关系型	信息工程（IE） 信息建模的集成定义（IDEF1X） 巴克符号（Barker Notation） 陈氏符号（Chen）
维度型	维度（Dimensional）
面向对象型	统一建模语言（UML）
基于事实型	对象角色建模（ORM2） 完全面向通信的信息建模（FCO-IM）
基于时序型	数据保管库（Data Vault）建模 锚建模（Anchor Modeling）
非关系型	文档（Document） 列（Column） 图（Graph） 键值（Key-Value）

本节将简要介绍每一种模型方案及符号。如表 5-3 所示，某些方案仅适用于特定的技术，使用哪种模式部分取决于所要建立的数据库类型。

在关系模式中，全部 3 层模型都可以用于关系数据库管理系统（Relational Database Management System，RDBMS），但只有概念模型和逻辑模型可以用于其他类型的数据库，这对于基于事实的模式同样适用。对于维度模式来说，全部 3 层模型都可以在关系数据库管理系统和多媒体数据库管理系统（Multimedia Data Base Management System，MDBMS）两种数据库中建立。面向对象的模式适用于关系数据库管理系统和对象数据库。

基于时序的数据模式是一种物理数据建模技术，主要用于 RDBMS 环境中的数据仓库。非关系数据库模式非常依赖于底层数据库结构（文档、列式、图和键值），因此属于物理数据建模技术。表 5-4 展示了几个建模过程要点，包括即使在非传统的数据库中，如在文档数据库中，也可以在建立关系型概念数据模型（CDM）和逻辑数据模型（LDM）后建立物理数据模型（PDM）。

表 5-4 模式与数据库的相互对照

模式	关系数据库	多维数据库	对象数据库	文档数据库	列式数据库	图数据库	键值数据库
关系型	CDM LDM PDM	CDM LDM	CDM LDM	CDM LDM	CDM LDM	CDM LDM	CDM LDM
维度型	CDM LDM PDM	CDM LDM PDM					

（续）

模式	关系 数据库	多维 数据库	对象 数据库	文档 数据库	列式 数据库	图 数据库	键值 数据库
面向对象型	CDM LDM PDM		CDM LDM PDM				
基于事实型	CDM LDM PDM	CDM LDM	CDM LDM	CDM LDM	CDM LDM	CDM LDM	CDM LDM
基于时序型	PDM						
非关系型			PDM	PDM	PDM	PDM	PDM

(1) 关系型建模

关系理论的概念由爱德华·科德（Edward Codd）在1970年首次提出，它提供了一种组织数据从而表达其含义的系统性方法。这一方法有一个额外的好处，即减少了数据存储冗余。他认为数据在二维关系下能够实现最高效的管理。关系的概念来源于该方法所基于的数学集合理论（见第6章）。

关系模型的设计目标是对业务数据进行精确的表达，并且在一处只有一个数据（排除冗余）。关系模型是设计运行系统的理想模型，因为此类系统需要快速输入并精准存储信息（Hay，2011）。

在关系模型中有几类不同的符号可以用来表达实体间的关系，包括信息工程（Information Engineering，IE）、信息建模的集成定义（IDEF1X）、巴克符号和陈氏符号。最常见的是信息工程符号，该方法用三叉线或称"鸡爪印"（Crow's Feet）表示基数（见图5-12）。

(2) 维度型建模

维度型建模的概念始于美国通用磨坊公司（General Mills）和达特茅斯学院在20世纪60年代的联合科研项目[⊖]。在维度模型中，大量数据按照利于查询和分析的方式进行组织。相比之下，支持事务处理的数据库运营系统则面向快速处理单一交易进行优化。

维度模型用来聚焦处理特定业务过程中的业务问题。图5-13展示的是用维度模型分析学生的录取情况。录取情况可以从学生来自的地域、学校名称、学期和学生是否接受经济援助等维度查看。导航可以从区域上升到地区和国家，从学期上升到学年。

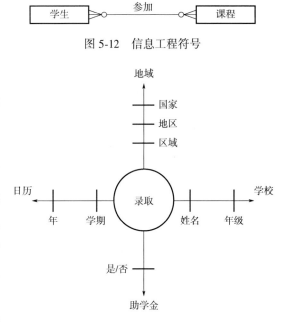

图5-12 信息工程符号

图5-13 维度模型的轴符号表示

⊖ http：//bit.ly/2tsSP7w.

"轴符号"是用来建立此模型的图形符号，它对于那些不习惯阅读传统的数据建模语法的人来说是一种非常有效的沟通工具。正如录取情况的例子所示，关系和维度概念数据模型都基于同样的业务过程，区别在于连线代表的含义不同。在关系模型中，关系连线说明业务规则。而在维度模型中，实体之间的连线表示导航路径，这些导航路径用于说明业务问题。

1) 事实表。在维度模式中，事实表的每一行代表的是具体的度量值，通常是数值类型的，如金额、数量或计数。有些度量值是算法计算的结果，在这种情况下正确理解和使用元数据十分重要。事实表占据了数据库的大部分空间（通常约占 90%），并且行数通常非常庞大。

2) 维度表。维度表表示的是业务中的主要对象，且大多含有文字描述信息。维度表是执行"按条件查询"或"按条件报告"的主要数据来源，充当进入事实表的入口或链接。维度表通常是高度反规范化的，通常只占总数据量的 10% 左右。

维度表的每一行必须有一个唯一的标识符。维度表中作为主键的最主要的两种标识符是代理键和自然键。

维度表也有一些属性，它们以不同的速度发生变化。渐变维度（Slowly Changing Dimension，SCD）根据变化的速度和类型来管理变化。这 3 种主要的变化类型有时被称为 ORC。

①覆盖（O，类型 1）。新值覆盖旧值，直接更新原位置的数据。

②新的行（R，类型 2）。新值写入新行中，同时将旧行标记为非当前行。

③新的列（C，类型 3）。在同一行中为一个值系列设置多个列，新的值写入列的第一个位置，依次将旧值向后移动，最后一个被挤压出列的值会被丢弃。

3) 雪花型。雪花模型这一概念指将星型模型中平面的、单表的维度结构进行规范化处理，拆分成各自按照层次结构或网络结构。

4) 粒度。粒度这一概念指事实表中的单行数据的含义或者描述，即任何一行包含的最详细的信息。定义事实表中的粒度是维度型建模的关键步骤之一。例如，如果一个维度模型用于度量学生注册过程，则粒度可能为学生、日期和班级。

5) 一致性维度。一致性维度是从整个组织的角度考虑而构建的，而不是基于某个特定的项目。由于它们具有一致的术语和值，这些维度能够在不同的维度模型中共享。例如，如果日历是一个一致性维度，则学期维度在计算学生学期内申请数的维度模型中与计算学生在学期内毕业人数的维度模型中应当具有相同的值和定义。

6) 一致性事实。一致性事实在跨单个数据集市时使用标准化的术语定义。不同的业务用户可能以不同的方式使用相同的术语。"客户增加"可能与"总额增加"或"调整增加"不同。开发者需要注意具有相同名称的事物在不同的组织中代表着不同的概念，或不同名称的事物在不同组织中代表的意义相同。

(3) 面向对象建模（UML）

统一建模语言（Unified Modeling Language，UML）是一种建模软件的图形语言。UML 根据数据库的不同有着不同种类的符号（类模型）。UML 规定了类（实体类型）和它们之间关系类型（Blaha，2013）。

图 5-14 体现了 UML 类模型的特点：

1）类图（Class）类似于 ER 图，但在 ER 图中没有操作（Operation）或方法（Method）部分。

2）在 ER 图中，与操作最接近的是存储过程。

3）属性（Attribute）类型（如日期、分钟）是用可实现的应用程序代码语言表达的，而不是物理数据库可实现的术语。

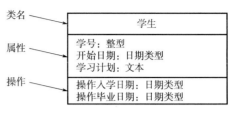

图 5-14　UML 类模型

4）默认值可以在符号中有选择地显示。

5）访问数据是通过类的公开接口。封装或数据隐藏是基于"局部影响"的。类和它维护的实例通过操作而得到展示。

类具有操作或方法（也称为"行为"）。由于类行为仍然需要排序和计时，它只是松散地连接到业务逻辑。在 ER 术语中，该表格具有存储过程/触发器。

类操作可以是：

1）公开的。完全可见。

2）保护的。仅对子实体可见。

3）私有的。隐藏的。

相比之下，ER 物理模型仅提供公共访问途径；所有数据都同等地暴露在进程、查询或操作当中。

(4) 基于事实的建模（FBM）

基于事实的建模（Fact-Based Modeling，FBM）属于概念建模语言，起源于 20 世纪 70 年代末。这些语言是基于对业务领域中可能出现的自然语言（模棱两可的句子）的分析。基于事实的语言通过对象、通过相关事实或这些对象的特征，以及每个对象在每个事实中所扮演的角色来描述世界。一个广泛而强大的约束系统依赖流畅的自动语言表达和对具体例子的自动检查实现。基于事实的模型不使用属性，它通过表示对象（实体和值）之间的精确关系减少直观或专家判断的需求。FBM 变体最广泛使用的是对象角色建模（Object-Role Modeling，ORM），它是由特里·哈尔平（Terry Halpin）在 1989 年形式化为一阶逻辑的。

1）对象角色建模（ORM 或 ORM2）。ORM 是一种模型驱动的工程方法，它从典型的需求信息或查询的例子开始，这些信息或查询在用户熟悉的外部环境中呈现，然后在概念层次上用受控词表所表达的简单事实来描述这些例子。受控词表是自然语言的受限制的自然语义，它是无歧义性的，因此所表达的语义很容易被人理解；它也是形式化语言，因此可以自动将结构映射到低级操作上。

图 5-15 显示了一个 ORM 模型的示例。

2）完全面向通信的信息建模（FCO-IM）。完全面向通信的信息建模（Fully Communication Oriented Information Modeling，FCO-IM），是面向事实建模家族的一员。作为一种建模方法，它主要关注话语世界中的沟通。利用自然语言构建概念信息

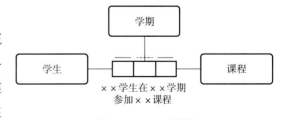

图 5-15　ORM 模型

模型，并结合具体实例。通过使用所谓的基本事实表达，FCO-IM 为不同的沟通方式提供了广泛的支持，如相似的事实、同义词、同音异义词、广义对象类型及概念建模等方面。信息模型可以通过标准化算法在工件中进行转换。图 5-16 显示了从事实表达式到信息语法再到信息模型图的步骤。

"学生 928465 在 202001 学期注册了数据建模课程"。

图 5-16　完全面向通信的模型

（5）基于时序的建模

当数据必须按照时间顺序和特定的时间值相关联时，即使用基于时序的模式。

1）数据保管库（Data Vault，DV）。数据保管库是一个面向细节、基于时序的数据模型，它由一组有连接关系的规范化表集合组成。这些表可以支持一个或多个业务功能领域。它综合了第三范式（3NF）和星型模式的优点。DV 是专门为满足企业数据仓库的需要而设计的，有 3 种类型的实体：中心（业务实体）、链接（关系）和卫星（描述性属性）。DV 设计的重点是业务的功能领域，中心代表主键。链接定义了各中心之间的交易完整性，卫星定义了中心主键的上下文描述信息（Linstedt，2012）。

在图 5-17 中，学生和课程是中心，它们代表主题中的主要概念。参加课程是一个链接，它将两个中心联系在一起。学生联系方式、学生特点和课程描述是提供关于中心概念上下文描述信息的卫星，可以支持不同类型的历史记录。

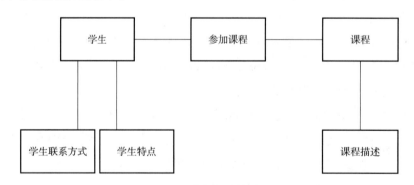

图 5-17　数据保管库模型

2）锚建模。锚建模（Anchor Modeling）是一种适用于结构和内容随时间变化的信息建模技术。它提供了一种图形符号，用于概念建模，类似于传统的数据建模，但扩展了处理时间数据的功能。锚建模有 4 个基本的建模概念：锚、属性、连接和节点。锚点建模实体和事件，属性建模锚点的特性，连接建模锚点之间的关系，而节点用于建模共享属性，如状态等。

在图 5-18 的锚模型上，学生、课程和出席都是锚点，灰色的菱形代表关系，圆圈代表属性。

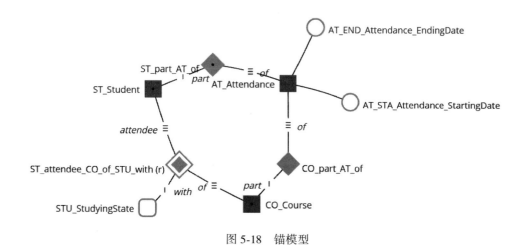

图 5-18 锚模型

（6）NoSQL

NoSQL 数据库是一种基于非关系技术的数据库类别的名称。一些人认为，NoSQL 这个名字不太适合其代表的含义，因为它与如何查询数据库（这正是 SQL 的作用）关系不大，更侧重于数据的存储方式（这涉及关系结构）。

NoSQL 数据库有 4 种主要类型：文档数据库、键值数据库、列式数据库和图数据库。

1）文档数据库。文档数据库通常将业务主题存储在一个被称为文档的结构中，而不是将业务主体拆分为多个关系结构。例如，将所有的 3 个属性存储于一个名为注册的文档中，而不是将学生、课程和注册信息存储于 3 个不同的关系结构中。

2）键值数据库。键值数据库允许应用程序将其数据存储在两个列（"键"和"值"）中，其特性是将简单（如日期、数字、代码）和复杂信息（未格式化的文本、视频、音乐、文档、照片）都存储在"值"列内。

3）列式数据库。在 4 种类型的 NoSQL 数据库中，列式数据库最接近 RDBMS。两者都有类似的方法，即将数据视为行和值。不同的是，RDBMS 使用预定义的结构和简单的数据类型，如数量和日期，而列式数据库（如 Cassandra），可以使用更加复杂的数据类型，包括未格式化的文本和图像。此外，列式数据库将每个列存储在其独立的结构中。

4）图数据库。图数据库是为那些可以用一组节点即可清晰地表示它们之间关系的数据设计的，这些节点之间的连接数不确定。图数据库最适用的例子是社会关系（节点是人）、公共交通链接（节点可以是公共汽车或火车站）或者路线图（节点可以是街道十字路口或高速公路出口）。通常需要遍历图以找到最短的路线、最近的邻居等。而这些操作在传统关系数据库中可能非常复杂且耗时。主流图数据库包括 Neo4J、Allegro 和 Virtuoso。

5. 数据模型的层次细节

1975 年，美国国家标准协会的标准规划和需求委员会发表了 3 种模式的数据库管理方法，分别是：

1）概念性。这体现了在数据库中对企业真实世界视图的描述。它代表当前最佳模式或企业经营方式。

2) 外部模式。数据库管理系统的不同用户对与他们的特定需求相关的企业模型的子集进行操作。这些子集被表示为"外部模式"。

3) 内部模式。数据的"机器视图"由内部模式描述。这个模式描述了存储的企业信息的图示（Hay, 2011）。

这3个层次通常分别转化为概念、逻辑和物理层面的细节。在项目中，概念数据建模和逻辑数据建模是需求计划和分析活动的一部分，而物理数据建模是一种设计活动。本节概述概念、逻辑和物理数据建模。此外，每个层次将通过关系和维度两个方面举例说明。

（1）概念数据模型

概念数据模型（Conceptual Data Model, CDM）用一系列相关概念的集合描述高阶数据需求。它只包含给定领域和函数中的基本和关键业务实体，并对每个实体和实体之间的关系进行描述。

例如，如果要对学生和学校之间的关系进行建模，作为一个使用 IE 符号的关系概念数据模型，它可能看起来像图 5-19。

每所"学校"（School）可能"包括"（Contain）一名或多名"学生"，每名"学生"必须来自一所"学校"。此外，每名"学生"可以"提交"（Submit）一个或多个"申请"（Application），每个"申请"必须由一名"学生"提交。

关系被用来在关系数据模型中定义业务规则。例如，学生鲍勃（Bob）可以上郡高中或皇后学院，但不能同时去上申请的这两所大学。此外，申请必须由一名学生提交，不是两名，也不是零。

回想一下前面章节中的图 5-13，如果这个维度概念数据模型使用轴符号表示法表示与学校相关的概念，则如图 5-20 所示。

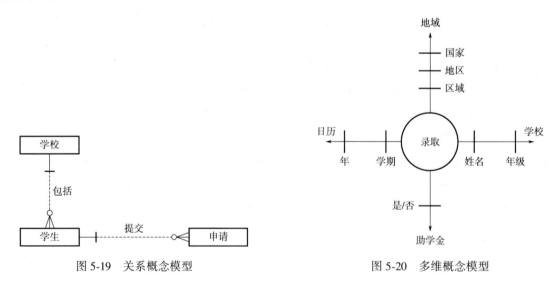

图 5-19　关系概念模型　　　　　　图 5-20　多维概念模型

（2）逻辑数据模型

逻辑数据模型（Logical Data Model, LDM）是数据需求的详细描述，通常根据应用需求等特定的使用环境进行选择。逻辑数据模型仍然独立于任何技术或特定的实现约束。逻辑数据模型通常根据对概念数据模型的扩展开始。

第 5 章　数据建模和设计

在关系逻辑数据模型中，概念数据模型通过添加属性来扩展。对属性进行标准化后，将其分配给实体，如图 5-21 所示。每个属性和它所在实体的主键之间存在非常紧密的关系。例如，学校名称与学校代码有很紧密的关系。学校代码的每一个值都会最多显示学校名称的一个值。

如图 5-22 所示，维度逻辑数据模型在很多情况下是维度概念数据模型的完全属性视图。逻辑关系数据模型描述业务流程的业务规则，逻辑维度数据模型描述业务问题，确定一个业务流程的运行状况和性能。

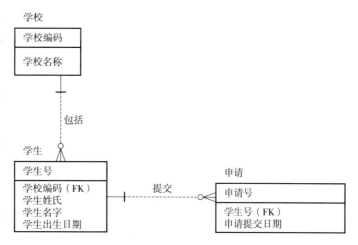

图 5-21　关系逻辑数据模型

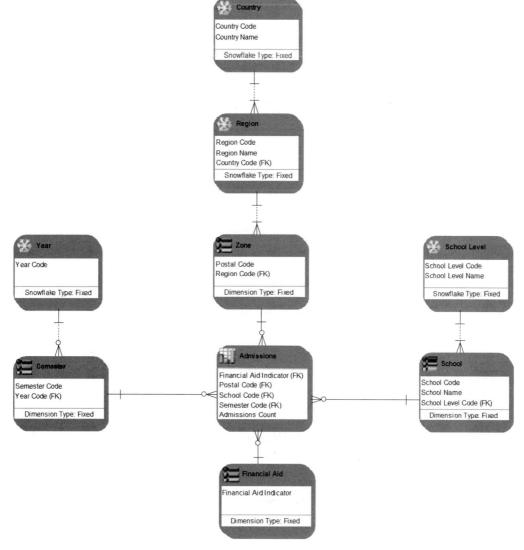

图 5-22　维度逻辑数据模型

图 5-22 中的"招生人数"(Admissions Count) 用来回答与"招生"(Admissions) 有关的业务问题。围绕"招生"的实体提供了按不同粒度级别查看"招生人数"的背景,如"学期"(Semester) 和"年"(Year)。

(3) 物理数据模型

物理数据模型 (Physical Data Model, PDM) 是一种详细的技术解决方案,通常以逻辑数据模型为基础,使其与一组硬件、软件和网络工具相匹配。物理数据模型与特定技术相关。例如,关系 DBMS 应该考虑数据库管理系统的特定功能 (如 IBM DB2、通用数据库、甲骨文、天睿、赛贝斯公司、微软 SQL 服务器)。

图 5-23 展示了一个关系物理数据模型示例。在这个数据模型示例中,为了适应特定的技术要求,"学校编码"和"学校名称"已经被逆规范化到"学生"实体。也许当一个"学生"被访问时,他们的"学校"信息也同样被访问了,因此,与"学生"一起存储"学校"信息比拥有两个独立的结构性能更好。

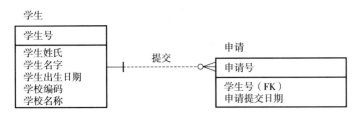

图 5-23 关系物理数据模型

因为物理数据模型受实现技术约束,所以常常对结构进行组合(逆规范化)提高检索性能,就像这个例子中的学生和学校所展示的那样。

图 5-24 展示了一个多维物理数据模型(通常是一个星型模式,即每个维度都用一个结构表示)。

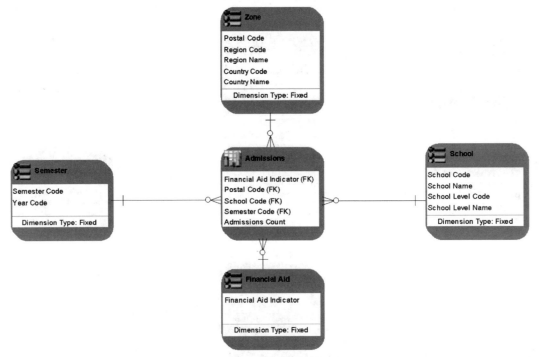

图 5-24 多维物理数据模型

类似于关系物理数据模型，为了适应特定的技术，这种结构已经从逻辑上进行了修改，以确保可以快速和简单地回答业务问题。

1）规范模型。规范模型（Canonical Model）是一种变化的物理模型，用于描述系统之间的动态数据。这个模型描述了数据在系统之间作为信息包或消息进行传递的数据结构。当通过网络服务、企业服务总线（Enterprise Service Bus，ESB）或企业应用程序集成（Enterprise Application Integration，EAI）发送数据时，规范模型描述了发送服务和所有接收服务应该使用的数据结构。这些结构应该尽可能地通用，以便再次使用和简化接口需求。

这个结构只能在中间消息传递系统（中间件）中作为缓冲或队列结构，以暂时保存消息内容。

2）视图。视图（View）是一个虚拟表。视图提供了一种方法来查看包含或引用了实际属性的一个或多个表中的数据。当请求视图中的一个属性时，标准视图会运行 SQL 来检索数据。实例化（通常称为"具体化"）视图在预定的时间运行。视图用于简化查询、控制数据访问和重命名列，可以避免数据冗余及由于反规范化而导致的引用完整性缺失的问题。

3）分区。分区（Partitioning）指的是对表的分割处理。采用分区处理便于归档和提高检索性能。分区可以是垂直的（分隔列），也可以是水平的（分隔行）。

①垂直拆分。可以减少查询集，创建包含部分列的子表。例如，根据字段是否主要是静态的，或者主要是不稳定的（以提高负载/索引性能），或者基于字段是否通常包含在查询中（以改善表扫描性能），可以将客户表一分为二。

②水平拆分。可以减少查询集，对列值进行细分创建子表。例如，创建只包含特定区域内的客户的区域客户表。

4）逆规范化。逆规范化（Denormalization）是刻意将范式化的逻辑数据模型实体转换成具有冗余或重复数据结构的物理表。换言之，逆规范化故意将一个属性放在多个位置。将数据逆规范化有很多原因，首要的就是提高性能：

①为了避免运行时连接的成本较高，预先将多个表中的数据组合在一起。

②创建更小、预先进行筛选的数据副本，以减少运行时计算和/或大型表的全表扫描成本。

③预先计算和存储高成本的数据计算，以避免运行时系统产生资源竞争。

④逆规范化也可以通过将数据分割成多个视图或根据访问需求复制表的副本提高用户安全。

逆规范化处理确实带来了由于重复而带来数据错误的风险。因此，如果当视图和分区在物理设计时缺乏效率时，通常会选择逆规范化处理。为确保正确地存储属性副本，一种好的方法是执行数据质量检查。一般来说，逆规范化仅用于提高数据库查询性能或提升用户安全操作。

虽然在本节中使用了"逆规范化"这个术语，但这个过程并不仅仅适用于关系数据模型。例如，在文档数据库中，"逆规范化"则被称为"嵌入"。

在维度数据建模中，逆规范化被称为折叠或合并。如果每个维度都被折叠成一个结构，生成的数据模型被称为星型模式（见图 5-24）。如果维度没有折叠，生成的数据模型就被称为雪花模型（见图 5-22）。

6. 规范化

规范化（Normalization）是运用规则将复杂业务转化为稳定数据结构的过程。规范化的基本目标是确保每一个属性仅在某一个地方定义，以消除冗余及冗余导致的不一致性。这个过程需要深入理解每个属性和这些属性与主键之间的关系。

规范化规则根据主键和外键对属性进行分级。规范化规则分为多个范式级别，每个级别用不同的粒度和特性以正确搜索主键和外键。每级被称为一个形式，且每个后续的级别不需要包含前一个级别的内容，范式级别包括：

1）第一范式（1NF）。确保每个实体都有一个有效的主键，且每个属性都依赖于主键：消除重复组，并确保每个属性的原子性和不可再分割（不包括多个值）。1NF通过额外的实体（通常称为关联实体）来解决多对多关系。

2）第二范式（2NF）。在1NF基础上，确保每个实体的主键是最小的主键，且每个属性都依赖于完整的主键。

3）第三范式（3NF）。在2NF基础上，确保每个实体没有隐藏的主键，每个属性都不依赖于键之外的任何属性（"非主键列之间不存在依赖关系"）。

4）Boyce/Codd范式（BCNF）。解决重叠的复合候选键。候选键不是主键就是备用键。复合意味着不止一个（在实体的主键或备用键中有两个或多个属性），重叠意味着键之间存在隐藏的业务规则。

5）第四范式（4NF）。将所有的多对多关系以分解成成对的关系，直到它们不能被分解成更小的部分。

6）第五范式（5NF）。将实体间的依赖关系分解成基本对，所有的连接依赖项使用主键的部分。

规范化模型一般指的是满足第三范式中的数据。需要满足Boyce/Codd范式、第四范式和第五范式的情况很少发生。

7. 抽象化

抽象化（Abstraction）指在保留概念或主题的重要属性和本质的前提下，移除细节，从而使其适用于更广泛的情况的一种过程。通过抽象，可以创建更通用的模型结构。抽象化的一个例子是"主体/角色"结构，它可以用来描述人员和组织如何扮演特定的角色（如员工和客户）。不是所有的建模者或开发人员都能手到擒来地处理或者是有能力处理抽象化模型。建模者需要权衡开发和维护抽象结构的成本，以及在未来需要修改非抽象结构时所需的返工工作量（Giles，2012）。

抽象包括泛化和专门化。泛化将实体的公共属性和关系分组为超类实体，而专门化将实体中的区分属性分离为子类实体。这种专门化通常基于各实体实例中的属性值。

子类也可以通过角色或分类，将实体的实例按功能划分为不同的组。一个例子是"主体"（Party），它含有"个体"（Individual）和"组织"（Organization）两个子类。

子类关系意味着超类的所有属性都被子类继承。在图5-25所示的关系示例中，"大学"（University）和

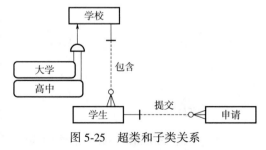

图5-25 超类和子类关系

"高中"（High School）是"学校"（School）的子类。

在数据模型中，子类可以减少冗余，同时更容易传达那些表面上看似独立和分离的实体之间的相似性。

5.2 活动

本节将简要介绍概念、逻辑和物理数据模型的设计步骤、维护和评审数据模型的步骤和方法，并讨论数据建模的正向工程和逆向工程。

5.2.1 规划数据建模

正式开始数据模型设计工作之前，需要制订一个合理的工作计划。数据建模工作计划主要包括评估组织需求、确定建模标准、明确数据模型存储管理等任务。

数据建模工作交付成果包括如下 4 个方面内容：

1）图表（Diagram）。一个数据模型包含一到多个图表。数据模型图以精确的方式描述对数据的需求，包括不同层级（例如概念、逻辑或物理模型）的细节、具体的某种模式（关系、维度、对象、基于事实的、基于时序的或 NoSQL），以及数据模式的表示（如信息工程、统一建模语言、对象角色建模）。

2）定义（Definitions）。实体、属性和关系这 3 个对象的准确定义对于确保数据模型的精度而言至关重要。

3）争议和悬而未决的问题（Issue and outstanding question）。数据建模过程中经常会出现一些无法解决的争议和难以回答的问题。此外，负责解决这些争议或回答这些问题的人员或团队又通常处于数据模型团队之外。因此，数据建模团队通常需要提交有关这些争议和悬而未决问题的文档。例如，对于一个"学生"模型而言，比较突出问题可能是："如果一个学生离开后又返回，是为他们分配新的学号，还是保留使用原来的？"

4）血缘关系（Lineage）。对于物理或某些逻辑数据模型来说，了解数据血缘关系很有必要。血缘关系是有关数据是从哪里来、经过怎样的加工、变成了什么样的结果的脉络关系。一般而言，血缘关系会以来源/目标映射的形式呈现，这样就可以了解源系统的属性及它们如何被迁移至目标系统。血缘关系还可以在同一建模过程中追踪数据模型层级，如从概念模型到逻辑模型。血缘关系之所以在数据建模过程中重要，有以下两个原因：其一是有助于数据建模人员深入理解数据需求，准确定位属性来源；其二是确定属性在源系统中的情况，这是一个验证模型和映射关系准确性的有效工具。

5.2.2 构建数据模型

为了更好地开展数据建模工作，建模人员前期通常需要搜集大量的材料、开展相关的分析工作，并了解之前的建模情况。在完成上述内容后，才能够开展真正的建模工作。数据建模是一个不断迭代的过程，具体迭代方式如图 5-26 所示。在建模过程中，首先要研究现有的数据模型和数据库，以及参考已发布的建模标准和数据标准，并搜集和考虑随时提出的新数据要求。在此基础上，建模人员先设计数据模型初稿，再与业务专家和业务分析师讨论及确认模型设计是否符合业务规则要求，同时提出修改建议，交由建模人员进行修改。如此反复进行，直至没有任何问题（Hoberman，2015）。

图 5-26　建模迭代图

1. 正向工程

正向工程是从数据需求开始构建新应用程序的过程。在此过程中主要设计概念数据模型、逻辑数据模型和物理数据模型。首先，设计概念数据模型是为了了解新建应用系统的范围和该范围内的关键术语；其次，设计逻辑数据模是为了记录业务解决方案；最后，设计物理数据模型是为了文档化其技术解决方案。

（1）概念数据建模

设计概念数据模型包括以下步骤：

1）选择模式。确定数据模型是否按照关系、维度、基于事实的或非关系型模型进行设计。参考前面章节关于模型的介绍，适时选择合适的数据建模方式。

2）选择模型表示方式。选择模式后，再选择合适的模型表示方式，如信息工程（IE）法或对象角色建模（ORM）方法。模型表示方式的选择取决于组织内的标准及特定用户对于特定表示方法的熟悉程度。

3）完成初版概念数据模型。初版概念数据模型主要用于捕获特定用户群组的想法。初版概念数据模型不应试图去弄清其观点如何适应其他部门或者整个组织的观点，否则将使整个过程复杂化。收集组织中最抽象层次的概念（名词），主要包括时间、地址信息、客户/会员/当事人、产品/服务和交易。收集与这些概念相关的活动（动词）。关系是双向的，或涉及两个以上的概念。例如，一个客户可能有多个地址（家庭、工作单位等），同一个地址可能有很多个客户；交易涉及的客户、产品、时间及地点等。

4）整合企业术语。一旦建模者通过模型捕获了用户的需求，接下来就是利用既定的企业术语和建模规则实现数据建模工作。例如，如果概念数据模型有一个名为"客户"的实体，并且在企业术语中也存在意义相同的概念（名词"顾客"），则将会涉及一部分验证及判断工作，判断这两个术语是否是同一个意思，如果是相同的意思，则需要执行术语整合工作。

5）签署确认模型。在初始模型完成后，需要确认及审查定版的概念数据建模是否符合实际情况及是否满足客户需求。通常通过电子邮件的方式来验证模型是否准确及符合要求。

（2）逻辑数据建模

逻辑数据模型针对概念数据模型中的内容进行定义和详细描述。

1）分析信息需求。为了识别信息需求，必须首先在一个或多个业务流程中识别出对业务信息的要求。这些信息需求是业务流程的输入项，经过业务流程加工成需要输出信息产品。这些信息产品本身又是其他业务流程的输入。这些信息产品的名称通常标识一个基本的业务词汇，并作为数据建模的基础而被使用。无论是流程还是数据都是按照一定的顺序以串行或并行的方式建模，有效的信息需求分析和设计应确保数据（名词）和流程（动词）相对平衡，需要同时从两个视角考虑，并强调流程和数据。

需求分析包括对业务需求的导出、组织、记录、审查、改进、批准和变更控制。从其中的一些需求中能够确定数据和信息的业务需求，并利用文字和图标的表达形式将需求定义和描述清楚。

逻辑数据建模是表达业务数据需求的重要手段。对于许多人来说，图片是一种很好的工具，就像古语所说的"一图胜千言"。但是，有些人对图片并不敏感，他们更倾向于使用数据建模工具创建的报表和表格。

许多组织要求以正式的方式描述业务需求。管理层可以指导起草和完善正式的需求说明，如"系统应当……"，可以使用需求管理工具维护书面数据需求规范文档。通过对此类文档内容的收集及仔细分析判断影响，并完善和更新数据模型。因此，类似"我的数据模型的哪些部分代表或满足需求"或"为什么逻辑数据模型中有这个实体"这样的问题就都有了答案。

2）分析现有文档。通常，分析现有与建模有关的文件（包括已设计的数据模型和数据库）对建模工作而言已是一个很好的开始。即使现有的数据模型文件已过时，或与实际生产系统存在较大差异，只要其中有一部分有参考价值，就对新模型的设计有很大帮助。需要注意的是，在参考已有模型文件中的内容进行新模型设计时，务必向相关专家确认每个细节的准确性和时效性，以确保新模型设计的准确性。企业经常使用套装软件，如企业资源规划（ERP）系统，它们拥有自己的数据模型。在设计逻辑数据模型时应考虑这些已有的数据模型，并在合适的情况下予以参考和使用，或将其映射到新的企业数据模型中去。此外，还可能存在有用的数据模型模式，如角色（Party Role）概念的标准建模方式。在设计许多行业数据模型时，经常参照零售或制造行业标准模型模式建模，并根据实际业务需求情况对这些模式或行业标准数据模型进行定制，以适应特定项目需求。

3）添加关联实体。关联实体用于描述多对多（或多对多对多等）关系，针对多对多关系，通常需要创建一个新的实体，用来描述两边实体的关系，并将这种类型的实体称为关联实体。关联实体的识别属性是从关联关系中获取的，并将描述关联关系特征的属性放入新建的关联实体中，如有效日期和过期日期。关联实体可能有两个或两个以上的父实体。关联实体可能成为图数据库中的节点。在维度型建模中，事实表通常是关联实体。

4）添加属性。将属性添加到概念实体中，在概念实体中属性是可以被再次拆分的，但是在逻辑数据模型中的一个属性是原子性的，是不可拆分的。它应该包含一个且只有一个数据（实例），不能被再次拆分。例如，概念属性电话号码，在逻辑模型中可以被拆分为电话类型代码（家庭、办公室、传真、移动电话等）、国家代码（1代指美国和加拿大）、区号、前缀、基本电话号码和扩展。

5）分配域。在前面章节中讨论了关于域的概念，域的作用是保证属性内和属性间格式和数值集的一致性。例如，学生学费金额和教师薪水金额都可以为其分配金额域，这是一个标准的货币域。

6）分配键。实体的属性分为键属性和非键属性。键属性有助于全面（单独）或部分（结合其他属性）唯一识别实体中的一个实例。非键属性描述实体实例，但不能帮助唯一标识它。键分为主键和备用键。

（3）物理数据建模

在设计物理模型的过程中，有时为了数据在数据库中的存储和性能，需要对已经完成的逻辑数据模型进行适当的修改和调整，以保证应用系统的良好运行。例如，为了确保在微软 Access 数据库管理系统良好运行而需要做出的修改，与适应天睿所需要做出的修改是不同的。在此，再明确一下术语概念，"表格"这一术语指表格、文件和模式；"列"这一术语指列、字段和元素；"行"这一术语指行、记录或实例。

1）解决逻辑抽象实体。逻辑抽象实体（超类和子类）使用如下两种方法之一，在物理设计时将其转换为独立的数据库对象。

①子类合并。将子类实体的属性作为允许为空的列合并在超类实体的表中。

②超类拆分。将超类实体的属性按照不同的子类被拆分到不同的单独表中。

2）添加属性细节。向物理模型中添加详细信息，如每个表和列（关系数据库）、文件和字段（非关系数据库）或模式和元素（XML 数据库）的技术名称。定义每个列或字段的物理域、物理数据类型和长度。为列或字段添加适当的约束（如允许为空和默认值），特别是对于非空约束。

3）添加参考数据对象。逻辑数据模型中的小型参考数据值集（主要指代码表）可以通过如下 3 种常用方式在物理模型中实现：

①创建一个匹配的单独的代码表。取决于模型，代码表的数量有可能十分庞大。

②创建主共享代码表。对于具有大量代码表的模型，可以将它们合并到一个表中。然而，这意味着改变一个引用列表将会改变整个表格。注意避免代码值冲突。

③将规则或有效代码嵌入适当的对象定义。在嵌入规则或列表的对象定义代码中创建一个约束。对于仅用作另一个对象的引用的代码列表，这应该是一个比较好的解决方案。

4）分配代理键。分配业务不可见的特殊键值，并且对所代表的数据没有任何影响或与之产生任何关系。这是一个可选的步骤，主要取决于业务键中包括的属性是否多、是非是复合键，以及哪些属性被分配了随时间变化而变化的值。

如果将代理键指定为表的主键，请确保原始主键上存在备用键。例如，如果在 LDM 上学生的主键是学生名字、学生姓氏和学生出生日期（复合主键），则在 PDM 上学生的主键可以是代理键学生 ID。在这种情况下，应在学生名字、学生姓氏和学生出生日期的原始主键上定义备用主键。

5）逆规范化以提高性能。在某些情况下，逆规范化或添加冗余属性可以提高性能，带来的负面影响是在不同的表中重复存储属性，以及在其中一个表中新增、变更、删除数据值时，需要同步处理。但是重复存储和同步处理消耗的成本与性能提升带来的收益相比，性能提升带来的收益更大一些。多维模型建模时逆规范化是一个主要手段。

6）添加索引以提高性能。索引是访问数据库中数据时提高查询（数据检索）性能的重要数据库对象。索引可以在很多情况下提高查询性能。数据库管理员或数据库开发人员必须为数据库表选择和定义适当的索引。主要的 RDBMS 产品都支持多种类型的索引。索引可以是唯一或非唯一、集群或非集群、分区或非分区、单列或多列、B 树或位图或散列。在读取数据时如果没有适当的索引，DBMS 就会对表中的每一行数据进行扫描（表扫描），直至完成全部扫描。这种扫描方式被称为全表扫描。在读取数据时，全表扫描的代价是非常大的。基于频繁使用的列（以 SQL 中出现的次数为基准），特别是键（主键、备用键和外键）为大型表创建索引，以提高频繁查询的执行效率。

7）分区以提高性能。必须特别注意整体数据模型（维度）的分区策略，尤其是当事实表中包含多个可选的维度键（稀疏）时。如果情况理想，推荐使用日期键进行分区。如果情况不理想，则需要根据分析结果和性能瓶颈情况进行研究，以便提出和改进模型的分区策略。

8）创建视图。视图是关系数据库中的一种对象，可以使用视图控制对特定数据库对象的访问，或嵌入通用连接条件或过滤器标准化常用对象或查询。是否需要创建和使用视图，需要视具体需求而定。在多种情况下，视图的开发需要反映 LDM 和 PDM 的变化情况。

2. 逆向工程

逆向工程是文档化现有数据库对象的过程。首先要完成 PDM，以便了解现有系统的技术设计细节，然后用 LDM 记录现有系统遇到的业务解决方案，最后由 CDM 记录现有系统的范围和关键术语。大多数数据建模工具都支持各种数据库的逆向工程，但是逆向工程出来的模型是比较混乱的，为了提高其可读性，需要建模人员对其布局进行重新设计。常用的布局有正交的、维度的和层级的可供选择，但继承关系模型的设计（按主题区域或功能划分实体）仍然需要大量的人工完成。

5.2.3 评审数据模型

与其他 IT 产出物一样，数据模型也需要质量控制，且应采取持续改进的实践做法。诸如时间-价值（time-to-value）、支持成本和数据模型质量验证器（如数据模型计分卡）等技术都可用于评估模型的正确性、完整性和一致性。CDM、LDM 和 PDM 一旦设计完成且定版，对于那些需要了解模型的人或角色，不论是业务分析师还是开发人员，它们都是非常有用的工具。

5.2.4 维护数据模型

数据模型一旦建成，就需要维护，以保持持续更新。当需求发生变化，尤其是业务流程发生变化时，需要对数据模型进行更新。在一个特定的项目中，通常当一个模型的某一层需要改变时，则相应的更高层或更底层的模型都需要做出相应的改变。例如，如果将新列添加到物理数据模型中，则经常需要将该列作为属性添加到对应的逻辑数据模型中。在每个开发迭代结束时，一个好的做法是对最新的物理数据模型进行逆向工程，并确保它与相应的逻辑数据模型保持一致。许多数据建模工具提供将物理与逻辑模型进行自动差异比对的功能。

5.3 工具

目前有多种类型的工具可以帮助数据建模人员完成建模及模型管理工作，包括数据建模、血缘分析、数据剖析工具和元数据库等。

5.3.1 数据建模工具

数据建模工具是一种能够提供各种功能帮助数据建模人员完成各种建模工作的工具软件。入门级数据建模工具提供了基本的绘图功能，包括数据建模画布，以便用户轻松创建实体和关系。这些入门级工具还支持"橡皮筋"效果，它能在移动实体时自动重新绘制关系线条。更高级的数据建模工具还支持从概念到逻辑、到物理和最终到数据库结构的正向工程，并能够生成数据库数据定义语言（Data Definition Language，DDL）。大多数工具还支持从数据库到概念数据模型的逆向工程。这些更高级的工具通常支持命名标准验证、拼写检查、存储元数据（如定义和血缘关系）和模型共享（如发布到一个网页上）等功能。

5.3.2 血缘分析工具

血缘分析工具是一种工具软件，它能够维护和展现数据模型中每个属性的来源。血缘分析工具支持影响度分析，即使用此类工具能够查看整个系统或系统的某个部分的变化是否对另一个系统产生影响及产生哪些影响。例如，"总销售额"属性可能来自多个应用程序，并需要通过计算获得，这些来源记录及计算方法存在于血缘分析工具中，以便展现"总销售额"属性值的来源及加工过程。微软的 Excel 电子表格是一个常用的血缘分析工具。这种分析工具虽然使用简单且价格便宜，但它无法真正支持影响分析，因此需要手动去管理元数据。为了对元数据进行血缘分析，血缘需要从数据建模工具、元数据库或数据集成工具中获取数据（见第 11 章和第 12 章）。

5.3.3 数据剖析工具

数据剖析工具能够探索数据内容，根据规则对现有的元数据进行检核，识别数据质量差距/缺陷及现有元数据（如逻辑和物理模型、DDL 和模型描述）中的缺陷。例如，如果企业要求员工在同一时间段只能有一个工作岗位，但系统显示员工在同一时间段有多个工作岗位，则会记录为一个数据异常（见第 8 章和第 13 章）。

5.3.4 元数据库

元数据库是一个软件工具，存储有关数据模型的描述性信息，包括图表和附带的文本（如定义），以及从其他工具和处理过程中（软件开发和 BPM 工具、系统资源目录等）导入的元数据。元数据库本身应该提供元数据集成和交换功能。存储元数据固然重要，但更为重要的是共享元数据。元数据库必须提供易于访问的方式供用户查看和导览存储库的内容。数据建模工具通常也会包括一个有限的存储库（见第 13 章）。

5.3.5 数据模型模式

数据模型模式是可重复使用的模型结构，可以在很多场景下广泛应用。数据模型模式分为基本模式、组装模式和集成模式。基本模式是数据建模的"基础组件"，其中包括解决多对多关系的方法，以及构建自引用层次结构的方法。组装模式指跨越业务和数据建模人员范畴的模型模块。业务人员能够理解它们，如资产、文件、人员和组织等。重要的是，这些模式通常是已发布的数据模型模式的主题，基于这些模型模式可以为建模设计人员提供可靠的、强健的、可扩展的和可实现的模型设计。集成模式提供了以常见方式整合组装模型模式的框架（Giles，2012）。

5.3.6 行业数据模型

行业数据模型是为特定行业（如医疗保健、电信、保险、银行或制造业等）预先构建的数据模型。这些模型涉及的范围通常非常广泛且特别具体。一些行业数据模型包含数千个实体和属性。行业数据模型既可以向供应商购买，也可以从 ARTS（零售）、SID（通信）或 ACORD（保险）等行业组织获得。

所有购买的数据模型都需要对其进行裁剪定制，以适应组织的需求，因为它是基于多个其他组织的需求开发而来。数据模型所需要定制的程度取决于购买的行业模型与当前组织需求的差异程度或相近程度，以及最重要部分的详细程度。在某些情况下，它可以作为一个组织正在开展的数据模型工作的一个参考，帮助建模人员设计更加完善的模型。

5.4 最佳实践

5.4.1 命名约束的最佳实践

ISO/IEC 11179 元数据注册库是一项国际标准，用于组织中元数据的表示，其中包含与数据标准相关的多个部分，包括命名属性和编写定义的规则。

数据建模和数据库设计标准作为指导原则，旨在有效满足业务数据需求，符合企业和数据架构（见第 4 章）要求，并确保数据质量（见第 14 章）。数据架构师、数据分析师和数据库管理员必须共同参与制定这些标准。这些标准应与相关的 IT 标准相辅相成，避免冲突。

针对每种类型的建模对象和数据库对象，发布数据模型和数据库命名标准。命名标准对于实体、表、属性、键、视图和索引尤其重要。名称应该是唯一的，并最大限度准确描述。

逻辑名称对于业务用户有意义，尽可能使用完整的单词，避免使用最常见缩写之外的任何缩写。物理名称必须符合数据库管理系统允许的最大长度，所以在必要时使用缩写。虽然逻辑名称使用空格作为单词之间的分隔符，但实际名称通常使用下划线作为单词分隔符。

命名标准应该尽量避免跨环境的名称变化，名称不应受其特定环境影响，如在测试环境、质量评价环境或生产环境。分类词，即数量、名称和代码等属性名称中的最后一个术语，可用于从表名中区分实体和列名的属性。它们还可以显示哪些属性和列是定量的而不是定性的，这在分析这些列的内容时是非常重要的衡量标准，也是数据质量检核的重要依据。

5.4.2 数据库设计的最佳实践

在设计和建立数据库时，DBA 应该牢记以下设计原则（记住首字母缩写词 PRISM）：

1) 性能和易用性（Performance and ease of use）。确保授权的用户可以快速、便捷地访问数据，以可用且与业务相关的形式呈现数据，从而最大限度地提高应用程序和数据的业务价值。

2) 可重用性（Reusability）。应确保数据库结构在适当的情况下，能够被多个应用重复使用，并且可用于多种目的（如业务分析、质量改进、战略规划、客户关系管理和流程改进）。避免只考虑单个应用用途而设计数据库、数据结构或数据对象。

3) 完整性（Integrity）。在任何情况下，数据都应始终具有有效的业务含义和价值，以及反映业务的有效状态。执行数据的完整性约束检查，尽可能确保数据的完整性，如检查发现存在违反数据完整性约束的情况，则应立刻报告。

4) 安全性（Security）。真实和准确的数据应该以高效、常态化的方式提供给授权用户，但只限于授权用户。必须满足包括客户、业务合作伙伴和政府监管机构在内的所有利益相关方的隐私关切。强化数据安全性，就像数据完整性检查一样，执行数据的安全性约束检查，尽可能确保数据的安全性，如检查发现存在违反数据安全性约束的情况，则应立刻报告。

5) 可维护性（Maintainability）。以合理成本执行所有数据工作，确保数据的创建、存储、维护和使用成本不超过其对组织的价值。并确保能以最快的响应速度适应业务流程的变化和新的业务需求。

5.5 数据模型治理

5.5.1 数据模型和设计质量管理

数据分析人员和设计人员作为信息消费者（具有数据业务需求的人员）和数据生产者（以可用形式捕获数据）的中介，必须平衡信息消费者的数据需求和数据生产者的应用需求。

数据专业人士还必须平衡短期的商业利益和长期的商业利益。信息消费者需要及时获得数据以满足短期的商业需求，以及利用当前的商业机会。系统开发项目团队必须在限定的时间和预算内完成系统的开发任务，但必须满足所有利益相关方的长期利益，确保组织的数据存在于安全、可恢复、可共享和可重用的数据结构中，并且保证这些数据尽可能正确、及时、相关和可用。因此，数据模型和数据库设计应该在企业的短期需求和长期需求之间取得合理的平衡。

1. 开发数据模型和设计标准

如前所述，数据建模和数据库设计标准提供了指导原则，以满足业务数据需求，符合企业和数据架构标准，并确保数据质量。数据建模和数据库设计标准应包括以下内容：

1）数据建模和数据库设计的标准交付成果的清单和描述。
2）适用于所有数据模型对象的标准名称，可接受英文缩写和非常见单词的缩写规则列表。
3）所有数据模型对象的标准命名格式列表，包括属性命名和列命名。
4）设计和维护交付成果的标准方法的列表和描述。
5）数据建模和数据库设计角色和职责的列表和描述。
6）数据建模和数据库设计中涉及的所有元数据属性的列表和描述，包括业务元数据和技术元数据。例如，准则可以设定数据模型中包含的每个属性的预期血缘关系展现内容。
7）元数据质量的期望和要求（见第 13 章）。
8）使用数据建模工具的准则。
9）准备和指引设计评审的准则。
10）数据模型版本管理的指导原则。
11）禁止或需要避免的相关事项列表。

2. 评审数据模型和数据库设计质量

项目团队应该对概念数据模型、逻辑数据模型和物理数据库设计进行需求评审和设计评审。评审会议的议程应包括评审初版模型（如果有）、对模型所做的更改、所有其他被考虑和拒绝的选项，以及新模型与现有建模或架构标准的符合程度。

设计评审应由一组具有不同背景、技能、期望和观点的主题专家进行。这可能需要组织中高层的指示和支持，才能将专家资源分配到这些评审中。参与者必须能够讨论不同的观点并达成小组共识，不产生个人冲突，因为所有参与者的共同目标是促进最实用、性能最佳、最具可用性的设计。每次设计评审应由一位领导主持，领导负责推动会议进行。领导创建并遵循议程，确保所有必要的文档可用并已分发，征求所有参与者的意见，保持秩序并确保会议顺利进行，并总结小组的共识意见。在许多设计评审中，还会使用记录员来捕捉讨论要点。

如果没有通过评审，建模人员必须进行修改以解决专家评审小组提出的所有问题。如果存在建模人员无法自行解决的问题，应该将问题反馈给系统所有者并寻求最终解决办法。

3. 管理数据模型版本和集成

需要对数据模型和其他设计需求的变更进行详细管控，就像管控需求规格说明和其他 SDLC 交付成果一样细致管理。需要注意的是对数据模型的每一次变化，都需要记录其来龙去脉，以便进行血缘分析。如果一个变更影响逻辑数据模型的变更（如新的或更改的业务数据要求），那么数据分析师或架构师必须先对变更内容进行审查及审批，之后才能对模型进行更改。对于每个变更都应该予以记录：

1）为什么要变更，什么情况导致的变更。项目需求变化或者某些情况发生变化引起的变更，均需予以记录和说明。

2）哪些对象发生了变更，发生了怎样的变更，包括新增了哪些表、修改或删除列等。

3）何时审批通过的这一变更，这一变更何时应用到模型中（如果没有反映到系统中，则无须记录）。

4）谁执行的变更。

5）此变更引起了模型中的哪些地方需要随之变更。

目前，一些通用的数据建模工具提供数据模型版本管理和集成功能的模型管理存储库。如果不提供该项功能，则需要将数据模型导出为 DDL 或 XML 文件，对其进行管理，并像检查应用程序代码那样检查它们是否按照要求在标准源代码管理系统中被管理。

5.5.2 数据建模度量指标

衡量数据模型的质量有几种方法，但都需要与一个标准进行比较。如表 5-5 所示，通过一个示例介绍数据模型计分卡（Data Model Scorecard）方法，用于衡量数据模型质量，其中提供了 10 个数据模型质量指标。表 5-5 介绍了组成计分卡的 10 个不同类别的指标及分值，以及 10 个类别指标的总体分数（Hoberman，2015）。

表 5-5 数据模型计分卡®模板

序号	类别	总分数	模型评分	百分比	备注
1	模型满足需求的能力如何	15			
2	模型的完整性如何	15			
3	模型与实例的匹配程度如何	10			
4	模型结构的合理性如何	15			
5	模型的通用性如何	10			
6	模型遵循命名标准的情况如何	5			
7	模型的可读性如何	5			
8	模型中对象的定义情况如何	10			
9	模型与企业数据架构的一致性如何	5			
10	模型与元数据的匹配程度如何	10			
	总分	100			

模型评分列指评审者按照模型计分卡表中每一项指标对模型评价后的得分，每项指标的总分值记录在总分列中。例如，评审者可能会给"模型满足需求的能力如何"打 10 分。百分比列的计算

方式是该项指标的评审得分除以总分数,乘以100%。例如,满分为15分,得分为10分,则百分比就是(10/15)×100%=66%。备注栏记录更详细的得分解释内容或记录评审者提出的模型修改事项。最后一行记录该模型评审后的总分,即每个得分列值的总和。

对每项指标的简要描述如下:

1)模型满足需求的能力如何。这里应确保数据模型满足需求。如果需求中要求包含订单信息,则评审者在评审该项指标时应检查模型中是否包含订单信息。如果需求中要求按学期和专业查看学生人数,则评审者在评审该项指标时应检查模型是否支持按照学期和专业查询学生人数的功能。

2)模型的完整性如何。这里的完整性包括两个方面的要求:需求的完整性和元数据的完整性。完整性表明模型中包含所有已请求的需求。这也意味着数据模型只包含所要求的内容,没有多余的部分。能够很容易在模型中添加新的结构,预期它们在不久的将来使用;在评审过程中,人们会注意到这些模型部分。如果模型设计者包含从未要求过的内容,项目可能会变得难以交付。在这种情况下,需要考虑包括一个未来需求的可能成本,尤其是在该需求未最终实现的情况下。元数据的完整性意味着围绕模型的所有描述性信息也必须存在。例如,如果正在评审一个物理数据模型,则期望在数据模型中看到格式化和可置空性等信息。

3)模型与实例的匹配程度如何。在这里,确保正在审查的模型的层级(概念、逻辑或物理)和实例(如关系、维度、NoSQL)定义相匹配。

4)模型结构的合理性如何。在这里,应验证数据模设计的落地性,以确保设计的数据模型能够直接构建数据库。评审的问题包括设计时需要避免的问题,如检查在同一实体中是否存在名称完全相同的两个属性,或者主键中是否存在允许为空的属性。

5)模型的通用性如何。在这里,评审的是模型的扩展性或者抽象程度如何。例如,"客户位置"实体在不需要任何改变的情况下能够存储更多类型的位置信息,确保实体具有更好的通用性,如仓库和配送中心的位置信息。

6)模型遵循命名标准的情况如何。在这里,需要评审正确和一致的命名标准是否已经应用到数据模型中去。评审的重点为命名标准结构、术语和风格。命名标准被正确地应用于模型的实体、关系和属性。例如,属性标准选用"客户"或"产品"等属性主题。术语意味着属性或实体被赋予专有名称。术语还包括正确的拼写和缩写。风格意味着外观,如大写或驼峰拼写等。

7)模型的可读性如何。在这里,评审的是数据模型的易读性。该项指标虽然不是10个指标中最重要的,但是如果模型设计人员设计的模型很难阅读,则直接影响对其他9项指标的评审。将父实体放在其子实体上方,将相关实体排放在一起,并最小化关系线长度,都可以提高模型的可读性。

8)模型中对象的定义情况如何。在这里,评审的是模型中的所有定义项是否清晰、完整和准确。

9)模型与企业数据架构的一致性如何。在这里,评审的是数据模型中的结构能否在更加广泛和一致的环境中应用,以便在组织中可以使用一套统一的术语和模型结构。主要评审出现在数据模型中的术语和结构是否与组织中的相关数据模型中出现的结构保持一致,理想情况下与企业数据模型(EDM)(如果存在)结合使用。

10）模型与元数据的匹配程度如何。在这里，将评审存储模型结构中的数据和实际数据是否是一致的。例如，客户姓氏这一列中存储的是否真的是客户的姓氏数据。数据类型旨在减少不合规数据的存储，并保证存储在模型结构中的数据和实际数据的一致性，以确保数据质量。

综上所述，计分卡提供了对模型质量的总体评估方法，并明确指出了针对模型的改进方案。

参考文献

Ambler, Scott. *Agile Database Techniques: Effective Strategies for the Agile Software Developer*. Wiley and Sons, 2003. Print.

Avison, David and Christine Cuthbertson. *A Management Approach to Database Applications*. McGraw-Hill Publishing Co., 2002. Print. Information systems ser.

Blaha, Michael. *UML Database Modeling Workbook*. Technics Publications, LLC, 2013. Print.

Brackett, Michael H. *Data Resource Design: Reality Beyond Illusion*. Technics Publications, LLC, 2012. Print.

Brackett, Michael H. *Data Resource Integration: Understanding and Resolving a Disparate Data Resource*. Technics Publications, LLC, 2012. Print.

Brackett, Michael H. *Data Resource Simplexity: How Organizations Choose Data Resource Success or Failure*. Technics Publications, LLC, 2011. Print.

Bruce, Thomas A. *Designing Quality Databases with IDEF1X Information Models*. Dorset House, 1991. Print.

Burns, Larry. *Building the Agile Database: How to Build a Successful Application Using Agile Without Sacrificing Data Management*. Technics Publications, LLC, 2011. Print.

Carlis, John and Joseph Maguire. *Mastering Data Modeling-A User-Driven Approach*. Addison-Wesley Professional, 2000. Print.

Codd, Edward F. "A Relational Model of Data for Large Shared Data Banks". *Communications of the ACM*, 13, No. 6 (June 1970).

DAMA International. *The DAMA Dictionary of Data Management. 2nd Edition: Over 2,000 Terms Defined for IT and Business Professionals*. 2nd ed. Technics Publications, LLC, 2011. Print.

Daoust, Norman. *UML Requirements Modeling for Business Analysts: Steps to Modeling Success*. Technics Publications, LLC, 2012. Print.

Date, C. J. *An Introduction to Database Systems*. 8th ed. Addison-Wesley, 2003. Print.

Date, C. J. and Hugh Darwen. *Databases, Types and the Relational Model*. 3rd ed. Addison Wesley, 2006. Print.

Date, Chris J. *The Relational Database Dictionary: A Comprehensive Glossary of Relational Terms and Concepts, with Illustrative Examples*. O'Reilly Media, 2006. Print.

Dorsey, Paul. *Enterprise Data Modeling Using UML*. McGraw-Hill Osborne Media, 2009. Print.

Edvinsson, Håkan and Lottie Aderinne. *Enterprise Architecture Made Simple: Using the Ready, Set, Go Approach to Achieving Information Centricity*. Technics Publications, LLC, 2013. Print.

Fleming, Candace C. and Barbara Von Halle. *The Handbook of Relational Database Design*. Addison Wesley, 1989. Print.

Giles, John. *The Nimble Elephant: Agile Delivery of Data Models using a Pattern-based Approach*. Technics Publications, LLC, 2012. Print.

Golden, Charles. *Data Modeling 152 Success Secrets-152 Most Asked Questions On Data Modeling-What You Need to Know*. Emereo Publishing, 2015. Print. Success Secrets.

Halpin, Terry, Ken Evans, Pat Hallock, and Bill McLean. *Database Modeling with Microsoft Visio for Enterprise Architects*. Morgan Kaufmann, 2003. Print. The Morgan Kaufmann Series in Data Management Systems.

Halpin, Terry. *Information Modeling and Relational Databases*. Morgan Kaufmann, 2001. Print. The Morgan Kaufmann Series in Data Management Systems.

Halpin, Terry. *Information Modeling and Relational Databases: From Conceptual Analysis to Logical Design*. Morgan Kaufmann, 2001. Print. The Morgan Kaufmann Series in Data Management Systems.

Harrington, Jan L. *Relational Database Design Clearly Explained*. 2nd ed. Morgan Kaufmann, 2002. Print. The Morgan Kaufmann Series in Data Management Systems.

Hay, David C. *Data Model Patterns: A Metadata Map. Morgan Kaufmann*, 2006. Print. The Morgan Kaufmann Series in Data Management Systems.

Hay, David C. *Enterprise Model Patterns: Describing the World (UML Version)*. Technics Publications, LLC, 2011. Print.

Hay, David C. *Requirements Analysis from Business Views to Architecture*. Prentice Hall, 2002. Print.

Hay, David C. *UML and Data Modeling: A Reconciliation. Technics Publications*, LLC, 2011. Print.

Hernandez, Michael J. *Database Design for Mere Mortals: A Hands-On Guide to Relational Database Design*. 2nd ed. Addison-Wesley Professional, 2003. Print.

Hoberman, Steve, Donna Burbank, Chris Bradley, et al. *Data Modeling for the Business: A Handbook for Aligning the Business with IT using High-Level Data Models*. Technics Publications, LLC, 2009. Print. Take It with You Guides.

Hoberman, Steve. *Data Model Scorecard*. Technics Publications, LLC, 2015. Print.

Hoberman, Steve. *Data Modeling Made Simple with ER/Studio Data Architect*. Technics Publications, LLC, 2013. Print.

Hoberman, Steve. *Data Modeling Made Simple: A Practical Guide for Business and IT Professionals*. 2nd ed. Technics Publications, LLC, 2009. Print.

Hoberman, Steve. *Data Modeling Master Class Training Manual*. 7th ed. Technics Publications, LLC, 2017. Print.

Hoberman, Steve. *The Data Modeler's Workbench. Tools and Techniques for Analysis and Design*. Wiley,

2001. Print.

Hoffer, Jeffrey A., Joey F. George, and Joseph S. Valacich. *Modern Systems Analysis and Design.* 7th ed. Prentice Hall, 2013. Print.

IIBA and Kevin Brennan, ed. *A Guide to the Business Analysis Body of Knowledge (BABOK Guide).* International Institute of Business Analysis, 2009. Print.

Kent, William. *Data and Reality: A Timeless Perspective on Perceiving and Managing Information in Our Imprecise World.* 3rd ed. Technics Publications, LLC, 2012. Print.

Krogstie, John, Terry Halpin, and Keng Siau, eds. *Information Modeling Methods and Methodologies: Advanced Topics in Database Research.* Idea Group Publishing, 2005. Print. Advanced Topics in Database Research.

Linstedt, Dan. *Super Charge Your Data Warehouse: Invaluable Data Modeling Rules to Implement Your Data Vault.* Amazon Digital Services, 2012. Data Warehouse Architecture Book 1.

Muller, Robert. J. *Database Design for Smarties: Using UML for Data Modeling.* Morgan Kaufmann, 1999. Print. The Morgan Kaufmann Series in Data Management Systems.

Needham, Doug. *Data Structure Graphs: The structure of your data has meaning.* Doug Needham Amazon Digital Services, 2015. Kindle.

Newton, Judith J. and Daniel Wahl, eds. *Manual for Data Administration.* NIST Special Publications, 1993. Print.

Pascal, Fabian. *Practical Issues in Database Management: A Reference for The Thinking Practitioner.* Addison-Wesley Professional, 2000. Print.

Reingruber, Michael. C. and William W. Gregory. *The Data Modeling Handbook: A Best-Practice Approach to Building Quality Data Models.* Wiley, 1994. Print.

Riordan, Rebecca M. *Designing Effective Database Systems.* Addison-Wesley Professional, 2005. Print.

Rob, Peter and Carlos Coronel. *Database Systems: Design, Implementation, and Management.* 7th ed. Cengage Learning, 2006. Print.

Schmidt, Bob. *Data Modeling for Information Professionals.* Prentice Hall, 1998. Print.

Silverston, Len and Paul Agnew. *The Data Model Resource Book, Volume 3: Universal Patterns for Data Modeling.* Wiley, 2008. Print.

Silverston, Len. *The Data Model Resource Book, Volume 1: A Library of Universal Data Models for All Enterprises.* Rev. ed. Wiley, 2001. Print.

Silverston, Len. *The Data Model Resource Book, Volume 2: A Library of Data Models for Specific Industries.* Rev. ed. Wiley, 2001. Print.

Simsion, Graeme C. and Graham C. Witt. *Data Modeling Essentials.* 3rd ed. Morgan Kaufmann, 2004. Print.

Simsion, Graeme. *Data Modeling: Theory and Practice.* Technics Publications, LLC, 2007. Print.

Teorey, Toby, et al. *Database Modeling and Design: Logical Design*, 4th ed. Morgan Kaufmann,

2010. Print. The Morgan Kaufmann Series in Data Management Systems.

Thalheim, Bernhard. *Entity-Relationship Modeling: Foundations of Database Technology*. Springer, 2000. Print.

Watson, Richard T. *Data Management: Databases and Organizations*. 5th ed. Wiley, 2005. Print.

第 6 章 数据存储和运营

6.1 引言

数据存储（Data Storage）和运营（Operation）包括对待存储数据的数据库设计、实现和技术支撑，让这些数据在其被创建/获取到处置的整个生命周期内（见第 1 章）实现价值最大化（见图 6-1）。数据存储和运营包括两项子活动：

1）数据库支撑。侧重于与数据生命周期相关的活动，从开始建立数据库环境，到获取、备份

图 6-1 数据存储和运营语境关系图

和清除数据,并确保数据库的良好运行。在此过程中,要特别重视对数据库的持续监测和调优。

2)数据库技术支撑。包括界定满足组织需要的与数据存储和运营相关的技术需求,确定技术架构、应用和管理相关技术,并解决与技术相关的问题。

数据库管理员(Database Administrator,DBA)在数据存储和运营两个方面都发挥着关键作用。在所有数据专业人员中,DBA 是组织中最早设立且最广为人知的角色,而其负责的数据库管理实践也可能是最为成熟的数据管理实践。与此同时,DBA 在数据运营和数据安全方面也发挥着主导作用(见第 7 章)。

6.1.1 业务驱动因素

公司运营越来越离不开各类信息系统。对依赖数据进行运营的公司而言,数据存储和运营的活动至关重要。业务的连续性是这些活动的主要驱动力。如果系统不可用,公司运营就可能受到影响甚至停摆。为了有效降低这类风险,公司需要为其建立一套可靠的数据存储基础设施。

6.1.2 目标和原则

数据存储和运营的目标包括:
1)在数据的整个生命周期内管理其可用性。
2)确保数据资产的完整性。
3)管理数据事务(Data Transaction)的性能。

数据存储和运营代表数据管理中高度技术化的一面。DBA 或者其他从事这项工作的人员,在遵循以下指导原则的情况下不但可以更好地完成工作,还有助于促进整体数据管理工作的提升:

1)识别并执行自动化的机会。自动化数据库开发流程和开发工具可以缩短数据库开发周期,减少错误和返工,并将对开发团队的影响降至最低。通过这种方式,DBA 可以适应更敏捷的应用程序开发方法。这项自动化的改进工作应该与数据建模和数据架构协同实施。

2)以重用为目标构建数据对象。在数据库建设过程中,要开发和使用可抽象和可复用的数据对象,避免应用程序与数据库模式(Schema)紧密耦合(即所谓"对象关系阻抗失配")。为此,可以使用多种机制解决这个问题,如数据库视图、触发器、函数及存储过程、应用程序数据对象和数据访问层、XML(可扩展标记语言)和 XSLT(可扩展样式表转换语言)、ADO.NET 类型数据集与 Web 服务等。DBA 需要能够评估虚拟化数据的最佳方法,最终目标是让数据库的使用尽可能简单和便捷。

3)理解并适当运用最佳实践。DBA 应将数据库标准和最佳实践作为要求加以推广,但在有合理理由时也应灵活应对偏离这些标准的情况。坚持数据库标准必须以不影响项目成功交付为前提。

4)数据库标准要与需求相适应。例如,在选择保证数据完整性和数据安全的方式时,服务水平协议(Service Level Agreement,SLA)既要反映 DBA 的建议,也要考虑开发人员能否接受。如果开发团队决定自行编写数据库更新程序或数据访问层,在 SLA 中的相关责任就应由 DBA 转移到开发团队，以避免对数据库标准采取"要么全有要么全无"的做法。

5）明确 DBA 在项目工作中的角色期望。在项目定义阶段就引入 DBA，有助于在项目整个开发生命周期中提供支持。这样，DBA 就可以提前了解项目的需求和项目对数据库的要求，从而改善沟通，明确项目团队对数据工作的期望。在项目分析和设计阶段，要安排一个主要和一个次要的 DBA 参与，要清晰定义开发过程中 DBA 的工作任务、工作标准、工作量及开发工作时间进度，也要明确项目完成后还需要哪些数据库方面的工作支持。

6.1.3 基本概念

1. 数据库术语

数据库术语既具有专有性，又具有技术性。当担任 DBA 或与 DBA 一起工作时，理解这些技术语言的特定含义非常重要：

1）数据库（Database）。它是一系列被存储数据的集合，无论这些数据具有什么结构或拥有哪些内容。一些大型数据库还包括实例和模式。

2）实例（Instance）。通过数据库软件，对数据库执行控制的某一特定存储区域。企业等组织通常会同时运行多个实例，每个实例使用不同的存储区域，并独立于其他实例。

3）模式（Schema）。它是数据库或实例中包含的数据库对象的子集。模式用于将对象组织成更易于管理的部分。通常，模式具有所有者和特定于模式内容的访问列表。模式的常见用途是将包含敏感数据的对象与一般用户群隔离，或者将只读视图与关系数据库中的基础表隔离。模式还可以用来指代具有共同特点的数据库结构的集合。

4）节点（Node）。作为分布式数据库的一部分，节点指承载计算或存储数据的单个计算机。

5）数据库抽象（Database Abstraction）。它是使用通用应用程序接口（Application Programming Interface，API）调用数据库函数，这样应用程序就可以连接到多个不同的数据库，而程序员无须了解所有数据库的所有函数。开放数据库连接（Open Database Connectivity，ODBC）就是这种 API 的一个例子。使用数据库抽象的好处是程序的可移植性，不足则是无法使用在数据库中非通用的特定数据库函数。

2. 数据生命周期管理

DBA 通过设计、实施和使用能够用来存储、处理或检索数据的系统，在数据的整个生命周期内维护和确保数据的准确性和一致性。DBA 是所有数据库变更的管理者，考虑到许多用户都会对数据库发起变更请求，DBA 需要对数据库变更进行精准管理，严格实施数据库变更并对变更行为进行控制。

数据生命周期管理包括数据获取、迁移、保留、过期和处置的策略和过程。谨慎起见，需要制定工作清单以确保高质量地完成所有任务。DBA 在将应用程序数据库变更真正部署到质量控制（Quality Assurance）和生产环境中时，应使用严格可控、可记录和可审核的流程，项目经理批准的服务或变更事项通常会启动这个流程。在数据库变更时，DBA 应制订回滚计划，确保当变更出现问题时能够将数据库还原到先前版本。

3. DBA

DBA 是数据管理专业中最常见、最被广泛认可的角色。DBA 在数据存储和运营方面发挥主导作用，在数据安全（第 7 章）、数据建模与设计（第 5 章）中发挥关键作用。DBA 为开发、测试、质量保证和其他特殊数据库环境提供支持。

DBA 并非独立执行数据存储和运营的所有活动。数据管理专员（Data Steward）、数据架构师、网络管理员、数据分析师和安全分析师会与其协同工作，共同规划数据库性能、制定数据保留和恢复策略，还会一起努力从外部资源获取和处理数据。按照职责的划分，DBA 角色可以进一步划分为生产 DBA、应用程序 DBA、过程和开发 DBA。有些组织还会将数据存储系统从数据存储应用/架构中独立出来，设有网络存储管理员（Network Storage Administrator，NSA）。

在各个组织中，每个专业的 DBA 角色都隶属于 IT 部门的不同部分。生产 DBA 可能属于生产基础设施或应用程序操作支持组。应用程序 DBA、过程和开发 DBA 有时会被整合到应用开发团队中。网络存储管理员通常属于基础设施组。

（1）生产 DBA

生产 DBA 承担了数据运营管理的主要责任，包括：

1）通过性能调优、监控状态、报告错误等活动，确保数据库的性能和可靠性。
2）建立数据备份和恢复机制，确保数据在发生任何意外时都能及时恢复。
3）建立数据库集群和容错机制，确保数据连续可用。
4）执行其他数据库维护任务，如建立数据归档机制。

作为管理数据运营管理的一部分，生产 DBA 应有以下可交付成果：

1）生产数据库环境，包括支持服务器上的 DBMS 实例，使其具有充足的资源和容量以确保良好性能，并为其配置适当的安全性、可靠性和可用性级别。数据库系统管理需要为 DBMS 环境负责。
2）在生产环境中建立控制数据库变更的机制和流程。
3）针对可能导致数据丢失或损坏的情景，建立确保数据可用、完整和可恢复的机制。
4）建立错误监测机制，实时监测和报告数据库、数据库管理系统或数据服务器中出现的错误。
5）提供与 SLA 相匹配的数据库服务，如数据可用性、可恢复性、数据性能等。
6）建立数据库性能监控机制和流程，及时反映工作负载和数据量发生的变化。

（2）应用程序 DBA

应用程序 DBA 通常负责所有环境（开发、测试、质量保证和生产环境）中的一套或多套数据库，而不仅仅是管理某特定环境下的数据库系统。有时，应用程序 DBA 会向负责开发和维护其数据库所支持的应用程序的部门报告。

对组织而言，设置专门的应用程序 DBA 有利也有弊。有利的一方面在于，应用程序 DBA 被视为应用程序支撑维护团队中不可或缺的成员。通过专注于特定的数据库，他们可以为应用程序开发人员提供更好的专业服务。同时弊端也相应而来，应用程序DBA很容易视野受限，难以把握组织的整体数据需求，也容易忽视数据库管理员的通用实践。应用程序DBA应该与数据分析师、建模师和架构师密切协作。

（3）过程和开发DBA

过程和开发DBA负责审查和管理程序数据库对象，专门从事开发和维护由DBMS控制和执行的程序逻辑，如存储过程、触发器和用户自定义函数（User-Defined Function，UDF）等。过程DBA确保这些程序逻辑是按设计规划进行的、可实施的、经过测试的和可共享重用的。开发DBA专注于数据设计，包括创建和管理特殊用途数据库，如"沙箱"或数据探索区。通常，这两项职能会合并成一个职位。

（4）NSA

网络存储管理员（NSA）主要关注支撑数据存储阵列的软件和硬件。不同于单一的数据库管理系统，多元化类型的网络存储阵列系统往往各有不同的需求特性和监控要求。

4. 数据库架构类型

数据库可分为集中式和分布式两种不同类型的架构。集中式系统只管理单个数据库，而分布式系统要管理多个系统上的多个数据库。可以根据组件系统的自治性将分布式系统的组件分为两类：联邦的（自治的）和非联邦的（非自治的）。图6-2展现了集中式数据库和分布式数据库的差别。

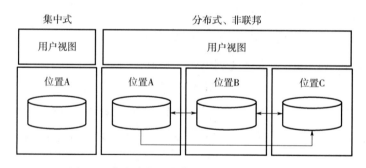

图6-2 集中式数据库与分布式数据库的差别

（1）集中式数据库

集中式数据库将所有数据存储在一个系统的一个地方，所有用户都通过这个系统访问数据。对于某些受限数据而言，集中式可能是理想的选择；对于需要被广泛访问的数据来说，集中式则存在风险。例如，一旦集中式系统不可用，用户就没有其他途径获得数据。

（2）分布式数据库

分布式数据库使得在大量节点上快速访问数据成为可能。主流的分布式数据库技术是基于普通的商业硬件服务器实现，通过可横向扩展的设计机制，分布式数据库可从单服务器部署扩展到数千台服务器，并且每台机器都可提供本地计算和存储服务。对分布式数据库而言，不是靠单一的高性能硬件实现高可用服务，而是依靠数据库管理软件在服务器之间高效地复制数据，从而让整个计算机集群协同提供高效服务。通过数据库管理软件还能够及时监测和处理系统故障，虽然任何一台服务器都有可能发生故障，但系统整体不太可能丧失全部服务能力。

一些分布式数据库通过采用 MapReduce 计算范式进一步提高性能。在 MapReduce 中，数据请求被划分为许多小的工作模块，每个小模块都可以在计算机集群中的任何节点上执行或重复执行。此外，数据直接置于计算节点上，为整个集群提供了非常高的聚合带宽。分布式数据库的底层文件系统和上层应用程序都被设计成能够自动处理其节点的故障。

1）联邦数据库。联邦数据库提供了不需要额外的持久化存储或从源数据进行复制的数据（见图 6-3）。这种系统将多个自治的数据库系统映射成一个单一的联邦数据库，这些成员数据库有时在地理上是分开的，但通过计算机网络相互联接，它们各自保持自治性，但同时参与到一个联邦数据库中，允许部分和受控地共享数据。联邦数据库提供了合并不同数据库的一种替代方案，由于采用联邦的方式，它并没有将各自治数据库中的数据在物理上整合到一起，而是通过

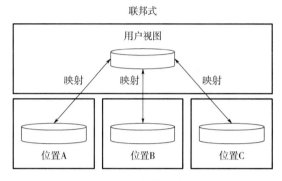

图 6-3　联邦数据库

数据互操作将数据联邦视为一个大型对象进行管理（见第 8 章）。与联邦数据库不同，非联邦数据库系统是将非自治的数据库集成在一起，各个数据库没有自治能力，而是由一个集中式数据库管理系统统一控制、管理和支配。

联邦数据库最适合异构和分布式集成项目，如企业信息集成、数据虚拟化、模式匹配和主数据管理。

根据组成联邦的各组件数据库系统集成级别不同，以及联邦提供服务的范围不同，联邦体系架构也会有所不同。联邦数据库管理系统可以分为松耦合和紧耦合两类。

松耦合系统需要成员数据库构建自己的联邦模式。用户通常会使用多数据库语言访问其他成员数据库系统，但这会导致成员数据库失去其位置透明性，迫使用户需要直接掌握数据库联邦模式的构成情况。用户会从其他成员数据库导入自己所需的数据，并与自己的数据库整合，形成一个联邦模式。紧耦合系统则由各成员数据库共同构建一个统一的集成联邦模式，这些成员数据库使用独立进程构建，如图 6-4 所示。统一联邦模式会应用于联邦的所有成员数据库，用户无须进行数据复制。

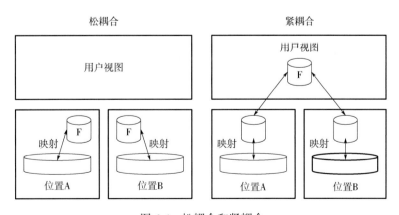

图 6-4　松耦合和紧耦合

2）区块链数据库。区块链数据库是联邦数据库的一种，最早是为了更安全地管理不可伪造的金融交易，现在也广泛应用于合同管理或健康信息交换等。区块链数据库有两种类型结构：单个记录和区块。每笔交易包含一条记录，每个区块包含一组带时间戳的交易，整个数据库由多个区块形成的链状结构组成，每个区块都包括链中前一个区块的信息。每在链上新增一个区块，都需要使用哈希算法生成存储在这个区块中的交易信息。一旦产生新的区块，所有旧区块中的哈希值就不再变化，这意味着区块中包含的交易信息不能再被修改。由于这种机制设计，如果改变或篡改区块链数据中的交易信息或区块，运行哈希计算得到的哈希值就会不同于原先的哈希值，所有用户都会发现这种改变，从而使篡改交易行为不可行。

（3）虚拟化/云计算平台

虚拟化（称为"云计算"）提供计算、软件、数据访问和存储服务，用户无须知道提供服务系统的具体物理位置和相关配置。这个概念与电网的概念非常相似，用户在用电时也不需要知道提供电力服务的基础设置到底布置在哪里。但与电网部署不同的是，云计算既可以远程部署，也可以在本地部署。

云计算是近年来业界广泛采用的虚拟化、面向服务架构（Service-Oriented Architecture，SOA）和效用计算（Utility Computing）等技术的自然演进形态。以下是在云上部署数据库的常见方式：

1）虚拟机镜像。云平台允许用户按其使用的时间偏好购买虚拟机实例，在这些虚拟机上可以部署数据库。用户既可以上传自己装好的数据库机器镜像，也可以直接使用预先装好数据库的现成系统镜像。

2）数据库即服务。一些云平台提供了使用数据库即服务（Database-as-a-Service，DaaS）的配置选项，用户无须为数据库单独购买虚拟机实例。在这种配置中，平台服务提供商会负责安装和维护数据库，应用程序所有者只需要为使用数据库而付费。

3）云上托管数据库。在这种情况下，数据库不是作为一项服务提供的，云服务提供商会受应用程序所有者的委托去管理数据库。

DBA需要与网络和系统管理员协调，建立体系化的集成项目方法，包括数据备份和恢复功能的标准化、集中化、虚拟化和自动化，并确保这些功能的安全性。

1）标准化/整合。通过数据整合，减少组织数据存储位置的数量，包括在数据中心内数据存储和处理过程的数量。基于组织的数据治理制度，数据架构师和DBA可以制定系列标准规程，包括识别关键业务数据、设定数据保留期限、配置数据加密过程和数据复制策略等。

2）服务器虚拟化。通过虚拟化技术替换或整合多个数据中心的服务器设备，从而降低资金和运营成本、减少能源消耗。虚拟化技术也可以用于创建托管在数据中心的虚拟桌面，并以订阅方式出租给用户。Gartner公司将虚拟化视为现代化的催化剂（Bittman，2009）。虚拟化为本地或云端的数据存储提供了更大的灵活性。

3）数据自动化。包括数据供应、配置、修正、版本管理和合规等一系列自动化任务。

4）数据安全。组织不仅要关注现有物理基础设施的安全，还要一并管理云环境下的数据安全（见第7章）。

5. 数据库处理类型

数据库处理有两种基本类型：ACID，BASE。这两个单词恰好在英文中分别有"酸"和"碱"的意思，正如在 pH 酸碱度范围中酸和碱分别位于对立的两端，ACID 和 BASE 两种类型也代表数据库处理两个截然不同的方向。CAP 定理可以用于定义一个分布式系统是接近强调一致性的 ACID 类型，还是更接近强调可用性的 BASE 类型。

（1）ACID

缩写词 ACID 是在 20 世纪 80 年代初出现的，它代表为了在数据库事务中实现可靠性而不可或缺的 4 个约束条件的首字母。几十年来，它为数据库事务处理提供了坚实的基础[注]。

1）原子性（Atomicity）。数据库的所有操作要么都执行，要么都不执行。这意味着如果数据库事务的某部分失败，所有事务都会失败。

2）一致性（Consistency）。数据事务必须始终符合系统定义的所有规则，未完成的事务必须回滚。

3）隔离性（Isolation）。确保一个事务的执行不受其他事务的干扰，每个事务都可以独立进行，从而保持数据的完整性和一致性。

4）持久性（Durability）。一旦事务运行，它对数据库的更改就是永久的、不可撤销的，即使系统发生故障也不会丢失。

在关系数据库中，ACID 技术是最具主导性的工具，通常采用结构化查询语言（Structured Query Language，SQL）作为接口。

（2）BASE

随着数据体量的空前增长和数据类型的不断增多，产生了一些全新的需求，如需要记录和存储非结构化数据，提升和优化数据在读取方面的负载性能，增加在数据在横向扩展、设计、处理、成本和灾难恢复等方面的灵活性，这导致数据库技术走向了与 ACID 正好相反的方向，人们称之为 BASE。

1）基本可用（Basically Available）。即使某些节点出现故障，系统仍然能保证一定程度的数据可用性。例如，虽然提供的数据可能已经过时，但系统仍会给出响应。

2）软状态（Soft State）。数据处于不断变化的状态，但数据库给出响应时不能保证数据是最新的（允许系统在多个不同节点的数据副本存在数据延时）。

3）最终一致性（Eventual Consistency）。数据在所有节点和所有数据库中的最终状态是一致的，但并非在每个事务过程中每时每刻都一致。

在大数据环境中，组织通常会使用 BASE 类型的数据库系统，如大型互联网公司和社交媒体公司，因为这些公司的业务场景不需要实时准确地拿到所有数据。表 6-1 总结了 ACID 和 BASE 的差异。

[注] 吉姆·格雷提出了这个概念。Haerder 和 Rueter（1983）首次创造了 ACID 这个词。

表 6-1 ACID 和 BASE 的差异

项目	ACID	BASE
数据结构	必须有模式	动态的
数据结构	必须有表结构	在运行中动态调整
数据结构	有确定的列数据类型	存储不同类型的数据
一致性	强一致性	强一致性、最终一致性或无须一致性
处理重点	事务	键值存储
处理重点	行/列	宽列存储
历史	20世纪70年代的应用程序存储	2000年的非结构化存储
扩展	依赖产品	在商品服务器间自动传播数据
来源	混合（闭源和开源）	开源
事务	对	可能

（3）CAP 定理

CAP 定理（也称为"布鲁尔定理"）是在集中式系统朝着分布式系统发展过程中被提出的（Brewer，2000）。该定理认为，分布式系统不可能同时满足 ACID 的所有要求，系统规模越大，满足的要求点越少。因此，分布式系统必须在各种要求之间进行权衡。

1）一致性（Consistency）。系统必须始终按照设计和预期的方式运行。

2）可用性（Availability）。系统必须时刻保持可用状态，对每次请求做出响应。

3）分区容错性（Partition Tolerance）。当部分节点发生数据丢失或部分系统发生故障时，整个系统依然能够继续运行并提供服务。

CAP 定理指出，在任何共享数据的分布式系统里，这三种要求最多同时满足两个，也就是只能"三选二"，如图 6-5 所示。

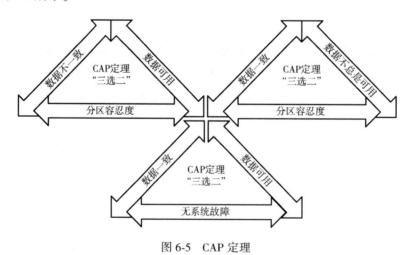

图 6-5 CAP 定理

第 14 章将讨论的 Lambda 架构设计就是该定理的应用。Lambda 架构通过两种路径方式使用数据：当用户更看重可用性和分区容错性时采用效率优先的快速流处理路径；当用户更看重一致性和可用性时采用批处理路径。

6. 数据存储介质

数据可以存储在各种介质中，如磁盘、内存、闪存等。有些系统可能会同时采用多种存储介质，最常见的是磁盘和存储区域网络（Storage Area Network，SAN）、内存数据库、列压缩解决方案、虚拟存储区域网络（Virtual Storage Area Network，VSAN）、基于云的存储解决方案、射频识别技术（Radio Frequency Identification，RFID）、数字钱包、数据中心和私有云、共有云、混合云存储等（见第14章）。

（1）SAN

磁盘存储是一种非常稳定持久存储数据的方式。同一个系统里可以用多种不同类型的磁盘，根据数据使用频次的不同采用不同的存储介质。例如，访问频次低的数据可存储于访问速度较慢、价格较低的磁盘，访问频次高的数据则存储于高性能磁盘。

磁盘阵列可组成SAN。SAN上的数据可以直接基于背板上的光纤传输，不需要通过本地局域网络。

（2）内存数据库

内存数据库（In-Memory Database，IMDB）在系统启动时从永久存储加载到内存中，所有的数据处理都在内存中进行，因此比基于磁盘的系统响应速度更快。为了防止意外宕机，大多数内存数据库还具有配置数据持久性的功能。

如果能将应用程序的大部分甚至全部数据都加载在内存中，IMDB就会让程序的性能得到显著提升。相比磁盘存储系统，IMDB的数据访问速度更快，但成本也更高，因此一般只用于实时数据分析处理。

（3）列压缩解决方案

列式数据库（Columnar-based Database）适合用于处理有大量重复数据字段的数据集。例如，一个表有256列，为了查找某行中的一个数值，需要检索该行中的所有数据（很可能是从磁盘上读取），使用列式存储能够降低检索中I/O带宽的占用。之所以有这种效果，是因为它使用压缩技术存储列数据，状态被存储为一个指向状态表的指针，从而显著压缩了主表。

（4）闪存

近年来，闪存或固态硬盘（Solid State Drive，SSD）存储技术发展异常迅速，它兼具内存的访问速度和磁盘存储的持久性两种优势，从而成为磁盘非常有吸引力的替代品。

7. 数据库环境

在系统开发生命周期中，各种环境下都会使用数据库。当系统发生变更时，DBA要介入开发环境的数据结构设计。在测试环境中，DBA团队负责实施数据库的所有变更；在生产环境中必须严格遵守标准流程和程序，只有DBA团队才能对数据库进行变更。

虽然大多数数据技术都是在通用硬件上运行的软件，但有时也会有用于支持特殊数据管理需求的专用硬件。其中一种类型是数据库一体机，这是专为数据转换和数据分发而设计的服务器，要么以插件的方式直接与现有数据基础设施集成,要么以外设的方式通过网络连接到现有数据基础设施。

(1) 生产环境

生产环境(Production Environment)指实际业务正式运行的技术环境。生产环境非常关键,如果它停止运行,所有业务流程就都会停止,从而导致利润损失,并对无法获得服务的客户造成负面影响。如果在处理突发事件或提供公共服务的过程中系统意外停止,则还会产生灾难性的后果。

从业务角度来看,生产环境才是实实在在的"真实"环境。然而,为了确保一个可靠的生产环境,还必须有其他非生产环境。例如,开发和测试需要有单独的环境,不能布置在生产环境上,否则会严重威胁生产安全和数据安全。

(2) 非生产环境

系统变更真正部署到生产环境之前,需要在非生产环境(Pre-production Environment)下进行开发和测试,提前监测和处理变更导致的问题,避免影响正常的业务流程。为了达到这一目的,非生产环境的配置要与生产环境非常接近。

由于存储空间和成本的原因,通常难以配置与生产环境完全一致的非生产环境。在开发路径上,非生产环境越接近生产环境,就越需要在配置上赶上生产环境。任何与生产系统设备和配置的偏差,都可能产生与变更无关的问题或错误,从而使问题的研究和处理变得更加复杂。

常见的非生产环境类型包括开发环境、测试环境、沙箱或实验环境。

1) 开发环境。开发环境(Development Environment)是生产环境的精简配置版本,通常配置较少的磁盘空间、更少的 CPU 和内存等。开发人员在这个环境下编写和测试代码,首先测试在不同环境下代码是否可靠,然后在 QA 环境下进行全面集成测试。根据开发项目的管理方式,开发环境可以拥有许多生产数据模型的副本。较大的组织可能会为个别开发人员提供自己的环境,以便以所有适当的权限进行管理。

任何系统补丁或更新都应该首先在开发环境下进行测试。开发环境要与生产环境隔离,并使用不同的物理硬件。可能需要将数据从生产系统复制到开发环境中。要注意的是,在许多行业,生产数据受法律法规保护,在将数据从生产系统复制出来时,企业要确保符合法律法规的要求(见第 7 章)。

2) 测试环境。测试环境(Test Environment)通常用于执行质量保证和用户验收测试,有时也用于压力测试或性能测试。为防止测试结果因环境差异而失真,测试环境最好与生产环境拥有相同的软硬件配置,这对性能测试尤为重要。可以允许测试环境通过网络连接从生产系统读取数据,但绝不能反过来将测试环境数据写入生产系统。测试环境通常用于:

①质量保证测试(Quality Assurance Testing,QAT)。根据需求进行功能测试。

②集成测试(Integration Testing)。将独立开发或更新的多个模块作为一个整体系统进行测试。

③用户验收测试(User Acceptance Testing,UAT)。从用户视角测试系统功能。在 UAT 测试中,需要编制足够的测试用例。

④性能测试(Performance Testing)。用于执行大业务量或高复杂度的测试,可以在任何时间执行,不需考虑是否在工作时间,也不需考虑是否在生产系统高峰时间而产生不利影响。

3）沙箱或实验环境。沙箱（Sandbox）是一种生产环境的替代环境，允许用户以只读的方式访问生产数据，可以由用户自行管理。数据沙箱往往用于验证开发或者实验某些数据假设，可以用于将生产数据与其他数据进行合并，如用户开发的数据或从外部获取的补充数据。沙箱在进行概念验证（Proof-of-Concept，POC）时很有价值。

沙箱环境可以是与实际生产环境隔离的生产系统的一个子集，也可以是一个完全独立的环境。沙箱用户通常在自己的空间中拥有完整的 CRUD 权限，方便他们快速验证其想法和方案。对沙箱环境，DBA 只需要帮助用户构建环境、赋予其权限和监控使用情况，其他事情都由用户自己处理。如果沙箱区域位于生产数据库系统内，则必须将它们严格隔离，杜绝沙箱环境的数据回写到生产系统。

如果单个实例的许可成本在允许范围内，沙箱环境就可以采用虚拟机（Virtual Machine，VM）。

8. 数据库组织方式

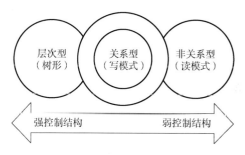

图 6-6　数据库组织方式

数据存储系统提供了一种封装必要指令的方法，以便将数据存储到磁盘并进行管理和处理，开发人员只需使用这些封装的指令即可实现对数据的操作。数据库通常以 3 种方式进行组织：层次型、关系型和非关系型，并且这些类别并非是互斥的（见图 6-6）。某些数据库系统可以同时读写以关系型和非关系型结构组织的数据。层次型数据库可以映射为关系型表结构。带有行分隔符的文本文件可以被读取为分行的表，其中一列或多列来描述行的内容。

（1）层次型数据库

层次型数据库（Hierarchical Database）是最早的数据库模型，用于早期的大型机数据库管理系统（DBMS），是最严格的结构之一。在层次型数据库中，数据被组织成具有强制父子关系的树状结构，每个父级可以有多个子级，但每个子级只有一个父级（也称为"一对多"关系）。目录树就是层次数据结构的典型例子。XML 使用的也是这种层次模型，尽管实际结构是树遍历路径，但它可以表示为关系数据库。

（2）关系数据库

一般认为关系数据库（Relational Database）是以表之间的关系而得名的，但事实并非如此。关系数据库基于集合论和关系代数，其中数据元素或属性（列）被关联成元组（行）。表是具有相同结构的关系集。集合运算（如并集、交集和差集）以 SQL 的形式从关系数据库中组织或检索数据。要写入数据，必须提前知道表的结构（写入模式）。关系数据库是面向行的。

关系数据库管理系统（Relational Database Management System）的简称为 RDBMS。当需要存储的数据不断变化时，通常会选择关系数据库。多维数据库和时态数据库是关系数据库的变体。

1）多维数据库。多维数据库（Multidimensional Database）技术允许同时对多个数据元素过滤器进行搜索，这种结构在数据仓库和商务智能中最常用。多数大型数据库都内置使用立方体技术作为对象，但有些数据库类型会采用专有技术。多维数据库访问数据时使用多维度表达式（Multidimensional eXpression，MDX），它是 SQL 的一种变体。

2）时态数据库。时态数据库（Temporal Database）是一种处理随着时间变化而变化的数据的关系数据库。通常要表达两种基本时间，即有效时间和事务时间，它们之间是正交的，可以组合成双时态数据库。

①有效时间（Valid Time）。指现实世界中一个事实或实体对象真实发生的时间范围。

②事务时间（Transaction Time）。指对一个数据库对象进行操作的时间，是一个事实存储在数据库中的时间，它记录着对数据库修改或更新的各种操作历史。

除了有效时间和事务时间，时态数据库还可以存有其他时间，如决策时间，在这种情况下时态数据库被称为多时态数据库。时态数据库使应用开发人员和 DBA 能够在同一个数据库中管理数据当前、将来和历史的多个版本。

（3）非关系数据库

非关系数据库（Non-relational Database）可以将数据存储为简单的字符串或完整的文件。这些文件中的数据可以根据需要以不同方式读取（这种特性被称为"读取时进行处理的模式"）。非关系数据库可以面向行，也可以面向列。

非关系数据库提供了一种存储和检索数据的新机制，与传统的关系数据库相比，它使用的一致性模型约束较少。采用这种方法的动机包括设计简单、横向扩展和更好地控制可用性。

非关系数据库也通常被称为 NoSQL 数据库（代表"不仅是 SQL"）。它与关系数据库的主要区别在于数据存储结构，数据结构不再受制于表格关系，它可以是树、图、网络或键值对。NoSQL 强调某些版本事实上能够支持传统的 SQL 指令。这些数据库通常是高度优化的数据存储，可以进行简单的检索和插入操作，目的是提高数据库性能，尤其是在延迟和吞吐量方面。NoSQL 数据库在大数据和实时网络应用中的应用越来越多（见第 5 章）。

1）列式数据库。列式数据库（Column-oriented Database）能够压缩冗余数据，主要用于商务智能应用。例如，状态 ID 列只有唯一值，而不是在一百万行中每一行都有一个值。

选择面向列（非关系型）的数据库还是面向行（通常是关系型）的数据库，组织需要进行多方权衡：

①当需要对很多行进行聚合计算时，面向列的组织方式效率更高。这只适用于处理少数列的子集的情况，因为读取少数列的速度更快。

②如果同时为所有行更新某一列的数值，那么面向列的组织方式更有效率，因为列式数据库可以有效地写入某列数据而不必访问行里其他列的数据。

③如果需要同时获取某一行中的许多列，并且行的大小相对较小，则面向行的组织方式更有效，因为只需一次磁盘寻道就能检索到整行。

④如果需要在同时提供所有行数据时在数据库中插入一条新行，则应选择面向行的数据库，只需一次磁盘寻道即可写入整行。

在实践中，面向行的数据库非常适用于联机事务处理（Online Transaction Processing，OLTP）工作，其处理的重点是交互式事务。反之，面向列的数据库适用于联机分析处理（Online Analytical Processing，OLAP）工作（如数据仓库），通常需要对海量数据（有时达 TB 级以上）进行少量高度复杂的查询。

2) 空间数据库。空间数据库（Spatial Database）用于存储和查询表示几何空间中定义的对象的数据，它支持几种基本类型的空间数据对象（简单的几何图形，如方框、矩形、立方体、圆柱体等），也支持处理由点、线和形状集合组成的几何图形。

空间数据库系统使用空间索引来快速查找空间数值，常见的数据库索引难以满足这个要求。

空间数据库可执行多种空间数据操作，根据开放地理空间联盟标准，这些操作包括：

①空间测量（Spatial Measurement）。计算直线长度、多边形面积、几何图形之间的距离等。

②空间函数（Spatial Function）。修改现有空间对象特征以创建新空间对象。例如，在空间对象周围提供缓冲区、互换空间对象特征等。

③空间谓词（Spatial Predicate）。允许关于几何体之间空间关系的真/假查询。例如，"两个多边形是否重叠"或"拟建垃圾填埋场周围 1 英里（1 英里≈1.6 千米）内是否有住宅"。

④几何构造函器（Geometry Constructor）。通过定义形状的定点（点或节点）创建新的几何体。

⑤观察者函数（Observer Function）。查询并返回空间对象某一个特征的特定信息，如圆心的位置。

3) 对象/多媒体数据库。多媒体数据库（Multimedia Database）包含一个分层存储管理系统，用于有效管理磁介质和光学存储介质。它还包括数据对象类的集合，代表着分层存储管理系统的基础。

4) 平面文件数据库（Flat file Database）。平面文件数据库描述了将数据集编码为一个不依赖某特定应用格式的电子文件的各类方法。平面文件可以是纯文本文件或二进制文件。严格意义上讲，平面文件数据库只包含数据，数据记录的长度和分隔符可能不同。广义地讲，平面文件数据库指以行和列的形式存在于单个文件中的任何数据库，行和列之间不存在任何关系或链接。纯文本文件每行通常包含一条记录，一个简单的例子是书写在纸上的姓名、地址和电话号码列表。平面文件不仅用作数据库管理系统的数据存储工具，还广泛用作数据库间的数据传输工具。Hadoop 数据库使用平面文件做数据存储。

5) 键值对数据库（Key-Value Pair Database）。键值对数据库的数据项包含键的标识符和键值两个项目。这类数据库有许多特定的用途。

①文档数据库（Document Database）。面向文档的数据库包含由结构和数据组成的文档集合，为每个文档都会分配一个键。更高级的文档数据库还可以存储文档内容的属性，如日期或标签。这类数据库既可以存储完整的文档，也可以存储一部分文档。文档数据库可以使用 XML 或 JSON（Java 脚本对象注释）结构。

②图数据库（Graph Database）。图数据库存储键值对，其关注的重点是组成图的节点之间的关系，而不是节点本身。

6) 三元组数据库。由主-谓-宾组成的数据实体被称为三元存储（Triplestore）。在资源描述框架（Resource Description Framework，RDF）术语中，三元存储由表示资源的主体、表示主体和客体之间关系的谓词及客体本身组成。三元存储是一种专为以主-谓-宾表达式形式存储和检索三元组而构建的数据库。

三元组数据库大致分为 3 类：原生三元组数据库、RDBMS 支持的三元组数据库和 NoSQL 三元组数据库。

①原生三元组数据库（Native Triplestore）：从零开始实现，并利用 RDF 数据模型高效地存储和访问 RDF 数据。

②RDBMS 支持的三元组数据库（RDBMS-backed Triplestore）：是通过向现有的 RDBMS 添加 RDF 描述层来构建的。

③NoSQL 三元组数据库（NoSQL Triplestore）：目前还处在研究阶段，将来可能成为 RDF 的存储管理器。

三元组数据库最适合分类法和词库管理、关联数据集成和知识门户等应用。

9. 专用数据库

有些特殊应用需要专用数据库（Specialized Database），其管理方式有别于传统的关系数据库。例如：

1）计算机辅助设计与制造（Computer Assisted Design and Manufacturing，CAD/CAM）。需要对象数据库，大多数嵌入式实时应用也需要对象数据库。

2）地理信息系统（Geographical Information System，GIS）。使用专门的地理空间数据库（Geospatial Database），其参考数据至少每年更新一次。一些专门的地理信息系统用于公用事业（电网、煤气管道等）、电信网络管理或航海导航。

3）购物车功能。大多数在线零售网站上都有，利用 XML 数据库暂时存储客户订单数据，社交媒体数据库可能会实时使用这些数据以便在其他网站上投放广告。

这类数据库中的部分数据会被复制到一个或多个传统的 OLTP 数据库或数据仓库中。此外，许多现成的供应商应用程序可能使用自己专有的数据库。至少，它们的数据库模式是专有的，并且即便它们建立在传统的关系数据库管理系统之上，大多数也是很不透明的。

10. 通用数据库过程

不管是何种类型的数据库，在某种程度上都存在以下通用过程。

（1）归档

归档（Archiving）是将数据从可立即访问的存储介质迁移到检索性能较低的介质进行存档的过程。归档后的数据可以恢复到原系统，供临时使用。对于当前应用程序流程已经不需要的数据，应及时迁移到成本较低的磁盘、磁带或 CD/DVD 光盘中进行归档。从存档中恢复数据时，只需将数据从存档介质复制回原系统即可。

归档过程必须与分区策略保持一致，以确保最佳可用性和数据保留期。稳妥的方法包括：

1）创建一个辅助存储区域，并且该区域最好在辅助数据库服务器上。

2）将现有数据库表分区成可以归档的单元。

3）将不常用的数据复制到独立的数据库中。

4）创建磁带或磁盘备份。

5）创建数据库作业（Database Job），定期清理不再使用的数据。

企业要定期对归档数据进行恢复测试，避免在紧急情况下无法恢复已归档数据。

当生产系统的技术或架构发生变化时，需要同时对存档进行评估，确保历史归档数据能够恢复到新的系统。处理不同步存档有几种方法：

1）确定是否保留及保留多少历史归档，不再需要的历史档案可以销毁。

2）当技术上发生重大变化时，先将存档数据恢复到变化前的原系统，一起升级或迁移到新系统，然后在新系统中重新归档数据。

3）与此类似，当源数据库结构发生更改时，高价值存档数据要先恢复到原数据库，一起更改数据库结构，然后使用新结构重新归档数据。

4）对于不经常访问的存档数据，当技术发生变化或数据库结构发生更改时，可以考虑保留旧系统的一个小版本，供有限的数据访问，在需要时使用这个版本从归档文件中恢复数据。

使用当前技术无法恢复的档案是毫无意义的，保留旧机器以读取无法以其他方式读取的档案，既不高效又不具成本效益。

(2) 数据库容量和增长预测

出于成本和效率的平衡，企业部署数据库时既要考虑当前数据容量，也要考虑数据增长速度。可以做一个类比，把数据库想象成一个盒子，数据是盒子中装的水果，把管理成本（索引等）想象成包装材料。用隔板将盒子隔成一个个小格子，把水果和包装材料都放在这些格子中：

1）用多大的盒子，才能装下所有水果和包装材料，这就是容量。

2）有多少水果要放进盒子，放的速度有多快？

3）从盒子里要能取出多少水果，取的速度有多快？

根据以上信息，就能决定盒子的大小随着时间的推移是保持不变，还是不断扩大以装下更多的水果，这就是增长预测。如果盒子无法扩大，那么取出水果的速度就不能慢于放入水果的速度，这意味着预测增长率为零。

还有一些重要问题，水果应该在盒子中保存多长时间？如果一个盒子中的水果放久了蔫掉，或者不想吃这种水果了，是否应该把这些水果放到另一个盒子里长期储存（存档）？是否有必要将蔫掉的水果再放回原来的盒子？如果能将水果移到另一个盒子，并在需要时可以放回第一个盒子，就像数据库归档那样，就不必频繁地扩大盒子了。

当然，如果一个水果腐烂至无法食用，就要把它清除（销毁数据）。

(3) 变更数据捕获

变更数据捕获（Change Data Capture，CDC）指检测到数据的变更并确保与变更相关的信息被适当记录的过程。CDC 通常是基于日志的复制，是一种非侵入性的方法，能将数据更改复制到目标系统而不打扰源系统。一个简单的 CDC 情景是，有两台计算机，如果一台计算机中的数据发生了变化，另一台计算机需要反映同样的变化。要达到这个目的，可以只将第一台计算机中发生变化的内容（增量数据）发送到第二台计算机，而不是发送第一台计算机中所有的数据，这样第二台计算机就能完成更新了。

有两种不同的方法来检测和收集数据变更。一种是数据版本管理，即评估识别改动过行数据的列（如上次更新时间戳的列、有版本号的列、有状态标识的列）；另一种是读取记录数据更改的日志，并将其复制到辅助系统。

（4）数据清除

如果所有数据一直存储在主存储中，数据最终会占满全部可用空间，数据库性能则开始下降。此时，就需要对数据进行归档、清除或同时进行归档和清除。另外，有些数据的价值会降低，不值得继续保留。清除是将数据从存储介质中完全删除并使其无法恢复的过程。数据管理的一个主要原则是，维护数据的成本不应超过它产生的价值。清除数据可降低成本和风险，也可降低数据被滥用的风险。通常来说，要清除的数据无论是从企业本身的视角还是从监管的视角来看都是过时和不必要的，企业要制定清晰的数据保留策略，避免有些数据超过必要的保存时间。

（5）数据复制

数据复制指在多个存储设备上存储相同的数据，这在某些情景下很有价值。例如，在高可用性环境中，通过数据复制在不同服务器甚至不同数据中心存储同一份数据库，分散工作负载，确保在使用高峰期或发生灾难时保持业务连续性。

复制有主动复制和被动复制两种模式：

1）主动复制（Active Replication），指在每个副本中重新创建和存储来自其他副本的相同数据，不存在主副本。

2）被动复制（Passive Replication），指先在主副本上创建和存储数据，然后将最新数据复制到其他副本上。

数据复制有两个方向的扩展方式：

1）水平数据扩展（Horizontal Data Scaling），拥有更多的数据副本。

2）垂直数据扩展（Vertical Data Scaling），将数据副本放到距离更远的另一个地理位置上。

多主机复制模式可以先将数据更新提交到任何数据库节点，然后复制到其他节点，但这会增加复杂性和成本。

数据复制透明性（Replication Transparency）指多个副本的存在对用户或应用程序是透明的，数据在整个数据库系统中保持一致，用户无须关心也不必知道使用的是哪个副本。

数据复制的两种主要方式是日志传送和镜像（见图6-7）。

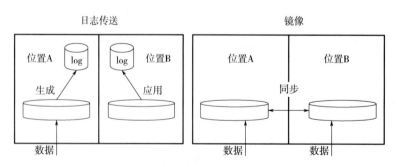

图6-7 日志传送和镜像

1）日志传送（Log shipping）。辅助数据库定期接收并应用从主数据库传来的事务日志副本。

2）镜像（Mirroring）。主数据库的更新会立即（相对而言）复制到辅助数据库，这个过程通常会两阶段提交，而这只是这两阶段提交过程的一部分。

选用哪种复制方式取决于数据的重要程度及业务连续时效性要求。镜像通常比日志传送成本更高。另外，镜像往往更适用于只有一台辅助数据库的情况，日志传送可以将数据复制到多个辅助数据库。

（6）弹性和恢复

数据库弹性用于衡量系统对错误条件的容忍度。如果一个系统能够容忍很严重的处理错误，并且仍能正常运行，那么它就具有很强的弹性。相反，如果系统一旦遇到意外情况就崩溃，那么系统就没有弹性。如果数据库能够检测异常，并提前中止或能从常见错误（如失控查询）中自动恢复，则认为它是有弹性的。总有一些情况是任何系统都无法提前检测到的，如停电，这些情况被视为灾难。

数据恢复要考虑恢复的速度和恢复的重点数据，通常有 3 种恢复类型可供选择：

1）立即恢复（Immediate Recovery）。有些问题有时能够提前预测并可以自动解决，如故障切换到备份系统可能产生的错误，这类问题可以通过系统设计来立即恢复。

2）关键恢复（Critical Recovery）。指需要尽可能快地恢复系统的计划，这类恢复的目标是最小化业务延迟或业务中断风险。

3）非关键恢复（Non-critical Recovery）。意味着该类业务可以等关键恢复完毕再进行恢复。

数据处理错误包括数据加载失败、查询返回失败、ETL 错误和其他处理错误。提高数据处理系统弹性的常用方法有：及时发现并纠正导致错误的数据；监测并忽略导致错误的数据。在处理过程中对这些错误数据和采取的措施进行标记，以避免在重新启动流程时又要再次处理这些问题，或者不断重复已完成的步骤。

每个系统都应具备弹性，但对弹性的要求有高有低。有些系统可能要求发生任何错误都要中止所有处理（低弹性），有些系统可能只要求捕获错误信息并重新启动应用，有些系统甚至可以直接忽略错误。

对于非常关键的数据，DBA 需要把数据转移到远程服务器上的另一个数据库副本中。如果当前数据库发生故障，应用程序就可以切换到远程数据库并继续处理业务。

（7）数据留存

数据留存（Data Retention）指数据保持可用的时间长度。物理数据库设计中要明确数据留存策略，这也会影响数据库容量规划。

数据安全也会影响数据留存计划，因为某些数据出于法律原因需要留存特定的时间段。如果未能按适当的时间长度留存数据，则可能产生法律后果。同样，也有与数据清除相关的法律法规。如果数据留存超过规定的时间，数据就可能变成一种负担。组织应根据监管要求和风险管理指南制定留存制度，这些制度应推动数据清除和归档不断走向规范。

（8）数据分片

数据分片（Sharding）是一个把数据库中的一部分独立出来的过程，这部分数据可以独立进行更新。由于分片通常很小，用户可以直接对分片数据进行刷新或重写。

6.2 活动

数据存储和运营包括数据库技术支撑和数据库运营支撑两类主要活动。数据库技术支撑侧重选择和维护用于存储和管理数据的软件，数据库运营支撑则侧重维护软件所管理的数据和流程。

6.2.1 管理数据库技术

管理数据库技术应与其他管理技术遵循相同的原则和标准。

技术管理的主要参考模型是信息技术基础设施库（Information Technology Infrastructure Library，ITIL），这是英国开发的一种技术管理过程模型，其原则同样适用于管理数据技术[⊖]。

1. 理解数据库技术

理解数据库技术如何运作，以及这些技术如何在特定业务背景下提供价值是很重要的。DBA与其他数据服务团队一起，与业务用户及管理人员密切合作，准确了解业务的数据和信息需求。DBA和数据库架构师只有将他们对工具的了解与业务需求结合起来，才能提出最佳技术方案，满足业务需求。

数据专业人员必须先了解备选数据库的技术特征，才能结合业务需求决定采用哪种技术方案。例如，对于零售业务而言，就不适合采用不具备事务处理功能（如提交和回滚）的数据库技术。

不存在某种单一类型的数据库架构或数据库管理系统能够满足所有业务需求。因此，大多数企业都安装了多种数据库工具，完成性能优化、备份、数据库管理等一系列功能。需要注意的是，这些数据库工具中只有少数几种具有强制性标准。

2. 评估数据库技术

选择战略性的DBMS软件尤为重要。DBMS软件对数据集成、应用性能和业务生产力有重大影响。在选择DBMS软件时要考虑的因素包括：

1）产品架构和复杂性。
2）容量和速度限制，包括数据流量限制。
3）应用类别，如事务处理、商务智能、个人办公。
4）特定功能，如是否需要支持时间类数据计算。
5）硬件平台和操作系统。
6）软件支持工具的可用性。
7）性能基准，包括实时统计数据。
8）可扩展性。

⊖ http://bit.ly/1gA4mpr.

9）软件、内存和存储要求。

10）韧性，包括错误处理和错误报告。

一些与企业自身和工具供应商有关的因素也会影响数据库管理系统的选择，虽然这与技术本身没有直接关系，例如：

1）企业对技术风险的偏好。

2）是否配备了训练有素的专业技术人员。

3）使用成本，如软件许可费、维护费和计算资源成本。

4）供应商声誉。

5）供应商支持策略和版本更新计划。

6）其他客户的使用情况。

企业要考虑成本效益原则，产品总费用（包括维护管理费用、软件许可费用和技术支持费用）不应超过该产品带来的经济价值。最好的情况是，技术产品应最大限度方便用户，实现自我监控和自我管理；如果满足不了这些要求，企业就有必要引进熟悉该技术产品的员工。

在真正引进产品并全面投产之前，最好在一个小型试点项目或概念验证项目（Proof-of-Concept，POC）对产品进行验证，这样可以真正了解产品的性能、成本和效益。

3. 管理和监控数据库技术

DBA 通常是作为后台技术支持人员，与服务中心和技术供应商的支持人员一起，共同理解、分析并解决用户问题。要想真正理解和使用某种技术，就需要进行充分的培训。组织应确保为参与实施、支持和使用数据和数据库技术的每个员工制订培训计划并配备培训预算。培训计划应包括适当级别的交叉培训，以更好地支持应用程序开发，尤其是敏捷开发。DBA 应具备应用程序开发的相关技能，如数据建模、用例分析和应用程序的数据访问方式等。

DBA 的一项重要工作是定期对数据库进行备份和恢复测试，另一项重要的工作是数据集成。如果数据库中的数据需要与其他数据库中的数据合并，会面临一些挑战，这时不应由 DBA 单独简单地合并数据，而应与其他利益相关方密切协同，确保集成数据能够满足各方要求。

当企业需要采用新技术时，DBA 要与业务用户和程序开发人员合作，研究如何最有效地使用该技术，探索该技术的新应用，并确保能有效解决使用过程中出现的问题。对新技术有了准确理解后，方可在预生产和生产环境中进行部署。在部署过程中，DBA 要创建并记录部署流程和过程文档，这样才能在将来花最少的精力和成本管理好产品。

6.2.2 管理数据库运营

数据管理工作的核心是数据库支撑，这通常是 DBA 和 NSA 的工作。企业的数据库和备份介质都部署在托管存储区域，根据数据库管理需求，托管存储大小不一，小到个人计算机上的磁盘驱动器（由操作系统管理），大到 SAN 上 RAID 阵列。

DBA 通过分配存储结构、维护物理数据库（包括数据的物理数据模型和物理布局，如分配给特定文件或磁盘区域）及在服务器上建立 DBMS 环境管理各种数据存储应用程序。

1. 理解需求

（1）定义存储需求

DBA 为数据库管理系统 DBMS 建立存储系统，为 NoSQL 建立文件存储系统。NSA 和 DBA 在建立文件存储系统方面都发挥着至关重要的作用。在业务运营过程中数据不断写入数据库，根据业务需要在数据库中永久或临时保留。在考虑数据库容量时，企业要有额外的空间规划，避免紧急情况下临时扩充数据库，因为这会带来很大风险。

所有项目都应对运营第一年所需要的数据库容量和后续几年的数据增量进行评估，评估过程中不仅要考虑数据自身所占的空间，还要考虑索引、日志及其他冗余存储（如镜像）等需求。

数据存储必须满足相应法律法规要求，组织必须在规定的期限内保留某些数据（见第 9 章），同时还可能需要在规定的时间段后清除某些数据。最好的做法是，在设计数据库时与数据所有者讨论数据保留需求，并就在数据的整个生命周期中如何处理提前达成一致。

确定数据保留计划后，DBA 将与应用程序开发人员和其他操作人员（包括服务器和存储管理员）一起实施。

（2）识别使用模式

数据库有以下几种基本使用模式：

1）事务处理。

2）大型数据集的数据读写。

3）数据处理时间分布不均匀（如月末压力大、周末压力轻）。

4）数据处理位置分布不均匀（如人口密集的地区有更多的交易）。

5）数据处理优先级不同（某些部门或某些批处理有更高的优先级）。

一些系统可能会同时具备这些基本模式。DBA 要能够预测数据库使用模式的变动转换，建立适当的流程应对高峰期（如查询管理或优先级管理）、利用低谷期（将需要大量资源的操作放到低谷期运行），这样可以提升数据库的性能。

（3）定义访问要求

数据访问指存储、检索或处理本数据库或其他数据库中的数据，也就是访问不同数据文件的过程。

从数据库访问数据可以采用多种标准语言、方法和格式。用于 ACID 类型的有 SQL、ODBC、JDBC、XQJ、ADO.NET、XML、X Query、X Path 和 Web Services。用于 BASE 类型的有 C、C++、REST、XML 和 Java⊖。有些标准语言可以将非结构化数据（如 HTML 或自由文本文件）转换为结构化数据（如 XML 或 SQL）。

数据架构师和 DBA 要负责选择适当的数据访问方法和工具。

2. 规划业务连续性

组织要制定业务连续性规划，以避免发生灾难或不利事件时影响其系统及数据使用能力。DBA

⊖ http://bit.ly/1rWAUxS 列出了 BASE 类型系统的所有数据访问方法。

必须确保所有数据库和数据库服务器都有恢复计划，并涵盖所有可能导致数据丢失或损坏的场景，例如：

1）物理数据库服务器失效。

2）一个或多个磁盘存储设备失效。

3）单个数据库失效，包括 DBMS 主数据库、临时存储数据库、事务日志等。

4）数据库索引或数据页损坏。

5）数据库或日志段文件系统丢失。

6）数据库或事务日志备份文件丢失。

DBA 要评估每个数据库的重要性，据此确认恢复时的优先级。有些数据库对业务运营至关重要，发生意外后需要立即恢复，另一些不太重要的数据库可以稍后恢复，甚至有些数据库不需要恢复，只在数据加载时刷新的数据库副本即可。

组织的管理层和业务连续性小组（如果有）应审查并批准数据恢复计划，DBA 团队应定期审查计划的准确性和全面性。组织要将数据恢复计划副本、需要安装和配置 DBMS 所需的所有软件、说明书和安全代码（如管理员密码）保存在生产环境之外的另一个安全之处，以便发生灾难时使用。

如果备份不可用或不可读，就没有办法从灾难中恢复任何系统，既浪费了备份的时间，还会产生不必要的成本，还不如不备份。因此，在数据恢复工作中一定要进行定期备份，确保备份文件最新、可读，数据备份也要保存在生产环境之外的另一个安全之处。

（1）备份数据

如果条件允许，在备份数据库时应同时备份数据库事务日志。在系统的服务水平协议（SLA）中应确定数据备份频率，这需要平衡数据的重要性与数据备份的成本。对于大型数据库，频繁备份可能会消耗大量磁盘存储和服务器资源。数据备份既要有常态的增量备份，又要定期对每个数据库进行全库备份。同时，数据库应存储在托管存储区域，最好是在 SAN 的 RAID 阵列上，每天再备份到独立的存储介质。对于 OLTP 数据库，事务日志备份的频率将取决于数据更新的快慢和更新的数据量大小。对于频繁更新的数据库，更频繁的日志转储不仅能更安全地保护数据，还能减少备份对服务器资源和应用程序的影响。

备份文件应该与数据库分开，单独存放到另一个文件系统，同时要备份到 SLA 指定的某个独立存储介质内。每天备份的数据库副本要存储在远离生产环境的安全场所中。大多数数据库管理系统支持数据库的热备份，即在应用程序运行时进行备份。当备份过程中产生数据更新时，要么前推到完成，要么在重新加载备份时回滚。除了热备份，还可以在数据库离线时进行冷备份，但如果系统需要持续在线，这就行不通了。

（2）恢复数据

大多数的备份软件都有从备份文件读取数据并恢复到系统的功能。DBA 与基础架构团队合作，重新装载包含备份的介质并执行数据恢复的活动。具体选择哪种数据恢复工具取决于数据库的类型。

相比关系数据库，文档数据库中的数据更容易恢复。如果是在从日志而不是完全备份中进行恢复，关系数据库可能需要更新的目录信息，增大了恢复的难度。

定期进行数据库的恢复测试非常重要，这样可以避免灾难或紧急情况下意外的发生。恢复测试可以在与生产系统有相同基础架构和配置的非生产系统副本环境下进行。如果系统有故障切换环境，就可以在辅助系统上执行恢复测试。

3. 创建数据库实例

DBA 负责创建数据库实例，相关活动包括：

1）安装和更新 DBMS 软件。DBA 在所有环境（从开发到生产）中安装供应商提供的 DBMS 软件新版本和更新补丁。DBA、安全专家和管理人员要对更新进行审核，确定安装优先顺序。这项工作至关重要，可以防御漏洞攻击，并确保在集中式和分布式环境下持续保持数据完整性。

2）维护不同 DBMS 版本在多种环境下安装。DBA 不仅要在沙箱环境、开发环境、测试环境、用户验收测试环境、系统验收测试测试、质量保证环境、非生产环境、热修复环境、灾难恢复环境和生产环境下安装和维护 DBMS 系统的多个实例，还要管理与应用程序版本、系统版本变更相关的不同环境下不同 DBMS 软件版本的迁移。

3）安装和管理相关的数据技术。DBA 可能要参与数据集成软件和第三方数据管理工具安装。

（1）管理物理存储环境

物理存储环境管理要记录对数据库配置、结构、约束、权限、阈值等的修改，其中需要遵循传统的软件配置管理（Software Configuration Management，SCM）流程或 ITIL 方法。作为标准配置管理流程的一部分，DBA 需要更新物理数据模型，以反映存储对象的变更。在敏捷开发和极限编程方法中，更要高度重视物理数据模型更新，这对防止设计或开发错误非常重要。

DBA 需要使用 SCM 流程跟踪数据库变更，并验证开发、测试和生产环境中的数据库是否具有每个版本中包含的所有增强功能，即使这些变更只是外观上的或只在虚拟化数据层中。

一个良好的 SCM 流程需要 4 个步骤，即配置识别、配置变更控制、配置状态报告和配置审计。

1）配置识别（Configuration Identification）。DBA 与数据管理专员、数据架构师和数据建模师一起识别终端用户需要的数据库各方面的配置属性，并将之记录在配置文档和基线中。这些配置属性形成基线后，以后要进行更改就必须遵循正式的配置变更控制流程。

2）配置变更控制（Configuration Change Control）。是更改配置属性和重新确定其基线时遵循的一系列流程和审批步骤。

3）配置状态报告（Configuration Status Accounting）。在任何时间点都要记录和报告每个配置属性的基线。

4）配置审计（Configuration Audit）。在软件交付和实施变更时都进行审计，配置审计有物理配置审计和功能配置审计两种类型。物理配置审计是确保配置的安装符合其详细设计文档的要求，功能配置审计是确保达到配置的性能属性。

在数据的整个生命周期内，为了保持数据的完整性和可追溯性，DBA 要及时将物理数据库配置属性的变更同步给建模人员、开发人员和元数据管理人员。

为了确定数据复制需求、数据迁移量和数据恢复检查点，DBA 还必须负责提供一系列指标，涉及当前和未来一段时间内的数据库容量、物理数据库的统计数据等。大型数据库还会有对象分区，必须对其进行定期监控和维护，确保各分区的数据分布符合设计预期。

(2) 数据库访问控制管理

为了保护数据资产和数据的完整性，DBA 须负责管理那些可以访问数据的控件，并对以下功能进行监督：

1) 受控环境（Controlled Environment）。DBA 与 NSA 合作管理数据资产的受控环境，包括网络角色和权限管理、全天候监控和网络健康监控、防火墙管理、补丁管理和微软基准安全分析器（MBSA）集成管理。

2) 物理安全（Physical Security）。包括基于简单网络管理协议（Simple Network Management Protocol，SNMP）的监控、数据审计日志、灾难管理和数据库备份计划等管理活动，DBA 负责配置并监控这些协议。监控对于安全协议尤为重要。

3) 监控（Monitoring）。通过对关键服务器进行不间断的硬件和软件监控，确保数据库系统持续可用。

4) 控制（Control）。DBA 通过访问控制、数据库审计、入侵检测和漏洞评估工具来维护数据安全。

数据安全的相关概念和活动见第 7 章。

(3) 创建存储容器

企业的所有数据都必须存储在物理驱动器上并进行有效组织，以便加载、查询和检索。存储容器本身可能也由存储对象组成，在选择容器时要考虑所存储对象的特点。例如，关系数据库的模式包含表，非关系数据库的文件系统包含文件。

(4) 实施物理数据模型

DBA 负责创建和管理基于物理数据模型的完整物理数据存储环境。物理数据模型包括存储对象、索引对象及封装代码对象，这些封装代码对象负责执行数据质量规则、连接数据库对象和实现数据库性能。

不同的组织会有不同的职责划分。有些组织会让数据建模人员负责建立数据模型，DBA 则在实际搭建数据库时实现数据模型的要求；有些组织则先让 DBA 负责规划物理模型的基础架构，再在搭建数据库时添加所有特定于该数据库的实施细节，包括索引、约束、分区或群集、容量估计和存储分配等。

有些应用系统会提供第三方数据库架构，只要能读取其存储目录，大多数数据建模工具都能对现成商业软件或 ERP 系统的数据库进行逆向工程，解读出该数据库架构的数据模型，并将其用于构建企业自己的物理数据模型。在这种情况下，由于存在基于应用程序的限制或特定关系，DBA 或数据建模人员仍需定期审查和更新物理模型。需要注意的是，并非所有限制和关系都安装在应用系统的数据库目录中，特别是那些还需要数据库抽象的早期应用程序。

如果 DBA 提供 DaaS，则必须有维护良好的物理模型。

(5) 加载数据

数据库刚创建时还没有存储数据，DBA 会向里加载数据。如果要加载的数据是使用该数据库自身工具导出的，在加载时就不需要使用额外的数据集成工具。大多数数据库系统都具有批量数据加载功能，这要求数据格式与目标数据库对象匹配，或者能够通过简单映射将源数据链接到目标数据库对象。

大多数组织都会从外部第三方获取一些数据，如从信息中介购买的潜在客户名单、邮编和地址信息，或供应商提供的产品数据。这些数据可能凭借使用许可获得，也可能作为开放数据服务免费获得。外部数据可以以多种不同格式（CD、DVD、EDI、XML、RSS源、文本文件等）提供，也可以按需提供或通过订阅服务定期更新。一些外部数据的获取需要有法律许可，DBA在使用这些数据之前需要了解这些限制。

DBA需要处理这些第三方外部数据的加载，或者创建初始加载路线图。除了安装或其他一次性情景，尽量不要采用人工执行加载的方式，最大限度实现数据自动化和按计划加载。

另外一种管理外部数据的方法是让数据分析人员承担数据订阅服务的责任。数据分析人员需要在逻辑数据模型和数据字典中记录外部数据源，在此基础上，开发人员设计和创建脚本或程序来读取数据并将其加载到数据库中。DBA负责建立流程将数据加载到数据库，并提供给应用程序使用。

（6）数据复制管理

DBA要参与数据复制流程决策，提供以下方面的建议：

1）采取主动复制方式还是被动复制方式。

2）基于分布式数据系统的分布式并发控制。

3）在数据变更控制流程中识别数据更新的方法，如时间戳或版本号。

对于小型系统或数据对象来说，可以通过完整的数据刷新来满足并发性要求。对于大型数据库，如果库中大多数的数据不必更新，则应将更新的数据合并到数据对象中，而不是每次有数据变更时都更新完整的数据库；如果大多数数据都有变化，就需要更新完整的数据库。

4. 管理数据库性能

数据库的性能取决于可用性和速度这两个相互依存的方面。良好的数据库性能包括空间的可用性、查询最优化、数据库能以高效的方式返回数据等。如果没有可用性，就无法衡量数据库的性能，一个不可用的数据库的性能指标为0。DBA和NSA通过以下方式管理数据库的性能：

1）设置和调优操作系统及应用程序参数。

2）管理数据库连接。NSA和DBA为IT人员和业务用户提供技术指导和支持，其活动要符合基于组织的标准和协议确定的数据库链接策略。

3）DBA与系统程序员和网络管理员合作，持续调优操作系统、网络和事务处理中间件，确保数据库更好地运行。

4）选择适当的存储设备，使数据库能够适配存储设备和存储管理软件。使用存储管理软件可以优化不同存储技术的使用，如将过时的和使用频率较低的数据迁移到价格较低的存储设备上，提高数据存储的成本效益，并加快核心数据的检索速度。DBA与存储管理员一起建立并监控有效的存储管理流程。

5）有效预测数据库容量增长，支持数据采集存储和数据生命周期管理活动，包括数据保留、调优、归档、备份、清除和灾难恢复。

6）DBA 与系统管理员合作，提供数据库的运营工作负荷和基准，支持 SLA 管理、收费计算、服务器容量及规划范围内的生命周期轮换。

（1）数据库性能服务水平设置

IT 数据管理服务团队和数据所有者之间应该制定服务水平协议（SLA），约定系统/数据库性能、系统/数据库可用性、系统恢复预期及问题响应要求（见图 6-8）。

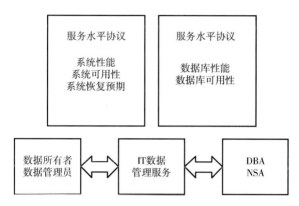

图 6-8 系统和数据库性能的 SLA

通常，SLA 会约定数据库预计可用的时间范围，并为一些应用程序事务（复杂查询和更新的组合）指定一个最大允许执行时间。如果数据库不能按照约定的时间可用，或者某流程执行时间超过约定范围，数据所有者将要求 DBA 找出问题的原因并进行纠正。

（2）数据库可用性管理

数据库可用性指系统或数据库可以用于生产工作的时间百分比。随着组织越来越依赖数据应用，对数据可用性的要求不断提高，数据不可用导致的风险和成本也在增加，相应地数据库维护要求越来越严。以下 4 个因素会影响可用性：

1）可管理性（Manageability）。创造和维护数据库运行环境的能力。

2）可恢复性（Recoverability）。在服务中断后重新提供服务的能力，修复由于意外事件或组件故障导致错误的能力。

3）可靠性（Reliability）。在规定的时间内提供约定水平提供服务的能力。

4）可维护性（Serviceability）。发现问题、诊断原因和维修/解决问题的能力。

许多情况都会导致数据库无法使用，包括：

1）计划内停机。

①出于维护的考虑。

②出于升级的考虑。

2）计划外停机。

①服务器硬件故障。

②磁盘硬件故障。

③操作系统故障。

④DBMS 软件故障。

⑤数据中心站点故障。

⑥网络故障。

3）应用程序问题。

①安全和授权错误。

②严重的性能问题。

③恢复失败。

4）数据问题。

①数据损坏（缺陷、设计不当或用户失误导致）。

②数据库对象丢失。

③数据丢失。

④数据复制错误。

5）人为失误。

DBA 负责采取一切可能的措施确保数据库保持服务在线和正常运行，包括：

1）运行数据库备份工具。

2）运行数据库重组工具。

3）运行统计信息收集工具。

4）运行完整性检查工具。

5）自动执行上述工具。

6）利用表空间集群和分区。

7）跨镜像数据库复制数据。

（3）管理数据库运行

数据库管理员负责部署和监控数据库执行，检查数据变更日志，同步数据库复制环境。日志数据要占用一定的空间，在某些情况下可以像文档数据库一样进行单独处理。DBA 也要管理使用日志的其他应用程序，确保日志数据不被误用或滥用。日志文件记录的信息越详细，需要的空间和处理进程就越多，可能会对数据库性能产生不利影响。

（4）维持数据库性能服务水平

DBA 通过数据库性能监控、及时发现并有效响应问题，可以主动或被动地优化数据库性能。大部分数据库管理系统和服务器操作系统都具有性能监控功能，可以自动生成监控分析报告。DBA 应定期主动运行这些功能，在高频率活动期间也不应例外，保存各期分析报告，通过对比分析确定是否有不好发展趋势。

1）事务性能与批处理性能。在线交易中，数据流动随时会发生。多数数据流动和转换活动通过批处理完成。批处理可以在系统间移动数据，也可以仅移动某个系统内的数据。批处理作业要在运行计划规定的特定时间内完成。DBA 和数据集成专家监控批处理数据作业的性能，记录异常完成时间和错误、定位原因并解决问题。

2）问题修复。当数据库性能发生问题时，DBA、NSA 和服务器管理团队应使用 DBMS 的监控和管理工具帮助确定问题的根源。数据库性能低下的常见原因包括：

①内存分配或竞争。为数据分配缓冲区或缓存。

②锁定和阻塞。在某些情况下，数据库运行的进程可能会锁定数据库资源（如表或数据页），阻塞其他需要这些资源的进程。如果锁定超过一定时间，DBA 就可以中止这个进程。还有一种情况，两个进程可能会出现"死锁"，即互相锁定对方所需的资源。这类问题通常是数据库或应用程序中的编码不当造成的，大多数 DBMS 会在一段时间后自动中止其中一个进程。

③数据库统计信息不准确。大多数关系数据库管理系统都会内置一个查询优化器，它依赖所存储的关于数据和索引的统计信息决定如何最有效地执行给定的查询。这些统计数据应该经常更新，尤其是在活跃的数据库中，否则容易导致查询性能低下。

④编码不当。数据库性能不佳最常见的原因可能是糟糕的 SQL 代码。编码人员应该对 SQL 查询优化器的工作原理有一个基本的了解，以最大限度地利用优化器功能编写 SQL。有些系统允许在存储过程中封装复杂的 SQL，这些存储过程支持预编译和预优化，而不必等嵌入应用程序代码或脚本文件后再执行。

⑤低效的复杂表连接。用户应使用视图预定义复杂表联接，并避免在数据库函数中使用复杂的 SQL（如表联接）。与存储过程不同，这些问题无法用查询优化器解决。

⑥索引不足。用户基于表的索引可以更好地支持涉及大型库表的复杂查询，要充分创建支持这些查询所需的索引。但应注意不要在更新频繁的表上创建过多的索引，这会影响更新处理的速度。

⑦应用程序活动。在理想情况下，应用程序应在独立于 DBMS 的服务器上运行，以避免与数据库竞争资源。DBA 要尽力配置和调优数据库服务器以实现最佳性能。值得关注的是，一些新的 DBMS 允许将应用程序对象（如 Java 和 .NET 类）封装到数据库对象并在 DBMS 中执行。这一功能在某些情况下很有用，但使用时要慎重，因为在同一服务器上执行应用程序代码可能会影响数据库进程的互操作性、应用程序架构和数据库性能。

⑧服务器过载。对于支持多个数据库和应用程序的数据库管理系统来说，可能存在一个临界点，新增加数据库会对现有数据库的性能产生不利影响。此时，应该创建一个新的数据库服务器，或将变得过大或使用过频的原数据库迁移到其他服务器上。除此之外，还可以通过将使用频率较低的数据归档到其他地方或删除过期和废弃的数据解决服务器过载的问题。

⑨数据库波动性。在某些情况下，短时间内大量的表插入和删除操作可能会导致数据库分布统计信息不准确。为了避免不正确的统计信息对查询优化器产生不利影响，应关闭这些表的数据库统计信息更新功能。

⑩失控查询。用户可能会在无意中提交占用系统过多资源的查询。在对这些查询进行评估和改进之前，可使用排名或查询管理器阻止或暂停这些查询。

查明问题原因后，DBA 应采取必要应对措施，包括与应用开发人员合作改进和优化数据库代码、归档或删除应用程序不再需要的数据等。对 OLTP 数据库的某些特殊情况，DBA 也可以考虑与数据建模人员协商，重新构建受影响部分的数据库模型。但重构模型一定要慎重，只有在尝试其他措施（如创建视图和索引、重写 SQL 代码）并仔细考虑可能的后果（如数据完整性丢失，或针对去范式化表的查询语句复杂性增加）之后，才能这样做。

只读型和分析型数据库是一个例外。去范式化是常规做法，有助于提高数据库性能和访问便捷性，并且不会带来威胁和风险。

（5）维护备用环境

数据库并非一成不变。业务规则会变，业务流程会变，技术也要跟着变。开发和测试环境允许在将更改引入生产环境前对其进行测试。DBA 可以在其他环境中复制整个或部分数据库结构和数据，以支持开发和测试。备用环境有 4 种类型：

1）开发环境。开发环境用于创建和测试将在生产环境中部署的更改。尽管资源规模较小，但必须保持与生产环境的高度相似。

2）测试环境。测试环境有几个用途：质量测试、集成测试、用户验收测试和性能测试。在理想情况下，测试环境也应该与生产环境尽可能相同。特别是，用于性能测试的环境不应缩减资源配置。

3）沙箱或实验环境。沙箱或实验环境可以用于测试假设和创新数据应用。正如之前提到的，DBA 只需要负责配置环境、控制访问权限和监控使用情况，并确保沙箱环境与生产环境隔离，不会对生产系统产生不利影响。

4）备用生产环境。沙箱或实验环境可以用来支持系统的离线备份、故障切换和恢复。这些系统环境应与生产系统环境完全相同，考虑到它专注于输入/输出活动，环境的计算能力可以低于生产系统环境。

5. 管理测试数据集

软件测试是一项劳动密集型工作，占系统开发成本的近一半。高效的测试需要高质量的测试数据，这些数据必须得到妥善管理。测试数据生成是软件测试中的一个关键步骤。

测试数据指专门用于测试系统的数据。测试可以包括验证给定的输入集是否能产生预期的输出，或者检测程序对异常、极端、例外或意外输入的响应能力。测试数据可以是完全编造的，或使用无意义的数值生成的，也可以是样本数据。样本数据可以是实际生产数据的子集（无论是内容还是结构），也可以从生产数据中生成。可以对生产数据进行过滤或汇总，从而创建多个样本数据集。如果生产数据包含受保护或受限数据，则必须对样本数据进行掩码处理。

测试数据可以以集中或系统的方式生成（这通常是功能测试中的情况），使用统计或过滤器，或者使用其他不太集中的方法（通常是大量随机自动化测试中的情况）。测试数据可以由测试人员生成，也可以由辅助测试人员的程序或函数生成，或者由为此目的选择和筛选的生产数据的副本生成。测试数据可以保存下来以供短期内重复使用，支持回归测试，也可以使用一次后删除——不过在大多数组织中，项目结束后的清理工作不包括这一步骤。数据库管理员应监控项目测试数据，并确保定期清除过时的测试数据，以节约数据库容量。

某些测试尤其是性能测试，可能无法总能产生足够的数据。要生成的测试数据量受时间、成本和质量等因素的制约，还受限制在测试环境中使用生产数据规定的影响（见第 7 章）。

6. 管理数据迁移

数据迁移是将数据从一种存储类型、格式或计算机系统转移到另一种存储类型、格式或计算机系统的过程，同时尽可能减少信息损耗。关于在迁移过程中更改数据的内容，将在第8章中讨论。

数据迁移是所有系统实施、升级或整合的关键考虑因素。数据迁移通常以编程方式进行，根据规则自动完成，然而迁移过程中需要有人确保规则和程序正确执行。数据迁移的原因多种多样，包括服务器或存储设备的更换或升级、网站整合、服务器维护或数据中心搬迁。大多数实施方式都允许以不中断的方式进行迁移，如在主机继续执行逻辑磁盘（或LUN）的I/O操作时同步进行迁移。

映射粒度决定了元数据更新的速度、迁移过程中所需的额外容量，以及标记为空闲位置的速度。粒度越小，更新速度越快，所需空间越小，释放旧存储空间的速度也越快。

利用数据迁移技术，存储管理员可以同时方便地完成许多日常工作任务，例如：

1）将数据从过度使用的存储设备移至独立环境。
2）根据需要将数据转移到速度更快的存储设备。
3）实施数据生命周期管理策略。
4）将数据从旧存储设备（报废或租赁）迁移到离线存储或云存储。

在迁移过程中，通常会执行自动化的和手动的数据修复，以提高数据质量、消除冗余或过时的信息，并适应新系统的要求。对于中度或高度复杂的应用系统，新系统部署前会重复多次执行数据迁移的各个阶段（设计、提取、修复、加载、验证）。

6.3 工具

除了数据库管理系统本身，数据库管理员还使用其他多种工具管理数据库。例如，建模和其他应用程序开发工具，允许用户编写和执行查询的接口，用于改进数据质量的数据评估和修改工具，以及性能负载监控工具。

6.3.1 数据建模工具

数据建模工具能够帮助数据建模人员执行的多项任务自动化完成。有些数据建模工具允许生成数据库数据定义语言（DDL）。大多数工具支持从数据库到数据模型的逆向工程。更高级的工具还可以验证命名标准、检查拼写、存储元数据（如定义和谱系），甚至支持发布到Web环境（见第5章）。

6.3.2 数据库监控工具

数据库监控工具能够自动监控关键指标，如容量、可用性、缓存性能、用户统计等，并提醒DBA和NSA注意数据库问题。大多数此类工具可同时监控多种类型的数据库。

6.3.3 数据库管理工具

数据库系统通常包括管理工具。此外，还有多个第三方软件包允许数据库管理员管理多个数据库。这些应用程序包括配置、补丁和升级安装、备份和恢复、数据库克隆、测试管理及数据清理例程等功能。

6.3.4 开发人员支持工具

开发者支持工具包含连接数据库和执行数据库命令的可视化界面。一些包含在数据库管理软件中，另一些则是第三方应用程序。

6.4 方法

6.4.1 在低阶环境下的测试

对于操作系统、数据库软件、数据库更改和代码更改的升级和补丁，首先要在最低级别的环境下安装和测试——通常是开发环境。在最低级别环境下测试通过后，再安装到下一个更高级别的环境，最后安装到生产环境。这样可以确保安装人员已经熟悉升级或补丁，并可以最大限度地减少对生产环境的影响。

6.4.2 物理命名标准

命名的一致性有助于加速理解。数据架构师、数据库开发人员和数据库管理员可以使用标准化命名定义元数据或为不同组织间交换文档制定规则。

ISO/IEC 11179 元数据注册库（Metadata Registry，MDR）解决了数据的语义、数据表示和数据描述注册的问题。正是通过这些描述，才能准确理解数据的语义并对其进行有效的描绘。

在命名标准中，对于物理数据库而言最重要的部分是第 5 部分——命名和标识原则，该部分描述了如何形成数据元素及为其组成部分制定命名惯例。

6.4.3 所有变更操作脚本化

直接在数据库中更改数据是非常危险的，然而在某些情况下确实需要进行此类更改，如年度会计科目结构变化、企业合并与收购或紧急情况等。这些更改请求通常具有"一次性"的特点，或者缺乏适当的工具。为了降低风险，建议先将需要进行的更改放入更新脚本文件，在非生产环境下进行彻底测试，再应用于生产环境。

6.5 实施指南

6.5.1 就绪评估/风险评估

就绪评估和风险评估围绕两个核心思想展开：数据丢失风险，与技术准备相关的风险。

1) 数据丢失风险。数据可能会因技术或程序错误或恶意行为而丢失。组织需要制定策略来降低这些风险，服务水平协议（SLA）应制定对数据保护的一般要求，它需要得到详细的文档化记录程序的支持。因为网络威胁在不断演变，需要对数据丢失风险进行持续评估，以确保始终具备强有力的技术应对措施，防止因恶意行为而导致数据丢失。建议进行 SLA 审计和数据审计，以评估和规划风险缓解措施。

2) 与技术准备相关的风险。NoSQL、大数据、三元组存储和使命空间功能描述（Function Description of Mission Space，FDMS）等新技术要求 IT 人员具备相应的技能和经验。许多组织缺乏利用这些新技术所需的技能。DBA、系统工程师和应用开发人员及业务用户必须做好准备，以便在商务智能和其他应用中利用这些技术优势。

6.5.2 组织与文化变革

DBA 往往难以有效提升自身工作对组织的价值。他们需要认识到数据所有者和数据使用者的真正关心所在，平衡短期和长期的数据需求，向组织中的其他人普及良好数据管理实践的重要性，并优化数据开发实践，以确保数据为组织产生最大的价值，同时最大限度地方便数据用户。如果 DBA 将数据工作视为一套抽象的原则和实践，而忽略其中涉及的人为因素，那么他们可能会助长"我们与他们"的对立心态，并被视为教条主义、不切实际、无助于事和阻挠进步的人。

大量脱节——尤其是参照框架的冲突——加剧了这一问题。组织通常从具体业务应用的角度看待信息技术，并且通常以应用为中心的角度看待数据。过度强调数据安全、可重复使用性、数据质量对组织的长期价值，或者强调数据成为关键资源，在组织中很难被认可和接受。

应用开发人员经常将数据管理视为开发的障碍，认为它会使开发项目耗时更长、成本更高，却没有提供额外的好处。DBA 在适应技术变化（如 XML、对象和 SOA）和新的开发方法（如敏捷开发、XP 和 Scrum）方面进展缓慢。此外，开发人员往往认识不到良好的数据管理实践如何帮助他们实现对象和应用程序的复用及实现真正的面向服务的应用架构等长期目标。

DBA 和其他数据管理从业人员可以帮助克服这些组织和文化障碍。他们可以通过遵循以下指导原则，促进以更有益、更协作的方式来满足组织的数据和信息需求：识别自动化机会并采取行动；

在构建过程中考虑重复使用；应用最佳实践；将数据库标准与支持需求联系起来；在项目工作中为 DBA 设定期望值。此外，他们还应：

1）主动沟通。无论是在开发期间还是在实施之后，DBA 都应与项目团队保持密切沟通，以便尽早发现并解决问题。他们应审查开发团队编写的数据访问代码、存储过程、视图和数据库函数，并帮助发现数据库设计中的问题。

2）站在对方的立场上与之沟通。例如，与业务人员交流时谈论业务需求和投资回报率要更好一些，与开发人员讨论面向对象、松散耦合和易于开发的工具会更加合适。

3）坚持以业务为中心。应用程序开发的目标是满足业务需求并从项目中获得最大价值。

4）乐于助人。总是对人说"不"会促使他们忽视标准并另谋他路。要让对方认识到，虽然每个人都需要各司其职，但总是"自扫门前雪"对大家都没有好处。

5）不断学习。评估项目期间遇到的挫折并从中吸取教训，在未来的工作中不再重复犯错。如果问题是由于做错了事情而产生的，那么在以后就将它们作为正确做事的理由指出来。

总之，了解利益相关方及其需求，制定清晰、简洁、实用、以业务为中心的标准，以尽可能好的方式完成工作。此外，在传授和实施这些标准时，要为利益相关方提供最大价值，并赢得他们的尊重。

6.6 数据存储和运营治理

6.6.1 度量指标

数据存储的度量指标包括：

1）数据库类型的数量。

2）汇总事务统计。

3）容量指标。

4）已使用的存储容量。

5）存储容器数量。

6）已提交和未提交数据块或页面的数据对象数量。

7）队列中的数据。

8）存储服务使用情况。

9）针对存储服务提出的请求数量。

10）使用数据存储服务应用程序性能的提升。

性能度量指标包括：

1）事务频率和数量。

2）查询性能。

3）API 服务性能。

运营度量指标包括：

1）数据检索时间的汇总统计信息。

2）备份大小。

3）数据质量评估。

4）可用性。

服务度量指标包括：

1）按类型划分的问题提交、解决和升级数量。

2）问题解决的时间。

3）数据库管理员需要与数据架构师和数据质量团队一起讨论采用哪些度量指标。

6.6.2 信息资产跟踪

数据存储管理工作还涉及如何确保组织遵守所有许可协议和监管要求。因此，组织应对软件许可、年度支持费用、服务器租赁协议和其他固定成本等仔细跟踪和按年进行审计。不遵守许可协议会给企业带来严重的财务风险和法律风险。

审计数据可以帮助确定每种类型的技术和产品的总成本（Total Cost of Ownership，TCO）。组织要定期评估那些过时、过保、用处不大或成本过高的技术和产品。

6.6.3 数据审计和数据验证

数据审计是根据既定的标准对数据集进行评估。通常，进行审计是为了调查关于数据集的特定关注点，并确定数据的存储是否符合合同和方法论要求。数据审计方法可能包括针对项目的特定且全面的检查表、所需的可交付成果及质量控制标准。

数据验证是根据既定验收标准对存储数据进行评估，以确定其质量和可用性。数据验证程序依赖系列标准，标准根据数据质量团队（如果有）或其他数据用户需求确定。DBA 通过以下方式支持部分数据审计和数据验证工作：

1）帮助制定和审查方法。

2）进行初步数据筛选和审查。

3）开发数据监控方法。

4）应用统计、地理统计和生物统计技术优化数据分析。

5）支持采样和分析。

6）审核数据。

7）为数据发现提供支持。

8）担任与数据库管理相关问题的主题领域专家（Subject Matter Expert，SME）。

参考文献

Amir, Obaid. *Storage Data Migration Guide*. 2012. Kindle.

Armistead, Leigh. *Information Operations Matters: Best Practices*. Potomac Books Inc., 2010. Print.

Axelos Global Best Practice (ITIL website). http://bit.ly/1H6SwxC.

Bittman, Tom. "*Virtualization with VMWare or HyperV: What you need to know.*" Gartner Webinar, 25 November, 2009. http://gtnr.it/2rRl2aP, Web.

Brewer, Eric. "*Toward Robust Distributed Systems.*" PODC Keynote 2000. http://bit.ly/2sVsYYv Web.

Dunham, Jeff. *Database Performance Tuning Handbook*. McGraw-Hill, 1998. Print.

Dwivedi, Himanshu. *Securing Storage: A Practical Guide to SAN and NAS Security*. Addison-Wesley Professional, 2005. Print.

EMC Education Services, ed. *Information Storage and Management: Storing, Managing, and Protecting Digital Information in Classic, Virtualized, and Cloud Environments*. 2nd ed. Wiley, 2012. Print.

Finn, Aidan, et al. *Microsoft Private Cloud Computing*. Sybex, 2013. Print.

Finn, Aidan. *Mastering Hyper-V Deployment*. Sybex. 2010. Print.

Fitzsimmons, James A. and Mona J. Fitzsimmons. *Service Management: Operations, Strategy, Information Technology*. 6th ed. Irwin/McGraw-Hill, 2007. Print with CDROM.

Gallagher, Simon, et al. *VMware Private Cloud Computing with vCloud Director*. Sybex. 2013. Print.

Haerder, T. and A Reuter. "*Principles of transaction-oriented database recovery*". ACM Computing Surveys 15 (4) (1983). https://web.stanford.edu/class/cs340v/papers/recovery.pdf Web.

Hitachi Data Systems Academy. *Storage Concepts: Storing and Managing Digital Data*. Volume 1. HDS Academy, Hitachi Data Systems, 2012. Print.

Hoffer, Jeffrey, Mary Prescott, and Fred McFadden. *Modern Database Management*. 7th Edition. Prentice Hall, 2004. Print.

Khalil, Mostafa. *Storage Implementation in vSphere* 5.0. VMware Press, 2012. Print.

Kotwal, Nitin. *Data Storage Backup and Replication: Effective Data Management to Ensure Optimum Performance and Business Continuity*. Nitin Kotwal, 2015. Amazon Digital Services LLC.

Kroenke, D. M. *Database Processing: Fundamentals, Design, and Implementation*. 10th Edition. Pearson Prentice Hall, 2005. Print.

Liebowitz, Matt et al. *VMware vSphere Performance: Designing CPU, Memory, Storage, and Networking for Performance-Intensive Workloads*. Sybex, 2014. Print.

Matthews, Jeanna N. et al. *Running Xen: A Hands-On Guide to the Art of Virtualization*. Prentice Hall, 2008. Print.

Mattison, Rob. *Understanding Database Management Systems*. 2nd Edition. McGraw-Hill, 1998. Print.

McNamara, Michael J. *Scale-Out Storage: The Next Frontier in Enterprise Data Management*. FriesenPress, 2014. Kindle.

Mullins, Craig S. *Database Administration: The Complete Guide to Practices and Procedures*. Addison-Wesley, 2002. Print.

Parsaye, Kamran and Mark Chignell. *Intelligent Database Tools and Applications: Hyperinformation Access, Data Quality, Visualization, Automatic Discovery*. John Wiley and Sons, 1993. Print.

Pascal, Fabian. *Practical Issues in Database Management: A Reference for The Thinking Practitioner*. Addison-Wesley, 2000. Print.

Paulsen, Karl. *Moving Media Storage Technologies: Applications and Workflows for Video and Media Server Platforms*. Focal Press, 2011. Print.

Piedad, Floyd, and Michael Hawkins. *High Availability: Design, Techniques and Processes*. Prentice Hall, 2001. Print.

Rob, Peter, and Carlos Coronel. *Database Systems: Design, Implementation, and Management*. 7th Edition. Course Technology, 2006. Print.

Sadalage, Pramod J., and Martin Fowler. *NoSQL Distilled: A Brief Guide to the Emerging World of Polyglot Persistence*. Addison-Wesley, 2012. Print. Addison-Wesley Professional.

Santana, Gustavo A. *Data Center Virtualization Fundamentals: Understanding Techniques and Designs for Highly Efficient Data Centers with Cisco Nexus, UCS, MDS, and Beyond*. Cisco Press, 2013. Print. Fundamentals.

Schulz, Greg. *Cloud and Virtual Data Storage Networking*. Auerbach Publications, 2011. Print.

Simitci, Huseyin. *Storage Network Performance Analysis*. Wiley, 2003. Print.

Tran, Duc A. *Data Storage for Social Networks: A Socially Aware Approach*. 2013 ed. Springer, 2012. Print. Springer Briefs in Optimization.

Troppens, Ulf, et al. *Storage Networks Explained: Basics and Application of Fibre Channel SAN, NAS, iSCSI, InfiniBand and FCoE*. Wiley, 2009. Print.

US Department of Defense. *Information Operations: Doctrine, Tactics, Techniques, and Procedures*. 2011. Kindle.

VMware. *VMware vCloud Architecture Toolkit (vCAT): Technical and Operational Guidance for Cloud Success*. VMware Press, 2013. Print.

Wicker, Stephen B. *Error Control Systems for Digital Communication and Storage*. US ed. Prentice-Hall, 1994. Print.

Zarra, Marcus S. *Core Data: Data Storage and Management for iOS, OS X, and iCloud*. 2nd ed. Pragmatic Bookshelf, 2013. Print. Pragmatic Programmers.

第 7 章 数据安全

7.1 引言

数据安全包括安全制度和规程的规划、建设与执行,为数据和信息资产提供正确的身份验证、授权、访问和审计。虽然数据安全的具体内容(如哪些数据需要被保护)会因行业和国家(地区)而异,但数据安全实践的目标是相同的:保护数据资产,并确保其符合隐私和保密法律法规要求、合同协议约定及业务的需求。这些需求来自以下几个方面:

1) 利益相关方。组织必须认识到包括客户、病人、学生、公民、供应商和商业伙伴等在内的利益相关方在隐私保护和数据保密方面的需求,组织内的每个人都必须成为对利益相关方数据负责任的受托人。

2) 政府法规。政府制定法规的出发点是保护利益相关方的利益,不同法规的制定目标各不相同。有些规定是为了限制信息的随意获取,有些规定是确保数据公开、透明和有人担责。

3) 特有业务关切点。每个组织都有保护其特有数据的需要。有效利用这些数据可以提高客户洞察能力,提升组织竞争优势。若被保护的数据遭到窃取、破坏,组织可能会失去竞争优势。

4) 合法的访问需求。在保护数据安全的同时,还必须确保数据能够被合法访问。业务流程要求具有特定角色的个人能够访问、使用和维护数据。

5) 合同义务。合同和保密协议也会影响数据安全的需求。例如,PCI 标准是信用卡公司和商业企业之间的一种协议,就明确要求某种特定类型的数据需要以特定的方式施加保护(如客户密码需强制加密)。

有效的数据安全制度和流程确保正确的用户能以正确的方式使用和更新数据,并且所有不当的访问和更新是被限制的(Ray,2012)(见图 7-1)。了解并遵守所有利益相关方隐私、保密需求,符合每个组织的最高利益。客户、供应商和其他利益相关方都依赖于数据的负责任使用,也信任这种负责任的使用。数据安全语境关系图见图 7-2。

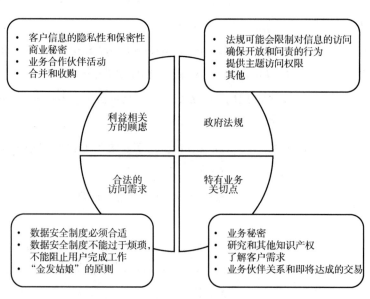

图 7-1 数据安全需求来源

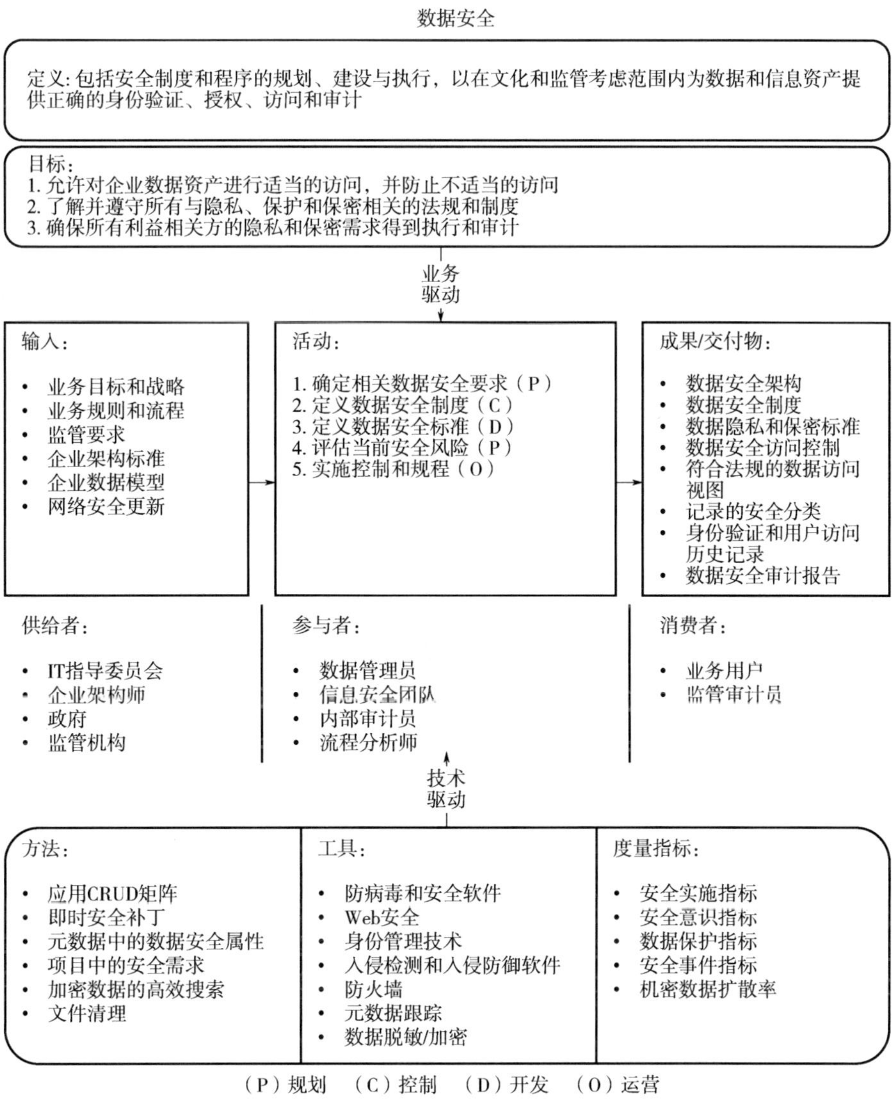

第 7 章 数据安全

数据安全

定义：包括安全制度和程序的规划、建设与执行，以在文化和监管考虑范围内为数据和信息资产提供正确的身份验证、授权、访问和审计

目标：
1. 允许对企业数据资产进行适当的访问，并防止不适当的访问
2. 了解并遵守所有与隐私、保护和保密相关的法规和制度
3. 确保所有利益相关方的隐私和保密需求得到执行和审计

业务驱动

输入：
- 业务目标和战略
- 业务规则和流程
- 监管要求
- 企业架构标准
- 企业数据模型
- 网络安全更新

活动：
1. 确定相关数据安全要求（P）
2. 定义数据安全制度（C）
3. 定义数据安全标准（D）
4. 评估当前安全风险（P）
5. 实施控制和规程（O）

成果/交付物：
- 数据安全架构
- 数据安全制度
- 数据隐私和保密标准
- 数据安全访问控制
- 符合法规的数据访问视图
- 记录的安全分类
- 身份验证和用户访问历史记录
- 数据安全审计报告

供给者：
- IT指导委员会
- 企业架构师
- 政府
- 监管机构

参与者：
- 数据管理员
- 信息安全团队
- 内部审计员
- 流程分析师

消费者：
- 业务用户
- 监管审计员

技术驱动

方法：
- 应用CRUD矩阵
- 即时安全补丁
- 元数据中的数据安全属性
- 项目中的安全需求
- 加密数据的高效搜索
- 文件清理

工具：
- 防病毒和安全软件
- Web安全
- 身份保护技术
- 入侵检测和入侵防御软件
- 防火墙
- 元数据跟踪
- 数据脱敏/加密

度量指标：
- 安全实施指标
- 安全意识指标
- 数据保护指标
- 安全事件指标
- 机密数据扩散率

（P）规划　（C）控制　（D）开发　（O）运营

图 7-2　数据安全语境关系图

7.1.1 业务驱动因素

降低风险和促进业务增长是数据安全活动的主要驱动因素。确保组织的数据安全，可降低风险并增加竞争优势。安全本身就是一项宝贵的资产。

数据安全风险与合规有关，与企业和股东的受托责任、声誉有关，与有道德地和合法地保护员工、业务合作伙伴和客户的隐私、敏感信息有关。组织可能因违法或不遵守合同义务而被处罚。数据泄露会导致组织美誉度降低和客户信心下降（见第 2 章）。

业务增长包括实现并维持运营业务目标。数据的安全问题、数据泄露、违规行为及对员工访问数据的无端限制都可能直接影响运营的成功。

如果将降低风险和发展业务的目标整合到一个连贯的信息管理和保护战略中，这些目标就可以互为补充和相互支持。

1. 降低风险的要求

随着数据相关法规的不断增多（这些法规通常是为了应对数据被窃取和泄露），合规性要求也随之增加。安全部门通常不仅负责管理 IT 合规性要求，还负责管理整个组织的制度、实践、数据分类分级和访问授权规则。

与数据管理的其他职责类似，数据安全最好在企业级层面开展。如果缺乏步调一致的协调，让各业务单元各自寻找其安全解决方案，不但会导致总体成本增加，还可能会由于不一致的保护措施反而让安全性进一步降低。无效的安全架构或流程可能会因数据泄露和生产力丧失而给组织带来损失。在企业层面得到适当的资金支持，并保持一致的系统性安全运营战略有助于降低这些风险。

信息安全管理首先要对组织的数据进行分类分级，以便识别需要保护的数据。整个过程包括以下步骤：

1）识别和分类分级敏感数据资产。根据行业和组织的不同、数据资产的多少，敏感数据的范围也有差别（包括个人标识信息、医疗、财产或者更多的其他数据）。

2）探明整个企业敏感数据。根据数据存放位置的不同，安全性要求也会有所不同。大量敏感数据存储在一个地方，如果这个地方遭到破坏，将会带来很高的风险。

3）确定每项数据资产需要如何保护。根据数据内容和技术类型不同，确保采取针对性的安全措施。

4）识别信息与业务流程如何交互。需要对业务流程进行分析，以确定在什么条件下，什么样的数据访问是被允许的。

除了对数据本身进行分类分级，还需对外部威胁（如来自黑客和犯罪分子的威胁）和内部风险（如由员工和流程产生）进行评估。大量数据通过员工的无知或绕过安全政策而被丢失或暴露[⊖]。在被黑客入侵的网络服务器上留存的客户销售数据、被下载到外包商电脑上并被盗的员工数据库，以及未加密商业机密在高管计算机中丢失等，所有这些都是安全控制缺失或未执行所致。

近年来，安全漏洞的负面影响给知名品牌造成了巨大的经济损失和客户信任度的下降。不仅来自犯罪黑客团体的外部威胁变得越来越复杂和有针对性，外部和内部威胁（故意或无意）造成的损失也在逐年增加（Kark，2009）。

在一个几乎全数字化的商业基础设施的世界中，值得信赖的信息系统已成为一种商业优势。

2. 业务的增长

在全球范围内，信息技术已广泛应用于办公室、市场和家庭。台式计算机和笔记本电脑、智能手机、平板电脑及其他设备已成为大多数企业和政府运作的重要组成部分。电子商务的爆炸式增长

⊖ 一项调查显示："70%的 IT 专业人士认为，使用未经授权的程序导致了公司一半的数据丢失事件。这种观点在美国（74%）、巴西（75%）和印度（79%）最为普遍。"Ponomon 集团和 Symantic Anti-Virus 的一份报告显示："2012 年三分之二的数据泄露事件是由人为错误和系统问题造成的"。http：//bit.ly/1dGChAz；http：//symc.ly/1FzNo5l；http：//bit.ly/2sQ68Ba；http：//bit.ly/2tNEkKY。

改变了组织提供商品和服务的方式。在个人生活中，大家已经习惯于通过网络与商品供应商、医疗机构、公共事业部门、政府机关和金融机构开展业务往来。可信的电子商务推动了业务和利润的增长。产品和服务质量与信息安全有直接关系：强大的信息安全有助于建立客户信任并促进交易的达成。

3. 将安全视为资产

管理敏感数据的一种方法是通过元数据。数据安全的分类分级和监管的敏感性可以在数据元素和数据集层面进行捕获。现有的技术可以为数据打标，并使得元数据跟随数据一起在企业内流转。开发一个包含数据特征的主存储库意味着企业的所有部门都可准确了解敏感信息所需的保护级别。

如果强制实施统一的标准，则这种方法可以使多个部门、业务单元和供应商都能够使用相同的元数据。标准的安全元数据可以优化数据保护，引导业务的应用和技术支持的流程，从而降低成本。这一层信息安全可以帮助防止未经授权的数据访问和数据资产的滥用。当敏感数据被正确识别时，组织能够与客户和合作伙伴建立信任。与安全相关的元数据本身也成为一种战略资产，可以提高交易、报告和业务分析的质量，同时降低保护成本和信息丢失或被盗带来的相关风险。

7.1.2 目标和原则

1. 目标

数据安全活动的目标包括：
1）赋能对企业的数据资产适当访问，以及防止不当的访问。
2）确保符合隐私、保护和保密性的法规和政策。
3）确保满足利益相关方对数据隐私、数据机密性的要求。

2. 原则

数据安全在组织内遵循以下指导原则：
1）协同合作（Collaboration）。数据安全需要IT安全管理员、数据管理专员、数据治理团队、内部和外部审计和法律部门协同完成。

2）企业统筹（Enterprise Approach）。数据安全标准和制度必须在整个组织内一致地应用。

3）主动管理（Proactive Management）。数据安全管理的成功源于管理的主动性和动态性，源于引入所有利益相关方的努力，源于管理变革，源于克服组织的或者文化的瓶颈（如信息安全、信息技术、数据管理及业务相关方之间的权责割裂）。

4）明确的问责制（Clear Accountability）。角色和职责必须明确界定，包括跨组织和跨角色的数据"监管链"。

5）元数据驱动（Metadata-Driven）。数据元素的安全分类分级是数据定义的基础组成部分。

6）减少暴露面以降低风险（Reduce Risk by Reducing Exposure）。最小化敏感/机密数据的扩散，尤其是在非生产环境中。

7.1.3 基本概念

信息安全有其特定的一些术语，了解这些关键术语有助于阐明数据安全治理的需求。

1. 漏洞

漏洞（Vulnerability）是系统中的弱点或缺陷，使其能够被成功攻击和破坏——本质上这虽然只是组织防御中的一个"漏洞"，但有时候这些漏洞容易被黑客"漏洞利用"。例如，存在过期安全补丁的网络计算机、不受强密码保护的网页、用户没有接受过忽略未知发件人的电子邮件附件的培训、不受技术保护的公司软件（这些软件将使攻击者能够控制系统）。在多数情况下，非生产环境比生产环境更脆弱。因此，将生产数据控制在生产环境之内非常重要。

2. 威胁

威胁（Threat）是一种针对组织采取攻击的潜在行动。威胁可以是内部的，也可以是外部的。威胁不一定总是恶意的，一个穿着制服的内部人员可以在毫不知情的情况下采取针对组织的攻击行动。威胁可能与特定漏洞相关，因此可以优先考虑修复这些漏洞。对每种威胁，都应该匹配一种相应的抵御能力，以防止或限制威胁可能造成的损害。威胁的发生也被称为攻击面。威胁的例子包括发送到组织的带有病毒感染附件的电子邮件、使服务器不堪重负以至无法执行业务（也被称为拒绝服务攻击）的进程，以及对已知漏洞的利用等。

3. 风险

风险（Risk）指造成损失的可能性，也指可能造成损失的事物或条件。可以通过以下因素计算每个威胁的风险：

1）威胁发生的概率及其发生的频率。
2）每次威胁事件发生时可能造成的损害类型和程度，包括声誉损害。
3）损害将对收入或业务运营产生的影响。
4）发生损害后的修复成本。
5）预防威胁的成本，包括漏洞修复的成本。
6）潜在攻击者的目标或意图。

可按潜在损害程度或发生的概率确定风险优先级，容易被利用的漏洞具有更高概率发生风险。通常，优先级排序会结合这种指标。风险的优先级必须由各利益相关方通过正式的流程来确定。

4. 风险分类

风险分类描述了数据的敏感性及出于恶意目的对数据进行访问的可能性。分类用于确定谁（什么角色的人员）可以访问数据。用户权限内所有数据中的最高安全分类决定了整体的安全分类。一个风险分类的样例如下：

1）关键风险数据（Critical Risk Data，CRD）。由于个人信息具有很高的直接财务价值，因此内部和外部各方可能会费尽心思地寻求未经授权使用这些数据。滥用关键风险数据不仅会伤害个人，还会导致公司遭受严重处罚，增加挽留客户、员工的成本，损害公司品牌与声誉，从而对公司造成财务损害。

2）高风险数据（High Risk Data，HRD）。高风险数据为公司提供竞争优势，具有潜在的直接财务价值，往往被主动寻求未经授权使用。如果高风险数据被滥用，则可能丢失商业机使公司遭受财务损失。高风险数据的损害可能会导致因不信任而使业务遭受损失，并可能导致法律风险、监管处罚及品牌和声誉受损。

3）中等风险数据（Moderate Risk Data，MRD）。虽然是对于未经授权方来说几乎没有什么实际价值的公司信息，但这些非公开信息的未经授权使用也可能对公司产生负面影响。

5. 数据安全组织

根据企业的规模，整体的信息安全职能可能会由专门的信息安全团队负责，通常位于信息技术（Information Technology，IT）部门。大型企业通常设有向 CIO 或 CEO 报告的首席信息安全官（Chief Information Security Officer，CISO）。在没有专职信息安全人员的组织中，数据安全的责任会落在数据管理者身上。在任何情况下，数据管理者都需要参与数据安全工作。

在大型企业中，信息安全人员可能需要业务经理指导具体数据治理和用户授权的工作，如授予用户权限和确保数据合规。专职的信息安全人员通常最关心的是信息保护的技术方面，如打击恶意软件和系统攻击。但是，在项目的开发或安装阶段，仍有非常多的数据安全工作需要进行。

当 IT 和数据管理这两个治理实体缺乏一个有组织的流程来共享监督和安全要求时，常常会错过这种协同的机会。因此，需要一个标准的程序来知会彼此数据法规、数据丢失威胁和数据保护要求，并在每个软件开始开发或安装时就这样执行。

例如，美国国家标准与技术研究院（National Institute of Standards and Technology，NIST）风险管理框架的第一步就是对所有企业信息进行分类⊖。建立企业数据模型对于这个目标的达成至关重要。如果无法清楚地了解所有敏感信息的位置，就不可能创建全面有效的数据保护计划。

数据管理者需要与信息技术开发人员和网络安全专业人员积极合作，以便识别法规要求保护的数据，恰当地保护敏感系统，并设计用户访问控制，以强制实施保密性、完整性和数据合规性。企业越大，越需要团队合作，并依赖正确和不断更新的企业数据模型。

6. 安全过程

数据安全需求和规程分为4个方面，简称"4A"：访问（Access）、审计（Audit）、验证（Authentication）和授权（Authorization）。为了有效遵守数据法规，还增加了一个E，即权限（Entitlement）。信息分类、访问权限、角色组、用户和密码是实施安全策略和满足4A的一些常用手段。安全监控对于保障其他流程的正常运行也至关重要。监控和审计都需持续地或定期地进行。正式审计

⊖ 美国国家标准与技术研究院（美国），http：//bit.ly/1eQYolG。

必须由第三方主持开展才能视为有效，第三方可以来自组织内部，也可以从组织外部聘请。

（1）4A+1E

1）访问（Access）。允许有授权的个人及时访问系统。做动词用时，"访问"意味着主动连接到信息系统并使用数据；做名词用时，指此人对数据具有有效的授权。

2）审计（Audit）。审查安全操作和用户活动，以确保这些措施和活动符合法规并遵守公司的相关制度和标准。信息安全专业人员会定期查看日志和文档，以验证是否合规、是否符合制度和标准。这些审计结果会定期发布。

3）验证（Authentication）。验证用户的访问权限。当用户试图登录系统时，系统需要验证此人身份是否属实。除密码方式，更严格的身份验证方法还包括安全令牌、回答问题或提交指纹。在验证过程中，所有传输的信息都是经过加密的，以防止验证信息被盗。

4）授权（Authorization）。依据个人角色授予其访问特定数据视图的权限。在获得授权后，访问控制系统会在每次用户登录时检查他们是否拥有有效的授权令牌（Token）。从技术上讲，这是公司活动目录（Active Directory，AD）数据字段中的一个条目，表明某人已被授权访问数据。这进一步表明，负责的人员做出了授予此授权的决定，因为该用户凭借其工作或公司身份有权获得此授权。

5）权限（Entitlement）。权限是由单个访问授权决策向用户公开的所有数据元素的总和。在生成授权请求之前，负责的管理人员必须决定某人"有权"访问这些信息。在确定授权决策的监管和保密要求时，有必要对每个权限所公开的所有数据进行清点。

（2）监控

系统应包括检测意外事件（包括潜在的安全违规）的监视控制，包括对保密信息（如工资或财务数据）系统通常实施主动、实时的监控，以提醒安全管理员有可疑活动或不当访问。

一些安全系统会主动中断不符合特定访问配置文件的活动。账户或活动会被锁定，直到安全支持人员评估相关细节。相对而言，被动监控通过定期对系统进行快照并与基准或其他标准进行比较，跟踪系统随时间变化的情况。这种监控系统会将报告发送给数据管理员或负责数据的安全管理员。主动监控是一种检测机制，而被动监控则是一种评估机制。

7. 数据完整性

数据完整性（Data Integrity）是对数据整体状态要求，保护数据免于遭受不当的添加、删除或修改。例如，美国的《萨班斯-奥克斯利法案》主要规定了财务信息的创建和编辑的规则，以保护财务信息的完整性。

8. 加密

加密（Encryption）是将明文数据转换为复杂编码，以隐藏特权信息、验证传输完整性或验证发送者身份的过程。加密数据不能在没有解密密钥或算法的情况下被读取。解密密钥或算法通常单独存储，且不能根据同一数据集中的其他数据元素计算出来。有3种常见的加密算法，即哈希、对称加密和非对称加密，其复杂程度和密钥结构各不相同。

(1) 哈希

哈希（Hash）加密使用算法将数据转换为数学表示。解密过程必须知道所使用的确切算法和加密顺序，才能反转加密过程并揭示原始数据。哈希也可以用于对信息传输完整性或身份的验证。常见的哈希算法有 MD5（Message Digest 5）和 SHA（Secure Hashing Algorithm）。

(2) 对称加密

这种加密方式使用一个密钥加密数据，发送者和接收者都必须拥有读取原始数据的密钥。数据可以逐个字符加密（如在数据流中）或按块加密。常见的私钥算法包括 DES（Data Encryption Standard）、3DES（Triple DES）、AES（Advanced Encryption Standard）和 IDEA（International Data Encryption Algorithm）。Twofish 和 Serpent 加密也被认为是安全的。使用 Simple DES 是不明智的，因为它容易受到许多简单的攻击。

(3) 非对称加密

这种加密方式有一对密钥：公钥和私钥。在非对称加密中，发送者和接收者拥有不同的密钥。发送者使用可自由获得的非对称加密数据，接收者使用私钥解密原始数据。当需要将很多数据源以受保护的方式发送给少数接收者时（如将数据提交到清算中心），这种类型的加密非常有用。公钥方法包括 RSA（Rivest-Shamir-Adelman）密钥交换和 Diffie-Hellman 密钥协议。PGP（Pretty Good Privacy）是一种免费的非对称加密程序。

9. 模糊化或脱敏

数据可以通过混淆（使之模糊或不清晰）或掩码来降低可用性，这些方法会删除、打乱或以其他方式改变数据的原始外观，但不会丢失数据的含义或数据与其他数据集（如与其他对象或系统的外键关系）之间的关系。属性中的值可能会改变，但新值对于这些属性仍然是有效的。混淆在显示供参考的敏感信息或从生产数据创建符合预期应用逻辑的测试数据集时非常有用。

数据脱敏是一种以数据为中心的安全机制。数据脱敏分为两种类型：静态脱敏和动态脱敏。静态脱敏按其执行方式又可以分为不落地静态脱敏和本库静态脱敏。

(1) 静态数据脱敏

静态数据脱敏（Persistent Data Masking）会永久且不可逆转地修改数据。这种类型的脱敏通常不会在生产环境中使用，而是在从生产环境向开发或测试环境提供数据时使用。静态脱敏会更改数据，但要求脱敏后的数据仍可用于测试流程、应用程序、报表等。

1) 不落地静态脱敏（In-flight Persistent Masking）。当数据在数据源和目标之间移动脱敏或混淆处理时，会采用不落地脱敏。由于不会留下未脱敏的临时中间文件或数据库，不落地脱敏方式非常安全。另外的优点是，如果在脱敏过程中遇到问题，脱敏过程可以重新运行。

2) 本库静态脱敏（In-place Persistent Masking）。当数据源和目标位置相同时，可使用本库脱敏。从数据源中读取未脱敏数据，进行脱敏操作后覆盖原始数据。本库脱敏假定当前位置不应该保留敏感数据，需要降低风险，或者在安全的位置中另有数据副本，在将这些数据移动至不安全位置之前应当进行脱敏处理。这个过程存在一定的风险，如果在脱敏过程中失败，就很难将数据还原为可用格式。这种技术方式适用于一些小众业务场景，但一般来说不落地脱敏能更安全地满足项目需求。

（2）动态数据脱敏

动态数据脱敏（Dynamic Data Masking）是在不更改基础数据的情况下，只在终端用户或系统中展示时改变数据外观。当用户需要访问某些敏感的生产数据（但不是全部数据）时，动态脱敏就相当有用。例如，在数据库中，假设社会保障号码（Social Security Number）存储为 123456789，采用动态脱敏后，呼叫中心人员需要验证通话对象时，该数据显示为 ***-**-6789。

（3）脱敏方法

有如下几种混淆或脱敏数据的方法：

1）替换（Substitution）。用查找表中的字符或整个值或标准模式替换原始数据。例如，可以用列表中的随机值替换名字。

2）混排（Shuffling）。在一个记录中交换相同类型的数据元素，或在不同行之间交换同一属性的数据元素。例如，在供应商发票中混排供应商名称，以便将发票上的原始供应商替换为其他有效供应商。

3）时空变换（Temporal Variance）。把日期前后移动若干天，这个变动应小到足以保留原来的特征，同时又大到无法识别原始的数据。

4）数值变换（Value Variance）。使用一个随机参数，如一个正负百分比，这个变动应该小到足以保持原来的特征，同时又大到足以无法识别原始的数据。

5）置空或删除（Nulling or Deleting）。移除不应出现在测试系统中的数据。

6）随机选择（Randomization）。将部分或全部数据元素替换为随机字符或一串单个字符。

7）加密（Encryption）。通过密码技术将可识别、有意义的字符流转换为不可识别的字符串，就地进行混淆。

8）表达式脱敏（Expression Masking）。将所有值更改为一个表达式的结果。例如，用一个简单的表达式将一个很长的自由格式数据库字段中的值（可能包含机密数据）修改为一个字符串，如"这是个注释字段"。

9）键值脱敏（Key Masking）。当脱敏数据库键字段（或有关联关系的相似字段）时，指定的脱敏算法/过程需满足脱敏数据唯一性和可重复性的要求。这种类型的脱敏对用于测试需要保持数据在组织范围内的一致性极为重要。

10. 网络安全术语

数据安全包括数据存储（Data-at-Rest）安全和数据传输（Data-in-Motion）安全两种情况。数据传输指系统之间通过网络传输数据。对于组织来说，仅靠防火墙来保护其免受恶意软件、有毒电子邮件或社会工程攻击已经不足以应付了。网络上的每台机器需要一道防线，且由于网络服务器持续暴露在整个互联网世界中，因此它们需要复杂的保护措施。

（1）后门

后门（Backdoor）指计算机系统或应用程序中被忽视或者被隐藏的入口。它允许未经授权用户绕过密码等限制获取访问权限。后门通常是开发人员出于维护系统的目的而创建的，任何后门都是安全风险。另外一些后门则是由商业软件包开发商植入的。

安装软件系统或部署网站时使用缺省密码，也是一个后门，黑客早晚会发现它的存在，所以任何后门都是安全风险。

（2）机器人或僵尸

机器人（Bot）或僵尸（Zombie）是已被恶意黑客使用特洛伊木马、病毒、网络钓鱼或被下载文件感染所接管的计算机。远程控制机器人被用来执行恶意任务，如发送大量垃圾邮件、使用网络阻塞数据包攻击合法业务、执行非法资金转移和托管欺诈性网站等。机器人网络（Bot-Net）是由机器人计算机（被感染的机器）组成的网络[一]。

据估计，2012年全球17%的计算机（11亿台计算机中约有1.87亿台）没有施加病毒防护措施[二]。同年，美国有19.32%的用户未受到防病毒系统的保护，它们大概率会成为僵尸计算机。据估计，截至2016年，有20亿台计算机在运行[三]。考虑到台式机和笔记本电脑逐渐被智能手机、平板电脑、可穿戴设备和其他设备所取代，其中许多设备会用于商业交易，因此数据暴露的风险只增不减[四]。

（3）Cookie

Cookie是网站在计算机硬盘上安放的一个小数据文件，用于识别用户并分析其偏好。Cookie常用于互联网电子商务。由于Cookie有时会被间谍软件利用，从而引发隐私问题，所以Cookie的使用也是有争议的。

（4）防火墙

防火墙（Firewall）是过滤网络流量的软件和/或硬件，用于保护单个计算机或整个网络免受未经授权的访问或对系统的攻击。防火墙会对进出的通信数据进行扫描、限制或监管，以及防止未经许可的信息通过（做到数据泄露防护）。某些防火墙还限制对特定外部网站的访问。

（5）边界

边界（Perimeter）指组织系统与外部系统之间的边界。通常将防火墙部署在内部和外部环境之间。

（6）DMZ

DMZ是"非军事区"（De-militarized Zone）的缩写，位于组织边缘或边界的区域，并用防火墙部署在其与组织之间。而DMZ环境与互联网之间始终设有防火墙（见图7-3）。DMZ环境被用于传递或暂时存放与组织间交换的数据。

[一] http：//bit.ly/1FrKWR8；http：//bit.ly/2rQQuWJ.

[二] http：//tcrn.ch/2rRnsGr（全球17%缺乏防病毒）；http：//bit.ly/2rUE2R4；http：//bit.ly/2sPLBN4；http：//ubm.io/1157kyO（Windows 8缺乏防病毒）。

[三] http：//bit.ly/2tNLO0i（2016年数量达到20亿）；http：//bit.ly/2rCzDCV；http：//bit.ly/2tNpwfg。

[四] 思科公司曾估计："到2018年，将有82亿台手持或个人移动设备和20亿个机器对机器连接（例如，汽车中的GPS系统、航运和制造业中的资产跟踪系统或使患者记录和健康状况更容易获得的医疗应用程序）。" http：//bit.ly/Msevdw（未来计算机和设备的数量）。

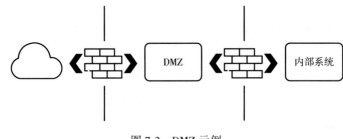

图 7-3　DMZ 示例

(7) 超级用户账户

超级用户（Super User）账户是具有系统管理员或 Root 访问权限的账户，这种类型的账户仅在紧急情况下使用。这些账户的凭据要求具有高度安全性，只有在紧急情况下才能通过适当的文档和批准使用，并且会在短时间内过期。例如，分配给生产控制的员工可能需要对多个大型系统进行访问授权，但这些授权应严格控制时间、用户 ID、位置或其他要求，以防被滥用。

(8) 键盘记录器

键盘记录器（Key Logger）是一种攻击软件，会对键盘上键入的所有按键行为进行记录，然后发送到互联网上的其他地方。因此，它将会捕获每个密码、备忘录、公式、文档和 Web 地址。通常，受感染的网站或下载恶意软件容易安装键盘记录器。某些类型的文档下载也会让这种情况发生。

(9) 渗透测试

在未经测试以确信真正安全时，新建的网络和网站是不完整的。在渗透测试（Penetration Testing）中，来自组织本身或从外部安全公司聘任的"白帽"黑客会试图模仿恶意黑客从外部侵入系统，正如恶意黑客一样，目的是识别系统漏洞。通过渗透测试发现的漏洞应该在应用程序正式发布之前予以解决。

有些人对"白帽"黑客审计感到担忧，因为他们认为这些审计只会导致相互指责。现实情况是，在业务安全和犯罪攻击之间快速变换的冲突中，所有购买和内部开发的软件都可能包含创建时不为人知的潜在漏洞。因此，必须定期对所有软件进行渗透测试。发现漏洞是一个持续的过程，应该有的不是指责，而是赶快打上安全补丁。

作为持续软件漏洞消除的证明，可以看到软件厂商在不断地发布安全补丁。这种持续的安全补丁更新过程是这些供应商尽职调查和专业客户支持的标志。这些补丁中有许多是这些软件厂商委托"白帽"执行检测行为所发现的成果。

(10) VPN

虚拟专用网络（Virtual Private Network，VPN）使用不安全的互联网创建一个安全路径或"隧道"，进入组织内部的网络环境。"隧道"是经过高度加密的，允许用户和内部网络之间通信。VPN 通过使用多因素身份验证连接到组织边界的防火墙，且 VPN 对所有传送数据进行强加密。

11. 数据安全类型

数据安全不仅涉及防止不当访问，还包括允许对数据的适当访问。应通过授予权限（Opt-in）

控制对敏感数据的访问。未经许可，不允许用户查看系统内数据或执行操作。"最小化授权"是一项重要的安全原则，仅允许用户、进程或程序访问其合法目的所允许的信息。

(1) 设施安全

设施安全（Facility Security）是抵御恶意行为人员的第一道防线。设施上至少应具有一个"上锁"的数据中心，仅限授权员工访问。社会工程威胁将"人"视为设施安全中最薄弱的环节。应确保员工有工具和通过接受相关培训来保护设施中的数据。

(2) 设备安全

移动设备包括笔记本电脑、平板电脑和智能手机，由于可能丢失、被盗及遭受黑客违法行为，如物理或者电子攻击，这些设备本质上都有安全风险。移动设备通常存有公司的电子邮件、电子表格、地址本和文档，如果遭公开，就可能对组织、员工或客户造成损害。

随着便携式设备和媒体的爆炸式增长，这些设备（包括公司拥有和个人所有）的安全管理计划必须作为公司整体战略安全架构的一部分。这个计划应包括软件和硬件工具。

设备安全标准包括：

1) 使用移动设备连接的访问策略标准。
2) 在便携式设备（如笔记本电脑、DVD、CD 或 USB 驱动器）上存储数据的标准。
3) 设备的数据清除和处理符合记录管理制度。
4) 安装加密和反恶意软件的标准。
5) 安全漏洞告知。

(3) 凭据（证）安全

每个用户访问某个系统时都会被分配一个凭据（证）。大多数凭据是用户 ID 和密码的组合。环境中跨系统使用凭证的方式有多种，具体取决于系统数据的安全敏感性及系统连接到凭证存储库的能力。

1) 身份管理系统。传统上，用户必须为每个独立的资源、平台、应用系统或工作站设置不同的账户和密码，这种方法需要用户管理多个账户和密码。拥有企业用户目录的组织可能已经建立了异构资源之间的同步机制，以简化用户的密码管理。在这种情况下，用户只需在登录工作站时输入一次密码，之后所有的身份验证和授权都通过对企业用户目录的引用来执行。实现这种能力的身份管理系统被称为"单点登录"，从用户的角度来看这种体验是最佳的。

2) 电子邮件系统的用户 ID 标准。在电子邮件域中，用户 ID 应当是唯一的。大多数公司使用一些名字或首字母及完整或部分姓氏作为电子邮件或网络 ID，并使用数字区分冲突。名字通常为人所共知，在业务联系时更有用。

不鼓励使用包含系统员工 ID 号的信息作为电子邮件或网络 ID，因为这些信息通常在组织外部不可用，况且这类信息本就应该是在系统内被保密的数据。

3) 密码标准。密码是保护数据访问的第一道防线。每个用户账户都必须有一个密码，并由用户（账户所有者）自行设置一个足够复杂的满足安全标准的密码，通常称为"强"密码。

在创建新用户账户时，生成的临时密码应设置为首次使用立即过期，后续访问用户必须使用新密码。并不允许使用空白密码。

大多数安全专家建议用户每隔45~180天更改一次密码，具体更改频率取决于系统性质、数据类型和企业敏感程度。但是，密码更改过于频繁也会带来风险，因为员工可能会将密码记录在不设防的记事本上。

4）多因素识别。有些系统需要额外的识别程序，包括对用户移动设备的回拨，并发送一个语音代码；必须使用专门用于登录的硬件设备，或者使用诸如指纹、面部识别或视网膜扫描等生物特征因素。双重因素识别使得破解一个账户或登录用户设备更加困难，所有具有高度敏感信息权限的用户都应使用双重因素识别技术登录网络。

（4）电子通信安全

用户必须接受培训，避免通过电子邮件或即时通信应用发送个人信息或任何受限制的或机密的公司信息。这些不安全的通信方式可被外部读取或拦截。一旦发送电子邮件后，用户将失去对其中信息的控制。邮件可以在发件人不知情或没有同意的情况下被转发给其他人。

社交媒体也是一种电子通信、交流方式，同样需要关注它的安全性。社交媒体，包括博客、门户、Wiki、论坛和其他互联网或局域网社交媒体，应被视为不安全的通信方式。使用这些社交媒体时不应包含机密或受限制的信息。

12. 数据安全限制的类型

驱动数据安全的两个因素包括：保密等级和监管要求。

1）保密等级（Confidentiality Level）。保密意味着机密或私密。组织确定哪些类型的数据不应泄露到组织外部，甚至不能被组织内部的某些人知道。机密信息仅在"需要知道"的基础上共享。保密等级取决于谁需要知道某些类型的信息。

2）监管要求（Regulation）。监管类别根据外部规则进行管理，如法律、条约、海关协议和行业法规。被监管的信息在"允许知道"的基础上共享。数据共享方式受该法规明细条款的约束。

保密等级和监管要求的一个主要区别是约束方来源不同。保密等级源自内部，监管要求则由外部定义。另一个主要区别是任何数据集（如文档或数据库视图）都只能有一个密级。其密级是基于该数据集中最敏感（最高密级）的数据项设立的。然而，监管分类是附加的，单个数据集可能根据多个监管类别限制数据。为了确保合规，应执行每种法规类别所要求的所有操作及保密要求。

当安全限制应用于用户授权（用户被授权对特定数据元素的访问权限）时，必须遵循全部保护策略，无论这些策略是内部的还是外部的。

（1）机密数据

保密要求的范围从高（如很少有人有权访问有关员工薪酬的数据）到低（如每个人都可以访问产品目录）。典型的分类模式包括此处列出的5个机密分类级别中的2个或多个：

1）面向普通受众（For General Audiences）。任何人都可以获得的信息。

2）仅内部使用（Internal Use Only）。仅限员工或组织内部成员使用的信息，信息分享的风险很小。这种信息仅供内部使用、可在组织外部展示或讨论，但不得复制。

3）机密（Confidential）。若无恰当的保密协议或类似协议，不得在组织以外共享。不得与客户共享其他客户机密信息。

4）受限机密（Restricted Confidential）。受限机密要求个人通过许可才能获得相关资格，才能进行访问，仅限于特定"需要知道"的个人。

5）注册机密（Registered Confidential）。信息机密程度非常高，所有信息访问者都必须签署一份法律协议才能访问数据，并承担保密责任。

保密级别并不意味着由于监管要求而受到任何限制的细节。例如，不会通知数据管理者，不得在数据来源国之外公开数据，或者某些员工不得查看某些基于 HIPAA 之类法规的信息。

（2）监管限制的数据

某些类型的信息受外部法律、行业标准或合同约定的约束，对数据如何使用、谁可以访问及出于何种目的访问将产生影响。由于有许多法规存在重叠，按主题域将其归纳到几个法规类别或法规系列中将使管理更加简单，有助于更好地向数据管理者通报法规要求。

当然，每个企业都必须建立监管目录以满足自身合规需求。更重要的是，此过程和分类必须尽可能简单，以便具有可操作性。当法律的保护要求相似时，它们应被合并为"系列"法规。每个法规类别都包括可审计的保护措施，这并非组织工具，而是一种执行方法。

由于不同行业受不同法规影响，组织需要制定满足其运营需求的法规类别。例如，只在本国有业务往来的公司可能无须纳入与出口有关的法规。

但是，由于各个国家/地区在个人数据隐私法律方面都有所交融，而且客户可能来自世界各地，因此将所有客户数据隐私法规整理到同一个法规类别中，并符合所有国家/地区的要求，可能更为明智且容易。这样既可以提供统一实施标准，也可以确保全球任何地方的合规性。

监管合规的一个细节例子是，法律禁止数据库中的某类数据元素传输到境外。国内和国际的一些法规都有此要求。

法规的执行类别的最佳数量建议不超过 9 个。一些法规类别示例如下：

1）法规系列举例。某些政府法规按名称指定数据元素，并要求以特定的方式对其进行保护，每个元素不需要一个不同的类别；相反，应该使用一组法规执行类别来保护所有特定目标的数据字段。一些支付卡行业（Payment Card Industry，PCI）数据可能包含在这些类别中，即使是合同义务而非是政府法规。PCI 合同义务在全球基本是统一的。

①个人标识信息（PII）。个人标识信息也称为个人隐私信息，包括任何可以识别个人的信息（单独或者一组信息可以标识一个人），如姓名、地址、电话号码、日程安排、身份证号码、账号、年龄、种族、宗教、生日、家庭成员或朋友的姓名、就业信息（人力资源数据），在许多情况下，还有薪酬等数据。高度类似的保护措施可以满足欧盟隐私指令、加拿大隐私法（PIPEDA）、日本 PIP 法案（2003）、PCI 标准、美国 FTC 要求、GLB 与 FTC 标准及大多数信息安全泄露法案的要求。

②财务敏感数据。所有财务信息，包括可能被称为"股东"或"内部"的数据及尚未公开披露的所有当前财务信息。另外，还包括未公布的任何未来业务计划、计划中的并购或分拆、公司重大问题的非公开报告、高级管理层的意外变动、综合的销售以及订单和账单数据。对所有这些信息都可归为此类别并采用相同的保护策略。在美国，这些信息受内幕交易法、《萨班斯-奥克斯利法案》（Sarbanes-Oxley Act，SOX）或《格兰姆-利奇-布莱利/金融服务现代化法案》（Gramm-Leach-Bliley/Financial Services Modernization Act，GLBA）的管辖。注意：SOX 法案限制和管理谁可以更改财务数据，从而确保数据完整性，而内幕交易法则对所有能够查看财务数据的人都有影响。

③医疗敏感数据/个人健康信息（PHI）。指有关个人健康或医疗的所有信息。在美国，健康保险可携带性与责任法案（Health Insurance Portability and Accountability Act，HIPAA）涵盖了这些信息。其他国家/地区也有关于保护个人信息和医疗信息的限制性法律。因此，要确保公司法律顾问意识到在业务开展或拥有客户的国家/地区，公司需要遵守当地法律的要求。

④教育记录。有关个人教育的所有信息。在美国，这些信息由家庭教育权利与隐私法案（Family Educational Rights and Privacy Act，FERPA）覆盖。

2）行业法规或基于合同的法规。一些行业对如何记录、保留和加密信息有特定的标准，有些还禁止删除、编辑或分发数据到禁止的地方。例如，有关药品、危险品、食品、化妆品和先进技术的法规，禁止在原产国之外传送或存储某些信息，或要求在传送过程中对数据进行加密。

①支付卡行业数据安全标准（PCI-DSS）。PCI-DSS是广为人知的行业数据安全标准。它解决了可以识别具有金融机构账户的个人信息，如姓名、信用卡号（卡上的任意数字）、银行账号、账户到期日期等问题。这些数据字段中的大多数受法律和制度的监管。当元数据定义中包含此分类的任何数据，不管它们在哪个数据库、应用程序、报告、仪表板或用户视图，数据管理专员都应立即对这些数据进行仔细检查。

②竞争优势或商业秘密。使用专有方法、组合、方案、来源、设计、工具、配方或操作技术以取得竞争优势的公司，应该受到行业法规和/或知识产权法的保护。

③合同约束。在与供应商和合作伙伴签订的合同中，组织可以规定如何使用或不使用特定信息，以及哪些信息可以共享，哪些不可以共享。例如，环境记录、危险材料报告、批号、烹饪时间、原产地、客户密码、账号数据及非美国国民的某些国家的身份证件号码等。特定技术公司可能需要在此类别中包含某些受限制的产品或成分。

13. 系统安全风险

识别风险的第一步是确定敏感数据的存储位置及这些数据需要哪些保护。识别系统中固有的风险也是必要的。系统安全风险包括可能危及网络或数据库的风险要素。这些威胁允许合法员工有意或无意地滥用信息，使得恶意黑客得逞。

（1）滥用授权

在授予数据访问权限时，应采用最小特权原则。仅允许用户、进程或程序访问其合法目的所允许的信息。风险指当具有超出工作职责需要的特权时，用户可能会出于恶意目的或意外地滥用这些权限。仅仅由于管理用户权限具有挑战性，用户可能被授予超出其应该拥有的访问权限（过度授权）。DBA可能没有时间，或没有定义元数据，或是没能为每个用户更新其粒度访问的权限控制机制。因此，许多用户被赋予通用默认访问权限，该权限远远超过其工作需要。这也就是缺乏对用户权限的监督会被许多数据法规写入数据管理安全的原因。

解决过度授权的方案是查寻级访问控制，是将控制机制设置为数据库权限限制为最低需要的SQL操作和数据范围。数据访问控制粒度要从表级访问深入到特定行和列。查询访问控制对于检测恶意员工过度滥用授权的行为非常有用。

大多数数据库软件都支持、整合了对查询级访问控制（触发器、行级安全、表安全、视图），但由于这些"内置"功能的手工操作问题，使得最基本的部署之外的所有其他部署都不切实际。为所有用户手动定义跨数据库行、列和操作查询级访问控制策略的过程非常耗时。更糟糕的是，当用户角色发生变化时，必须更新安全策略以匹配新角色。在某个时间点为少量用户定义有用的查询策略，大多数 DBA 很难做到，更不用说数百个用户了。因此，在许多组织中有必要使用自动化工具，以使查询级访问控制真正发挥作用。

（2）滥用合法特权

用户可能会滥用赋予他的合法的数据库权限进行未经授权的行为。假设有具有犯罪倾向的医护人员拥有通过定制的 Web 应用程序查看某类患者的病历。

公司 Web 应用程序通常限制用户查看单个患者的医疗历史记录，无法同时查看多条记录，并且不允许电子拷贝。但是，工作人员可以使用 Excel 等替代系统连接到数据库绕过这些限制。使用 Excel 及其合法登录凭证，工作人员可能会查询到所有患者记录并保存。

有两种风险都需要考虑：故意和无意滥用。当员工故意滥用组织数据时，就发生了故意滥用。例如，恶意的工作人员想用患者病历换取金钱或进行蓄意伤害，如公开发布（或威胁要发布）敏感信息。无意滥用的风险更常见：勤奋的医护人员为其所认为的合法工作目的而检索，并将大量患者信息存储到工作计算机中。一旦数据被保存到终端计算机上，就很容易被盗和丢失，进而造成不利影响。

部分解决滥用合法特权的方案是数据库访问控制。这不仅适用于特定查询，还可以使用时间、位置监控和下载信息量对终端设备实施强制策略，并可减少任何用户无限制地访问包含敏感信息的全部记录的能力，除非他们的工作有明确要求并经其主管批准。例如，虽然外勤特服人员可能有必要访问客户的个人记录，但仍不允许他们为了"节省时间"将整个客户数据库下载到笔记本计算机中。

（3）非法的管理权限升级/越权

攻击者可能会利用数据库平台软件漏洞，将访问权限从普通用户权限变为管理员权限。存储过程、内置函数、协议实现甚至 SQL 语句中都可能存在这样的漏洞。例如，金融机构的软件开发人员可能会利用易受攻击的功能漏洞来获得数据库管理权限。使用管理权限，违规的开发人员可能会关闭审计机制、创建虚假账户、转移资金或关闭账户。

将传统的入侵防御系统（Intrusion Prevention Systems，IPS）和查询访问控制入侵防护相结合，可以防止越权行为。这些系统检测数据库流量，以识别出与已知模式相对应的漏洞。例如，如果某个功能容易受到攻击，IPS 可能会对该功能的所有访问进行阻止，或者对允许嵌入式攻击的程序进行阻止。

将 IPS 与其他攻击指标（如查询访问控制）相结合，可提高识别攻击的准确性。IPS 可检测出数据库请求所访问的是否为漏洞功能，而访问控制可以检测请求是否符合正常的用户行为。如果一个请求同时指示对脆弱功能的访问且行为异常，那么几乎肯定会发生攻击。

（4）服务账户和共享账户滥用

使用服务账户（批处理 ID）和共享账户（通用 ID）会增加数据泄露风险，并使跟踪泄露根源的能力更加复杂。有些组织将监控系统配置为忽略与这些账户相关的任何警报，会进一步增加这些风险。信息安全管理人员应考虑采用安全地管理服务账户工具。

1) 服务账户。服务账户的便利性在于可自由定义进程对实现对数据的访问。但如果这类账户被用于其他目的，则无法跟踪到特定使用的用户或管理员。除非有权访问解密密钥，一般服务账户不会对加密数据产生威胁。这项能力对于在服务器上保存法律文档、医疗信息、交易机密或机密运营计划等数据尤为重要。

将服务账户的使用限制为特定系统上的特定命令或任务，需要文档和批准才能分发凭据。可参考使用诸如超级用户账户之类的管理流程，服务账户每次使用时分配新密码则更为安全。

2) 共享账户。当应用程序无法使用太多账户、管理多个账户需要大量的工作、产生额外许可成本时，组织会使用共享账户。对于共享账户，会将凭据提供给多个用户。同时，由于密码修改要通知所有用户，所以密码就很少修改，这就会造成数据泄露的风险。由于共享账户提供的访问几乎不受控制，因此应仔细评估对共享账户的使用。默认情况下不应使用共享账户。

(5) 平台入侵攻击

数据库资产的软件更新和入侵防护需要结合定期软件升级（补丁）和部署专用 IPS。IPS 通常（但并非总是）与入侵检测系统（Intrusion Detection System，IDS）一起部署。目标是杜绝大多数网络攻击，并对任何成功通过防御系统的入侵行为进行快速响应。入侵保护最原始的形式是防火墙。但随着移动用户、Web 访问和移动设备成为大多数企业环境的一部分时，一个简单的防火墙虽然仍是必要的，但已无法满足安全需求。

软件厂商持续提供的软件更新会减少数据库平台中的漏洞。遗憾的是，软件更新通常由企业定期按维护周期实施，而不是在补丁可用后尽快实施。在发布补丁和补丁更新之间，数据库是不受保护的。此外，兼容性问题有时会完全阻止软件更新。要解决这些问题，需实施部署入侵防御系统。

(6) SQL 注入漏洞

在 SQL 注入攻击中，攻击者将未经授权的数据库语句插入（或注入）易受攻击的 SQL 数据通道，如存储过程和 Web 应用程序的输入框。这些注入的 SQL 语句被传递到数据库，在那里它们通常被作为合法命令执行。使用 SQL 注入，攻击者有可能会不受限制地访问整个数据库。

通过将 SQL 命令作为函数或存储过程的参数，SQL 注入也用于攻击 DBMS。例如，提供备份功能的组件通常拥有较高的运行权限，调用该特定组件中存在 SQL 注入漏洞的函数可能会允许普通用户提升权限，成为 DBA 并接管数据库。

降低这种风险的一般做法是，在将所有输入数据上传服务器处理之前对其进行清理。

(7) 默认密码

在软件包安装过程中创建默认账户是软件行业的一贯做法。有些是安装本身的需要，有些是为用户提供开箱即用的测试软件的方法。

默认密码是许多演示包的一部分。安装第三方软件会产生其他账户默认密码。例如，CRM 软件可能在后端数据库中创建多个账户，用于安装、测试和管理。SAP 在安装时创建了多个默认数据库用户。DBMS 行业也采用了这种做法。

攻击者不断寻找一种窃取敏感数据的捷径。因此，通过创建必需的用户名和密码组合，确保

DBMS 中并未保留默认密码，可缓解对敏感数据的威胁。清除默认密码是每次实施过程中的重要安全步骤。

（8）备份数据滥用

备份是为了降低数据丢失而产生的风险，但备份也带来另一种安全风险。新闻报道中有许多丢失备份介质的案例。对所有数据库备份进行加密，可防止有形介质或电子传送中丢失备份数据。要安全地管理备份的解密密钥。密钥必须异地使用，才有助于灾难恢复。

14. 黑客攻击/黑客

黑客攻击一词产生于以寻找聪明方法来执行某些计算机任务为目标的时代。黑客是在复杂的计算机系统中发现未知操作和路径的人。黑客有好有坏。

品行端正（Ethical）的或"白帽"（美国西部电影中的英雄总是戴着白帽子，而恶棍们总是戴着黑帽子）黑客致力于改进系统。如果没有这些品行端正的黑客，可被纠正的系统漏洞只会在偶然情况下才能被发现。品行端正的黑客有助于系统性地修补（更新）计算机系统，提高其安全性。

恶意黑客是故意破坏或"入侵"计算机系统以窃取机密信息或进行破坏的人。恶意黑客通常寻找财务或个人信息，以窃取金钱或身份信息。他们试图猜测简单的密码，并试图找到现有系统中尚未记录的弱点和后门。他们时常被称为"黑帽"黑客。

15. 社会安全威胁/钓鱼

导致安全问题的社会安全威胁通常涉及直接交流（不管是当面交流、通过电话交流，还是通过互联网交流），目的都在于诱使有权访问受保护数据的人提供该信息（或信息访问途径）给有犯罪或恶意目的的人。

社会工程（Social Engineering）指恶意黑客试图通过欺骗的方式使人们提供信息或访问信息的方法。黑客利用所获得的各种信息说服其他员工，而这些员工是具备合法请求身份的。有时，黑客会依次联系几个人，每一步都收集有用信息，以用于获得下一个更高级别员工的信任。

钓鱼（Phishing）指通过电话、即时消息或电子邮件诱使接受方在不知情的情况下提供有价值的信息或个人隐私。通常，这些呼叫或消息来自合法来源。例如，有时它们被伪装为折扣或降低利率的销售宣传，要求提供个人信息，如姓名、密码、社会保险号码或信用卡信息。为减少怀疑，这些消息通常会要求接收者"更新"或"确认"信息。钓鱼的即时消息和电子邮件不可能引导用户访问虚假网站，诱骗他们提供个人信息。特别危险的是专门针对高管的虚假电子邮件，这被称为"鲸钓鱼叉"。除了打电话和欺骗，黑客还亲自前往目标地点直接与员工交谈，有时会伪装成或冒充供应商以便获取敏感信息 ⊖。

16. 恶意软件

恶意软件指为损坏、更改或不当访问计算机或网络而创建的软件。计算机病毒、蠕虫、间谍软

⊖ 联邦调查局关于 2016 年美国总统大选期间俄罗斯黑客攻击的报告概述了这些技术在该事件中的使用方式。http://bit.ly/2iKStXO。

件、键盘记录器和广告软件都是恶意软件的例子。任何未经授权安装的软件都可视为恶意软件。即使他们没有其他企图，只是占用了系统所有者未授权的磁盘空间和可能的 CPU 处理时间。恶意软件可以有多种形式，具体取决于其目的（复制、销毁、盗窃信息，或行为监控）。

（1）广告软件

广告软件（Adware）是一种从互联网下载至计算机的间谍软件。广告软件会监控计算机的使用，如访问了哪些网站。广告软件还可以在用户的浏览器中插入对象和工具栏。广告软件并不违法，但它被用来收集完整的用户浏览和购买习惯的个人资料并出售给其他营销公司。恶意软件也很容易利用它来窃取身份信息。

（2）间谍软件

间谍软件（Spyware）指未经同意而潜入计算机以跟踪计算机操作的各种软件程序。这些程序倾向于搭载在其他软件程序上。当用户从互联网站点下载并安装免费软件时，往往在毫不知情的情况下就安装了间谍软件。不同形式的间谍软件跟踪不同的活动类型，有的程序监视网站访问，有的程序则记录用户按键以窃取个人信息，如信用卡号、银行账户信息和密码。

另外，包括搜索引擎在内的许多合法网站，也有可能安装有跟踪间谍软件，这其实也是一种类型的广告软件。

（3）特洛伊木马

特洛伊木马（Trojan Horse）是希腊人送给特洛伊人的一座大型木制"雕像礼物"，特洛伊人迅速将其作为战利品带入城中。不幸的是，木马中躲藏了希腊士兵，这些士兵在进入特洛伊城后就溜出来并袭击了这座城市。

在计算机安全术语中，特洛伊木马指通过伪装或嵌入合法软件而进入计算机系统的恶意程序。安装后的特洛伊木马将删除文件、访问个人信息、安装恶意软件、重新配置计算机、安装键盘记录器，甚至允许黑客将计算机用作机器人或僵尸等，成为攻击网络中其他计算机的武器。

（4）病毒

病毒（Virus）是一种计算机程序，它将自身依附到可执行程序或有漏洞的应用程序上，能造成从让人讨厌到极具破坏性的后果。一旦受感染文件被打开就可执行病毒文件。不过，病毒程序总是需要依附于另一个程序上，打开已下载的受感染程序就会释放病毒。

（5）蠕虫

蠕虫（Worm）是一种自身可以在网络中进行复制和传播的程序。受蠕虫感染的计算机将源源不断地发送感染信息。虽然蠕虫的主要功能是通过消耗大量带宽危害网络，甚至导致网络中断，但也可能执行其他恶意活动。

（6）恶意软件来源

1）即时消息。即时消息（IM）允许用户实时地相互传递消息，正在成为网络安全的新威胁。由于许多 IM 系统在添加安全功能方面进展缓慢，因此恶意黑客发现 IM 是传播病毒、间谍软件、网络钓鱼和各种蠕虫都可利用的一种途径。通常，这种威胁通过受感染的附件和邮件威胁渗透到用户系统中。

2）社交网络。在社交网站上，如 Facebook、Twitter、Vimeo、Google+、LinkedIn、Xanga、Instagram、Pintery 或 MySpace，用户可以建立在线个人档案，并分享个人信息、观点、照片、博客和其他信息，而这些网站已成为在线罪犯、垃圾邮件发送者和身份盗窃者的目标。

除了典型的恶意攻击者的威胁，这些网站还会带来员工发布企业敏感信息或"内幕"消息的风险，这些信息可能影响上市公司股票的价格。因此，要告知用户，他们发布的任何内容都将永久地存留在互联网上，即使他们后来删除了这些数据，仍会有许多可能留存的副本。所以，很多公司会在其防火墙上阻止这些站点的访问。

3）垃圾邮件。垃圾邮件（Spam）指未经请求而大批量发送的商业电子邮件。垃圾邮件通常被发送给数以千万计的用户，以希望获得哪怕很少的回复。即使只有1%的回复率，也有可能达成百万美元收益。大多数电子邮件路由系统都设有猎捕垃圾邮件的规则，将已知模式的垃圾邮件进行过滤，以减少内部流量。这些模式包括：

①已知的垃圾邮件发送域名。
②抄送或密送的地址超出一定的数量限制。
③电子邮件正文只有一个包含超链接的图。
④特定文本字符串或词。

回复垃圾邮件可使得发件人得到一个有效的电子邮件地址，并可能由此收到更多的垃圾邮件，究其原因是有效的电子邮件地址会被贩卖给更多的其他垃圾邮件发送者。

垃圾邮件也可能是互联网恶作剧或包含恶意软件的附件，尽管其附件名称和扩展名、消息文本和图像看起来像是合法邮件。检测垃圾邮件的方法之一是将光标悬停在任意超链接上，该超链接将显示实际链接是否与文本中的公司有共同之处；方法之二是看是否包含取消订阅的方式，在美国，广告电子邮件必须列出取消订阅链接，便于收件人停止接收以后的广告邮件。

7.2 活动

现时并没有一种预设的数据安全实施方法来满足所有必需的隐私和保密要求。法规关注的是安全的结果，而非实现安全的手段。组织应设计自己的安全控制措施，并证明这些措施已达到或超过了法律法规的要求。记录这些控制措施的实施情况，并随着时间的推移进行监控和度量。与其他知识领域一样，数据安全活动包括确定需求、评估当前环境的差距或风险、实施安全工具与流程及审核数据安全措施，以确保其有效。

7.2.1 识别数据安全需求

区分业务需求、外部监管要求和应用软件产品的规则很重要。尽管应用程序系统是执行业务规则和过程的载体，但这些系统通常具有超出业务流程所需的数据安全要求。这些安全需求，对套装软件和现成的系统是普遍的基本要求。同时，必须确保这些能力能支持组织的数据安全标准。

1. 业务需求

在企业中实施数据安全的第一步是深入了解业务需求。企业的业务需求、使命、战略和规模及所属行业,决定了所需数据安全的刚性程度。例如,美国的金融和证券行业受到高度监管,需要保持严格的数据安全标准。相比之下,一家小型零售企业不大可能选择大型零售商的同类型数据安全标准,即使它们具有相似的核心业务活动。

通过分析业务规则和流程,确定安全接触点。业务工作流中的每个事件都可能有自己的安全需求。数据到流程和数据到角色的关系矩阵,是映射数据安全需求并指导数据安全角色组、参数和权限定义的有用工具。有计划地处理短期和长期目标,以实现均衡有效的数据安全。

2. 监管要求

当今世界,环境瞬息万变,组织需遵从的法律法规越来越多。组织在信息时代面临的道德和法律问题,促使各国政府制定新的法律法规和标准,这些都对信息管理施加了严格的安全控制(见第2章)。

创建一份完整的清单,其中包含所有数据相关法律法规及受每项法律法规影响的数据主题,添加链接到为遵守这些法律法规而开发的相应安全制度、控制实现的链接(见表7-1)。法律法规、制度、所需行动和受影响的数据将随时间推移而变化,因此这个清单格式应易于管理和维护。

表 7-1 法规清单表示例

法律法规	影响的主题域	安全制度链接	控制措施

影响数据安全的法律法规示例如下:

(1)美国

1)《2002年萨班斯-奥克斯利法案》(Sarbanes-Oxley Act of 2002)。

2)关于经济和临床健康的健康信息技术法案(HITECH),该法是作为2009年美国复苏和再投资法案的一部分而颁布的。

3)1996年健康保险可携带性与责任法案(HIPAA)安全条例。

4)美国金融服务法Ⅰ和Ⅱ(又称为"格拉姆-里奇-比利法Ⅰ和Ⅱ",Gramm-Leach-Bliley)。

5)美国证券交易委员会(SEC)法律和公司信息安全责任法。

6)国土安全法案和美国爱国者法。

7)联邦信息安全管理法(FISMA)。

8)加利福尼亚州:SB1386,加州安全违规信息法。

(2)欧盟

数据保护指令(EU DPD 95/46/)AB 1901,涉及电子文件或数据库的盗窃。

(3）加拿大

加拿大 198 法案。

(4）澳大利亚

澳大利亚经济改革计划法案（CLERP 法案）。

影响数据安全的法律法规，包括：

1）支付卡行业数据安全标准（PCI DSS）。以合同协议的形式且适用于所有信用卡的公司。

2）欧盟巴塞尔协议Ⅱ。对在欧盟相关国家开展业务的所有金融机构实施信息控制。

3）美国的联邦贸易委员会 FTC 保护客户信息标准。

遵守公司制度或法规限制通常需要调整业务流程。例如，为遵从 HIPAA 要求，需要授权多个独立用户组访问健康信息（受管制的数据元素）。

7.2.2 制定数据安全制度

组织应当基于业务和合规要求制定数据安全制度。制度是对选定的行动方针的声明，以及对实现一组目标所需行为的高级描述。数据安全制度描述了组织为了保护其数据所期望的最佳利益的行为。要使这些制度产生可度量的影响，它们必须是可审计且经过审计的。

公司的制度通常反映法律含义。法院可能会将为支持法律监管要求而制定的制度视为组织遵守该法律要求努力的内在组成部分。不遵守公司制度可能会在数据泄露后产生负面的法律后果。

制定安全制度需要 IT 安全管理员、安全架构师、数据治理委员会、数据管理专员、内部和外部审计团队及法律部门之间的协作。数据管理专员还必须与所有隐私官（《萨班斯-奥克斯利法案》主管、HIPAA 官员等）及具有数据专业知识的业务经理协作，开发出监管类别元数据，并一致地应用于适当的安全分类。所有数据法规遵从行动必须协调一致，以降低成本、避免工作指令混乱和不造成不必要争论。

管理与企业安全相关的行为需要不同级别的制度，例如：

1）企业安全制度（Enterprise Security Policy）。企业安全制度包括：员工访问设施和其他资产的全局制度、电子邮件标准和制度、基于职位或职务的安全访问级别及安全漏洞报告制度。

2）IT 安全制度（IT Security Policy）。目录结构标准、密码管理制度和身份管理框架。

3）数据安全制度（Data Security Policy）。针对各个应用程序、数据库角色、用户组和信息敏感性的分类。

通常，IT 安全制度和数据安全制度是安全制度组合的一部分，但最好将其区别开来。数据安全制度本质上粒度更细，针对不同内容，需要不同的控制和过程。数据治理委员会是数据安全制度的审查方和批准方。数据管理主管是制度的主管方和维护方。

员工需要了解并遵从数据安全制度。制定安全制度应明确定义和实现所需流程及其背后的原因，以便安全制度易于实现和遵守。制度需要在不妨碍用户访问的前提下保护数据，以确保数据安全。

安全制度应便于供应商、消费者和其他利益相关方轻松访问。数据安全制度应在公司局域网或类似的协作门户上方便使用和维护。

应定期评估数据安全制度、过程和活动，在所有利益相关方的数据安全要求之间取得最大限度的平衡。

7.2.3 定义数据安全细则

制度提供行为准则，但并不能列出所有可能的意外情况。细则是对制度的补充，并提供能满足制度意图的更详细信息。例如，制度可能声明密码必须遵循强密码指南，但强密码的细则是会被单独详细阐述的，且如果密码不符合强密码细则要求，将通过阻止创建密码的技术强制执行该制度。

1. 定义数据保密等级

保密等级分类是重要的元数据，用于指导用户被授予访问的权限。每个组织都应创建或采用满足其业务需求的分级方案。任何分级方案都应清晰且易于落地，它将包含从最低机密到最高机密的一系列等级（如从"一般用途"到"注册机密"）。

2. 定义数据监管类别

数据泄露事件越来越多，引起了公众的高度关注，其中敏感的个人信息遭到泄露直接推动了政府出台专门针对数据的法律。以金融为中心的数据泄露事件促使全球各国政府实施额外的监管。

这就产生了新的数据类别，可称之为"管制信息"。监管要求是信息安全的延伸。需要采取额外措施有效管理监管要求。咨询公司的法律顾问在许多情况下有助于确定哪些法律法规需要企业采取必要的行动。通常法律法规中涵括信息保护的目标，并且由企业决定实现该信息保护目标的方法。再有，可被审计的行为是提供合规性的法律证明。

处理特定数据法规的一种有效方法是分析类似法规并将其分组归类，就像将各种风险分组为几个安全类别一样。

世界各地有关数据的具体法令超过百种，为每部法律法规分别制定不同的类别毫无意义。这些数据法律法规虽然是由独立的法律实体发布的，但其诉求是相同的。例如，保护机密客户数据的合同义务与美国、日本和加拿大政府保护个人可标识信息的法规非常相似，也与欧盟隐私合规要求类似。当列出并比较各种法规的可审计合规行为时，很容易看出这种模式。因此，可以通过使用相同的保护措施类别妥善管理它们。

安全分级和监管分类的一项关键原则是，大多数信息可以聚合，从而使其具有更高或更低的敏感性。开发人员需要知道聚合如何影响整体安全分级和监管类别。当仪表板、报表或数据库视图的开发人员知道所需的某些数据可能是个人隐私、内部受控或与竞争优势相关的数据时，系统可被设计为将这些数据从权限中去除；或者，如果数据必须保留在用户权限中，则在用户授权时强制执行所有安全要求和法律法规要求。

分级的工作成果是一组经正式批准的安全分级和监管类别，以及从中央存储库中获得此类元数据的流程，使得业务和技术员工了解他们正在处理、传送和授权信息的敏感性。

3. 定义安全角色

数据访问控制可根据需要在用户或组级别上进行管理。这意味着，对逐个用户账户授予和更新其访问权限需要大量、冗杂工作。小型组织在用户级别管理的数据访问是可接受的，但是大型组织使用基于角色的访问控制更加有益，其通过为角色组授予权限为组织中的每个成员授予权限。

角色组使得安全管理员能够按角色定义权限，并通过在适当的角色组中添加用户实现授权。从技术上讲，可将一个用户添加到多个组中，但是这种做法可能使得授予该用户的权限难以理解。如有可能，尽量将每个用户只分配到一个角色组内，这就需要创建特定数据权限的不同用户视图，以满足法律法规要求。

用户和角色管理中的挑战之一是数据一致性。用户信息（如姓名、职务和员工 ID）不得不冗余地存储在多个位置。这些数据孤岛常常相互冲突，代表不同版本的"真相"。为了避免数据完整性问题，可以集中管理用户身份数据和角色组成员关系。这也是对用于有效访问控制的数据质量的要求。安全管理员可以创建、修改、删除用户账户和角色组，对组分类和成员进行变更则需要得到相应批准。变更应通过变更管理系统进行跟踪。

在组织内实行不一致或不恰当的数据安全措施可能会导致员工不满，并给组织带来重大风险。基于角色的安全依赖于明确地定义和一致地分配角色。

对角色进行定义和组织的方法有两种：网格（从数据开始）和层次结构（从用户开始）。

（1）角色分配网格

基于数据机密性、法规和用户职责，网格可用于映射数据-角色关系。公共用户角色可以访问公开级别中列出的所有数据，不受法规约束。营销角色可以访问某些 PII 信息，用于开展营销活动，但不能访问任何受控数据或客户机密数据。表 7-2 显示了角色分配网络示例。

表7-2 角色分配网络示例

	机密等级		
	一般受众	客户机密	受限机密
不受监管的	公众角色	客户经理角色	受限访问角色
PII	市场角色	客户市场角色	人力资源角色
PCI	财务角色	客户财务角色	受限财务角色

（2）角色分配层次结构

在工作组或业务单元级别构建群组定义。以层次方式组织这些角色，子角色权限受限于父角色的权限。这些层次结构的持续维护是一项复杂的操作，需要能够细粒度下钻到单个用户权限的报告系统。安全角色层次结构示例见图 7-4。

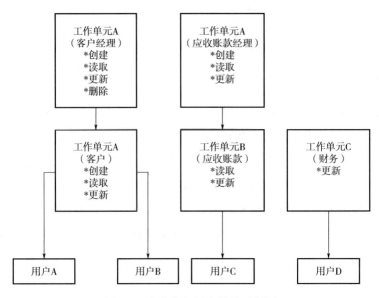

图 7-4　安全角色层次结构示例图

7.2.4　评估当前的安全风险

安全风险包括可能危及网络和/或数据库的因素。识别风险的第一步是确定敏感数据的存储位置和需要采取的数据保护措施。从以下 3 个方面对每个系统进行评估：

1）存储或传输数据的敏感性。
2）保护数据的要求。
3）当前的安全保护措施。

记录调查结果，为将来的评估创建基线。此文档也是隐私合规的要求。例如，在欧盟，必须通过以技术支持的安全流程改进来弥补差距。这些改进的影响是可被量度和监测的，以确保风险得到缓解。

在大型组织中，可能会聘用"白帽"黑客来评估漏洞。白帽测试可作为组织不可渗透的证明，用于市场声誉的宣传。

7.2.5　实施控制措施和规程

数据安全制度实施和管理主要由安全管理员负责，并需要他与数据管理专员和技术团队协作。例如，数据库安全通常是 DBA 的职责。

组织必须实施适当的控制以满足安全制度要求。控制措施和程序应（至少）涵盖：

1）用户如何获取和终止对系统和/或应用程序的访问权限。
2）如何将用户分配给角色或从角色中移除。
3）如何监控权限级别。

4）如何处理和监控访问变更请求。

5）如何根据机密性和适用法规对数据进行分类。

6）一旦检测到数据泄露后如何处理。

记录获准许的原始用户的需求，以便在这些条件不再适用时可以取消授权。

例如，"维护用户恰当权限"的策略可以具有每月"审查 DBA 和用户权限"的控制目标。组织满足这种控制的规程实施和维护流程如下：

1）通过用于跟踪所有用户权限请求的变更管理系统，验证分配的权限。

2）需要工作流审批流程或签名的纸质表单，对每个变更请求记录和归档。

3）包括一个取消授权流程，用于对工作状态或部门不再适合继续拥有某些访问权限的人。

4）对一定级别的管理必须有正式请求、跟踪和批准用户和组授权的所有初始授权和后续变更。

(1) 分配密级

根据组织的分级方案，数据管理专员负责评估和确定适当的数据密级。

文档和报告的分级应基于文档中发现的最高密级信息（见第 9 章）。在每个页面或每个屏幕的页眉或页脚中标记分级。分级为最不机密的信息产品（如面向一般受众）无须打标签。假定任何未标记的产品都是面向一般受众的。

文档作者和信息产品设计人员负责对每个文档和每个数据库（包括关系表、列和用户授权视图）进行评估、正确分级和标记适当的机密级别。

在大型组织中，大部分安全分级和保护工作由专门的信息安全部门负责，然而这些信息安全部门多倾向于让数据管理专员处理这些分级，他们通常只负责实施和对网络物理层的保护。

(2) 分配监管类别

组织应创建或采用能确保满足合规要求的分类方案。此分类方案为响应内部和外部审计提供了基础。一旦确定后就需要在此方案中评估和分类信息。安全人员可能不熟悉这些概念，因为他们传统上管理的是基础设施，而非某项数据法规。因此，他们需要对与这些类别相关的数据保护需求进行文案化工作，定义他们可以执行的操作。

(3) 管理和维护数据安全

一旦所有的需求、制度和程序都到位，主要任务就转变为确保不会发生安全漏洞。如果发生漏洞，应尽快检测出来。持续监控系统和审核安全程序的执行，对于保障数据安全至关重要。

1）控制数据可用性/以数据为中心的安全。控制数据可用性需要管理用户权限，以及在技术上对基于权限的访问控制的结构（数据脱敏、视图创建等）进行管理。有些数据库在提供结构和流程对所存储数据进行保护方面比其他数据库做得更好。

安全合规管理人员可能直接负责设计使业务能顺利运行的用户授权配置文件，在遵循相关限制的同时，使业务能够顺利运行。

定义权限和授予授权需要一个数据清单，不仅需对数据需求进行仔细分析，还要有对每个用户权限开放数据的凭证记录。通常高度敏感数据与非敏感数据是混合在一起的，建立一个企业数据模型用于识别和定位敏感数据至关重要。

尽管数据可能被疏忽进而被放开暴露，数据脱敏仍可以保护数据。而一些特定数据在法规是要求加密的，这是一种更高级别要求的原地脱敏。解密密钥授权可以是用户授权过程的一部分。被授权使用解密密钥的用户可以看到加密前的数据，而未被授权的人只能看到随机字符/乱码。

关系数据库视图可用于强制执行数据安全级别。视图可以基于数据值限制对某些行的访问，也可以限制对某些列的访问，从而限制对机密字段或受监管字段的访问。

2）监控用户身份验证和访问行为。访问报告是合规性审计的基本要求。监视身份验证和访问行为可以提供有关谁正在连接和访问信息资产的信息。监控还有助于检测值得调查的异常的、不可预测的或可疑的事务。通过这种方式，还能弥补数据安全规划、设计和实现方面的缺陷。

决定需要监控什么、监控多长时间及在警报发生时要采取哪些行动，需要在业务和监管需求的驱动下进行仔细分析。监控涉及多种活动，可具体到某些数据集、用户或角色。监控可用于验证数据完整性、配置或核心元数据。可以在一个系统内实现，也可以横跨相互依赖的异构系统实现。监控可以专注于特定权限，如下载大量数据集或在非工作时间访问数据的能力。

监控可自动或手动执行，也可通过自动化和监督相结合的方式执行。自动化监控确实会给底层系统带来开销，并可能影响系统性能。定期的活动快照有助于理解趋势和对标比较，但也需要不断迭代以获得适当监控的最佳参数。

自动记录敏感或异常数据库事务应成为所有数据库部署的一部分，缺乏自动化监控意味着严重的风险：

①监管风险（Regulatory Risk）。数据库审计机制薄弱的组织将越来越多地发现它们难以满足政府的监管要求。金融服务领域的《萨邦斯奥克斯方案》和医疗保健行业的 HIPAA 是两部典型的美国政府法规，其中都有明确的数据库审计要求。

②检测和恢复风险（Detection and Recovery Risk）。审计机制代表最后一道防线。如果攻击者绕过其他防御，则审计数据可以在事后识别是否存在违规行为。审计数据还可作为系统修复指南，或将违规行为关联到特定用户。

③管理和审计职责风险（Administrative and Audit Duties Risk）。具有数据库服务器管理访问权限的用户（无论该访问权限是合法的还是恶意获得的），都可以关闭审计以隐藏欺诈行为。在理想的情况下，审计职责应独立于 DBA 和数据库服务器平台支持人员。

④依赖于能力不足的原生审计工具的风险（Risk of Reliance on Inadequate Native Audit Tools）。数据库软件平台通常集成基本审计功能，但它们往往有多重弱点而受到限制或部署的阻碍。当用户通过 Web 应用程序（如 SAP、Oracle 电子商务套件、PeopleSoft）访问数据库时，数据库原生的审计机制无法识别特定的用户身份，所有用户活动都只能与 Web 应用程序使用的单一账户名称相关联。因此，当原始审计日志显示欺诈性数据库事务时，无法定位对此负责的用户。

为了降低这类风险，可以部署实施基于网络的审计设备。虽然这可以解决与数据库原生审计工具相关的大多数弱点，但是不能代替由受过培训的审计人员进行的定期审计。此类设备具有以下优点：

①高性能（High Performance）。基于网络的审计设备可以在线运行，对数据库性能的影响很小。

②职责分离（Separation of Dutics）。基于网络的审计设备独立于 DBA 运行，从而能够恰当地将审计职责与管理职责分开。

③精细事务跟踪（Granular Transaction Tracking）。它支持高级欺诈检测、取证和恢复。日志包括源应用程序名称、完整查询文本、查询响应属性、源操作系统、时间和源名称等详细信息。

(4) 管理安全制度合规性

管理安全制度合规性包括确保遵守制度并有效维护控制的日常活动。管理还包括提供满足新需求的建议。在通常情况下，数据管理专员将与信息安全和公司法律顾问衔接协作，使运营制度和技术控制保持一致。

1）管理监管合规。管理监管合规包括：

①衡量授权标准和程序的合规性。

②确保所有数据需求都是可度量的、可审计的（如"小心"等表述就是无法度量的）。

③确保受监管的数据在存储和使用时，使用标准工具和流程进行保护。

④当发现潜在不合规问题及存在违规的情况时，使用升级和通知机制。

合规性控制需要审计跟踪。例如，如果制度规定用户在访问某些数据之前必须接受培训，组织就必须能够证明所有给定的用户都接受了培训。没有审计跟踪，就没有合规的证据。控制的设计应确保他们是可审计的。

2）审计数据安全和合规活动。内部审计活动的目的是确保数据安全和监管合规被常规和定期地执行。当颁布新的数据法规或现有法规发生变化时，必须重新审视合规性控制本身，并定期回顾确保控制的有效性。审计工作可以从内部或外部开展。在任何情况下，审计师都必须独立于审计中涉及的数据和/或流程，以避免任何利益冲突，并确保审计活动和审计结果的完整性。

审计不是为了发现错误，审计的目的是为管理层和数据治理委员提供客观、公正的评估及合理、实用的建议。

数据安全制度声明、标准文档、实施指南、变更请求、访问监控日志、报告输出和其他记录（电子或硬拷贝）构成了审计的输入来源。除了检查现有证据，审计通常还包括执行测试和检查，例如：

①评估制度和标准，确保明确定义合规控制并满足法规要求。

②分析实施程序和用户授权实践，以确保符合监管目标、制度、标准和预期结果。

③评估授权标准和程序是否充分且符合技术要求。

④当发现违规事件或潜在违规时，评估所要执行的升级程序和通知机制。

⑤审查外包和外部供应商的合同、数据共享协议和监管合规义务，确保业务合作伙伴履行其义务，并确保组织履行其保护受监管数据的法律义务。

⑥评估组织内安全实践成熟度，并向高级管理层和其他利益相关方报告"监管合规状态"。

⑦建议合规制度变革和运营合规改进。

审计数据安全不能替代管理数据安全。审计是客观地评估管理是否达到目标的支持过程。

7.3 工具

用于管理信息安全的工具，在很大程度上取决于组织的规模、网络体系架构及安全组织采用的制度和标准。

7.3.1 杀毒软件/安全软件

防病毒软件可保护计算机免受网络病毒的侵扰。网络上每天都会出现新的病毒和其他恶意软件，因此定期更新安全软件是十分重要的。

7.3.2 Web 安全

如果 Web 地址以 https：//开头，则表示该网站配备了加密的安全层，用户通常必须提供密码或通过其他身份验证手段才能访问该站点。在线支付或访问机密信息都采用此加密保护。培训用户在通过 Internet 甚至在企业内部执行敏感操作时在 URL 地址中查找此内容。如果没有加密，同一网段上的用户就可以读取明文信息。

7.3.3 身份管理技术

身份管理技术（Identity Management Technology）是存储分配的凭据，并根据请求（如当用户登录系统时）与系统共享。一些应用程序是自行管理自己的凭证存储库的，然而对用户来说更方便的是让大多数或所有应用程序使用中央凭证存储库。有一些管理凭证的协议，如轻量级目录访问协议（Lightweight Directory Access Protocol，LDAP）就是其中之一。

一些公司采用并提供企业许可的"密码安全"产品，该产品在每个用户的计算机上创建一个加密的密码文件。用户只需掌握一个长密码即可打开程序，并且可以安全地将所有密码存储在加密文件中。单点登录系统也可以起到同样的作用。

7.3.4 入侵检测和入侵防御软件

当黑客渗透防火墙或其他安全措施时，可以检测入侵并动态拒绝访问的工具是必要的。

在不当事件发生时，入侵检测系统（IDS）将通知相关人员。IDS 最好与入侵防御系统（IPS）进行连接，使系统可对已知攻击和不合逻辑的用户命令组合自动响应。检测通常是通过分析组织内的模式来进行。对预期模式的了解帮助检测出异常事件，当异常事件发生时，发送相关警报。

7.3.5 防火墙（防御）

安全且复杂的防火墙应部署在企业网关上，它在允许高速数据传送的同时，还具有详细的报文分析功能。对于暴露于 Internet 的 Web 服务器，建议使用更复杂的防火墙结构，因为许多恶意黑客的攻击会利用故意不规范的外显合规的流量诱使出数据库和 Web 服务器的漏洞。

7.3.6 元数据跟踪

跟踪元数据工具有助于组织对敏感数据的流动进行跟踪。这些工具存在一种风险：外部代理可从与文档关联的元数据中检测出内部信息。使用元数据标记敏感信息是确保数据得到防护的最佳方式。绝大部分的数据泄露事件都是因为对数据敏感度的无视，进而导致缺乏对敏感数据的保护，元数据的文档记录掩盖了元数据信息泄露过程中可能造成的种种风险。然而这种风险并不严重甚至可以忽略不计，因为对于有经验的黑客来说，定位网络中不被保护的数据轻而易举。最有可能忽略保护敏感信息重要性的反而常常是企业职员及管理人员。

7.3.7 数据脱敏/加密

进行脱敏或加密的工具对于限制敏感数据的流动十分有效。

7.4 方法

管理信息安全的方法取决于组织规模、网络架构、要保护的数据类型及安全组织采纳的安全制度和标准。

7.4.1 应用 CRUD 矩阵

创建和使用数据-流程矩阵和数据-角色关系（CRUD，创建 Create、读取 Read、更新 Update、删除 Delete）矩阵有助于映射数据访问需求，并指导数据安全角色组、参数和权限的定义。某些版本中添加 E（Execute）执行，以创建 CRUDE 矩阵。

7.4.2 即时部署安全补丁

恶意黑客只需获取一台计算机的 root 权限，就可以成功地在网络上开展攻击，用户不应该延迟这些更新。因此，应该建立一个在所有计算机上尽快安装安全补丁程序的流程。

7.4.3 元数据中的数据安全属性

元数据库对于确保企业数据模型在跨业务流程使用中的完整性和一致性至关重要。元数据应包括数据的安全性和监管分类。拥有适当的安全元数据可保护组织避免员工由于对敏感数据缺乏认知而造成的影响。当数据管理专员确定适用密级和监管类别时，类别信息应记录在元数据库中。如果技术允许，还应该标记到数据上。这些分类可用于定义和管理用户权限和授权，并告知开发团队与敏感数据相关的风险。

7.4.4 项目需求中的安全要求

对每个涉及数据的项目都必须解决系统和数据安全问题。在分析阶段就应详细确定数据和应用程序的安全要求，预先识别有助于指导设计，并避免对必要安全流程的翻新改造。如果实施团队一开始就了解数据保护要求，就可以将合规性构建于系统的基本架构中。这些信息还可用于选择适当的供应商/采购软件包。

7.4.5 加密数据的高效搜索

搜索加密数据显然包括需要解密数据。减少需要解密数据量的方法之一是采用相同的加密方法来加密搜索条件（如字符串），然后用密文去查找匹配项。与加密搜索条件匹配的数据量将少得多，因此解密成本（和风险）也更低。然后在结果集上使用明文搜索以获得完全匹配。

7.4.6 文件清理

文件清理是在文件共享之前清理文件元数据（如文件的历史变更记录）的过程。文件清理降低了文件注释中的机密信息被共享的风险。特别是在合同中，这些信息可能会对谈判产生负面影响。

7.5 实施指南

实施数据安全实践取决于企业文化、风险性质、公司管理数据的敏感性及系统类型。实施系统组件应在战略性的安全规划和支持架构的指导下开展。

7.5.1 就绪评估/风险评估

保障数据安全与企业文化息息相关。组织往往更愿意对危机做出反应，而不是主动管理问责并确保可审计性。虽然完美的数据安全几乎是不可能的，但避免数据安全漏洞的最佳方法是建立对安全需求、制度和程序的认识和理解。组织可通过以下方式提高合规性：

1）培训。通过组织各级安全举措培训推广安全标准。通过在线测试等评估机制跟踪培训，可以提高员工的数据安全意识。此类培训和测试应是强制性的，作为员工绩效评估的前提条件。

2）制度的一致性。为工作组和各部门制定数据安全制度和监管合规制度，以补充和符合企业制度。采取"因地制宜"的方式更有助于有效地吸引大家积极参与。

3）度量安全性的收益。将数据安全的收益同组织计划联系起来。组织应在平衡计分卡度量和项目评估中包括数据安全活动的客观指标。

4）为供应商设置安全要求。在服务水平协议（SLA）和外包合同义务中包括数据安全要求。SLA 协议必须包括所有数据保护操作。

5）增强紧迫感。强调法律、合同和监管要求，以增强数据安全管理的紧迫感和数据安全管理的内部框架。

6）持续沟通。支持持续的员工安全培训计划，向员工通报安全计算实践和当前威胁。一个当前正在进行的计划表明：安全计算十分重要，需要管理层的支持。

7.5.2　组织和文化变革

组织需要制定数据相关制度，使其实现业务目标，同时保护受监管和敏感信息免遭滥用或未经授权的披露。在权衡风险与数据便捷使用方面，组织必须考虑到所有相关方的利益。通常，技术体系架构必须适应数据体系架构，以平衡这些需求，从而创建安全有效的电子环境。在大多数组织中，要成功保护其数据，管理层和员工的行为都需要改变。

在许多大型公司中，现有的信息安全组要有适当的制度、保障措施、安全工具、访问控制系统，以及信息保护设备和系统。应该清楚地理解和认同这些要素是对数据管理专员和数据管理人员所做工作的补充。数据管理专员通常负责数据分类。信息安全团队协助其合规落地，并根据数据保护制度及安全和监管分类建立操作规程。

在忽视客户和员工期望的情况下，实施数据安全措施可能会导致员工不满、客户不满并引发组织风险。为了促进合规性，制定数据安全措施必须考虑数据和系统使用人员的观点。精心规划和全面的技术安全措施应使利益相关方更容易获得安全访问。

7.5.3　用户数据权限可见性

必须在系统实施期间审查每个用户的数据授权（通过单个授权提供的所有数据的总和），以确定是否包含受监管的信息。要了解谁可以访问哪些数据，就需要管理描述数据机密性和监管分类的元数据，以及权限和授权本身。监管敏感性分类应该是数据定义过程的标准部分。

7.5.4 外包服务界的数据安全

除了责任,一切皆可外包。

外包IT运营会带来额外的数据安全挑战和责任。外包服务增加了跨组织和跨地理边界共享数据责任的人数。因此,对先前的非正式的角色和责任必须作为合同义务被明确定义,必须在外包合同中明确每个角色的职责和期望。

任何形式的外包服务都会增加组织风险,包括失去对技术环境和对组织数据使用方的控制。数据安全措施和流程必须将外包服务供应商的风险既视为外部风险,又视为内部风险。

IT外包的成熟使组织能够重新审视外包服务。人们已经形成了一个广泛的共识,即IT的架构和所有权(包括数据安全架构)应该是一项内部的职能。换句话说,内部组织拥有并管理企业和安全架构。外包服务合作伙伴可以承担实施体系架构的责任。

转移控制,并非转移责任。外包需要更严格的风险管理和控制机制,其中一些机制包括:

1) 服务水平协议(SLA)。
2) 外包合同中的有限责任条款。
3) 合同中的审计权条款。
4) 明确界定违反合同义务的后果。
5) 来自服务提供商的定期数据安全报告。
6) 对供应商系统活动进行独立监控。
7) 定期且彻底的数据安全审核。
8) 与服务提供商的持续沟通。

供应商位于另一国家/地区并发生争议时,应了解合同法中的法律差异。

在外包环境中,跟踪跨系统和个人的数据血缘或流转对于维护"监管链"至关重要。外包组织可从CRUD(创建、读取、更新和删除)的开发矩阵中获得非常大的帮助,这些矩阵映射跨业务流程、应用程序、角色和组织的数据职责,以及跟踪数据的转换、沿袭和监管链。此外,执行业务决策或应用功能(如批准支票、批准订单)的能力也必须包含在矩阵中。

谁执行、谁负责、咨询谁、通知谁(Responsible, Accountable, Consulted, and Informed, RACI)矩阵也帮助明确角色、职责分离及不同角色的职责,包括他们的数据安全义务。

RACI矩阵可成为合同协议和数据安全制度的一部分。通过定义责任矩阵(如RACI)在参与外包的各方之间确立明确的责任制和所有权,从而支持总体数据安全制度及其实施。

在外包信息技术操作时,维护数据的责任仍由组织方承担。建立适当的合规机制并对签订外包协议的各方抱有现实的期望至关重要。

7.5.5 云环境的数据安全

Web计算及B2B、B2C交互的蓬勃发展,使得数据边界超出了组织的防火墙边界,云计算的最新进展进一步扩展了数据边界。现在"即服务"命名的技术和业务随处可见。数据即服务（DaaS）、软件即服务（SaaS）、平台即服务（PaaS）是当今常用术语。云计算或通过互联网分布式资源来处理数据和信息是对"XaaS"的充实。

数据安全制度需要考虑跨不同服务模型的数据分布。这包括需要利用外部数据安全标准。

在云计算中，共担责任、定义数据监管链、定义所有权和保管权尤为重要。基础设施方面的考虑对数据安全管理和数据制度有直接影响。例如，当云计算提供商通过网络交付软件时，谁负责防火墙？谁负责服务器上的访问权限？

对各种规模的组织都有必要针对云计算进行微调，甚至为此创建新的数据安全管理制度。即使组织尚未直接上云，业务合作伙伴也可能上云。在互联的数据世界中，业务合作伙伴上云意味着组织的数据也被放在云中。同样的数据扩散安全原则也适用于敏感/机密的生产数据。

内部云数据中心架构，包括虚拟机，即使可能更安全，也应遵循与企业其他部分相同的安全制度要求。

7.6 数据安全治理

保护企业系统及其存储的数据需要IT和业务利益相关方之间的合作，强有力且明确的制度和程序是安全治理的基础。

7.6.1 数据安全和企业架构

企业架构定义了企业的信息资产、组件及它们的相互关系，以及对有关转换、原则和指南的业务规则的定义。数据安全架构是企业架构的一部分，它描述了在企业内如何实现数据安全，以满足业务规则和外部法规。数据安全架构的影响有：

1）用于管理数据安全的工具。
2）数据加密标准和机制。
3）外部供应商和承包商的数据访问指南。
4）互联网上的数据传送协议。
5）文档要求。
6）远程访问标准。
7）安全漏洞事件报告程序。

安全架构对于以下数据的集成尤为重要：

1）内部系统和业务部门。
2）组织及其外部业务合作伙伴。
3）组织和监管机构。

例如，内部和外部各方之间面向服务集成的架构（SOA）模式，将需要不同于传统电子数据交换（EDI）集成体系架构的数据安全实施。

对于大型企业而言，以上各方之间的正式联络对于保护信息免遭误用、盗窃、泄露和丢失至关重要。各方都必须了解与其他方有关的内容，以便能够以共同的语言沟通，并朝着共同的目标努力。

7.6.2 度量指标

度量信息保护过程并确保该过程按要求运行是至关重要的。度量指标有助于这些流程的改进。流程进展的度量指标包括：审计的执行次数、安全系统的安装量、事件的报告量，以及系统中未经检查的数据量。更复杂的指标是侧重于审计结果或组织在成熟度模型上的变动。

对已有信息安全团队的大型组织来说，可能已有大量的类似度量指标。复用现有的度量指标，并将其作为整体威胁管理度量过程的一部分，可避免大量的重复工作，这是一种高效的方法。再者，可为每个指标创建基线（初始读数）以展示时间进程下的进展。

虽然有了可被度量和跟踪的大量安全活动和条件，但更需要关注可操作的度量指标。在组织团队中，几个关键性指标比一大堆明显不相干的指标更易于管理。而改进的办法可以是针对数据监管制度和合规操作方面的意识培训。

许多组织都面临着相似的数据安全挑战，以下列表可能有助于组织选择适用的度量指标。

1. 安全实施指标

这些常见的安全指标可以用正值百分比：

1）安装了最新安全补丁程序的企业计算机百分比。

2）安装并运行了最新反恶意软件的计算机百分比。

3）通过背景调查的新员工百分比。

4）在年度安全实践测验中得分超过 80% 的员工百分比。

5）已完成正式风险评估分析的业务单位的百分比。

6）在发生火灾、地震、风暴、洪水、爆炸或其他灾难时，成功通过灾难恢复测试的业务流程百分比。

7）已成功解决审计发现的问题百分比。

可以根据列表或统计数据的指标跟踪趋势：

1）所有安全系统的性能指标。

2）背景调查和结果。

3）应急响应计划和业务连续性计划状态。

4）犯罪事件和调查。

5）合规的尽职调查及需要解决的调查结果数量。

6）已执行的信息风险管理分析及导致可操作变更的风险管理分析的数量。

7）制度审计的影响和结果，如由夜班保安人员在巡查期间执行的清洁办公桌制度检查。

8）安全运营、物理安全和楼宇防护统计。

9）文档化的、可访问的安全标准（也称为"制度"）。

10）可被度量的相关方遵守安全制度的动机。

11）业务行为和声誉风险分析，包括员工培训。

12）基于财务、医疗、商业秘密和内幕信息等特定类型数据的商业卫生和潜在内幕风险。

13）管理者和员工之间的信心和影响力指标，作为数据信息安全工作和制度如何被知悉。

随着时间的推移，在适当的类别中选择和维护合理数量的可操作指标，以确保合规性；在危机之前发现问题，并向高级管理层表明保护企业信息的决心。

2. 安全意识指标

考虑以下几个方面选择适当的指标：

1）风险评估结果（Risk Assessment Findings）。评估结果提供了定性数据，需要反馈给相关业务单位，以增强其责任意识。

2）风险事件和画像。识别需要纠正的未管理风险敞口。通过对意识活动进行后续测试，了解信息传达的情况，确定风险敞口及制度遵从方面可衡量改进的缺失或程度。

3）正式的反馈调查和访谈。通过这些调查和访谈确定安全意识水平，衡量在目标人群中成功完成安全意识培训的员工数量。

4）事故复盘、经验教训和受害者访谈。为安全意识方面的缺口提供了丰富的信息来源。具体指标可包括减少了多少漏洞。

5）补丁有效性审计。涉及使用机密和受控信息的计算机，以评估安全补丁的有效性（尽可能推荐自动补丁系统）。

3. 数据保护指标

需求决定哪些指标与组织相关：

1）关键性排名。对特定数据类型和信息系统的关键性排名，如果无法操作，将对企业产生深远影响。

2）年度化损失预期。与数据丢失、泄露或损坏相关的事故、黑客攻击、盗窃或灾难的年度化损失预期。

3）特定数据丢失风险。与某些类别受监管信息相关的特定数据丢失风险，以及补救优先级排序。

4）数据与特定业务流程的风险映射。与销售点设备相关的风险将包含在金融支付系统的风险预测中。

5）威胁评估。对某些具有价值的数据资源及其传播媒介遭受攻击的可能性进行威胁评估。

6）漏洞评估。对业务流程中敏感信息可能有意或无意暴露的特定部分进行漏洞评估。

可审核的敏感数据在整个组织中传播的位置列表。

4. 安全事件指标

1）检测并阻止入侵的尝试。

2）通过防止入侵节省的安全成本投资回报。

5. 机密数据扩散

应度量机密数据的副本数量，以减少扩散。机密数据存储的位置越多，泄露风险越大。

参考文献

Andress, Jason. *The Basics of Information Security: Understanding the Fundamentals of InfoSec in Theory and Practice*. Syngress, 2011. Print.

Calder, Alan, and Steve Watkins. *IT Governance: An International Guide to Data Security and ISO27001/ISO27002*. 5th ed. Kogan Page, 2012. Print.

Fuster, Gloria González. *The Emergence of Personal Data Protection as a Fundamental Right of the EU*. Springer, 2014. Print. Law, Governance and Technology Series/Issues in Privacy and Data Protection.

Harkins, Malcolm. *Managing Risk and Information Security: Protect to Enable (Expert's Voice in Information Technology)*. Apress, 2012. Kindle.

Hayden, Lance. *IT Security Metrics: A Practical Framework for Measuring Security and Protecting Data*. McGraw-Hill Osborne Media, 2010. Print.

Kark, Khalid. "Building A Business Case for Information Security". Computer World. 2009-08-10. http://bit.ly/2rCu7QQ Web.

Kennedy, Gwen, and Leighton Peter Prabhu. *Data Privacy: A Practical Guide*. Interstice Consulting LLP, 2014. Kindle. Amazon Digital Services.

Murdoch, Don GSE. *Blue Team Handbook: Incident Response Edition: A condensed field guide for the Cyber Security Incident Responder*. 2nd ed. CreateSpace Independent Publishing Platform, 2014. Print.

National Institute for Standards and Technology (US Department of Commerce website). http://bit.ly/1eQYolG.

Rao, Umesh Hodeghatta and Umesha Nayak. *The InfoSec Handbook: An Introduction to Information Security*. Apress, 2014. Kindle. Amazon Digital Services.

Ray, Dewey E. *The IT professional's merger and acquisition handbook*. Cognitive Diligence, 2012.

Schlesinger, David. *The Hidden Corporation: A Data Management Security Novel*. Technics Publications, LLC, 2011. Print.

Singer, P. W. and Allan Friedman. *Cybersecurity and Cyberwar: What Everyone Needs to Know©*. Oxford University Press, 2014. Print. What Everyone Needs to Know.

Watts, John. *Certified Information Privacy Professional Study Guide*: *Pass the IAPP's Certification Foundation Exam with Ease*! CreateSpace Independent Publishing Platform, 2014. Print.

Williams, Branden R., Anton Chuvakin Ph. D. *PCI Compliance*: *Understand and Implement Effective PCI Data Security Standard Compliance*. 4th ed. Syngress, 2014. Print.

第 8 章 数据集成和互操作

8.1 引言

数据集成和互操作（Data Integration and Interoperability，DII）描述了数据在不同数据存储库、应用程序和组织这三者内部和之间进行流动和整合的相关过程（见图 8-1）。数据集成将数据整合为一致的形式，可以是物理形式的一致，也可以是虚拟形式的一致。数据互操作是多个系统之间进行通信的能力。数据集成和互操作解决方案实现了大多数组织依赖的基本数据管理职能，包括：

1) 数据迁移和转换。
2) 将数据整合到数据中心（Data Hub）或数据集市（Data Mart）。
3) 将新供应商交付的软件集成到组织现有的应用系统框架中。
4) 在不同应用程序或组织之间共享数据。
5) 跨数据存储库和数据中心分发数据。
6) 归档数据。
7) 管理数据接口。
8) 获取和接收外部数据。
9) 集成结构化和非结构化数据。
10) 提供运营智能化和管理决策支持。

数据集成和互操作依赖于数据管理的其他相关领域，例如：

1) 数据治理。用于治理转换规则和消息结构。
2) 数据架构。用于设计解决方案。
3) 数据安全。无论数据是持久化、虚拟化还是在应用程序和组织之间传输，都要确保解决方案对数据的安全性进行适当的保护。
4) 元数据。用于知晓数据的技术清单（持久的、虚拟的和动态的）、数据的业务含义、数据转换的业务规则、数据运营历史和数据血缘。
5) 数据存储和运营。用于管理解决方案的物理实例化。
6) 数据建模和设计。用于设计数据结构，包括数据库中的物理持久化的结构、虚拟的数据结构及应用程序和组织之间传送的消息结构。

数据集成和互操作对数据仓库和商务智能及参考数据和主数据管理都至关重要，因为所有这些职能都关注将数据从源系统转换和集成到数据中心，从数据中心到目标系统，最终交付给数据消费者（人和系统）的过程。

第 8 章 数据集成和互操作

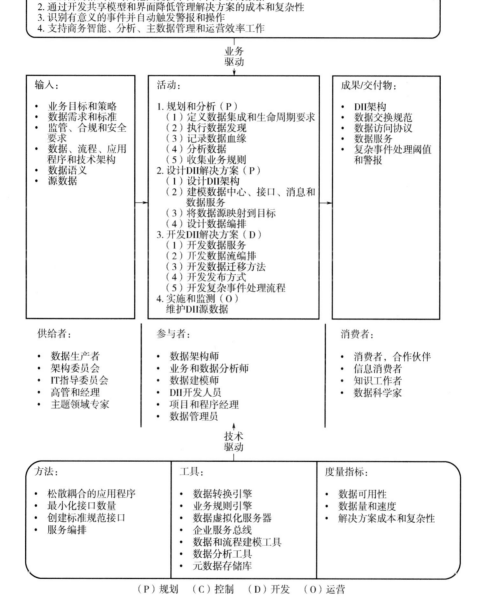

图 8-1 数据集成和互操作语境关系图

数据集成和互操作虽然是新兴大数据管理领域，但至关重要。大数据旨在集成各种类型的数据，包括存储在数据库中的结构化数据、存储在文档或文件中的非结构化文本数据，以及其他类型的非结构化数据，如音频、视频和流媒体数据等。这些数据被整合后可以被用于挖掘、训练预测模型，并将其应用于运营智能活动。

8.1.1 业务驱动因素

有效管理数据流动的需求是数据集成和互操作性（DII）的主要驱动力。由于大多数组织拥有成百或上千个数据库和数据存储，管理在数据在组织内部及与其他组织之间流动的过程已成为每个信息技术组织的核心职责。如果得不到妥善管理，数据流动过程就有可能压垮 IT 资源和能力，并使传统应用程序和数据管理领域的支持需求相形见绌。

随着组织越来越多地从软件供应商处购买应用程序，而非选择自己开发定制，企业数据集成和互操作性的需求越发突出。每个购买的应用程序都带有自己的一套主数据存储、事务数据存储和报表数据存储，因此这些数据存储必须与组织中其他数据存储进行集成。即便是运行组织公共职能的企业资源规划（Enterprise Resource Planning，ERP）系统，也很少（甚至从未）涵盖组织中所有的数据存储，它们同样需要与组织中的其他数据进行集成。

对企业而言，管理数据集成的复杂性及相关成本是建立数据集成架构的主要原因。企业级的数据集成设计远远比分散的或点对点的解决方案效率更高、成本更低。在应用程序之间采用点对点的解决方案，可能会产生成千上万的接口，即使是最有效率和最有能力的 IT 支撑组织都会被迅速拖垮。

数据中心类解决方案，如数据仓库和主数据解决方案，通过整合许多应用程序所需的数据，并为这些应用程序提供一致的数据视图，在一定程度上缓解了这个问题。类似地，对于需要跨组织共享的操作和交易数据，通过使用企业数据集成技术，如中心辐射型集成（Hub-and-Spoke Integration）模式和规范化消息模型（Canonical Message Model）等，可以极大地降低管理这些数据的复杂性。

另一个业务驱动因素是维护管理成本。在使用多种技术迁移数据时，每种技术都需要配套特定的开发和维护技术，毫无疑问这样会造成维护支撑成本增加。而标准化工具的运用不但可以有效降低维护和人力成本，还能提高故障排除工作的效率。降低接口管理的复杂性不仅可以减少接口的维护成本，还能使被维护的资源更有效地在企业其他优先事项中发挥作用。

数据集成和互操作还支持组织遵守数据处理标准和规则。企业级数据集成和互操作系统可以重用代码，从而实现规则的兼容性，并简化兼容性验证工作。

8.1.2 目标和原则

数据集成和互操作实践与解决方案的实施目标是：
1）及时向数据消费者（人和系统）提供其所需格式的数据。
2）将数据以物理或虚拟的方式整合到数据中心。
3）通过开发共享模型和接口降低管理数据集成和互操作解决方案的成本和复杂度。
4）识别有意义的事件，如机会或威胁等，自动触发警报并采取相应行动。
5）支持商务智能、数据分析、主数据管理及运营效率的提升。

在实施数据集成和互操作时，组织应遵循以下原则：

1）采用企业视角确保具备未来可扩展的设计，通过迭代和增量实现交付。

2）平衡当下与企业全局的数据需求、支撑与维护。

3）确保业务专家对数据集成和互操作性设计和活动负责。业务专家应参与数据转换规则的设计和修改，包括持久和虚拟规则。

8.1.3 基本概念

1. ETL

数据集成和互操作的核心是数据的抽取、转换和加载（Extract，Transform，and Load，ETL）。这一基本过程无论是以物理的方式还是虚拟的方式执行，无论是批处理还是实时处理，ETL 都是在应用程序和组织之间移动数据的必要步骤。ETL 处理过程如图 8-2 所示。

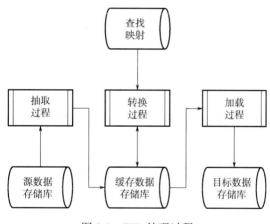

图 8-2 ETL 处理过程

根据数据集成的需求，ETL 可以作为定期调度事件执行（批处理），也可以在新数据产生或在旧数据更新后执行（实时或事件驱动）。业务运营的数据处理往往是实时或准实时的，而分析或报表所需的数据处理通常是按批次调度执行的。

数据集成的需求还可以决定抽取和转换的数据是否物理存储在暂存结构中。物理暂存允许对已发生的数据进行审计，并存在从中间点重新启动可能的过程。但是，暂存结构占用磁盘空间，写入和读取也需要时间。需要以极低延迟的数据集成需求通常不需要存储中间数据的物理暂存。

（1）抽取

抽取过程包括选择所需的数据并从其源数据中提取。被抽取的数据会在磁盘或内存中的物理数据存储库中存储。如果需要在磁盘上进行物理缓存，则缓存数据库可以考虑与源数据库或目标数据库合并，或者与两者都合并。

在理想情况下，如果这个过程在业务操作系统上执行，为了避免对业务产生负面影响，设计时应考虑尽可能少地使用资源。例如，在非高峰时间进行批处理是抽取的一个选项，包括对那些已变更、待抽取且需进行复杂处理的数据的选择或识别操作的执行。

(2) 转换

转换过程是让选定的数据与目标数据库的结构兼容。

转换包括多种情况。例如，当数据向目标移动时，将它从源数据中移除，或将数据复制到多个目标中，或将数据用于触发某个事件但不会进行新的持久化。

转换的例子包括：

1) 格式变化。技术上的格式转换，如从 EBCDIC 到 ASCII 的格式转换。

2) 结构变化。数据结构的变化，如从非规范化到规范化的转换。

3) 语义转换。数据值转换时保持语义的一致化表达，如源性别代码可以包括 0、1、2 和 3，而目标性别代码可以表示为 UNKNOWN（未知）、FEMALE（女性）、MALE（男性）或 NOT PROVIDED（不提供）。

4) 去重。如果规则要求数据键值唯一，则需要包括扫描目标、检测重复清空和删除重复记录的方法。

5) 重新排序。改变数据元素或记录的顺序以适应新定义的模式。

转换可以批量执行，也可以实时执行，或者是将转换结果存储在物理状态下的缓存区域，或者是将转换后的数据存储在虚拟状态下的内存中，直至移动到加载步骤。转换阶段所产生的数据应准备好与目标结构中的数据进行集成。

(3) 加载

加载过程是在目标系统的物理存储中进行持久化或直接呈现转换结果。根据所执行的转换需求、目标系统的目的及其预期用途，数据可能需要被进一步处理以便与其他数据集成，或者可能以一种最终形式呈现给消费者。

(4) ELT

如果目标系统比源系统或中间应用系统具有更强的转换能力，那么数据处理的顺序可以切换为抽取、加载、转换（Extract，Load，and Transform，ELT）（见图 8-3）。ELT 允许在数据加载到目标系统后再进行转换。ELT 允许源数据以原始数据的形式在目标系统上实例化，这对其他进程是有用的。用 ELT 的方式加载至数据湖，这在大数据环境中是很常见的（参见第 14 章）。

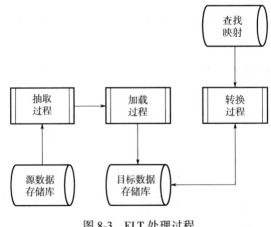

图 8-3　ELT 处理过程

（5）映射

映射（Mapping）是转换的同义词，它既是从源结构到目标结构建立查找矩阵的过程，也是该过程的结果。映射定义了要抽取的源数据与抽取数据的识别规则、要加载的目标与要更新的目标行的识别规则（如果有）、要应用的任何转换或计算规则。许多数据集成工具提供了映射的可视化界面，因此开发人员可以使用图形界面创建转换代码。

2. 时延

时延（Latency）指从源系统生成数据到目标系统并使得该数据可用的时间差。不同的数据处理方法会导致不同程度的数据时延。时延可以是很高（如批处理）、较高（如事件驱动），也可以是非常低（如实时同步）。

（1）批处理

大多数数据在应用程序和组织之间以批量文件的形式移动，这要么是根据数据使用者的人工请求，要么是周期性的自动触发。这种类型的交互被称为批处理或 ETL。

以批处理模式移动的数据代表该数据是某一时刻的完整数据集，如一个周期结束后的账户余额，或自上次发送数据以来已发生变化的数据值，或一天内已完成的地址变更。已更改的数据集被合称为增量（Delta），而来自某一时刻的数据被称为快照（Snapshot）。

在批处理数据集成解决方案中，源数据发生变化与更新目标数据之间通常存在显著延迟，进而导致高延迟。批处理非常适用于在短时间窗口内处理大量数据，即使有更低延迟的解决方案可用，它还是往往被用于数据仓库数据集成解决方案。

为了实现快速处理和更低延迟，一些数据集成解决方案使用微批处理，将批处理安排在比每天一次更高的频率上运行，如每 5 分钟一次。

批处理数据集成用于数据转换、迁移和归档，以及从数据仓库和数据集市中提取和加载数据。批处理的时机可能存在风险。为了最大限度地减少应用程序更新的问题，应在业务日结束时或在夜间进行数据处理后，安排应用程序之间的数据移动。为了避免不完整的数据集，应根据每日、每周或每月的报告时间表安排将数据移动到数据仓库的作业。

（2）变更数据捕获

变更数据捕获是一种通过增加过滤减少传送带宽需求的方法，只包含在特定时间范围内更改过的数据。变更数据捕获监视数据集的更改（插入、更改、删除），并将这些更改（增量）传送给使用这些数据的其他数据集、应用程序或组织。作为变更数据捕获过程的一部分，也可以用标记或时间戳等标识符标识数据。变更数据捕获可以是基于数据的，也可以是基于日志的（见第 6 章）。

有 3 种基于数据的变更数据捕获技术：

1）源系统在数据元素中填充特定信息，如时间戳、代码或标识，并将这些信息充当变更指示符。提取过程使用规则来识别需要提取的行。

2）源系统在更改数据时，会将对象和标识符添加到一个简单的对象列表中，然后使用该列表控制数据的提取。

3）源系统在事务过程中将已更改的数据复制到一个单独的对象中，之后该对象用于提取处理。

这个对象不需要在数据库管理系统内。

这些提取类型利用源应用程序中内置的功能，可能会消耗大量资源，并需要有能修改源应用程序的能力。在基于日志的变更数据捕获中，由数据库管理系统创建的数据活动日志被复制并处理，首先寻找特定的更改，然后将其转换并应用到目标数据库中。虽然对复杂的转换可能会比较困难，但是可以使用类似源对象的中间结构作为暂存区，方便进一步处理。

（3）准实时和事件驱动

大多数未采用批量方式的数据集成解决方案都是使用准实时（Near-Real-Time）或事件驱动的方式。数据在特定的时间表内是以较小的集合进行处理或者在事件发生时处理，如数据更新。与批处理相比，准实时处理具有更低的延迟，并且通常因为工作是随时间分布的，所以系统负载较低。但是，它通常比实时同步数据集成解决方案要慢一些。准实时数据集成解决方案通常是使用企业服务总线来实现。

状态信息和进程的依赖必须由目标应用程序加载过程来进行监控。进入目标的数据可能无法按照目标构建所需的正确顺序进入。例如，要在处理主数据关联的交易数据之前先处理主数据或维度数据。

（4）异步

在异步数据流中，提供数据的系统在继续处理新的数据之前不会等待接收系统的更新确认。异步意味着发送或接收系统都可以在一段时间内离线，而另一个系统能够正常运行。

异步数据集成不会阻塞源应用程序继续执行，也不会在任何目标应用程序不可用时导致源应用程序不可用。由于在异步配置中对应用程序进行的数据更新不是及时的，所以称之为准实时集成。在准实时的环境中，源系统中进行的更新与中继到目标数据集之间的延迟通常为秒级或分钟级。

（5）实时同步

有些情况下，源数据和目标数据之间不允许存在时间延迟或其他差异。当一个数据集的数据必须与另一个数据集的数据保持完美的同步时，必须使用实时的同步解决方案。

在同步集成解决方案中，执行过程在执行下一个活动或事务之前需等待接收来自其他应用程序或进程的确认。因为必须花费时间等待数据同步的确认，所以这意味着解决方案只能处理更少的事务。如果任何需要更新数据的应用程序处于不可用状态，主应用程序中的事务就无法完成。这种情况可以使数据保持同步，但有可能使关键应用程序依赖不太重要的应用程序。

采用这种类型的架构存在于一个连续体中。采用这种架构的基础是数据集可能有多大差异及这种解决方案的价值有多少。可以通过数据库能力（如两阶段提交）保持数据集同步。两阶段提交要确保事务中的所有内容更新，要么都成功，要么都不成功。例如，金融机构使用两阶段提交解决方案来确保财务交易表与财务平衡表完全同步。因为当应用程序出现意外中断时，其中一个数据集更新而另一个数据集不更新的概率很小，所以不是所有项目都使用两阶段提交。

在状态管理方面，实时的、同步的解决方案比异步解决方案的需求少，因为事务处理的顺序显然应由更新应用程序管理。然而，应用程序的自我状态管理也可能导致阻塞和延迟其他交易。

（6）低延迟或流处理

低延迟快速数据集成解决方案已经取得了巨大的进展。这些解决方案需要大量的硬件和软件投资。如果一个组织需要非常快速地进行远距离数据移动，那么为低时延解决方案付出的额外成本是合理的。随着事件的发生，流数据在事件发生后立即从计算机系统实时连续地流出。数据流捕获诸如购买商品或金融证券、社交媒体评论及传感器监测位置、温度、使用情况或其他数值的事件。

低延迟数据集成解决方案旨在减少事件的响应时间。它们可能包括使用像固态硬盘这样的硬件解决方案或使用内存数据库这样的软件解决方案，如此就不会因为读写传统磁盘而造成延迟。传统磁盘驱动器的读写过程比处理内存或固态磁盘驱动器中数据的速度要慢数千倍。

异步通常用于低延迟解决方案，这样事务在处理下一个数据之前不需要等待后续进程的确认。

大规模多处理器或并行处理也是低延迟解决方案中一种常见的配置，这样传入数据的处理可以同时分散在多个处理器上，而不是在单个或少量的处理器上，以免造成阻塞。

3. 复制

为了使散布在世界各地的用户都能拥有更短的响应时间，一些应用程序会在多个物理位置上维护数据集的精确副本以供就近访问。复制技术将分析和查询对主业务操作环境性能的影响降至最低。

这种解决方案要求必须把物理上分布的各个数据集副本进行数据同步。大多数数据库管理系统中都有相应的复制工具完成这项工作。当所有数据集都在相同的数据库管理系统技术中进行维护时，这些复制工具运转得最好。复制解决方案通常监视数据集的更改日志，而不是数据集本身。因为日志不会与应用程序竞争访问数据集，所以能够最大限度地减少对应用程序任何操作的影响。只有数据更新的日志会在复制副本之间传送。标准复制解决方案是准实时的，数据集的一个副本和另一个副本之间的更新延时较小。

由于复制解决方案的好处是对源数据集的影响最小，传送的数据量也显著最小，因此许多数据集成解决方案中都使用了复制，即使是那些不包括远程物理分布的解决方案也是如此。因为使用这些数据库管理工具不需要大量的编程工作，所以很少会有程序缺陷问题。

当源数据集和目标数据集是彼此的精确副本时，复制工具的表现最佳。源数据和目标数据的差异给同步带来了风险。如果最终目标数据不是源数据的精确副本，就需要维护一个暂存区域以容纳源数据的精确副本。这需要使用额外的磁盘，并且可能需要额外的数据库技术。

如果数据更改动作发生在多个副本站点，数据复制解决方案就不是最佳的选择。如果有可能在两个不同的站点更改相同的数据片段，则存在数据可能不同步的风险，或者其中一个站点的更改可能会在没有警告的情况下被覆盖（见第6章）。

4. 归档

使用频率较低或未被积极使用的数据，可以将其迁移到对组织而言成本更低的替代数据结构或存储解决方案中进行归档。ETL功能可用于将待归档数据传输到归档环境的数据结构中，必要时还能对其进行转换。归档适用于存储即将被淘汰的应用程序中的数据，以及长期未使用的生产运行系统中的数据，以提高系统的操作效率。

必须对归档技术进行监控，以确保数据在技术发生变更时仍然可访问。如果归档使用旧结构或格式，而新技术无法读取，这可能会带来风险，特别是对于仍需依规合法保存的数据（见第9章）。

5. 企业消息格式/规范模型

规范模型是一种由组织或数据集成团队使用的通用模型，用于标准化数据共享的格式。在中心辐射型数据交互设计模型中，所有想要提供或接收数据的系统只需与中央信息枢纽进行交互。根据通用的或企业消息格式或规范数据模型将数据从发送系统转换到接收系统中。采用规范数据模型可以减少数据交换所需的数据转换数量。每个系统都仅需要将数据转换为中央规范模型的格式，而无须针对需要交换数据的每个系统的格式进行逐一转换。

开发和商定共享的企业消息格式是一项重要的任务，拥有规范数据模型可以显著降低企业中数据互操作的复杂性，从而大大降低维护成本。在使用中心辐射型数据交互模型实现企业数据集成解决方案时，创建和管理所有数据交互的公共规范数据模型是一项开销巨大的工作。但在需要管理3个以上系统的数据交互时，这是合理的；而在管理超过100个应用系统的数据交互时，这就变得尤为重要。

6. 交互模型

交互模型描述了在系统之间建立连接以传输数据的方式。

（1）点对点

共享数据系统之间的绝大多数数据交互是通过"点对点"模型开展的，在这种模型中数据直接在系统间相互传递。该模型适用于少量系统的场景。但是，当许多系统需要从相同来源获取相同数据时，这种模型则会变得效率低下并增加组织风险。具体有以下几个方面：

1）影响处理性能。如果源系统是正在运营中的系统，那么提供数据的工作负载可能会影响系统处理正常业务的性能。

2）提高接口管理难度。点对点交互模型所需的接口数量接近系统数量的平方。一旦这些接口被建立，就需要维护这些接口。管理和维护系统之间接口的工作量很可能会超过系统本身的维护工作。

3）带来潜在的不一致性。当多个系统需要不同版本或格式的数据时，容易出现设计问题。使用多个接口获取数据会导致发送给下游系统的数据产生不一致性。

（2）中心辐射型

中心辐射（Hub-and-Spoke）模型是一种点对点模式的替代方案，它通过一个中央数据枢纽（物理或虚拟）集中共享数据，供多个应用程序使用。所有希望交换数据的系统通过中央公共数据控制系统交互，而不是彼此直接交互。数据仓库、数据集市、操作型数据存储（ODS）和主数据管理（MDM）正是中央数据枢纽的一些最佳实践。

数据枢纽提供了对数据一致的视图，并且对源系统性能的影响有限。数据枢纽还减少了需要访问数据源的系统数量和提取次数，从而最小化对源系统资源的影响。添加新系统到系统组合中只需建立与数据枢纽的接口。中心辐射模型即使是在系统数量相对较少时，辐射状交互也是高效且成本合理的，当需要管理数百或数千个系统的组合时，这种方式更是不可或缺。

企业服务总线（ESB）是用于在多个系统之间接近实时共享数据的数据集成解决方案，其数据枢纽是一个虚拟概念，用于定义共享数据的标准格式或规范数据模型。

虽然中心辐射型模型有许多优势，但它并非总是最好的解决方案。部分中心辐射型模型存在着不可接受的时延或性能问题。数据枢纽本身在中心辐射型架构中存在创建开销。点对点解决方案不需要数据中心，但当3个或更多的系统参与共享数据时，数据枢纽的优点就超过了其本身开销大的缺点。利用中心辐射型模型来交换数据，可以显著减少数据的转换工作和集成解决方案的需求，从而大大简化必要的组织支持。

（3）发布与订阅

发布和订阅模型涉及系统将数据推送（发布）出去，以及从其他系统拉取（订阅）数据。在数据服务的目录中列出推送数据的系统，希望使用数据的系统订阅这些服务。在发布数据时，数据会自动发送给订阅用户。

当多个数据消费者需要特定数据集或特定格式的数据时，集中开发该数据集并向所有需要者统一提供，可确保所有参与者及时收到一致的数据集。

7. 数据集成和互操作架构概念

（1）应用耦合

耦合描述了两个系统之间的依赖程度。两个紧密耦合的系统通常存在同步接口，即一个系统需要等待另一个系统的响应。紧密耦合增加了系统运营的风险：如果其中一个系统不可用，那么另一个系统也会受到影响，并且两个系统的业务连续性计划必须保持一致（见第6章）。

在某些情况下，松耦合是一种优选的接口设计，在这种设计中，系统之间传送数据不需要等待响应，并且当一个系统不可用时，不会导致另一个系统也无法使用。可以使用服务、API或消息队列等多种技术实现松耦合。图8-4解释了松耦合的一种设计模式。

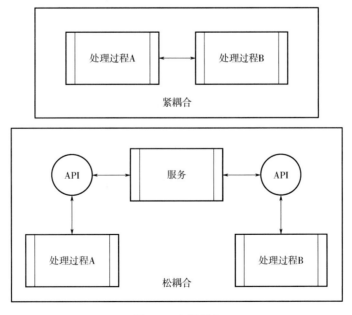

图8-4 应用耦合

例如，面向服务架构（SOA）中的企业服务总线（ESB）是一种松散耦合的设计模式，其应用系统的替换通常不需要重写与其他系统的交互接口，因为交互点是明确定义的。

（2）编排和流程控制

编排（Orchestration）是一个术语，描述了多个流程在系统中的组织和执行方式。系统需要能够管理这些流程执行的顺序，以确保一致性和连续性。

流程控制是保障数据的调度、交付、抽取和装载准确和完整的组件。基本数据传送架构中经常被忽略的有以下几个方面：

1）数据库活动日志。

2）批处理作业日志。

3）警报。

4）异常日志。

5）作业依赖图，包含补救方案、标准响应。

6）作业的时钟信息，如依赖作业的时间、预计作业时长、计算（可用）的窗口时间。

（3）企业应用集成

在企业应用集成（EAI）模型中，软件模块之间仅通过定义良好的 API 调用进行交互。数据存储只能通过自己的软件模块更新，其他软件不能直接访问应用程序中的数据，而只能通过定义好的 API 进行访问。企业应用集成是基于面向对象的概念，它强调重用和替换任何模块而不影响其他模块的能力。

（4）ESB

企业服务总线（Enterprise Service Bus，ESB）是一种在系统之间传递消息的中介。应用程序可以通过 ESB 的功能封装消息或文件，并在系统之间发送和接收这些消息和文件。作为一个松散耦合的例子，ESB 充当两个应用程序之间的服务角色（见图 8-5）。

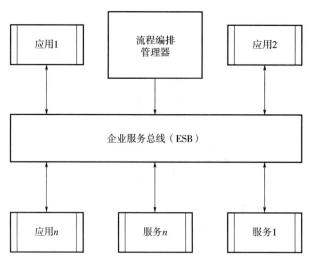

图 8-5　企业服务总线

（5）面向服务的架构

大多数成熟的企业数据集成策略通常会采用面向服务的架构（Service Oriented Architecture，SOA）思想。通过在应用程序之间定义良好的服务调用，可以实现推送数据或更新数据（或其他数据服务）

的功能。使用这种架构，应用程序不必与其他应用程序直接交互或了解其他应用程序的内部工作原理。SOA 支持应用程序的独立性和组织替换系统的能力，而无须对与之交互的系统进行重大更改。

SOA 的目标是在独立的软件模块之间定义良好的交互。每个模块可提供其他软件模块或个人消费者执行的功能（服务）。SOA 的关键概念是提供了独立的服务：该服务没有调用应用程序的预先知识，服务的实现是调用应用程序的黑匣子。SOA 可以通过 Web 服务、消息传送、RESTful API 等多种技术实现。通常作为可以供应用系统或个人消费者调用的 API 实现服务。一个定义良好的 API 注册表包含可用的功能选项、需要提供的参数及调用反馈的结果信息。

数据服务可以包括数据的添加、删除、更新和检索，这些服务被指定在可用服务的目录中。为了实现企业的可扩展性（使用合理的资源，支持企业内所有应用之间的集成）和重用性（具有某类所有请求者所利用的数据服务）目标，必须围绕服务和 API 的设计及注册建立一个强大的治理模型。在开发出新的数据服务之前，要确保不存在能够满足所请求数据的已有服务。此外，新的服务设计需要考虑满足广泛的需求，这样它们才能不受当前需要的限制，满足可以重用的要求。

（6）复杂事件处理

事件处理是一种跟踪和分析（处理）有关发生事件的信息流（数据流），并从中得出结论的方法。复杂事件处理（Complex Event Processing，CEP）将多个来源的数据进行合并，通过识别有意义的事件（如机会或威胁），为这些事件设置规则指导事件处理及路由，进而预测行为或活动，并根据预测的结果自动触发实时响应，如推荐消费者购买产品。

组织可以使用复杂事件处理来预测行为或活动，并根据预测的结果自动触发实时响应，如销售机会、Web 点击、订单或客户服务电话等事件可能发生在组织的各个层面上。它们可以包括新闻、短信、社交媒体、股票市场、流量报表、天气报告或其他类型的数据。当测量值超过预定的时间、温度或其他值的阈值时，事件也可以定义为状态的变化。

CEP 存在很多数据挑战。有时事件发生的概率让在发生事件时检索必要的额外数据变得不切实际。高效的处理通常要求预先在 CEP 引擎的内存中预存一些数据。

复杂事件处理需要一个能够集成各种类型数据的环境。由于预测通常涉及大量各种类型的数据，所以复杂事件处理常常与大数据相关。复杂事件处理通常需要使用支持超低时延要求的技术，如处理实时流式数据和内存数据库（见第 14 章）。

（7）数据联邦和虚拟化

当数据存在于不同的数据存储库时，还可以通过物理集成以外的方式进行聚合。无论它们各自结构如何，数据联邦（Data Federation）都会提供访问各个独立数据存储库组合的权限。数据虚拟化（Data Virtualization）使分布式数据库及多个异构数据存储能够作为单个数据库来访问和查看（见第 6 章）。

（8）数据即服务

软件即服务（Software-as-a-Service，SaaS）是一种应用软件系统交付和许可模式。虽然应用程序提供服务被许可访问，但软件和数据位于软件供应商控制的数据中心，而不是获得许可组织的数据中心。提供不同层次的计算基础设施即服务（IT 即服务、平台即服务、数据库即服务）也是类似的概念。

数据即服务（Data-as-a-Service，DaaS）的一个定义是从供应商获得许可并按需由供应商提供数据，而不是存储和维护在被许可组织数据中心的数据。一个常见的例子是证券交易所出售证券和相关价格（当前和历史）的信息。

尽管DaaS通常适用于表示向行业内的用户销售数据的供应商，但是这种"服务"概念同样也适用于组织内部，如为各种功能和操作系统提供企业数据或数据服务。服务组织提供可用服务目录、服务级别和定价计划。

(9) 云化集成

云化集成，也称为集成平台即服务（Integration Platform-as-a-Service，IPaaS），是作为云服务交付的一种系统集成形式，可用于处理数据、流程、SOA和应用集成。

在云计算出现之前，集成可以分为内部集成和企业间集成。内部集成需求是通过内部中间件平台提供服务，并通常使用服务总线（ESB）管理系统之间的数据交换。企业间集成是通过电子数据交换（EDI）网关、增值网络（Value-Added Networks，VAN）等完成。

基于云化集成，SaaS模式为整合位于组织数据中心外部的数据创造了一种新的需求。自从这种模式出现后，许多集成内部应用程序及类似EDI网关功能的能力被开发出来。

云化集成解决方案通常作为SaaS应用程序在供应商的数据中心运行，而不是在拥有被集成数据的组织中运行。云化集成涉及与要使用SOA交互服务集成的SaaS应用程序数据的交互（见第6章）。

8. 数据交换标准

数据交换标准是数据元素结构的正式规则。与许多行业一样，国际标准化组织（International Standards Organization，ISO）也制定了数据交换标准。数据交换规范是组织或数据交换团队使用的通用模型，用于标准化数据共享格式。交换模式定义了任何系统或组织交换数据所需的数据转换结构。数据需要映射到交换规范中。

制定开发一项能够共享信息格式的工作是非常重要的，在系统之间达成一致的交换格式或数据布局可以大大简化企业中的数据共享过程，从而降低支撑成本，并使工作人员能更好地理解数据。

国家信息交换模型（National Information Exchange Model，NIEM）是为在美国政府机构之间交换文件和交易而开发的数据交换标准。其目的是使信息的发送者和接收者对该信息的含义有一个共同的、明确的理解。与NIEM的一致性确保了基本的信息集被很好地理解，并且在不同的社区中具有相同的一致性的含义，从而实现互操作性。

国家信息交换模型（NIEM）使用可扩展标记语言（XML）定义模式和元素的表示，允许通过简单但详细的XML语法定义规则定义数据的结构和含义。

8.2 活动

数据集成和互操作涉及在所需的时间、所需的地点、以所需的方式获取数据。数据集成活动遵循开发生命周期模型，从规划开始，经过设计、开发、测试和实施等过程。一旦实施，就必须对系统进行管理、监控和改进。

8.2.1 规划和分析

1. 定义数据集成和生命周期需求

定义数据集成需求包括理解组织的业务目标，以及为实现这些目标所必需的数据和建议的技术方案，还需要收集与这些数据的相关法律法规。某些活动可能由于数据内容受到限制，提前知晓这些限制可避免后期问题。同时，还必须考虑相关数据留存制度及组织在数据生命周期的其他阶段的相关策略。数据留存的要求通常因数据所属领域和类型而异。

数据集成和生命周期需求通常由业务分析师、数据管理专员和具有各种职能的架构师（包括IT架构师）定义。这些数据相关人士希望以特定的格式在特定的位置获取数据，并与其他数据集成。这种需求将确定数据集成和互操作交互模型的类型，然后确定满足需求所需的技术和服务。

定义需求的过程可以创建并发现有价值的元数据。这些元数据从发现到操作，应该在整个数据生命周期中进行管理。组织的元数据越完整和准确，其管理数据集成风险和成本的能力就越强。

2. 执行数据探索

数据探索（Data Discovery）应该在设计之前进行，其目标是为数据集成工作确定潜在的数据来源。数据探索将确定可以被获取数据的位置及可能集成方式。该过程将技术搜索与主题专业知识相结合，搜索技术会使用能够扫描组织数据集上元数据和/或实际内容的工具。

数据探索还包括针对数据质量的高层次评估工作，以确定数据是否适合集成计划的目标。这个评估不仅需要审查现有的文档，采访主题领域专家，而且还需要通过数据剖析或其他分析方法来验证根据实际数据收集的信息。几乎在所有情况下，对数据集的预期与探索发现的实际情况都会存在差异。

数据探索会产生或进一步完善组织的数据目录，这个目录应该在元数据库中进行维护。为确保集成工作标准化，需定期更新数据目录：新增或移除数据存储，并记录结构变更。

大多数组织都需要集成来自其内部系统的数据。然而，数据集成解决方案也可能会涉及从组织外部获取数据。在当前快速增长的外部数据资源中，免费或由数据供应商提供的数据可能极具价值，将外部数据与组织内部数据集成需要精心规划。

3. 记录数据血缘

数据探索过程还将揭示有关数据是如何在组织中流转的信息，这些信息可用于记录数据血缘（Data Lineage）的高阶视图：数据是如何被组织获取或创建的，它在组织中是如何流动和变化，以及如何被组织用于分析、决策或事件触发的。详细的血缘信息还包括数据变更的规则及变更的频率。

血缘分析可能会揭示现有系统文档需要改进的地方。自定义编码的ETL和其他遗留数据操作对象应当被记录下来，以确保组织能够分析出数据流中任何更改的影响。

分析过程还可以提供改进现有数据流的机会。例如，发现一处代码可以升级为对工具中函数的简单调用，或者由于不再相关而被丢弃。有时，当一个旧工具正在执行一个转换，这个转换在后面发现不必再做了。发现和消除上述这些低效率或无效的配置，可以极大地帮助项目的成功，并提升组织使用其数据的整体能力。

4. 剖析数据

理解数据的内容和结构是实现数据集成成功的关键。数据剖析（Data Profiling）有助于实现这一目标。实际的数据结构和内容总是和假定的有差异。有时差异很小，有时差异大到足以破坏整个集成工作。剖析数据可以帮助集成团队发现这些差异，并利用这些差异对采购和设计做出更好的决策。如果跳过数据剖析过程，那么有些影响设计的信息直到测试或实际操作之前都难以被发现。

基本的数据剖析包括：

1) 数据结构中定义的数据格式和从实际数据中推断出来的格式。
2) 数据的数量，包括空值、空白值或默认数据的级别。
3) 数据值及它们与定义的有效值集合的紧密联系。
4) 数据集内部的模式和关系，如相关字段和基数规则。
5) 与其他数据集的关系。

对潜在的源数据和目标数据进行更广泛的剖析，可以了解数据在多大程度上能满足特定数据集成活动的要求。对源数据和目标数据进行剖析，可以了解如何将数据转换为符合要求的数据。

剖析的目标之一是评估数据的质量。对于特定用途的适用性，评估数据时需要记录业务规则，并测量数据满足这些业务规则的程度。需要将评估的准确性与确定正确的一组数据进行比较。有时可能未必找得到这样的一组数据，因此作为剖析工作的一部分，准确的测量有时也是不现实的。

与高级数据探索一样，数据剖析包括验证与实际数据相关的数据假设。在元数据库中捕获数据剖析的结果，以便在以后续的项目中使用，并使用从过程中获得的知识来提高现有元数据的准确性（Olson，2003）（见第13章）。

剖析数据的要求必须与组织的安全和隐私规定保持平衡（见第7章）。

5. 收集业务规则

业务规则是需求的一个关键子集，是定义或约束业务处理方面的语句。业务规则旨在维护业务结构、控制或影响业务的行为。业务规则分为四类：业务术语定义、相互关联的术语的事实、约束或行为断言及派生。

实现数据集成和互操作需要业务规则的支撑。具体内容包括以下几个方面：

1) 评估潜在的源数据集和目标数据集的数据。
2) 管理组织中的数据流。
3) 监控组织中的操作数据。
4) 指示何时自动触发事件和警报。

对于主数据管理而言，业务规则包括匹配规则、合并规则、存活规则和信任规则。对于数据归档、数据仓库和使用数据存储的其他情况，业务规则还包括数据保留规则。

收集业务规则也称为规则获取或业务规则挖掘。业务分析师或数据管理专员可以从现有文档（如案例、规范、系统代码等）中提取规则，他们也可以组织研讨会和业务主题领域专家访谈来获得，或者两者兼而有之。

8.2.2 设计数据集成解决方案

1. 设计数据集成解决方案

数据集成解决方案应该在企业和单个解决方案两个层面上统筹考虑（见第 4 章）。因为评估和协商工作是需要在确定数据集成解决方案之前进行，所以通过建立企业标准可以让组织节省实施单个解决方案的时间。企业可以通过集团折扣的方法来节省许可证成本，以及通过操作一致、复杂性下降的方法来解决方案成本。支持和备份的操作资源是共享池的一部分。设计一个满足需求的解决方案，尽可能多地重用现有的数据集成和互操作性组件。解决方案体系结构表示将要使用的技术，它将包括所涉及数据结构的清单（持久和可传递、现有和必需）、数据流的编排和频率指示、法规、安全问题和补救措施及有关备份和恢复、可用性和数据存档和保留。

1）选择交互模型。确定哪个交互模型或组合将满足需求——中心辐射型、点对点或发布订阅。如果需求与已经实现的现有交互模式相匹配，则尽可能地重用现有系统，以减少开发工作。

2）设计数据服务或交换模式。创建或重用现有的集成流程来移动数据。这些数据服务应该与现有类似数据服务相辅相成，但要注意不要创建多个几乎完全相同的服务，因为在服务激增的情况下，故障排除和支持会变得越来越困难。如果一个现有的数据流可以被修改以支持多种需求，那么这种修改做法可能是值得提倡的，而不是创建一个新的服务。

任何数据交换规范设计都应该基于行业标准开始，或者以已经存的其他交换模式为标准。在可能的情况下，对现有模式进行更改要考虑通用性，以使更改对其他系统具有通用性；如果只是针对一种特定交换模式更改，则会存在与点对点连接类似的问题。

2. 数据中心、接口、消息和数据服务建模

数据集成和互操作中所需的数据结构包括数据持久化的数据结构，如主数据管理中心、数据仓库和数据集市、操作型数据存储库及那些只是用于移动或转换数据的临时数据结构，如接口、消息布局和规范模型。这两种类型都应该建模（见第 5 章）。

3. 映射数据源到目标

几乎所有的数据集成解决方案都包括从源结构到目标结构的数据转换。做好从一个位置到另一位置的数据格式转换映射规则。

对于映射关系中的每个属性，映射规范如下：

1）指明源数据和目标数据的技术格式。
2）指定源数据和目标数据之间所有中间暂存点所需的转换。
3）描述最终或中间目标数据存储区中每个属性的填充方式。
4）描述是否需要对数据值进行转换，如通过在表示适当目标值的表中查找源值。
5）描述需要进行哪些计算。

转换可以在批量计划中执行，也可以由实时事件触发。可以通过目标格式的物理持久化或通过对目标格式数据的虚拟化呈现来完成。

4. 设计数据编排

对数据集成解决方案中的数据流必须做好设计和记录。数据流编排是从开始到结束的数据流模式，包括完成转换和/或事务所需的所有中间步骤。

批量数据集成流编排将设定数据移动和转换的频率。批量数据集成通常被编码为一个调度器，它会在某个时间、周期或在事件发生时被触发启动。调度器可能包括具有依赖关系的多个步骤。

实时数据集成流编排通常由事件触发，如数据新增或更新。实时数据集成流编排通常更复杂，通常需要跨越多个工具来实现，甚至可能不是线性的过程。

8.2.3 开发数据集成解决方案

1. 开发数据服务

开发服务以获取、转换和交付指定的数据，并匹配所选的交互模型。实现数据集成解决方案经常用到一些工具或供应商套件，如数据转换、主数据管理、数据仓库等。为了达到这些不同的目的，建议在整个组织中使用一致的工具或标准的供应商套件，并通过启用共享支持解决方案简化操作支持，并降低运营成本。

2. 开发数据流编排

对集成或 ETL 数据流通常会采用专用工具以特有的方式进行开发。对批量数据流将在一个调度器（通常是企业标准调度器，如 CTRL-M）中开发，以管理执行已开发的数据集成组件的顺序、频率和依赖关系等。

互操作性需求可能包括开发数据存储之间的映射或协调点。一些组织使用 ESB 订阅组织中创建或更改的数据，以及其他应用程序发布对数据的更改。企业服务总线将不断地对应用程序进行轮询，以查看它们是否有任何要发布的数据，并将所订阅的新的或已更改的数据传递给它们。

开发实时数据集成流涉及监控事件，这些事件触发相应服务执行来获取、转换或发布数据。这个过程通常采用一些专有技术，最好使用能够跨技术管理操作的解决方案实现。

3. 制定数据迁移方法

当上线新的应用程序，或当应用程序退役或合并时，需要进行数据迁移。这个过程涉及将数据转换为接收应用程序的格式。几乎所有的应用程序开发项目都涉及一些数据迁移工作，即使所涉及的可能只是迁移参考数据。考虑到需要在测试阶段和最终实现中执行，迁移工作并不是一次性的过程。

数据迁移项目经常被低估或缺乏充分的设计，因为程序员只是被告知简单地移动数据，并没有参与数据集成的分析和设计活动。在没有进行适当分析的情况下迁移数据时，这些数据通常看起来与通过正常业务处理而获得的数据不一样。或者，迁移后的数据可能无法像预期的那样与应用程序一起工作。核心操作型应用程序的数据剖析过程通常会突出显示从上一代或者多代以前系统迁移而来的数据。这些数据不符合通过当前应用程序代码输入数据的标准（见第6章）。

4. 制定发布方式

创建或维护关键数据的系统需要将这些数据提供给组织中的其他系统。生成数据的应用程序应该在数据更改（事件驱动）或定期调度时，将新数据或更改后的数据推送到其他系统（特别是数据中心和企业数据总线）。

最佳实践是为组织中的各种数据类型确定一个通用的消息定义（规范格式），并让具有适当访问权限的数据使用者（应用程序或个人）订阅接收有关数据更改的通知。

5. 开发复杂事件处理流

开发复杂事件处理流需要做好以下几个方面的工作：

1）准备有关预测模型的个人、组织、产品或市场和迁移前的历史数据。

2）处理实时数据流，充分填充预测模型、识别有意义的事件（机会或威胁）。

3）根据预测执行触发的动作。对预测模型所需历史数据的准备和预处理可以在夜间进行批处理或准实时执行。通常，一些预测模型可以预先在触发事件前填充。例如，确定哪些产品通常是一起购买的，把它作为额外推荐购买的内容。

一些处理流触发对实时流中的每一个事件的响应，如将一个物品添加到购物车；其他处理流可以尝试识别触发一些特别有意义的事件，如可疑的信用卡欺诈性扣款尝试。

识别出有意义事件的反应可以简单到只发出警告信息，也可以是特别复杂场景的自动部署。

8.2.4 实施和监测

启用已开发并通过测试的数据服务时，对实时数据处理过程需要实时监控运行状况。应建立表示潜在问题的度量指标及直接反馈问题的机制，尤其是当触发响应的复杂性和风险增加时，应建立对反馈问题的自动化处理和人工监控流程。例如，在有些情况下，自动金融证券交易算法问题触发了影响整个市场或导致组织破产的行为。

数据交互功能必须采用与最苛刻的目标应用程序或数据使用者相同的服务级别进行监视和服务。

8.2.5 维护数据集成和互操作的元数据

如前所述，在开发数据集成和互操作解决方案的过程中，组织将创建和发现有价值的元数据。应该管理和维护这些元数据，以确保正确理解系统中的数据，并防止在将来的解决方案中还需要重新整理这些信息。可靠的元数据提高了组织管理风险、降低成本和从数据中获得更多价值的能力。

记录所有系统的数据结构涉及源、目标和缓存的数据集成，包括业务定义和技术定义（结构、格式、大小）及数据在持久化的数据存储之间的转换。数据集成元数据无论是存储在文档中，还是存储在元数据库中，如果没有业务和技术利益相关方的审核和批准过程，就不应该改变它。

大多数 ETL 工具供应商都将其元数据库打包为附加功能，以实现治理和管理监督。如果将元数据库用作操作工具，那么它甚至可能包括有关何时在系统之间复制和转换数据的操作元数据。

对于数据集成和共享解决方案来说，特别重要的是 SOA 注册中心，它提供了一个不断发展变化的受控信息目录：访问和使用应用程序中数据和功能的可用服务。

8.3 工具

8.3.1 数据转换引擎/ETL 工具

数据转换引擎/ETL 工具是数据集成工具箱中的主要工具，是每个企业数据集成程序的核心。这些工具通常支持数据转换活动的操作和设计。

无论是批量的还是实时的，物理的或虚拟的数据都存在运用非常复杂的工具开发和执行 ETL。对于使用单一的点对点解决方案，数据集成过程经常通过自定义程序编码实现。企业级解决方案通常需要使用各种工具在整个组织内以标准方式执行相关处理。

数据转换引擎选择的基本考虑应该包括是否需要运用批处理和实时功能，以及是否包括非结构化数据和结构化数据。目前最成熟的是用于结构化数据的批量处理工具。

8.3.2 数据虚拟化服务器

数据转换引擎通常对数据进行物理抽取、转换和加载，而数据虚拟化服务器对数据进行虚拟抽取、转换和集成。数据虚拟化服务器可以将结构化数据和非结构化数据进行合并。数据仓库经常是数据虚拟化服务器的输入，但数据虚拟化服务器不会替代企业信息架构中的数据仓库。

8.3.3 企业服务总线

企业服务总线（Enterprise Service Bus，ESB）既指软件体系结构模型，又指一种面向消息的中间件，用于在同一组织内的异构数据存储、应用程序和服务器之间实现近乎实时的消息传递。大多数内部数据集成解决方案需要比日常使用更频繁地执行此架构和此技术。最常见的是，ESB 以异步模式使用，以实现数据的自由流动。在某些情况下，ESB 也可以同步格式使用。

企业服务总线通过在各个环境中安装适配器或代理软件，在参与消息交换的各个系统上实现数据传入和传出的消息队列。ESB 的中央处理器通常在独立于其他参与系统的服务器上实现。处理器跟踪哪些系统对什么类型的消息感兴趣。中央处理器不断轮询每个参与系统传出的消息，并将传入消息存入消息队列，以查找已订阅类型的消息和直接发往该系统的消息。

因为数据从发送系统到接收系统需要几分钟的时间，这种模型被称为"准实时"型。这是一个松耦合的模型，发送数据的系统在继续处理之前不会等待来自接收系统的确认而更新信息。

8.3.4 业务规则引擎

许多数据集成解决方案依赖于业务规则。作为一种重要的元数据形式，这些规则可用于基本的集成，也可用于包含复杂事件处理的解决方案，以便组织能够准实时地响应这些事件。业务规则引擎中允许非技术用户管理软件的业务规则，因为业务规则引擎可以在不改变技术代码的情况下支持对预测模型的更改，所以它是一个非常有价值的工具，可以用较低的成本支持解决方案的演进。例如，预测客户要购买什么样的模型，可以定义为业务规则而不是代码更改。

8.3.5 数据和流程建模工具

数据建模工具不仅用来设计目标数据结构，还用来设计数据集成解决方案所需的中间数据结构。虽然在系统和组织之间传送的信息或数据流通常不会持久化，但是也应对其进行建模。另外，如同复杂事件处理流一样，还应对系统和组织之间的数据流进行设计。

8.3.6 数据剖析工具

数据剖析包括对数据集的内容进行统计分析，以了解数据的格式、完整性、一致性、有效性和结构。所有数据集成和互操作开发都应该包括对潜在数据源和目标的详细评估，以确定实际数据是否满足所提议解决方案的需要。由于大多数集成项目涉及大量数据，所以进行这种分析最有效的方法是使用数据剖析工具（见第 13 章）。

8.3.7 元数据库

元数据库包含组织数据的相关信息，如数据结构、数据内容及用于管理数据的业务规则等。在数据集成项目中，可以使用一个或多个元数据库记录数据源、转换和目标的数据的技术结构和业务含义。

通常，像触发器和定时器等预定过程的指令一样，数据集成工具使用的数据转换、血缘和处理规则也存储在元数据库中。

通常，每个工具都有自己的元数据库。来自同一个供应商的工具套件可能共享一个元数据库。可以将其中一个元数据库指定为用于合并来自各种操作工具数据的中心节点（见第12章）。

8.4 方法

在本章的基本概念中，描述了设计数据集成解决方案的几种重要方法。基本目标是保持应用程序松散耦合，限制开发和管理接口的数量，使用中心辐射形方法，并创建标准规范的接口等。

8.5 实施指南

8.5.1 就绪评估/风险评估

每个组织都有某种形式的数据集成和互操作解决方案。因此，就绪评估/风险评估应该围绕企业集成工具实现或增强允许互操作性能力来考虑。

企业数据集成解决方案的选择通常是基于多个系统之间实现集成的成本合理性。设计一个企业数据集成解决方案，不但要实现第一个应用程序和组织的集成，而且能支持在多个应用程序和组织之间移动数据。

许多组织花费了大量时间重构现有的解决方案，却没有带来额外的价值。这说明，应当专注于实现当前还没有集成或部分集成的数据集成解决方案，而不是想着使用跨组织的通用企业解决方案替换组织正在运行的数据集成解决方案。

如果某些数据项目可以证明只针对特定应用程序（如数据仓库或主数据管理中心）的数据集成解决方案是合理的，那么在这些情况下所用对数据集成解决方案的额外使用都会增加投资的价值，因为第一个系统的使用已经达到了预期的效果。

应用程序支撑团队倾向于在本地管理数据集成解决方案，他们认为这样做比利用企业级解决方案的成本低。支持这些团队的软件供应商也更倾向于使用他们销售的数据集成工具。因此，在解决方案设计和技术采购时，有足够权威级别的团队（如 IT 企业架构级别）来支持企业数据集成项目的实施是很有必要的。此外，通过正面激励措施（如为数据集成技术提供资金）鼓励参与，或者通过负面的管控措施（如拒绝批准全新数据集成技术的实施）进行否决，也是很有必要的。

采用新技术的数据集成开发项目常常将实施重点放在技术上，而忽略了业务目标。必须确保实施数据集成解决方案保持在关注业务目标和需求上，包括确保每个项目中的参与者都有面向业务或应用程序的人员，而不仅仅是数据集成工具专家。

8.5.2 组织和文化变革

组织必须确定数据集成实施由集中管理的团队负责，或由分散的应用程序团队负责。本地团队了解他们应用程序中的数据，中心团队对工具和技术有深刻的理解。许多组织组建了专门从事企业数据集成解决方案设计和部署的卓越中心团队，本地团队和中心团队协作开发，将应用程序整合到企业数据集成解决方案中。本地团队主要负责管理和解决整合过程中的问题，必要时升级到卓越中心。

数据集成解决方案通常被视为纯粹的技术性解决方案，但是为了成功地实现价值，必须基于深入的业务知识进行开发。开发规范化消息模型或者在组织中实现共享数据的一致标准，需要投入大量的资源，包括业务建模资源和技术资源。在涉及的每个系统中，由业务专家审查所有数据转换映射设计和更改。

8.6 数据集成和互操作治理

数据消息、数据模型和数据转换规则设计的决策，直接影响组织使用数据的能力。这些决策必须由商业因素驱动。虽然在实现业务规则时需要考虑很多技术因素，但是当数据流入、通过和流出组织时，单纯从技术角度考虑数据集成和共享的方法可能导致数据映射和转换的错误。

业务利益相关方应负责定义数据建模和转换规则，并由他们批准对这些业务规则的一切更改。应该将这些规则捕获为元数据，并进行合并以进行跨企业分析。识别和验证预测模型及定义预测自动触发的操作也属于业务功能。

如果用户不相信集成和互操作设计将以安全、可靠的方式按承诺执行，那么就没有有效的业务价值。在数据集成和互操作中，支持信任的治理控制布局可能是很复杂和很具体的。一种方法是确定什么事件触发治理评审（异常或关键事件），将每个触发器映射到与治理机构对应的审查中。当从系统开发生命周期的一个阶段移动到另一个阶段时，事件触发器可能是每个阶段入口的一部分。例如，架构设计符合性检查表可能包括这样的问题：是否在使用 ESB 等工具？搜索服务是否可以重用？

控制可能来自治理驱动的日常管理工作，如强制审查模型、审核元数据、控制可交付结果及批准更改转换规则。

在服务水平协议和业务连续性/灾难恢复计划中，实时操作数据集成解决方案必须与它们提供数据的最关键系统采用同样的备份和恢复要求。

需要制定相应制度，以确保组织从企业数据整合和互操作方法中获益。例如，可以制定制度，要求确保遵循 SOA 原则，只有在审查现有服务之后才能创建新服务，并且系统之间的所有数据都须通过企业服务总线。

8.6.1 数据共享协议

在开发接口或以电子方式提供数据之前，应制定一份数据共享协议或谅解备忘录（MOU）。该协议应规定交换数据的责任和可接受的使用用途，并由相关数据的业务数据主管批准。数据共享协议应指定预期的数据使用和访问、使用的限制及预期的服务级别，包括所需的系统启动时间和响应时间。这些协议对于受监管的行业或者涉及个人信息或安全信息的行业尤其重要。

8.6.2 数据集成和互操作与数据血缘

数据血缘对于数据集成和互操作解决方案的开发非常有价值。它对于数据消费者使用数据也很有帮助，并随着数据在组织之间集成变得更加重要。治理需要确保记录数据来源和数据移动的信息。数据共享协议可能规定了数据使用的限制，为了遵守这些限制，有必要知道数据在哪里移动和保留。一些新兴的合规标准（如欧洲的 Solvency II 法规）要求组织能够描述其数据的来源及其在不同系统中的变化情况。

此外，对数据流进行更改时需要数据血缘信息，并且必须将此信息作为元数据解决方案的关键部分进行管理。前向和后向数据血缘（数据的使用位置和来源）是数据结构、数据流或数据处理更改时进行影响分析的重要组成部分。

8.6.3 度量指标

要衡量实现数据集成解决方案的规模和收益，可使用的度量指标包括数据可用性、数据量和速度、解决方案的成本和复杂度等。

1）数据可用性。请求数据的可获得性。

2）数据量和速度。包括：传送和转换的数据量，分析数据量，传送速度，数据更新与可用性之间的时延，事件与触发动作之间的时延，新数据源的可用时间。

3）解决方案的成本和复杂度。包括：解决方案开发和管理成本，获取新数据的便利性，解决方案和运营的复杂度，使用数据集成解决方案的系统数量。

参考文献

Aiken, P. and Allen, D. M. *XML in Data Management*. MorganKaufmann, 2004. Print.

Bahga, Arshdeep, and Vijay Madisetti. *Cloud Computing: A Hands-OnApproach*. CreateSpace Independent Publishing Platform, 2013. Print.

Bobak, Angelo R. *Connecting the Data: Data Integration Techniquesfor Building an Operational Data Store (ODS)*. Technics Publications, LLC, 2012. Print.

Brackett, Michael. *Data Resource Integration: Understanding and Resolving a Disparate Data Resource*. Technics Publications, LLC, 2012. Print.

Carstensen, Jared, Bernard Golden, and JP Morgenthal. *Cloud Computing-Assessing the Risks*. IT Governance Publishing, 2012. Print.

Di Martino, Beniamino, Giuseppina Cretella, and Antonio Esposito. *Cloud Portability and Interoperability: Issues and Current Trend*. Springer, 2015. Print. SpringerBriefs in Computer Science.

Doan, AnHai, Alon Halevy, and Zachary Ives. *Principles of DataIntegration*. Morgan Kaufmann, 2012. Print.

Erl, Thomas, Ricardo Puttini, and Zaigham Mahmood. *Cloud Computing: Concepts, Technology and Architecture*. Prentice Hall, 2013. Print. The Prentice Hall Service Technology Ser. from Thomas Erl.

Ferguson, M. *Maximizing the Business Value of Data Virtualization*. Enterprise Data World, 2012. Web. http://bit.ly/2 sVAsui.

Giordano, Anthony David. *Data Integration Blueprint and Modeling: Techniques for a Scalable and Sustainable Architecture*. IBM Press, 2011. Print.

Haley, Beard. *Cloud Computing Best Practices for Managing and Measuring Processes for On-demand Computing, Applications and Data Centers in the Cloud with SLAs*. Emereo Publishing, 2008. Print.

Hohpe, Gregor and Bobby Woolf. *Enterprise Integration Patterns: Designing, Building, and Deploying Messaging Solutions*. Addison-Wesley Professional, 2003. Print.

Inmon, W. *Building the Data Warehouse*. 4th ed. Wiley, 2005. Print.

Inmon, W., Claudia Imhoff, and Ryan Sousa. *The Corporate Information Factory*. 2nd ed. Wiley 2001, Print.

Jamsa, Kris. *Cloud Computing: SaaS, PaaS, IaaS, Virtualization, Business Models, Mobile, Security and More*. Jones and Bartlett Learning, 2012. Print.

Kavis, Michael J. *Architecting the Cloud: Design Decisions for Cloud Computing Service Models (SaaS, PaaS, and IaaS)*. Wiley, 2014. Print. Wiley CIO.

Kimball, Ralph and Margy Ross. *The Data Warehouse Toolkit: The Complete Guide to Dimensional Modeling*. 2nd ed. Wiley, 2002. Print.

Linthicum, David S. *Cloud Computing and SOA Convergence in Your Enterprise: A Step-by-Step Guide*. Addison-Wesley Professional, 2009. Print.

Linthicum, David S. *Enterprise Application Integration*. Addison Wesley Professional, 1999. Print.

Linthicum, David S. *Next Generation Application Integration: From Simple Information to Web Services*. Addison-Wesley Professional, 2003. Print.

Loshin, David. *Master Data Management*. Morgan Kaufmann, 2009. Print.

Majkic, Zoran. *Big Data Integration Theory: Theory and Methods of Database Mappings, Programming Languages, and Semantics*. Springer, 2014. Print. Texts in Computer Science.

Mather, Tim, Subra Kumaraswamy, and Shahed Latif. *Cloud Security and Privacy: An Enterprise Perspective on Risks and Compliance*. O'Reilly Media, 2009. Print.

Theory in Practice. Reese, George. *Cloud Application Architectures: Building Applications and Infrastructure in the Cloud*. O'Reilly Media, 2009. Print. Theory inPractice (O'Reilly).

Reeve, April. *Managing Data in Motion: Data Integration Best Practice Techniques and Technologies*. Morgan Kaufmann, 2013. Print. The Morgan Kaufmann Series on Business Intelligence.

Rhoton, John. *Cloud Computing Explained: Implementation Handbook for Enterprises*. Recursive Press, 2009. Print.

Sarkar, Pushpak. *Data as a Service: A Framework for Providing Reusable Enterprise Data Services*. Wiley-IEEE Computer Society Pr, 2015. Print.

Sears, Jonathan. *Data Integration 200 Success Secrets-200Most Asked Questions On Data Integration-What You Need to Know*. Emereo Publishing, 2014. Kindle.

Sherman, Rick. *Business Intelligence Guidebook: From Data Integration to Analytics*. Morgan Kaufmann, 2014. Print.

U. S. Department of Commerce. *Guidelines on Security and Privacy in Public Cloud Computing*. Create Space Independent Publishing Platform, 2014. Print.

Van der Lans, Rick. *Data Virtualization for Business Intelligence Systems: Revolutionizing Data Integration for Data Warehouses*. Morgan Kaufmann, 2012. Print. The Morgan Kaufmann Series on Business Intelligence.

Zhao, Liang, Sherif Sakr, Anna Liu, and Athman Bouguettaya. *Cloud Data Management*. Springer, 2014. Print.

第 9 章 文档和内容管理

9.1 引言

文档（Document）和内容（Content）管理指针对存储在关系数据库之外的数据及信息的采集、存储、访问和应用过程的管理[○]。其重点是保持文档和其他非结构化或半结构化信息的完整性并使其便于被访问，这与关系数据库中数据的操作管理大致相同。然而，文档和内容管理还有其特有的战略驱动因素。在许多组织中，非结构化数据与结构化数据有着直接的关系，对相关内容的管理决策应同样适用于对非结构化数据的管理要求。此外，与关系型数据一样，文档和非结构化内容也应是安全且高质量的。要确保文档和内容的安全性和高质量，就需要有效的治理、可靠的架构和管理良好的元数据。文档和内容管理语境关系图见图9-1。

9.1.1 业务驱动因素

文档和内容管理的主要业务驱动因素包括法律法规遵从性、应对诉讼与电子举证（E-Discovery）需求，以及业务连续性的要求等。良好的档案（Records）管理还可以帮助企业等组织提高效率。例如，基于管理良好的本体（Ontology）和其他便于搜索的数据结构而架设的网站，将有助于提高客户和员工的满意度。

有些法律法规要求组织保留特定活动的档案记录。许多组织还制定了关于档案保管的制度、标准和最佳实践。档案包括纸质文档和电子留存信息（Electronically Stored Information，ESI）。良好的档案管理不仅是维持业务连续性的必要条件，还可以使组织具备针对诉讼的响应能力。

电子举证是查找可能作为法律诉讼证据的电子档案的过程。随着产生、存储和应用数据技术的发展，电子留存信息的数量已经呈指数级增长。毫无疑问，这些数据中的某些部分信息最终会出现在诉讼或监管需求当中。

组织应对电子举证请求的能力取决于其主动管理电子邮件、聊天、网站、电子文档等档案及原始应用程序数据和元数据的水平。大数据已经成为更有效的电子举证、档案保管及强有力信息治理的驱动因素。

提高效率是改进文档管理的驱动力。文档管理方面的技术进步，有助于组织简化流程、管理工作流、消除重复性的手工劳动并实现协作。这些技术让人们获得能够更快地寻找、访问和共享文档

○ 随着捕获和存储数字信息能力的增长，非结构化数据的类型自2000年初开始发展。非结构化数据一直指未通过数据模型预先定义的数据，无论是关系数据还是其他模型数据。

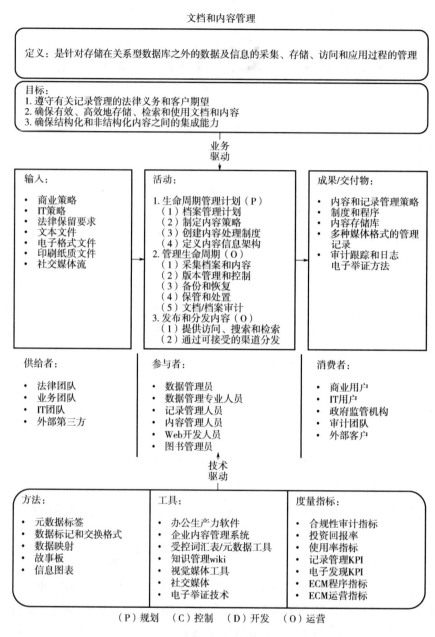

图 9-1 文档和内容管理语境关系图

的额外好处,同时还可以防止文档丢失,这对于电子举证也非常重要。通过释放文件柜空间并降低文档处理成本,还能节省资金。

9.1.2 目标和原则

实施文档和内容管理最佳实践的目标,包括:
1) 确保有效、高效地检索和使用非结构化格式的数据和信息。
2) 确保结构化数据和非结构化数据之间的集成能力。

3）遵守法律义务并满足客户期望。

文档和内容管理遵循以下指导原则：

1）组织中的每个人都肩负着保护组织未来的责任。每个人都必须按照既定的制度和程序创建、使用、检索和处置记录。

2）档案和内容管理方面的专家应充分参与制度规划和制定。根据行业领域和法律管辖区的不同，法规和最佳实践可能会发生显著变化。

即使组织没有设置专业的档案管理人员，也可以通过培训让每个人了解档案管理中存在的问题、面临的挑战和最佳实践。经过培训，业务主管及其他人员就可以共同协作，制定行之有效的档案管理方法。ARMA 国际（一家非营利性的档案和信息管理专业协会）于 2009 年发布了一套档案管理基本原则（Generally Acceptable Recordkeeping Principles，GARP）[一]。该原则不但描述了业务档案的维护方法，还提供了一个档案管理和信息治理的框架，包含相关的衡量指标。每项原则的第一句如下所述（具体的解释可以在 ARMA 国际网站找到）：

1）问责原则（Accountability）。组织应委派适当的高管人员，制定制度并采纳流程对员工进行指导，同时确保流程的可审计性。

2）完整性原则（Integrity）。信息治理应使组织创建或管理的档案和信息具有合理性、适当的真实性和可靠性保证。

3）保护原则（Protection）。信息治理应确保对个人信息或其他需要保护的信息提供合理水平的保护。

4）合规原则（Compliance）。信息治理应遵从适用的法律法规，以及其他有约束力的机构和组织的制度要求。

5）可用性原则（Availability）。组织应以确保信息以及时、高效和准确检索的方式来维护。

6）保留原则（Retention）。组织应根据所有运营、法律、监管和财务要求及所有相关的具有约束力的权威机构的规定，适当保留其信息。

7）处置原则（Disposition）。组织应根据其制度及适用的法律法规和其他具有约束力的权威机构的规定，提供安全且适当的信息处置。

8）透明原则（Transparency）。组织应以工作人员和利益相关方能够理解的方式记录其制度、流程和活动，包括其信息治理职能。

9.1.3 基本概念

1. 内容

文档之于内容来说，就像水桶之于水一样，两者都是容器。内容指文件、档案或网站内的数据和信息。内容通常基于文档所代表的概念及文档的类型或状态进行管理。内容也有生命周期，在其完整的生命周期中，有些内容成为组织的档案，但正式档案应与其他内容区别对待。

[一] ARMA International，ARMA 普遍接受的档案保存指导原则®，http：//bit.ly/2tNF1E4。

(1) 内容管理

内容管理包括用于组织、分类和结构化信息资源的流程、方法和技术，以便这些资源可以通过多种方式存储、发布和重复使用。内容的生命周期可以是动态的，通过受控的流程进行日常创建和修改；也可以是相对静态，仅进行很少或偶尔的变更。其内容可以通过正式的方式进行管理（严格存储、管理、审计、保留或处置），也可以通过临时更新的方式进行非正式的管理。

内容管理在网站和门户中特别重要，基于关键字的索引和基于分类的组织方法可以跨技术平台应用。当内容管理的范围涵盖整个企业时，被称为企业内容管理（Enterprise Content Management，ECM）。

(2) 内容元数据

元数据对于管理非结构化数据也非常重要，无论是对于传统上认为的内容和文档，还是现在所理解的"大数据"。如果没有元数据，就无法对内容进行盘点和组织。非结构化数据的元数据基于：

1）格式。数据格式通常决定了访问数据的方法（如电子非结构化数据的索引）。

2）可搜索性。是否已经具备用于搜索相关非结构化数据的工具。

3）自描述性。元数据是否具备自我描述能力（如在文件系统中）。在这种情况下，因为可以直接采用现有工具，所以开发的需求是最小的。

4）既有模式。是否可以采用或者适配现有的方法和模式（如应用图书馆目录）。

5）内容主题。人们可能会查找的内容主题。

6）需求。对于需要进行彻底和详细的检索能力的行业（如制药或核工业）⊖。因此，内容级的详细元数据可能是必要的，并且可能需要一个能够进行内容标签化的工具。

通常情况下，非结构化数据的元数据维护变为对各种本地模式与企业官方元数据集之间交叉引用的维护。档案管理人员和元数据专业人员认识到整个组织中存在用于文档、档案和其他必须保留多年内容的长期嵌入式方法，但这些方法通常需要花费大量时间才能重新组织起来。在一些组织中，会配备一个集中的团队来维护档案管理的索引、分类法甚至变体主题词表之间的交叉引用模式。

(3) 内容建模

内容建模是将逻辑内容概念转换为具有关系的内容类型、属性和数据类型的过程。属性描述了关于该内容的一些特定的和容易辨识的信息。数据类型限制了属性可以包含的数据类型，从而使验证和处理成为可能。在开发内容模型的过程中，需要用到元数据管理和数据建模技术。

内容建模可以分为两个级别。第一个是信息产品级别，它会产出一个像网站一样的实际可交付成果；第二个是组件级别，它进一步明确了构成信息产品模型的元素。模型的明细程度取决于重用和构造该模型所需的粒度。

内容模型通过指导内容创建并促进内容的再利用来支持内容管理制度。它们支持自适应内容，也就是自由格式且与设备无关。这些模型成为在XML模式定义（XSD）、表单或样式表等结构中实

⊖ 这些行业负责提供某些材料如何处理的证据。例如，医药制造商在允许人们使用化合物之前，必须详细记录化合物的形成、测试和处理过程。

现内容的规范。

(4) 内容交付方法

内容需要模块化、结构化、可重复使用，且与设备和平台无关。交付的方式包括网页、打印文稿和移动应用及具有交互式视频和音频功能的电子书。在工作流的早期将内容转换为 XML 格式，有助于支持这些内容跨不同媒介渠道进行重用。

内容分发系统可分为 3 种，分别是"推送""拉取"和交互式。

1) 推送（Push）。在推送系统中，用户按照预先确定的时间表选择要交付给他们的内容类型。发布方创建内容并在多个地方将其发布。简易信息聚合（Really Simple Syndication，RSS）是内容分发机制的一个推送典型。它能够根据请求将内容（一个信息流）分发到新闻和其他网页上。

2) 拉取（Pull）。在拉取系统中，用户通过互联网获取内容。购物者访问在线零售商店就是一个拉取系统的例子。

3) 交互式（Interactive）。交互式内容分发方法，如第三方电子销售点（EPOS）的应用或面向客户的网站（如用于注册），需要在企业应用之间交换大量的实时数据。在应用程序之间共享数据的可选择方案，包括企业应用程序集成（Enterprise Application Integration，EAI）、变更捕获（Changed Data Capture，CDC）、数据集成和企业信息集成（Enterprise Information Integration，EII）（见第 8 章）。

2. 受控词表

受控词表（Controlled Vocabulary）是一组明确定义的用于通过浏览和搜索对内容进行索引（Index）、分类（Category）、标签（Tag）、排序（Sort）和检索（Retrieve）的术语列表，对系统性地组织文档、档案和内容来说是非常必要的。受控词表的复杂程度多种多样，从简单的列表或下拉菜单，到同义词环、权威列表、分类法，再到最复杂的主题词表和本体等。都柏林核心（Dublin Core）元数据集就是一个用于编目出版物的受控词表的示例。

受控词表的术语添加需要由明确的策略进行控制，规定哪些人有权添加术语，如分类学家、索引员或图书馆馆员等。其中，图书馆馆员通常接受过受控词表理论和开发方面的专门培训。受控词表的使用者只能从列表中选择适用于特定主题领域的术语进行检索或标引（见第 10 章）。

在理想情况下，受控词表应与企业概念数据模型中的实体名称和定义保持一致。大众分类中（Folksonomy）是一种用于收集术语和概念并把它们汇编到一起的自下而上的方法。该分类通过社会标签获得的术语和概念的集合。

受控词表是参考数据的一种类型。与其他参考数据类似，受控词表的术语和定义都需要进行管理，以确保其完整性和及时性。同时，受控词表也可以被视为元数据，因为它有助于解释和支撑其他数据的应用。本章节对受控词表进行介绍，是因为文档和内容管理是受控词表的主要用例之一。

(1) 词汇表管理

随着时间的推移，受控词表不断演变，因此需要进行有效的管理。美国国家标准协会与美国国家标准信息组织联合发布的 Z39.19—2005 标准为单语言受控词表的构建、格式和管理提供了指导原则。该标准将词汇管理描述为一种方法，旨在"提高信息存储和检索系统、网络导航系统及其他环境的有效性，这些环境都试图通过某种语言描述来识别和定位所需的内容。受控词表控制的主要目标是实现内容描述的一致性并促进检索。"⊖

词汇表管理是针对所有给定的词汇进行定义、寻源、导入和维护的过程。实现词汇表管理的关键问题集中在用途、使用者、标准和维护4个方面。

1）这个词汇表用于支持对哪些信息概念的描述？
2）谁是这个词汇表的使用者？他们支持哪些流程？他们扮演什么角色？
3）创建该受控词表的原因是什么？它是为了服务应用程序、内容管理还是分析？
4）负责制定首选术语的决策机构是谁？
5）不同群体目前使用哪些现有词表对信息进行分类？这些词表的位置、创建方式、主题领域专家是谁？是否存在任何安全或隐私方面的问题？
6）是否存在可以满足需求的现有标准？使用外部标准和内部标准分别有哪些优缺点？标准的更新频率如何？每次更新的变更程度有多大？标准的格式是否易于导入和维护？成本是否划算？

这项评估的结果将促进数据整合，有助于建立内部标准，包括通过术语和术语关系管理职能确定相关的首选词汇表。如果不进行这项评估，首选词汇表仍然会在组织中定义，但它们将在各自的孤立环境中逐个项目地定义，这将导致更高的整合成本和数据质量问题的风险增加。

(2) 词汇表视图和微型受控词表

词汇表视图（Vocabulary View）是受控词表的一个子集，涵盖受控词表领域内的有限主题范围。当目标是使用包含大量术语的标准词表，但并非所有术语都与某些信息使用者相关时，词汇视图就变得非常必要。例如，一个只包含营销部门相关术语的视图将不会包含那些只与财务部门相关的术语。

词汇表视图通过限制内容，使其仅包含对用户相关的信息，从而提高了信息的可用性。手动选择要包含词汇视图中的首选术语，或利用业务规则来自动构建词汇视图，这些规则可以处理首选术语数据或元数据，并定义哪些术语应该包含在哪个词汇表视图中。

微型受控词表（Micro-Controlled Vocabulary）类似于词汇视图，但它包含更专业化的术语，这些术语通常不会出现在通用词汇表中。医学词典细分到医学学科的子集就是一个微型受控词表的例子。微型受控词表中的术语应该与通用词汇表的层次结构相匹配（如心脏病学微型受控词表中的术语应该与医学词典中关于心脏的主题相关联）。微型受控词表中的术语之间应该具有内部的一致性关系（如术语之间应该定义同义词、上位词和下位词等关系）。

当遇到既要利用标准词汇表又要满足特定信息消费者的扩展需求情况时，微型受控词表就显得很有必要。构建微型受控词表的步骤与构建词汇视图类似，但是还包括添加或关联额外的首选术语，这些术语通过标注不同的来源与现有首选术语加以区分。

(3) 术语列表和选项列表

术语列表（Term List）仅仅是一些术语的集合，并不描述它们之间的任何关系。信息系统中的选项列表、网页下拉列表和菜单选项列表都在使用术语列表。术语列表本身并不会为用户提供太多指导，但是通过限制可选值的范围，可以帮助减少歧义。

⊖ http://bit.ly/2sTaI2h.

选项列表（Pick List）通常隐藏在应用程序中。内容管理软件可以帮助将选项列表和受控词表转换为可从主页搜索的选项列表。这些选项列表在软件内部作为分类法进行管理。

（4）术语管理

Z39.19—2005 标准将术语定义为"一个或多个指定概念的词"[⊖]。和受控词表一样，单个术语也需要进行有效的管理，包括：指定术语的初始定义和分类方式，确保术语准确地传达其所代表的含义；当术语开始用于不同的系统时，需要建立机制及时更新和维护术语信息，保证信息的一致性；术语的变更应该遵循既定的治理流程，如由专门的术语管理委员会审批术语的修改；在术语发生变更之前，可能需要通过仲裁程序确保利益相关方的反馈得到充分考虑，避免术语变更带来负面影响。Z39.19—2005 标准还定义了首选词的概念——从两个或多个同义词或词汇变体中选择的一个词，并被纳入受控词表。首选词的使用应避免歧义，以便准确理解信息。

术语管理包括在受控词汇表中建立术语之间的关系。关系的类型可以分为以下 3 种：

1）等价术语关系（Equivalent Term Relationship）。这种关系同时使用多个术语而不是进行交叉引用术语。这是 IT 中最常用的术语映射功能，表示来自一个系统或词汇表的术语或值与另一个系统或词汇表相同，因此集成技术可以执行它们的映射关系并标准化。

2）层次化关系（Hierarchical Relationship）。它描述广义（一般）到狭义（特定）或整体到部分的关系。

3）关联关系（Related Term Relationship）。与受控词表中的另一个术语相关联，但这种关联不是层次化的。

（5）同义词环和权威列表

同义词环（Synonym Ring）指一组具有大致相同含义的术语集合。通过同义词环，用户即使只搜索其中一个术语，也可以访问与所有相关术语相关的内容。同义词环的创建主要用于检索，而非索引。

同义词环具有以下特点：

1）同义词控制。同义词环可以帮助控制同义词的使用，避免检索遗漏相关内容。

2）等同对待。同义词环将同义词和近义词等同对待，扩大检索范围。

3）适用于无索引环境。同义词环适用于索引环境中词汇不受控或根本没有索引的情况。

4）应用案例。搜索引擎和不同的元数据注册表都经常使用同义词环（见第 13 章）。

同义词环面临以下挑战：

用户界面实现难度。在用户界面中有效地实现同义词环可能存在一定的难度。

权威列表（Authority List）是受控词表的一种，它包含经过严格控制的描述性术语，旨在帮助用户检索特定领域或范围内的信息。权威列表与同义词环的区别在于，权威列表中的术语并不是被同等对待的。权威列表会指定一个首选术语，其他术语则被视为变体。权威列表会为每个术语列出相关的同义词和变体词，并通过交叉引用引导用户从非首选术语转到首选术语，从而提高检索的准确性。权威列表不一定包含每个术语的定义，但应该指定专人进行管理并且可能具有一定的结构。

⊖ http://bit.ly/2sTaI2h.

美国国会图书馆的主题词表（Library of Congress Subject Headings）就是权威列表的一个典型例子。

（6）分类法

分类法（Taxonomy）是一个广义术语，指任何一种分类或受控词表。分类法最著名的例子之一就是瑞典生物学家林奈建立的生物分类系统。

在内容管理领域，分类法是一种命名结构，它包含受控词表，用于描述主题，并支持导航和搜索系统。分类法可以帮助减少歧义并控制同义词的使用。层次分类法是最常用的一种分类法，它可以包含不同类型的父子关系，对索引者和搜索者都非常有用。这种类型的分类法常用于创建可逐层钻取（Drill-down）的界面。

分类法具有不同的结构，下面列举一些常见类型：

1）平面分类法（Flat Taxonomy）。这种分类法中的受控类别集合之间没有任何层级关系，所有类别都是平等的。它类似于一个列表，如国家/地区列表。

2）层次分类法（Hierarchical Taxonomy）。这种分类法呈树状结构，节点之间通过规则关联。层次分类至少包含两个级别，并且是双向的。向上移动层次会扩展类别，向下移动会细化类别。例如地理概念的分类，从州一直细化到街道地址。

3）多层次分类法（Polyhierarchy）。这种分类法类似于树状结构，但节点之间可以有多种关系规则。子节点可以有多个父节点，父节点也可能共享相同的祖父节点。因此，遍历路径可能会比较复杂，需要小心避免无效的遍历。例如，向上遍历到一个与父节点相关但与祖父节点无关的节点。对于结构复杂的场景，使用切面分类法可能更加合适。

4）切面分类法（Facet Taxonomy）。这种分类法看起来像一个星型结构，每个节点都与中心节点相关联。切面是中心对象的一些属性。例如，元数据就可以采用切面分类法，其中每个属性（创建者、标题、访问权限、关键字、版本等）都是内容对象的某个切面。

5）网络分类法（Network Taxonomy）。这种分类法同时结合了层次结构和切面结构。网络分类法中的任何两个节点都可以根据它们之间的关联建立链接。例如，推荐引擎（"如果你喜欢这个，你可能也喜欢这个……"）就运用了网络分类法。另一个例子是主题词表。

随着数据量的不断增长，即使定义最完善的分类法也需要自动化的标记、纠错和路由规则。如果不进行维护，分类法将难以得到充分利用，甚至会产生错误的结果。这可能会导致受相关法规约束的实体和工作人员不合规。例如，在金融分类法中，首选术语可能是"离职后"，但内容可能来自将其分类为"离职后"甚至"退休后"的系统。为了支持此类情况，应该定义适当的同义词环和相关术语关系（如美国通用会计准则，即 US GAAP，2008）。

许多组织根据自身对特定主题的整体思考开发了自己的分类法。分类法对于网站的信息展示和检索尤为重要，因为许多搜索引擎依赖于完全的词语匹配，只能找到被标记为相同单词或使用相同措辞的条目。

（7）分类方案和打标签

分类体系（Classification Schemes）是用于表示受控词表的代码，通常采用层次结构，并可能辅以文字描述，如杜威十进制分类法和美国国会图书馆分类法（主类和子类）。杜威十进制分类法是一个基于数字的分类体系，也是一种多语言主题编码方式，因为数字可以被"解码"成任何语言。

与分类体系不同，大众分类（Folksonomies）是通过社会标准获得的在线内容术语和名称的分类方案。个人用户和团体使用它们来注释和分类数字内容。大众分类法通常没有层次结构或首选术语，也不被认为具有权威性，不适用于文档编制索引，因为它们并非由专家编制。然而，由于大众分类法直接反映了用户的使用习惯，因此它们有可能改善信息检索。大众分类法的术语可以链接到结构化的受控词表中。

（8）主题词表

主题词表（Thesaurus）又称为叙词表，是一种用于内容检索的受控词表。它结合了同义词列表和分类方案的特点。主题词表提供有关每个术语及其与其他术语关系的信息。关系可以是层次关系（父/子或广义/狭义），关联关系（"另请参阅"）或等价关系（同义词或使用/来自）。在所有的语境场景中，同义词必须是可接受的等价词。主题词表还可能包括定义、引文等。

主题词表可用于组织非结构化的内容，揭示来自不同媒体内容之间的关系，改进网站导航并优化搜索。当用户输入一个术语时，系统可以使用未公开的叙词表（用户不能直接访问的主题词表）将搜索自动定向到类似的术语，或者系统可以推荐相关的术语供用户继续搜索。

（9）本体

本体论（Ontology）是一种分类体系，用于表示某个领域内的一组概念及其相互关系。本体论是语义网的主要知识表示形式，用于语义网应用程序之间的信息交换[⊖]。

诸如资源描述框架模式（Resource Description Framework Schema，RDFS）之类的本体语言，通过编码特定领域的知识开发本体。它们可能包括推理规则以支持对知识的处理。网络本体语言（Web Ontology Language，OWL）是 RDFS 的扩展，是一种用于定义本体的正式语法。

本体描述类（概念）、个体（实例）、属性、关系和事件。本体可以是一系列的分类法和常见主题词表，用于知识表示和信息交换。本体通常与具有子集关系的分类层次结构和定义相关，如将智能行为分解为许多更简单的行为模块后进行分层。

分类法（如数据模型）和本体之间存在两个主要区别：

1）分类法为给定的概念区域提供数据内容分类。数据模型具体指出了属性所属的实体及该属性的有效值。但是，在本体中，实体、属性和内容概念可以完全混合，差异可通过元数据或其他关系来识别。

2）在分类法或数据模型中，定义的是已知的内容，不包含其他内容，被称为封闭世界假设。在本体中，因为可能的关系是根据现有关系的性质推断出来的，所以未明确声明的内容也可能是真的，这被称为开放世界假设。

虽然分类法管理是在图书馆研究的基础上发展起来的，但现在分类法和本体管理的学科已被划入语义管理领域（见第 10 章）。

由于建模本体的过程从某种程度上来说是主观的，因此，避免落入歧义和混淆等常见陷阱非常重要。这类情况主要有：

⊖ 语义网也称为链接数据网或 Web 3.0，是对当前 Web 的一种增强，其中的含义（语义）是可机器处理的，让机器（计算机）更容易理解、找到、共享和组合数据/信息。

1) 无法区分实例关系和子类关系。
2) 将事件建模为关系。
3) 术语缺乏清晰度和独特性。
4) 将角色建模为类。
5) 无法重复使用。
6) 混淆建模语言的语义和概念。
7) 使用基于网络的、跨平台的工具，如面向对象编程系统（Object-Oriented Programming System，OOPS）进行本体验证，有助于诊断和修复问题。

3. 文档和档案

文档是包含任务说明，对执行任务或职能的方式和时间的要求，以及任务执行和决策的日志等的电子或纸质对象。文档可用于交流并分享信息和知识。程序、协议、方法和说明书都属于文档。

只有部分文档能成为档案。档案可以证明所做的决策和所采取的行动是符合程序的，可以作为组织业务活动和法规遵从的证据。档案通常由人创建，但仪器和监控设备也可以提供数据自动生成档案。

（1）文档管理

文档管理包括在文档和档案的整个生命周期中控制和组织它们的流程、方法和技术。它包括电子和纸质文档的存储、编目和控制。目前，90%以上的文档都是电子文档。虽然无纸化文档的使用越来越广泛，但是世界仍然充满了历史纸质文档。

一般来说，文档管理关注的是文档本身，几乎不关注文档内容。一个文档中的信息内容可能对如何管理该文件有指导性作用，但是在文档管理中，文档被视为一个单独的实体。

市场和监管压力都将重点放在档案保管期限表、地点、传送和销毁上。例如，一些关于个人的数据不能跨越国际边界。

企业合规管理者正开始关注美国《萨班斯-奥克斯利法案》《联邦民事程序法规电子举证修正案》和加拿大《198号法案》之类的法律法规，并努力使所在组织内的档案管理实践标准化。管理文档和档案的生命周期包括：

1) 盘点。识别存量的和增量的文档/档案。
2) 策略。创建、批准和实施文档/档案策略，包括文档/档案的保管策略。
3) 分类。文档/档案的分类。
4) 存储。纸质和电子文档/档案的短期和长期存储。
5) 检索和流转。在遵守制度、安全、控制标准和法律的前提下，允许文档/档案的访问和流通。
6) 保存和处置。根据组织需求、规章和法规要求，对文档/档案进行归档和销毁。

数据管理专业人员是文档分类和保管决策中的利益相关方，他们必须支持基础结构化数据与特定非结构化数据之间的一致性。例如，如果那些已完成的输出报告被视为适当的历史文档，那么在OLTP或数据仓库环境中的结构化数据可能不再需要存储报告的基础数据。

文档通常具有层次结构，其中的一些文档比其他文档更详细。图 9-2 是基于 ISO 9000 简介和支持包、ISO 9001 文档要求指南，描述了一种以文档为中心的模式，适用于政府或军队。ISO 9001 描述了基本质量管理体系的最小组成部分。商业实体可能具有不同的文档层次结构或流程来支持业务实践。

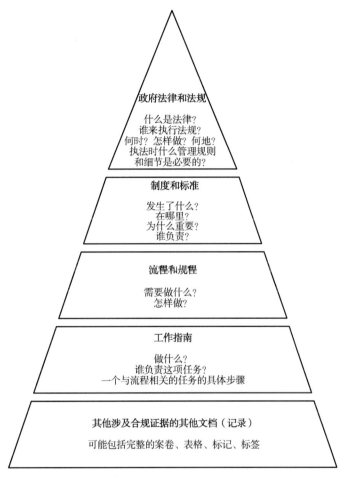

图 9-2　基于 ISO 9000 简介和支持包、ISO 9001 文档要求指南的文档层次结构

（2）档案管理

档案管理是文档管理的一部分，管理档案有一些特殊的要求⊖。档案管理涵盖整个档案生命周期：从档案的创建或接收，到处理、分发、组织、检索，直至最终处置。档案的形式可以是实体的（如纸质文档、备忘录、合同、报告或缩微胶片）、电子的（如电子邮件内容、附件和即时消息）、网站内容、各种媒体和硬件上的文档，以及各类数据库中捕获的数据。混合档案（如卡片档案，纸质档案上嵌有缩微胶片窗口，其中包含详细信息或支持材料）则结合了多种格式。重要档案是指组织在灾难事件发生后恢复运营所必需的档案。

可靠的档案不仅对于档案保存很重要，对于法规遵从也至关重要。档案上拥有签名有助于确保

⊖ ISO 15489 标准将档案管理定义为："负责对档案的创建、接收、维护、使用和处置进行有效和系统控制的管理领域，包括收集和维护业务证据和信息的过程，以记录形式进行的活动和交易。" http://bit.ly/2svg8ew。

档案的完整性。其他维护档案完整性的措施还包括核实事件（如实时见证）及事后仔细检查信息的准确性。

精心管理的档案具有以下特点：

1）内容。内容必须准确、完整和真实。

2）背景。关于档案的创建者、创建日期或与其他档案关系的描述性信息（元数据）应该在创建档案时收集、组织并维护。

3）及时性。事件、活动或决策发生后应及时创建档案。

4）永久性。一旦成为档案，则档案在其法定保管期限内不得更改。

5）结构。档案内容的外观和排版需要清晰明了，它们应被记录在正确的表格或模板上。内容应清晰易读，术语应保持一致。

许多档案同时存在电子版和纸质版。为了遵守档案保存规定，档案管理要求组织机构明确哪份副本（电子版或纸质版）是官方的"存档副本"。确定存档副本后，另一份副本就可以安全销毁。

(3) 数字资产管理

数字资产管理（Digital Asset Management，DAM）和文档管理流程相似，它专注于存储、跟踪和使用视频、徽标、照片等富媒体文档。

4. 数据地图

数据地图（Data Map）是一个清单，包含所有 ESI（电子留存信息）数据源、应用程序和 IT 环境的信息，其中包括应用程序的所有者、保管人、相关的地理位置和数据类型。

5. 电子举证

"举证"（Discovery）是一个法律术语，指诉讼的预审阶段，双方当事人互相要求对方提供信息，以查明案件事实，并了解双方的论点有多强。自 1938 年以来，美国联邦民事诉讼规则（FRCP）已经在诉讼和其他民事案件中要求对发现的证据进行管理。几十年来，基于纸质的举证规则被应用到电子举证（E-discovery）。2006 年，FRCP 的修订版被纳入 ESI 在诉讼过程中的举证实践和要求。一些全球性法规对组织产生电子证据的能力有特定的要求，如"英国反贿赂法"、"多德-弗兰克法案"、"外国账户税收合规法案"、"海外反腐败法"、"欧盟数据保护条例和规则"、全球的反垄断法规、一些行业特定法规及当地法院程序规则等。

电子文档通常具有元数据（可能不适用于纸质文档），它们在证据中起着重要作用。法律的要求来自关键的法律程序，如电子举证、数据和档案保留实践、法律保留通知（Legal Hold Notification，LHN）流程及法律上可靠的处置做法。LHN 包括识别可能在法律诉讼中被要求提供的信息，锁定该数据或文档以防止被编辑或者删除，然后通知组织中的各方该数据或文档受法律保留。

图 9-3 描绘了由 EDRM 开发的高级电子举证参考模型，EDRM 是电子举证标准和指南的组织。该框架提供了一种电子举证的方法，对于涉及确定相关内部数据的存储方式和位置、适用什么保留策略、哪些数据不可访问及哪些工具可用于协助识别流程的人员来说，这种方法非常方便。

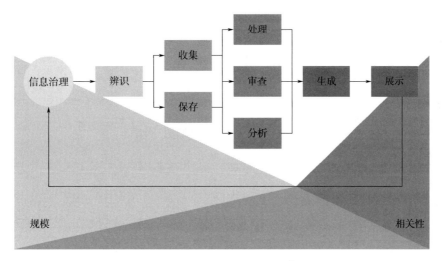

图 9-3 电子举证参考模型○

EDRM 模型假定数据或信息治理已到位。该模型包括 8 个可以迭代的电子举证阶段。随着电子举证的发展，可举证的数据和信息的数量大大减少，因为它们的相关性大大增加。

识别阶段是电子举证流程的第一阶段，它又包含早期案件评估和早期数据评估（未在图 9-3 中描述）两个子阶段。早期案件评估阶段会针对法律案件本身进行评估，以寻找相关的信息，这些信息被称为描述性信息或元数据（如关键词、日期范围等）。早期数据评估阶段会评估与案件相关的数据的类型和位置。数据评估应该识别与保存或销毁相关数据相关的策略，以便保留电子留存信息。相关人员应该与档案管理人员、数据保管员或数据所有者及信息技术人员进行面谈以获取相关信息，并理解案件背景、法律保留流程及他们在诉讼中的角色。

在保全和收集阶段，保全可以确保那些相关数据被置于合法保留状态，以避免被销毁；收集包括以一种合法合规的方式从公司获取和转移已识别的数据并提供给法律顾问。

在处理阶段，会进行重复数据删除、搜索和分析，以确定哪些数据项将进入审查阶段。在评审阶段，会识别要响应请求而提供的文档。评审还会识别要扣留的保密文档。许多选择过程都取决于与文档相关的元数据。处理阶段之所以发生在评审阶段之后，是因为它需要通过内容分析理解诉讼或调查中的情况、事实和潜在证据，并以此来改进搜索和评审过程。

处理和评审依赖于分析阶段的结果，但是分析被单独列出来作为一个阶段重点关注内容。内容分析的目的是了解诉讼或调查中的情况、事实和潜在证据，以制定应对法律情形的策略。

在生成阶段，根据商定的规范将数据和信息提交给对方律师。信息的原始来源可能是文档、电子表格、电子邮件、数据库、图样、照片、专有应用程序的数据、网站数据、语音邮件等。电子留存信息可以被收集、处理并输出为各种格式。原生制作保留了文档的原始格式。近原生制作通过提取和转换改变了文档的原始格式。电子留存信息可以制作成图像格式，接近纸质文档的格式。字段数据是在处理电子勘查举证并以文本分隔文档或 XML 加载文档格式制作时从原生文档中提取的元数据和其他信息。生成阶段提供的材料的来源很重要，因为没有人想要被控告篡改提供的数据或信息。

○ EDRM（edrm.net）。EDRM.net 上发布的内容根据 Creative Commons Attribution 3.0 Unported License 授权。

在展示阶段，将电子留存信息展示在询问、听证会和审判中是其中的一部分。电子留存信息展品可以以纸张、接近纸张、近似原生和原生格式呈现，以支持或反驳案件的要素。它们可以用来引出进一步的信息，验证现有的事实或立场，或者说服观众。

6. 信息架构

信息架构是为信息体或内容创建结构的过程。它包括以下组件：

1）受控词表。
2）分类法和本体。
3）导航地图。
4）元数据映射。
5）搜索功能规范。
6）使用场景。
7）用户流。

信息架构和内容策略共同描述了"什么"，即哪些内容将在系统中被管理。设计阶段描述了"如何"实施内容管理策略。

对于文档或内容管理系统来说，信息体系架构识别文档和内容之间的链接和关系，指定文档要求和属性，并定义文档或内容管理系统中内容的结构。信息架构是开发有效网站的核心要素。网站项目常常会用到"故事板"来勾勒蓝图，它作为设计方法的概要，定义了每个网页需要放置的元素，并展示了网页之间的导航和信息流如何协同工作。这使得能够开发出导航模型、菜单和其他必要的组件，以便管理和使用网站。

7. 搜索引擎

搜索引擎是一种根据术语搜索信息并检索内容中包含这些术语网站的软件，如谷歌搜索引擎（Google）。搜索功能需要几个组件：适当的搜索引擎软件、漫游网络的爬虫、将找到内容的统一资源定位符（URL）存储起来的存储、索引遇到的关键字和文本及排名规则等。

搜索引擎是一种软件，它根据术语搜索信息并检索包含这些术语内容的网站，如谷歌搜索引擎。搜索功能需要以下几个部分：

1）搜索引擎软件本身。负责处理搜索请求并匹配结果。
2）蜘蛛软件。又称为网络爬虫，自动浏览网络并存储找到的内容的统一资源定位符（URL）。
3）索引。对爬取的关键词和文本进行整理以便快速检索。
4）排名规则。根据一定的算法对搜索结果进行排序，决定哪些网页更相关并应该优先展示。

8. 语义模型

语义模型（Semantic Modeling）是一种知识建模类型，用于描述概念（思想或关注主题）的网络及其相互关系。语义模型被纳入信息系统后，可以让用户以非技术的方式提问信息。例如，语义模型可以将数据库表和视图映射到对业务用户有意义的概念上。

语义模型由语义对象和绑定组成：

1）语义对象是模型中表示的事物。它们可以拥有属性，包括基数（Cardinality，一个对象能有多少关联对象）、取值范围（Domain）和标识符。语义对象的结构可以是简单、复合、混合、关联、父子类型、原型/版本等多种形式。

2）绑定在UML（统一建模语言）中表示关联或关联类。这些模型帮助识别模式和趋势，并发现看起来互不相关的信息片段之间的关系。通过这种方式，它们有助于跨不同知识领域或主题领域的数据集成。本体和受控词表是语义建模的关键要素。

数据集成以多种不同方式利用本体：

1）单一本体。可以使用单个本体作为参考模型。这种方式下，在所有数据源都遵循这个统一的本体进行结构化描述。

2）多个本体。如果存在多个数据源，就可以先为每个数据源单独构建一个本体，再将这些单独的本体相互映射关联起来。

3）混合方法。混合方法使用多个本体，这些本体之间通过共同的整体词汇表进行集成。

9. 语义搜索

语义搜索侧重于语义和语境而非预先设定的关键字。语义搜索引擎可以利用人工智能基于单词及其语境来识别查询匹配项。这样的搜索引擎可以根据位置、意图、词形变化、同义词和概念匹配进行分析。

语义搜索的要求在于明确用户想要什么，需要基于用户的角度思考问题。如果用户希望搜索引擎像自然语言一样工作，就很可能希望网络内容也遵循这种方式。对营销机构来说，他们面临的挑战在于既要融入与用户相关的关联和关键词，又要保持品牌的相关性。

为语义优化的网站内容会融入自然的关键词，而不是依赖于僵硬的关键词插入。语义关键词的类型包括：

1）核心关键词及其变体。例如，"汽车"的变体可以是"轿车""跑车""SUV"等。

2）主题关键词。指与核心概念相关的术语。例如，"汽车"的主题关键词可以是"燃油效率""安全特性""驾驶辅助系统"等。

3）词干关键词。指人们可能会提出的相关问题。例如，"汽车如何保养""哪款车性价比最高"等，这些问题的核心词都是"汽车"，但用不同的词干表达了用户的查询意图。

可以通过以下方式进一步优化内容：

1）内容相关性。确保内容与目标受众的信息需求高度相关。

2）可分享性。创建易于理解、引人入胜的内容，鼓励用户分享。

3）社交媒体整合。通过社交媒体渠道分享内容，提高内容的可见度。

商务智能和分析工具的用户通常具有语义搜索的需求。BI工具需要具有灵活性，以便业务用户找到做分析、报表和仪表盘所需的信息。大数据用户也拥有类似的需求，他们需要在不同格式的数据中找到它们共同的含义。

10. 非结构化数据

据估计，多达 80% 的数据是存储在关系数据库之外的。这些非结构化数据没有一定的数据模型，用户无法理解其内容或其组织方式；它们也没有标记或结构化为行和列。非结构化这个术语在某种程度上有误导性，因为文档、图形和其他格式中经常存在结构，如章节或标题。有些人将存储在关系数据库之外的数据称为非表格式数据或半结构化数据。当前，还没有创造出一个普遍采用的术语用来描述各种格式的电子信息。

非结构化数据存在于各种电子格式文档中：文字处理文档、电子邮件、社交媒体、聊天记录、平面文档、电子表格、XML 文档、交易消息、报告、图形、数字图像、缩微胶片、视频录像和音频录像。纸质文档中也存在大量非结构化数据。

数据管理的基本原则既适用于结构化数据，也适用于非结构化数据。非结构化数据作为宝贵的企业资产，同样需要进行存储、维护数据完整性、保证安全性、提升内容质量、方便访问及高效利用等方面的管理。为了有效管理非结构化数据，需要实施数据治理、搭建数据架构、运用安全元数据及把控数据质量。

非结构化和半结构化数据已经变得越来越重要，在数据仓库和商务智能领域扮演着愈发关键的角色。数据仓库及其数据模型可能会包含结构化的索引，帮助用户查找和分析非结构化数据。一些数据库具备处理非结构化数据 URL 的能力，当从数据库表中检索到这些 URL 时，它们会转为可点击的超链接。数据湖中的非结构化数据将在第 14 章中介绍。

11. 工作流

内容开发应该通过工作流进行管理，以确保内容按计划创建并获得适当的批准。工作流组件可以包括创建、处理、路由、规则、管理、安全、电子签名、截止日期、升级更新（如果出现问题）、报告和交付。它应该通过内容管理系统（CMS）或独立系统实现自动化，而不是依赖人工流程。

CMS 拥有一项额外的优势：版本控制。内容被检入 CMS 系统后，将被添加时间戳、版本号，并标记更新者的姓名。

工作流程需要具有可重复执行的能力，最好包含适用于各种内容的通用流程步骤。如果内容类型之间存在显著差异，则可能需要一套工作流和模板。利益相关方和分发点（包括技术）的协调一致性很重要。截止日期需要经过优化以改善工作流程，否则相关人员很快就会发现工作流程过时，或者对哪个利益相关方负责哪个部分内容感到困惑。

9.2 活动

9.2.1 生命周期管理计划

文档管理实践涉及规划文档的生命周期，从创建或接收、分发、存储、检索、归档到潜在销毁

(Potential Destruction）的整个过程。规划包括开发分类/索引系统和分类法，以便存储和检索文档。重要的是，生命周期规划需要专门针对档案制定制度。

首先，需要确定负责管理文档和档案的组织单位。该单位负责协调内部和外部的访问和分发，并与整个组织的其他部门整合最佳实践和流程。其次，需要制订总体文档管理计划，其中包括关键文档和档案的业务连续性计划。该单位确保其遵循符合公司标准和政府法规的保管制度，确保长期保管所需的档案被妥善存档，其他文档在生命周期结束后根据组织要求、法规和条例被妥善销毁。

1. 档案管理计划

进行档案管理的首要内容是明确什么是档案。定义某一专业领域的档案应该包括来自该领域的主题领域专家及理解档案管理体系的人员。

管理电子档案需要决定现有的常用档案存储在哪里及如何存档更旧的档案。尽管现在电子媒体被广泛使用，但纸质档案在短期内还不会消失。档案管理方法应将纸质档案、非结构化数据及结构化电子档案全部考虑在内。

2. 制定内容策略

内容管理规划是一种直接支撑组织以一种高效和全面的方式为业务提供相关及有用的内容的总体方法。该规划应考虑内容驱动因素（需要内容的原因）、内容创建和交付。内容需求应驱动技术决策，如选择内容管理系统。

内容策略应从当前内容的盘点和差距评估开始。内容策略定义了内容的优先级、组织方式和访问方式。评估通常会揭示简化内容创建生产、工作流程和审批流程的方法。统一的内容策略强调设计可重复使用的模块化内容组件，而不是创建独立的内容。

对于内容策略来说，通过元数据分类和搜索引擎优化（SEO）帮助人们找到不同类型的内容至关重要。给出内容创建、发布和治理方面的建议，并指出适用于内容及其生命周期的制度、标准和指南对于维持和发展组织的内容策略非常有用。

3. 创建内容处理制度

制度通过描述原则、方向和行动指南规范要求，帮助员工理解和遵守文档和档案管理的规定。大多数文档管理策略都包括以下相关的内容：

1) 审计的范围和合规性。
2) 重要档案的鉴定和保护。
3) 保留档案的目的和保管期限表。
4) 如何响应信息保留命令（特殊保护令），即针对已过保留期的诉讼信息要求。
5) 本地和异地存储档案的要求。
6) 硬盘驱动器和共享网络驱动器的使用和维护。
7) 电子邮件管理，从内容管理的角度进行处理。
8) 合理的档案销毁方法，如预先批准的供应商和销毁证明的收据。

(1) 社交媒体制度

除了这些常规的话题，许多组织正在制定应对新媒体的制度。例如，组织必须明确在 Facebook（现更名为 Meta）、Twitter、LinkedIn、聊天室、博客、维基或在线论坛上发布的社交媒体内容是否构成档案。特别是员工在使用组织账户开展业务的过程中发布的内容。

(2) 设备访问策略

随着自带设备办公（BYOD）、自带应用办公（BYOA）和自带可穿戴设备办公（WYOD）等用户驱动型 IT 的兴起，内容和档案管理工作需要兼容这些情景，以确保满足合规性、安全性和隐私要求。

为了对正式内容进行管控，制度应区分非正式内容（如 Dropbox 或 Evernote 中的内容）和正式内容（如合同和协议）。制度还可以就非正式内容提供指导意见。

(3) 处理敏感数据

为了保护隐私，组织在法律上要求识别和保护敏感数据。数据安全或数据治理通常会制定保密方案，并识别哪些资产属于机密或限制类信息。创建或编辑内容的人员必须遵循这些分类法。根据策略和法律要求，文档、网页和其他内容组件必须被标记为敏感信息。一旦被标记为敏感信息，这些机密数据将会根据需要被屏蔽或删除（见第 7 章）。

(4) 应对诉讼

组织应通过有前瞻性的电子举措，为时刻可能的诉讼请求做好准备（抱最好的希望，做最坏的打算）。应该创建和管理它们的数据源清单及与每个数据源相关的风险。通过识别可能具有相关信息的数据源，可以及时响应诉讼保留通知并防止数据丢失。应该采用适当的技术使电子举证流程自动化。

4. 定义内容信息架构

许多信息系统，如语义网、搜索引擎、网络社交挖掘、档案合规性和风险管理、地理信息系统（Geographic Information Systems，GIS）和商务智能应用程序等，都包含结构化和非结构化数据、文档、文本、图像等。用户必须以系统检索机制能够理解的形式提交他们的需求，以便从这些系统中获取信息。同样地，文档和结构化、非结构化数据的清单也需要以一种特定的格式进行描述/索引，以便检索机制能够快速识别匹配的相关数据和信息。用户查询可能并不完美，它们可能会检索到相关和不相关的信息，或者无法检索到所有相关的信息。

这些信息检索系统会使用基于内容的索引或元数据进行检索。索引设计会根据用户需求和偏好决定索引关键部分或属性的选项。它们也会关注词汇表管理及将单个术语组合成标题或搜索语句的语法规则。

1) 关键部分/属性。可以针对文档内容的不同部分建立索引，如标题、作者、关键词等。

2) 词汇管理。指控制索引词表中词汇的添加、删除和更新的过程，以确保检索的一致性和准确性。

3) 语法。指将单个检索词组合成搜索语句的规则，如使用布尔运算符（AND、OR、NOT）组合关键词进行更复杂的检索。

数据管理专业人员可能会参与处理参考数据和非结构化数据和内容的元数据（见第 12 章）时用到的受控词表和术语，应确保构建受控词汇表、索引、信息检索分类方案工作互相协调，以及它们与作为数据管理和应用程序的一部分来执行的数据建模和元数据工作互相协调。

9.2.2 管理生命周期

1. 采集档案和内容

采集内容是管理内容的第一步。电子内容通常可以直接存储在电子档案库。对于纸质内容，为了尽量减少丢失或损坏的风险，需要扫描文档并将其上传到企业系统。上传后，内容应进行索引并存储在档案库中。为提高文档的可信度，请尽可能使用电子签名。

采集内容后，至关重要的一点是，需要使用适当的元数据对其进行标记（编制索引），如至少包括文档或图像唯一标识符、采集的日期和时间、标题和作者。元数据对于检索信息及理解内容的背景至关重要。自动化工作流和识别技术可以加速捕获和摄取过程，同时提供可审计的日志记录。

一些社交媒体平台提供档案采集的能力。将社交媒体内容保存在存储库中，以使其能够被审核、标记、分类及档案化管理。网络爬虫可以采集网站的内容。网页抓取工具、应用程序编程接口（API）和 RSS 信息流可以捕获内容，社交媒体也可以通过导出工具进行内容抓取。社交媒体档案也可以手动采集，或者通过预定义的自动化工作流自动采集。

2. 版本管理和控制

ANSI 859 标准基于数据的重要性及数据损坏或不可用时可能造成的损害，将数据控制分为 3 个等级：正式控制、版本控制和保管控制。

1）正式控制（Formal Control）。指对关键业务数据进行严格控制。更改此类数据需要经过正式的变更启动流程，包括影响评估、变更管理机构的批准及变更实施和验证的全过程状态记录。

2）版本控制（Revision Control）。指跟踪数据更改并确保数据具有可追溯性（没那么正式）。更改此类数据通常需要通知利益相关方并增加版本号。

3）保管控制（Custody Control）。指确保数据安全存储并可供授权用户访问（最不正式）。此类控制措施通常包括安全存储设施和数据检索程序。

数据资产和可能控制级别的示例列表见表 9-1。

ANSI 859 标准建议在决定数据资产的控制级别时，应考虑以下内容：

1）提供和更新资产的成本。更改数据需要多大的工作量？是否需要专门的工具或技能？

2）项目影响。数据更改会如何影响正在进行的项目？它会延迟项目进度或增加成本吗？

3）对企业或项目的其他影响。数据更改会对其他流程、系统或用户产生负面影响吗？会带来法律或合规性风险吗？

4）重用资产或早期版本资产的需要。是否需要在将来参考数据历史记录？如果是，就需要版本控制机制。

5）维护变更历史记录（当企业或项目要求时）。是否需要跟踪数据更改以便进行审核或故障排除？

表 9-1 基于 ANSI 859 标准的文档控制级别

数据资产	正式	版本	保管
实施条目表		×	
议程			×
审计结果		×	×
预算	×		
DD 250s			×
最终建议方案			×
财务数据和报告	×	×	×
人力资源数据		×	
会议纪要			×
会议通知、纪要、出席列表		×	×
项目计划（包括数据管理和配置管理计划）	×		
标书（进行中）		×	
时间表	×		
工作报表	×		
交易研究		×	
培训材料	×	×	
工作底稿			×

3. 备份和恢复

文档/档案管理系统需要包含在组织的整体企业备份和恢复活动中，这包括业务连续性和灾难恢复计划。管好重要档案，能够让组织在灾难期间访问开展业务所需的档案，并在灾难后恢复正常业务。必须识别哪些是重要档案，并制订和维护其保护和恢复计划。档案管理人员应参与风险缓解和业务连续性计划，以确保这些活动能够保证重要档案的安全。

灾难可能包括停电、人为错误、网络和硬件故障、软件故障、恶意攻击及自然灾害。业务连续性计划（或灾难恢复计划）包含书面制度、程序和信息，旨在减轻对组织数据（包括文档）的威胁影响，并在灾难发生时尽快恢复数据，并尽量减少中断。

4. 保管和处置

有效的文档/档案管理需要清晰的制度和程序，尤其是在档案的保管和处置方面。保管和处置制度将定义出于运营、法律、财务或历史价值而必须保存文档的期限。它定义了非活动文档何时可以转移到二级存储设施（如异地存储）。该制度规定了合规流程及处置文档的方法和时间表。制定保管期限表时必须考虑法律法规要求。

档案管理人员或信息资产所有者要实施监督工作,以确保团队对隐私和数据保护要求负责,并采取相应的措施防止身份盗用。

文档保留会带来一些软件方面的问题。访问电子档案可能需要特定版本的软件和操作系统。像安装新软件这样简单的技术变化都可能使文档无法阅读或访问。为了避免浪费物理和电子空间及相关的维护成本,组织应从其持有的信息中删除无价值的信息并予以处置。除此之外,将记录保留超过法律要求的期限也存在风险。此类信息在诉讼过程中仍有可能被发现。

然而,许多组织没有优先考虑删除无价值的信息,原因如下:

1)制度不够完善。
2)一个人的无价值信息可能对另一个人而言有价值。
3)无法预见未来是否需要当前无价值的实体和/或电子档案。
4)对档案管理不够重视。
5)无法决定删除哪些档案。
6)删除实体和电子档案的决策成本及执行成本。
7)电子存储空间便宜,在需要时购买更多空间比归档和删除流程更容易。

5. 文档/档案审计

文档和档案管理要求通过定期审计以确保正确的信息在正确的时间送达正确的人员,以便做出决策或进行操作活动。审计评估示例见表9-2。

表9-2 审计评估示例

文档/档案管理组件	审计评估示例
库存清单	库存清单中的每一个位置都是可以唯一标识的
存储	存储区域有足够的空间容纳不断增加的文档/档案
可靠性和准确性	实施抽查以确认文档/档案充分反映了所创建或接收的内容
分类和索引方案	详细描述元数据和文档计划
访问和检索	终端用户可以轻松查找和检索关键信息
保管过程	保管期限表结构要有逻辑,要么按部门、功能划分,要么按主要的组织职能划分
处置方法	按照建议方法处置文档/档案
保密和安全	违反文档/档案的保密性和造成文档/档案丢失都要被当作是安全事件,应予以妥善处理
组织对文档/档案管理的理解	就与文档/档案管理相关的角色和职责,向利益相关方和员工提供适当的培训

文档/档案审计通常包括以下步骤:

1)定义组织驱动因素并识别利益相关方。这部分阐述了进行文档/档案管理审核的原因,即"为什么"要进行审核。

2)收集流程数据(如何)。确定要检查/衡量的内容及使用的工具(如标准、基准、访谈调查)后,这一步将收集流程数据。

3）报告审核结果。这份报告将总结审核发现的问题和改进建议。
4）制订行动计划。基于审核结果，制订改进计划，明确下一步措施及其完成期限。
制订后续监测和评估计划，跟踪改进措施的实施效果。

9.2.3 发布和分发内容

1. 提供访问、搜索和检索

当内容通过元数据/关键词标记进行描述并归类到适当的信息分类体系后，就可以检索和使用了。维护用户配置文档的用户门户可以帮助用户查找非结构化数据。搜索引擎可以根据关键词返回内容。一些组织会通过内部搜索工具让专业人员检索信息。

2. 通过可接受的渠道分发

用户对内容分发方式的期望正在发生转变，他们现在希望能够选择设备来消费或使用内容。然而，许多组织仍然采用诸如 MS Word 之类的工具创建内容，然后将其转换为 HTML 格式，或者针对特定平台、屏幕分辨率或显示尺寸来分发内容。如果需要通过另一个内容分发渠道提供内容（如打印），则必须针对该渠道重新准备内容。此外，更改后的内容可能还需要转换回原始格式。

来自数据库的结构化数据被格式化为 HTML 后，再将 HTML 格式恢复到原始的结构化数据就很难了，因为将数据本身和格式分离出来并不总是轻而易举。

9.3 工具

9.3.1 企业内容管理系统

企业内容管理系统由一套包含核心组件的平台或一组应用程序组成，这些应用可以全部整合在一起，也可以分开使用。下面谈到的这些组件，可以部署在公司内部，也可以部署在公司外部的云端。

报告可以通过文档夹进行分类管理，并能轻松添加、更改或删除报告。报告保留策略可以设置为自动清理或归档到其他介质，如磁盘、CD-ROM、光盘存档系统（COLD）等。报告也可以存储在云存储中。正如之前提到的，以不可读或过时格式保存内容会给组织带来风险（见第6章和第8章及本章相关内容）。

随着业务流程和角色交织在一起，以及供应商试图扩大其产品市场，文档管理和内容管理之间的界限变得模糊起来。

1. 文档管理

文档管理系统（Document Management System）指跟踪和存储电子文档和纸质文档的电子影像的应用程序。文档库系统、电子邮件系统和影像管理系统是专门的文档管理系统。文档管理系统通常具有存储、版本控制、安全性、元数据管理、内容索引和检索功能，某些系统的扩展功能包括文档的元数据视图。

文档可以在文档管理系统内创建，也可以通过扫描仪或光学字符识别（OCR）软件采集。为了方便检索，这些电子文档在捕获过程中必须通过关键词或文本进行索引。系统通常会为每个文档存储元数据，如创建者姓名、文档创建、修订和存储日期等信息。文档可以通过唯一文档标识符或通过指定包含文档标识符和/或预期元数据的部分搜索词进行分类以便检索。元数据可以从文档中自动提取，也可以由用户手动添加。文档的书目记录是描述性的结构化数据，通常采用机读目录（MARC）标准格式存储在本地图书馆数据库，并根据隐私和权限规定通过全球共享目录提供访问。

一些文档管理系统拥有更高级的功能，如复合文档支持和内容复制。文字处理软件可以创建复合文档，并集成非文本元素，如电子表格、视频、音频和其他多媒体类型。此外，复合文档可以作为用户界面的有机集合，形成单个的集成视图。

文档存储库具有管理文档的功能，包括签入签出、版本控制、协作、比较、归档、状态、从一个存储介质迁移到另一个存储介质及处置等特性。它可以提供对处于自身存储库以外的文档的一些访问和版本管理（如在文档共享或云环境中）。

一些文档管理系统拥有工作流模块，可以支持不同的工作流，例如：

1）手动工作流。指示用户将文档发往何处。
2）基于规则的工作流。通过制定规则指示文档在组织内的流向。
3）动态规则。允许基于内容的不同工作流。

文档管理系统有权限管理模块，管理员可以根据文档类型和用户凭据管理访问权限。组织可以决定某些特定类型的文档需要哪些额外的安全保障或控制程序。安全限制包括隐私和保密限制，适用于文档创建和管理阶段，在分发阶段也同样适用。此外，电子签名可以确保文档传送者的身份和信息的真实性。

一些系统，尤其是涉及情报、军事和科学研究机构的系统，对于访问、使用或者检索，会更多地关注数据和信息的控制和安全能力。竞争激烈或强监管的行业，如制药和金融行业，也实施了大量的安全和控制措施。

（1）数字资产管理

因为所需的功能相似，所以许多文档管理系统包含数字资产管理功能，如对音频、视频、音乐和数码照片之类的数字资产的管理。其任务包括数字资产的编目、存储和检索等。

（2）影像处理

影像处理系统用于采集、转换和管理纸质件的影像和电子文档。采集功能使用的技术包括扫描、光识别和智能字符识别或表单处理。用户可以对系统中的数字化图像进行索引或输入元数据，然后将图像保存到存储库。

识别技术包括以下几种：

1）光学字符识别（OCR）。利用光学或电子手段将扫描（数字化）的印刷或手写文本转换为计算机软件可以识别的形式。它是将纸质文本转换为可编辑电子文本的基础技术。

2）智能字符识别（ICR）。相比OCR，ICR是一种更先进的系统，可以处理印刷体和手写体字符。ICR擅长识别难以识别的字符，如质量较差的扫描图像或潦草的手写文本。

这两种技术对于将大量表单或非结构化数据转换为内容管理系统（CMS）格式都非常重要。通过OCR和ICR技术，可以将扫描的纸质文档转化为可编辑的电子文本，并对其进行编辑、检索和利用。

表单处理指通过扫描或识别技术来采集打印表单的信息。只要系统能够识别网站提交表单的布局、结构、逻辑和内容，就可以采集这些表单数据。

除了文档影像，其他数字化影像，如数码照片、信息图、空间或非空间数据图像也可以存储在存储库中。一些ECM系统能够将各种类型的数字化文档和影像（如COLD信息、.wav和.wmv文档、XML和医疗保健HL7消息）导入集成的存储库。

图片通常使用计算机软件或相机创建，而并非来源于纸质。图像的二进制文档格式主要分为矢量图和栅格图（位图）两种类型，此外还有MS Word的.DOC格式。

矢量图使用数学公式描述图像，而不是像栅格图那样由一个个彩色块构成。因此，矢量图非常适合经常需要缩放的图形创作。常用的矢量图格式包括.EPS、.AI和.PDF。

栅格图则使用固定数量的彩色像素来形成完整的图像，如果不降低分辨率就很难进行缩放。常用的栅格图格式包括.JPEG、.GIF、.PNG和.TIFF。

（3）档案管理系统

档案管理系统（Records Management System）支持重要档案工作，确保关键业务档案得到妥善保管。档案管理系统有时会与文档管理系统集成在一起，形成统一的信息管理平台。在这种情况下，文档管理系统会负责日常办公文档的管理，档案管理系统则会从文档管理系统中挑选并接管需要长期保管的重要档案。

2. 内容管理系统

内容管理系统（Content Management System，CMS）收集、组织、索引和检索内容，将内容存储为组件或整个文档，同时保持组件之间的链接。CMS还可以提供修改文档内容的控件。虽然文档管理系统可以对其控制下的文档提供内容管理功能，但是内容管理系统基本上独立于文档的存储位置和方式。

内容管理系统负责管理内容的整个生命周期，如网页内容管理系统通过编辑、协作和核心储存库中的管理工具控制网站内容。它可能包含界面友好的内容创建、工作流和变更管理，以及用于处理内联网、互联网和外联网应用程序的部署功能。分发功能可能包括响应式设计和自适应能力，以支持一系列的客户端设备。其他组件可能包括搜索、文档合成、电子签名、内容分析和移动应用程序。

3. 内容和文档工作流

工作流工具支持业务流程、路由内容和文档、指派工作任务、跟踪状态及创建审计跟踪。在内容发布之前，工作流应支持对内容的审核和批准。

9.3.2 协作工具

团队协作工具使得与团队活动相关的文档的收集、存储、工作流和管理成为可能。社交网络使个人和团队能够在团队内部共享文档和内容，并通过博客、维基、RSS、标签等方式从外部群体寻求反馈。

9.3.3 受控词汇表和元数据工具

帮助开发或管理受控词汇表和元数据工具的范围，从办公生产力软件、元数据库和BI工具，到文档和内容管理系统。例如：

1）在组织中被用作数据指南的数据模型。
2）文档管理系统和办公生产力软件。
3）元数据库、术语表或目录。
4）分类法和分类法之间的交叉参考模式。
5）集合索引（如特定的产品、市场或安装）、文档系统、民意调查、档案、位置或异地控股。
6）搜索引擎。
7）融合非结构化数据的BI工具。
8）企业和部门同义词表。
9）已发布的报告库、内容和参考书目及其目录。

9.3.4 标准标记和交换格式

计算机应用程序无法直接处理非结构化数据/内容。标准化标记和交换格式有助于数据在信息系统和互联网之间共享。

1. XML

可扩展标记语言（Extensible Markup Language，XML）提供了一种表示结构化和非结构化数据和信息的语言。XML使用元数据描述任何文档或数据库的内容、结构和业务规则。

XML需要将数据结构转换为用于数据交换的文档结构。XML标记数据元素以识别数据的含义。简单的嵌套和引用提供了数据元素之间的关系。

XML名称空间提供了一种方法，它可以在两个不同的文档使用相同的元素名称时避免名称冲突。较旧的标记方法包括 HTML 和 SGML 等。

由于以下几个原因，对支持 XML 的内容管理需求不断增加：

1）XML 提供了将结构化数据与非结构化数据整合到关系数据库的能力。非结构化数据可以存储在关系数据库管理系统（DBMS）中的 BLOB（大二进制对象）或 XML 文件中。

2）XML 可以将结构化数据与非结构化数据整合到文档、报告、电子邮件、图像、图形、音频和视频文件中。数据建模应考虑将结构化数据生成非结构化报告，并将其纳入创建错误修正工作流、备份、恢复和归档过程中。

3）XML 还可以构建企业或公司门户网站（如 B2B、B2C），为用户提供单一访问点，访问多种内容。

4）XML 提供非结构化数据/内容的标识和标签，使计算机应用程序能够理解和处理这些数据。通过这种方式，结构化数据可以附加到非结构化内容上。可扩展标记语言接口（XMI）规范包含生成包含实际元数据的 XML 文档的规则，从而为 XML 提供了一种"结构"。

2. JSON

JSON（JavaScript Object Notation，JavaScript 对象表示法）是一种开放的、轻量级的数据交换标准格式。它的文本格式独立于语言，易于解析，但采用了 C 语言家族的约定。JSON 有两种结构：一种是无序的名称/值对集合，称为对象；另一种是有序的值列表，表现为数组。它正在成为以 Web 为中心的 NoSQL 数据库中首选的格式。

作为 XML 的替代方案，JSON 用于在服务器和 Web 应用程序之间传输数据。JSON 是一种与 XML 相似但更加紧凑的数据表示、传输和解释方式。在使用 REST 技术时，返回的内容可以是 XML 或 JSON 格式。

3. RDF 和 W3C

RDF 以主语（资源）-谓语（属性名称）-宾语（属性值）表达式或三元组的形式来描述资源。通常，主语-谓语-宾语每个都由一个 URI（统一资源标识符）描述，但主语和宾语可以是空节点，并且谓语可以是文字（不支持空值和空字符串）。URI 命名资源之间的关系与连接或三元组的两端关系。最常见的 URI 格式是统一资源定位符（URL），这使得结构化和半结构化数据可以在应用程序之间共享。

语义网需要访问数据和数据集之间的关系。相关数据集的集合也称为关联数据。URI 提供了一种通用方法来识别任何存在的实体。HTML 提供了在 Web 上结构化和链接文档的方法。RDF 提供了一个通用的基于图形的数据模型，用于链接描述事物的数据。

RDF 使用 XML 作为其编码语法，它将元数据视为数据（如作者、创建日期等）。RDF 所描述的资源允许语义与资源相关联。资源描述框架模式（RDFS）为 RDF 数据提供数据建模词汇表，并且它也是基本 RDF 词汇表的扩展。

简单知识组织系统（Simple Knowledge Organization System，SKOS）是一个 RDF 词汇表（RDF 数据模型应用于采集描述为概念层次结构的数据）。任何类型的分类、分类法或主题词表都可以在

SKOS 中表示。

万维网联盟网络本体语言（W3C Web Ontology Language，OWL）是 RDF 的词汇表扩展。它是一种语义标记语言，用于在网络上发布和共享 OWL 文档（本体），适用于那些需要由应用程序而不是由人类来处理文档中的信息情形。RDF 和 OWL 都是语义网标准，为在 Web 上共享和重用数据及实现数据集成和互操作性提供了框架。

RDF 可以帮助处理大数据的"多样化"特征。如果可以用 RDF 三元组模型访问数据，则可以混合来自不同源的数据，并使用 SPARQL 查询语言来查找连接和模式，而无须预先定义模式。正如 W3C 所描述的那样，"RDF 具有促进数据合并的功能，即使底层模式不同，它也特别地支持模式随时间变化而演进，同时不需要更改所有的数据使用者"[○]。它可以整合来自多个来源和格式的不同数据，并通过语义匹配来减少或替换数据集（数据融合）（见第 14 章）。

4. Schema.org

使用语义标记对内容进行标记（如按照开源的 Schema.org 标准）可以帮助语义搜索引擎更轻松地索引内容，并帮助网络爬虫将内容与搜索查询匹配。Schema.org 提供了一系列用于页面标记的共享词汇表或模式，以便主流的搜索引擎可以理解它们。它不仅关注网页上单词的含义，还关注术语和关键词。

代码段是每个搜索结果下显示的文本，富文本是特定搜索的详细信息（如链接下的金星评级）。要创建富文本，网页上的内容需要使用结构化数据进行格式化。例如，Microdata（HTML5 引入的一组标签）和 Schema.org 的共享词汇表。

搜索结果下方显示的文本叫作文本摘要。富文本摘要则是针对特定搜索结果显示的详细信息，如链接下方的金色星级评价。为了创建富文本摘要，网页内容需要使用结构化数据进行恰当的格式化。一种常用的格式是微数据，它是一组随着 HTML5 引入的标签。此外，还可以使用来自 Schema.org 的共享词库丰富内容的结构化信息。

Schema.org 词汇表集合还可用于结构化数据的互操作（如与 JSON）。

9.3.5 电子举证技术

电子举证通常涉及审查大量文档。电子举证技术提供了许多功能和技术，如早期案件评估、收集、辨认、保全、处理、光学字符识别（OCR）、筛选、相似性分析和电子邮件线程分析。技术辅助审查（TAR）是一个工作流或过程。在此过程中，团队可以审查选定的文档并标记其相关性。这些决定成为预测编码引擎的输入，该引擎根据相关性对剩余的文档进行审查和排序。信息治理的支持可能也是电子举证的一个特征。

○ W3C，"资源描述框架（RDF）"，http：//bit.ly/1K9BTZQ。

9.4 方法

9.4.1 诉讼应对预案

电子举证工作通常在诉讼开始时启动，但组织可以在重大发现项目启动之前制定包含目标、衡量标准和责任分配的预案，从而为应对诉讼做好准备。

电子举证预案应明确电子举证的目标环境，评估当前环境和目标环境之间是否存在差距；应记载电子举证活动生命周期的业务流程，明确电子举证团队的角色和职责；应使组织识别风险并主动预防可能导致诉讼的情况。

电子举证预案的主要内容包括：

1）建立特定部门（法务、档案管理、IT）制度和程序清单。
2）起草有关诉讼保留、文档保留、归档和备份等主题的制度。
3）评估 IT 工具的能力，如电子举证索引、搜索和收集、数据隔离和保护工具及非结构化电子留存信息源/系统。
4）识别和分析相关的法律问题。
5）制订沟通和培训计划，培训员工了解预期的行为。
6）识别可能提前准备以适应法律案件的材料。
7）分析供应商服务，以防需要外部服务。
8）制定通知处理流程并保持预案的最新状态。

9.4.2 诉讼应对数据地图

电子举证通常时间紧迫（如 90 天）。为律师提供可用的 IT 和电子留存信息环境数据地图，可以使组织更有效地应诉。数据地图是信息系统的目录，它描述了系统及其用途、包含的信息、保留策略和其他特征。数据地图通常会标识档案系统、原始应用程序、存档、灾难恢复副本或备份，及其使用介质。数据地图应全面涵盖所有系统。由于电子邮件在诉讼中通常会受到审查，数据地图还应描述电子邮件的存储、处理和使用方式。将业务流程映射到系统列表并记录用户角色和权限，将有助于评估和记录信息流。

创建数据地图的过程，将展示文档管理过程中创建元数据的价值。元数据对于搜索至关重要，它还可以为电子留存信息文档提供背景信息，并使案件、笔录、承诺函等能够与相关支持性文档关联起来。

一个电子举证数据地图应该指明哪些档案是容易获取的，哪些不是。针对这两类档案有不同的电子举证规则。需要识别无法访问的数据，并记录其无法访问的原因。为了适当地应对诉讼，组织应该有一个包括外部云存储在内的离线存储档案清单。

通常来说，许多组织的系统清单已经存在，这些清单通常由数据架构、元数据管理或 IT 资产管理等部门维护。对于电子举证而言，法务部门和/或档案管理部门应该评估这些现有清单是否可以加以利用。具体来说，需要考虑以下几个方面：

1）清单的全面性。现有清单是否涵盖所有与潜在诉讼相关的系统。

2）信息的详细程度。清单中关于每个系统的信息是否满足电子举证的需求。例如，信息是否包含系统的用途、存储的数据类型、数据保留策略等细节。

3）可访问性。法务部门和/或档案管理部门能否轻松访问和理解这些清单。

如果现有清单能够满足上述要求，就可以在一定程度上减少创建电子举证数据地图的工作量。法务部门和/或档案管理部门可以以这些清单作为基础，并加以补充完善，以满足电子举证的特定需求。

9.5 实施指南

实施内容管理系统（ECM）是一项长期投入，有时会被认为成本高昂。与任何企业级项目一样，它需要来自各个利益相关方的支持及执行委员会的资金批准。对于大型项目而言，存在因预算削减、业务波动、管理层变动或执行停滞而搁浅的风险。为了降低风险，应确保是内容本身而非技术驱动 ECM 实施决策，要根据组织需求配置工作流，实现内容流和业务流的协同，展现实施 ECM 的价值。

9.5.1 准备评估/风险评估

ECM 实施准备评估的目的是识别内容管理方面需要改进的方面，评估组织在多大程度上能够适应流程变革以满足内容管理需求。数据管理成熟度评估模型可以帮助组织进行 ECM 实施的准备度评估。

一些 ECM 的关键成功因素与 IT 项目中的类似（如高管支持、用户参与、用户培训、变革管理、企业文化和沟通等）。特定的 ECM 关键成功因素包括对现有内容进行内容审计和分类、适当的信息架构、支持内容生命周期管理、定义适当的元数据标签，以及能够在 ECM 解决方案中定制功能。由于 ECM 解决方案涉及技术和流程复杂性，组织需要确保拥有适当的资源来支持这一过程。

在实施企业内容管理时，由于项目规模、与其他软件应用集成的复杂性、流程和组织问题及内容迁移所需的工作量，可能会出现风险。核心团队成员和内部员工缺乏培训可能导致使用效果不一。其他风险包括未能制定制度、流程和程序，或与利益相关方缺乏沟通。

1. 档案管理成熟度

ARMA 国际组织制定的《档案管理基本原则》可以帮助组织评估其档案管理制度和实践的有效

性。ARMA 国际组织与全球风险管理专业人士协会（GARP）联合制定的信息治理成熟度模型，可以协助组织评估其档案管理工作和实践的成熟度⊖。该模型针对《档案管理基本原则》中的 8 项原则，描述了信息治理和档案管理环境在 5 个成熟度等级的特征：

1) 1 级，未达标。信息治理和档案管理方面存在严重问题，未得到解决或仅满足最低要求。
2) 2 级，发展中。开始认识到信息治理和档案管理能为组织带来的影响。
3) 3 级，基础的。满足最低的法规要求。
4) 4 级，主动的。建立了以持续改进为导向的主动信息治理职能。
5) 5 级，转型成功。信息治理已融入企业基础架构和业务流程。

可用于档案管理系统和应用程序的技术评估的标准很多，例如：

1)《电子档案管理软件应用系统设计标准》（DoD 5015.2）
2)《电子办公环境中档案管理原则与功能要求》（ISO 16175）
3)《电子档案管理通用需求》（MoReq2）
4)《档案管理服务（RMS）规范》（对象管理组织 OMG）

应对档案管理评估准备中发现的差距和风险进行分析，评估它们可能给组织带来的负面影响。企业受制于法律法规，需要妥善保管并安全销毁相关档案。如果没有完整的档案清单，组织将面临风险，因为无法得知档案是否被盗窃或毁损。档案如果保管不善可能会让组织花费大量时间和金钱寻找档案。不遵守法律法规要求可能会导致昂贵的罚款。识别和保护重要档案对于企业生存至关重要，否则可能会导致破产。

2. 电子举证评估

针对诉讼应对计划，评估准备中应着重检查并识别改进机会。成熟的诉讼应对计划应明确规定清晰的角色和职责、档案保存协议、数据收集方法及披露流程。整个计划及其衍生的流程都应该以书面形式记录下来，以便于辩护和审计。

评估需要了解组织的信息生命周期，并针对数据源开发电子留存信息数据地图。由于数据保存是一项关键的法律要求，诉讼前应主动审查和评估数据保留策略。应与 IT 部门合作，以便在必要时快速实施诉讼预留令。应评估并量化未定义积极诉讼应对策略的风险。一些组织仅在预期诉讼时才做出反应，然后会匆忙寻找相关文档和信息进行审查。这类组织很可能要么过度指定要保留的数据量（如全部数据），要么没有数据删除策略。如果没有数据和信息的保管计划，当电子举证需要使用较旧的不应被清除的档案时，就无法提供这些档案，可能会导致法律责任。

9.5.2 组织和文化变革

员工适应新系统将比技术本身更具挑战。改变日常工作中的管理习惯和让员工使用内容管理系统（ECM）可能存在困难。例如，ECM 系统可能会增加一些任务，如扫描纸质文档和定义所需的元数据。许多组织过去按部门管理信息（包括档案），这种方式会形成信息孤岛，阻碍信息的共享

⊖ ARMA 国际，信息治理成熟度模型，http://bit.ly/2sPWGOe。

和适当管理。采取整体的企业级内容和档案管理方法可以消除用户存储内容副本的需要。理想的解决方案是采用一个集中和安全管理的存储库,并在整个企业范围内实施明确的制度和流程。培训和沟通流程、制度和工具对于档案管理或 ECM 项目的成功至关重要。

隐私、数据保护、机密性、知识产权、加密、符合伦理的使用和身份验证,应是文档和内容管理专业人员与其他员工及管理层和监管机构合作处理的重要问题。一个集中化的组织,通常会处理改善信息访问的流程,控制占用办公空间的资料增长,降低运营成本,保护重要信息,使诉讼风险最小化,并支持更好的决策。

组织应提升内容和档案管理的地位,不应将其视为无关紧要或低优先级的功能。在强监管的行业中,档案和信息管理职能需要与公司的法律职能及电子举证职能密切合作。如果组织的目标是通过更好地管理信息提高运营效率,档案和信息管理就应该与营销或运营支持团队协同联动。如果组织将档案和信息管理视为 IT 的一部分,档案和信息管理职能就应直接向首席信息官或首席数据官汇报。档案和信息管理功能通常嵌入在内容管理系统或企业信息管理项目。

9.6 文档和内容治理

9.6.1 信息治理框架

若缺乏有效的治理,文档、档案和其他非结构化内容则可能给组织带来风险。为了降低风险并从这些信息中获得价值,组织需要进行内容治理。内容治理的驱动因素包括:

1) 法律和法规遵从。
2) 档案的合理处置。
3) 积极准备电子举证。
4) 敏感信息的安全。
5) 电子邮件和大数据等风险领域的管理。

成功信息治理程序的原则正在出现,其中之一就是 ARMA 的《档案管理基本原则》(GARP®)。其他原则包括:

1) 为问责制提供高层支持。
2) 教育员工了解信息治理职责。
3) 根据正确的档案代码或分类类目对信息进行分类。
4) 确保信息的真实性和完整性。
5) 确保官方档案是电子档案,除非另有规定。
6) 制定制度,使业务系统和第三方与信息治理标准保持一致。
7) 存储、管理、提供访问、监控和审计已批准的企业信息库及档案和内容系统。
8) 保护机密或个人身份信息。

9）控制不必要的信息增长。

10）在信息的生命周期结束时对其进行处置。

11）遵守信息的请求（如举证、传票等）。

12）持续改进。

信息治理参考模型（IGRM）展示了信息治理与其他组织功能的关系，如图9-4所示。外环包括实施信息管理过程中涉及的制度、标准、流程、工具和基础架构等利益相关方，中心展示了一张生命周期图。IGRM是对ARMA的GARP®的补充。

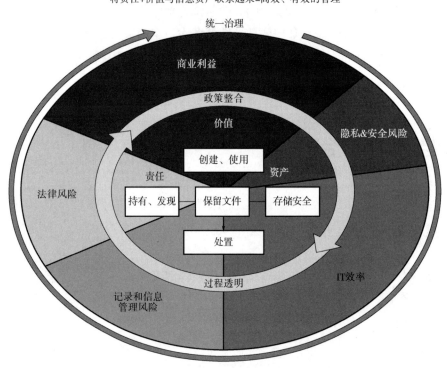

图 9-4 信息治理参考模型

对信息治理职能的建立和持续发展而言，获得来自高管的重视和支持至关重要。需要成立一个由跨职能部门的高级管理人员组成的信息委员会或指导委员会，并定期召开会议。该委员会负责制定企业信息治理战略、运营程序、技术和标准指南、沟通和培训、监控和资金。信息治理制度会针对利益相关方群体制定，理想情况下会利用技术手段实施这些制度。

9.6.2 信息泛滥

一般来说，非结构化数据的增长速度远远快于结构化数据，这增加了治理的难度。非结构化数据不一定与特定的业务职能或部门相关联，因此很难确定其所有权。由于无法总是从系统中推断内

⊖ EDRM（edrm.net）。在edrm.net上发布的内容是根据Creative Commons Attribution 3.0 Unported许可证授权的。

容的业务目的，对非结构化数据的内容进行分类也比较困难。没有得到有效管理的非结构化数据，缺少必要的元数据，会给组织带来风险。这些数据可能会被误解，或者由于内容未知而处理不当，从而引发隐私问题（见第 14 章）。

9.6.3 以内容质量为导向的信息治理

非结构化数据的管理需要数据管理专员与其他数据管理专业人员及档案管理人员有效合作。例如，业务数据管理人员可以帮助定义门户网站、企业分类方案、搜索引擎索引和内容管理问题等。

文档和内容治理侧重于与保留、电子签名、报告格式和报告分发相关的制度，这些制度暗示或明示了对质量的期望。准确、完整和及时的信息将有助于支持决策，高质量的信息可以提高竞争优势和组织效率。为了定义高质量的内容，需要了解内容的生产和使用背景。以下因素至关重要：

1）生产者。谁创建内容？为什么要创建？
2）消费者。谁使用信息？出于什么目的？
3）时间。何时需要信息？需要多久更新或访问一次？
4）格式。消费者是否需要特定格式的内容才能实现目标？是否有不可接受的格式？
5）分发。信息将如何分发？消费者将如何获取信息？如何实施安全措施以防止对电子内容的非法访问？

9.6.4 度量指标

关键业绩指标（Key Performance Indicators，KPI）是衡量组织绩效与目标的定量和定性指标。可以在战略和运营层面制定关键绩效指标，某些 KPI 可能同时适用于这两个层面，尤其是在它们衡量生命周期功能或风险的情况下。

1. 档案管理

在战略层面，可以在档案管理法规遵从（如满足要求所花费的时间）和/或治理（如遵守制度）方面制定 KPI。在运营层面，可以在档案管理资源（如运营和资本成本）、培训（如给定的类别数量、受过培训的员工数量及水平）、日常档案管理服务的提供与操作［如满足用户服务水平协议（SLA）的百分比］和/或档案管理功能与其他业务系统的整合（如集成的百分比）等方面制定 KPI。

衡量档案管理系统实施成功的标准可包括：

1）每个用户有百分之几的文档和电子邮件被认定为公司的档案。
2）被认定为公司档案中有百分之几得到了控制。
3）在所有存储的档案中有百分之几的档案应用了适当的保管规则。

将以上百分比进行比较，以确定最佳实践的百分比。

有时，衡量档案管理实施是否成功也是一个简单的预算问题，只需财务部门仔细计算在什么情况下使用电子档案管理系统比占用空间的纸质文档存储更便宜。

ARMA 的《档案管理基本原则》类别和成熟度模型可以指引 KPI 的制定。ARMA 的信息治理评估软件平台可以识别与信息相关的合规风险，并在电子档案和电子举证（如诉讼保留）等方面制定治理规划成熟度的指标。

2. 电子举证

电子举证常见的一个 KPI 是降低成本。另一个 KPI 是相比被动收集信息的方式，提前收集信息时提高的效率（如转为电子举证平均需要几天时间）。此外，还有一个 KPI 是组织可以快速地进行法律保留通知的过程。

电子举证的度量，对于提高胜诉率来说至关重要。EDRM 模型可以根据每个阶段的需求指引 KPI 的制定。ERDM 还发布了电子举证指标的度量模型⊖。围绕数量、时间和成本这几个中心元素，电子举证工作主要集中在 7 个方面（活动、监护人、系统、介质、状态、格式和质量保证）。这些都会影响中心元素的结果。

3. ECM

应制定 KPI 衡量企业内容管理的有形效益和无形效益。有形效益包括提高生产力、降低成本、提高信息质量和改善合规性；无形效益包括增进协作、简化工作程序和工作流。

随着 ECM 的建立，KPI 将侧重于规划和运营的指标。规划指标包括 ECM 项目数、采用率和用户满意度；运营指标包括一些典型的系统类型 KPI，如停机时间、用户数量等。

特定的 ECM 指标诸如存储利用率（使用企业内容管理前后的存储容量对比）和检索性能也可以用作 KPI。信息检索能力是通过查准率和查全率来衡量的。查准率指检索到的文档与实际相关的比率，查全率指检索到的涉及所有相关文档的比率。

随着时间的推移，可以指定一些与业务解决方案的价值相关的 KPI。例如：

1）财务 KPI 可以包括 ECM 系统的成本、与物理存储相关的成本降低及运营成本下降的百分比。

2）客户 KPI 可以包括首次与客户联系时就解决了他/她的问题的比例和客户投诉的数量。

3）代表更有效和更高效的内部业务流程的 KPI 可以包括在使用工作流程和过程自动化后，文书工作减少的百分比及错误减少的百分比。

4）培训 KPI 可包括管理和非管理培训课程的数量。

5）风险缓解 KPI 可以包括举证成本的降低及追踪电子举证请求的审计跟踪数量。

参考文献

Boiko, Bob. *Content Management Bible*. 2nd ed. Wiley, 2004. Print.

⊖ EDRM 度量模型，http://bit.ly/2rURq7R。

Diamond, David. *Metadata for Content Management: Designing taxonomy, metadata, policy and workflow to make digital content systems better for users*. CreateSpace, 2016. Print.

Hedden, Heather. *The Accidental Taxonomist*. Information Today, Inc., 2010. Print.

Lambe, Patrick. *Organising Knowledge: Taxonomies, Knowledge and Organisational Effectiveness*. Chandos Publishing, 2007. Print. Chandos Knowledge Management.

Liu, Bing. *Web Data Mining: Exploring Hyperlinks, Contents, and Usage Data*. 2nd ed. Springer, 2011. Print. Data-Centric Systems and Applications.

Nichols, Kevin. *Enterprise Content Strategy: A Project Guide*. XML Press, 2015. Print.

Read, Judith and Mary Lea Ginn. *Records Management*. 9th ed. Cengage Learning, 2015. Print. Advanced Office Systems and Procedures.

Rockley, Ann and Charles Cooper. *Managing Enterprise Content: A Unified Content Strategy*. 2nd ed. New Riders, 2012. Print. Voices That Matter.

Smallwood, Robert F. *Information Governance: Concepts, Strategies, and Best Practices*. Wiley, 2014. Print. Wiley CIO.

US GAAP Financial Statement Taxonomy Project. *XBRL US GAAP Taxonomies*. v1.0 Technical Guide Document Number: SECOFM-USGAAPT-Technical Guide. Version 1.0. April 28, 2008. http://bit.ly.

第 10 章 参考数据和主数据

10.1 引言

在所有组织中都存在一些需要跨业务、跨流程和跨系统使用的数据。一旦这些数据实现了共享，所有业务部门就可以获取统一的客户代码、地理位置代码、业务部门清单、配送方式列表、物料代码、成本核算科目编码、企业统一社会信用代码和其他用于业务运转所需的数据。如此一来，整个组织及其客户都会从中受益。在数据被发现存在不一致问题之前，人们都默认数据在整个组织内具有较好的一致性。

在大多数组织中，系统和数据的发展速度比数据管理专业人员预料的要快得多。特别是在大型组织中，各种项目和计划、合并和收购及其他商业活动导致同一功能在多个系统中重复建设的情况，更要命的是它们之间彼此隔离、相互孤立。这就不可避免地导致系统之间的数据结构和数据值不一致，从而增加了成本和风险。组织可以通过管理好参考数据和主数据有效解决以上问题。

参考数据和主数据语境关系图如图 10-1 所示。

10.1.1 业务驱动因素

企业等组织启动主数据管理工作最常见的驱动因素包括：

1）满足数据需求。组织内的多个业务领域需要访问相同的数据集，并且信任这些数据集是完整、最新和一致的。主数据通常是这些数据集的基础（如想要确认一个数据分析工作是否囊括所有的客户，首先要对客户进行统一的定义）。

2）提升数据质量。数据的不一致、质量缺陷和数据缺失等问题都会导致产生错误决策或丧失商业机会。主数据管理通过对组织关键数据实体进行统一编码标识来降低这些风险。

3）控制集成成本。在没有主数据的情况下，将新数据源集成到一个已经很复杂的环境中的成本会很高，这种工作方法省略了定义和识别关键实体及其变化情况的环节，会产生额外的成本。

4）降低相关风险。主数据可以简化数据共享架构，从而降低与复杂环境相关的成本和风险。

参考数据管理的驱动因素与主数据类似。集中管理的参考数据使组织获得以下好处：

1）通过使用一致的参考数据，满足多个项目的数据需求，并降低数据集成的风险和成本。

2）提升参考数据的质量。

虽然数据驱动型组织更重视业务数据（如增加销量或市场份额、降低成本、证明合规等），但利用这些业务数据的能力却又高度依赖参考数据和主数据的可用性和质量。因此，提高参考数据和主数据的可用性和质量对提升数据的整体质量和业务信心具有显著影响，这个过程可为组织带来很多其他好处，如简化 IT 环境、提高效率和生产力及改善客户体验等。

第10章 参考数据和主数据

图10-1 参考数据和主数据语境关系图

10.1.2 目标和原则

参考数据和主数据管理的目标包括：

1）确保组织在各项业务流程中都拥有完整、一致、最新和权威的参考数据和主数据。

2）让参考数据和主数据能够在各业务职能和应用系统之间共享。

3）通过标准化、通用的数据模型和集成模式，降低数据使用和集成的成本和复杂性。

参考数据和主数据管理遵循以下指导原则：

1）高效共享。参考数据和主数据必须被管理，以便在整个组织中共享。

2）全局统筹。参考数据和主数据的所有权属于整个组织，而不是某个应用系统或部门，由于它们需要广泛共享，需要高水平的管理。

3）质量管控。参考数据和主数据的质量需要持续地监控和治理。

4）责任到人。需要指定业务数据管理专员专门负责控制和保证参考数据和主数据的质量。

5）受控变更。

①在特定时间点，主数据的值都应代表组织对准确和最新内容的最佳理解。更改数据值匹配规则时应小心谨慎，并在监督下进行。任何合并或拆分主数据值的操作都应该是可逆的。

②参考数据内容的变更应遵循明确的流程，实施变更之前应该进行充分的沟通，并得到审核批准。

6）遵从权威。主数据应只能从某种记录系统（System of Record）中复制。为了在整个组织内实现主数据共享，一般需要建设参考数据和主数据管理系统。

10.1.3 基本概念

1. 参考数据和主数据的区别

不同类型的数据在组织内发挥着不同的作用，管理要求也不尽相同。很多人对业务数据、主数据及参考数据等概念混淆不清。为此，马尔科姆·奇泽姆（Malcolm Chisholm）提出了六层数据分类法，其中包括元数据、参考数据、企业结构数据、业务结构数据、业务活动数据和业务审计数据（Chisholm，2008；Talburt & Zhou，2015）。在该分类法中，马尔科姆·奇泽姆将主数据定义为参考数据、企业结构数据和业务结构数据的集合：

1）参考数据（Reference Data）。例如，代码表和描述表（Description Table）是仅用于描述组织中其他数据的特征，或仅用于将数据库中的数据与组织外部的信息联系起来的数据。

2）企业结构数据（Enterprise Structure Data）。例如，会计科目表，可以按业务职能描述业务活动。

3）业务结构数据（Transaction Structure Data）。例如，客户标识符，描述了业务发生过程中的要素，包括产品、客户、供应商等。

马尔科姆·奇泽姆的定义将主数据与记录业务详细信息的业务活动数据、描述业务状态的业务审计数据及描述其他数据的元数据区分开来（Chisholm，2008）。这个定义与DAMA术语表的定义类似，即主数据是"与业务活动相关的，以通用和抽象概念的形式提供业务活动语境的数据，包括业务运营中涉及的内部和外部对象的详细信息（定义和标识符），如客户、产品、员工、供应商和受控域值（代码值）"（DAMA，2009）。

很多人理解主数据包括业务结构数据和企业结构数据。大卫·洛辛（David Loshin）对主数据的定义与此类似。他将主数据对象描述为在组织的不同应用系统中都会使用的核心业务对象，以及与它们相关的元数据、属性、定义、角色、连接和分类法等。主数据对象代表对组织来说非常重要的"东西"——在业务中被记录、报告、度量和分析的"东西"（Loshin，2008）。

主数据需要识别和开发每个概念性实体（如产品、地理位置、会计科目、个人或组织）实例的可信版本，同时维护该版本的时效性。主数据面临的主要挑战是实体解析，又称为标识管理（Identity Management），即识别和管理不同系统和流程数据之间关联关系的过程。每条主数据表示的实体、实例在不同系统中有不同的表示方式。主数据管理工作就是为了消除这些差异，以便在不同语境中一致性地识别各个实体实例（如特定客户、产品等）。需要注意的是：必须对这个过程进行持续管理，以便使这些主数据实体、实例的标识符持续保持一致[⊖]。

从概念上来看，参考数据和主数据有着非常相似的用途：二者都为业务数据的创建和使用提供重要的上下文信息（参考数据还为主数据提供上下文信息），使人们更容易理解数据。更重要的是二者都属于共享数据资源，都应该在企业全局层面进行统一管理。如果相同的参考数据有多个实例将导致效率低下，并且会不可避免地出现数据不一致的问题，进而引发歧义，给组织带来风险。成功的参考数据或主数据管理规划包含完整的数据管理职能，如数据治理、数据质量、元数据管理和数据集成等。

参考数据还具有很多区别于某些主数据（如企业结构数据和业务结构数据）的特征。参考数据不易变化，相对稳定，其数据集通常比业务数据集或主数据集小、复杂程度低，列数和行数少。另外，参考数据管理没有实体解析的工作。

参考数据和主数据管理重点的不同之处在于：

1）参考数据管理（Reference Data Management，RDM）需要对参考数据的定义及其域值进行控制。参考数据管理的目标是确保组织能够访问每个概念的完整、准确且最新的数据。

2）主数据管理（Master Data Management，MDM）需要对主数据的值域和标识符进行控制，从而实现跨系统使用核心业务实体数据，保证数据的一致性、准确性和及时性。主数据管理的目标包括确保当前值的准确性和可用性，同时降低模糊标识符（一物多码或一码多物等情况）引发的风险。

参考数据管理面临的难题之一是落实参考数据定义和维护工作的责任和权力归属。有些参考数据源自外部组织；有些则跨越组织内部边界，不属于某一个部门；有些参考数据在部门内部创建和维护，但其他部门也能用得上。因此，落实参考数据的获取、管理和更新工作职责是参考数据管理的重要环节。因为参考数据的差异会导致对数据上下文产生误解（如两个业务部门对同一概念进行分组时出现不同的值），所以参考数据管理缺乏问责制会带来风险。

因为参考数据和主数据为业务提供了上下文信息，所以它们在企业业务运营期间支撑形成了组织内的业务数据（如在 CRM 和 ERP 系统中），并支撑了基于业务数据的分析。

2. 参考数据

如前所述，参考数据是用于描述或分组其他数据，或将数据与组织外部信息联系起来的所有数据（Chisholm，2000）。最基本的参考数据由代码和描述组成，但有些参考数据比较复杂，包含映射和层次结构。参考数据几乎遍布所有数据存储，可以根据其状态或类型进行分组（如订单状态包

⊖ John Talburt 和 Yinle Zhou（2015）描述了 ER 中的两步流程：首先，确定两个记录是否指向同一个实体；其次，合并和协调记录中的数据以创建主记录。他们将实体身份信息管理（EIIM）称为确保"MDM 系统中管理的实体在各个流程中始终使用相同的唯一标识符进行标记"的过程。

括新订单、进行中的订单、已完成订单、已取消订单等），也可以根据地理位置或标准信息等其他外部信息进行分组（如中国、美国、英国等国别代码）。

参考数据可以用不同的方式存储，以满足不同的需求。例如，在数据集成场景中，用于标准化或数据质量检查的数据映射；或在其他应用系统中，用于实现"搜索"和"发现"的同义词环等。参考数据还应用于特定设备的用户界面设计（如银行柜员机的多语言设置）。

参考数据常见的存储技术包括：

1）关系数据库中的代码表。通过外键链接到其他表，以保持数据库管理系统中的参照完整性。

2）参考数据管理系统。用于维护业务实体，包括启用、未启用或停用状态的值，以及术语映射规则，以满足各种应用系统和数据集成所需。

3）特定码值。用于某些对象属性特定元数据约定的值域，常用于应用系统的 API 接口调用或用户界面访问场景。

参考数据管理需要控制和维护其定义、域值及域值之间的关系。参考数据管理的目标是确保不同职能部门所用的参考数据相同且值是最新的，可以实现组织跨部门共享访问。与其他数据一样，参考数据也需要元数据来描述。参考数据的一个重要元数据是"数据来源"，如行业标准参考数据的管理机构。

（1）参考数据结构

根据参考数据内容的粒度和复杂性，可以将其构造成为一个简单列表、交叉参考表或分组表。在数据库或参考数据管理系统中构建参考数据时，应充分考虑使用和维护参考数据的能力。

1）参考数据列表。最简单的参考数据是由代码值和代码描述组成的列表，如表 10-1 所示。代码值是主要标识符，是在其他上下文中出现的缩写参考值。代码描述说明了代码所代表的业务含义，用于在屏幕、页面、下拉列表和报表中显示其内容。需要注意的是，在本案例中，根据国际标准，英国的代码值为 GB（大不列颠，Great Britain），而不是 UK（联合王国，United Kingdom），尽管 UK 是英国在大部分情况下的常用缩写。在定义参考数据需求时，要在标准遵从性和实用性之间取得平衡。

表 10-1 简单参考数据列表

代码值	描述
US	United States of America
GB	United Kingdom（Great Britain）

根据参考数据的内容和复杂程度，可能需要增加一些额外属性来进一步阐释代码的含义。这些属性定义提供了标签自身难以提供的信息，它们很少出现在报表或下拉列表中，但是可能出现在应用系统的"帮助"功能里，以帮助用户在当前场景中正确地使用代码。

与所有参考数据一样，列表必须满足数据消费者的需求，包括内容详细程度的具体要求。如果参考数据列表只是用于临时用户的数据分组需求，那么过于详细的列表内容可能会带来数据质量问题和使用困扰。同样，一个过于含糊的列表内容会阻碍知识工作者获取足够详细的信息。为了应对这些场景，最好维护多个相关列表，而不是为所有用户群体提供标准的单一列表。表 10-2 提供了一个工单状态代码示例。如果没有表中"定义"列提供的详细信息，不熟悉业务的人根本无法明确工单状态的真正含义。这种差异化描述对于推动绩效指标或其他商务智能分析的分组尤为必要。

表 10-2 扩展的简单参考数据列表

代码	描述	定义
1	新建	表示创建了一个新的工单，但是尚未分配人员
2	已分配	表示该工单已分配给对应工作人员
3	施工中	表示工作人员已经开始处理工单
4	已解决	表示工作人员已经完成该工单所有任务
5	已取消	表示该工单已经被需求方主动取消
6	待定	表示该工单由于缺少前置条件暂时中止
7	已完成	表示该工单已经完成，并经需求方确认

2）交叉参考数据列表。不同的应用系统可能使用不同的代码集来表示相同的概念，这些代码集的粒度可能不同，也可能是粒度相同但值不同。交叉参考数据（Cross-reference Data）集可以在代码值之间相互转换，能很好地应对上述情况。表10-3 展示了美国州代码的交叉参考数据列表示例。美国邮政服务（USPS）的州代码由 2 个字母组成，联邦信息处理标准（FIPS）则用 2 位数字表示，国际标准化组织（ISO）的州代码中还把国家/地区代码作为前缀。

表 10-3 交叉参考数据列表示例

USPS 州代码	ISO 州代码	FIPS 州代码	缩写	名称	全称
CA	US-CA	06	Calif.	California	State of California
KY	US-KY	21	Ky.	Kentucky	Commonwealth of Kentucky
WI	US-WI	55	Wis.	Wisconsin	State of Wisconsin

系统对语种的要求也会影响参考数据结构。多语言列表就是交叉参考列表的一个典型案例。虽然代码表提供了标准的、机器可读的格式，但具体语言的词汇表提供了可用的内容。表10-4 提供了 ISO 3166 标准的多语言参考数据列表示例。根据涉及的语言和字符集的数量，可用多种方法处理多语言列表。该列表无须遵循范式规则即可生效，因为反范式结构更容易理解交叉参考数据中的关系。

表 10-4 多语言参考数据列表

ISO 3166-1 Alpha 2 国家地区代码	英语名称	当地名称	当地语言/当地名称	法语名称	…
CN	China	Zhong Guo	中文/中国	Chine	

3）分类法。分类参考数据结构（Taxonomic Reference Data）根据不同层级的差异性来描述信息。例如，美国邮政编码就是一个很有意义的分类参考数据，城镇、县和州等不同层级及其关系都可以用该分类参考数据表进行表达，并且可以通过邮政编码作为驱动因素来完成多个层级的解析。

分类法（Taxonomies）利用内容分类和多方位的导航以支持商务智能。分类参考数据可以按递归关系进行存储。分类参考数据管理工具还可以维护数据层级信息。表 10-5 和表 10-6 提供了两种常见层次分类参考数据的示例。在这两种情况下，层级结构都包括代码、描述及对各个代码进行分类的父代码的参考引用。例如，在表 10-5 中，花卉植物（10161600）是玫瑰、一品红和兰花的父代码。在表 10-6 中，零售业（440000）是食品饮料商店（445000）的父代码，而食品饮料商店（445000）是特色食品商店（445200）的父代码。

表 10-5　通用标准产品和服务分类（UNSPSC）参考数据表

代码值	描述	父代码
10161600	花卉植物（Floral Plants）	10160000
10161601	玫瑰（Rose Plants）	10161600
10161602	一品红（Poinsettias Plants）	10161600
10161603	兰花（Orchid Plants）	10161600
10161700	切花（Cut Flowers）	10160000
10161705	玫瑰切花（Cut Roses）	10161700

表 10-6　北美行业分类系统（NAICS）参考数据表

代码值	描述	父代码
440000	零售业（Retail Trade）	440000
445000	食品饮料商店（Food and Beverage Stores）	440000
445200	特色食品商店（Specialty Food Stores）	445000
445210	肉类食品店（Meat Markets）	445200
445220	鱼和海鲜类食品店（Fish and Seafood Markets）	445200
445290	其他特色食品店（Other Specialty Food Stores）	445200
445291	烘焙食品店（Baked Goods Stores）	445290
445292	糖果坚果食品店（Confectionary and Nut Stores）	445290

4）本体。一些组织将用于管理网站内容的本体（Ontology）作为参考数据的一部分。这些本体之所以被归属于参考数据，主要是因为它们同样用于描述其他数据，或将组织内数据与组织外的信息关联起来。本体模型也可以理解为元数据的一种形式。本体模型和其他复杂的分类参考数据需要用类似于管理参考数据的方式进行管理，其数据值必须是完整的、最新的和有明确定义的。维护本体的最佳实践与参考数据管理的最佳实践相似。本体的主要用途之一是内容管理，相关内容在第 9 章中有更详细的描述。

（2）专用或内部参考数据

许多组织会通过创建参考数据来支持内部流程和应用。通常，这种专用参考数据会随着时间的

⊖　http：//bit.ly/2sAMU06.

⊖　http：//bit.ly/1mWACqg.

推移而持续增长。参考数据管理的部分工作就包括管理这些数据集，并在理想情况下确保数据集之间的一致性，以便为整个组织服务。例如，如果不同的业务部门使用不同的术语来描述客户的状态，组织中的任何人都很难及时确定某人在某个时间段内服务客户的总数。在帮助管理内部参考数据集时，数据管理人员必须在使用相同术语指代相同信息的需求及多个流程之间保持一定灵活性的需求之间取得平衡。

（3）行业参考数据

行业参考数据（Industry Reference Data）是一个广泛的术语，用于描述由行业协会或政府机构（而不是单个组织）创建和维护的数据集，以便为编纂重要概念提供通用标准。这种编码形成了理解数据的通用方法，也是数据共享和互操作的先决条件。例如，国际疾病分类代码（International Classification of Diseases，ICD）提供了一种对健康状况（诊断）和治疗（程序）进行分类的通用方法，为医疗保健和掌握诊疗结果提供了统一的方法。如果每家医院和每个医生都创建自己的疾病代码集，就几乎不可能了解疾病的发展趋势和病症表现模式。

行业参考数据是由使用该数据的企业外部的其他组织（一般是行业协会或政府机构）生成和维护的。要想使用这些行业参考数据，就需要结合用数企业内部的业务，如可能需要用它们支持特定的数据质量管理工作（如利用第三方企业名录）、业务计算（如外汇汇率换算）、业务数据扩充（如营销数据）等。这些数据集的差异很大，具体取决于行业和各个代码集的不同。

（4）地理或地理统计参考数据

地理或地理统计参考数据能够让业务数据按地理信息进行分类或分析。例如，人口普查局关于人口密度和人口结构变化的报告可以支撑市场规划和研究，将历史气象数据和地理位置紧密结合可以为库存管理和促销计划提供参考依据。

（5）计算参考数据

许多商业活动都依赖于通用、能参与一致性计算的参考数据。例如，外汇换算依赖于受管理的、带时间戳的汇率表。计算参考数据与其他类型数据的不同之处在于它的变化频率。因为第三方会确保数据完整且准确，所以许多组织从第三方购买此类数据。如果组织试图自行维护这些数据，就可能产生数据延迟问题。

（6）标准参考数据集的元数据

和其他数据一样，参考数据也会随着时间的推移而变化。因为组织经常使用参考数据，所以维护参考数据集的关键元数据是非常重要的工作，这样可以确保参考数据的血缘关系和通用性得到充分了解和较好的维护。表10-7提供了参考数据元数据属性的示例。

表10-7 参考数据元数据属性

参考数据集关键信息	描述
正式名称	参考数据集的官方名称，特别是对外的名称（如ISO 3166—1991国家代码列表）
内部名称	与组织内数据集关联的名称（如国家代码-ISO）
数据提供方	提供和维护参考数据集的一方。可以是外部（如ISO）、内部（特定部门）或外部扩展（从外部获取然后在内部扩展和修改）

(续)

参考数据集关键信息	描述
数据提供方数据集来源	数据提供方的数据集可以获取的位置描述。可能是企业网络内部或外部的统一资源标识符（URI）
数据提供方最新版本号	如果可用且维护，描述外部数据提供方的数据集最新版本，其中信息可能从组织版本中新增或弃用
数据提供方最新版本日期	如果可用且维护，描述标准列表最后一次更新的时间
内部版本号	当前参考数据集的版本号或上次更新应用到数据集的版本号
内部版本对账日期	数据集基于外部来源最后更新的日期
内部版本最后更新日期	数据集最后更新的日期。这不意味着与外部版本的对账

3. 主数据

主数据是关于业务实体的数据，如员工、客户、产品、财务结构、资产和地理位置等。主数据为业务运营和分析提供上下文语境信息。实体是客观世界的对象（如人、组织、地点或事物等）。实体由其实例以数据或记录的方式表示。主数据应代表与关键业务实体有关的最权威、最准确的可用数据。如果管理得当，主数据值是值得信赖的，可以放心使用。

业务规则通常规定了主数据的格式和允许的值域范围。常见的主数据包括以下几类：

1）参与方。个人和组织及其扮演的角色，如客户、居民、病人、厂商、供应商、代理商、商业合作伙伴、竞争对手、员工或学生等。

2）产品和服务。包括内部和外部的产品和服务等。

3）财务主数据。如合同、总账科目、成本中心或利润中心等。

4）位置主数据，如地址和 GPS 坐标等。

(1) 记录系统、参考系统

当"真实"数据可能存在不同版本时，就有必要对它们加以区分。为此，必须知道这些数据是从哪里来的，或者在哪里被访问的，以及为了具体的用途和目的准备了哪些数据。记录系统（System of Record）是一个权威系统，通过使用一组定义好的规则和预期来创建、获取和维护数据（如 ERP 系统是记录销售行为的记录系统）。参考系统（System of Reference）也是一个权威系统，数据消费者可以从该系统获得可靠的数据来支持业务和分析，即使这些数据并非源自该参考系统。主数据（MDM）应用系统、数据共享中心和数据仓库通常被用作参考系统。

(2) 可信来源、黄金记录

基于自动规则并结合手动管理的数据内容，被认为是"事实的最佳版本"的可信来源。可信来源也可称为单一视图、360 度视图。想要让主数据管理系统成为可信来源，就应当进行管理。在可信来源中，表示一个实体实例最准确的数据记录被称为"黄金记录"。

"黄金记录"一词颇具误导性。Tech Target 网站将"黄金记录"定义为"真相的单一版本"，其中"真相"指数据用户想确保拥有正确版本的信息时可以参考的数据。"黄金记录"包含一个组织内每个记录系统中的所有数据[1]。

然而，不同系统中的数据很难符合"真相的单一版本"，这一定义的两个部分无法同时达成，因此使这一定义屡受质疑。

在任何主数据管理工作中，将多个来源的数据合并、解析成为"黄金记录"并不意味着它总能100%完整且准确地描述组织内所有实体（尤其是在具有多个记录系统向主数据环境提供数据的组织中）。如果对外承诺该数据是"黄金记录"，但事实上并非如此，这就会导致数据消费者失去信心，不再信任这些数据。

这就是为什么有些人更喜欢使用"可信来源"一词指代主数据的"最佳版本"。这样做可将重点放在如何定义和管理数据以获得最佳版本上，并可以帮助不同的数据消费者看到对他们来说很重要的"单一版本"的组成部分。金融和精算领域对客户数据"单一版本"的看法往往与营销领域不同。可信来源提供了由数据管理人员识别和定义的业务实体的多视角描述。

（3）*主数据管理*

如前文所述，主数据管理涉及对主数据值和标识符的控制，以确保在各个系统中一致地使用最准确和最新的关于关键业务实体的数据。其目标包括确保准确、当前值的可用性，同时减少歧义标识符的风险。

Gartner 将主数据管理定义为："一个技术驱动的知识领域，由业务和技术部门共同协作，以确保企业共享主数据资产的统一性、准确性、可管理性、语义一致性并支持问责制。主数据是由标识符和扩展属性组成的一致且统一的数据集，描述了企业的核心实体，包括客户、潜在客户、员工、供应商、地理位置、组织架构和会计科目等。"[2]

Gartner 的定义强调主数据管理是一个由人、流程和技术组成的知识领域，而不是一个特定的应用系统解决方案。然而，主数据管理的缩写"MDM"却常用于特指主数据管理系统或产品[3]。主数据管理系统可以简化主数据管理的部分工作，能提升效率，并且很有效，不过仅仅依靠主数据管理系统并不能保证主数据得到良好的管理并满足组织需求。评估一个组织的主数据管理需求可以考虑以下问题：

1）哪些角色、组织、地点和事物被反复引用。
2）哪些数据用于描述人员、组织、地点和事物。
3）数据如何定义和设计数据结果，以及数据的粒度如何。
4）数据从哪里产生、来自哪里，在哪里进行存储、提供和访问。
5）数据在各个系统流转时发生了什么变化。
6）谁在使用数据，使用这些数据的目的是什么。
7）使用哪些标准衡量数据及其来源的质量和可靠性。

主数据管理非常具有挑战性。这也是数据管理面临的一个根本性挑战：人们选择不同的方式表示相似的概念，而将这些表述协调一致并不容易。同样重要的是，信息会随着时间的推移而变化，

---

[1] http://bit.ly/2rRJI3b.

[2] http://gtnr.it/2rQOT33.

[3] 请注意，在整个 DAMA-DMBOK 中，MDM 指管理主数据的整体过程，而不仅仅是用于管理这些数据的工具。

而系统性地解释这些变化需要具备计划、数据知识和技术技能。总之，需要付出努力。

任何认识到需要进行主数据管理的组织大多已经有一个复杂的系统环境，有多种途径可以采集和存储对客观世界实体的引用。这种系统复杂性会随着时间的推移或发生企业并购等行为而不断加剧，为主数据管理流程提供输入的系统可能对实体本身就有不同的定义，并有不同的数据质量衡量标准。考虑到这种复杂性，在实施时最好每次只处理主数据管理的一个数据域，可以从小处着手，先梳理属性较少的，然后不断扩展。

在某个领域内规划主数据管理工作包括以下基本步骤：

1）识别能提供主数据实体全面视图的候选数据源。

2）制定准确匹配和合并实体、实例的规则。

3）建立识别和恢复不当匹配和合并数据的方法。

4）建立分发可信主数据到企业内所有系统的方法。

然而，说起来容易做起来难，主数据管理需要形成一个全生命周期的闭环管理。主数据管理全生命周期的关键活动包括：

1）建立主数据实体的上下文，包括相关属性的定义及其使用条件，并加以治理。

2）识别单一数据源内和多数据源之间表示同一实体的多个实例，构建和维护标识符和交叉参考以支持主数据集成。

3）跨来源匹配和集成数据，以确定主数据权威数据源，提供主记录和事实。合并多来源记录，提供跨系统的信息合并视图，并尝试解决属性命名和数据值不一致的问题。

4）识别未能正确匹配或合并的主数据实例，确保它们得到修正，并正确关联到标识符。

5）通过直接读取、使用数据服务或复制主数据到业务系统、数据仓库或其他分析型数据存储，实现跨应用系统的可信主数据访问。

6）在组织内强制使用主数据。此过程还需要深入开展数据治理和变革管理，以确保在企业级层面共享主数据。

（4）**主数据管理关键处理步骤**

主数据管理的关键处理步骤如图10-2所示，包括数据模型管理，数据采集，数据验证、标准化和数据增强，实体解析，数据共享和管理责任。在全面的主数据管理环境中，逻辑数据模型会在多

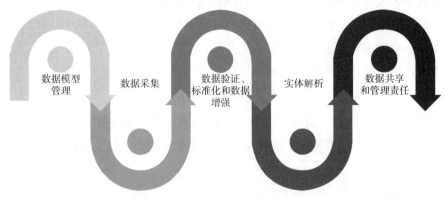

图10-2　主数据管理的关键处理步骤

个平台中进行物理实例化，它指导主数据管理解决方案的实施，并提供主数据集成服务的基础条件。逻辑数据模型还能指导如何配置应用系统，以发挥数据匹配和数据质量验证功能。

1）数据模型管理。主数据管理工作突显了清晰且一致的逻辑数据定义的重要性。这些模型能帮助组织克服"系统方言"的难题。比如某个系统中使用的术语和定义在该系统的范围内是有意义的，但对于整个企业来说，其含义不一定通用。站在主数据管理的视角，在企业全局层面使用的术语和定义应与整个组织开展的业务密切相关，而不一定取决于贡献主数据值的源系统。

对于构成主数据的属性，定义和相关数据值的粒度也必须在整个组织中合乎情理。主数据的不同候选源系统里可能拥有相同的属性名称，但其数据值在企业全局层面可能处于完全不同的语境中。类似的，不同源系统可能存在不同名称的属性，在企业全局层面可以合并为单个属性，并且数据值处于适当的语境。有时候单个数据源中会出现多个属性，这些属性的数据值可以合并为企业级数据模型中的某个属性数据值。

2）数据采集。即使在特定数据源中，表示同一实体实例的数据看起来也可能不同，如表10-8所示，其中的名称、地址和电话号码显示方式不一致。这个例子在本章后面还会用到。

表 10-8 主数据管理系统接收到的源数据

数据源代码	姓名	地址	电话号码
123	John Smith	123 Main，Dataland，SQ 98765	
234	J. Smith	123 Main，Dataland，DA	2345678900
345	Jane Smith	123 Main，Dataland，DA	234-567-8900

规划、评估新数据源并将其合并到主数据管理解决方案中必须是一个可靠的、可重复的过程。数据采集活动包括：

①接收并响应新数据源采集需求。

②使用数据清洗和数据分析工具执行快速、及时、一致和高阶的数据质量评估。

③评估数据集成的复杂性并告知需求方，以帮助他们进行成本效益分析。

④尝试采集数据，评估其对匹配规则的影响。

⑤确定新数据源的数据质量量化指标。

⑥确定新数据源质量监控和维护工作的责任人。

⑦完成与整体数据管理环境的集成。

3）数据验证、标准化和数据增强。要实现实体解析，必须使数据尽可能保持一致。这至少需要减少格式上的差异，并匹配数据值。输入数据的一致性能有效降低关联记录时出错的概率。准备过程包括：

①验证。识别那些明显错误、可能不正确或默认的数据（如删除明显伪造的电子邮件地址）。

②标准化。确保数据内容符合标准参考数据值（如国家代码）、标准格式（如电话号码）或字段（如地址）。

③数据增强。添加可以改进实体解析服务的属性（如相关公司记录的邓白氏公司的邓白氏编码DUNS、通用公司的最终编码Ultimate DUNS，个人记录中的Acxiom或Experian消费者编码）。

表 10-9 展示了对表 10-8 中示例数据进行清洗和标准化后的结果。之前格式迥异的地址现在明显是一致的，电话号码也已经转换为标准格式。

表 10-9 采集数据的标准化和增强

数据源代码	姓名	地址（清洗后）	电话号码（清洗后）
123	John Smith	123 Main, Dataland, SQ 98765	
234	J. Smith	123 Main, Dataland, SQ 98765	+1 234 567 8900
345	Jane Smith	123 Main, Dataland, SQ 98765	+1 234 567 8900

4）实体解析和标识符管理。实体解析（Entity Resolution）是确定两个对客观世界对象的引用指向的是同一对象还是不同对象的过程（Talburt，2011）。实体解析是一个决策过程，执行过程的模型因其确定两个引用之间相似性的方法而不同。虽然解析总是发生在成对的引用之间，但可以把该过程系统性地扩展到大型数据集。因为匹配和合并记录构建了主数据集，所以实体解析对主数据管理来说非常重要。

实体解析包括一系列活动，如实例提取、实例准备、实例解析、身份管理、关系分析。这些活动使实体、实例的身份和实体、实例之间的关系能持续得到管理。在实例解析过程中，通过确定等效性判断的操作可以将两个实例认定为代表同一实体，然后通过一个全局标识符进行链接，表示它们是等效的（Talburt，2011）。

①匹配。匹配（Matching）或候选识别（Candidate Identification）是确认不同记录与单个实体如何相关联的过程。此过程的风险包括：

a）假阳性（False Positives）。两个不同实体的链接到同一个标识符上，这将导致一个标识符指向多个客观世界实体、实例（一码多物）。

b）假阴性（False Negatives）。同一个实体的两个对象并没有链接到同一个标识符下，这会导致多个标识符指向同一个客观世界实体（一物多码），但是每个实体应该有且仅有一个标识符。

这两种情况都可以通过相似性分析或匹配的过程来解决。在这个过程中，通常会基于相应属性值之间的加权近似匹配对两条记录的相似程度进行评分。如果分数高于指定的阈值，则认为这两个记录代表相同的实体。通过相似性分析，可以识别数据中的微小变化，并合并数据值。在该场景中，常用的算法是确定性算法和概率算法：

a）确定性算法（Deterministic Algorithms）。类似于解析和标准化，依赖于定义的匹配模式和匹配推理规则分配权重得出分值以确定相似性。确定性算法是可预测的，因为匹配的模式和应用的规则总是会产生相同的结果。这种方法比较简单，开箱即用，性能相对较好，但也不会超出规则制定人员的预期。

b）概率算法（Probabilistic Algorithms）。利用统计算法评估两条记录代表相同实体的可能性。这种方法需要观察所有记录的部分子集预期结果，并根据统计分析调整匹配程序，实现算法的自我优化，效果则取决于为算法训练而采集数据样本的能力。由于这种匹配算法不依赖于预设的规则，结果可能存在不确定性。可以根据经验进行不断优化算法的概率，随着参与训练的数据量不断增长，概率匹配程序的匹配精度也会随之提高。

②身份解析。身份解析是利用多个字段精确匹配数据到同一实体的方法，有时会非常精准，但当出现数据值冲突时其匹配结果就不是那么可信了。例如：

a）如果两条记录有相同的姓氏、名字、出生日期和身份证号码，但邮寄地址不同，那么是否可以认为这两条记录指的是改变了邮寄地址的同一个人？

b）如果两条记录有相同的身份证号码、邮寄地址和名字，但姓氏不同，那么是否可以认定这两条记录指的是改了姓氏的同一个人？这种可能性会根据性别和年龄的不同而增加还是减少？

c）如果一条记录上的身份证号码未知，上述这些例子的解析结果会发生什么变化？还有什么其他标识符有助于判断匹配的可能性？组织认为可信度到多少才能确认该匹配？

表10-10说明了表10-8和表10-9中的示例记录过程的结论。这里，第二个实体、实例（源ID 234和345）被确定为标识为同一个人（Jane Smith），而第一个（源ID123）被识别为另一个人（John Smith）。

表 10-10 候选人识别和身份解析

源 ID	姓名	地址（清洗后）	电话号码（清洗后）	候选人 ID	参与方 ID
123	John Smith	123 Main，Dataland，SQ 98765		XYZ	1
234	J. Smith	123 Main，Dataland，SQ 98765	+1 234 567 8900	XYZ，ABC	2
345	Jane Smith	123 Main，Dataland，SQ 98765	+1 234 567 8900	ABC	2

尽管做出了最大的努力，匹配的结论有时仍被证实是错误的，所以维护匹配的历史记录非常重要，以便在发现错误时可以撤销匹配。匹配率指标使组织能够监控其匹配推理规则的影响和有效性。当实体解析流程接收到新信息时，重新执行匹配规则可以帮助识别更好地匹配候选者。

③匹配工作流程/调节类型。不同场景的匹配规则需要不同的工作流程：

a）多重识别匹配规则（Duplicate Identification Match Rules）。聚焦一组能唯一地标识一个实体的特定数据元素，并识别多条数据合并的可能性，而无须采取自动合并操作。数据管理业务人员可以审查这些匹配结果并根据具体情况做出决策。

b）匹配链接规则（Match-link Rules）。标识出可能与主记录相关的记录，只建立交叉引用关系的链接，而不用更新交叉引用记录的内容。这种匹配链接规则的方式更容易实施，也更容易撤销操作。

c）匹配合并规则（Match-merge Rules）。匹配相关记录并将这些记录合并为唯一、统一、一致和全面的记录。如果该匹配合并规则应用于多个数据源，则需要在每个数据源存储中创建唯一、统一且全面的记录。至少要用某个数据源存储中的可信数据来补充其他数据源存储中的数据，替换缺失值或错误值。

匹配合并通常都很复杂，其目的是希望在多条记录和多个数据源中提供唯一、一致的信息版本。复杂性是因为需要根据一系列规则来确定哪个来源的哪个字段值得信任。随着时间的推移，每次引入新来源都会更新这些规则。匹配合并规则面临的挑战包括协调数据一致的操作复杂性，撤销错误合并的操作成本。

匹配链接是一种更简单的操作，因为它作用于交叉引用表，而不是合并主数据记录的各个属性。当然，将多条记录链接并展示综合信息可能有些困难。

定期重新评估匹配合并和匹配链接规则是必要的，因为置信水平会随时间变化。许多数据匹配引擎提供数据值的统计相关性，以帮助建立置信水平（见第13章）。

④主数据ID管理。管理主数据涉及管理标识符。在主数据管理环境中，有两种类型的标识符需要跨数据源管理：全局ID（Global ID）和交叉引用（X-Ref）信息。

全局ID是主数据管理解决方案分配和维护的唯一标识符，它会被附加到已匹配的记录中，其目的是唯一标识一个实体实例。在表10-10的示例中，当确定数据源代码为"234""345"这两条记录代表同一实体、实例时，会将值"ABC"分配给这两条记录作为候选人ID，该记录的参与方ID会被设置为"2"。

无论使用哪种技术实施主数据集成操作，全局ID都应仅由一个得到批准的解决方案生成，以避免出现重复值的问题。全局ID可以是数字或GUID（全局唯一标识符），保持唯一性即可。全局ID需要解决的关键复杂问题是如何在反复合并/取消合并/重新合并的情况下，维护正确的全局ID，以便于恰当地执行下游数据更新。交叉引用管理是对源ID和全局ID之间映射关系的管理。交叉引用管理应包括维护此类映射历史记录的功能，以支撑匹配率指标的计算，以及支持开放查找服务以实现数据集成的功能。

⑤隶属关系管理。隶属关系管理是建立和维护具有客观世界关系的实体主数据记录之间的关系。例如，所有权隶属关系（X公司是Y公司的子公司，二者是父子关系）或其他关联关系（员工X、Y、Z在X公司工作）。

主数据管理解决方案的数据结构设计必须确定给定实体属于以下哪一种关系：隶属关系，父子关系，还是两者兼有。

a）隶属关系（Affiliation Relationships）。通过编程逻辑提供最大的灵活性。父子层次结构也可以用该关系类型展示数据。许多下游解决方案（如报表或会计科目查询工具）都希望看到信息的分层视图。

b）父子关系（Parent-Child Relationships）。因为数据结构已隐含父子层次关系，所以只需要较少的程序编码。然而，如果关系发生了变化，并且没有可用的隶属关系结构，就可能影响数据的质量和商务智能的维度。

5）数据共享和管理责任。尽管主数据管理的大部分工作可以借助能处理大量记录的工具实现自动化，但仍然需要数据管理人员手动处理匹配错误的数据。在理想情况下，从管理过程中吸取的经验教训可以用来改进匹配算法，减少手工操作的次数（见第3章和第8章）。

（5）参与方主数据

参与方主数据（Party Master Data）指有关个人、组织及他们在业务关系中所扮演角色的数据。在商业环境中，参与方还包括客户、员工、供应商、合作伙伴和竞争对手等；在公共事业领域，参与方通常指居民；在执法机构场景中，则指犯罪嫌疑人、证人和受害者；在非营利组织中，主要关注会员和捐助者；在医疗保健领域，主要包括患者和医护人员；在教育系统，主要角色是学生和教师。

客户关系管理系统用于管理客户主数据，其目标是提供关于每个客户的完整而准确的信息。

客户关系管理的一个重要目标是从不同系统中识别重复、冗余或相互冲突的数据，并确定这些数据是代表一个客户还是代表多个客户。客户关系管理必须能够解决数据值冲突、一致性差异等问题，并准确地描述客户当前的情况。此过程需要强大的规则，还要充分了解相关数据源的结构、粒度、血缘和质量方面的知识。

专门的主数据管理系统为个人、组织及其角色、员工和供应商履行类似的管理职能。无论在哪个行业，管理业务参与方主数据都会面临以下特有挑战：

1）个人、组织所扮演的角色，以及他们之间的复杂关系。

2）确定唯一标识的困难。

3）数据源的数量，以及它们之间的差异。

4）多种移动通信和社交通信等沟通渠道。

5）数据的重要性。

6）客户对如何参与的期望。

对于在组织中扮演多个角色（如某人同时是某公司的员工和客户），并利用不同联系方式或沟通渠道（如通过绑定社交媒体网站的移动终端 App 程序进行交互）的各参与方来说，主数据管理工作极具挑战性。

（6）财务主数据

财务主数据（Financial Master Data）包括关于业务单元、成本中心、利润中心、总账科目、预算、计划和项目的数据。通常，企业资源规划（ERP）系统是财务主数据（会计科目）的核心枢纽，项目详细信息和交易则在一个或多个外围应用中创建和维护。这种模式在具有分布式后台职能的组织中尤为常见。

财务主数据解决方案不仅包括创建、维护和共享信息，还可以模拟现有财务数据的变化可能对组织的盈亏底线产生的影响。财务主数据模拟通常是商务智能报表、分析和规划模块及更直观的预算和预测功能的一部分。通过这些应用程序，可以对财务结构的版本进行建模，以获知可能的财务影响。一旦做出决定，商定的财务结构变化就可以分发至所有相关系统。

（7）法律主数据

法律主数据（Legal Master Data）包括关于合同、法律法规和其他法律事务的数据。法律主数据支持对提供相同产品或服务的不同实体的合同进行分析，以助力协商谈判，或将这些合同合并到主协议中。

（8）产品主数据

产品主数据（Product Master Data）一般专指组织的内部产品和服务，也可以是全行业（包括竞争对手）的产品和服务。不同类型的产品主数据解决方案支持不同的业务功能。

1）产品生命周期管理（Product Lifecycle Management，PLM）。聚焦于产品或服务的全生命周期管理，涵盖概念、开发、制造、销售、交付、服务和废弃等各方面。组织通过实施产品生命周期管理系统以加速产品上市。在产品开发周期长的行业（如医药行业长达 8~12 年），产品生命周期管理系统使组织能够持续跟踪跨流程的成本和法律协议，因为产品设计从概念阶段发展到样品阶段可能会更换不同的名称、涉及不同的许可协议。

2）产品数据管理（Product Data Management，PDM）。通过采集和安全共享设计文件（如CAD图样）、配方（如制造说明）、标准操作程序和物料清单等产品信息来支持工程和制造功能。产品数据管理职能可以通过专门的系统或ERP系统实现。

3）企业资源规划（Enterprise Resource Planning，ERP）。系统中的产品数据主要关注库存单位（Stock Keeping Unit，SKU），以支持从订单录入到库存存量等多个环节，这时可以通过各种技术识别单个产品。

4）制造执行系统（Manufacturing Execution System，MES）。系统中的产品数据集中于原材料库存、半成品和成品，其中成品可以与ERP系统存储和订购的产品相关联。这些数据在整个供应链和物流系统中也很重要。

5）客户关系管理（Customer Relationship Management，CRM）。系统中的产品数据用于支持营销、销售和沟通交流，包括产品系列和品牌、关联的销售代表、客户区域管理及营销活动等。

许多产品主数据都与参考数据管理系统有着密切的关联。

（9）位置主数据

位置主数据（Location Master Data）提供了跟踪和共享地理信息及基于地理信息创建层次关系或片区的能力。参考数据和主数据都有位置数据，因此它们之间经常难以区分。区别主要包括：

1）位置参考数据。通常包括行政区划数据，如国家、州或省、市、县、镇、邮政编码，以及地理定位坐标数据，如经度、纬度和海拔高度。这些数据很少变更，即便有变更，一般也是由外部组织处理。位置参考数据一般还包括组织定义的地理区域和销售区域。

2）位置主数据。包括业务参与方的地址和位置，以及组织设施的位置。随着组织的发展或收缩，这些位置信息的变更频率要高于其他位置参考数据。

不同的行业需要专门的地球科学数据（如地震断层、洪泛平原、土壤、年降雨量和恶劣天气风险地区等）和相关的社会学数据（如人口、种族、收入和恐怖主义风险等），这些数据通常由外部数据来源提供。

（10）行业主数据-参考目录

参考目录是主数据实体（公司、人员、产品等）的权威清单，组织可以购买并用作其业务的基础。虽然参考目录是由外部组织创建的，但信息版本的管理和一致性工作是在组织内部的系统中进行维护的。

参考目录授权许可的例子包括邓白氏公司提供的全球公司总部、子公司、分支机构等公司目录，以及美国医学会的处方数据库。

参考目录可以帮助用户通过以下方式利用主数据：

1）为新记录的匹配和链接奠定基础。例如，当有5个数据源时，可以将每个数据源与目录进行比较（5次对比），而不是相互之间进行比较（10次对比）。

2）提供在创建记录时可能难以获得的其他数据元素（如医生的医疗许可证状态、公司的6位北美行业分类代码）。

当组织的记录与参考目录匹配并协调一致时，可信记录就可以脱离参考目录，转而跟踪到其他源记录、贡献属性和转换规则。

4. 数据共享架构

参考数据和主数据的集成有多种基本的架构方法。每个主数据主题域一般都有自己的记录系统。例如，人力资源系统通常作为员工数据的记录系统，客户关系管理系统一般作为客户数据的记录系统，而 ERP 系统是财务数据和产品数据的记录系统。

图 10-3 所示的数据共享中心架构模型展示了主数据的星型架构。主数据中心可以处理与源系统、业务应用系统和数据存储等分支项目的数据交互，同时最大限度地减少集成次数。本地数据中心可以扩展并延伸至主数据中心（见第 8 章）。

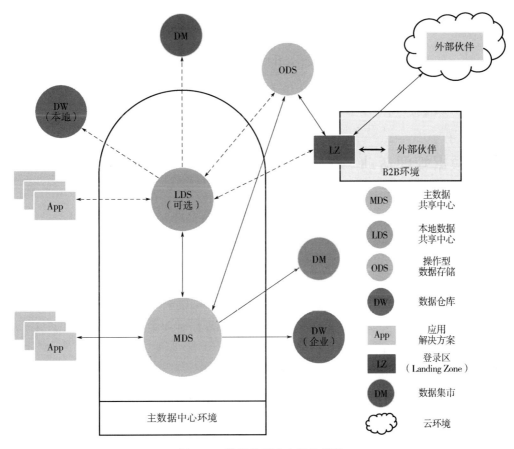

图 10-3　数据共享中心架构模型

实现主数据中心环境有 3 种基本模式方法，各有利弊，主要是以下方面：

1）注册模式（Registry）。注册模式中的注册表是向多种记录系统中主数据记录的索引。记录系统管理其应用程序的本地主数据可以根据主数据索引访问主数据。注册模式相对容易实现，因为它只需要对记录系统进行少量更改。但是，在对多个系统中的主数据进行组合时通常需要非常复杂的查询。此外，还需要实施多个业务规则，用于解决跨系统之间的语义差异。

2）事务中心模式（Transaction Hub）。在该模式中，应用系统与事务中心交互，实现主数据的访问和更新。主数据存储于事务中心，而不存储于其他任何应用系统。事务中心是主数据的记录系统，能够更好地管理主数据，并对外提供一致的主数据源。但是，从现有记录系统中删除更新主数据功能的成本很高。另外，业务规则只会在事务中心这一个系统中实现。

3）混合模式（Consolidated）。混合模式是注册模式和事务中心模式的结合。主数据在公共存储库中整合好，并通过数据共享中心（主数据的参考系统）实现共享。记录系统从数据共享中心获取主数据，并管理好应用系统的本地主数据。这规避了从记录系统直接访问主数据的需求。混合模式在提供企业视图的同时，减少了对记录系统的影响。但是，这种模式需要跨系统复制数据，并且会在事务中心和记录系统之间出现数据延迟的问题。

10.2 活动

如前文所述，参考数据和主数据具有部分共同的特征（都为其他数据提供上下文和意义的共享资源，都应该在企业全局层面进行管理），但一些重要特征有很大差异（参考数据集较小，更稳定，不需要匹配、合并和链接等）。本节将首先描述主数据管理活动，然后介绍参考数据管理活动。

10.2.1 主数据管理活动

1. 定义主数据驱动因素和需求

每个组织都有不同的主数据管理驱动因素和存在的问题，这些驱动因素和问题受系统数量、类型、使用年限、支持的业务流程及业务和分析中数据使用方式的影响。驱动因素通常包括改善客户服务、运营效率及降低与隐私、合规相关风险等。存在的问题通常包括系统之间数据含义和结构存在差异等。这些问题通常与数据文化障碍有关，有些业务部门可能不愿意承担流程变更的成本，尽管这些调整对整个企业来说是有利的。

在应用系统中确定主数据的需求相对容易，跨应用系统定义主数据标准需求则比较困难。大多数组织在开展主数据实施工作时都希望一次只针对一个主数据主题域，甚至一个实体。根据改进意见的成本和效益及主数据主题域的复杂程度等因素确定主数据工作的优先级。从最简单的类别开始，以便从过程中学习和改进。

2. 评估和评价数据源

现有应用程序中的数据构成了主数据管理工作的基础。了解这些数据的结构和内容及收集或创建数据的过程非常重要。主数据管理工作的成果之一是通过评估现有数据质量改进元数据。

评估数据源的目的之一是根据构成主数据的属性了解数据的完整性。此过程包括明确这些属性的定义和粒度。在定义和描述属性时，有时会出现语义问题。此时需要数据管理人员与业务领域专家通力合作，就属性命名和企业级定义进行商议并达成一致（见第3章和第13章）。

评估数据源的另一个目的是了解数据的质量。数据质量问题将使主数据项目变得越发复杂，因此评估过程应包括找出数据问题的根本原因。永远不要想当然地认为数据质量会很高，而假定数据质量不高才更稳妥。应将评估数据质量及其与主数据环境的适配性工作常态化。

正如前文所述，最大的挑战是数据源之间的差异。任何给定来源中的数据都可能是高质量的，但由于结构差异和描述相似属性的值的差异，这些数据仍然无法与其他来源的数据相匹配。而主数据管理提供了在创建或收集数据的应用系统中定义和落实标准的机会。

对于某些主数据实体（如客户、顾客或供应商），可以购买标准化数据（如参考目录）来支持主数据管理工作。有些供应商可以提供与个人、业务实体或专业人员（如医疗保健专业人员）相关且经过清洗的数据，这些数据可以与组织内部的数据进行比较匹配，以完善联系信息、地址和姓名等信息。除了评估现有数据的质量，还需要了解支持收集主数据管理工作输入信息的相关技术。现有技术将影响主数据管理的架构方法。

3. 定义架构方法

主数据管理的架构方法取决于业务策略、现有数据源的平台及数据本身，特别是数据血缘和稳定性，以及高延迟或低延迟的影响。架构必须考虑数据消费和共享模型。维护工具取决于业务需求和架构选项。工具有助于定义管理和维护方法，同样也依赖于管理和维护方法。

在确定主数据集成方法时，需要考虑集成到主数据解决方案中的源系统的数量及这些系统所需的平台。组织的规模和地域分布也会影响集成方法的选择。小型组织可以有效地利用事务中心模式，而拥有多个系统的全球性组织更建议选择用注册模式。拥有"烟囱式"的业务部门和各种源系统的组织，采用混合模式才是正确选择。业务领域专家、数据架构师和企业架构师应该就主数据集成及架构方法提出自己的观点。

当主数据没有明确的记录系统时，数据共享中心架构就特别有用。在这种情况下，多个系统会为此提供数据，来自一个系统的新数据或更新数据可以与另一系统已提供的数据相融合。一旦数据共享中心成为数据仓库或集市的主数据内容的来源，则会降低数据提取的复杂性及数据转换、修复和融合工作的处理时间。当然，出于留存历史信息的目的，数据仓库必须记录数据共享中心所做的所有变更，而数据共享中心本身只需要反映实体当前状态即可。

4. 主数据建模

主数据管理是一个数据集成的过程。为了达到一致的结果，并在组织扩展时需要管理新数据源的集成，还要对主题域内的数据进行建模。此时可以在数据共享中心的主题域上定义逻辑或规范模型，这将支撑建立主题域中实体和属性的企业级定义（见第 5 章和第 8 章）。

5. 定义管理职责和维护流程

技术解决方案可以为主记录标识符的匹配、合并和管理工作提供有力支撑。这个过程同样需要进行管理，不仅要解决上述过程中丢失记录的问题，还要纠正和改进导致问题出现的环节。主数据管理项目应考虑支持主数据持续保持高质量所需的资源，对记录进行分析，并向源系统反馈分析结果，为主数据管理解决方案进行调整和优化的算法提供有效输入。

6. 制定治理制度，强制使用主数据

主数据工作的初始启动工作非常具有挑战性，因此需要得到各参与方的高度关注。一旦工作人员和系统开始使用主数据，就会发现它切实的好处（如带来更高的运营效率、更高的数据质量、更好的客户服务）。整个工作必须有一个路线图，以便让各个系统把主数据值和标识符作为流程的输入。在系统之间建立单向闭环，以保持跨系统主数据值的一致性。

10.2.2 参考数据管理活动

1. 定义驱动因素和需求

参考数据管理的主要驱动因素是提升运营效率和提高数据质量。集中管理参考数据不仅比各个业务部门自行维护数据集更具成本效益优势，还能降低系统间数据不一致的风险。与简单的参考数据集相比，复杂的参考数据集需要更多的工作来设置和维护，也就是说，一些参考数据集比其他数据集更重要。参考数据管理系统的需求应根据最重要的参考数据集提出。一旦建成这样的系统，就可以将新的参考数据集设置为项目的一部分，现有的参考数据集则可以根据发布的时间计划表进行维护。

2. 评估数据源

大多数行业标准参考数据集可以从创建和维护它们的组织那里获得。一些组织免费提供此类数据，有些组织则会收取一定费用。也有些中介机构会打包出售参考数据集，通常会附带一些增值特性。结合组织所需的参考数据集的数量和类型需求，如果供应商处能够保证按时交付更新并保证数据质量，那么从供应商处购买数据也许是更好的选择。

大多数组织也依赖内部创建和维护的参考数据。确定内部或本地参考数据的数据源通常比确定行业标准参考数据的数据源要更具挑战性。与主数据一样，必须识别、比较和评估参考数据的内部数据源。现有数据的所有者必须理解参考数据集中管理的好处，认可并支持有利于企业的数据管理工作。

3. 定义架构方法

在购买或构建管理参考数据的工具之前，必须考虑管理参考数据的需求和挑战。例如，数据的稳定性（大多数参考数据相对稳定，但有些参考数据相当不稳定）、更新频率和消费模式。确定是否需要保存相关参考数据值更改或定义的历史数据。如果组织将从供应商处购买数据，则需要说清楚参考数据的交付和集成方法。

进行参考数据架构方法设计时需要认识到，有些参考数据总是需要手动更新。因此，需要确保参考数据更新接口简单易懂，同时应该可以配置执行基本的数据录入规则，如确保在包含层次结构的参考数据中维护父子关系。参考数据管理工具应使数据管理人员能够在不需要技术支持的情况下随时进行数据更新，同时还应该具有工作流功能，以实现审核和通知的自动化。数据管理人员应确保已知的数据更新与新发布的代码保持一致，并将所有变更信息通知给各位数据消费者。在参考数据被其他系统程序逻辑引用时，应在进行参考数据变更之前评估并说明变更带来的潜在影响。

4. 参考数据建模

许多人认为参考数据只是一些简单的代码和描述，然而许多参考数据远比这复杂得多。例如，邮政编码数据集一般不仅包括国家、省、市和县的信息，还包括其他行政区划相关属性。为了实现建立、使用和维护准确元数据的长效机制，必须创建参考数据集的数据模型。参考数据模型能帮助数据消费者理解参考数据集之间的关系，并且可用于建立数据质量校验规则。

5. 定义管理职责和维护流程

参考数据需要确定管理职责，以确保参考数据的值是完整的和最新的、定义是清晰的和可理解的。有时数据管理人员会直接负责参考数据的实际维护，有时他们会负责推动该流程。例如，多个不同的业务部门需要参考数据来支持相同的概念，这时数据管理人员可以组织会议讨论定义跨部门参考数据的通用值。

作为落实参考数据管理工作职责的一部分，采集每个参考数据集的基本元数据很有帮助，包括数据管理人员的姓名、参考数据发起组织、预期更新频率、更新时间计划、使用参考数据的流程、是否需要保留数据的历史版本等。记录哪些流程使用了参考数据，能够提升数据变更相关沟通的效率。

大部分参考数据管理工具包括审核和批准参考数据变更的工作流，这些工作流依赖于组织中由谁具体负责参考数据内容管理工作。

6. 建立参考数据管理制度

只有集中管理的参考数据库中的数据真正被利用起来，组织才能从中获益。重要的是，制定适当的制度管理参考数据质量，并强制使用来自该库的参考数据，无论是直接通过该库发布数据，还是间接使用来自中央存储库的数据同步参考系统。

10.3 工具和方法

主数据管理需要一些专门设计用于实现标识管理的工具。主数据管理可以通过数据集成工具、数据修复工具、操作型数据存储（Operational Data Stores，ODS）、数据共享中心（Data Sharing Hubs，DSH）或专门的主数据管理系统实现。有些供应商提供的解决方案可以覆盖一个或多个主数据主题域，还有一些供应商则通过推广其数据集成软件产品和实施服务提供定制化的主数据解决方案。

产品、客户和参与方主数据的打包解决方案，以及配套的数据质量检查服务可以快速启动大型程序，合并这些服务可以让组织使用业界最佳的解决方案，同时将它们集成到总体业务架构中，以满足特定的需求。

10.4 实施指南

参考数据和主数据管理是数据集成的一种类型，数据集成和互操作性的实施原则同样适用于参考数据和主数据管理（见第 8 章）。

参考数据和主数据管理的能力不可能一蹴而就，相关解决方案需要专业的业务和技术知识。组织应该通过实施路线图中定义的一系列里程碑，结合业务需求确定优先级，以总体架构为指导，逐步实施参考数据和主数据解决方案。

需要注意的是，如果缺乏适当的数据治理工作，将导致主数据管理计划工作失败。数据治理专业人员必须了解参考数据和主数据管理面临的挑战，并评估组织的成熟度及其应对这些挑战的能力（见第 15 章）。

10.4.1 遵循主数据架构

建立并遵循适当的参考架构对于在整个组织中管理和共享主数据至关重要。参考数据和主数据集成方法应该考虑企业组织架构、记录系统数量、数据治理实施、数据访问延迟的重要性，以及应用系统和数据消费系统的数量。

10.4.2 监控数据移动

应设计参考数据和主数据的数据集成过程，以确保在整个组织内实现参考数据和主数据的及时提取和分发。当数据在参考数据或主数据共享环境中流动时，应监控相关数据流，以实现以下目标：

1）展示数据如何在整个组织中被共享和使用。
2）识别来自管理系统和应用系统的数据血缘。
3）辅助分析数据问题的根本原因。
4）展示数据集成和消费集成技术的有效性。
5）展示来自源系统的数据值在使用过程中的延迟。
6）确定在集成组件中执行的业务规则和转换的有效性。

10.4.3 管理参考数据变更

由于参考数据属于共享资源，不能随意更改。成功管理参考数据的关键在于组织愿意放弃在本地控制共享数据。为了维持这种支持，需要为参考数据更改请求提供一个接收和响应的渠道。数据治理委员会应确保相关制度和流程得到贯彻落实，以处理参考数据和主数据环境中的数据变更。

参考数据的变更也需要进行管理，微小的变更可能会造成很大的影响。例如，苏联解体时分裂为多个独立国家，"苏联"一词被弃用，并添加了新的代码。在医疗保健行业，手术和诊断代码每年都会更新，就是考虑到现有代码的细化、老代码的废弃和新代码的引入。参考数据的重大修订还会影响其数据结构。例如，ICD-10 诊断编码的结构方式与 ICD-9 差异很大。相比 ICD-9，ICD-10 不仅具有不同的数据格式，相同的概念也有不同的值，更重要的是它还有组织附加原则。另外，ICD-10 编码具有不同的粒度，并且更加具体，在单个编码中传递的信息也比 ICD-9 更加丰富。因此，ICD-10 比 ICD-9 拥有更多的编码（截至 2015 年，ICD-10 有 68 000 个编码，而 ICD-9 只有 13 000 个编码）⊖。

2015 年，美国依托重大规划，强制使用 ICD-10 代码。为了适应新标准，医疗保健公司需要对系统进行更改，并对受影响的报表进行调整。

参考数据变更类型包括：

1）外部参考数据集特定数据行级别的变更。
2）外部参考数据集的结构变化。
3）内部参考数据集特定数据行级别变更。
4）内部参考数据集的结构变化。
5）创建新的参考数据集。

变更可以是按计划执行的或临时进行的。与临时变更相比，有计划的变更（如按月或按年更新行业分类代码）所需的数据治理工作更少。因此，在申请建立新参考数据集的时候，应充分考虑原始需求方要求之外的潜在需求。

参考数据变更请求应遵循既定流程，如图 10-4 所示。当收到变更请求时，应通知各利益相关方，以便评估变更带来的影响。如果变更需要进行审批，则应举行讨论以通过批准，并在变更完成后同步通知各利益相关方。

图 10-4　参考数据请求变更流程

10.4.4　数据共享协议

在组织中共享和使用参考数据和主数据需要组织内部多方协作，有时需要与组织外部的相关方通力合作。为了确保恰当地访问和使用参考数据和主数据，应建立数据共享协议，规定哪些数

⊖　http：//bit.ly/1SSpds9.

据可以共享，以及在什么条件下共享。当数据共享环境中的数据可用性或数据质量出现问题时，这些协议将派上用场。这项工作应由数据治理职能部门推动，一般会涉及数据架构师、数据提供方、数据管理人员、应用系统开发人员、业务分析师、合规/隐私保护专员和数据安全管理人员。

数据共享环境的负责人员有义务为下游数据消费者提供高质量的数据。为了履行这一职责，他们依赖于上游系统，需要建立服务水平协议（Service Level Agreement，SLA）和指标来衡量共享数据的可用性和质量；应制定流程，以便从根本上解决数据质量或可用性问题；应制定沟通标准规范，使所有受影响的相关方及时了解存在的问题和补救工作的情况（见第 8 章）。

10.4.5 组织和文化变革

参考数据和主数据管理需要人们放弃对一些数据和流程的控制，以便创建共享资源，但做到这一点并不容易。当数据管理专业人员发现本地管理的数据有问题时，该数据的实际责任人就需要开展整改工作，他们会认为参考数据或主数据管理工作为他们的工作带来了新的麻烦。

幸运的是，大多数人都明白这些努力具有根本性的重要意义，拥有准确、完整的单一客户视图比多个局部视图好得多。

提高参考数据和主数据的可用性和质量无疑需要对既定流程和传统做法进行优化调整。研究和实施解决方案之前，应充分考虑当前组织的准备情况，以及与组织使命和愿景相关的未来需求。

也许最具挑战性的文化变革是治理的核心：确定哪些人（如业务数据管理人员、架构师、中层管理人员或领导层）对哪些决策负责，以及数据管理团队、项目指导委员会和数据治理委员会应该相互配合做出哪些决策。

10.5 参考数据和主数据治理

参考数据和主数据是共享资源，需要进行治理。并不是所有的数据不一致问题都可以实现自动化处理，有些需要人们相互沟通协作才能解决。如果缺乏数据治理，参考数据和主数据解决方案将只是新增的数据集成实用系统，无法发挥其全部潜力。

10.5.1 治理过程既定事项

参考数据和主数据治理过程将确定以下事项：
1）需要集成的数据源。
2）需要落实的数据质量规则。
3）应遵循的使用规则条件。
4）需要监控的活动和监控频率。

5）数据管理工作的优先级和响应级别。

6）如何展示数据以满足利益相关方的需求。

7）参考数据管理和主数据管理部署中的标准审批标准和预期。

参考数据和主数据治理过程还将合规和法律利益相关方与数据消费者联系在一起，以确保通过定义和合并数据隐私、安全和保留制度来降低组织风险。

作为一个持续发展的过程，数据治理在向使用参考数据和主数据的人员提供原则、规则和指南的同时，还必须具有审查、接收和考虑新要求，以及对现有规则进行优化调整的能力。

10.5.2 度量指标

以下指标可用于参考数据和主数据质量管理及支持这些工作的流程：

1）数据质量和合规性。数据质量仪表盘可以描述参考数据和主数据的质量。这些指标可以说明主题域实体或相关属性的置信度（百分比），及其在整个组织中的适用性。

2）数据变更活动。审核可信数据的血缘对于提高数据共享环境中的数据质量至关重要。指标应展示数据值的变化情况，为向共享环境提供数据的系统提供洞察力，并可用于调整主数据管理流程中的算法。

3）数据接收和使用。数据由上游系统提供，由下游系统和流程使用。这些指标应该展示和跟踪哪些系统正在贡献数据，以及哪些业务领域正在从共享环境订阅数据。

4）服务级别协议（SLA）。应建立服务级别协议并将其传达给贡献者和订阅者，以确保数据共享环境的使用和采用。遵守服务级别协议的级别可以深入了解支持流程，减少主数据管理系统的技术和数据问题。

5）数据管理人员覆盖率。这些指标应关注数据负责人或责任团队及覆盖率的评估频率，可以用于确定数据管理工作中的人员缺口。

6）总体拥有成本（Total Cost of Ownership，TCO）。这一指标有多重影响因素、多种表示方法。从解决方案的角度来看，成本可以包括环境基础设施费、软件许可证费、支持人员费、咨询费、培训费等。该指标的有效性在很大程度上取决于其在整个组织中的持续应用。

7）数据共享量和使用情况。需要跟踪数据采集和使用量，以确定数据共享环境的有效性。这些指标应表示定义、接收和订阅到数据共享环境的数据量和速度。

参考文献

Abbas, June. *Structures for Organizing Knowledge: Exploring Taxonomies, Ontologies, and Other Schema*. Neal-Schuman Publishers, 2010. Print.

Abernethy, Kenneth and J. Thomas Allen. *Exploring the Digital Domain: An Introduction to Computers and Information Fluency*. 2nd ed., 2004. Print.

Allen Mark and Dalton Cervo. *Multi-Domain Master Data Management: Advanced MDM and Data Governance in Practice*. Morgan Kaufmann, 2015. Print.

Bean, James. *XML for Data Architects: Designing for Reuse and Integration*. Morgan Kaufmann, 2003. Print. The Morgan Kaufmann Series in Data Management Systems.

Berson, Alex and Larry Dubov. *Master Data Management and Customer Data Integration for a Global Enterprise*. McGraw-Hill, 2007. Print.

Brackett, Michael. *Data Sharing Using a Common Data Architecture*. Wiley, 1994. Print. Wiley Professional Computing.

Cassell, Kay Ann and Uma Hiremath. *Reference and Information Services: An Introduction*. 3rd ed. ALA Neal-Schuman, 2012. Print.

Cervo, Dalton and Mark Allen. *Master Data Management in Practice: Achieving True Customer MDM*. Wiley, 2011. Print.

Chisholm, Malcolm. "*What is Master Data?*" BeyeNetwork, February 6, 2008. http://bit.ly/2spTYOA Web.

Chisholm, Malcolm. *Managing Reference Data in Enterprise Databases: Binding Corporate Data to the Wider World*. Morgan Kaufmann, 2000. Print. The Morgan Kaufmann Series in Data Management Systems.

Dreibelbis, Allen, et al. *Enterprise Master Data Management: An SOA Approach to Managing Core Information*. IBM Press, 2008. Print.

Dyche, Jill and Evan Levy. *Customer Data Integration: Reaching a Single Version of the Truth*. John Wiley and Sons, 2006. Print.

Effingham, Nikk. *An Introduction to Ontology*. Polity, 2013. Print.

Finkelstein, Clive. *Enterprise Architecture for Integration: Rapid Delivery Methods and Techniques*. Artech House Print on Demand, 2006. Print. Artech House Mobile Communications Library.

Forte, Eric J., et al. *Fundamentals of Government Information: Mining, Finding, Evaluating, and Using Government Resources*. Neal-Schuman Publishers, 2011. Print.

Hadzic, Fedja, Henry Tan, Tharam S. Dillon. *Mining of Data with Complex Structures*. Springer, 2013. Print. Studies in Computational Intelligence.

Lambe, Patrick. *Organising Knowledge: Taxonomies, Knowledge and Organisational Effectiveness*. Chandos Publishing, 2007. Print. Chandos Knowledge Management.

Loshin, David. *Enterprise Knowledge Management: The Data Quality Approach*. Morgan Kaufmann, 2001. Print. The Morgan Kaufmann Series in Data Management Systems.

Loshin, David. *Master Data Management*. Morgan Kaufmann, 2008. Print. The MK/OMG Press.

Menzies, Tim, et al. *Sharing Data and Models in Software Engineering*. Morgan Kaufmann, 2014. Print.

Millett, Scott and Nick Tune. *Patterns, Principles, and Practices of Domain-Driven Design*. Wrox, 2015. Print.

Stewart, Darin L. *Building Enterprise Taxonomies*. Mokita Press, 2011. Print.

Talburt, John and Yinle Zhou. *Entity Information Management Lifecycle for Big Data*. Morgan Kauffman, 2015. Print.

Talburt, John. *Entity Resolution and Information Quality*. Morgan Kaufmann, 2011. Print.

第 11 章　数据仓库和商务智能

11.1　引言

数据仓库（Data Warehouse，DW）的概念起源于 20 世纪 80 年代，这种技术能够将不同来源的数据集成到一个通用的数据模型中加以利用。集成后的数据不仅能为组织的业务运营流程提供深刻洞察，还能为企业智能决策、创新组织价值开辟全新的途径。同样重要的是，数据仓库还是企业等组织减少决策支持系统（Decision Support System，DSS）重复建设的一种手段，这些决策支持系统大多依赖组织中相同的核心数据。企业级数据仓库（Enterprise Data Warehouse，EDW）的理念可以减少企业内数据的冗余、提升信息的一致性，以及让企业能够利用数据做出更为精准的决策。数据仓库和商务智能语境关系图见图 11-1。

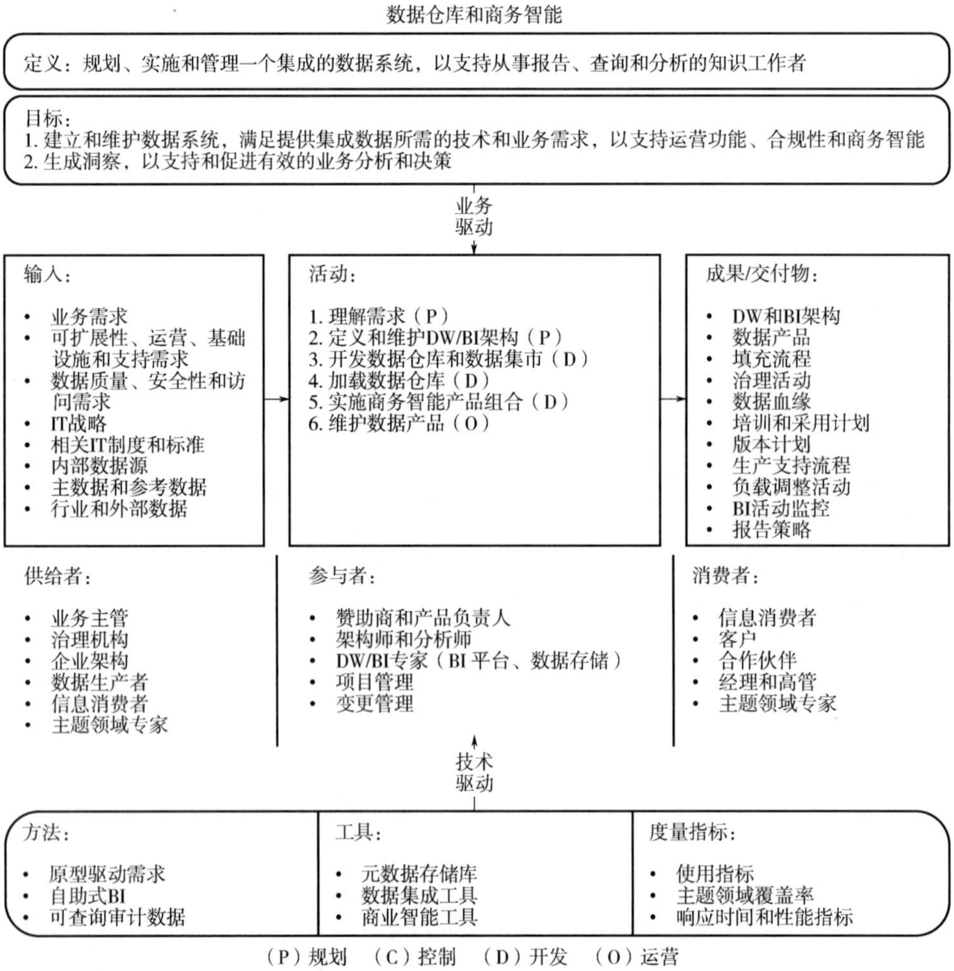

数据仓库和商务智能

定义：规划、实施和管理一个集成的数据系统，以支持从事报告、查询和分析的知识工作者

目标：
1. 建立和维护数据系统，满足提供集成数据所需的技术和业务需求，以支持运营功能、合规性和商务智能
2. 生成洞察，以支持和促进有效的业务分析和决策

业务驱动

输入：
- 业务需求
- 可扩展性、运营、基础设施和支持需求
- 数据质量、安全性和访问需求
- IT战略
- 相关IT制度和标准
- 内部数据源
- 主数据和参考数据
- 行业和外部数据

活动：
1. 理解需求（P）
2. 定义和维护DW/BI架构（P）
3. 开发数据仓库和数据集市（D）
4. 加载数据仓库（D）
5. 实施商务智能产品组合（D）
6. 维护数据产品（O）

成果/交付物：
- DW和BI架构
- 数据产品
- 填充流程
- 治理活动
- 数据血缘
- 培训和采用计划
- 版本计划
- 生产支持流程
- 负载调整活动
- BI活动监控
- 报告策略

供给者：
- 业务主管
- 治理机构
- 企业架构
- 数据生产者
- 信息消费者
- 主题领域专家

参与者：
- 赞助商和产品负责人
- 架构师和分析师
- DW/BI专家（BI平台、数据存储）
- 项目管理
- 变更管理

消费者：
- 信息消费者
- 客户
- 合作伙伴
- 经理和高管
- 主题领域专家

技术驱动

方法：
- 原型驱动需求
- 自助式BI
- 可查询审计数据

工具：
- 元数据存储库
- 数据集成工具
- 商业智能工具

度量指标：
- 使用指标
- 主题领域覆盖率
- 响应时间和性能指标

（P）规划　（C）控制　（D）开发　（O）运营

图 11-1　数据仓库和商务智能语境关系图

进入20世纪90年代，数据仓库的建设开始受到前所未有的重视。特别是伴随着商务智能作为业务决策主要驱动力的发展，数据仓库也逐渐随之确立了其"主流"地位。如今，大多数企业都建有数据仓库，并视其为数据管理不可或缺的核心组件[○]。尽管数据仓库已非常成熟，但相关技术仍在不断发展。各种新形式的数据以日益迅猛的速度涌现，以及诸如数据湖等各种新概念应运而生，都将对数据仓库的未来产生深远影响（见第8章和第15章）。

11.1.1 业务驱动因素

数据仓库的主要驱动力在于支撑业务运营、满足监管合规要求及推动商务智能（Business Intelligence，BI）活动（尽管并非所有商务智能活动都完全依赖于数据仓库）。在当今环境下，越来越多的组织被上级监管机构要求提供数据以作为其运营合规的凭证，而正是由于数据仓库能够存储历史数据，通常会被作为响应此类监管要求的重要工具。此外，支持商务智能的建设仍然是组织构建数据仓库的核心原因，商务智能通过提供对组织、客户及其产品的深入洞察，为组织带来巨大的价值。一个能够从商务智能中获取洞察并采取行动的组织，不仅能够提升其运营效率，更能增强其自身的竞争优势。随着数据量的不断增加，以及计算机处理速度的持续提升，商务智能已经从单纯的回顾性评价发展到具有更为先进的预测性分析能力。

11.1.2 目标和原则

一个组织建设数据仓库的目标通常有：
1) 支持商务智能系统的建设。
2) 实现有效的业务分析和决策。
3) 基于数据洞察寻找更多创新方法。

数据仓库的建设应遵循以下指导原则：
1) 聚焦业务目标。确保数据仓库服务于组织的优先事项，并解决业务问题。
2) 以终为始。从业务优先级和商务智能系统最终交付的数据范围来引领数据仓库内容的构建。
3) 全局性的视野和设计，局部性的行动和建设。以最终愿景为导向，指导数据仓库体系架构设计，以重点项目或冲刺项目的形式迭代构建、增量交付，从而实现更高效的即时投资回报。
4) 先具体和细化，后汇总和优化。首先建立最细粒度的原子数据，并以此作为构建数据仓库的基础，逐层聚合和汇总以满足业务需求并确保性能，而不是替换明细数据。
5) 倡导数据的公开透明和数据的自助服务。通过提供丰富的上下文（包括各种元数据），赋予数据消费者更强大的数据洞察能力，以便从数据中挖掘价值。同时，确保利益相关方充分了解数据来源、内容及其集成过程，进一步促进自助服务的实现与提升。
6) 在建设数据仓库的同时建设元数据。数据仓库成功的关键是利用元数据准确地解释业务数据，如能够回答诸如"为什么数据加总结果等于X""这是如何计算出来的""这个数据源自哪里"

[○] http：//bit.ly/2sVPIYr.

之类的基础问题。元数据应该作为数据开发周期的一部分进行采集，并作为数据仓库持续运营的核心环节进行管理。

7）合作协同。要与其他数据项目，特别是数据治理、数据质量和元数据管理项目，展开密切协作。

8）不要千篇一律。为各类数据消费者提供适合他们的数据工具和产品。

11.1.3 基本概念

1. 商务智能

"商务智能"一词具有双重含义。第一重含义指一种数据分析方法，这种方法旨在理解组织的行事活动并发现潜在的商业机会。此类数据分析的结果通常被用于提高组织决策的成功率。当人们表面上说数据是竞争优势的关键要素时，实际上是在表达他们对商务智能殷切的期望：如果一个组织能向自己的数据提出"正确的问题"，就能获得关于其产品、服务和客户方面的深刻洞察，从而为实现组织战略目标而做出更好的决策支撑。第二重含义指一系列支撑上述数据分析活动的技术栈。商务智能作为决策支持系统的进化产物，它支持数据查询、数据挖掘、统计分析、报表分析、场景建模（Scenario Modeling）、数据可视化和仪表盘等一系列功能。这些技术适用于预算编制、高级分析等多项工作。

2. 数据仓库

数据仓库（Data Warehouse，DW）主要由两个核心组件构成：用于决策支撑的集成数据库，以及与之相关的用于采集、清洗、转换和存储来自各种内外数据源数据的相关软件程序。为了支持历史的、分析类的和商务智能的需求，数据仓库建设还包括数据集市，它们是数据仓库中部分数据子集的副本。从广义上讲，数据仓库包括所有用于支持商务智能任意目标实现而提供数据的存储或抽取操作。

企业级数据仓库（Enterprise Data Warehouse，EDW）是一种集中式的数据仓库，能够满足整个组织的商务智能需求。EDW 的建设遵循企业级数据模型，以确保整个企业内部决策支持活动的一致性。

3. 数据仓库建设

数据仓库建设指数据仓库中数据的抽取、清洗、转换、控制和加载等操作过程。数据仓库建设流程侧重于通过强制执行的业务规则和维护适当的业务数据关系，在操作型数据基础上实现集成的、反映历史变化的数据集。数据仓库建设还包括与元数据库交互的过程。

传统意义上的数据仓库建设主要关注结构化数据：定义字段中的元素，无论是在文件中还是在表中，均在数据模型中有所记录。随着技术的不断进展，商务智能和数据仓库领域如今已经开始支持半结构化数据和非结构化数据。半结构化数据指作为语义实体组织的电子元素，不强制属性关联,比XML出现得早,比HTML出现得晚。电子数据交换(Electronic Data Interchange,EDI)数据传输就是一个半结构化数据的典型案例。非结构化数据指无法通过数据模型预定义的数据。非结构化数据类型众多,包含电子邮件、自由格式文本、商业文档、视频、照片和网页等,因此,在数据仓库治理范围内定义一个可行的存储结构以支持非结构化数据分析工作负载一直是一个尚未解决的难题。

4. 数据仓库建设方法

关于数据仓库建设的诸多讨论,都受两位数据仓库巨擘——比尔·因蒙(Bill Inmon)和拉尔夫·金博尔(Ralph Kimball)的影响,他们开辟了数据仓库建模和实施的两种流派。比尔·因蒙将数据仓库定义为"一个面向主题的、集成的、随时间变化的、相对稳定的、用于支持管理决策过程的数据集合"⊖,他主张使用规范化的关系模型存储和管理数据。而拉尔夫·金博尔将数据仓库定义为"专为查询和分析定制的业务数据副本",他的方法主张采用多维模型来存储和管理数据(见第5章)。

虽然比尔·因蒙和拉尔夫·金博尔提出的数据仓库建设方法不同,但核心理念是一样的:

1)数据仓库存储的数据来自其他系统。
2)数据仓库存储数据的行为是以增加数据价值为目标整合数据。
3)数据仓库使数据变得易于访问和分析。
4)组织构建数据仓库的目的是提供可靠、集成的数据给授权利益相关方。
5)数据仓库用途广泛,从支撑工作流到运营管理,再到预测分析。

5. 企业信息工厂

比尔·因蒙提出的"企业信息工厂"(Corporate Information Factory,CIF)是数据仓库的两种主要建设模式之一。他对数据仓库的组成是这样定义的:"一个面向主题的、集成的、随时间变化的、包含明细和汇总数据的、相对稳定的、反映历史变化的数据集合"。这种概念描述也适用于CIF,并指出了数据仓库与业务系统之间的区别。

1)面向主题的(Subject-Oriented)。数据仓库是根据主要的业务实体来组织的,而不关注功能或应用。

2)集成的(Integrated)。数据仓库中的数据是统一的、内聚的。在整个数据仓库内,相同键码结构、编码和解析规则、数据定义及命名规范都保持一致。由于数据被集成了,数据仓库中的数据不再是业务数据的副本,而是成为一个数据记录系统。

3)随时间变化的(Time Variant)。数据仓库会存储数据在某一时间点上的状态。数据仓库中的记录就像快照一样,每一张快照都反映了数据在某个时间点的状态。这意味着在任何时候,基于特定时间段的查询都会得到相同一致的结果。

4)相对稳定的(Non-Volatile)。在数据仓库中的数据记录不会像业务系统中的数据记录那般频繁更新。在数据仓库中,新数据会追加到旧数据的后面。一组记录可以代表同一事务的不同状态。

⊖ http://bit.ly/1FtgeIL.

5）包含明细数据和汇总数据（Aggregate and Detail Data）。数据仓库中的数据包括原子级别业务明细信息及汇总数据。业务系统很少对数据进行汇总。早期建立数据仓库的时候，出于成本和存储空间的考虑，都需要对数据进行汇总。在当前的数据仓库环境下，数据汇总可以是持久的（存储在表中），也可以是非持久的（在视图中）。数据汇总是否持久化，通常取决于性能上的考量。

6）反映历史变化的（Historical）。业务系统的重心是当前的最新数据。而数据仓库则包含历史数据，通常要消耗很大的存储空间。

比尔·因蒙、克劳迪亚·伊姆霍夫（Claudia Imhof）和瑞安·苏沙（Ryan Sousa）在"企业信息工厂"（CIF）的语境下描述了数据仓库，如图11-2所示。CIF的组件包括：

1）应用程序。应用程序主要作用于处理业务流程。应用程序产生的明细数据会流转到数据仓库和操作型数据存储（Operational Data Store，ODS）中，以便进行分析。

2）数据暂存区（Staging Area）。它是介于应用程序源数据库和目标数据仓库之间的数据库。数据暂存区用于数据抽取、转换和加载，对终端用户透明。数据暂存区中的大部分数据都是临时留存的，通常只有相当少的部分数据会被持久性存储。

3）集成与转换。在集成层中，不同来源的数据会依照数据仓库和ODS中标准的企业数据模型去转换并实现集成。

4）操作型数据存储。操作型数据存储是业务数据的集成数据库。操作型数据存储的数据源可以是应用系统，也可以是其他数据库。与数据仓库相比，操作型数据存储通常包含当前或近期的（30~90天）数据，而数据仓库则包含历史（通常是很多年的）数据。操作型数据存储中的数据变化较快，数据仓库中的数据则是相对稳定的。并不是所有的组织都会建设操作型数据存储，它们的存在主要是为了满足企业对低延迟数据的需求。操作型数据存储可以作为数据仓库的主要数据来源，还可以用于对数据仓库进行审计。

5）数据集市。数据集市专为后续数据分析提供数据。这些数据通常是数据仓库的一个子集，专门用于支持某种特定的分析或满足特定的数据消费者的需求。例如，数据集市可以通过汇总数据来支持快速分析。设计面向用户的数据集市时，通常会用到维度型建模（使用反范式技术）。

6）操作型数据集市（Operational Data Mart，OpDM）。操作型数据集市是一个专注于运营决策支持的数据集市。它直接从ODS获取数据，而非数据仓库。它具有与操作型数据存储相同的特性：包含当前或近期的数据，内容经常变化。

7）数据仓库。数据仓库为企业数据提供了统一的集成入口，用以支撑管理决策、战略分析和规划。数据先从应用程序和操作型数据存储流入数据仓库，再流向数据集市。这种数据流动通常是单向的。需要更正（不符合要求的）的数据会被拒绝进入数据仓库，理想情况下这些数据需要先在数据源系统完成更正，再通过ETL程序从源系统重新加载。

8）运营报表。运营报表从数据存储中输出。

9）参考数据、主数据和外部数据。除了来自应用程序的业务数据，企业信息工厂还包括理解业务所需的数据，如参考数据和主数据。直接访问这些公共数据还能简化数据仓库的集成工作。当应用程序使用当前的参考数据和主数据时，数据仓库还需要它们的历史值及有效时间范围（见第10章）。

图 11-2 展示了企业信息工厂中的数据流动过程，从左侧的应用程序进行数据收集和创建，到右侧的通过集市进行信息创建和分析。整个从左到右的数据流动过程中还包括其他变化，例如：

1) 目的从支撑业务功能执行转向数据分析。
2) 系统的终端用户从一线业务人员转变为企业决策者。
3) 系统使用从固定数据报表操作转变为即席分析结果查询。
4) 响应时间要求放宽（战略决策分析所需要的时间比日常运营操作需要花费更多的时间）。
5) 每个操作、查询或流程中涉及的数据更多。

数据仓库、数据集市中的数据与应用程序中数据的差异在于：

1) 数据的组织形式是按主题域的，而非按功能需求的。
2) 数据是经过集成整合的，而不是数据孤岛。
3) 数据是随时间变化的系列数据，而非当前时间的状态值。
4) 数据仓库中的数据比应用程序中的数据具有更高的延迟。
5) 数据仓库中提供的历史数据比应用程序中的多得多。

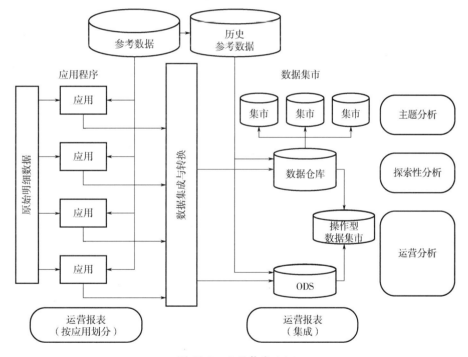

图 11-2 企业信息工厂

6. 多维数据仓库

拉尔夫·金博尔提出的多维数据仓库（Dimensional Data Warehouse）是数据仓库开发的另一种主要建设模式。他将数据仓库简明定义为"专为查询和分析定制的业务数据副本"（Kimball，2002）。但实际上，"副本"的说法并不准确。在拉尔夫·金博尔的数据仓库中，数据以多维数据模型存储。多维模型旨在方便数据消费者理解和使用数据，同时保证更优的查询性能○。与比尔·因

○ http：//bit.ly/1udtNC8.

蒙的数据仓库不同，这里的数据仓库不是以实体关系型模型的范式要求进行组织的。

多维模型通常被称为星型模型，由事实表和维度表组成。事实表包含关于业务流程的定量数据，如销售数据；维度表则存储与事实表数据相关的描述性属性，使数据消费者能够解答关于事实表的问题，如本季度产品 X 卖了多少。事实表与多个维度表连接，当以图表形式展示时，形状类似星星，因此被称为"星型模型"（见第 5 章）。多个事实表通过"数据总线"共享公共维度或一致性维度，这有些类似于计算机中的总线⊖。通过接通到遵循一致性维度的数据总线，可以将多个数据集市在企业层面进行整合。

数据仓库总线矩阵展示的是生成事实数据的业务流程与表示维度的数据主题域之间的交汇。当多个流程使用相同的数据时，就需要遵循维度的一致性。表 11-1 是一个数据仓库总线矩阵示例。在这个例子中，销售额、库存和订单的业务流程都需要日期和产品数据，销售额和库存都需要店铺数据，库存和订单则需要供应商数据。日期、产品、店铺和供应商都是一致性维度的候选项。相对而言，数据仓库并不是共享的，因为它只供库存使用。

表 11-1　数据仓库总线矩阵示例

业务流程	主题域				
	日期	产品	店铺	供应商	仓库
销售额	×	×	×		
库存	×	×	×	×	×
订单	×	×		×	
一致性维度候选项	是	是	是	是	否

企业数据仓库总线矩阵独立于技术，可用于表示数据仓库/商务智能系统的长期数据内容需求。该工具可以帮助组织界定可管理的开发工作范围，每一次实施都是对整体架构的增量构建。在某种程度上，当存在足够多的维度模式时，就可以实现企业级数据仓库环境的集成。

图 11-3 展示了拉尔夫·金博尔的数据仓库/商务智能架构的棋子视图。值得注意的是，拉尔夫·金博尔的数据仓库相较于比尔·因蒙的数据仓库更具扩展性。数据仓库涵盖数据暂存区和数据展示区的所有组件。

1）业务源系统。指企业的操作型/事务型应用程序。这些应用程序生产数据，然后被集成到操作型数据存储和数据仓库中。该组件相当于企业信息工厂图中的应用程序系统。

2）数据暂存区。拉尔夫·金博尔的数据暂存区包括一系列用于集成和转换数据以便进行数据展示处理流程。它可以与企业信息工厂的集成、转换和数据仓库组件的组合相比较。拉尔夫·金博尔的重点分析型数据的高效终端交付，相较于比尔·因蒙的企业管理数据范围要小。拉尔夫·金博尔的企业数据仓库可以适配数据暂存区的架构。

3）数据展示区。与企业信息工厂中的数据集市相似，主要的架构区别在于采用了"数据仓库总线"的集成范式，如通过共享或遵循一致性维度来统一多个数据集市。

⊖ 术语"总线"源自金博尔的电气工程背景，其中总线是向许多电气元件提供公共电源的设备。

4）数据访问工具。拉尔夫·金博尔的方法侧重于终端用户的数据需求。这些需求促使采用适当的数据访问工具。

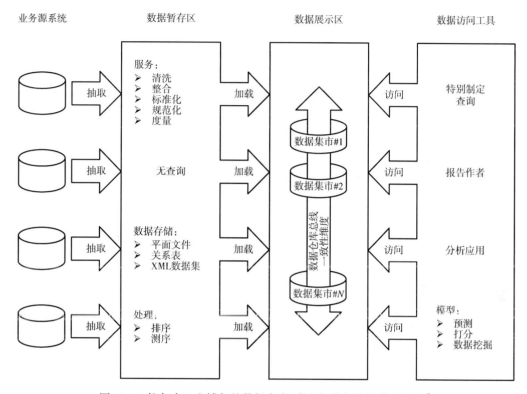

图11-3　拉尔夫·金博尔的数据仓库/商务智能架构的棋子视图㊀

7. 数据仓库架构组件

数据仓库环境包括一系列架构组件，这些组件需要被组织起来以满足企业需求。图11-4描述了本节讨论的数据仓库/商务智能和大数据环境的架构组件。大数据为企业数据流转增加了一条新的路径，并改变了数据仓库/商务智能的格局。

图11-4还展示了数据生命周期的各个方面。数据从源系统流动到数据暂存区，在此进行清洗、集成、增强和标准化等数据整合操作之后，存入数据仓库或操作型数据。在数据仓库中，可以通过集市或数据立方体（Cube）访问数据，并生成各种形式的报表。大数据的处理过程与之类似，但有一个显著的区别：大部分数据仓库在将数据放入表之前会先进行数据集成，而大数据解决方案会在整合数据之前先接收数据。大数据商务智能除了能支持各种传统报表，还支持预测性分析和数据挖掘（见第14章）。

（1）源系统

在图11-4的左侧，源系统包括将要接入数据仓库/商务智能环境的数据，通常包括CRM、财务系统和人力资源系统等通用业务系统，以及因行业而异的各种业务系统的数据。此外，还可能包括来自供应商和其他外部途径的数据，以及DaaS、网页内容和各种大数据计算的结果。

㊀ 改编自 Kimball & Ross（2002）。已获许可使用。

（2）数据集成

数据集成包括ETL、数据虚拟化及将数据转化为统一格式并放置到统一位置的其他技术。在SOA环境中，数据服务层也是该组件的一部分。在图11-4中，用箭头表示数据集成流程（见第8章）。

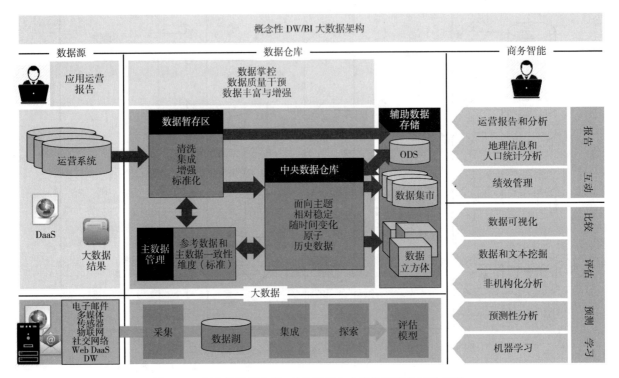

图11-4　概念性数据仓库/商务智能和大数据环境的架构组件

（3）数据存储区域

数据仓库包含一系列存储区域：

1）数据暂存区。数据暂存区是介于原始数据源与集中式数据仓库之间的中间数据存储区域。将数据在该区域短暂留存，以便对其进行转换、整合和预处理，为加载到数据仓库做准备。

2）主数据管理。参考数据和主数据可以存储在单独的存储库中。数据仓库为主数据系统提供数据，并从独立存储库中获取一致性维度数据。

3）中央数据仓库。数据经过转换和预处理后，通常会在数据仓库的中央或原子层中持久化保存。这一层保存了所有历史原子数据及批处理运行后的最新实例化数据。该区域的数据结构是根据性能需要和使用模式来进行开发和设计的。数据结构的主要设计要素包括：

①综合考虑性能因素，权衡业务键和代理键之间的关系。

②创建索引和外键以支持维度型建模。

③使用CDC技术监测、维护和存储历史数据。

4）ODS。操作型数据存储是中央数据仓库持久化存储的某个数据来源副本，支持更低的延迟，因此可直接适用于业务应用。由于操作型数据存储仅包含某个时间窗口的数据，而非全部历史记录，因此可以比数据仓库更快地刷新。有时，实时数据流会在预定的时间间隔内被快照到操作型数据存储中,以实现集成报告和分析。随着时间的推移,由于业务需求驱动的更新频率增加,以及集成实时数据到数据仓库的技术和方法不断进步,许多软件产品已将操作型数据存储合并到现有的数据仓库或数据集市架构中。

5)数据集市。数据集市是一种数据存储类型,通常用于支持数据仓库环境的展示层,也用于呈现数据仓库的部门级或功能级子集,以便对历史信息进行集成报告、查询和分析。数据集市面向特定的主题域、单个部门或单个业务流程。它还可以作为虚拟化数据仓库的基础,合并的数据集市构成了最终的数据仓库实体。数据集成流程从持久层开始,刷新、更新或扩展内容至各数据集市。

6)数据立方体(Data Cube)。支持 OLAP 的经典模式主要有 3 种:关系型、多维型及混合型,它们的名称与底层数据库类型有关。

8. 加载处理的类型

数据仓库涉及两种主要的数据集成类型:历史数据加载和持续增量更新。历史数据通常只加载一次,或在处理数据问题期间有限地加载几次,之后便再也不会加载。而持续增量更新是按照固定的计划有条不紊地持续执行,以确保数据仓库中的数据保持最新状态。

(1)历史数据

数据仓库的一个优势在于能够采集存储数据的详细历史记录。采集这些详细信息有多种方法,组织应该根据所需采集历史记录的具体需求进行设计,重现某个时间点的快照与简单展示当前状态数据所需的处理方法截然不同。

比尔·因蒙数据仓库建议将所有数据存储在单个数据仓库层中。该层将存储经过清洗、标准化和受控的原子级数据。一个通用的集成和转换层有助于在多个数据仓库交付实施项目中进行复用,其成功的关键在于拥有一个企业级数据模型。一旦该企业级数据模型经过验证,这个数据存储就可以通过星型结构的数据集市向不同的数据消费者提供数据。

拉尔夫·金博尔数据仓库建议,数据仓库由部门数据集市的组合而成,这些数据集市包含经过清洗、标准化和受控的数据,并在原子级别存储历史数据,由经过整合的一致性维度和一致性事实提供企业级信息。

另一种方法是数据保管库(Data Vault,DV),也是在数据暂存过程中进行数据清洗和标准化。历史数据以标准化的原子结构存储,同时定义维度代理键(Surrogate Key)、主键(Primary Key)和备用键。确保业务键和代理键关系保持不变,成为 DV 的次要角色,这就是数据集市的历史部分。事实表以原子结构的形式在这里持久化存储。然后,DV 通过数据集市为各种数据消费者提供数据。将历史数据保留在 DV 中,当后续增量引入粒度变化时,重新加载事实表即可。同样,也可以对表示层进行虚拟化,促进敏捷的增量交付及与业务群体的协作开发。最后的物化过程可以采用比较传统的星型数据集市,供生产终端用户使用。

(2)批量变更数据采集(Batch Change Data Capture)

通常,数据仓库通过每天晚上的批量处理窗口进行数据加载服务。加载过程可包含各种数据变更的监测,因为不同源系统可能需要不同的变更数据采集技术。

由于向供应商购买的应用程序不太可能容忍使用触发器或增加额外开销进行系统修改而实现批

量变更捕获，数据库日志技术可能是内部变更数据采集技术应用的理想选择。时间戳或日志表加载是最常见的技术方法。当处理没有原生时间戳功能的遗留系统（由于部分老旧系统没有数据库，有些数据没有时间戳）或者某些批处理恢复条件时，会用到全量加载。表 11-2 总结了不同变更数据采集技术之间的差异，包括它们的相对复杂度和加载效率。"重复列"用于标识源系统变更与目标环境之间是否存在数据重复。当"重复列"为"是"时，这个变更数据在目标端可能已经存在。当"删除列"为"是"时，变更数据方法将跟踪在源系统中发生的任何删除操作，这对于不再使用的过期维度很有用。如果源系统不跟踪删除操作，则需要实施额外的操作以确定它们何时发生（见第 8 章）。

表 11-2 CDC 技术比较

方法	源系统要求	复杂性	事实加载	维度加载	重复	删除
时间戳增量加载	源系统中的变更由系统日期和时间戳标识	低	快	快	是	否
日志表增量加载	采集源系统的变更记录在日志表中	中	普通	普通	是	是
数据库事务日志	在事务日志中记录变更信息	高	普通	普通	否	是
消息队列增量	源系统的变更发布至实时消息（消息队列）	极高	慢	慢	否	是
全量加载比对	没有变更标识，抽取全量数据并进行比较以识别变更	极低	慢的	普通	是	是

（3）准实时和实时数据采集

运营型商务智能（或运营分析）的兴起对数据低延迟提出了更高的要求，更多实时或准实时的数据被集成到数据仓库中，新的架构方法随之出现，以囊括易失数据。例如，运营型商务智能的一个常见案例是自动柜员机数据供应。在银行自动柜员机上进行存取款等交易时，需要实时向银行客户展示历史余额和完成当前操作后的新余额。在该场景中，准实时地提供数据需要两个关键的设计概念：事务隔离变更和批处理的实时替代方案。

新产生的容易变化的数据必须与大部分历史、相对稳定的数据仓库数据隔离开来。典型的隔离架构方法包括构建分区和跨分区使用联合查询。批处理的实时替代方案用于处理数据仓库中数据延迟时间越来越短的实时可用性要求，主要有 3 种方案：微批处理、消息队列和流式处理。它们在等待处理时数据积累的位置有所不同（见第 8 章）。

1）微批处理（源端累积）。与夜间计划批量加载不同，微批处理是更频繁地执行批量加载（如每小时甚至每 5 分钟一次），或者当达到某个阈值时（如每满 300 个事务或每累积到 1GB 数据）执行。这种方式允许在白天就能进行某些批处理操作，而不用集中在晚上执行批处理过程。需要注意的是，如果单个微批处理所耗费的时间比两次微批任务的间隔时间都长，那么下一个微批任务将被延迟，以确保数据仍然按正确顺序加载。

2）消息队列（总线累积）。当极小的数据包（消息、事件或事务）发布到消息总线时，实时或准实时的消息队列交互就非常有用。目标系统订阅该消息总线，并根据需要逐步将数据包加载到数据仓库中。此时，源系统和目标系统相互独立，事务隔离度极佳。这种方法经常在数据即服务（DaaS）中使用。

3）流式处理（目标累积）。与源端计划或按阈值加载不同，流式处理是目标端系统在接收到数据后将其收集到缓冲区或队列中，并按顺序进行处理。对这些数据进行聚合、交互等操作后的结果会一同加载入数据仓库。

11.2 活动

11.2.1 理解需求

开发数据仓库与开发业务操作系统有所不同。业务操作系统依赖于精确、具体的需求，数据仓库则将数据汇聚起来，并将以不同方式使用这些数据。此外，随着用户分析和探索数据活动的广泛开展，数据的使用方式也会随着时间的推移而逐步深入。在初始阶段需要具体了解数据的来源及相关能力，这些工作虽然比较耗费时间，但相关的投入会在后期使用实际数据源进行数据处理尝试时得到回报，如能减少返工重试的成本。

在收集数据仓库/商务智能项目需求时，应首先明确业务目标和业务战略，确定业务领域，界定业务范围，然后选定并采访相关业务人员，询问他们想做什么及为什么要这么做。记录他们当下关心的问题和希望从数据中获得的答案，记录他们如何区分和分类重要信息。如果可能，应厘清并记录关键绩效指标和统计口径。这些信息可以揭示业务规则，为数据质量自动化管控奠定基础。

将收集到的需求进行分类并排出优先级，优先处理那些生产上线和数据仓库建设必需的需求，将其他可以等待的需求排在后面。应该寻找那些简单且有价值的需求，以便在项目启动阶段赢得速胜。数据仓库/商务智能项目的需求文档应明确描述所涵盖业务领域和/或流程的整体背景和范围。

11.2.2 定义和维护数据仓库/商务智能架构

数据仓库/商务智能架构应描述数据从哪里来、到哪里去、什么时候去、为什么要去，以及用什么样的方式流入数据仓库。其中，"用什么样的方式"包括相关的硬件和软件细节，以及将所有活动组合在一起的组织框架。技术要求应包括性能、可用性和时效性需求（见第4章和第8章）。

1. 定义数据仓库/商务智能架构

数据仓库/商务智能架构的最佳实践是建立数据原子化机制，提供原子化数据处理方式支撑事务级和运营级报表需求。这种机制可以避免数据仓库冗余存储所有业务细节。例如，基于业务主键（如发票号）查看关键运营报表或表单的机制。客户通常希望能够获得所有的详细信息，但一些业务数据（如长描述字段）仅在原始报告的语境中才具有价值，并不具备太高的分析价值。

概念模型架构是数据仓库/商务智能工作的起点。要使非功能需求与业务需求完美结合，需要开展许多工作。在技术或架构上投入真金白银之前，通过原型设计可以快速验证或驳回关键需求。

此外，通过授权需求变更管理团队，为企业界提供知识和采用计划，将有助于达成临时和持续的业务目标。

上述过程可以延展到企业数据模型的维护或者验证工作。由于企业数据模型的关注重点是哪些组织区域正在使用哪些数据结构，需要对照逻辑模型检查物理模型的部署是否与之相符。如果出现遗漏或错误，需要进行相应的更正。

2. 定义数据仓库/商务智能管理流程

整合、协调运维流程以进行数据仓库/商务智能的生产管理，定期向业务团队发布更新。

制定标准的发布计划至关重要。理想情况下，数据仓库项目团队应像管理软件版本那样，对所部署的数据产品提供的功能进行版本管理。应制定版本发布时间计划表，包括年度需求、资源规划及标准版交付计划。另外，还可以采用内部版本发布的方式微调标准版交付计划、资源预期及其派生的资源估算表。

建立有效的发布流程，确保管理层理解这是一个以数据产品为中心的主动发布过程，而不是为解决已安装产品问题采取的被动处理方式。在跨职能团队中积极主动地寻求与各方合作，对于持续发展和能力提升至关重要，被动式的支持往往会降低系统的使用率。

11.2.3 开发数据仓库和数据集市

通常，数据仓库/商务智能项目有3条并行的开发主线：

1）数据。支持业务分析的必要数据。这条主线涉及识别数据的最佳来源，设计数据修复、转换、集成、存储和提供应用程序使用数据的规则，还包括确定如何处理不符合预期的数据。

2）技术。支撑数据存储和传输的后端系统和流程。因为数据仓库不可能是一座孤岛，它必须与现有业务系统进行集成。企业架构特别是技术架构和应用架构领域负责管理这条主线的职能。

3）BI工具。数据消费者从已部署的数据产品中获得有意义数据洞察所需的应用套件。

1. 将源映射到目标

源到目标映射（Source-to-Target Mapping）是为了在各个实体和数据元素间建立从源系统到目标系统的转换规则，并记录商务智能环境中每个数据元素与其各自来源系统之间的血缘关系。

所有映射工作中最困难的部分是确定多个系统中数据元素之间的链接有效性或等效性。例如，将来自多个计费或订单管理系统的数据整合到数据仓库时，其中等效数据（Equivalent Data）的表、字段的名称及其数据结构可能并不相同。

为了将不同系统中的数据元素映射到数据仓库的一致性结构，需要有一个可靠的分类法。大多数情况下，这种分类法就是逻辑数据模型。在映射过程中，还必须解决不同结构中的数据是否需要追加、就地更改或是插入的问题。

2. 修正和转换数据

数据修正及清洗工作需强制遵循标准，并修正和增强各个数据元素的域值。对于涉及大量历史数据的初始加载，数据修正工作尤为重要。为了降低目标系统的复杂性，应让源系统负责数据修复和更正。

针对已加载但又发现不正确的数据记录要制定修正策略。删除旧记录的策略会对相互关联的表和代理键造成破坏，将该条数据的状态设置为"过期"，并将正确的新数据加载进来是更好的选择。

当遇到无法与相应维度表关联的事实数据时，有乐观和悲观两种加载策略。乐观加载策略（Optimistic Load Strategy）需要在维度表中增加一条记录，以顺利加载这些事实数据。当然，此过程必须考虑如何更新和处理这些记录。悲观加载策略（Pessimistic Load Strategy）则需要创建一个数据回收区，用于存储这些无法与维度表关联的事实数据。这些数据需要及时通知、告警和报告，以确保它们被持续跟踪，并在后续操作中重新加载。实际作业时需要首先考虑加载回收区的数据，然后处理新到达的内容。

数据转换侧重于在技术系统中实施业务规则的活动。数据转换是数据集成的关键环节。定义正确的数据集成规则通常需要数据管理专员和其他的业务领域专家的直接参与。这些规则应记录在案以便进行治理。数据集成工具通常用于执行这些任务（见第8章）。

11.2.4　加载数据仓库

在任何DW/BI项目中，工作量最大的部分是数据的准备和预处理。关于数据仓库包含哪些数据细节的设计决策和原则，是DW/BI架构的关键设计优先事项之一。明确发布哪些数据只能通过运营报表（如非数据仓库）提供的规则，对于DW/BI项目的成功至关重要。

在定义数据加载方法时，需要考虑的关键因素包括数据仓库和数据集市所需的时间延迟要求、数据源可用性、数据批处理时间窗口或上载间隔、目标数据库、维度方面及时间框架的一致性等。该方法还必须综合考虑数据质量管控过程、执行转换所需的时间，以及迟到维度（Late-arriving Dimension）和数据拒绝（Data Reject）等问题。

确定数据加载方法的另一个因素是变更数据采集过程，持续监测源系统中的变化，按需集成这些变化数据，并按时间顺序处理这些变化。目前已经有部分数据库提供了日志采集功能，当数据集成工具直接调用这些功能时，数据库会告诉用户哪些数据已经发生变更。如果数据库没有提供此功能，则可以编写或生成脚本实现此功能。有多种技术可以用来设计和构建多源异构数据集成和延迟协调。

首次增量加载数据需要许多新技术、流程和技能，以及细致的规划和对细节的把控，为其他功能开发和引入新的业务单元奠定了基础。后续的增量建立在此前的工作基础上，因此建议增加投资，以构建适合的技术架构，保持数据的高质量，并顺利过渡到生产环境。这需要创建数据加载流程，实现错误数据的自动化及时识别，并与终端用户工作流集成。

11.2.5　实施商务智能产品组合

实施商务智能产品组合（BI Portfolio）的关键在于为业务单位内部或跨业务单位的正确用户群

体选择合适的工具，可以通过统筹常见业务流程、绩效分析、管理模式和需求，整理通用需求内容。

1. 根据需要对用户进行分组

在确定目标用户群体时，商务智能的需求呈现出多样性。首先，要了解用户群体，然后将工具与公司内的用户群体相匹配。需求的一端是聚焦数据提取工作的 IT 开发人员，他们注重高级功能；需求的另一端是信息消费者，他们希望快速访问之前开发和执行的报表。这些消费者一般需要一定程度的交互，如钻取、筛选、排序，或者只查看固定报表。

随着用户技能的提高或需要执行不同的功能，他们可能会从一个用户群体转向另一个群体。例如，供应链经理可能希望查看财务方面的固定报表，但也希望查看库存方面的动态交互报表；财务分析师和负责费用的直线经理（Line Manager）在分析总费用时可能是高级用户，但对于一份电话账单，他们只要能查看固定报表就够了；高管和经理们会综合使用固定报表、仪表盘和计分卡，经理和高级用户通常希望深入分析这些报表，对数据进行切片和切块，以分析问题的根本原因；外部客户则可以使用以上任意一种工具，得到较好的用户体验。

2. 选择与用户需求相匹配的工具

商业市场上提供了各种令人印象深刻的报表和分析工具。主流的商务智能厂商提供了经典且完美的报表功能，这些功能曾属于应用程序报表的范畴。许多业务系统厂商也提供了嵌入式分析功能，其中包括从预填充的数据立方体或聚合表中提取标准内容。另外，数据虚拟化技术已经模糊了本地数据源与外部购买或开放数据之间的界限，在某些情况下还能根据用户需求，以报表为目标，提供用户控制的数据集成服务。换句话说，公司使用公共数据基础设施和交付机制是明智的做法。这些机制包括网络、电子邮件和用于交付各种信息和报表的应用程序，数据仓库/商务智能只是其中的一部分。

现在，许多厂商通过合并、收购或全新开发的方式，将相关的商务智能工具组合起来，形成商务智能套件对外提供服务。在企业架构层面，套件产品是主流选择，但鉴于大多数组织可能已经购买了单独的工具或采用了开源工具，会出现商务智能产品替换与共存的问题。需明确的是，每个商务智能工具都要付出真金白银，需要系统资源、技术支持和培训，以及架构集成等。

11.2.6 维护数据产品

一个已经实现的数据仓库及其面向客户的商务智能工具即一组数据产品。对现有数据仓库平台的增强（扩展、增补或修改）应以增量的方式逐步实现。

在不断变化的工作环境中，维护增量的范围和执行重点工作项的关键路径可能是一项挑战，需要与业务合作伙伴共同确定工作项优先级，将工作重点放在必要的工作内容上。

1. 发布管理

发布管理对于增量开发过程管理至关重要，它有助于增加新功能、增强生产部署，并确保为已部署的资产提供定期的维护。这一过程将保持数据仓库的数据是最新的、最干净的，并保持最佳的运行状态。然而，这一过程需要 IT 部门和业务部门密切配合，就像数据仓库模型和商务智能功能之间的紧密配合一样。这是一个持续改进的过程。

图 11-5 展示了基于季度计划的发布流程示例。在这一年中，会有 3 次由业务驱动的发布和 1 次基于技术的发布（以解决数据仓库内部需求）。该流程应支持数据仓库的增量开发和积压需求的管理。

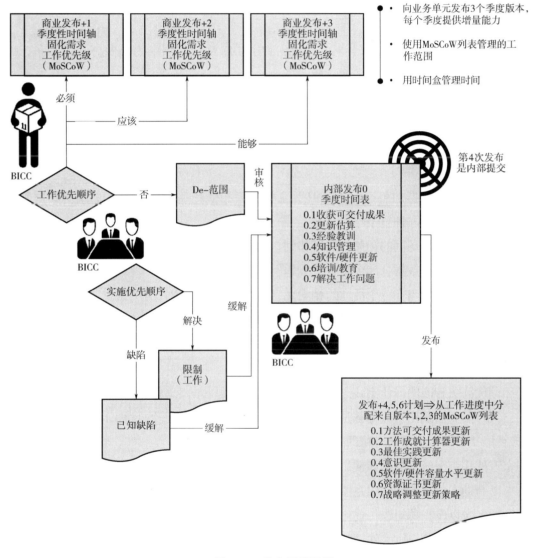

图 11-5　发布流程示例

2. 管理数据产品的开发生命周期

当数据消费者正在使用现有的数据仓库时，数据仓库开发团队或许已经在为下一次迭代做准备，同时他们也理解并非所有项目都会投入实际生产。参考业务部门的优先级，将迭代与发布任务有机结合，制定待处理的发布任务清单。每次迭代都会扩展现有增量或引入一个业务单元来增加新的功能。版本发布让功能与业务团队需求保持一致，而迭代让功能向产品经理管理的配置看齐。

对于那些业务团队认为已经准备好且可以进一步研究的项目，可以在必要时进行审查和优化，然后部署到试点或沙箱环境中。在这个环境中，业务用户可以探索新方法、试用新技术，或开发新模型和机器学习算法。与其他面向业务生产的环境相比，这个环境受到的管控和监督较少，但有必要对沙箱环境进行优先级排序。

类似于传统的质量保证或测试环境，对试点区域中的项目进行仔细审查，看其是否适合迁移至生产环境。试点项目的表现好坏决定了它们的下一步行动。务必注意，不能在不考虑下游数据质量或数据治理问题的情况下盲目推广。生产环境中的使用寿命只有一种衡量标准：必须达到最高的实际质量才能投入生产。

新的数据产品只有通过试点项目测试，业务部门和IT部门代表认为已做好投产准备，才可以部署到生产环境中。这就算完成了一次迭代。

未通过试点测试的项目可以被完全驳回，或者退回开发进行微调。在这个阶段，可能需要数据仓库团队提供额外的支持，以便在下一轮推广迭代中推进项目。

3. 监控和调优加载过程

监控整个系统中的数据加载过程，以识别性能瓶颈和依赖关系。在需要时采用数据库调优技术，包括分区、备份调优和恢复策略。

归档是将数据从立即访问的存储介质迁移到查询性能较低的存储介质的过程，这会导致性能急剧下降，因此数据归档在数据仓库中是一个难题。

用户通常把数据仓库当作一个活动的档案库，其中积累了悠久的历史数据。尤其是OLAP数据源已经清空数据的时候，用户非常不愿意对数据仓库进行归档（见第6章）。

4. 监控和调优商务智能活动和性能

监控和调优商务智能的最佳实践之一是定义并展示一组面向客户的满意度的指标，如平均查询响应时间、天/周/月活跃用户数等都是有效的指标示例。除了系统提供的统计指标，定期开展数据仓库/商务智能用户调查也是很有帮助的。

定期审查使用情况统计数据和使用方法很重要。提供数据、查询和报表的频率及资源使用情况的报告，可以帮助人们审慎地增强系统。调优商务智能活动类似于对应用程序进行性能分析，以便了解瓶颈在哪里，以及在哪里进行优化。根据使用方法和统计数据创建索引和聚合是最有效的。通过简单的优化方案可以获得巨大的性能提升，如将每日完成结果发布到一个每天运行数百或数千次的报表中。

透明度和可见性是推动数据仓库/商务智能监控的关键原则。越能公开数据仓库/商务智能活动的细节，越能让数据消费者看到和理解正在发生的事情（并对商务智能充满信心），就越不需要为最终客户提供直接支持。提供一个展示数据交付活动高级状态、兼具下钻功能的仪表盘，是允许支持人员和客户按需提取信息的最佳实践。

增加数据质量指标可以提升该仪表盘的价值，因为数据性能不仅仅是速度和时效性。使用热力图可视化基础设施的工作负载、数据吞吐量及对运营协议级别的遵守情况。

11.3 工具

工具集选型可能不是一蹴而就的，而需要一个漫长的过程，因为选型既要满足近期需求、非功能性规范，又要综合考量尚未产生的后续需求。决策标准工具集、流程实施工具和专业服务产品可以促进和加快这一过程。另外，更重要的是不仅要评估传统的自建或购买策略，还要评估租赁软件即服务（SaaS）的选项。需要对租赁SaaS工具及相关专业知识的成本与从零开始构建或部署从供应商处购买的产品的成本进行权衡，同时还需要考虑持续升级成本和可能的替换成本。与设定的运营级别协议（Operational Level Agreement，OLA）保持一致可以降低预测成本，并为违反条款提供设定强制赔付费用和罚款的依据。

11.3.1 元数据库

大型组织常常会发现自己原来拥有来自不同供应商的各种类型工具，并且每种工具可能还部署了不同版本。元数据库的关键在于能将各种来源的元数据整合在一起，并使用多种技术实现元数据库的自动化和集成填充（见第13章）。

1. 数据字典和术语表

数据字典是支撑数据仓库使用的必要组件。数据字典用业务术语描述数据，包含使用该数据所需的其他信息（如数据类型、结构细节和安全限制等）。通常，数据字典的内容直接来自逻辑数据模型。为了规划高质量的元数据，应确保建模人员在建模过程中采取严谨的态度管理定义。

在一些组织中，业务用户通过提供、给定主题领域数据元素的定义，积极参与数据字典的开发。利用协作工具开展这项工作，通过卓越中心监控活动，并确保所创建的内容保留在逻辑模型中，以保证面向业务的内容与面向技术的物理数据模型保持一致，降低下游错误和返工的风险（见第13章）。

2. 数据及数据模型血缘

许多数据集成工具都提供血缘分析功能，能够同时考虑已开发的数据加载代码，以及物理数据模型和数据库。有些工具还提供Web界面来监控和更新定义及其他元数据信息。记录下来的数据血缘有多种用途：

1）调查数据问题的根本原因。
2）对系统变更或数据问题进行影响分析。
3）基于数据来源确定数据的可靠性。

建议实施一个集成的影响分析和血缘分析工具，可以便于了解数据加载过程中涉及的所有动态部分，以及终端用户的报告和分析。影响分析报告将概述哪些组件可能受到潜在更改的影响，从而加快并简化评估和维护任务。

在数据模型开发过程中，会收集和解释许多关键的业务流程、关系和术语。逻辑数据模型保存了大部分此类信息，这些信息在开发或生产部署过程中经常丢失或被忽略。因此，应确保这些信息不被丢弃，确保逻辑模型和物理模型在部署后得到更新并保持同步。

11.3.2 数据集成工具

数据集成工具用于加载数据进入数据仓库。除了完成数据集成工作，它们还能以多种方式调度任务，便于处理多源异构的复杂数据交付。选择工具时，还应考虑管理系统的以下功能：

1）流程审核、控制、重启和调度。

2）能够在执行时选择性地提取数据元素，并将提取的内容传递给下游系统，以供审核之用。

3）控制哪些操作可以执行、哪些不能执行，并重启那些失败或中止的进程（见第 8 章）。

许多数据集成工具还提供了与商务智能产品组合的集成功能，支持工作流消息、电子邮件的导入和导出，甚至是语义层的集成。工作流集成可以推动数据质量缺陷识别、解决和升级过程。通过电子邮件或由电子邮件驱动的警报处理进行消息传递是一种常见做法，尤其是在移动设备上。此外，能够将数据目标配置为语义层，可以作为敏捷实施的数据虚拟化候选方案。

11.3.3 BI 工具类型

由于商务智能市场的成熟和商务智能工具的广泛可用性，很少有公司会自行开发商务智能工具[一]。本章节的目的是介绍商务智能市场上可用的工具类型，概述它们的主要特点，并提供有关信息，以帮助将合适的工具匹配给客户。商务智能工具正在迅速发展，正在实现从 IT 主导的标准化报表逐步向自助式、业务驱动的数据探索转变[二]。

1）运营报表（Operational Reporting）。这是商务智能工具在商业分析领域的应用，用于分析短期（月度对比）和长期（年度对比）的业务趋势。运营报表还可以帮助发现趋势和模式，使用战术型商务智能工具支持企业的短期业务决策。

2）业务绩效管理（Business Performance Management，BPM）。业务绩效管理包括对组织目标一致性指标进行正式评估。这种评估通常发生在高管层面。使用战略型商务智能工具支持企业的长期目标和愿景。

3）描述性的自助分析（Descriptive Self-Service Analytics）。这是为业务一线提供的一种商务智能工具，其分析功能可以指导运营决策。运营分析将商务智能应用与运营功能和流程相结合，以准实时的方式指导决策。对低延迟（准实时的数据采集和数据交付）的要求推动了运营分析解决方案的架构

⊖ 本节材料主要来自 Cindi Howson 所著的《商务智能市场》，BIScorecard®，http://bit.ly/2tNirv5；经许可使用，并略有改动和补充。

⊖ Dataversity 将这一趋势称为 "数据技术的民主化"。请参阅 Ghosh 和 Paramita 的《商务智能与分析市场趋势的比较研究》，Dataversity 2017 年 1 月 17 日出版。http://bit.ly/2sTgXTJ。

方法。SOA 和大数据成为全面支持运营分析的必要条件（见第 8 章和第 15 章）。

1. 运营报表

运营报表是业务用户直接从业务系统、应用程序或数据仓库中生成的报表。这通常是应用程序的功能，尤其是在数据仓库/商务智能治理不力的情况下。如果数据仓库包含可增强运营、业务数据和其他数据，业务团队就通常会开始使用数据仓库生成运营报表。当这些报表只是简单的报告，或用于启动运营分析工作流程时，通常采用即席查询的形式。从数据管理的角度来看，关键是了解应用程序本身是否包含此报表所需的数据，或者是否需要从数据仓库或操作型数据存储中获取数据。

数据探索和报表工具有时被称为即席查询工具，允许用户编写自己的报表或生成供他人使用的报表。由于这些报表不是发票等精确格式的文档，对精确格式的关注较少。然而，业务人员确实希望能够快速且直观地生成包含图表和表格的报表。通常，业务用户创建的报表会成为标准报表，而不仅仅是临时用于解决某个业务问题。

业务运营报表的需求通常与业务查询、业务报表的需求不同。在业务查询和报告中，数据源通常是数据仓库或数据集市（特例除外）。虽然 IT 部门负责开发生产报表，但高级用户和临时业务用户会使用业务查询工具开发自己的报表，个人、部门或全企业范围内的人都可以使用业务查询工具生成的报表。

生产报表跨越了数据仓库/商务智能的界限，并且经常查询业务系统以生成诸如发票或银行对账单之类的操作项。生产报表的开发者往往是 IT 人员。

传统商务智能工具涵盖了丰富的数据可视化方法，如表格、饼图、折线图、面积图、条形图、直方图、蜡烛图（K 线图）等。数据可视化可以以静态格式提供，如已发布的报表，或以更互动的在线格式提供。一些工具还支持与终端用户交互，其中的钻取或筛选功能有助于在可视化中继续分析数据。还有一些工具允许用户按需更改可视化（见第 14 章）。

2. 业务绩效管理

绩效管理是一系列集成的组织流程和应用，旨在优化业务战略的执行。这些应用包括预算、规划和财务合并。在这个领域已经发生了许多重大的收购事件，因为 ERP 供应商和商务智能供应商看到了巨大的增长机会，并认为商务智能和绩效管理正在融合。客户从同一家供应商处购买商务智能和绩效管理的可能性取决于产品的功能。

从广义上讲，绩效管理技术通过流程帮助组织实现目标。绩效度量和带有正向激励的反馈循环是关键要素。在商务智能领域，这已转化为许多战略性的企业级应用，如预算制定、预测或资源规划等。这个领域还形成了另一种专业化的管理方式：创建由仪表盘驱动的计分卡以进行用户交互。仪表盘如同汽车中的仪表盘一样，向终端用户提供必要的摘要或汇总信息，并显示最新情况（Eckerson，2005）。

3. 运营分析应用

IDC 的亨利·莫里斯（Henry Morris）在 20 世纪 90 年代提出了"分析型应用"这一概念，并阐明了它们与一般 OLAP 和商务智能工具的区别（Morris，1999）。分析型应用包括从众所周知的源系统（如供应商 ERP 系统、数据集市的数据模型、预构建的报表和仪表盘）中提取数据的逻辑和过程。它们为企业提供一种预先构建的解决方案，以优化功能区域（如人力资源管理）或行业垂直领域（如零售分析）。不同类型的分析型应用还包括客户、财务、供应链、制造和人力资源等领域。

联机分析处理（Online Analytical Processing，OLAP）是一种为多维分析查询提供快速性能的方法。OLAP 一词的起源在一定程度上是为了与联机事务处理（Online Transaction Processing，OLTP）明确区分。OLAP 查询的典型输出采用矩阵格式。维度形成矩阵的行和列，而因子或度量则是矩阵内的值。从概念上讲，这可以表示为一个立方体。立方体的多维分析在分析师希望以已知方式查看数据摘要的情况下特别有用。

一个传统的应用是财务分析，分析师希望反复遍历已知的层次结构以分析数据，如日期（如年、季度、月、周、日）、组织（如地区、国家、业务单元、部门）和产品层次结构（如产品类别、产品线、产品）。如今，许多工具在其软件中嵌入了 OLAP 数据立方体，甚至有些工具还可以与集成定义和数据加载过程无缝衔接。这意味着任何业务流程中的任何用户都可以对其数据进行切片和切块。将这一功能与主题域组织中的高级用户相结合，并通过自助服务渠道交付，使这些选定用户能够按照自己的方式分析数据。

通常，OLAP 工具既有安装在桌面上的服务器组件，也有可以通过 Web 访问的面向终端用户的客户端组件。一些桌面组件可以从电子表格中访问，它们以嵌入式菜单或功能项的形式出现。根据所选的架构（关系型 ROLAP、多维矩阵型 MOLAP、混合型 HOLAP）指导开发工作。虽然这些架构有所区别，但它们也有共同点，即定义数据立方体结构、聚合需求、元数据扩充和数据稀疏性的分析。

为了满足所需的功能要求，可能需要将较大的维度拆分为多个单独的数据立方体，以适应存储、加载或计算需求。设定汇总级别可以确保在约定的响应时间内完成所需公式的计算和检索。基于计算结果，终端用户增加层次结构以满足数据的聚合、计算或加载需求。此外，数据立方体的稀疏性可能需要在仓库数据层中添加或删除聚合结构，或细化物化需求。

在数据立方体中配置基于角色的安全性或多语言文本，一般需要额外的维度、附加功能、计算，有时甚至还需要创建单独的数据立方体结构。在终端用户灵活性、性能和服务器工作负载之间取得平衡意味着需要进行一些取舍。这通常发生在加载过程中，可能需要对层次结构、聚合结构或其他数据仓库物化数据对象进行优化。在数据立方体数量、服务器负载和提供的灵活性之间取得适当平衡，以确保数据能够及时刷新，并且能够在不产生高昂的存储或计算成本的情况下，让数据立方体提供可靠和一致的查询服务。

OLAP 工具和数据立方体的价值在于，通过将数据内容与分析师的心理模型对齐，降低混淆和错误解释的概率。分析师可以浏览数据库，筛选出特定的数据子集，改变数据的方向，并定义分析计算。切片和切块是用户通过交互式调用页面探索数据的过程，通过旋转和向下/向上钻取对数据进行切片。常见的 OLAP 操作包括切片和切块、向下钻取、向上钻取、上卷和旋转。

1）切片（Slice）。切片是多维数组（数据立方体）的一个子集，是不在子集中展示的一个或多个维度（作为筛选条件的维度）的单个值，如按时间切片，可得到某年的切片数据。

2）切块（Dice）。切块是对数据立方体中两个以上维度的切片，或两个以上的连续切片。

3）向下/向上钻取（Drill Down/Up）。向下/向上钻取是一种特定的分析技术，用户可以在不同数据级别之间逐层探索，范围从最高度汇总（向上）到最细颗粒（向下）。

4）上卷（Roll-Up）。上卷包括计算一个或多个维度的所有数据关系。为此，需要定义一个计算关系或公式。

5）旋转（Pivot）。旋转改变了报表或页面展示的维度方向。

3 种经典的在线分析处理实施方法如下：

1）关系型联机分析处理（Relational Online Analytical Processing，ROLAP）。ROLAP 通过使用关系数据库管理系统（RDBMS）中的二维度表实现多维技术从而支持 OLAP。星型模式架构是 ROLAP 环境中一种常用的数据库设计技术。

2）多维矩阵型联机分析处理（Multi-dimensional Online Analytical Processing，MOLAP）。MOLAP 通过使用专门的多维数据库技术来支持 OLAP。

3）混合型联机分析处理（Hybrid Online Analytical Processing，HOLAP）。这实际上是 ROLAP 和 MOLAP 的简单组合。HOLAP 允许部分数据以 MOLAP 的形式存储，另一部分数据则以 ROLAP 的形式存储。实现方式会根据设计师对分区组合的控制程度而有所不同。

11.4 方法

11.4.1 原型驱动需求

在开发产品之前，通过创建一套演示数据，并在协同原型设计工作中采用需求挖掘的方法，可以在实施活动开始之前快速确定需求及优先级。数据虚拟化技术的发展可以利用协同原型设计技术降低一些传统的实施难度。

对数据进行剖析有助于原型设计，并降低与非预期数据的相关风险。数据仓库通常是最先暴露源系统或数据输入函数中数据质量缺陷的地方。数据剖析还揭示了数据源之间的差异，这些差异可能会阻碍数据集成。数据在其来源中可能是高质量的，但数据可能有多个不同来源，数据集成过程会因此变得更加复杂。

对源数据状态的评估有助于更准确地估计数据集成的工作范围和可行性。这种评估对于设定适当的期望也很重要。应制订与数据质量和数据治理团队合作的计划，并借鉴其他主题领域专家的专业知识以了解数据差异和风险（见第 11 章和第 13 章）。

11.4.2 自助式商务智能

自助服务是商务智能产品组合中的一种基本交付方式。自助服务一般是在受管理的门户中引导用户活动，根据用户的权限提供多种功能，包括消息通知和警告、查看预定的生产报表、与分析报表互动、开发即席报表，以及仪表盘和计分卡等。可以按照标准计划将报表推送到门户，供用户随时检索。用户还可以在门户内执行报表以提取数据。这些门户可以跨组织边界共享内容。

将协作工具扩展到用户社区，可以提供更丰富的自助服务，包括各种提示和技巧、数据加载状态、整体性能、数据发布进度的集成公告，甚至可以进行对话讨论。通过支持渠道沟通论坛内容和维护渠道以用户组会议的形式提供帮助。

可视化和统计分析工具使得数据探索和发现更加高效。有些工具不仅允许以业务为中心创建仪表盘，还能快速共享、审查和更新。以往，这些技术只是 IT 和开发人员的领域，但现在业务团队也可以使用这些数据处理、计算和可视化技术，这在一定程度上实现了工作负载进一步分配。数据集成工作可以先通过业务用户进行可行性原型设计，再由 IT 部门进行实现和优化。

11.4.3 数据审计

为了维护数据血缘，所有结构和流程都应具备创建和存储审计数据的能力，以便用于跟踪和报告。允许用户查询这些审计数据，使用户能够自行验证数据的状况和到达情况，从而提高用户的信心。当数据出现问题时，审计信息也有助于更详细地进行故障排除。

11.5 实施指南

对于一个成功的数据仓库项目而言，能够扩展以满足未来需求的稳定架构至关重要。同时，必须要有一个能够处理日常数据加载、分析和解决终端用户反馈的生产支持团队。此外，为确保持续成功，还需要确保数据仓库团队和业务部门团队保持一致。

11.5.1 就绪评估/风险评估

一个组织开启一个新项目时，可能并不具备维持该项目的能力，这两者之间可能存在差距。成功的项目始于一份先决条件清单。所有 IT 项目都应得到业务支持，与战略保持一致，并具备明确的架构方法。此外，数据仓库项目还应做到以下几点：

1）明确数据敏感级别和数据安全约束。
2）选择执行工具。
3）确保资源到位。
4）创建采集过程以评估和接收源数据。

在数据仓库项目中识别和列出敏感或受限的数据元素。这些数据需要进行屏蔽或脱敏，以防止未经授权的人员访问。如果考虑将实施或维护工作外包给其他团队，还需要应用其他约束以防数据泄露。

在选择工具和分配资源之前，要考虑安全约束，确保已遵循数据治理的审查和批准流程。鉴于这些重要因素，数据仓库/商务智能项目面临重新调整重点或完全取消的风险。

11.5.2 发布路线图

数据仓库需要大量的开发工作，因此通常是逐步构建的。无论是选择瀑布式、迭代式，还是敏捷式中的任意一种实施方法，都要用"以终为始"的思维方式锚定期望的最终状态。这就是为什么路线图是一个有价值的规划工具。该方法与运维流程相结合，既灵活适应性又强，能够平衡单个项目交付的压力与可重用数据和基础设施建设的整体目标。

建议将数据仓库总线矩阵作为沟通和推广工具在增量迭代的过程中使用。利用业务确定的优先级和风险曝光指标（Exposure Metrics）确定每个增量版本的严谨性和开销。如果组织认为这些风险有限且可控，一些小规模、单一来源的交付就可以允许放宽规则。

每个增量版本将修改现有功能或添加全新的功能，这些功能通常与新上线的业务单元保持一致。采用一致的需求和能力流程确定下一个要上线的业务单元。维护一个待处理任务或工作项列表，以识别未完成的功能和面向业务的优先级。确定需要按不同顺序交付的所有技术依赖项，然后将这些工作成果打包成一个软件发布版本。每个发布版本都应按照商定的节奏进行交付：每个季度、月度、周，甚至更快。通过与业务合作伙伴共同制定路线图管理发布版本，按日期和功能列出发布版本。

11.5.3 配置管理

配置管理与发布路线图保持一致，并提供必要的后台调整和脚本，以实现开发、测试和部署到生产环境的自动化。它还在数据库级别为模型打上发布版本的标签，并以自动化的方式将代码库与该标签绑定，从而确保手动编码、生成的程序和语义层内容在整个环境中协调一致，并对其进行版本控制。

11.5.4 组织与文化变革

在数据仓库/商务智能的整个生命周期中，始终保持一致的业务重点是项目成功的关键。梳理企业的业务价值链是了解业务背景的好方法，公司价值链中的特定业务流程提供了一个天然的商业导向背景，可以用来构建分析领域框架。

最重要的是，要根据实际的业务需求规划项目，并评估必要的业务支持，同时考虑以下关键成功因素：

1）高层管理的支持。管理层是否给予了足够的支持？即是否有明确且积极参与的指导委员会及相应的资金支持。数据仓库/商务智能项目需要强有力的管理层支持。

2）目标范围的界定。是否有明确的业务需求、业务目的和工作范围？

3）业务部门的参与。业务部门管理层是否承诺提供并安排合适的业务主题领域专家参与项目建设？缺乏业务部门深度参与和支持是数据仓库/商务智能项目常见的失败原因，也是暂停项目直至得到业务部门支持的充分理由。

4）合作伙伴的准备。外部的商业合作伙伴是否为长期增量交付做好了充足的准备？他们是否承诺建立卓越中心，以便在未来版本中持续运维数据产品？目标群体的平均知识或技能差距有多大？能否在一个数据产品的增量版本中缩小这一差距？

5）愿景及目标的统一。IT战略对业务愿景及目标的支持力度有多大？确保所需的功能要求与当前的IT路线图中已规划或可持续的业务能力相对应，或能够从中得到维持，这一点至关重要。任何在建能力与业务愿景目标之间产生重大偏离或重大差距都可能导致数据仓库/商务智能项目停滞不前或完全停止。

11.5.5 专职团队

许多组织都有专门的全职团队负责管理生产环境的日常运营（见第6章）。由专职团队进行数据产品的运维和交付，有助于优化工作负载。因为专职团队会在固定周期内设定重复执行的任务计划，可以通过维护渠道看到待交付的成果及对应的工作负载峰值情况，因而可以对各项工作和问题开展进一步的优化。

保持前台支持团队与后端运维团队的高频互动，可以增进部门之间的关系，并确保即将发布的版本已经解决了关键问题。前台支持团队会通知后端运维团队需要解决的所有产品缺陷问题。后端运维团队则确保生产环境配置已按要求执行，不仅能解决产品缺陷问题，还能持续监控运行情况，升级警报并报告数据吞吐量状态。

11.6 数据仓库/商务智能治理

受严格监管且需要合规上报的行业（如金融行业），将从治理良好的数据仓库中获益匪浅。确保治理活动在实施过程中完成并得到解决，是持续支持和按计划发布的关键。越来越多的组织正在扩展其软件开发生命周期，以涵盖旨在满足治理需求的特定交付成果。数据仓库治理流程应与风险管理保持一致。它们应该是业务驱动的，因为不同类型的企业有不同的需求（如营销和广告公司使用数据的方式与金融机构不同）。治理流程应减少风险，而不是减少任务的执行。

最关键的功能是那些管理业务运营的发现或改进区域，以及那些确保数据仓库本身数据质量的功能。改进区域引领所有新方案的边界，因此需要通过数据交换和良好运行程序来实例化、操作、转移和丢弃这些区域的数据。数据归档和时间范围是边界协议中的关键要素，它们有助于避免数据需求蔓延。用户组会议和管理会议都包括对这些环境和时间线的监控，以确定数据的使用期限。将数据加载到数据仓库中意味着分配时间、资源和编程工作，以便及时地将经过修复好的、可靠的、高质量的数据送达终端用户。

将一次性或有限使用的事件视为数据生命周期的一部分，并最大限度地将它们限制在试点区域或用户控制的"沙箱"范围内。实时分析过程可以通过自动化流程将同一时间范围的汇总结果反馈回数据仓库。运营策略是为实时环境中执行的业务流程而定义的，治理则适用于将结果引入数据仓库以供组织使用。

在数据安全风险应对方面，需要通过风险暴露缓解矩阵管理的已知或目录项，进行数据风险鉴别及分类。对于那些被认为具有高暴露性、低缓解性或难以在早期检测的项目，需要充分发挥治理的职能来限制和减少相关风险。根据所检查数据的敏感程度，可能还需要为参与工作的本地员工提供独立的工作空间。在制度制定的过程中，需要与公司安全和法务人员联合进行全面审查，形成最终的安全保障。

11.6.1 获得业务认可

数据仓库项目成功的关键因素之一是获得业务部门的认可，包括易于理解的数据、可验证的质量，以及具有可证明的数据血缘关系。业务部门对数据的认可应是用户验收测试（UAT）的一部分。在初始加载和若干增量更新加载周期后，在商务智能工具中根据源系统中的数据进行结构化随机测试，以满足验收标准。满足这些要求对每个数据仓库/商务智能项目实施都至关重要。另外，还需要预先考虑几个非常重要的架构子组件及其支持活动：

1）概念数据模型。组织的核心的信息有哪些？关键业务概念是什么？它们之间如何相互关联？

2）数据质量管控闭环。如何识别和修复问题数据？如何向问题来源系统责任人通报该问题，并让他们负责解决问题？由数据仓库数据集成过程导致的数据问题，有哪些补救措施？

3）端到端元数据。该架构如何支持端到端元数据集成流程？特别是在架构设计时，是否理解上下文语境？数据消费者如何回答诸如"这个报表的含义是什么"或"这个指标是什么意思"之类的基本问题？

4）端到端可验证的数据血缘。业务用户能否以自动化、可维护的方式追溯到数据项对应的源系统？所有数据是否都在系统中记录在案？

11.6.2 客户/用户满意度

对数据质量的认知会影响客户满意度，但满意度还取决于其他因素，如数据消费者对数据的理解、运维团队对已知数据问题的响应速度。通过定期与用户代表召开会议，可以更容易地收集、理解和应对客户的反馈。这样的互动也有助于数据仓库团队向用户分享数据产品版本发布路线图，并了解数据消费者是如何利用数据仓库的。

11.6.3 服务水平协议

应在服务级别协议（SLA）中明确指定对数据仓库环境的业务和技术期望。通常情况下，不同类别的业务需求及其各自的支持系统（如 ODS、数据仓库与数据集市）对响应时间、数据保留和可用性的要求差别很大。

11.6.4 报表策略

确保商务智能产品组合内部及跨商务智能产品组合中都存在同一套报表策略。这一策略涵盖标准、流程、指南、最佳实践和程序，旨在确保用户能够获取清晰、准确且及时的信息。报表策略必须解决以下问题：

1) 安全访问。确保只有授权用户才能访问权限范围内的敏感数据。
2) 访问机制。建立用户如何对数据进行互动、报告、检查或查看等访问机制。
3) 适用工具。为各类用户群体提供适用的工具。
4) 报表属性。包括报表摘要、详细信息、例外情况，以及频率、时间、分布和存储格式。
5) 可视化。通过图形化输出发挥可视化功能的潜力。
6) 及时性和性能之间的权衡。

应定期评估标准报表，确保它们仍然具有业务价值，因为报表运行会产生数据存储和处理成本。报表的实施、运维流程和管理活动至关重要。为不同业务群体提供适当的报表工具是成功的关键因素。组织的规模和性质不尽相同，因此在组织的不种流程中可能会使用各种不同的报表工具。确保用户能够充分利用报表工具，往往更复杂的用户会有越来越复杂的需求。根据这些需求维护决策矩阵，以确定升级或选择新的报表工具。

数据源的治理、监控和控制同样至关重要。要确保为授权人员安全地提供适当安全级别的数据，让授权人员可以按照约定的安全级别访问订阅数据。

研究中心可以提供培训、启动设置、设计最佳实践、数据源提示和其他具体解决方案或成果，帮助业务人员实现自助服务模式。除了知识管理，该中心还可以为开发人员、设计师、分析师和订阅用户群体提供及时的沟通。

11.6.5 度量指标

1. 使用指标

数据仓库中使用的度量指标通常包括已注册用户数、连接用户数和并发连接用户数。这些指标显示了组织内部有多少人正在使用数据仓库。了解每个工具有多少授权许可账户是一个良好的开端，尤其是对于审计人员而言。但是，实际上有多少用户连接到该工具是一个更好的度量标准。另外，用户群体在每个时间段内发起了多少次查询（或类似查询的操作）对于系统容量规划来说是一个更好的技术参考指标。因此，数据仓库应从多角度、多指标分析使用情况，如审核用户数、用户查询量及活跃用户数等。

2. 主题域覆盖率

主题域覆盖率度量的是每个部门访问数据仓库（从数据拓扑的角度）的程度。它们还凸显了哪些数据是跨部门共享的、哪些数据本来应该共享但没有共享。

将业务源映射到目标是另一种自然扩张，它强制执行并验证已经收集的元数据和血缘关系，并可以提供影响分析，以确定哪些源系统被哪些部门用于分析。这有助于通过减少对频繁使用的源数据的更改，将调优工作集中在那些具有高影响力的分析查询上。

3. 响应时间和性能指标

大多数查询工具都会记录响应时间。运维人员可以从工具中获取响应时间或性能指标，这些数据将提供关于用户数量和类型的指标情况。

数据加载过程以原始格式收集每个数据产品的加载时间。这些加载时间还可以表示为预期支持的百分比。因此，一个数据集市的加载预计是每天刷新，加载时间窗口为 4 小时。如果该加载任务在 4 小时内完成，那么它就是 100% 得到支持的。同样，可以将此过程应用于所有下游数据抽取流程。

大多数工具都会在日志或存储库中保留提供给用户的对象相关查询记录、数据刷新和数据提取时间等信息。将此数据分为计划执行的对象和已执行的对象，并以原始计数方式表示尝试和成功的次数。需要关注高度受欢迎或查询表现不佳的对象，以避免满意度指标受损。如果一组对象经常出现故障，这些信息就可以用来指导开展缺陷分析、制订运维计划和容量规划。补救措施因工具而异，但有时创建或删除一个索引就可以带来很大的改善（见第 6 章）。

下一步自然是验证和调整服务级别。在下个版本中优化那些一直失败的项目，或者在缺少充足资金的情况下降低支持的服务级别。

参考文献

Adamson, Christopher. *Mastering Data Warehouse Aggregates: Solutions for Star Schema Performance.* John Wiley and Sons, 2006. Print.

Adelman, Sid and Larissa T. Moss. *Data Warehouse Project Management.* Addison-Wesley Professional, 2000. Print.

Adelman, Sid, Larissa Moss and Majid Abai. *Data Strategy.* Addison-Wesley Professional, 2005. Print.

Adelman, Sid, et al. *Impossible Data Warehouse Situations: Solutions from the Experts.* Addison-Wesley, 2002. Print.

Aggarwal, Charu. *Data Mining: The Textbook.* Springer, 2015. Print.

Biere, Mike. *Business Intelligence for the Enterprise.* IBM Press, 2003. Print.

Biere, Mike. *The New Era of Enterprise Business Intelligence: Using Analytics to Achieve a Global Com-

petitive Advantage. IBM Press, 2010. Print.

Brown, Meta S. *Data Mining for Dummies*. For Dummies, 2014. Print.

Chorianopoulos, Antonios. *Effective CRM using Predictive Analytics*. Wiley, 2016. Print.

Delmater, Rhonda and Monte Hancock Jr. *Data Mining Explained*; *A Manager's Guide to Customer-Centric Business Intelligence*. Digital Press, 2001. Print.

Dyche, Jill. *E-Data*: *Turning Data Into Information With Data Warehousing*. Addison-Wesley, 2000. Print.

Eckerson, Wayne W. *Performance Dashboards*: *Measuring, Monitoring, and Managing Your Business*. Wiley, 2005. Print.

Han, Jiawei, Micheline Kamber and Jian Pei. *Data Mining*: *Concepts and Techniques*. 3rd ed. Morgan Kaufmann, 2011. Print. The Morgan Kaufmann Ser in Data Management Systems.

Hastie, Trevor, Robert Tibshirani, and Jerome Friedman. *The Elements of Statistical Learning*: *Data Mining, Inference, and Prediction*. 2nd ed. Springer, 2011. Print. Springer Series in Statistics.

Hill, Thomas, and Paul Lewicki. *Statistics*: *Methods and Applications*. Statsoft, Inc., 2005. Print.

Howson, Cindi. *Successful Business Intelligence*: *Unlock the Value of BI and Big Data*. 2nd ed. Mcgraw-Hill Osborne Media, 2013. Print.

Imhoff, Claudia, Lisa Loftis, and Jonathan G. Geiger. *Building the Customer-Centric Enterprise*: *Data Warehousing Techniques for Supporting Customer Relationship Management*. John Wiley and Sons, 2001. Print.

Imhoff, Claudia, Nicholas Galemmo, and Jonathan G. Geiger. *Mastering Data Warehouse Design*: *Relational and Dimensional Techniques*. John Wiley and Sons, 2003. Print.

Inmon, W. H., Claudia Imhoff, and Ryan Sousa. *The Corporate Information Factory*. 2nd ed. John Wiley and Sons, 2000. Print.

Inmon, W. H., and Krish Krishnan. *Building the Unstructured Data Warehouse*. Technics Publications, LLC., 2011. Print.

Josey, Andrew. *TOGAF Version 9.1 Enterprise Edition*: *An Introduction*. The Open Group, 2011. Kindle. Open Group White Paper.

Kaplan, Robert S and David P. Norton. *The Balanced Scorecard*: *Translating Strategy into Action*. Harvard Business Review Press, 1996. Kindle.

Kimball, Ralph, and Margy Ross. *The Data Warehouse Toolkit*: *The Definitive Guide to Dimensional Modeling*. 3rd ed. Wiley, 2013. Print.

Kimball, Ralph, et al. *The Data Warehouse Lifecycle Toolkit*. 2nd ed. Wiley, 2008. Print.

Kimball, Ralph. *The Data Warehouse ETL Toolkit*: *Practical Techniques for Extracting, Cleaning, Conforming, and Delivering Data*. Amazon Digital Services, Inc., 2007. Kindle.

Linoff, Gordon S. and Michael J. A. Berry. *Data Mining Techniques*: *For Marketing, Sales, and Customer Relationship Management*. 3rd ed. Wiley, 2011. Print.

Linstedt, Dan. *The Official Data Vault Standards Document (Version 1.0) (Data Warehouse Architecture)*. Amazon Digital Services, Inc., 2012. Kindle.

Loukides, Mike. *What Is Data Science?* O'Reilly Media, 2012. Kindle.

Lublinsky, Boris, Kevin T. Smith, and Alexey Yakubovich. *Professional Hadoop Solutions*. Wrox, 2013. Print.

Malik, Shadan. *Enterprise Dashboards: Design and Best Practices for IT*. Wiley, 2005. Print.

Morris, Henry. "Analytic Applications and Business Performance Management." DM Review Magazine, March, 1999. http://bit.ly/2rRrP4x.

Moss, Larissa T., and Shaku Atre. *Business Intelligence Roadmap: The Complete Project Lifecycle for Decision-Support Applications*. Addison-Wesley Professional, 2003. Print.

Ponniah, Paulraj. *Data Warehousing Fundamentals: A Comprehensive Guide for IT Professionals*. Wiley-Interscience, 2001. Print.

Provost, Foster and Tom Fawcett. *Data Science for Business: What you need to know about data mining and data-analytic thinking*. O'Reilly Media, 2013. Print.

Reeves, Laura L. *A Manager's Guide to Data Warehousing*. Wiley, 2009. Print.

Russell, Matthew A. *Mining the Social Web: Data Mining Facebook, Twitter, LinkedIn, Google+, GitHub, and More*. 2nd ed. O'Reilly Media, 2013. Print.

Silverston, Len, and Paul Agnew. *The Data Model Resource Book Volume 3: Universal Patterns for Data Modeling*. Wiley, 2008. Print.

Simon, Alan. *Modern Enterprise Business Intelligence and Data Management: A Roadmap for IT Directors, Managers, and Architects*. Morgan Kaufmann, 2014. Print.

Thomsen, Erik. *OLAP Solutions: Building Multidimensional Information Systems*. 2nd ed. Wiley, 2002. Print.

Vitt, Elizabeth, Michael Luckevich and Stacia Misner. *Business Intelligence*. Microsoft Press, 2008. Print. Developer Reference.

WAGmob. *Big Data and Hadoop*. WAGmob, 2013. Kindle.

Wremble, Robert and Christian Koncilia. *Data Warehouses and Olap: Concepts, Architectures and Solutions*. IGI Global, 2006. Print.

第 12 章 元数据管理

12.1 引言

元数据通常被定义为"关于数据的数据"。这个定义好在非常简单，但也极易引起误解。可以被归类为元数据的信息范围非常广泛，包括描述技术、业务流程、数据规则、约束及逻辑与物理数据结构的数据等。元数据描述了数据本身（如数据库、数据元素、数据模型）、数据所表示的概念（如业务流程、应用系统、软件代码、技术基础设施），以及数据与概念之间的联系（关系）。元数据可以帮助组织理解其自身的数据、系统和工作流，促进数据质量评估，同时对数据库和其他应用的管理也非常有用。元数据有助于提升组织处理、维护、集成、保护、审计和治理其他数据的能力。元数据管理语境关系图见图 12-1。

为了理解元数据在数据管理中的重要作用，可以试想有那么一座拥有成千上万的书籍和杂志但是却缺乏目录卡片的大型图书馆会是个什么样子。由于缺乏目录卡片，读者将无从着手去寻找特定的书籍甚至是特定主题的书目。因为目录卡片不仅提供了必要的馆藏信息（图书馆拥有哪些书籍和资料，以及它们被存放在哪里），它还使得读者可以通过多种方式（主题领域、作者或书名）来查找资料。反之，如果没有目录卡片，准确且高效地找到一本特定的书将是一件非常困难的事情。而一个组织如果没有元数据，就好比一个图书馆没有目录卡片。

元数据对于数据管理和数据使用来说都格外重要。所有大型组织都会产生和使用海量的数据。在组织内部，虽然有着各种掌握不同数据知识水平的人，但基本难有人能够了解关于数据的一切。因此，组织必须将这些信息记录下来，否则就会有丢失这些宝贵的、有关自身知识的风险。元数据管理为组织提供了获取和管理其组织数据的一种主要方法。然而，元数据管理不仅能解决知识管理面临的挑战，也是风险管理所需要面对的必要条件。元数据能够确保组织能够识别私有的或者敏感的数据，管理数据的生命周期以实现自身利益最大化，满足合规要求并减少风险暴露的机会。

如果组织没有可靠的元数据，它就无从掌握自己拥有什么数据、数据表示什么、数据来自何处、数据如何在系统中流转、谁有权访问这些数据或者难以明确保持高质量数据的重要意义。如果没有元数据，组织将无法将其数据作为资产进行管理，甚至可能根本无法管理其数据。随着技术的发展，数据产生的速度也越来越快，技术元数据已经成为数据迁移和集成过程中不可或缺的重要部分。ISO 的元数据注册标准 ISO/IEC 11179 旨在基于精确的数据定义，在异构环境中实现元数据驱动的数据交换。以 XML 和其他格式呈现的元数据将有助于数据更好地被使用。其他类型的元数据标签有利于在确保数据所有权、安全性等要求的前提下实现数据交换（见第 8 章）。

与其他数据一样，元数据同样需要被管理。并且随着组织采集和存储数据能力的提升，元数据在数据管理中的作用变得越来越重要。可以说要成为数据驱动型组织，就必须先实现元数据驱动。

第 12 章 元数据管理

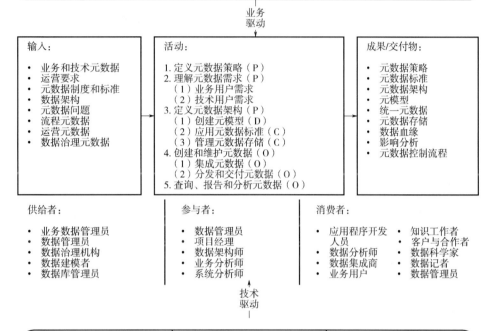

图 12-1 元数据管理语境关系图

12.1.1 业务驱动因素

数据管理需要元数据，元数据本身也需要被管理。可靠、管理良好的元数据有助于：

1）通过提供上下文语境和开展数据质量度量，提高数据的可信度。

2）通过强化多元化应用，提升战略数据（如主数据）的价值。

3）通过识别冗余数据和流程提高运营效率。

4）防止使用过时或不正确的数据。

5）减少查找和分析数据所需的时间。

6）提高数据使用者和 IT 专业人员之间的沟通成效。

7）创建准确的影响分析，从而减少项目失败的风险。

8）通过缩短系统开发生命周期时间提高产品上市速度。

9）通过全面记录数据上下文语境、历史和来源，降低培训成本并减轻员工离职所带来的影响。

10）满足监管合规要求。

元数据有助于采用一致的方式表示信息，尤其当需要满足监管合规要求时，能够简化工作流程，以及保护敏感信息。

假设组织的数据质量很高，显而易见组织将很容易从其数据资产中获得更多的价值。高质量的数据是必须依赖于数据治理的。由于元数据能够解释使组织运作的数据和流程，因此它对于数据治理至关重要。如果说元数据是组织中有关数据的指南，那么它必须得到妥善管理。管理不善的元数据将会导致如下问题：

1）冗余的数据和数据管理流程。

2）重复和冗余的数据字典、元数据库和其他元数据存储。

3）不一致的数据元素定义和与数据滥用相关的风险。

4）元数据的不同来源和版本之间相互矛盾冲突，降低了数据使用者的信心。

5）元数据和数据的可靠性受到质疑。

良好的元数据管理可以确保组织对数据资源的一致性理解，并促进更高效的跨组织开发使用。

12.1.2 目标和原则

元数据管理的目标包括：

1）记录和管理组织内与数据相关的业务术语知识体系，以确保人们一致地理解数据内容并能够一致地使用这些数据。

2）收集和集成来自不同来源的元数据，以确保人们了解来自组织不同部门的数据之间的相似性与差异。

3）确保元数据具有高质量、一致性、时效性和安全性。

4）提供标准的访问方式，使元数据可以被其使用者（人员、系统和流程）获取。

5）建立新的或强制要求使用现有的技术元数据标准，以保障数据交换。

成功实施元数据解决方案应遵循以下指导原则：

1）组织承诺。确保组织对元数据管理的承诺（包括企业高层的管理和经费支持），将元数据管理作为企业级数据资产管理战略的一部分。

2）战略规划。制定元数据战略，说明如何创建、维护、集成和访问元数据。战略应推动需求的定义。在评估、购买和部署元数据管理产品之前，应明确这些需求。元数据战略必须与业务优先级保持一致。

3）企业视角。从企业视角确保未来的可扩展性，但是要通过迭代和增量的方式来交付实施以带来业务价值。

4）宣导推广。宣传元数据的必要性及不同类型的元数据的用途。宣导推广元数据的价值将鼓励更多业务部门使用元数据，并使其反哺更多相关业务的专业知识。

5）访问便利。确保员工能够了解如何访问和使用元数据。

6）保证元数据质量。让员工意识到元数据通常是通过现有流程（数据建模、SDLC、业务流程定义）生成的，因此流程的所有者应对相关元数据的质量负责。

7）审计元数据标准。制定元数据标准、强制执行这些标准，并审计标准的使用情况，以便利数据集成和应用。

8）持续改进。创建反馈机制，以便数据使用者可以将错误的或者过时的元数据反馈给元数据管理团队。

12.1.3 基本概念

1. 元数据与数据

如本章引言所述，元数据也是一种数据，同样应该作为数据进行管理。许多组织都面临一个相似的问题，即如何在元数据和非元数据之间划分界限。从概念上讲，该界限与数据代表的抽象层级有关。例如，在报道"美国国家安全局（NSA）对美国人的电话使用情况的监控情况"时，电话号码和呼叫时长通常被称为"元数据"，这就意味着"真正"的数据仅指电话交谈的内容。但通常情况下，人们普遍将电话号码和呼叫时长归为普通数据，而非元数据[一]。

从经验上讲，某一个人的元数据可能是另一个人的数据。即使有些数据看起来像元数据（如多个列的名称列表），也可能只是普通数据。例如，该数据作为某个分析的输入，而该分析的目标是洞悉那些跨组织流转的数据内容。

组织无须担忧这种哲理上的差别，相反，组织应该聚焦于根据元数据的用途（创建新数据、理解既有数据、促成数据的系统间流转、访问数据、共享数据），确定元数据需求，并确认可以满足这些需求的源数据。

2. 元数据的类型

元数据一般分为3种类型：业务元数据（Business Metadata）、技术元数据（Technical Metadata）和操作元数据（Operational Metadata）。这种分类有助于人们理解元数据框架包含的信息范围，以及生成元数据对应的职能边界。当然，这个分类也可能引发混淆，特别是当遇到一组元数据该归属哪一类，或谁会用到这组元数据的情况时。对此，最好是依据元数据的生成方式而非其用法看待元数据分类。从使用角度看，元数据类型的区分并不是那么严格，技术人员和操作人员会用到"业务"元数据。反之，"业务"元数据也会被从事其他工作的人们用到。

除了信息技术，诸如图书管理或信息科学等领域也会采用其他分类体系描述元数据：

1）描述元数据（如标题、作者和主题）。描述资源、确定标识及检索。

2）结构元数据（如页码、章节编号）。描述资源内部或资源之间所含内容的相互关系。

3）管理元数据（如版本号、归档日期）。用于资源的生命周期管理。

[一] 科尔，大卫."我们根据元数据杀人。"纽约书评。2014年5月10日。http://bit.ly/2sV1ulS。

这些分类有助于了解定义元数据需求的过程。

(1) 业务元数据

业务元数据主要关注数据的内容和状态，包含与数据治理相关的详细信息。业务元数据包括与技术无关的名称、概念定义、主题域、实体和各个属性；每个属性的数据类型和其他特征；业务范围描述、计算公式、算法及业务规则、值域的具体值及其定义等。业务元数据的示例包括：

1) 数据集、表和字段的定义和描述。
2) 业务规则、转换规则、计算和推导公式。
3) 数据模型。
4) 数据质量规则和检核结果。
5) 数据更新计划。
6) 数据原生地和数据血缘。
7) 数据标准。
8) 为数据元素指定的记录系统。
9) 有效值约束。
10) 利益相关方的联系信息（如数据所有者、数据管理专员）。
11) 数据的安全及隐私级别。
12) 已知的数据问题。
13) 数据使用说明。

(2) 技术元数据

技术元数据提供数据的技术细节、存储数据的系统，以及数据在系统内、系统间流转的流程。技术元数据的示例包括：

1) 物理数据库表名和字段名。
2) 字段属性。
3) 数据库对象属性。
4) 访问权限。
5) 数据的 CRUD（创建、替换、更新、删除）规则。
6) 物理数据模型，包括数据表名、键和索引。
7) 数据模型与各类实物资产间的对应关系记录。
8) ETL 作业详情。
9) 文件格式模式定义。
10) 源到目标的映射文档。
11) 数据血缘文档，包括上游和下游变更影响的信息。
12) 程序和应用的名称和描述。
13) 内容周期性更新的作业调度计划和任务依赖。
14) 恢复和备份规则。
15) 数据访问的权限、组和角色。

（3）操作元数据

操作元数据描述了数据处理和访问的细节。例如：

1）批处理程序的作业执行日志。

2）抽取过程和结果的历史记录。

3）调度异常处理。

4）审计、核对和控制测量的结果。

5）错误日志。

6）报告和查询的访问模式、频率与执行时间。

7）补丁和版本维护计划和执行情况，以及当前的补丁级别。

8）数据备份、保留策略，创建日期，灾难恢复预案。

9）服务水平协议（SLA）的要求和规定。

10）容量和使用模式。

11）数据归档、保留规则和相关归档文件。

12）清除标准。

13）数据共享规则和协议。

14）技术人员的角色、责任和联系方式。

3. ISO/IEC 11179 元数据注册标准

ISO 的元数据注册标准 ISO/IEC 11179 提供了用于定义元数据注册的框架。它旨在基于数据的精确定义，从数据元素开始，实现以元数据驱动的数据交换。该标准由以下几个部分组成：

第 1 部分：数据元素的生成和标准化框架。

第 2 部分：数据元素分类。

第 3 部分：数据元素的基本属性。

第 4 部分：数据定义的制定规则和指南。

第 5 部分：数据元素的命名和识别原则。

第 6 部分：数据元素的注册。

4. 非结构化数据的元数据

就数据本质而言，所有数据都有其自身结构，但并非全都以人们熟悉的关系数据库的行、列和记录等结构化形式存在。不在数据库或数据文件中的数据（包括文档或其他类型媒体数据）一概被视为非结构化数据（见第 9 章和第 14 章）。

元数据对非结构化和结构化数据的管理同样重要，对于前者或许更加重要。回顾本章引言中的比喻，图书馆中的图书和杂志是典型的非结构化数据，人们要找到任何格式的相应资料，目录卡片中的元数据就成为最主要的可用工具。

非结构化数据对应的元数据包括：描述元数据（Descriptive Metadata），如目录信息和分类词库关键词；结构元数据（Structural Metadata），如标签、字段结构和格式；管理元数据（Administrative

Metadata），如来源、更新计划、访问权限和导航信息；书目元数据（Bibliographic Metadata），如图书馆目录条目；记录保留元数据，如保留策略；保存元数据，如存储、归档条件和保护规则（见第9章）。

大多数关于非结构化数据的元数据论断都与传统的内容管理相关，但也出现许多针对数据湖中非结构化数据进行管理的新实践。那些希望利用Hadoop等大数据平台发挥数据湖优势的组织发现，它们必须对采集的数据进行目录编制以便促进后续访问。大多数组织在数据采集过程中建立了收集元数据的流程。针对每个入湖对象，都应收集一组基本的元数据项（如名称、格式、来源、版本、接收日期等），借此形成数据湖的内容目录。

5. 元数据来源

元数据的多样性来源使其可以从许多不同的渠道进行收集。如果应用程序和数据库中的元数据管理得当，就可以直接进行采集和集成。然而，大多数组织在应用程序层面并没有很好地管理元数据，因为元数据通常只是应用程序处理的副产品，而非最终产品（元数据的创建并未考虑其后续的使用）。与其他形式的数据一样，在集成元数据之前需要做大量的准备工作。

大部分操作元数据是在数据处理过程中产生的。使用这些元数据的关键在于将其收集为可用的形式，并确保负责解释元数据的人拥有所需的工具。例如，解析错误日志等内容本身也需要描述这些日志的元数据。同样，大部分技术元数据可以从数据库对象中提取。通过对现有系统实施逆向工程，可以获取数据的相关知识，并从现有的数据字典、数据模型和流程文档中提取业务元数据（Loshin，2001；Aiken，1995）。但这种方式存在一些风险，其中最大的风险在于无法确定这些定义最初是如何开发和完善的。如果定义不完善或模糊不清，它们就无法为数据消费者提供理解其使用数据所需的信息。

有意识地开发定义元数据比简单接受现有定义更为可取。由于开发定义需要时间和特定的技能（如写作和协调技能），业务元数据的开发需要通过设定专职责任去管理和维护（见第3章）。

项目工作是收集和开发所需技术元数据和业务元数据的良机。例如，数据建模的过程需要讨论数据元素的含义及其相互关系。在此过程中共享的知识应被记录并整理，用于数据字典、业务术语表和其他存储库的构建。数据模型本身包含关于数据物理特性的重要信息。因此，应分配时间确保项目文档包含高质量的元数据，并与企业标准保持一致。

定义良好的业务元数据可在不同项目之间重复使用，并推动数据集中业务概念一致性的理解。在有计划地开发可复用元数据的过程中，组织还可以规划元数据的集成。例如，组织可以为系统建立清单，所有与特定系统相关的元数据都可以使用相同的系统标识符标记。仅仅为了元数据本身而创建元数据很少能行得通。大多数组织不会为这类工作提供资金，即便提供了资金，也不太可能建立维护的相关流程。在这方面，与其他数据类似，元数据应作为一个明确定义的流程的产物，通过支持质量管理的工具进行创建。数据管理专员和其他数据管理专业人员应确保存在相应的流程以维护与这些流程相关的元数据。例如，如果一个组织从其数据模型中收集关键元数据，应确保已有一个变更管理流程，以保持模型的时效性和同步更新。

为了展示组织中元数据的广泛性，以下概述一系列元数据来源，均按照英文字母顺序而非优先级顺序排列。

（1）应用程序中元数据库

元数据库指存储元数据的物理表。这些表通常会内置在数据建模工具、商务智能工具和其他应用程序中。随着组织的日趋成熟，它会希望将这些不同来源存储库里的元数据进行集成管理，以便数据使用者可以方便地查看各种相关信息。

（2）业务术语表

业务术语表的作用是记录和存储组织的业务概念、术语体系、定义及这些术语之间的关系。

对于大多数组织而言，业务术语表可能仅需一个电子表格就可以搞定。然而，随着组织的日渐成熟，企业通常会购买或自建业务术语表管理系统，系统里包含丰富的业务术语信息，系统也具备对业务术语的全生命周期管理的能力。与所有面向数据的系统一样，设计业务术语表管理系统应考虑硬件、软件、数据库、流程及具有不同角色和职责的人员。业务术语表管理系统的构建需要满足3类核心用户的功能需求：

1）业务用户。包括数据分析师、研究分析师、业务主管和高管，他们使用业务术语表来理解术语和数据。

2）数据管理专员。数据管埋专员使用业务术语表管理术语和定义其生命周期，并通过将数据资产与术语表相关联来提升企业知识管理水平。例如，将术语与业务指标、报表、数据质量分析报告或技术组件相关联。数据管理者专员提出术语和使用方面的议题，并帮助解决组织内的认知差异。

3）技术用户。技术用户使用业务术语表来进行架构、系统设计和开发决策，并进行影响分析。

业务术语表应包含业务术语属性，例如：

1）术语名称、定义、首字母缩写或简称，及其同义词。

2）负责管理与术语相关的数据的业务部门或应用程序。

3）维护术语的人员姓名和更新日期。

4）术语的分类或分类间的关联关系（业务功能关联）。

5）需要解决存在冲突定义、问题性质、行动时间表。

6）对术语的常见误解。

7）支持定义的算法。

8）血缘。

9）支持该术语的官方或权威数据来源。

每个业务术语表管理系统的实施都应该有一组支持其治理过程的基本的报告。建议组织不要"打印术语表"，因为业务术语表的内容不是静态的。数据管理专员通常负责术语表的开发、使用、运营和报告。报告包括跟踪尚未审核的新术语和定义，处于待定状态的术语和定义，以及缺少定义或其他属性的术语。

不同业务术语表管理系统的易用性和功能多样性可能存在较大差异。业务术语表的搜索便捷性越高，越容易推广使用。但是，术语表最重要的特点是它包含了丰富完整和高质量的信息。

(3) 商务智能工具

商务智能工具生成各种类型的与商务智能设计相关的元数据，包括：概述信息、类、对象、派生信息和计算项、过滤器、报表、报表字段、报表布局、报表用户、报表告发频率和报表发布渠道。

(4) 配置管理工具

配置管理工具或数据库（CMDB）提供了专门用于管理和维护与 IT 资产相关的元数据的能力，包括这些元数据之间的关系及资产的合同细节。CMDB 数据库中的每个资产都被称为配置项（Configuration Item，CI）。每种 CI 类型的标准元数据都会被收集和管理。许多组织将 CMDB 与变更管理流程集成，以识别变更特定资产时受影响的相关资产或应用程序。存储库提供了将元数据库中的资产与 CMDB 中的实际物理实现细节相链接的机制，以提供数据和平台的完整视图。

(5) 数据字典

数据字典定义了数据集的结构和内容，通常适用于单个数据库、应用程序或数据仓库。数据字典不仅可用于管理模型中每个数据元素的名称、描述、结构、特性、存储要求、默认值、关系、唯一性和其他属性，还应包含表或文件定义。数据字典被嵌入数据库工具，用于创建、操作和处理其中包含的数据。为了使这些元数据对数据使用者可用，必须从数据库或建模工具中提取它们。数据字典还可以用业务术语描述哪些数据元素可供社区使用，这些数据是在何种安全限制下提供的，以及在哪些业务流程中应用。通过直接利用逻辑数据模型中的内容，可以节省定义、发布和维护用于报告分析的语义层时所需的时间。然而，如前所述，在元数据管理水平较低的组织中，应谨慎使用现有的定义。

在数据模型的开发过程中，许多关键业务流程、关系和术语会得到解释。这些信息在逻辑模型中被捕获，但通常在将物理模型部署到生产环境时会丢失。数据字典可以帮助确保这些信息不会完全丢失，并确保在生产部署后逻辑模型和物理模型保持一致。

(6) 数据集成工具

许多数据集成工具致力于将数据从一个系统移动到另一个系统或在同一系统的不同模块之间流动。这类工具大多会生成临时文件，其中可能包含数据的副本或派生副本。这些工具能够从各种源加载数据，通过分组、修复、重新格式化、连接、过滤或其他操作对加载数据进行操作，然后生成输出数据，并将其分发到目标位置。当数据在不同的系统间迁移时，这些工具会以数据的形式记录其血缘关系。任何成功的元数据解决方案都应能够在数据通过集成工具流转时使用这种血缘关系元数据，并最终将其从实际来源到最终目的地的整体血缘展示出来。

数据集成工具提供了 API，允许外部元数据库提取血缘关系信息和临时文件元数据。一旦元数据库收集了信息，元数据管理工具就可以为任何数据元素生成全局数据地图。数据集成工具还提供有关各种数据集成作业执行的元数据，包括最近一次成功运行的时间、持续时间和作业状态。一些元数据库可以提取数据集成运行时的统计信息和元数据，并将其与数据元素一起展示（见第 6 章和第 8 章）。

(7) 数据库管理和系统目录

数据库目录是元数据的重要来源。它描述了数据库的内容，以及大小信息、软件版本、部署状态、网络正常运行时间、基础设施正常运行时间、可用性等许多其他操作元数据属性。最常见的数据库形式是关系数据库。关系数据库将数据管理为一系列表和列，其中一个表包含一个或多个列、索引、约束、视图和存储过程。元数据解决方案应能够连接到各种数据库和数据集，并读取数据库公开的所有元数据。一些元数据库工具还可以集成来自系统管理工具中的公开元数据，以提供关于物理数据资产的更全面的图像。

（8）数据映射管理工具

映射管理工具在项目的分析和设计阶段使用，将需求转化为映射规范，然后可以直接被数据集成工具所使用，或者由开发人员用于生成数据集成代码。映射文档通常也分布在企业的 Excel 文档中。一些供应商现在正在考虑将映射规范放在集中存储库中，这些存储库具有版本控制和版本之间变更分析的功能。许多映射工具与数据集成工具集成后，便可以自动化生成数据集成程序，并且大多数映射工具还可以与其他元数据和参考数据存储库进行数据交换（见第 8 章）。

（9）数据质量工具

数据质量工具通过验证规则评估数据质量。这些工具中的大多数提供了与其他元数据库交换质量分数和质量概况的功能，使元数据库能够将质量分数附加到相关的物理资产上。

（10）字典和目录

数据字典和术语表包含与术语、表和字段有关的详细信息，字典或目录表则包含组织内有关数据的系统、来源和位置的信息。元数据目录对于开发人员和高级数据用户（如数据管理团队和数据分析师）来说十分有用，他们可以借此了解企业中的数据范围，不管是研究问题，还是寻找新应用程序的数据源信息。

（11）事件消息工具

事件消息工具在不同系统之间移动数据。为此，它需要大量的元数据。它还生成描述此移动的元数据。这些工具包括图形接口，通过这些接口它们管理数据移动的逻辑。它们可以将接口的实现细节、移动逻辑和处理统计信息导出到其他元数据库中。

（12）建模工具和存储库

数据建模工具用于构建各种类型的数据模型，如概念模型、逻辑模型和物理模型。这些工具生成与应用程序或系统模型设计相关的元数据，如主题域、逻辑实体、逻辑属性、实体和属性关系、超类型（Super Type）和子类型（Subtype）、表、字段、索引、主键和外键、完整性约束，以及来自模型中其他类型的属性。元数据库可以提取由这些工具创建的模型，并将导入的元数据集成到存储库中。建模工具通常是数据字典内容的来源。

（13）参考数据库

参考数据记录了各种枚举数据（值域）的业务值和描述，以及它在系统中的使用语境。用于管理参考数据的工具还能够管理同一领域内或跨领域之间的各种编码值之间的关系。这些工具套件通常提供将收集的参考数据发送到元数据库的功能，而元数据库则提供将参考数据关联到业务术语表，及其物理实现位置（如列或字段）的机制。

（14）服务注册库

服务注册库从面向服务架构（SOA）的角度管理和存储与服务和服务端点有关的技术信息，如定义、接口、操作、输入和输出参数、策略、版本和示例使用场景。与服务相关的一些最重要的元数据包括服务版本、服务位置、数据中心、可用性、部署日期、服务端口、IP 地址、统计端口、连接超时和连接重试超时等。服务注册库应满足各种查询需求，如显示所有可用服务的列表、具有特定版本的服务、过时的服务或有关特定服务的详细信息。服务也可以被审查以评估潜在的复用性。这些存储库中包含的信息提供了关于存在的数据及其在各个系统或应用程序之间如何移动的重要信息。服务存储库中的元数据可以被提取并与从其他工具收集的元数据结合，以提供关于数据在各个系统之间如何移动的完整视图。

（15）其他元数据存储

还有许多其他类型的元数据存储库，包括各种特定格式的列表清单，如事件注册表、源列表及接口列表、代码集、特定领域的词汇表、空间和时间模式、空间参考系统、数字地理数据集的分布情况、存储库的存储及业务规则等。

6. 元数据架构的类型

与其他形式的数据一样，元数据也有生命周期。在概念上，所有的元数据管理解决方案都包括与元数据生命周期中的各个阶段相对应的架构层次：

1）元数据的创建和采集。
2）元数据在一个或多个存储库中存储。
3）元数据集成。
4）元数据交付。
5）元数据使用。
6）元数据控制和管理。

可以使用不同的架构方法来采集、存储、集成和维护元数据，使元数据能够被使用者访问。

（1）集中式元数据架构

集中式元数据架构由单一的元数据库组成，存储来自各种来源的元数据副本。IT 资源有限的组织或那些追求尽可能实现自动化的组织，可能需要避免这种架构选项。那些追求在公共元数据库中实现组织元数据高度一致性管理的组织，可以从集中式元数据架构中获益。

集中式存储库的优点包括：

1）高可用性，因为它独立于源系统。
2）快速的元数据检索，因为存储库和查询通常集成在一起。
3）解析的数据库结构不受第三方或业务系统的专有属性所影响。
4）提取元数据时可以进行转换、自定义或者使用其他源系统中的元数据进行补充增强，从而提高了元数据的质量。

集中式存储库的缺点包括：

1）必须采取复杂的流程来确保元数据源头中的更改能够快速地同步到集中式存储库中。
2）维护集中式存储库可能成本高昂。
3）元数据的抽取可能需要自定义模块或中间件支持。

4）验证和维护自定义代码可能会增加对内部 IT 人员和软件供应商的额外要求。

图 12-2 展示了一个集中式存储库如何从具有各自内部元数据库的工具中收集元数据。

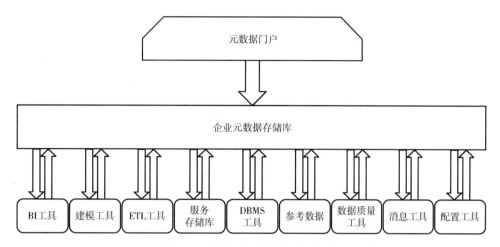

图 12-2 集中式元数据存储库架构

集中式存储库的内部存储库通过定期从各种工具中导入（箭头表示）元数据来完成元数据加载。然后，集中存储库提供一个门户，供终端用户提交查询请求。元数据门户将请求传递给集中元数据库。集中存储库将从收集的元数据中满足请求。在这种实现方式中，无须支持将用户请求传递到各种工具内进行元数据查询，由于在集中存储库中已经收集了各种工具的元数据，可以直接实现跨元数据的全局搜索。

（2）分布式元数据架构

完全分布式的架构没有持久化存储库但维护了一个单一接入点，元数据检索引擎通过实时从源系统中检索数据来响应用户的请求。在这种架构中，元数据管理环境维护了处理用户查询和搜索所需的必要源系统目录和查找信息，并通过通用对象请求代理或类似的中间件协议访问这些源系统。

分布式元数据架构的优点包括：

1）元数据始终尽可能保持最新且有效，因为它是从其数据源中直接被检索的。

2）查询是分布式的，可能会提高响应和处理的效率。

3）来自专有系统的元数据请求仅限于查询处理，而不需要详细了解专有数据结构，因此最小化了实施和维护所需的工作量。

4）开发自动化元数据查询处理可能更简单，只需要很少的手动干预。

5）减少了批处理，无须进行元数据复制或同步处理。

分布式架构也有一些缺点：

1）无法支持用户定义或手动插入的元数据条目，因为没有存储库可用来放置这些新增条目。

2）需要通过统一的、标准化的展示方式呈现来自不同系统的元数据，存在标准化挑战。

3）如果参与的源系统不可用，查询能力将直接受到影响。

4）元数据的质量完全取决于源系统。

图12-3展示了一个分布式元数据库架构。由于没有集中存储库用于存储从各种工具收集的元数据，每个请求都必须转发到元数据源头工具。因此，它不具备进行跨各种元数据源的全局搜索能力。

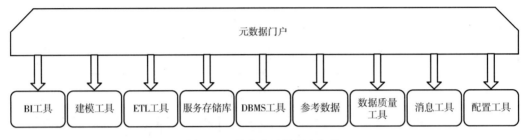

图12-3 分布式元数据库架构

（3）混合式元数据架构

混合架构结合了集中式架构和分布式架构的特性。元数据仍然直接从源系统传输到集中式存储库。然而，存储库的设计仅考虑用户添加的元数据、关键的标准化元数据和来自手动处理的数据源的元数据。

该架构得益于从源头近实时地检索元数据，并根据需要扩充元数据，以最有效地满足用户需求。混合方法降低了手动IT干预和自定义编码访问专有系统的功能的工作量。基于用户的优先级和需求，元数据在使用时尽可能是最新和有效的。混合架构并不提高系统的可用性。

由于后端系统是用分布式方式处理查询的，因此源系统的可用性是一个限制因素。在将结果呈现给终端用户之前，需要额外的系统开销将初始结果与中央存储库中的元数据扩展连接起来。

许多组织都能从混合架构中受益，包括那些具有快速变化的操作元数据的组织，需要一致、统一的元数据的组织，以及经历了元数据和元数据源大幅增长的组织。对于那些拥有更多静态元数据和元数据增量较小的组织来说，这种架构选择可能无法充分发挥其潜在优势。

（4）双向元数据架构

另一种高级的架构方法是双向元数据架构，它允许元数据在架构的源、数据集成、用户界面等任何部分进行更改，而后将变更从存储库（代理）同步到其原始源以实现反馈。

这种方法显然存在各种挑战。该设计强制要求元数据库包含最新版本的元数据，并强制保证更改能够同步到元数据源。必须系统地捕获并解决变更；必须构建和维护一系列处理接口用于将存储库的内容写回至元数据源。

图12-4是一个双向元数据架构，展示了来自不同来源的公共元数据是如何被收集到集中式元数据库中的。用户将其查询请求提交至元数据门户，该门户将请求传递到另一个集中式存储库。集中式存储库将尝试用最初从各种来源收集的统一元数据来满足用户请求。随着请求变得更加具体或用户需要更详细的元数据时，集中式存储库将转发给特定的源来处理具体的细节。由于在集中式存储库中收集了公共元数据，可以跨各种工具进行全局搜索。

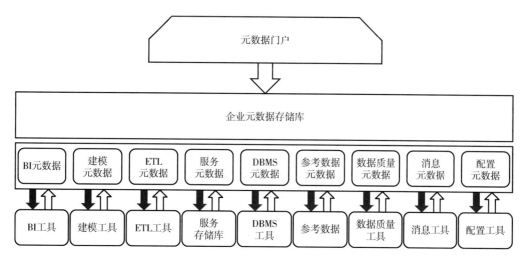

图 12-4 双向元数据库架构

12.2 活动

12.2.1 定义元数据战略

元数据战略用于描述组织打算如何管理其自身的元数据，以及这些元数据如何从当前状态演进到规划状态的实施路径。元数据战略应该为开发团队提供一个实施框架，用以提升组织开展元数据管理的能力。制定元数据需求将有助于阐明该战略的驱动因素，并识别实施该战略的潜在障碍。

元数据战略包括定义组织元数据的架构蓝图并设计与其战略目标相匹配的实施阶段。制定元数据战略的步骤包括：

1）启动元数据战略规划。启动规划的目标是使元数据战略团队可以制定出短期和长期的目标。规划包括起草与整体治理措施一致的章程、范围和目标，并建立一个支持该项工作的沟通计划。关键利益相关方应参与到规划的制定中来。

2）关键利益相关方访谈。通过与业务和技术相关人员的访谈，可以获得有助于制定元数据战略的基础知识。

3）评估现有的元数据来源和信息架构。针对访谈和文档审查中发现的元数据和系统问题，通过评估的方式确定解决这些问题的困难程度。在这个阶段，要对关键 IT 人员进行进一步访谈，并审查系统架构、数据模型等文档。

4）制定未来的元数据架构。在本阶段，需要完善和确认未来的愿景，并为受控的元数据环境制定长期的目标架构。该阶段必须考虑战略组成部分，如组织架构、与数据治理和管理职责的一致性、受控的元数据架构、元数据交付架构、技术架构和安全架构。

5）制定分阶段的实施计划。针对访谈和数据分析的结果，进行验证、集成和优先级确认。发布元数据战略,并制定一个分阶段的实施方法,使得组织可以从当前状态逐步迈向未来的元数据环境。

组织会逐步对元数据需求、架构和元数据生命周期形成更好的理解,相应的战略也将随之不断更新发展。

12.2.2 理解元数据需求

元数据的需求始于内容,即需要哪些元数据及需要详细到什么程度的元数据来描述内容。例如,列和表的物理名称及逻辑名称都是需要被采集的。元数据的内容涉及范围广泛,业务和技术数据使用者都可能提出元数据需求。

此外,一个全面的元数据解决方案还包括很多功能性相关的需求点,例如:

1) 更新频率。元数据属性和属性集更新的频率。
2) 同步情况。数据源头变化后的更新时间。
3) 历史信息。是否需要保留元数据的历史版本。
4) 访问权限。谁可以访问元数据,他们应如何访问,以及用于访问的特定用户界面功能。
5) 存储结构。元数据将如何被建模以进行存储。
6) 集成要求。来自不同源的元数据的集成程度和集成规则。
7) 维护要求。更新元数据的过程和规则(记录和提交申请)。
8) 管理要求。管理元数据的角色和职责。
9) 质量要求。元数据质量要求。
10) 安全要求。有些元数据不应公开,因为它可能会泄露某些高度保密数据的信息。

12.2.3 定义元数据架构

元数据管理系统必须具有从不同数据源采集元数据的能力。设计架构时,应确保其可以扫描各种元数据源并定期更新元数据库。系统还应支持不同用户群体手动更新元数据,请求、搜索和查找元数据。

受控的元数据环境应为终端用户屏蔽不同元数据源头的多样性和差异性。元数据架构应为用户访问元数据提供统一的入口,该入口应该向用户透明地提供所有相关的元数据资源。用户应该能够在不需要理解底层数据源环境差异的情况下访问这些元数据。对于数据分析和大数据解决方案,接口可能还需要包含大量的用户自定义函数(User-Defined Functions,UDF)以便访问不同的数据集,而这些自定义的 UDF 不可避免地会向终端用户暴露某些元数据信息。在解决方案中对 UDF 依赖较少时,终端用户将更加直接地收集、检查和使用数据集,此时会暴露更多的支持性元数据。

组织应该根据其具体需求来设计元数据架构。与设计数据仓库相似,建立统一元数据库的 3 种常见技术架构是集中式、分布式和混合式。这些方法都考虑了存储库的实现方法和更新机制

1. 创建元模型

在定义了元数据战略并了解业务需求后，接下来最重要的一步就是创建一个元数据库的数据模型，也称作元模型。可以根据需要开发不同级别的元模型：高级别的概念模型描述了系统之间的关系，低级别的元模型通过详细描述各个属性，去进一步描述模型的组成元素和处理过程。元模型不仅是一个规划工具和表达需求的方式，它本身也是一个有价值的元数据源。图 12-5 展示了一个元数据库元模型的示例，图中的方框代表包含数据的高级别主要实体。

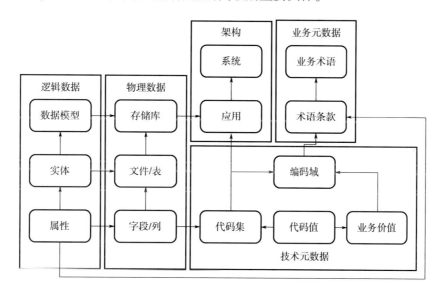

图 12-5　元数据库元模型示例

2. 应用元数据标准

元数据解决方案应遵循在元数据战略中事先制定好的内部和外部标准。元数据应受数据治理活动的监督以确保其遵从标准要求。组织内部元数据的标准包括命名规范、自定义属性、安全性、可见性和流程文档等，组织外部的元数据标准包括数据交换格式和 API 设计。

3. 管理元数据存储

实施控制活动以管理元数据环境。对存储库的控制实际上是对元数据迁移活动和存储库更新活动的管理，这些操作通常由元数据专家执行。这些活动本质是管理性的，包括监控和响应报告、警告、作业日志，并解决已实施的元数据库环境中的各种问题。许多控制活动都是数据操作和接口维护中的常规标准流程。控制活动应受到数据治理活动的监管。

控制活动包括：

1）作业调度和监控。

2）数据加载记录的统计分析。

3）备份、恢复、归档、清除。

4）配置修改。

5）性能调优。

6）查询统计分析。

7）查询和报表生成。

8）安全管理。

质量控制活动包括：

1）质量保证、质量控制。

2）数据更新频率——与预定的时间表匹配。

3）缺失元数据报告。

4）过期元数据报告。

元数据管理活动包括：

1）加载、扫描、导入和标记数据资产。

2）来源的映射和迁移过程管理。

3）版本控制。

4）用户界面管理。

5）维护数据集元数据的链接——为 NoSQL 提供支持。

6）将数据与内部数据采集系统进行链接——创建自定义链接与特定作业相关的元数据。

7）外部数据源和数据订阅源的许可授权。

8）对元数据进行数据增强，如链接到 GIS。

最后，培训活动包括：

1）用户和数据管理专员的教育和培训。

2）管理指标的生成和分析。

3）对控制活动、查询和报告的培训。

12.2.4 创建和维护元数据

如前所述，元数据通过一系列过程创建，并存储在组织内的许多不同的位置。为保证元数据的高质量，应当将元数据作为产品进行管理。高质量的元数据不是偶然产生的，而是认真规划的结果（见第 13 章）。

元数据管理的几个一般性原则描述了管理元数据质量的方法：

1）责任。认识到元数据通常是通过现有流程（数据建模、SDLC、业务流程定义）产生的，因此应要求流程执行者对元数据的质量负责。

2）标准。制定、执行和审计元数据标准，以简化集成过程，使其更好地被使用。

3）改进。建立反馈机制，使数据使用者可以向元数据管理团队反馈不正确或已过时的元数据信息。

像其他类型数据一样，可以对元数据进行剖析和质量检查。元数据的维护工作成果应该被作为项目工作中需要审计的部分，使得其能按计划进行并完成。

1. 集成元数据

集成过程中会从企业各个部门收集和整合元数据，包括来自企业外部数据中的元数据。元数据库应将抽取的技术元数据与相关的业务、流程和管理元数据进行集成。元数据的提取可以使用多种方式，例如使用适配器、扫描器、网桥应用程序或直接访问源数据存储库中的元数据。许多第三方供应商的软件工具和元数据集成工具都提供采集适配器程序。在某些情况下，适配器需要基于工具提供的 API 进行开发。

元数据的集成过程中会出现一些挑战，也可能需要通过数据治理流程进行协调解决。例如，在对内部数据集、外部数据（如政府统计数据）、非电子形式数据（如白皮书、杂志文章或报表）进行集成时，可能会出现大量质量和语义方面相关的问题。

针对存储库的扫描有两种不同的方式：

1）专用接口（Proprietary Interface）。采用单步方式，在扫描和加载过程中，扫描程序从源系统中采集元数据，然后直接调用特定格式的加载器组件程序，将元数据加载到存储库中。在此过程中，没有特定格式的中间元数据文件输出，元数据的收集和加载也是在一个步骤中完成的。

2）半专用接口（Semi-proprietary Interface）。采用两步方式，扫描程序从源系统采集元数据，并将其输出到特定格式的数据文件中。扫描程序只产生目标存储库能正确读取和加载的数据文件。这种接口架构是更开放的，因为数据文件可以被多种方式读取。

在扫描过程中，使用并产生了多种类型的文件：

1）控制文件。包含数据模型的源结构信息。

2）重用文件。包含管理加载流程重用的规则信息。

3）日志文件。在流程的每一个阶段、每次扫描或者抽取操作时生成的日志。

4）临时和备份文件。在流程中使用或用于追溯流程所使用的文件。

可以使用非持久性的元数据暂存区来存储临时和备份文件文件。暂存区应支持回滚和恢复处理，并提供临时审计跟踪信息以便存储库管理员用于调查元数据来源或质量问题。暂存区可以采用文件目录或数据库的形式。

数据仓库和商务智能工具所使用的数据集成工具通常也适用于元数据集成（见第 8 章）。

2. 分发和交付元数据

元数据可以被交付给数据使用者和需要元数据的应用程序或工具。交付机制包括：

1）元数据内部网站，用于浏览、搜索、查询、报告和分析元数据。

2）报告、术语表和其他文档。

3）数据仓库、数据集市和 BI 工具。

4）建模和软件开发工具。

5）消息传送和事务。
6）Web 服务和 API。
7）外部组织接口方案（如供应链解决方案）。

元数据解决方案通常与商务智能解决方案相关，以使得元数据方案中包含的元数据范围和时效性均与商务智能工具中的内容同步。正是因为这种相关性，可以将元数据集成到商务智能解决方案的交付物中，并最终使得终端用户可以使用这些元数据。同样，一些 CRM 或 ERP 解决方案也可能需要在应用程序交付时进行元数据集成。

与外部组织交换元数据时，可以使用文件（文本、XML 或 JSON 格式）或通 Web 服务进行。

12.2.5 查询、报告和分析元数据

因为元数据可以用于指导如何使用数据资产，所以在商务智能（报表和分析）、商业决策（操作型、战术型、战略型）及业务语义（业务所描述的内容和含义）方面都会使用元数据。元数据库应具有一个前端应用程序，并支持查询和检索功能，从而满足上述各类数据资产管理的需要。提供给业务用户的界面和功能与提供给技术和开发人员的界面和功能会有所不同。有一些报告分析功能有助于未来新功能的开发（如变更影响分析），或解决数据仓库和商务智能项目中数据定义的问题（如数据血缘报告）。

12.3 工具

元数据的主要管理工具是元数据库。它包括一个集成层，通常还会有一个用于手动更新的界面。产生和使用元数据的工具成为也可以成为元数据的来源，被集成到元数据库中。

元数据管理工具提供在一个集中位置（存储库）管理元数据的功能。元数据可以手动输入或通过专门的连接器从其他各种来源提取。元数据库还提供了与其他系统交换元数据的功能。

元数据管理工具和存储库本身也是一种元数据的来源，特别是在混合型元数据架构模型或大型企业架构中。元数据管理工具允许与其他元数据库交换收集到的元数据，使得能够从不同来源收集各种元数据到一个集中的存储库中，或者使得元数据在不同存储库之间移动时得到丰富和标准化。

12.4 方法

12.4.1 数据血缘和影响分析

发现和记录有关数据资产的元数据的一个重要意义是提供了有关数据如何在系统间进行流动的

信息。许多元数据工具中存储了关于数据在某个环境中的现状信息,并提供跨系统或应用程序接口的查看血缘的功能。基于编程代码的当前版本的血缘被称为"实现态血缘"(As Implemented Lineage)。相比之下,映射规格说明书中描述的血缘被称为"设计态血缘"(As Designed Lineage)。

数据血缘创建的局限性在于元数据管理系统的覆盖范围。特定功能的元数据库或数据可视化工具可以提供在其交互环境范围内的数据血缘信息,但是无法提供其交互环境范围之外的数据血缘。

元数据管理系统通过可以提供数据血缘详情的各种工具导入"实现态血缘",并从无法自动抽取的"设计态血缘"文件中获取实施细节加以补充。将数据血缘的各个部分连接起来的过程称为"拼接"。拼接的结果展示了数据从其原始位置(官方系统或记录系统)移动到其最终位置的全景可视化视图。

图 12-6 展示了一个数据元素血缘关系的示例。在这个示例中,业务数据元素延期交货订单总数(Total Backorder),在物理上实现为列"zz_total",依赖其他 3 个数据元素:物理上实现为"yy_unt_cost"的单位成本/美分(Units Cost in Cents),在"yy_tax"中实现的税款(Tax in Ship to State),以及在"yy_qty"中实现的延期交货订单数量(Back Order Quantity)。

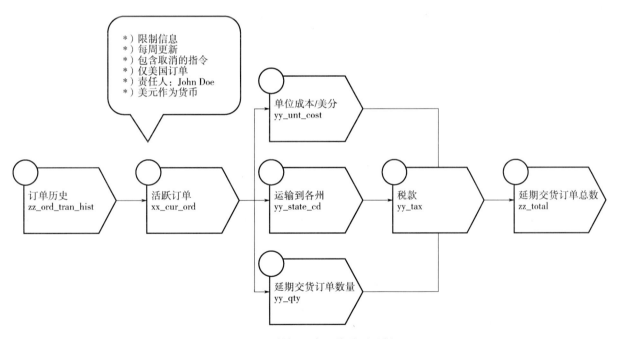

图 12-6 数据元素血缘关系示例

尽管如图 12-6 中的血缘图描述了特定数据元的血缘,但并非所有业务用户都能理解它。更高阶的血缘关系(如系统血缘)概括了在系统或应用程序级别的数据迁移。许多可视化工具都提供了放大或缩小功能,以展示系统血缘内的数据元血缘关系。例如,图 12-7 展示了一个系统血缘关系流向图的示例,一眼就能看到系统或应用程序级的数据迁移情况。

随着系统中数据元素数量的大量增加,数据血缘关系的发现变得越来越复杂且难以管理。为了成功实现业务目标,发现和采集元数据到元数据库的策略需要精心规划和设计。成功的数据血缘关系发现需要聚焦业务和技术两个方面:

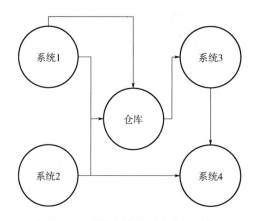

图 12-7 系统血缘关系流向图示例

1）业务焦点。将血缘发现限制在业务优先级较高的数据元素上。从目标位置开始，追溯到数据起源的具体源系统。这种方法通过限制扫描资产，仅包括那些正在传输、转移或更新所选的数据元素的系统，确保业务使用者能够理解特定数据元素在系统中迁移时发生了什么。如果与数据质量监测结合，血缘关系可以用来定位系统设计如何对数据质量产生了负面影响。

2）技术焦点。从源系统开始，首先识别所有直接的数据消费者，然后识别所有间接的数据消费者，重复此过程直到所有相关系统都被识别。技术人员可以从上述过程中获益，因为这帮助他回答了有关数据的各种问题。这一方法将可以帮助技术和业务用户回答关于企业中数据元素相关的问题（如"社会安全号码在哪里？"）或生成影响分析报告（如"如果修改指定字段的长度，哪些系统会受到影响？"）。然而，这种方法策略可能会变得异常复杂，从而导致难以管理。

许多数据集成工具提供了数据血缘分析功能，该功能不仅包括开发好的代码，也包括数据模型和物理数据库。一些工具提供面向业务用户的 Web 界面，以监控和更新元数据定义。这些界面一开始看起来很像业务术语表。记录的血缘关系有助于业务和技术人员使用数据。如果没有它，用户将会浪费大量时间来检查异常现象、潜在的变更影响或未知结果。希望能够实现这样一个集成的影响分析和数据血缘工具，它能够理解加载过程中所涉及的所有移动部分，以及终端用户的报告和分析。影响分析报告概述了潜在变更可能影响的组件，从而加快和简化了估算和维护任务。

12.4.2 应用于大数据采集的元数据

许多数据管理专业人员熟悉并擅长管理结构化数据存储，其中每个数据项都能明确标识和标记。然而，现如今，许多数据以非结构化格式出现。一些非结构化数据来源可能是内部的，也可能是外部的。无论是哪种情况，数据都不再需要物理地集中到一个地方。借助新技术，数据处理程序将能够直接访问数据，而不是将数据移动到程序中去处理，这样可以减少数据传输量，并加速处理过程的执行。然而，要在数据湖中成功进行数据管理，仍然依赖于良好元数据的管理。

在采集数据时应当为数据使用元数据标签，然后可以使用元数据来识别数据湖中可供访问的数据内容。大多数采集引擎在采集数据后会对数据进剖析，数据剖析可以识别出数据域、数据关系和数据质量问题，并且也支持启用标签功能。例如，在采集数据时，可以针对敏感或隐私数据（如个人身份信息）添加元数据标签。数据科学家还可以为数据添加置信度、文本标识符和代表行为集群的代码（见第 14 章）。

12.5 实施指南

采用分步实施的步骤建设实施元数据管理环境，可以最大限度地减少对组织的风险，并且有利于用户接受。使用开放的关系数据库平台实施元数据存储，这样做可以更好地开发那些在项目初期可能无法考虑到的各种控制和接口。存储库的内容在设计上应该是通用的，而不仅仅只反映源系统的数据库设计，应基于全面的元数据模型，并与企业领域专家共同进行设计。规划设计时应考虑集成元数据，以便数据使用者能够跨不同数据来源查看数据，这个功能是元数据库最有价值的功能之一。元数据库应该包含元数据的当前、规划和历史版本。通常来说，第一次实施是一个验证概念并学习管理元数据环境的试点项目。把元数据管理项目与 IT 开发方法论进行整合是必要的。由于每个组织的 IT 架构和存储类型的不同，其元数据管理项目的实施方法也会有所不同。

12.5.1 就绪评估和风险评估

拥有一个稳健的元数据战略，有助于进行更高效率的决策。最重要的是，所有人都应该意识到未管理元数据会带来的风险。以下是缺乏高质量元数据可能导致的后果：

1）对数据背景的误解、假设错误、不完整或无效的假设，导致判断错误。
2）敏感数据的曝光，可能会使客户或员工面临风险，影响企业的信誉，并可能导致法律费用。
3）依赖少数领域专家（SMEs）对数据的了解，一旦这些专家离职，他们的知识也会随之流失。

当一个组织拥有并执行稳健的元数据战略时，风险可能会大大减少。组织可以对当前的元数据管理活动进行成熟度评估，来了解其自身的准备情况。该评估包括重要的业务数据元素、可用的元数据术语表、数据血缘、数据剖析和数据质量管理过程、主数据管理成熟度及其他方面。评估的结果需要首先与业务优先级对齐，之后将为改进元数据管理实践的战略方法提供基础。正式的评估也会为制作、获取赞助和经费的支持提供了基础。

元数据战略是整体数据治理战略的一部分，是实施有效数据治理的第一步。元数据评估应通过对现有元数据进行客观检查及与关键利益相关方访谈来进行。风险评估的交付成果包括元数据战略和实施路线图。

12.5.2 组织和文化变革

像其他数据管理工作一样，元数据管理规划也经常会遇到组织文化的阻力。从一个未管理的元数据环境转变为一个受管理的元数据环境,这一过程需要大量的工作和纪律来指导。即使大多数人已经认识到可靠的元数据的价值,要想做好元数据管理也不是一件容易的事情。组织的准备程度是其中一个主要关切点,当然治理和控制方法也同样重要。

在许多组织中,元数据管理是一个优先级较低的工作。即便只想拥有最基本的元数据,也需要组织中的各个团队的协调和共同承诺。它们可能是员工身份数据、保险单号、车辆识别号或产品规格,这些数据结构如果被更改,组织则需要对许多企业系统进行重大检查和改造。人们应当寻找那些通过有效管理能够立即提升公司数据质量的优秀案例。通过具体的、与业务紧密相关的案例来构建和支持这个论点。

需要反复强调的是,实施企业数据治理战略需要高级管理层的支持和参与,元数据战略也不能例外。它要求业务和技术员工能够以跨职能的方式紧密合作。

12.6 元数据治理

组织应确定其管理元数据生命周期的具体需求,并建立治理流程以实现这些需求。建议组织指定专职资源并分配正式的角色和职责,尤其是在大型或对业务至关重要的领域。元数据治理过程本身依赖于可靠的元数据,因此负责管理元数据的团队可以在他们创建和使用元数据的过程中对元数据管理原则进行验证测试。

12.6.1 过程控制

数据治理团队应负责定义元数据标准和管理元数据的状态变更(通常使用工作流或协作软件),并负责在整个组织中针对元数据进行宣传、培训课程设计或开展培训。

更加成熟的元数据治理则要求通过多个不同阶段和状态的决策来确定业务术语和定义。例如,一个候选术语从申请到批准,再到发布,直至最后到生命周期的终点,即被替换或者退役。治理团队还可以管理与业务术语相关联的其他术语,以及术语的分类和分组。

需要将元数据战略集成到 SDLC 中,以确保变更过的元数据及时得到收集,这有助于确保元数据保持最新。

12.6.2 元数据解决方案文档

元数据的主目录将包括当前范围内的来源和目标。它是同时面向技术和业务用户的,并可以发布到用户社区;它旨在作为一份指南,告诉用户"元数据在哪里"及还有哪些信息可以被提供,这包括:

1)元数据管理实施状态。

2）源和目标元数据存储。

3）元数据更新的计划信息。

4）留存和保持的版本。

5）内容。

6）质量声明或警告（如缺失值）。

7）记录系统和其他数据源状态（如数据内容历史加载范围，停用或更新标志）。

8）相关工具、架构和人员。

9）敏感信息、数据源的移除或脱敏策略。

在文档和内容管理中，数据地图展示了类似的信息。整个元数据集成系统的全景视图也将被作为元数据文档的一部分进行维护（见第9章）。

12.6.3 元数据标准和指南

在与业务贸易伙伴交换数据时，元数据标准至关重要。公司已经意识到与客户、供应商、合作伙伴和监管机构共享信息的价值。为了支持共享信息的最佳使用，需要共享公共元数据，这催生了许多专业领域的标准。在规划早期应采用基于行业或行业特有的元数据标准，并使用这些标准来评估元数据管理技术。许多领先的供应商支持多种标准，一些供应商也可以协助制定基于行业或行业特有的元数据标准。

工具供应商提供 XML 和 JSON 或 REST 技术支持其数据管理产品的数据交换。他们使用相同的策略将其工具绑定到一套解决方案中。这些技术（包括数据集成、关系和多维数据库、需求管理、商务智能报告、数据建模和业务规则等）使用 XML 提供了导入和导出数据及元数据的功能。供应商维护他们的专有 XML 模式、文档类型定义（DTD）或更常见的 XML 模式定义（XSD）。这些内容可以通过专有接口访问，需要自定义开发来将这些工具集成到元数据管理环境中。

指南包括模板、相关示例、有关预期输入和更新的培训，以及诸如"不要使用术语来定义术语"等规则和完整性声明。通常会为不同类型的元数据开发不同的模板，部分地受到所选元数据解决方案的驱动。组织需要持续监控指南的有效性和必要更新，这是数据治理的责任。

元数据的 ISO 标准为工具开发人员提供了指导，但对于实施和使用这些工具的组织来说，这可能不是一个关注点，因为这些工具已经满足了这些标准。无论如何，了解这些标准及其影响仍然是有益的。

12.6.4 度量指标

要想衡量元数据的影响，就需要首先衡量没有元数据会带来怎样的影响。作为风险评估的一部分，需要获取数据使用者搜索信息所花费的时间并将其作为指标，以便在实施元数据解决方案后体现其改进程度。元数据管理实施的有效性也可以根据元数据本身的完整性、与之相关的日常管理操作的完整性、元数据的使用情况来衡量。针对元数据管理，建议的指标包括：

1）元数据库完整性。将企业元数据（范围内的所有产品和实例）的理想覆盖范围与实际覆盖范围进行比较。参考元数据管理范围定义策略。

2）元数据管理成熟度。基于能力成熟度模型（CMM-DMM）方法进行评估，开发用来判断企业元数据管理成熟度的指标（见第 15 章）。

3）专职人员配备。通过专职人员的任命情况、整个企业的专职人员覆盖范围，以及是否在其职位描述中清晰定义了相关角色和职责，来评估组织对元数据管理的承诺。

4）元数据使用情况。可以通过存储库的登录访问次数来衡量用户对元数据库的使用情况和接受程度。但是，在业务实践中，业务用户参考引用元数据很难被跟踪衡量，可能需要通过定性调研来获取相关评估结果。

5）业务术语活动。使用情况、更新情况、定义的解析情况、覆盖范围。

6）主数据服务的数据遵从性。说明数据在 SOA 解决方案中的复用情况。数据服务上的元数据能够帮助开发人员决定是否可以使用某些现有服务来完成新的开发任务。

7）元数据文档质量。通过自动和手动方法评估元数据文档的质量。自动评估方法包括对两个源执行冲突逻辑的对比，测量两者的匹配程度及随时间推移的变化趋势。另一个度量指标是度量具有定义的属性的百分比，以及随时间的推移变化的趋势。手动评估方法包括基于企业质量定义的随机或完整的调查。质量度量表明存储库中元数据的完整性、可靠性、时效性等。

8）元数据库可用性。正常运行时间、处理时间（批处理和查询）。

参考文献

Aiken, Peter. *Data Reverse Engineering：Slaying the Legacy Dragon*. 1995.

Foreman, John W. *Data Smart：Using Data Science to Transform Information into Insight*. Wiley, 2013. Print.

Loshin, David. *Enterprise Knowledge Management：The Data Quality Approach*. Morgan Kaufmann, 2001.

Marco, David. *Building and Managing the Meta Data Repository：A Full Lifecycle Guide*. Wiley, 2000. Print.

Milton, Nicholas Ross. *Knowledge Acquisition in Practice：A Step-by-step Guide*. Springer, 2007. Print. Decision Engineering.

Park, Jung-ran, ed. *Metadata Best Practices and Guidelines：Current Implementation and Future Trends*. Routledge, 2014. Print.

Pomerantz, Jeffrey. Metadata. *The MIT Press*, 2015. Print. The MIT Press Essential Knowledge ser.

Schneier, Bruce. *Data and Goliath：The Hidden Battles to Collect Your Data and Control Your World*. W. W. Norton and Company, 2015. Print.

Tannenbaum, Adrienne. *Implementing a Corporate Repository*: *The Models Meet Reality*. Wiley, 1994. Print. Wiley Professional Computing.

Warden, Pete. *Big Data Glossary*. O'Reilly Media, 2011. Print.

Zeng, Marcia Lei and Jian Qin. *Metadata*. 2nd ed. ALA Neal-Schuman, 2015. Print.

第 13 章 数据质量管理

13.1 引言

数据质量可定义为数据质量的维度满足业务需求的程度。这意味着应为包括数据质量在内的每个数据相关维度制定需求。更简短的数据质量定义是"适得其用"。

满足需求的数据就是有质量保障的数据；反之，不能满足需求的数据就是没有质量保障的数据。简而言之，就是一般所说的高质量的、低质量的或者差质量的数据。

有效的数据管理包含一系列相互关联的流程，这些流程有助于组织利用其数据实现战略目标，其隐性假设是数据本身是高质量数据。数据质量管理就是针对数据质量而采取的规划、实施和控制活动，以此确保数据宜于消费并满足数据消费者需求。

高质量数据因使用情境而异。同样的数据可能在组织内的某些领域被视为高质量数据，而在其他领域则被视为低质量数据。许多组织并未涉及这个应用情境的问题，也就是说，对它们而言高质量的数据就是满足其目的的数据。

假设将组织视为数据生产者，可以断言（依据制造业经验），规范管理数据质量的组织相较于对数据质量听之任之的组织将更有效、更高效，也能获得更好的体验。然而，极少有组织能拥有完美的业务流程、技术流程或数据管理实践。事实上，绝大部分组织都会遇到与其数据质量相关的问题。影响数据质量的因素很多：对数据质量影响组织成功因素的理解不足、领导不重视数据质量、规划不善、"烟囱式"的系统设计、不一致的开发流程、不完整的文档、缺乏标准或缺乏数据治理等。

与数据治理及数据管理一样，数据质量管理也是一项职能（Function），而不是一个方案（Program）或项目（Project）。这是因为方案和项目都有启动、中间过程和结束。类似于一系列日常活动，一项数据质量职能是（或应该是）一项连续性工作。它包括项目方案（解决具体数据质量改进工作）、运维工作，以及相应的沟通和培训。最重要的是，数据质量改进方案的持续成功，取决于组织文化的改变并具备质量思维。正如《领导者的数据宣言》（Leader's Data Manifesto）中所述，"根本、持久的变革需要组织中领导及各层级人员工的承诺参与。"在大多数组织中，需要数据来完成工作的员工占比都非常大，所以需要推动变革。最关键的转变在于：组织如何管理和改善其数据质量[一]。

正规的数据质量管理类似于产品制造领域的持续质量管理。通过制定标准、把质量要求嵌入数据创建、转换和存储数据过程，以及依据标准进行数据度量，实现数据全生命周期的质量管理。要达到这个管理水平，通常需要一个承担数据质量职能的团队（Data Quality Function Team）。该团队

[一] 《领导者的数据宣言》全文可参见：http://bit.ly/2sQhcy7。

负责聚集业务和技术方面的数据管理专家,推动质量管理技术的应用,确保数据满足各种目的的消费需求。该团队可能会参与一系列项目,借此创建流程和最佳实践,并解决高优先级数据问题。

数据质量管理语境关系图见图 13-1。

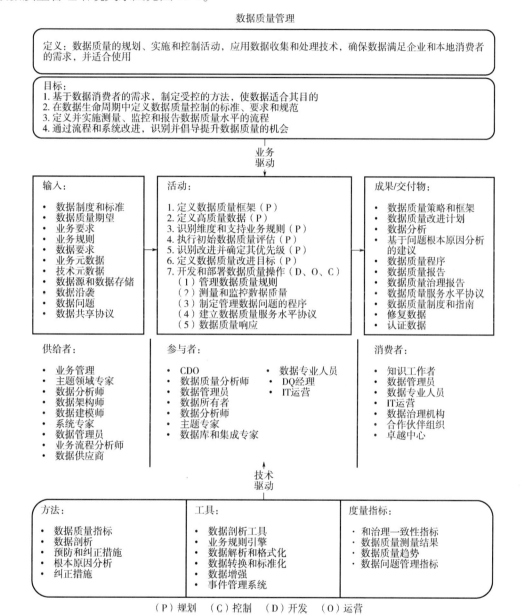

图 13-1 数据质量管理语境关系图

13.1.1 业务驱动因素

通过规范的数据质量管理,可改善数据可信度,业务动因如下:

1)提升利益相关方体验和组织声誉。

2)提高组织效能。

3)降低与劣质数据有关的风险和成本。

4）改进组织效率和生产力。

利用以下体系化方法，达成数据质量管理成效：

1）理解驱动数据需求的场景（适用性）。

2）进行数据质量需求与场景的匹配（目标）。

3）借助固化的流程，确保持续达到质量要求。

组织拥有高质量数据会获得切实收益，例如：

1）客户相信数据正确，并有信心与组织打交道。

2）员工可更快速、更一致地解答问题。

3）通过识别业务机会和成交生意获取收益。

4）减少客服话务量并及时解决呼叫需求。

5）员工花费在确认数据是否正确上的时间更少，将更多时间用于借助数据进行洞察、正确决策及服务客户。

6）组织符合监管要求并提升信用评级。

劣质数据充满风险（见第 1 章），它可能会损害组织声誉，导致罚款、损失收入、客户流失及负面的媒体曝光。

13.1.2 目标与原则

从数据用户的角度看，"每天，人们来上班时数据就准备好了，不必花费几个小时（或几天甚至几个月）来更正、调整数据，或者修复因劣质数据而受损的业务流程。每个人都理解数据的用途，且满足各自需求。"

数据质量管理专注于以下目标：

1）根据数据消费者的要求，制定数据匹配用途的方法。

2）作为数据生命周期的一部分，定义数据质量控制的标准和规范。

3）定义并实施用于度量、监测和报告数据质量水平的流程。

4）识别并倡导通过改进流程和系统来提高数据质量的机会。

数据质量改进方案应遵循以下原则：

1）聚焦关键数据（Criticality）。数据质量提升方案应聚焦于对企业和客户而言最为关键的数据。应基于数据的关键性及错误数据引发的风险水平确定改进的优先级。

2）标准驱动（Standards-Driven）。数据生命周期中的利益相关方都有数据质量诉求，尽可能为这些诉求定义可度量的标准和期望，并据此进行数据质量度量。

3）客观度量和透明（Objective Measurement and Transparency）。数据质量水平需要进行客观且持续的度量。由于利益相关方是数据质量的仲裁者，要和他们共享度量活动及度量方法。

4）预防（Prevention）。数据质量改进方案的重点应放在防止数据出错和导致数据质量下降的诸多条件上，而不应只关注纠正记录。

5）根因修正（Root Cause Remediation）。提高数据质量不仅仅是纠正错误，还应理解数据质量问题且在根因上加以解决，而不仅仅是停留在问题表象上。由于这些原因通常与流程或系统设计相关，要改善数据质量，通常需要改造流程和支持流程的系统。

6）嵌入业务流程（Embedded in Business Processes）。业务流程所有者要对流程产生的数据质量负责，且必须在其流程中强力贯彻数据质量标准。

7）体系化贯彻（Systematically Enforced）。系统所有者必须体系化落实数据质量要求。

8）关联服务水平（Connected to Service Levels）。应该实施数据质量报告和问题管理，并将其纳入服务水平协议（SLA）中。

13.1.3 基本概念

1. 关键数据

大多数组织都拥有大量的数据，但并非所有数据都同等重要。数据质量管理的第一个原则是将改进工作的聚焦点放在对组织及客户最重要的数据上。这样，数据质量的改进方案就有了范围和重点，才能对业务需求产生直接、可度量的影响。

通过与数据质量的业务驱动因素（客户体验、效能和效率）联系起来，有助于识别出关键数据元素（Critical Data Element，CDE）。为了实现这些目标，必须对关键数据按已定义的数据质量进行管理。缺少特定的数据元素将会严重影响组织的成功，这种影响程度为特定数据元素的数据质量管理级别提供了业务依据。这种价值优先的方法创建了一个价值的滑动尺度。在定义的价值水平上，数据元素将成为"关键数据元素"。

例如，"如果客户的电子邮件地址字段数据不完整，我们将无法通过电子邮件向客户发送产品信息，从而失去潜在销售机会。众所周知，我们每发送一封电子邮件会带来平均 1 美元的收入。"这个简单示例说明了价值驱动因素与改进数据质量之间的关联关系。

显而易见的问题或许是，"我们能有一个衡量数据是否关键的标尺吗？"答案是"可以有"。

虽然不同行业决定关键数据的具体驱动因素各不相同，但依然存在一些跨组织的共性判断规则。关键数据常被用于：

1）监管、财务或管理报表。
2）业务运营需求。
3）度量产品质量和客户满意度。
4）商业战略，尤其是在构建差异化竞争方面。

数据是否为关键数据，通常会依据使用数据集或单个数据元素的流程、数据出现在报告中的性质，或当数据出现问题时对组织的财务、监管或声誉产生的风险进行判定㊀。主数据和参考数据通常被定义为关键数据。

㊀ 请参阅 Jugulum（2014）第 6 章和第 7 章，了解合理化关键数据的方法。

2. 数据质量维度

数据质量维度是可度量的数据特征或特性。使用"维度"一词是为了与物理对象的度量维度（如长、宽、高）建立联系。数据质量维度提供了一种定义数据质量需求的词汇。基于这些词汇，可以定义初始数据质量评估的结果并进行持续的度量。为了衡量数据的质量，组织需要建立既对业务流程重要（值得度量）又可度量的维度。维度为可度量的规则提供了基础，而这些规则应直接与关键流程中的潜在风险相关联。

数据质量维度是推动"标准驱动""客观度量和透明"原则的关键概念。它们非常有用，以至于当人们问"什么是高质量的数据"时，可以通过数据质量维度中的需求来回答。

例如，如果客户的电子邮件地址字段不完整，那么将损失 1.00 美元的收入。在研究了实际情况（客户确实更换了电子邮箱导致现有地址无效）后，确定可以实现 98% 的数据质量衡量标准。度量和改进流程，直到至少 98% 的客户的电子邮件地址是有效、完整且准确的。

尽管一些从业者使用不同的数据质量维度体系，表 13-1 还是列举出一些共性的想法，包括一组维度定义（这些定义已达成共识），并阐述了相应的度量方法。

表 13-1 常用数据质量维度

质量维度	描述
有效性	有效性（Validity）指数据值是否与已定义的值域保持一致 值域可以包括： ①数据类型（如带有或不带特殊字符的文本、数字或日期） ②数据范围（如数值范围、日期范围或参考数据中的一组有效文本值） ③格式（如电话号码必须包含国家、地区代码和正确数量的数字，或者货币必须只有两位小数） ④期望精度。如日期时间戳必须记录到毫秒，或者数字小数点后应不超过两位 ⑤时限（Time Frame，某些值可能也仅在特定时间段内有效，如由 RFID 生成或某些科研数据）
完备性	完备性（Completeness）指是否所有要求的数据都要提供。例如，地址所必需的组成部分是否已经填写，包括门牌号、街道名称、城市和国家等。再如，如果客户账户标记为债务风险（Debt Risk）账户，则必须要有指定的债务经理；如果客户账户未标记为债务风险账户，则无须指定债务经理 可从数据列、数据记录或数据集的级别进行完备性度量： ①已输入的列/数据元素是否达到预期水平（某些列是必填的，可选列仅在特定条件下填写） ②记录填写是否正确（不同状态的记录可能会有不同的完备性期望） ③数据集是否包含所有预期的记录
一致性	一致性（Consistency）是确保使用相同的方法、评估和赋值规则对数据值进行编码。一致性是隐含在同一数据集内或数据集之间或跨时点的两个不同数据项之间的一致。一致性可以定义为同一记录中的一系列数据元素值与另外一套数据元素集相一致（记录级一致性），不同记录中的同一数据元素值与另外一套数据元素集相一致（跨记录一致性），或不同时点的相同记录中的一系列数据元素值与同一套数据元素集相一致（时间一致性）。一致性同时也可以用来指格式的一致性。要注意不要将一致性与准确性（Accuracy）或正确性（Correctness）相混淆

(续)

质量维度	描述
一致性	可以使用以下方法对一致性进行度量： ①跨记录一致性指相同列中的数据值之间的一致性——是所有客户地址列都记录总部详情信息，还是有些记录中登记的是服务交付中心信息 ②在关联的数据集之间，数据集的值应该是一致的。例如，将数据从数据源移动到数据仓库，一致性的度量将维持人们对数据仓库中数据的信心 ③跨时间的一致性可用于之前的任何情况。例如，学生的评分是否跨时限地保持一致？之前完成的学科，当下同样的学习表现，是否会得到同样的分数
完整性	完整性（Integrity）指数据中没有不连贯（杂乱、含义不清）的值和破碎的关系 可以使用以下方式来度量完整性： ①内在关联（Coherence）：某个数据值暗含着另一个数据的有限取值范围，且它们相互匹配。例如，每个国家都有一系列确定的州或省份。地处某个特定国家的客户地址，就必须使用与此相关的州或省份名称。例如，阿尔伯塔是加拿大的一个省份，比萨是意大利的一个省份，塔斯马尼亚是澳大利亚的一个州 ②父子关系（引用完整性）：每个孩子肯定有与父亲相关的数据。例如，客户地址含有的所有国家名称必须存在于组织被授权销售产品的国家列表中 没有完整性的数据集被视为受损或数据丢失。未遵从完整性的数据集会出现很多"孤儿"（Orphans）——无效的引用键，或"重复项"——相同的行数据，这些都可能对聚合功能产生负面影响
及时性	及时性（Timeliness）是抓取或更新数据后，变成用户可访问状态所需的时间，反映了对可用数据的时间预期和实际延迟。例如，一家电力公司需要维护其电网，并且要求必须将测量数据在几秒钟内提供给系统操作员。否则，发电量可能会与需求脱节，导致能源过剩或短缺。又如，政府统计部门要在每季度结束后的两个月内生成国内生产总值（GDP）报告。为了满足这一诉求，GDP 的所有数据收集都将有各自特定的及时性要求
时效性	数据的时效性（Currency）指从数据最后一次更新到目前依然正确的可能性。从相对静态的数据到剧烈波动的数据，不同数据集对时效性有不同的期望。静态数据持续有效的时间较长，而波动性数据维持有效的时间相对较短。例如，国家代码相对静态，持续有效的时间较长。由于余额不断变化，企业的银行账户数据则相对波动 金融网站网页上的股票价格，此类剧烈波动的数据通常会标识出"截止时间"，以便数据消费者了解数据已发生变更的风险。开市期间，这类数据会经常更新（它是波动的）。一旦闭市，市场本身处于非活动状态（它是静态的），数据将保持不变，但仍然有效 与时效性相关的关键术语包括： ①更新时间：最后更新的时间戳 ②波动性（Volatility）度量日期变更率。它可以度量所有数据，也可以度量分组数据。例如，国内客户更改地址可能与企业客户变更地址的速率不同 ③延迟性（Latency）度量数据创建与数据可用之间的时间差。例如，数据仓库的隔夜处理可能会产生不同情况的数据延迟。对于前一天录入系统的数据，数据有一天的延迟，但对于在加载前生成的数据，数据可能只有几分钟的延迟

(续)

质量维度	描述
合理性	合理性（Reasonableness）用于判断数据模式是否符合预期。例如，根据对某一地区客户的了解，判断该地区的销售分布是否合理。再如，客户通常会在每天下午5点登录系统，今天客户的登录情况是否存在异常 关于合理性的常见术语有： ①固定值（Fixed Values）指度量基础是固定值，不依赖于先前的行为。受银行系统技术性限制，交易的最大币值受限，超过该数的其他值就是"不合理的" ②基准值（Benchmark Value）指通过度量平均值、偏差或任何其他统计函数，确定符合预期的最新边界。例如，每天客户地址更改的数量在10 000~50 000，但昨天有2 000 000；在政府数据收集中，公司员工规模均值为20人，但最新返回结果显示，上报数据中出现员工均值为1500人的异常数据
唯一性/重复性	唯一性（Uniqueness）表明一个客观实体不能在数据集中出现两次以上。数据集中实体的唯一性，意味着每一行数据与现实世界的唯一实体有关，而且仅与该特定实体有关 可以使用以下技术识别唯一性： ①键结构（Key Structure）。数据集中出现重复键值。例如，在包含客户的数据集中，多个客户共享同一客户号 ②关联数据（Related Data）。其他数据指向重复。例如，两个不同客户号的客户，却有相同的姓名、出生日期和办公地址 ③用户无法访问特定数据的投诉和问询。例如，拥有多项服务权限的某个客户，由于有些服务权限被记录到不同的客户号下，只能获得部分权限的服务（这是一个重复）
准确性	准确性（Accuracy）指数据表达"现实生活"实体的正确程度。例如，数据库中的人名是否是现实生活中的人名？客户是否确实在使用数据库中的电子邮件地址？除非组织能重新收集数据或手动确认记录准确，否则很难保证准确性。大多数准确性度量都要用到隐含准确性的其他维度 提高准确性的常用技术包括： ①与已验证为准确的数据源进行一致性校验。例如，工商注册（记录系统）或商业公司信息经纪人（参考系统） ②对现实设备进行持续校准。例如，随着时间的推移，气象测量仪可能产生测量偏移。每年对10%的设备进行抽检并对其进行重新校准，以确保它们提供准确的测量结果 ③将样本数据与现实进行比对。例如，基于促销目的向少量客户发送电子邮件，同步核查了电子邮件地址的准确性（它是否存在、是否被使用）

3. 数据质量业务规则

业务规则描述了组织应如何在内部运作，以便在与外部世界的互动中取得成功并实现合规。业务规则描述了如何让数据在组织内部可用且实用。数据质量规则应与质量维度对齐，并用于描述数据质量的要求。

例如，管理州/省名称的业务规则可能是：

1) 有效性。所有州/省名称必须是存储在元数据库中的参考表中的值。
2) 完备性。如果国家被划分为州/省，则所有地址必须包含州/省，反之亦然。
3) 完整性。所有州/省名称必须与地址的国家名称关联。
4) 时效性。参考值将定期更新，当前地址需要与最新名称保持同步。这将确保所有州/省名称与最新参考值保持一致。

需要注意的是：

1）并非每个维度每次都适用。

2）通常业务规则会被压缩以涵盖多个数据质量维度和多个数据元素。

3）数据质量规则可以通过多种技术实现，包括数据输入选项列表、参考数据查找和质量检查报告。

4）数据质量规则通常通过软件实现，或使用数据输入的文档模板实现。

一些常见的业务规则类型（与最常用维度相匹配）包括：

1）有效性（Validity）。可以通过以下规则得以实施：

①格式合规（Format Compliance Rules）。一种或多种给数据元素赋值的模板，如电话号码的格式标准。

②值域成员（Value Domain Membership）。数据元素的值应在数据值域的枚举范围内，如为美国邮政编码的州（STATE）字段约定为双字符编码。

③范围一致（Range Conformance）。数据元素的值必须在定义的数值、词典或时间范围内，如要求数值的数据范围必须大于0且小于100。

④映射一致（Mapping Conformance）。数据元素的值必须与不同值域做等价映射。仍然以州（STATE）数据为例，因为州的值可以使用不同的值域（USPS邮政编码、FIPS 2位代码、全名）表示，不同类型的规则可等价映射出不同的值"AL""01""Alabama"。

2）完备性/值存在和记录的完备性（Completeness or Value Presence and Record Completeness）。定义可接受或不可接受数据缺失的相应条件。

3）一致性规则（Consistency Rules）。基于这些数据元素的实际值，在两个或更多数据元素之间引用条件性断言。例如，为了校验地址去判断邮政编码是否与特定的州或省匹配。

4）一致性也可能推动定义符合规则（Consistency may also Drive Definitional Conformance Rules）。确认在整个组织的流程中，对数据定义有相同的理解并正确使用。确认包括对计算字段的算法一致性，包括任何时间或地方限制，以及汇总和状态相互依赖规则。

5）完整性规则（Integrity Rules）。确保数据集中的数据是准确、一致和可靠的。以数据库为例，确保每一行都是唯一的，确保表和表之间的关系是有效的，以及确保列中所有数据都符合预定义的规则（数据类型、格式、有效值范围等），确保数据符合业务需求定义的规则。

6）及时性验证（Timeliness Validation）。揭示与数据可访问性和可用性期望相关的特征。及时性规则通常将流程分解为多个及时性监测阶段，全周期确保附属类数据也满足及时性要求。

7）唯一性（Uniqueness）。规定哪些实体必须要有唯一标识，且被标识的现实对象是否有且仅有一条相应记录。在数据质量检查中，要有超越简单测试、以评估重复数值可能性的相关规则。例如，可能会搜索出地址相同、行为方式雷同的人（这导致人们认为他们可能是同一个人）。

8）合理性（Reasonableness）。可以借助用于数据实例集的聚合函数进行检验。聚合检查示例包括：

①相对度量。例如，首先通过随时间统计评估文件中今天的记录计数，以生成对"正常情况"的理解，然后用于评估在这种特定情况下的合理性。

②绝对度量。例如，通过一组固定的阈值验证从一组交易中计算出的平均金额的合理性，该值必须落在这些阈值内。

确定合理性所涉及的相对度量、绝对度量等概念适用于任何数据类型，如绝对日期范围（固定时间段）、相对日期范围（例如，到今天）、计算总数、记录数等。

9）准确性验证（Accuracy Verification）。将某个数据值与记录系统或其他已验证数据源（如从供应商购买的营销数据）中的某个对应数据值相比较，验证这些值是否准确。

4. 数据质量改进生命周期

大多数提高数据质量的方法都基于产品制造领域的质量改进技术[一]。在这个范式中，数据被理解为一组流程的产物。简单地说，一个流程可被定义为一系列将输入转化为输出的步骤。创建数据的过程可以由一个步骤（数据收集）或多个步骤组成：数据收集、集成到数据仓库，并在数据集市中聚合等。在任何步骤中，数据都可能受到负面影响。数据可能被错误地收集，在系统之间被丢弃或复制，被错误地映射或聚合等。提高数据质量需要能够评估输入和输出之间的关系，确保输入满足流程的要求，并符合输出的期望。一个流程的输出会成为其他流程的输入，因此必须沿着整个数据链定义数据质量的要求。

戴明环（Shewhart/Deming Cycle）是数据质量改进的通用方法（图 13-2 是戴明环的一个版本）[二]。基于科学的方法，戴明环是一个被划分为"计划—执行—检查—行动"四步的问题解决模型。通过一系列定义好的步骤实现改进。根据标准衡量数据的状态，如果不符合标准，必须识别导致偏差的根因并加以修复。无论是技术性的还是非技术性的，根因可能存在于流程的任何一步。一旦修复，数据就应该被纳入监测以确保其持续满足质量要求。

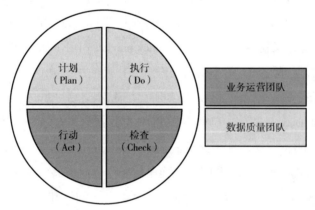

图 13-2　数据质量团队采用的戴明环

对于给定的数据集，数据质量管理环从数据质量团队识别不符合数据消费者要求的数据，以及妨碍实现业务目标的数据问题开始。数据需要参照关键质量维度和已知的业务要求进行评估。要找

○ 参见 Wang（1998）、English（1999），Redman（2001），Loshin（2001），and McGilvray（2008）。有关 DaaS 概念的文献综述，可参见 Pierce（2004）。

○ 参见美国质量协会：http：//bit.ly/1lelyBK。"计划—执行—检查—行动"由 Walter Shewhart 提出，由 W. Edwards Deming 推广。测量、分析、改进和控制（DMAIC）是六西格玛中定义的一个变化周期。

到问题的根因，以便利益相关方能够了解修复问题的成本及不修复的风险。这项工作通常与相关的业务运营团队、数据管理专员和其他利益相关方共同完成。

在计划阶段，数据质量团队评估已知问题的范围、影响和优先级，以及解决这些问题的替代方案。该计划应基于对问题根因的深入分析，通过了解问题的原因和影响，了解成本/收益，确定优先级，并制订解决问题的初步计划。

在执行阶段，数据质量团队带头解决产生问题的根因，制订数据持续监测计划。对于非技术流程的根因，数据质量团队可以与流程制定方一同实施变更。对于涉及技术变更的根因，数据质量团队应与技术团队合作，确保需求得到正确实施，并确保技术性变更不会引发新数据差错。

检查阶段涉及数据质量的主动监测及需求要求程度的核查。此阶段由日常管理数据的业务运营团队承担主要职责。只要数据符合已定义的阈值范围，数据质量团队就无须采取额外措施。流程均处于受控状态，并符合业务要求。然而，一旦数据质量低于可接受的阈值，就必须采取额外措施以将其提高到可接受的水平。

行动阶段的任务是处理和解决新出现的数据质量问题。通常，这项活动也由业务运营团队负责执行。数据质量团队识别出新的问题，重新启动这个工作环。通过启动新工作环，实现质量的持续改进。新工作环启动条件如下：

1) 现有的度量结果低于阈值。
2) 出现有待核查的新数据集。
3) 对现有数据集有新的数据质量要求。
4) 业务规则、标准或期望发生变化。

DMBOK 数据质量活动映射见表 13-2。

表 13-2 DMBOK 数据质量活动映射

质量维度	描述
计划（数据质量团队）	1. 定义高质量数据 2. 制定数据质量细则 3. 确定初始评估范围 4. 开展初始数据质量评估 5. 识别改进事项和确定优先级 6. 确定数据质量改进目标
执行（数据质量团队）	7. 开发和部署数据质量运营工作 • 制定数据质量操作步骤
检查（业务运营团队）	8. 开发和部署数据质量运营工作 • 纠正数据质量缺陷 • 度量和监测数据质量 • 报告数据质量水平和洞见
行动	9. 纠正数据质量缺陷

这种映射有助于通过传统制造业思维理解数据质量。

5. 常见的数据质量问题原因

许多人认为，大多数数据质量问题是由数据录入错误引起的，采用更多的技术措施就会解决此类问题。更深层的认知是，相较数据录入错误，业务和技术流程间的偏差或执行不力引发的问题更多。

如图 13-3 所示，数据质量问题可能出现在数据生命周期（从创建到销毁）的任何节点。在调查其根因时，分析人员应该寻找隐性元凶，如数据录入问题、数据处理问题、系统设计问题及对自动化流程的人工干预。问题背后可能有多个原因和影响因素（特别是如果人们已经采纳引发这些因素的工作路径）。问题的原因也隐含着阻止问题的方法：通过改进界面设计、将数据质量规则测试作为处理的一部分、在系统设计中关注数据质量，以及严控人工干预自动化流程等。

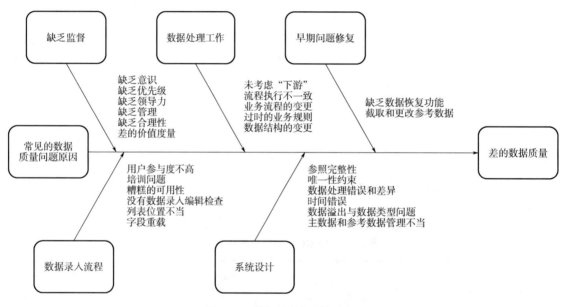

图 13-3　数据质量问题的根源

（1）缺乏监督导致的问题

许多数据质量问题是组织在数据质量方面缺乏管理和治理方面的承诺导致的。例如，某个业务功能可能仅仅根据财务或指标完成度来管理（如在 3 分钟内完成一次通话/每天填写一定数量的表单/未来两周内完成数据录入），而没有相应的数据质量度量指标。由于数据质量与其他绩效表现未受到同等重视，导致缺乏管理重视和优先级排序。此外，糟糕的业务指标现状（如缺少数据要求）也反映出缺乏主动监督带来的治理不善。

每个组织都拥有对其运营至关重要的信息和数据资产。事实上，每个组织的运营都依赖于分享信息的能力。尽管如此，很少有组织对这些资产进行严谨的全生命周期管理。在大多数组织中，数据不一致（数据结构、格式和数值用法的差异）相较简单的数据错误是一个更大的问题，可能会成为数据集成的主要障碍。数据管理工作之所以关注定义术语和整合数据语言，是由于这是改进数据一致性的起点。

有效管理数据质量的障碍包括[注]：

1) 领导和员工缺乏意识。

2) 缺乏优先级。

3) 缺乏业务治理。

4) 领导和管理缺失。

5) 难以说明改进理由。

6) 衡量价值的工具不当或无效。

这些障碍对客户体验、生产效率、士气、组织效率、收入和竞争力均会产生负面影响，既增加组织的运营成本，又带来新的风险（见第16章）。

(2) 数据录入流程导致的问题

在数据生命周期的最初阶段，即数据获取阶段，存在许多可能导致数据质量不佳的因素。它们包括：

1) 用户参与度不高。如果录入数据的人员认为数据录入没有什么价值（即使他们会得到报酬），就可能会影响数据质量。例如，设置账户时，如果要求客户录入过多的个人数据，他们可能就不那么严谨，甚至故意提供不准确的信息。

2) 培训问题。即使有编辑和控制，流程认知的匮乏也可能导致录入错误数据。如果数据生产者不在乎错误数据的影响，或者他们更在意数据录入的"速度"而不是"准确"，就可能做出无视数据质量的其他选择。

3) 糟糕的可用性。界面混乱、不一致、缺乏明确说明、使用非常规的方法，或者以非正常顺序强行要求用户输入数据，找不到录入数据入口和因使用受挫而故意漏填数据都会导致数据质量更差。

4) 没有数据录入编辑检查。如果录入界面没有编辑功能或控制（防止错误数据进入系统），数据处理人员就有可能走捷径，如跳过非必填字段，也不更新默认字段。用以管理数据录入的关键质量维度包括有效性、完备性、一致性、完整性和合理性。

5) 列表位置不当。即使是简单的数据录入界面功能（如下拉列表中值的顺序），也可能导致数据录入错误。

6) 字段重载。随着时间的推移，一些组织会调整数据模型和用户界面，但重复使用相同字段以满足不同的业务需求会导致该字段数据的不一致和混乱。

(3) 数据处理功能导致的问题

随着数据在价值链中的流转，可能会引入新的数据质量问题。导致这种情况发生的因素有：

1) 未考虑"下游"流程。如果每个自动化流程和用户都在独立的环境中工作，不了解数据的来源和去向，就会引发数据质量问题。这可能不是故意为之，而是用户通常难以知晓其数据的用途引发的问题。

2) 业务流程执行层面不一致。不同的用户群体可能会以不同的方式使用数据和执行业务流程，

[注] 改编自《领导者的数据宣言》，参见 https://dataleaders.org/。

执行不一致可能是由于缺乏相关的培训或文档，也可能是由于业务不同、需求不同。

3）业务流程的变更。业务流程随着时间的推移而变化，伴随这些变化会引入新的业务规则和数据质量要求。除非整个系统都进行业务规则变更，否则数据可能会受影响。业务规则的变更并非总是及时或全面地纳入整个系统。

4）过时的业务规则。随着时间的推移，业务规则会发生变化，应定期对它们进行审查和更新。如果有些规则已经进行了自动化度量，与之对应的相关技术流程也应做相应更新。如果未进行更新，可能会导致无法识别问题或产生误报（或两者都有）。

5）数据结构的变更。源系统可能会在通知下游消费者（包括人员和系统）前改变数据结构，或缺少充裕时间解释这些变更。这可能导致出现无效值或阻碍数据传输和加载的条件，或导致出现未被立即察觉的更加细微的变化。

（4）系统设计引发的问题

系统的自动化处理过程可能会存在缺陷，即便这些缺陷得到修复，但此前引发的错误数据会依然存在。此外，有时为了提高系统性能，也可能会做出一些牺牲数据质量的选择。系统设计相关的因素包括：

1）未贯彻参照完整性。参照完整性是确保应用程序或系统级产出高质量数据的前提。如果不贯彻执行参照完整性，或者关闭验证（如为了提高响应时间），则可能出现各种数据质量问题：

①产生破坏唯一性约束的重复数据。

②孤立行，可能在某些报告中存在而在其他报告中缺失，导致相同计算逻辑产生不同的统计结果。

③由于恢复或更改了参照完整性的要求而无法升级更新的数据。

④由于未给数据设定缺省值，数据不准确。

2）未贯彻唯一性约束。例如，在期望包含唯一实例的表或文件中出现多个数据实例的副本。如果对实例的唯一性检查不足，或者为了提升性能关闭了数据库的唯一性检验，就可能夸大数据汇总结果。

3）数据处理错误和偏差。如果数据映射或分布不正确，或者数据处理规则不准确，那么数据处理将引入数据质量问题，从计算错误到数据被分配或关联到不正确的字段、键或关系。

4）时间错误。假设不管理数据处理的依赖关系，或者在数据处理过程中无视报错，系统就会尝试处理不同的时效性数据，从而导致数据不匹配和丢失。例如，如果在房间里安装了新的电表，但未将电表读数重置为新电表的初始读数，则会导致用电使用的测量错误。

5）数据溢出与数据类型问题。如果数据模型中的假设与现实不符，则将出现数据质量问题，从字段类型和长度超出实际数据导致的数据丢失，到数据被分配给不正确的 ID 或键值。

6）参考数据和主数据管理不当。根据定义，参考数据和主数据在许多业务功能之间共享。数据缺陷可能会对许多业务操作产生影响，客户主数据中的重复数据就是一个最普遍的问题（见第10章）。

（5）修复引发的问题

在一些紧急情况下，有可能不会采用应用接口或处理流程中的业务规则来修改数据，而是匆忙使用脚本，或者用人工手动敲命令的方式给数据打补丁，直接去改变数据库中的数据，从而实现数据"修复"。

与任何未经测试的代码一样，手动数据补丁存在很高的风险，可能会产生意想不到的后果。例如，变更了不必要的数据量，或者未能将补丁覆盖受原始问题影响的所有历史数据。此外，大多数补丁也会直接修改现有数据，而不是保留之前的状态并添加更正后的记录。

除非进行完整的备份恢复，否则这些更改通常无法撤销，因为仅有数据库日志记录了数据变动的情况。因此，强烈不建议走捷径——它们可能带来安全漏洞和比正常修复时间更长的业务中断。所有更改都应在受控的变更管理流程下进行。人工给数据库数据打补丁的动因包括：

1）缺乏数据恢复功能。假设系统中的数据被破坏，应有恢复记录并修复错误的功能。如果没有相应的恢复功能，那么用户就被不得不手工打补丁修复数据。

2）更改参考数据。不应该频繁变更参考数据。如果经常变更参考数据，那么将增加数据库有待更正的数据有效性差错。如果没有针对实际数据的参考数据更新功能，也将触发人工给数据打补丁。

13.2 活动

13.2.1 定义数据质量框架

数据质量的优先级必须与业务战略保持一致。而改进数据质量需要一种方法，这种方法既要能顾及要做的事情，又能让人们愿意这样做。数据质量的优先级必须与业务战略保持一致。采纳或开发一个数据质量框架和方法论，将有助于指导数据质量改进的战略和战术，并提供衡量相关工作进展和效果的手段。该框架应包含如下内容：

1）理解和优先考虑业务需求。

2）识别满足业务需求的关键数据。

3）基于业务需求，定义业务规则和数据质量标准。

4）对照预期进行数据评估。

5）向利益相关方分享评估结果并获取反馈。

6）管理问题并确定优先级。

7）识别并排序改进机会。

8）度量、监测和报告数据质量。

9）管理数据质量流程生成的元数据。

10）将数据质量控制整合至相关业务和技术流程。

11）考虑如何组织数据质量工作。

12）应该利用数据质量工具。

正如本章节前文所述，数据质量的改进需要数据质量团队与业务和技术人员合作，并制定事关解决关键问题、定义最佳实践、支持数据质量持续管理的操作流程方面的工作方案。通常，这样的团队将成为数据管理组织的一部分。数据质量分析师需要与各级数据管理专员密切合作。他们还应该影响业务流程和系统开发方面的相关制度。然而，这样一个团队无法解决组织的所有数据质量挑战。数据质量工作和对高质量数据的承诺需要融入组织实践。数据质量框架应考虑如何推广最佳实践（见第17章）。

13.2.2 定义高质量数据

并非所有数据都同等重要。数据质量管理工作应首先关注组织中最重要的数据：如果这些数据的质量更高，则将为组织及其客户带来更大价值。数据的优先级可以基于诸如监管要求、财务价值和对客户的直接影响等因素进行排序。通常，数据质量改进工作从主数据开始，因为根据定义，主数据是所有组织中最重要的数据之一。重要性分析的结果是一份排名清单，数据质量团队可以用它确定工作重点。

许多人在看到劣质数据时能够一眼识别出来，但很少有人能定义高质量数据具体是什么样的，或者只能非常笼统地将其定义为："数据必须是正确的""我们需要准确的数据"。高质量数据符合数据消费者用途。在启动数据质量改进方案之前，了解业务需求、明确定义术语、识别组织的痛点，并开始就数据质量改进驱动因素和优先事项达成共识是很有益的。可通过提出一系列问题来了解当前状态，并评估组织改进数据质量的准备情况：

1）利益相关方所需的"高质量数据"具体是什么样子？
2）劣质数据对业务运营和战略的影响有哪些？
3）更高质量的数据如何支持业务战略？
4）什么优先事项会驱动数据质量改进需求？
5）对劣质数据的容忍度是多少？
6）开展了哪些支撑数据质量改进的治理工作？
7）还需要哪些额外的治理架构？

为全面了解组织数据质量的现状，需要从不同的角度考虑问题：

1）了解业务战略和目标。
2）与利益相关方进行访谈，以确定痛点、风险和业务驱动因素。
3）通过数据剖析和其他形式的分析评估数据。
4）记录业务流程中的数据依赖关系。
5）记录支撑业务流程的技术架构和系统。

这种评估可以揭示大量的机会，可根据这些机会对组织的潜在价值，对它们进行优先级排序。数据质量团队应该与利益相关方（包括数据管理专员及业务和技术领域专家）一起定义数据质量的含义并提出优先级。

13.2.3 识别维度和支持业务规则

确定关键数据后，数据质量分析师需要确定描述或隐含有关数据质量维度的业务规则。通常规则本身无须明确建档。它们可能需要通过分析现有的业务流程、工作流、规章、制度、标准、系统编辑、软件代码、触发器和过程、状态码的分配和使用，以及常识来进行逆向还原。例如，如果一家营销公司希望聚焦在某特定人群上，则数据质量的潜在指标可能是人口统计领域（如出生日期、年龄、性别和家庭收入）的水平和合理性。

大多数业务规则与如何收集或创建数据有关，但数据质量的度量主要关注数据是否适用。这两者（数据创建和数据使用）是相关的。人们想使用数据是因为数据的含义及数据创建的目的。例如，要了解组织在特定季度或一段时间内的销售业绩，则需要可靠的关于销售的数据（已有客户和新客户的销售数量和类型）。

虽然不可能了解使用数据的所有方式，但数据被创建或采集的过程和规则是需要明确的。想要明确数据是否适用，可根据已知的数据使用方式和度量的维度规则（完备性、有效性、完整性等）判断。这些规则提供了有意义的度量。质量的维度使分析人员能够完善规则（如字段 X 是要求的必填字段）和洞察（如记录中有3%的数据为空，数据完备度仅为97%）。

在字段或列级别，规则可以比较简单。完备性规则反映了字段是必填还是选填，如果是后者，则应该明确填写该字段的条件。有效性规则取决于规定有效值域，某些情况下还取决于字段之间的关系。例如，美国邮政编码应当为有效的，并且与美国州代码准确关联。规则也应该在数据集级别定义，如每个客户必须具有一个有效的邮寄地址。

因为大多数人不习惯通过规则思考数据，所以定义数据质量规则是具有挑战性的。可能需要间接地询问利益相关方，通过明确业务流程的输入和输出，以及询问他们的痛点、当数据缺失或不正确时会发生什么、他们如何识别问题、如何识别不良数据等——这些均有助于了解规则。请记住，无须为了评估数据了解所有规则。发现和完善规则是一个持续的过程，获取规则的最佳方式之一是分享评估结果。这些结果通常让利益相关方以新的视角看待数据，帮助他们阐明规则。

13.2.4 执行初始数据质量评估

一旦确定最关键的业务需求和支持它们的数据，数据质量评估的最重要部分就是实际查看这些数据，通过查询了解数据的内容和关联，并将实际数据与规则和预期进行比较。第一次执行此操作时，分析人员会有很多发现：数据未记录关系和彼此间的依赖、隐含的规则、冗余的数据、不一致的数据等，同时也会了解实际符合规则的数据有哪些。在数据质量分析师与数据管理专员、其他专业人员和数据消费者的协助下，需要对发现的问题进行整理和优先级排序。

初始数据质量评估的目标是了解数据，以制订可行的改进计划。开始最好聚焦在一个切片，即

从一个基本的概念验证开始,以证明改进流程是否有效。步骤包括:

1) 明确评估的目标。这些目标将推动工作进展。
2) 识别待评估数据的范围。重点应放在一个小的数据集上,甚至可以是某个单独的数据元素或特定的数据质量问题。
3) 识别数据用法和数据消费者。
4) 识别待评估数据的已知风险。包括数据问题对组织流程的潜在影响。
5) 根据已知和拟议的规则检查数据。
6) 记录不一致的程度和问题类型。
7) 根据初步发现进行额外的深入分析,以便:
①量化结果。
②根据业务影响排定问题优先级。
③就数据问题的根因提出假设。
8) 与数据管理专员、主题领域专家和数据消费者沟通,对问题和优先级进行确认。
9) 使用评估结果作为规划的基础:
①解决问题,最好是从根因上解决。
②控制和流程改进,防止问题再次发生。
③持续的控制与汇报。

13.2.5 识别改进措施及明确优先级

经过数据质量改进的验证后,下一个目标是有策略地实施这些改进。需要识别出改进的措施并明确优先级。可通过更大范围的数据剖析,更全面地了解问题。也可通过与利益相关方讨论,了解对其产生影响的数据问题,对这些问题的业务影响进行分析。最终,需要综合数据分析结果和与利益相关方的讨论,以此明确改进的优先级。

进行全面数据剖析和分析与执行小规模评估的步骤基本相同:定义目标、了解数据使用和风险、根据规则进行度量、记录并与专业人员确认结果,据此明确改进事项及其优先级。然而,全面的数据剖析有时会遇到技术方面的障碍。这项工作需要跨团队分析师的协同,如果要制订有效的行动计划,还需要对结论进行总结和理解。与小规模类似,大规模探查工作也应该聚焦于最关键的数据。

13.2.6 定义数据质量改进目标

通过初步评估获得的知识为具体的数据质量改进目标奠定了基础。改进可以采取不同的形式,从简单的纠正(如更正记录错误)到纠正根因。纠正和改进计划应考虑到如何快速解决问题(快速地以较低成本解决问题)和长期战略性变革。战略重点聚焦在解决问题的根因,并建立防止问题发生的机制。

请注意，改进工作的开展会存在许多阻碍因素：系统限制、数据时效性、存在问题数据的在建项目、整体数据环境的复杂度及对变革的文化阻力。为了防止这些限制阻碍改进工作，应基于对数据质量改进带来的业务价值进行一致性的量化，设定具体、可行的改进目标。

例如，通过流程改进和系统编辑，把将客户数据的完备性从90%提升到95%作为目标。显然，需要通过对比初始度量和改进后结果显现改进效果，其价值体现在由此带来的收益：减少客户投诉、减少纠正错误所花费的时间等。只有进行这些度量，才能说明改进工作的价值。除非对业务产生影响，否则没有人关心字段的完备性。改进数据必须带来积极的投资回报，当发现问题时，根据以下事项确定改进的ROI（投资回报率）：

1）受影响数据的关键性（重要性排名）。
2）受影响的数据量。
3）数据的可用期限。
4）受问题影响的业务流程数量和类型。
5）受问题影响的消费者、客户、供应商或员工的数量。
6）与问题相关的风险。
7）修复根因的成本。
8）各项变通的隐性成本。

在评估问题时，特别是针对那些根因明确并需要技术变更的问题，一定要避免问题再次发生。预防问题通常比纠正问题的成本低得多（有时甚至低几个数量级）。

13.2.7 开发和部署数据质量运营工作

许多数据质量改进方案都是从基于数据质量评估结果而确定的一系列优化改进类项目开始的。为了持续改进数据质量，应建立相应流程，使团队能够管理数据质量规则和标准、监测数据遵从规则的情况、识别和管理数据质量问题，并汇报数据质量水平。为了支持这些活动，数据质量分析师和数据管理专员还需要做一些工作，如记录数据标准和业务规则、给供应商设定数据质量要求等。

1. 管理数据质量规则

数据剖析和分析过程将帮助组织发现（或逆向还原）业务和数据质量规则。随着数据质量实践的成熟，获取此类规则的工作应纳入系统开发和改进过程。预先定义规则：

1）为数据质量维度设定明确的期望。
2）提出系统编辑和控制要求，防止引入数据问题。
3）向供应商和其他第三方提出数据质量维度要求。
4）为持续的数据质量度量和报告打下基础。

简而言之，数据质量规则和标准是元数据的一种关键形态，应将其作为元数据进行管理。规则

如下:
1) 建档的一致性。建立用以记录规则的标准和模板,使其具有统一的格式和含义。
2) 基于数据质量维度的定义。质量维度有助于人们理解正在度量的内容。维度的一致应用将有益于度量和问题管理流程。
3) 与业务影响挂钩。虽然数据质量维度有助于理解常见问题,但它们本身并不是目标。标准和规则应直接关联到对组织成功的影响,不应采取与业务流程无关的度量。
4) 基于数据分析的支持。数据质量分析师不应猜测规则,而应通过实际的数据测试获得。在多数情况下,规则会暴露数据存在的问题,分析则暴露规则的不完整。
5) 领域专家的确认。规则的目标是描述如何看待数据。通常,必须具有组织流程方面的相关知识,才能确认规则是否正确描述了数据。这类知识来源于领域专家确认或解释数据分析结果的过程。
6) 所有数据消费者可访问。数据消费者都应该能访问已建档的数据质量规则——以便更好地理解数据,这也有助于确保规则的正确和完整,并应让数据保消费者有途径就规则提出问题和提供反馈。

2. 度量和监测数据质量

数据质量团队的大多数工作都集中于质量度量和报告。数据质量指标的高阶分类如下:
1) 投资回报。说明数据改进工作的成本与提高数据质量的收益。
2) 质量水平。度量数据集内或跨数据集的数据错误数量和差错率,或不符合要求的违规行为数量。
3) 数据质量趋势。阈值、目标,或者每个周期质量事件统计情况的改进趋势。

数据问题管理指标,包括:
1) 统计各维度的数据质量问题。
2) 每个业务功能的问题数量及其状态(已解决、未解决、升级)。
3) 按优先级和严重程度的问题分类。
4) 解决问题所需的时间。
5) 数据质量计划进展。推进状态、下一阶段和持续的优先排序过程,以保持路线图价值。

数据质量管理的执行步骤取决于衡量和监测数据质量的能力。驱动开展数据质量度量有两个同等重要的原因:
1) 要告知数据消费者有关数据质量的等级。
2) 要管理因改变业务或技术流程可能会引发的新风险。

一些度量既可以起到通知数据消费者的作用,又可以用于管理风险。应根据数据评估和根因分析的结果制定度量指标。用于告知数据消费者的度量,将侧重于关键数据元素及其关联,如果其质量不高,将直接影响业务流程;与管理风险相关的度量,则侧重于对过往问题的关联分析,及判断未来可能出现的问题。例如,如果数据是由一组 ETL 规则加工而成,并且这些规则可能会受业务流程变更的影响,就应该建立相应度量,以监测数据的变化。

过往问题积累的相关知识应该用于管理风险。例如，如果大量的数据问题与复杂的演算有关，那么所有的演算都应进行评估，包括那些与问题无关的演算。多数情况下，监测功能与存在问题的功能相类似，对其实施度量是值得的。

如图 13-4 所示，各分图中的虚线代表数据质量的阈值。数据质量团队跟进每个演变趋势：

分图 2）、分图 4）和分图 5）是持续存在的问题（团队监测进展，使其恢复到阈值以下）。

分图 1）、分图 3）、分图 10）是当下的问题（团队正在调动力量，识别并抑制演变趋势）。

分图 7）、分图 8）、分图 11）是当前的观察列表（团队对此表示关注，但尚未采取行动予以化解）。

分图 6）是一个长期的顽固问题（团队尝试了多种方案，但仍在寻找永久解决方案）。

分图 9）、分图 12）是正常状态（团队对这些趋势感到满意）。

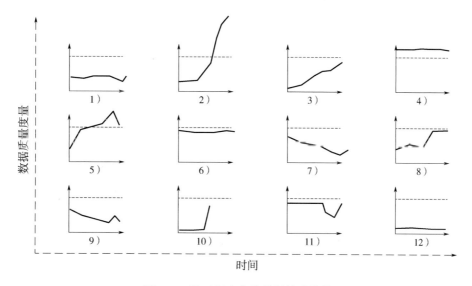

图 13-4　随时间变化的数据缺陷趋势

数据质量监测技术见表 13-3。

表 13-3　数据质量监测技术

粒度	常见质量维度	措施
数据元素（Data Element）	有效性、完整性、一致性、合理性	①应用程序中的编辑检查 ②数据元验证服务 ③特定编程的应用程序
数据记录（Data Record）	一致性、完备性、时效性	①应用程序中的编辑检查 ②数据记录验证服务 ③特定编程的应用程序
数据集（Data Set）	完备性、唯一性、合理性	在数据处理阶段的插入检查

3. 开发管理数据问题程序

在现代企业中，许多不同类型的事件已经得到有效管理，如健康和安全问题、财产和建筑问题及信息技术问题等。因此，在开发管理数据问题的新程序之前，应该寻求扩展现有的流程和工具集。事件管理流程的关键要素包括：

1）数据质量问题和活动的标准化。描述数据问题的术语在业务条线之间可能存在差异，因此定义一套用于描述概念的标准词汇是非常有价值的。这样做将简化分类和汇报。标准化还有助于更容易地度量问题和活动量，识别系统和参与者之间的模式和相互依赖关系，并报告数据质量活动的整体影响。随着调查的深入和根因的暴露，问题的分类可能会发生变化。

2）提供数据问题分配流程。运营程序（Operational Procedures）指导分析人员将数据质量事件分配给某个人进行诊断及提供备选方案。通过推荐具有特定领域专业知识的人员，推进事件跟踪系统内的相应流程。

3）管理问题升级过程。基于问题影响、持续时间或紧迫性，建立对问题升级有明确定义的系统，以处理数据质量问题（System of Escalation）。在数据质量服务水平协议中约定问题升级顺序。事件跟踪系统会执行这些升级过程，加快高效处理和解决数据问题。

4）管理数据质量解决方案工作流。数据质量服务水平协议规定了监测、控制和解决方案的目标——这其实是定义了一组操作工作流。事件跟踪系统要支持工作流管理，以跟踪问题诊断和解决的进展情况。

即便使用了成熟、标准化的流程，数据质量团队也必须设定相应步骤及其执行的详细程序，步骤如下：

1）诊断问题。审查数据质量事件的症状，追溯问题数据血缘，识别问题、定位问题起源，以及引发问题的隐性根因。该程序应清晰描述数据质量运营团队如何操作：

①在适当的信息处理流的背景下审查数据问题，屏蔽引发缺陷数据的流程节点。

②评估可能导致错误进入系统的任何环境变化。

③评估是否存在导致数据质量事件的其他流程。

④确定是否存在外部数据已经影响数据质量的相关问题。

根因分析工作需要技术和业务领域专家的参与。尽管数据质量团队可能会主导和协调此类工作，但只有跨职能的协作才能确保成功。

2）制定补救方案。根据诊断结果，评估解决问题的备选措施，这可能包括：

①解决非技术性根因。例如，缺乏培训、缺乏领导支持、责权不清晰等。

②修改系统，消除技术性根因。

③开发防止问题的相关控制。

④引入额外的检查和监测。

⑤直接修正缺陷数据。

⑥基于修正数据的价值与对应成本和影响的比较，决定是否采取行动。

3）解决问题。在确定解决问题的措施后，数据质量团队必须与业务数据所有者协商，共同确定问题的最优解。这些程序应向分析人员详述：

①评估各种措施的相对成本和优势。

②推荐其中一种计划方案。

③提供制定和实施该解决方案的计划。
④实施解决方案。

4. 建立数据质量服务水平协议

数据质量服务水平协议（SLA）规定了组织对于关键边界数据质量问题的响应和改进期望。关键边界包括：

1）组织的进入和退出。例如，供应商向组织提供其数据处理过程中用到的重要数据，合同的关键部分应包括数据质量要求。

2）组织内的关键分界点。例如，组织内的研究部门将从多处获取数据，既包括组织内部，也包括组织外部。

在 SLA 中设定的数据质量检查，有助于识别需要解决的问题，随着时间的推移减少问题数量。通过对数据缺陷的隔离和根因分析，操作程序中应提供在约定时间内解决根因的方案。实施数据质量检查和监测，可在重大业务影响发生之前提升检测和解决数据质量问题的可能性。在 SLA 中定义的数据质量控制包含与数据质量要求相同的内容，以及以下内容：

①协议涵盖的数据元素。
②与数据缺陷相关的业务影响。
③每个数据元素关联的数据质量维度和业务规则。
④度量期望的方法。
⑤每项度量的可接受阈值。
⑥一旦结果未达阈值要求，就通知数据管理专员。
⑦预期解决或修正问题的日程和期限。
⑧升级策略，以及可能的奖励和惩罚。

SLA 还定义了与执行数据质量程序相关的角色和责任。数据管理专员和数据质量运营团队，在保持数据质量服务水平的同时，应考虑他们的 SLA 限制，并将数据质量与个人绩效规划联系起来。

如果未在指定的时间内解决问题，就必须通过一种问题升级流程，将服务水平违约上传给管理和治理管理链。SLA 要设定通知生成时限、管理链上的人员姓名及何时启动升级。在确定数据质量规则、一致性度量方法、业务端定义的可接受阈值、服务水平协议后，数据质量团队才能监测数据与业务期望的匹配程度，以及该团队执行数据错误相关程序的情况。

SLA 报告可以根据业务和运营需求定期进行。如果将定期奖惩概念纳入服务水平协议框架，则应特别关注与定期奖惩相关的案例趋势分析报告。

5. 数据质量响应

评估数据质量和管理数据问题的工作，通常不会给组织带来价值，除非通过报告的形式共享信息，让数据消费者了解数据的情况。将报告应围绕以下几个方面展开：

1）数据质量评分卡。提供与各项指标分值相关的高阶视图，将既有阈值体系的分值情况报告给组织的不同层级。

2）数据质量趋势。随着时间的推移，显示数据质量如何被度量，以及趋势是在上升还是在下降。

3）SLA 指标。例如，数据质量运营人员是否及时诊断和响应了数据质量事件。

4）数据质量问题管理。监控问题和解决方案的状态。

5）数据质量团队遵守治理制度的程度。

6）IT 和业务团队遵守数据质量制度的程度。

7）改进项目的正面效果。

报告应尽可能与数据质量 SLA 中的指标保持一致，以使团队目标与其客户目标保持一致。在数据质量改进方案中还应汇报改进项目的正面效果，并且最好使用业务术语进行阐述，以此持续提醒组织数据对客户产生的直接影响。

13.3 工具

数据质量改进工作的重点通常是防范错误，但也可以通过某些数据处理方式改善数据的质量（见第 8 章）。在企业数据质量改进方案的规划阶段应选择工具，并设定工具架构。工具提供了部分入门级规则的工具包，但需要组织在工具内创建和输入自己特有的上下文规则和操作。工具的主要功能包括：

1）数据剖析。探索数据值的模式。

2）业务规则引擎。自动化处理数据质量需求的专业工具。

3）数据解析和格式化。识别数据响应的需求，将数值依需求进行拆解和重新组装。

4）数据转换和标准化。更改数值以满足标准的要求。

5）数据增强。使用额外的数据增强数据（可能被视为元数据）。

6）事件管理。用于自动化数据问题管理。

13.3.1 数据剖析工具

数据剖析工具可生成抽象的统计数据，使分析人员能够识别数据中的模式，并对数据质量特征进行初步评估，还有些工具可以用来进行持续的数据监测。剖析工具对于数据探索尤为重要，因为它们能够对大数据集进行评估。具备数据可视化功能的数据剖析工具有助于数据探索流程（见第 5 章和第 8 章）。

数据剖析只是数据分析的第一步，它有助于识别潜在的问题。数据质量团队成员还需要深挖数据，以回答数据剖析中发现的问题，并找到洞察数据错误根因的模式。通过查询发现和量化数据质量的其他方面，如唯一性和完整性。

13.3.2 业务规则模板和引擎

业务规则模板（Business Rule Template）是一种专有工具，分析人员用它获取对数据标准格式的期望。模板有助于填补业务和技术团队之间的沟通鸿沟。规则的统一制定将更易于把业务需求转化为代码（无论该代码是嵌入在规则引擎中、数据分析工具的分析组件中，还是数据集成工具中）。一个模板包含多个部分，每部分用于针对性实施某种类型的业务规则。

13.3.3 数据解析和格式化

数据解析（Data Parsing）是利用预设规则分析数据的过程，以确定其内容或数值。数据解析使数据分析人员能够定义一组模式，将这些模式输入规则引擎，可以区分有效的和无效的数据值。匹配特定模式会触发相应的操作。

一个典型例子是许多数据质量问题都是代表相似概念的数值的歧义导致的，可以通过提取独立的组件（通常称为"标记"），创建有效的模板，并将其重新排列进标准化的表达式加以解决。发现无效模板时，应用程序可以试着将无效值转换为符合规则的值，通过将源模板的数据映射到相应的目标表达式的方式实现标准化。

另一个典型例子是可能有成千上万种不同表达形式的客户名称。一个好的标准化工具能够将客户名称的不同组件解析出来，如名、中间名、姓氏、缩写、头衔、世袭称谓，并将这些组件重新排列成其他数据服务能够操作的标准化的表达式。

人类识别常见模式的能力，有助于将变量值标定属于同一抽象数值类别。由于电话号码符合常用模板，人们就能识别出不同类型的电话号码。分析师应描述出表达数据对象（如人名、产品说明等）的所有格式化模板。数据质量工具会解析符合任一模板的数据值，甚至将其转换成单一的标准化格式，从而简化评估、相似性分析和修复流程。基于模板的解析，可以自动识别有意义的数值组件并将其标准化。

13.3.4 数据转换和标准化

常规数据处理过程，数据规则会被触发并将数据转换为目标架构可读的格式。然而，可读并不总是意味着可接受。数据集成工作流可直接创建规则，或由内嵌在工具中的备用技术创建，并用于工具访问。数据转换（Data Transformation）是基于各种标准化技术构建的。组织应该借助将原始格式和模板中的数值映射成目标表达式的方式，指导基于规则的转换。基于知识库中规则的模板组件解析，就是要进行重新排列、校正或任何基于规则的更改。实际上，标准化是一种特殊的数据转换，借助规则分析师或工具供应商的重复分析，应用规则捕捉语境、语言学或公认的习惯用语（见第3章）。

13.3.5 数据增强

数据丰富（Data Enrichment）或数据增强（Data Enhancement）是给数据集添加数据元素以提高数据质量（包括可用性）的过程。一些增强方式是通过整合组织内部的数据集获得的。也可通过购买外部数据的方式增强组织的数据（见第10章）。数据增强的示例有：

1）时间/日期戳（Time/Date Stamps）。改进数据的方式之一是记录数据项的创建、修改或过期时间和日期，这有助于追溯历史数据事件。如果发现数据存在问题，时间戳在根因分析中会起到重要作用，它使分析人员能够定位问题发生的时间范围。

2）审计数据（Audit Data）。审计要记录数据血缘（Data Lineage），这对于历史追溯及验证非常重要。

3）参考词汇表（Reference Vocabulary）。业务特定术语、本体和术语表可以增强理解和控制，同时传递特有的业务背景。

4）上下文信息（Contextual Information）。添加上下文信息，如位置、环境、访问方法和给数据打标签，以供审查和分析。

5）地理信息（Geographic Information）。可以通过地址标准化和地理编码增强地理信息，包括区域编码、市政划分、街区映射、经纬度或其他类型基于位置的数据。

6）人口统计信息（Demographic Information）。客户数据可以通过人口统计信息（如年龄、婚姻状况、性别或收入）增强。企业实体数据可以与年营收、员工数、占地面积等信息关联。

7）心理统计信息（Psychographic Information）。用于对目标人群按特定行为、习惯或偏好进行分群，如对产品和品牌的偏好、组织成员体系、休闲活动、通勤交通方式、购物时间偏好等。

8）估值信息（Valuation Information）。用于资产估值、库存和销售等方面的增强。

13.3.6 事件管理系统

在事件管理过程中做出的决策应记录在事件管理系统中。当此类系统中的数据得到良好管理时，它可以为数据问题的原因和成本提供有价值的见解，包括问题描述及根本原因、补救选项及解决问题的决策。

事件管理系统将收集与问题解决、工作分配、问题数量、发生频率，以及响应时间、诊断时间、解决方案规划时间和解决时间相关的性能数据。这些指标可以为当前工作流程的有效性、系统和资源利用情况提供有价值的见解。它们是管理数据的关键点（Management Data Points），可以推动数据质量控制的持续运营改进。

事件管理类数据对数据消费者也有帮助。针对修复数据的决策，应该是基于对其已经发生的变化、为何改变、如何改变等方面的认知做出的，这是必须记录修改方法及其理由的原因之一。将这些文档提供给数据消费者和数据开发人员，可使其了解代码变更的情况。虽然实施变更的人很清楚这些改变内容，但除非有文档记录，否则未来的数据消费者将对此演变过程一无所知。

13.4 方法

数据质量方法实施顺序如下：

1) 度量。有效地度量数据的质量。
2) 剖析。获取统计信息和关系模板。
3) 预防或纠错。如何在第一时间避免出现数据质量问题。
4) 根因分析。找到问题的根结所在。
5) 修正。如何清理数据问题。

13.4.1 有效的度量指标

数据质量管理的一个关键点是制定能够向数据消费者提供重要质量特征信息的度量指标。许多事物都可以被度量，但并非所有度量都值得投入时间和精力。在制定度量指标时，数据质量分析师应考虑以下特性：

1) 可度量性。数据质量度量指标应是可计量的。例如，为了能够衡量"地址"的完整性，需要对其进行度量指标定义。预期的度量结果应该是在一个离散范围内的量化值。

2) 业务相关性。虽然很多事物都可以被度量，但并非所有都能转化为有用的度量指标。度量指标需要与数据消费者关联。如果度量指标无法与业务运营或绩效关联，那么可能无法体现它的价值。每个数据质量的度量指标都应与数据对关键业务期望的影响相关。

3) 可接受性。数据质量维度为数据质量的业务要求提供了框架。特定维度的量化提供了数据质量水平高低的确凿证据。根据指定的可接受阈值，判断数据是否符合业务期望。如果分数等于或超过阈值，数据质量是满足业务期望的，反之亦然。

4) 责任制/管理制。度量指标应该得到关键干系人（例如业务负责人和数据管理专员）的理解和批准。当度量指标的测量结果显示不符合预期时，就应告知利益相关方。业务数据所有者要承担相应责任，同时，数据管理专员要采取适当的纠正措施。

5) 可控性。度量指标应反映到业务可控。换句话说，如果度量标准超出范围，应触发改进数据的行动。如果没有响应，该度量指标就没有产生作用。

6) 趋势。度量指标能使组织度量数据质量随时间的改进情况。追踪过程会帮助数据质量团队成员监测数据质量 SLA 和数据共享协议范围约定的活动，并展示改进活动的有效性。一旦信息流稳定下来，就可以应用统计过程控制技术（Statistical Process Control Techniques）监测结果的可预测性，以及洞察业务和技术流程的变化。

指标度量结果可以从两个层面表述：与执行单个规则相关的细节及从规则聚合的整体效果。每个规则都应该有一个用于比较的标准、目标或阈值索引。该函数通常反映了正确或异常数据的百分比，具体取决于所使用的公式，例如：

$$\text{ValidDQI}(r) = \frac{\text{TextExecutions}(r) - \text{ExceptionsFound}(r)}{\text{TestExections}(r)}$$

$$\text{InvalidDQI}(r) = \frac{\text{ExceptionsFound}(r)}{\text{TestExcctions}(r)}$$

式中，r代表用于测试的规则。

例如，对一个业务规则（r）进行了10 000次测试，发现了560个异常。在这个例子中，有效数据质量（Valid Data Quality）的结果就是9440/10 000=94.4%，无效数据质量（Invalid Data Quality）的结果则是560/10 000=5.6%。

将度量指标和结果按照表13-4所示的方式进行组织，有助于在报告中构建度量、度量指标和标识，展示汇总信息，增强沟通效果。该报告可以更加正式，并与修正问题的项目相关联。过滤后的报告对于寻找趋势和价值的数据管理专员非常有用，表13-4至表13-7提供了以此方式构建的规则示例。在适用的情况下，规则的结果以正百分比（符合规则和期望的数据部分）和负百分比（不符合规则的数据部分）表示。

数据质量规则为数据质量的运营管理提供了基础。可将规则集成到应用服务或数据服务中，这些服务补充了数据生命周期，可以通过成熟的商业数据质量工具、规则引擎和监控报告工具，或定制开发的应用程序实现。

表13-4 数据质量度量指标完备性示例

业务规则	描述	示例
业务规则	必填字段的比例	地址表中的邮政编码必须达到100%的填充率
度量	统计已填数据的记录数，然后将其与总记录数进行比较	填充量：700 000 未填充量：300 000 总量：1 000 000
指标（计算）	将已填数据的记录数除以表格或数据库中的总记录数，然后乘以100%获得完备率	正向指标：700 000/1 000 000×100% = 70%已填充 反向指标：300 000/1 000 000×100% = 30%未填充
状态标识	如果满足业务规则，则为可接受；如果未满足业务规则，则为不可接受	不可接受。未填充的邮政编码太多

表13-5 数据质量度量指标唯一性示例

业务规则	描述	示例
业务规则	每个实体实例在表中应只有一条记录	每个邮政编码在邮政编码主列表中应该有且仅有一行当前记录：0重复
度量	统计识别出的重复记录数；呈现表示重复记录的百分比	未完成交易量：2000 尝试交易量：1 000 000

(续)

业务规则	描述	示例
指标（计算）	将重复记录数除以表或数据库中的总记录数，然后乘以100%	10 000/1 000 000×100%＝1.0%的邮政编码出现多次
状态标识	如果满足业务规则，则为可接受；如果未满足业务规则，则为不可接受	不可接受，重复项过多

表 13-6 数据质量度量指标及时性示例

业务规则	描述	示例
业务规则	必须在预定的时间内获取记录	99%的股票市场记录应在成交后的5分钟内获取
度量	统计未按时获取的记录数量，以便完成业务交易	未完成交易的量：2000 尝试交易的总量：1 000 000
指标（计算）	将未完成的交易量除以在一段时间内尝试的总交易量，然后乘以100%	正向：（1 000 000－2000）/1 000 000×100%＝99.8%的交易记录在规定的时间内获取 反向：2000/1 000 000×100%＝0.20%的交易未在规定的时间内获取 Top of Form Bottom of Form
状态标识	如果满足业务规则，则为可接受；如果未满足业务规则，则为不可接受	可接受。超过99%的记录可在5分钟内获取

表 13-7 数据质量度量指标有效性示例

业务规则	描述	示例
业务规则	如果字段 $X=1$，则 $Y=1\text{-prime}$	所有已发货的订单均已开具账单
度量	计算符合规则的订单数	已发货并已开具账单的订单量：999 000 总订单量：1 000 000
指标（计算）	将符合条件的订单数除以总记录数	正向指标：999 000/1 000 000×100%＝99.9%的订单符合规则 反向指标：（1 000 000－999 000）/1 000 000×100%＝0.1%不符合规则
状态标识	如果满足业务规则，则为可接受；如果未满足业务规则，则为不可接受	不可接受，存在太多订单没有开具账单

13.4.2 数据剖析

数据剖析是一种用于检查数据和评估质量的数据分析形式。数据剖析使用统计技术来了解数据集的真实结构、内容和质量。一个剖析引擎会生成统计数据，分析人员可利用这些统计数据识别数据内容和结构中的模式。例如：

1) 空值量。识别存在的空值，并检查其是否允许空值存在。

2) 最大/最小值。识别异常值，如负数。

3) 最大/最小长度。识别具有特定长度要求的字段的异常值或无效值。

4) 各字段的统计分布。使得能够评估合理性（如交易的国家代码分布、检查频繁或不频繁出现的值，以及默认值的填充率）。

5) 数据类型和格式。识别与格式要求不符的程度，以及异常格式（如小数位数、嵌入空格、样例值）。

数据剖析还包括关联字段（Cross-Column）分析，可以识别重叠或重复的列，并暴露嵌入式值的依赖关系。表间分析可探索重叠值，并帮助识别外键关联。大多数据剖析工具都支持对分析数据进行下钻分析，以做更深入的调查。

分析师必须评估剖析引擎结果，以确定数据是否符合规则和其他要求。一名优秀的分析师可以利用探查结果确认已知关系，并发现数据集内部和之间的隐藏特征与模式，包含业务规则和有效性约束。数据剖析通常用作项目（尤其是数据集成类项目，见第 8 章）数据探索的一部分，或用于评估改进目标数据的当前状态。数据剖析的结果可用于识别提升数据和元数据质量的机会。

尽管剖析是理解数据的有效方法，但它只是数据质量改进的第一步。它帮助组织识别潜在问题，同时也需要其他分析方法一起配合共同解决问题。例如，业务流程分析、数据血缘分析和更深入的数据分析，可以帮助从数据链上的利益相关方分离出问题根因。在对大规模剖析做规划时，确保预留时间分享结论、明确问题的优先级，并确定哪些问题需要深入分析。

创建可共享、可关联和可复用的代码模块，反复执行数据质量检查和审计流程（开发人员可直接从代码仓库中获取）。如果模块需要更改，那么所有与该模块关联的代码都会得到更新，这样的模块简化了维护过程。设计良好的代码块可防止许多数据质量问题，并能确保流程均被一致地执行。在法律或制度的某些特定质量要求下，剖析结果中也需要记录的血缘信息（数据质量检查模块通常具备这一能力）。对于质量维度有问题且评级较高的数据，可通过质量注释和置信度评级对共享环境中的信息进行鉴别。

13.4.3 预防性措施

创建高质量数据的最佳方法是防止劣质数据流入组织内部。预防性措施可以阻止发生已知的错误，因为待数据进入生产环境后再进行检查对提高质量没有帮助。预防措施包括：

1) 建立数据录入控制。创建数据录入规则，防止无效或不准确的数据进入系统。

2) 培训数据生产者。确保上游系统的工作人员了解数据对下游用户的影响。应根据数据的准确性和完整性而不仅仅是速度给予激励或进行评估。

3) 定义和执行规则。创建一个"数据防火墙"，其中包含用于检查数据质量是否良好的业务数据质量规则表，然后将其用于应用程序，如数据仓库。"数据防火墙"可以检查应用程序处理的数据质量水平，如果质量水平低于可接受水平，则将相关问题通知分析师。

4）要求数据供应商提供高质量数据。检查外部数据提供商的流程，包含数据结构、定义、数据源和数据出处，以此评估他们的数据将如何集成，并有助于防止使用非权威数据或未经所有者许可获取的数据。

5）实施数据治理和管理责任制度。确保定义了角色和责任，描述并执行了规则、决策权和对数据/信息资产的有效管理的责任（McGilvray，2008）。与数据管理专员合作，修订生成、发送和接收数据的流程和机制。

6）建立正式的变更控制。确保对存储数据的所有更改都在实施之前得到定义和测试。通过建立门控流程（Gating Processes），防止在常规流程之外直接对数据进行更改。

13.4.4 根因分析

数据质量问题应该系统性地在其根因处加以解决，将纠正措施的成本和风险降到最低。"源地解决"是数据质量管理的最佳实践。问题的根因是一个核心诱因，如果消除它，就会彻底消除问题。根因分析是一个过程，通过它理解诱因并了解背后的缘由。其目的是识别如何通过消除背后的原生条件，根除问题。例如，一个每月都运行的数据处理流程，需要以客户信息文件作为输入。数据的测量显示，4月、7月、10月和1月，数据的质量呈现下降趋势。对交付时间的检查显示，3月、6月、9月和12月，文件是在月底的30日提交的，而在其他月份则是在25日提交的。进一步分析发现，负责提交文件的团队还负责关闭季度财务流程。这些流程优先于其他工作，文件在这些月份提交的延迟，影响了质量。数据质量问题的根因实际上是由于优先权竞争（Competing Priority）导致的流程延迟。可以通过安排文件提交并确保资源能够按计划交付来解决这个问题。

根因分析的常见技术包括帕累托分析（Pareto Analysis，也称为"80/20法则"）、鱼骨图分析、追踪溯源、流程分析及5个"为什么"（由丰田创始人丰田章一首创）。

13.4.5 纠正措施

纠正措施是在问题发生并被检测出之后实施的。在流程、系统或用户侧发现问题，通常还会伴随一系列需要修复的劣质数据。纠正措施应包括避免质量问题再次发生，通过流程、系统变更和用户意识3个方面予以改进。应采取"数据质量管理"章节中所述的行动进行修复。

现代系统通常以接近实时的方式传输数据，因此在多个系统甚至不同组织之间可能存在一连串的数据质量问题。数据清洗会将数据转换为符合数据标准和领域规则的形式。清洗包括对数据错误的检测和纠正，以此使数据的质量达到可接受的水平。

持续地清洗数据会增加成本与风险。理想情况下，伴随根因的解决，对数据清洗的需求会逐步减少。但在有些情况下，持续进行纠正可能是必要的，因为在中游系统中重新处理数据比其他任何选择的代价都要更低。

3种数据清洗方式如下：

1）自动化纠正。自动化纠正技术包括基于规则的标准化、规范化和纠正。修改后的值是通过自动生成或获取，并在无须人工干预的情况下提交的。例如，自动地址修正是将投递地址提交给地址标准化程序，通过使用规则、解析、标准化和参考表对投递地址进行校正与标准化。自动修正需要一个具有明确定义的标准、普遍接受的规则和已知错误模式的环境。如果这个环境得到良好管理，并且修正后的数据与上游系统同步，那么自动修正的数量会随着时间的推移而减少。

2）人工介入。虽然可使用自动化工具纠正数据，但在将更正提交到永久存储之前，需要进行人工审查，自动地应用名称和地址修正，以及身份解析和基于模式的修正，并使用某种评分机制提出修正的置信水平。得分高于特定置信水平的修正可以在未经审查的情况下提交，得分低于置信水平的修正则需要经过数据管理专员的审查和批准后提交。提交所有已批准的变更，并审查未批准的变更，以此了解是否需要调整基础规则。需要人工监管的敏感数据集环境（如主数据管理）就是一个人工介入的典型场景。

3）手动纠正。在没有工具或无法实现自动化的情况下，或者无法通过人工监管进行变更时，手动纠正则是唯一的选择。手动纠正最好通过带有控制和编辑的界面进行，这样可以提供更改的审计追溯记录。在生产环境中直接对记录进行修正和变更是极为危险的，应避免此类操作。

13.5　实施指南

即使由数据治理职能发起并得到高级管理者的支持，改善组织内的数据质量也不是一项容易的任务。一个经典的学术讨论是，数据质量工作的实施是采取自上而下还是自下而上。通常，混合方法效果最佳——自上而下地提供支持、一致性保障和必要资源，自下而上地发现实际存在的问题并各个击破。

改善数据质量需要改变人们对数据的思考方式和行为。文化变革具有挑战性，它需要规划、培训和强化（见第17章）。虽然具体情况会因组织而异，但大多数数据质量工作的实施都需要考虑以下几个方面：

1）关于高质量数据的价值和劣质数据成本的指标。提高组织对数据质量管理认识的一种方式是，通过投资回报的指标展示数据价值以改进需要的成本。这些指标与数据质量的评分不同，它们为数据质量改进的投入提供了依据，并改变了员工和管理层的行为（见第15章）。

2）IT/业务交互操作模型。业务人员了解数据的重要性及含义，IT数据管理人员了解数据的存储位置和方式，因此他们能够将数据质量的定义转化为查询命令或代码，识别不符合要求的特定记录（见第12章）。

3）项目执行方式的变化。项目监管必须确保项目资金覆盖与数据质量相关的步骤（如分析和评估、质量期望的定义、数据问题的纠正、预防和更正、建立控制和度量）。谨慎的做法是及早发现问题，并在项目初期建立数据质量期望。

4）业务流程的变更。提升数据质量取决于改进数据生成流程。数据质量团队需要对影响数据质量的非技术（及技术）流程变更进行评估及建议。

5）用于修复和改进项目的资金。一些组织即使意识到数据质量问题，也没有计划修复数据，数据不会自行修复。应该记录修复和改进项目的成本和收益，以便优先进行数据改进工作。

6）数据质量运营的资金支持。改善数据质量需要持续运营，监测数据质量，报告发现的问题，以及对问题进行持续管理。

13.5.1 就绪评估/风险评估

大多数依赖数据的组织都有很大的改进机会。数据质量工作的受支持程度，取决于组织层面的数据管理成熟度。可以通过考虑以下特征，对组织采取数据质量实践的准备情况进行评估：

1）组织对数据质量的当前认知。大多数组织开始改进质量之前，通常需要了解数据质量问题带来的阻碍和痛点。获得这些知识很重要，通过它们，可以直接将劣质数据与组织的负面影响关联起来（包括对组织的直接成本和间接成本）。对痛点的理解也有助于确定改进项目的优先级。

2）数据的实际状况。找到一种方法，客观描述导致痛点的数据状况，是改进数据质量的第一步。可以通过探查和分析对已知问题和痛点进行描述和度量。如果数据质量团队不了解数据的实际状态，则很难确定任何数据质量改进机会。

3）与数据创建、处理或使用相关的风险。明确数据可能出现的问题及劣质数据可能对组织造成的潜在危害，为降低风险提供了基础。如果组织没有认识到这些风险，就很难获得对数据质量工作的支持。

4）为扩展数据质量监测做好文化和技术准备。数据质量可能受业务和技术流程的负面影响，改善数据质量取决于业务和 IT 团队之间的合作。如果业务和 IT 团队合作不畅，则很难取得进展。

就绪评估的结果有助于确定从哪里开始及如何快速推进，还可以为改进目标的路线图提供依据。如果数据质量改进得到有力支持，并且组织也对自身的数据充分了解，那么可能会启动一个完整的战略性改进方案。如果组织不了解其数据的实际状态，则需要在制定整体战略之前先专注于构建相关知识。

13.5.2 组织和文化变革

数据质量的改进不是通过工具和概念实现的。相反，提升是通过一种思维方式实现的，这种思维方式可以帮助员工和利益相关方在行动中始终考虑数据质量及业务和客户的需求。让组织对数据质量有所认知，往往需要进行重大的文化变革。最终，员工必须在思维和行动上有所改变，才能产生更高质量的数据，并以确保质量的方式对数据进行管理，这需要培训和强化训练。在数据质量管理中，改变思维方式涉及 3 个方面：

1）减少对现状的依赖。"数据一直很糟糕，我们已经尽了一切努力去改变它。"这种态度破坏了改变的动力，消耗了团队的士气。

2）处理责任问题。"他们需要更好地处理数据质量问题，而不是将责任推给我，我没有任何资源、时间、人力支持可以提供给他们。"这种态度源于组织的内部壁垒，会阻碍企业开展数据质量管理。

3）消除英雄主义文化。"如果我不做这份工作，就没有人能做到，我对完成这个法规报告至关重要。"这种态度导致了数据质量度量的不透明性，无法实现客观的度量和透明度（核心的数据质量原则）。

这其中首要的就是提高员工对数据对组织作用和重要性的认识。所有员工都必须负起责任，提出数据质量问题，作为数据的消费者提出高质量的数据要求，并向他人提供高质量的信息。每一个接触数据的人都可能对数据质量产生影响，数据质量不仅仅是数据质量团队或IT团队的责任。

就像需要了解获取新客户或保留现有客户的成本一样，员工还需要了解劣质数据给组织带来的成本，以及导致数据质量不佳的原因。例如，如果客户数据不完整，客户可能会收到错误的产品，给组织带来直接和间接成本。客户不仅会退货，还可能会打电话投诉，占用呼叫中心的时间，进而给组织造成声誉损失。如果客户数据不完整是因为组织没有建立清晰的要求，那么每个使用这些数据的人都有义务对要求进行明确，并遵循这些要求。

13.6 数据质量与其他知识领域

所有数据管理知识领域都有助于提升数据质量。支持组织的高质量数据应该是所有数据管理学科的目标。跨职能的承诺和协作会产生高质量的数据。任何与数据交互的人员如果做出未知的决策或行动，都可能导致数据质量不佳。组织和团队应该有一个意识，执行流程和项目时，数据中的异常或不可接受条件可能会带来相关风险，应以此规划高质量的数据。本节指出了数据质量与其他DMBOK知识领域之间的主要关系。

13.6.1 数据质量与数据建模和设计

数据质量是通过项目设计阶段的数据建模和设计实现的，它允许数据元素：

1）保留数据质量。例如，经过验证的客户地址可能会被打上通过验证标志。这是设计中需要考虑的另一个数据元素。

2）关联业务规则。例如，如果必须按一定规范填写客户地址，那么数据模型中存储规则对应的数据元素，比在每个使用和更新地址的业务流程中记录这些数据元素更有效。

用于建模数据和创建ETL过程的工具会直接影响数据质量。如果在不了解数据的情况下使用这些工具，可能会产生负面效果。数据质量团队应与开发团队合作，确保规避数据质量风险，并充分利用有效的建模和数据处理方式提高数据质量（见第5章、第8章和第11章），还应充分发挥组织在建模和数据处理方式的优势，得到更高质量的数据。

13.6.2 数据质量与元数据管理

元数据定义了数据表示的含义。健全的数据定义流程，将使组织能够格式化记录用以度量数据质量的标准和要求。数据质量管理的目标是满足期望，而元数据是明示期望的主要手段。

数据质量管理和元数据管理之间最重要的关联方式是，在数据质量管理过程中创建元数据，并维持与数据的对应关系。例如，一旦客户地址被某个流程标记为有效、完备及合理，就应维护与地址信息相关的元数据。这有助于贯彻标准驱动下的客观度量和透明的数据质量原则。

元数据表达了数据的"适用性"，这使得消费者能根据满足特定数据消费环境"目的"的程度评估数据质量。相反，如果数据质量元数据与数据无关，用户就不信任此数据，导致需花费大量时间进行重新检查和验证。数据质量团队应与元数据管理团队密切合作，确保数据消费者能获知数据质量要求、规则、度量结果和问题文档等相关内容。元数据库可以保存数据质量的度量结果，以便在整个组织中共享，方便数据质量团队就改进事项的优先和驱动因素达成共识（见第 12 章）。

13.6.3 数据质量与主数据/参考数据管理

参考数据和主数据管理是对跨组织共享数据的控制。在许多场景中，共享数据被用于控制业务流程的推进，促进决策制定和验证数据。因此，大多数主数据和参考数据都是数据质量管理体系中的关键数据。

劣质数据的关键源头之一是主数据管理薄弱：不成熟的主数据管理可能导致选择不可靠的数据来源，进而引发难以发现的数据质量问题，除非数据源头准确的假设是错误的。参考数据和主数据是贯彻质量规则的重要数据来源，特别是数据质量维度的有效性、一致性和完整性。例如，文本值必须在定义的值域内，这些值由参考数据管理。例如，为了确保完整性，订单必须属于已获准的既有客户，客户记录是主数据，必须加以管理，以备数据质量验证处理所用。

13.6.4 数据质量与数据集成和互操作

数据质量与数据集成和互操作性相关，因为数据处理过程中的数据流转是引发错误的常见源头。在数据流转过程中，关键的元数据应与数据同步维护，这一点至关重要（集成不能忽略元数据）。数据质量元数据为数据提供了信任和可信度，确保其适用于定义的目的。

数据集成还有一个关键价值在于它是测试数据质量的关键场所。在不同数据处理阶段（关键集成点）监测数据质量，可以快速识别和隔离不良数据，避免在整个数据价值链中传播数据错误。

13.6.5 数据质量与数据治理

将数据质量纳入数据治理工作，数据质量管理会变得更加有效。通常，数据质量问题是建立企业级数据治理的原因（见第 3 章）。治理组织可以通过以下方式推进数据质量工作的开展：

1）设定优先事项并提供指导。
2）提供促进员工参与和知识共享的机制。
3）识别参与数据质量决策和活动的人员，协调相关工作。
4）确保持续进行数据质量度量。
5）共享数据质量检查结果，确定改进机会，并建立共识。
6）解决差异和冲突。

将数据质量工作纳入整体治理工作，使数据质量功能团队能够与一系列利益相关方合作，实现以下目标：

1）业务流程工程（Business Process Engineering）和培训员工，帮助团队实施流程改进。
2）业务和运营数据管理专员及数据所有者能识别关键数据，定义标准和质量期望，并优先解决数据问题。

参考文献

Batini, Carlo, and Monica Scannapieco. *Data Quality: Concepts, Methodologies and Techniques.* Springer, 2006. Print.

Brackett, Michael H. *Data Resource Quality: Turning Bad Habits into Good Practices.* Addison-Wesley, 2000. Print.

Deming, W. Edwards. *Out of the Crisis.* The MIT Press, 2000. Print.

English, Larry. *Improving Data Warehouse and Business Information Quality: Methods For Reducing Costs And Increasing Profits.* John Wiley and Sons, 1999. Print.

English, Larry. *Information Quality Applied: Best Practices for Improving Business Information, Processes, and Systems.* Wiley Publishing, 2009. Print.

Evans, Nina and Price, James. *Barriers to the Effective Deployment of Information Assets: An Executive Management Perspective.* Interdisciplinary Journal of Information, Knowledge, and Management Volume 7, 2012. Accessed from http://bit.ly/2sVwvG4.

Fisher, Craig, Eitel Lauría, Shobha Chengalur-Smith and Richard Wang. *Introduction to Information Quality.* M.I.T. Information Quality Program Publications, 2006. Print. Advances in Information Quality Book Ser.

Gottesdiener, Ellen. *Requirements by Collaboration: Workshops for Defining Needs.* Addison-Wesley Professional, 2002. Print.

Hass, Kathleen B. and Rosemary Hossenlopp. *Unearthing Business Requirements: Elicitation Tools and Techniques.* Management Concepts, Inc, 2007. Print. Business Analysis Essential Library.

Huang, Kuan-Tsae, Yang W. Lee and Richard Y. Wang. *Quality Information and Knowledge*. Prentice Hall, 1999. Print.

Jugulum, Rajesh. *Competing with High Quality Data*. Wiley, 2014. Print.

Lee, Yang W., Leo L. Pipino, James D. Funk and Richard Y. Wang. *Journey to Data Quality*. The MIT Press, 2006. Print.

Loshin, David. *Enterprise Knowledge Management: The Data Quality Approach*. Morgan Kaufmann, 2001. Print.

Loshin, David. *Master Data Management*. Morgan Kaufmann, 2009. Print.

Maydanchik, Arkady. *Data Quality Assessment*. Technics Publications, LLC, 2007. Print.

McCallum, Ethan. *Bad Data Handbook: Cleaning Up the Data So You Can Get Back to Work*. 1st Edition. O'Reilly, 2012.

McGilvray, Danette. *Executing Data Quality Projects: Ten Steps to Quality Data and Trusted Information*. Morgan Kaufmann, 2008. Print.

Myers, Dan. *The Value of Using the Dimensions of Data Quality, Information Management*, August 2013. http://bit.ly/2tsMYiA.

Olson, Jack E. *Data Quality: The Accuracy Dimension*. Morgan Kaufmann, 2003. Print.

Redman, Thomas. *Data Quality: The Field Guide*. Digital Press, 2001. Print.

Robertson, Suzanne and James Robertson. *Mastering the Requirements Process: Getting Requirements Right*. 3rd ed. Addison-Wesley Professional, 2012. Print.

Sebastian-Coleman, Laura. *Measuring Data Quality for Ongoing Improvement: A Data Quality Assessment Framework*. Morgan Kaufmann, 2013. Print. The Morgan Kaufmann Series on Business Intelligence.

Tavares, Rossano. *Qualidade de Dados em Gerenciamento de Clientes (CRM) e Tecnologia da Informação [Data Quality in Management of Customers and Information Technology]*. São Paulo: Catálise, 2006. Print.

Witt, Graham. *Writing Effective Business Rules: A Practical Method*. Morgan Kaufmann, 2012. Print.

附　录

附录 A　数据质量 ISO 标准

正在开发的 ISO 8000（国际数据质量标准），目标是实现与应用无关的复杂数据交换。在该标准的介绍中，ISO 声明："为了支持业务流程，以及时且具有成本效益的方式创建、收集、存储、维护、传输、处理和展示数据，既需要了解决定数据质量的特性，也需要具备测量、管理和报告数据质量的能力。"

ISO 8000 定义了数据供应链中任何组织进行测试的维度，以客观地确定数据与 ISO 8000 的一致性⊖。

ISO 8000 发布的第一部分（2008 年发布的第 110 部分）着重于主数据的语法、语义编码和数据规范。该标准计划发布的其他部分还包括第 100 部分（引言）、第 120 部分（出处）、第 130 部分（准确性）和第 140 部分（完备性）⊖。

ISO 8000 将优质数据定义为"满足既定要求的可移植（Portable）数据"⊖。数据质量标准与 ISO 的数据可移植性和保存方面的整体工作相关。如果数据可以与软件应用程序分离，则被视为"可移植"。仅由特定授权的软件程序使用或读取的数据，会受软件许可条款的约束。除非数据可以与其创建软件分离，否则组织可能无法使用自己创建的数据。

满足既定要求的前提是以清晰、明确的方式定义这些要求。ISO 8000 通过 ISO 22745 实现，后者是一个主数据定义和交换的标准。ISO 22745 定义了如何构建数据声明要求，提供了 XML 示例，并定义了编码数据的交换格式。ISO 22745 通过使用符合 ISO 22745 的开放技术词典［如 ECCMA 开放技术词典（eOTD）］标记数据，从而创建了可移植的数据。

ISO 8000 的目的是帮助组织定义什么是高质量数据，使它们能够使用标准界定数据质量要求，并验证它们是否收到了符合这些标准的数据。可通过计算机程序确认这些要求，以遵循相关标准。

ISO 8000 的第 61 部分《信息和数据质量管理流程参考模型》正在制定中。该标准将描述数据质量管理的结构和组织，包括：

1) 数据质量规划。
2) 数据质量控制。
3) 数据质量保证。
4) 数据质量改进。

附录 B　数据质量维度的延伸阅读

一些维度可以被客观度量（完备性、有效性、格式一致性），而有些维度则在很大程度上取决于上下文或主观解释（可用性、可靠性、声誉）。无论使用何种名称，维度都聚焦在数据是否足够（完备性），是否正确（准确性、有效性），是否彼此匹配（一致性、完整性、唯一性），是否及时更新（及时性），是否可访问、是否可用，以及是否安全。

许多数据质量领域的杰出前辈都发表过一些维度集合㉔。以下介绍的 3 个最有影响力的框架，可以帮助大家思考具有高质量数据意味着什么、如何对数据质量进行度量。

⊖ http://bit.ly/2ttdiZJ.
⊖ http://bit.ly/2sANGdi.
⊖ http://bit.ly/2rV1oWC.
㉔ 除了此处详述的示例，有关此主题的众多学术论文，还可参阅 Loshin（2001）、Olson（2003）、McGilvray（2008）和 Sebastian-Coleman（2013）中有关数据质量维度的详细讨论，以及 Myers（2013）中有关维度的比较。

Strong-Wang 框架（1996 年）聚焦于数据消费者对数据的感知。它划分为 4 个大类，共包含 15 个维度：

1）内在的数据质量。

①准确性。

②客观性。

③可信度。

④声誉度。

2）依赖背景的数据质量。

①增值性。

②相关性。

③及时性。

④完备性。

⑤适量性。

3）表示性数据质量。

①可解释性。

②易理解性。

③表示一致性。

④简洁性。

4）可访问性数据质量。

①可访问性。

②访问安全性。

在《信息时代的数据质量》（*Data Quality for the Information Age*）一书中，托马斯·雷德曼（Thomas Redman）提出了一组基于数据结构的数据质量维度[⊖]。他将数据对象定义为"可表示的三元组"：来自实体的某个数据元素域的某个值。维度可以与数据的任何组成部分相关联——模型（实体和数据元素），以及数据值。托马斯·雷德曼提出了"表示维度"（Dimension of Representation），他将表示维度定义为记录数据对象的一组规则。在这 3 个大类（数据模型、数据值、数据表示）中，他描述了 20 多个维度。其中包括：

1）数据模型。

①内容。

a）数据的相关性。

b）获取价值的能力。

c）定义的清晰度。

②详细程度。

a）数据元素的颗粒度。

⊖ 托马斯·雷德曼在《数据质量：现场指南》（2001）中扩展并修改了他的维度集。

b）数据元素域的精度。

③构成。

④自然性。每个数据元素应该在现实世界中有一个简单的对应物，并且每个数据元素都承载了实体的某个事实。

⑤可识别性。每个实体应该能够与其他任何实体区分开来。

a）同质性。

b）最小必要冗余性。

⑥一致性。

a）模型各组成部分的语义一致性。

b）跨实体类型的数据元素结构一致性。

⑦应变性。

a）健壮性。

b）灵活性。

2）数据值。

①准确性。

②完备性。

③时效性。

④一致性。

3）数据表示。

①适当性。

②可解释性。

③可移植性。

④格式精确性。

⑤格式灵活性。

⑥表示空值的能力。

⑦存储的有效利用。

⑧数据的物理实例与格式的一致性。

托马斯·雷德曼认识到实体、值和表示的一致性可以通过约束来理解，不同类型的一致性受不同类型的约束。

在《提高数据仓库和业务信息质量》（*Improving Data Warehouse and Business Information Quality*）一书中，拉里·英格利什（Larry English）提出了一组综合维度，分为两大类：固有质量特性和实用质量特性[⊖]。固有特性独立于数据使用。实用特性与数据呈现相关，并且是动态的。它们的价值（质量）取决于数据的使用方式：

1）固有质量特性。

⊖ 拉里·英格利什在 2009 年出版的《信息质量应用》一书中扩展并修改了他的维度。

①定义一致性。

②值的完备性。

③有效性或业务规则一致性。

④数据源的准确性。

⑤现实映射的准确性。

⑥精确性。

⑦非冗余性。

⑧冗余或分布式数据的等效性。

⑨冗余或分布式数据的并发性。

2）实用质量特性。

①可访问性。

②及时性。

③背景清晰性。

④可用性。

⑤衍生完整性。

⑥正确性或事实完备性。

在2013年，DAMA UK发布了一份白皮书，描述了数据质量的6个核心维度：

1）完备性。已存数据与潜在数据量的百分比。

2）唯一性。根据识别方式，实体实例（物体）不会被多次记录。

3）及时性。从要求的时点看，数据及时表达现实的程度。

4）有效性。如果数据符合已定义的对应语法（格式、类型、范围），则认为数据有效。

5）准确性。数据正确描述"真实世界"对象或事件的程度。

6）一致性。将一个事物的两个或多个表示与定义进行比较时，不存在差异。

DAMA UK的白皮书还描述了对质量产生影响的其他特性。虽然白皮书没有将这些称为维度，但它们的工作方式类似于Strong和Wang的背景依赖和表示性数据质量及英语的实用特性。但它们的工作方式与Strong和Wang的"上下文相关"和"表示性数据质量"及英语的"实用性特征"类似：

1）可用性。数据是否易于理解、简明、相关、可访问、易维护且精度适中？

2）时间问题（Timing Issues，超出及时性本身）。数据是否稳定，且能响应合理的变更请求？

3）灵活性。数据是否具有可比性且与其他数据兼容？是否具有实用的分组和分类？是否可以复用？是否易操作？

4）置信度。是否已建立数据治理、数据保护和数据安全的管理流程？数据的声誉如何？是否已被验证或可验证？

5）价值。数据是否具有良好的成本收益比？是否得到了最佳应用？是否危及人们的安全或隐私或企业的法律责任？是否支持或影响了企业形象或企业信息？

附录C 统计过程控制

统计过程控制（Statistical Process Control，SPC）是一种管理过程的方法，通过分析过程的输入、输出及步骤的变化实施。这种技术在20世纪20年代发展起来并应用于制造业，后来被应用到其他行业及改进方法论（如六西格玛和数据质量管理）。简单来说，一个过程就是一系列步骤，用于将输入转化为输出。SPC的基本假设是，当一个具有一致输入的过程被一致执行时，它将产生一致的输出。它利用集中趋势的度量（数值围绕中心值，如平均值、中位数或众数）和围绕中心值的离散性（如范围、方差、标准差），来确定过程内离散的偏离程度。SPC的主要工具是控制图（见图13-5），它是一个时间序列图，包括平均值的中心线（度量集中的趋势），并描述了计算得出的上下控制限（围绕中心值的偏离程度）。在稳定的过程中，超出控制限的测量结果代表有特殊情况存在。

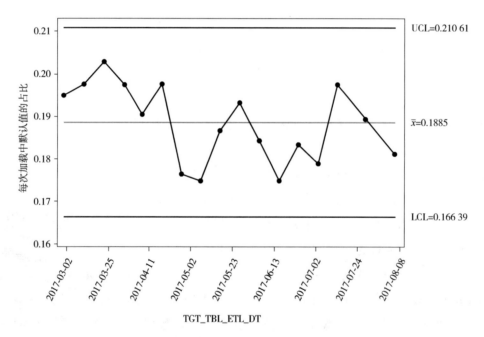

图13-5 统计控制过程的控制图示例

SPC通过识别过程内的变化衡量过程结果的可预测性。过程内的变化有两种类型：一种是固有于过程中的常见原因，另一种是不可预测或间歇性的特殊原因。当唯一的变化源是常见原因时，系统被认为处于（统计）控制状态，并且可以建立正常变化的范围。这是可以检测到的变化基线。

将SPC应用于数据质量度量是基于这样的工作假设：就像制造出来的产品一样，数据是一个过程的产物。有时，创建数据的过程非常简单（如某个人填写了一个表单）；有时，过程则相当复杂：一组聚合医疗索赔数据以跟踪与特定临床协议有效性相关的趋势算法。如果这样的过程具有一致的输入，并且被一致地执行，那么每次运行它都将产生一致的结果。但是，如果输入或执行发生变化，输出也会发生变化。可以对每个组件进行度量，这些度量结果可用于检测出异常原因。通过对异常原因的了解，可减少与数据收集或处理相关的风险。

SPC 用于控制、检测和改进。第一步是测量过程，以识别和消除异常原因。这项活动建立了过程的控制状态。接下来是建立测量方法，以尽快检测到意外变化。早发现问题可简化对其根因的调查。过程的测量结果还可用于减少常见原因变化的不良影响，从而提升效率。

第 14 章 大数据和数据科学

14.1 引言

2000 年，大数据（Big Data）和数据科学（Data Science）成为时髦的热词。遗憾的是，人们对这些概念及其含义往往存在误解，至少在对它们的理解上存在分歧，甚至对大数据的"大"的认知也不统一。大数据和数据科学都与重大技术变革相关，这些变革使人们能够产生、存储和分析越来越多的数据。更重要的是人们可以利用这些数据预测行为和影响事件，进而在临床医疗、自然资源管控和经济发展等重点研究领域获得深度洞察能力。

大数据的特性不仅表现在数据的体量很"大"，还表现在种类很"多"（结构化和非结构化的数据、文档、文件、音频、视频和流数据等），以及数据产生的速度很"快"。而数据科学家就是从这些大数据中探究、研发预测模型、机器学习模型、决策模型和数据分析方法，并把研究结果部署好，提供给相关分析使用的人。

数据科学历久弥新，只是过去被称为"应用统计学"。21 世纪后，随着大数据及相关技术的普及，探索数据的能力得到飞速提升。传统的商务智能只能提供"后视镜"式的分析报告，即以分析结构化的数据来刻画过往的形式。虽说有时候传统商务智能也能做一些预测，但可信度并不高。直到近年，对海量数据集的全量深度分析依然受技术瓶颈的限制，导致只能依赖于抽样或其他抽象手段来近似模拟。后来，随着收集和分析海量数据集的能力不断增强，数据科学家已拥有数学、统计学、计算机科学、信号处理、概率建模、模式识别、机器学习、不确定性建模和数据可视化等各种技术和方法，可以根据大型数据集获得深入洞察和对行为进行预测。简而言之，数据科学已经找到了从数据中进行分析和获取价值的新方法。

当大数据与传统数据仓库和商务智能环境相结合时，数据科学技术被用来为组织增加前瞻性（"前挡风玻璃"）视图。在不同类型数据源的支撑下，借助实时处理或预测模型技术，能给组织提供更深刻的洞察力，为未来发展辨明方向（见图 14-1）。

然而，大数据技术并不是为传统数据仓库、商务智能量身定制的，要想利用大数据的优势，就必须改变数据管理的方式。例如，大部分数据仓库都是构建在关系模型基础之上，而大数据一般不采用关系模型组织数据；大部分数据仓库都采用 ETL 的概念，即按抽取、转换和加载的顺序完成数据处理；诸如数据湖之类的大数据解决方案则采用 ELT 的概念，即先抽取、加载，再转换。越来越庞大的数据量和越来越快的数据加工处理需求带来了新的挑战，因此需要在数据管理的各个关键领域采用全新的技术方法来处理这些数据，如在数据集成、元数据管理和数据质量评估等领域。

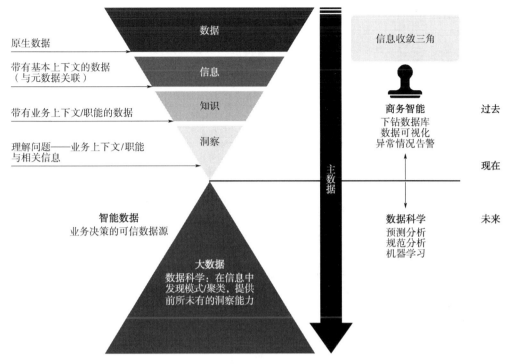

图 14-1 信息收敛三角

大数据和数据科学语境关系图见图 14-2。

14.1.1 业务驱动因素

组织提升大数据和数据科学能力的最大业务驱动力是期望在各种业务产生的数据集中发现新商机。大数据可以通过提供更多、更大规模的数据集供组织去探索业务，激发创新。这些数据可用来定义预测模型，预判客户需求并实现产品和服务的个性化展示。数据科学还可以提升组织运营水平。机器学习算法可以将那些复杂且非常耗时的工作进行自动化，从而提高组织效率、降低成本、减少风险。

14.1.2 原则

大数据能否提供独特的洞察力，关键在于能否管理好这些数据。由于数据来源和格式的迥异，大数据管理比关系数据管理需要更多的规则。与大数据管理相关的原则尚未完全形成，但有一点非常明确：组织应该严格管理与大数据源相关的元数据，以便准确掌握数据文件的清单、它们的来源和价值。

14.1.3 基本概念

1. 数据科学

正如本章引言所述，数据科学将数据挖掘（Data Mining）、统计分析（Statistical Analysis）和机

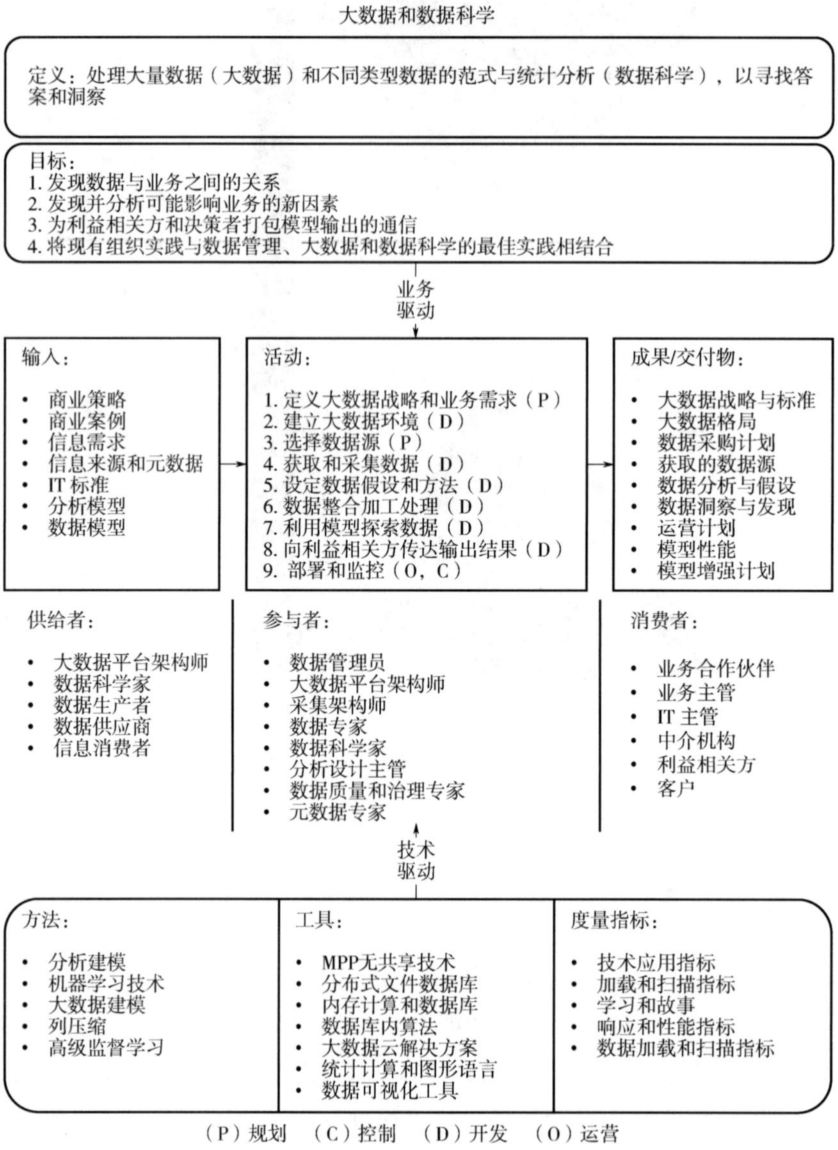

大数据和数据科学

定义：处理大量数据（大数据）和不同类型数据的范式与统计分析（数据科学），以寻找答案和洞察

目标：
1. 发现数据与业务之间的关系
2. 发现并分析可能影响业务的新因素
3. 为利益相关方和决策者打包模型输出的通信
4. 将现有组织实践与数据管理、大数据和数据科学的最佳实践相结合

业务驱动

输入：
- 商业策略
- 商业案例
- 信息需求
- 信息来源和元数据
- IT标准
- 分析模型
- 数据模型

活动：
1. 定义大数据战略和业务需求（P）
2. 建立大数据环境（D）
3. 选择数据源（P）
4. 获取和采集数据（D）
5. 设定数据假设和方法（D）
6. 数据整合加工处理（D）
7. 利用模型探索数据（D）
8. 向利益相关方传达输出结果（D）
9. 部署和监控（O，C）

成果/交付物：
- 大数据战略与标准
- 大数据格局
- 数据采购计划
- 获取的数据源
- 数据分析与假设
- 数据洞察与发现
- 运营计划
- 模型性能
- 模型增强计划

供给者：
- 大数据平台架构师
- 数据科学家
- 数据生产者
- 数据供应商
- 信息消费者

参与者：
- 数据管理员
- 大数据平台架构师
- 采集架构师
- 数据专家
- 数据科学家
- 分析设计主管
- 数据质量和治理专家
- 元数据专家

消费者：
- 业务合作伙伴
- 业务主管
- IT主管
- 中介机构
- 利益相关方
- 客户

技术驱动

方法：
- 分析建模
- 机器学习技术
- 大数据建模
- 列压缩
- 高级监督学习

工具：
- MPP无共享技术
- 分布式文件数据库
- 内存计算和数据库
- 数据库内算法
- 大数据云解决方案
- 统计计算和图形语言
- 数据可视化工具

度量指标：
- 技术应用指标
- 加载和扫描指标
- 学习和故事
- 响应和性能指标
- 数据加载和扫描指标

（P）规划　（C）控制　（D）开发　（O）运营

图14-2　大数据和数据科学语境关系图

器学习（Machine Learning）与数据集成等技术、数据建模能力相结合，构建预测模型以探索数据内容的模式。由于数据分析师或数据科学家使用一些科学方法来开发和评估模型，所以开发预测模型有时被称为数据科学（Data Science）。

数据科学家在采取特定行动之前，通常首先会对数据中容易观察到的行为提出假设。例如，假设顾客购买某类型的商品之后往往会购买另一种商品（如购置新房子后肯定还要买家具）。随后，数据科学家会分析大量的历史数据，统计出上述假设在过去真实发生的频率，并从统计学上验证这种假设模型的准确性。如果某个假设得到足够频次的有效验证，并且它所预测的行为具有实用价值，那么这个模型就可以成为一个智能运营流程的基础，用来预测客户潜在的行为，甚至可以做到实时预测，实现类似于"猜你喜欢"等基于推荐算法的精准广告。

开发数据科学解决方案需要将数据反复迭代地整合到洞察业务的算法模型中。主要依赖于：

1）丰富的数据源。具有可能揭示组织或客户行为间隐藏规律的海量数据。

2）信息对齐和分析。用来理解数据内容，并结合数据集对业务目标进行假设和验证的技术。

3）信息交付。基于数据集，执行数学算法和模型，利用数据可视化或其他方式输出结果，以对行为进行深入洞察。

4）信息发现和数据洞察的呈现。对信息发现进行分析和呈现，以便于共享洞察。

表 14-1 比较了传统数据仓库/商务智能和数据科学在实现数据分析方面扮演的角色。

表 14-1 传统数据仓库/商务智能和数据科学分析方法对比

传统数据仓库/商务智能	数据科学	
描述性分析	预测性分析	规范性分析
事后总结	预测洞察	规划指导
基于历史：发生了什么事，为什么会发生	基于预测模型：未来可能会发生什么	基于场景：为了实现目标，人们应该怎么做

2. 数据科学流程

图 14-3 阐述了数据科学流程不断迭代的 7 个步骤。每个步骤的输出都成为进入下一个步骤的输入。

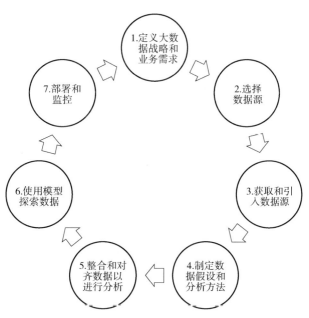

图 14-3 数据科学流程迭代步骤

数据科学流程的各步骤都遵循了科学的方法，即通过观察现状、提出和验证假设、观察结果及建立解释结果的一般性理论来提炼知识。在数据科学中，这一过程表现为观察数据并创建和评估行为模型。具体步骤如下：

1）定义大数据战略和业务需求。需求应清晰明确，包含预期的结果，并以可衡量的实质性收益为目标。

2）选择数据源。识别当前数据资产库中的数据缺口，并找到填补这些缺口所需的数据来源。

3）获取和引入数据源。获取数据集并将其加载入库。

4）制定数据假设和分析方法。通过数据剖析、可视化、数据挖掘等方式来探索数据。定义模型算法的输入、类型或模型假设和分析方法（如通过聚类算法对数据进行分组等）。

5）整合和对齐数据以进行分析。因为数据质量部分地决定了算法模型训练结果是否有效，所以需要采用可靠的数据源，利用清洗、加工、转换和整合等技术对数据进行预处理，以提高数据集的质量和可用性。

6）使用模型探索数据。针对集成数据应用统计分析和机器学习算法验证和训练模型，并随着时间的推移不断优化模型。训练包括将模型多次运行于实际数据上，以验证假设并进行调整，如识别异常值。在这一过程中，需求会被进一步细化。初步的可行性指标将指导模型的演进。可能会引入新的假设，要求额外的数据集，而这一探索的结果将影响未来的建模和输出（甚至改变需求）。

7）部署和监控。将生成有价值信息的算法模型部署到生产环境中，并对其价值和有效性进行持续监控。数据科学项目通常演变为数据仓库项目，此时需要引入更严格的开发流程（如ETL、数据质量管理、主数据管理等）。

3. 大数据

大数据概念刚诞生的时候，被定义具有"3V"特性：数据体量大（Volume）、更新速度快（Velocity）、数据类型多（Variety）（Laney，2001）。随着越来越多的组织开始研究和利用大数据，"3V"被发现已经不能涵盖大数据的内涵，于是"V列表"得到进一步扩充：

1）数据体量大（Volume）。大数据通常有数十亿条记录，其中含有成千上万个实体或元素。

2）更新速度快（Velocity）。指捕获、生成或共享数据的速度。大数据可以实现实时生成、分发及分析数据。

3）数据类型多（Variety）。指捕获或传输数据的格式多种多样。大数据会面临非常复杂的多源异构问题，因此需要存储各种格式的数据。

4）数据黏度大（Viscosity）。指数据的整合和使用难度比较大。

5）数据波动大（Volatility）。指数据发生变化的频率高，导致数据有效时间短。

6）数据准确性低（Veracity）。指数据的可靠程度不高。

大数据的体量非常大（通常大于100TB，甚至能到PB至EB级）。在传统数据仓库和在线分析的技术体系中，庞大无比的数据量对数据加载、建模、清洗和分析构成了新的挑战。这些问题现在可以通过大规模并行处理和分布式计算等技术解决。然而，这只是挑战之一，大数据具有更广泛的内涵。过大的数据集需要改变数据存储和访问的整体方案、对数据的理解方式（例如，当前的思维方式是基于关系数据库结构），以及数据的管理方法（Adam，2009）。图14-4展示了大数据技术涉及数据的范围，以及对数据存储的影响。

4. 大数据架构组件

对大数据和数据科学环境的选择，安装和配置需要专业知识，必须针对现有和新购置的大数据相关工具创建合理的、端到端的架构。

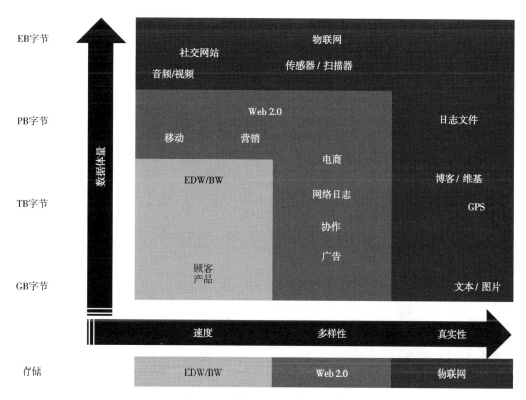

图 14-4　数据存储面临的挑战○

图 14-5 描述了传统数据仓库/商务智能和大数据架构的区别（关于数据仓库/商务智能组件的详细信息见第 11 章）。传统数据仓库/商务智能与大数据处理之间的最大区别在于：在传统数据仓库中，数据按照 ETL（抽取、转换、加载）的顺序在进仓的时候处理；而在大数据环境中，数据则是按照 ELT（抽取、加载、转换）的顺序，先采集、加载入湖/仓，再进行转换处理，数据采集和加载是在数据集成之前完成的。这是因为在某些大数据场景中，传统意义上的数据预处理可能无法实现。例如在构建预测模型的过程中，需要根据模型调试情况，汇聚特殊的数据集，这时候就不能使用那些数据仓库中提前预处理好的数据，而是根据模型需要随时集成数据。

5. 大数据的来源

由于人类活动越来越多地基于线上方式开展，人们每天在世界各地行走、互动沟通及开展业务交易活动，都会积累海量的数据。大数据会通过电子邮件、社交媒体、在线订单甚至是在线游戏源源不断地产生。数据不仅由手机和销售网点系统产生，监视系统、运输系统中的传感器、医疗监控系统、工业和公共监控系统、卫星和军事设备等也会产生大量的数据。例如，一条航线的某个航班就可以生成 1TB 的数据；直接与互联网交互的设备也会产生大量数据，这些设备和设备之间、设备和互联网之间连接形成的网络被称为物联网（Internet of Things，IoT）。

6. 数据湖

数据湖是一种可以采集、存储、评估和分析海量不同类型和结构数据的环境，可供多重场景

○ 经 Robert Abate/EMC 公司许可和使用。

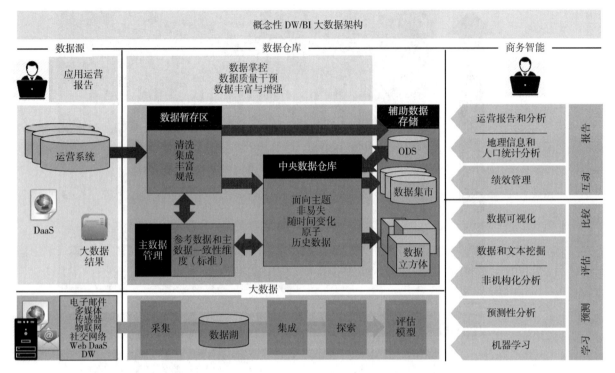

图 14-5 概念性数据仓库/商务智能和大数据环境的架构组件

使用。例如：

1）为数据科学家提供挖掘和分析数据的环境。

2）原始数据的集中存储区域，仅会按需做最小的转换。

3）数据仓库历史明细数据的备用存储区域。

4）信息记录的在线存档。

5）自动化识别并采集流式数据的环境。

研发人员可以通过合理地搭配数据湖或其他数据存储系统、集群服务、数据转换和数据集成产品等各种数据工具来搭建数据湖。这些工具做了很多跨基础架构、跨平台的适配，可以很方便地进行集成。

数据湖的风险在于：如果管理不善，很快就会变成一个数据沼泽——杂乱、不干净、不一致。为了建立数据湖中的数据目录，随时掌握数据湖中数据的具体内容，采集数据时做好元数据管理至关重要。为了理解数据湖中的数据是如何关联或连接的，数据架构师或数据工程师经常使用唯一键（Unique Keys）或其他技术（语义模型、数据模型等）。这样，数据科学家和其他可视化开发人员就会知道如何使用数据湖中存储的信息（见第9章）。

7. 服务化架构

服务化架构（Service-Based Architecture，SBA）正在成为一种既能够提供即时数据（即使这些数据可能并不完全准确或完整），又能够使用相同的数据源去获得完整、准确的历史数据集的方式（Abate，Aiken，Burke，2013）。SBA架构与数据仓库架构类似，它会把数据直接发送到操作型数据存储（Operational Data Store，ODS）中方便随时读取，同时也发送到数据仓库中去进行历史数据累积。SBA 架构包含 3 个核心组件，即批量处理层、快速处理层和服务层。

1）批量处理层（Batch Layer）。数据湖充当批量处理层，同时包含最新数据和历史数据。

2）快速处理层（Speed Layer）。仅包含实时流式数据。

3）服务层（Serving Layer）。提供接口连接批量处理和快速处理层数据的接口。

如图 14-6 所示，数据从数据源端流向批量处理层和快速处理层。批量处理层和快速处理层分别执行离线分析计算和实时分析计算，这种架构一般需要两套独立的系统。批量处理层和快速处理层的数据最后在服务层汇聚，形成合并视图。组织需要权衡完整性、延迟和复杂性等因素，以解决二者之间如何同步。另外，还需要综合评估投入产出比，以确定减少数据延迟或提高数据完整性的工作是否值得付出。

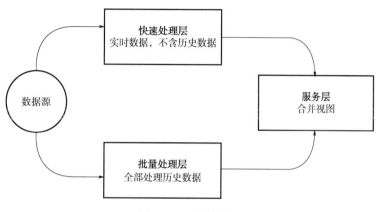

图 14-6　服务化架构

批量处理层通常被称为离线处理层（这里每个事务都是事先插入），而在快速处理层（通常被称为操作型数据存储或 ODS）中，所有事务都是实时更新（或仅在需要时才插入）。这种架构可以规避时间同步问题，因为同时创建当前状态和历史层。该架构通过服务层或数据服务层为后续应用提供数据。数据服务层利用元数据抽象数据。服务层确定哪里的数据作为"服务"，并提供程序调用命令所请求的数据。

8. 机器学习

机器学习（Machine Learning）探索学习算法的构建和研究。它可以被视为无监督学习方法（更常被称为数据挖掘）和监督学习方法的结合。监督学习方法深深根植于数学理论，尤其是统计学、组合数学和运筹学。除此之外，机器学习的第三个分支"强化学习"（Reinforcement Learning）正在逐渐发展壮大，即不用老师教就能自主学习，实现目标优化——如自动驾驶。通过编程使机器能够快速地从查询结果中学习知识，并持续优化自身以适应不断更新的数据集。这就是在大数据中产生的全新领域，称为"机器学习"[⊖]。其大致流程是：执行算法程序—得到结果—在后续算法执行过程中使用这些结果—反复迭代这个过程—获得最优解。

⊖ 请参阅 http：//bit.ly/1DpTrHC 上的机器学习资源周期表，获取适用于机器学习开发人员、科学家和从业者的不同平台的交互式指南。

机器学习研究和构建了"学习算法"。这些算法可分为3种类型：

1) 监督学习。基于现有规则（如垃圾邮件分类）。

2) 无监督学习。发现隐藏的规律（数据挖掘）。

3) 强化学习。实现目标达成（如在国际象棋比赛中击败对手）。

统计建模和机器学习已经用于将那些自动化成本高昂的研究和开发项目自动化，通过利用海量数据集进行反复试错、重复试验，并收集数据、分析结果，然后不断优化。这种方法可以显著缩短决策时间，并通过基于成本效益的可重复过程提供洞察，并指导组织的战略。例如，加拿大信息可视化和数据驱动设计创新中心（CIVDDD）使用机器学习和复杂科学数据可视化技术帮助政府机构与维和人员应对处理大量与威胁相关的信息挑战⊖。

虽然机器学习以新的方式挖掘数据，但它也存在很多数据伦理方面的问题，特别是在透明性原则方面。有证据表明，深度学习神经网络（Deep Learning Neural Networks，DLNN）能够有效工作并实现自我学习，但是人们并不清楚它们是如何学习的。随着推动这些流程的算法变得越来越复杂，它们也就变得更加不透明，就像"黑匣子"一样。算法考虑的变量越来越多，这些变量也逐渐变得更加抽象、难以解释，算法正在测试和挑战人类解读机器的能力极限（Davenport，2017）。随着机器学习的不断发展和应用越加广泛，在数据伦理领域人们对透明性的需求（看到机器如何做出决策的能力）会不断增加（见第2章）。

9. 情感分析

多媒体和文本分析（如舆情监控）是从大型非结构化或半结构化数据（如电子商务交易数据、社交媒体、博客和网络新闻网站）中提炼信息的自动化信息处理技术，该技术通常被用于感知人们对品牌、产品、服务或其他类型主题的看法和感受。使用自然语言处理（NLP）技术解析短语或句子，从而感知网友的情绪，揭示情绪的变化趋势，以预测可能的场景。

以在网站帖子关键词为例，如果出现"很好"或"太棒了"这两个词，就是一个积极反馈。反之，如果出现"太坏了"或"很不好"，则表明是一个负面回应。从数据中提取"积极"或"负面"回答，整个社区或帖子（社交媒体，如推特、博客等）的"情绪"就会一览无遗。从另外一个角度来看，很难准确捕获情绪，因为文字本身并不能很好地说明事情的原委。例如，对商家提供的客户服务有一个"很好的意见"，是表达"客户服务很好"，还是"有一个意见"？因此，必须理解整个帖子的含义，并结合上下文解释情绪。这种解释一般使用诸如IBM的Watson等系统中的自然语言处理（Natural Language Processing，NLP）功能。

10. 数据和文本挖掘

数据挖掘（Data Mining）是一种特定类型的数据分析方法，这种方法利用各种算法揭示数据之间的模式。它起源于机器学习，而后者是人工智能的一个子领域。数据挖掘的理论是统计分析的一个子集，被称为无监督学习（Unsupervised Learning）。在这种方法中，算法应用于数据集，而无须

⊖ CIVDDD是加拿大约克大学拉松德工程学院信息和数据驱动设计创新中心，是大数据分析和可视化领域的一个研究基金，用于为新的计算工具、表征策略和接口开发下一代数据发现、设计和可视化技术。

知道或指定期望的结果。传统的查询和报告工具提出特定的问题，而数据挖掘工具通过揭示数据中的模式帮助发现未知的关系。数据挖掘是探索阶段的关键活动，因为它有助于快速识别研究数据元素，发现之前未知、不明确或未分类的新关系，并为分类研究数据元素提供基础性的结构。

文本挖掘利用文本分析和数据挖掘技术自动将内容分类到由工作流引导和由领域专家（SME）驱动的本体中。因此，电子文本媒体可以在无须重构或重新格式化的情况下进行分析。本体可以与搜索引擎连接，使得能够通过网络检索这些文档。

数据和文本挖掘使用了以下技术：

1）数据剖析（Profiling）。数据剖析技术可以提取个体、群体或总体的典型行为特征，常用于建立行为规范。这些行为特征、规范可以在欺诈检测（又称为反欺诈、风险识别）或系统入侵监控等异常检测场景中使用。数据剖析结果是许多无监督学习组件的输入。

2）数据降维（Data Reduction）。数据降维是一种对复杂大数据集进行简化的技术，降维后的小数据集保留了复杂大数据集的主要特征和关键信息。较小的数据集可以减少计算量和复杂度，更容易被分析或处理。

3）关联分析（Association）。关联分析是一种无监督学习的技术，基于若干对象之间的关联度来发现它们之间的关系。例如，频繁项集（Frequent Item Set）挖掘、规则发现和基于市场的分析。互联网上的推荐系统也使用这一技术。

4）聚类分析（Clustering）。聚类分析是一种将数据集中的、具有某一共同特征的对象聚集在一起的技术。客户细分就是一种典型的聚类分析应用。

5）自组织映射（Self-organizing Maps）。自组织映射是一种神经网络聚类分析方法，有时被称为科霍宁映射（Kohonen Maps）或拓扑有序映射。这种技术能够将高维数据映射到低维，用以降低评估空间中的维度，同时尽可能地保留原有距离、邻近关系等拓扑结构，类似于降维。降维就像从方程式中移除一个变量而不影响结果，使得问题变得更易于求解和可视化。

11．预测性分析

预测性分析（Predictive Analytics）是监督学习的一种。用户可以结合预测算法对数据进行建模，并通过概率估算预测未来结果。预测分析根植于数学，特别是统计学。预测性分析与无监督学习有许多共同的组成部分，其区别主要在于对预测结果的度量。

预测性分析是基于变量（包括历史数据）开发概率模型的过程，这些变量与一系列可能事件（如购买、价格变化等）相关。

当模型接收到特定信息时，它会触发组织的某种反应。触发因素可以是一个事件（如客户在电商网站将商品添加到购物篮），也可以是数据流中的一个数据，如信息流（News Feed），或公用设施传感器数据（Utility Sensor Data），或服务请求量的增加。触发因素也可以是一个外部因素，如企业的相关新闻报道是股价变化的重要因素。预测股票走势时，应该实时监控相关新闻，并判断该新闻对股票价格是利好还是利空。

通常，触发因素是大量实时数据的累积，如突发高频交易和实时服务请求，或环境的剧烈波动。监控数据事件流需要不断获得新数据来调整预测模型，直至达到模型定义的阈值。

从模型做出预测结果到被预测事件发生，中间会有一定的时间差，但这个时间差通常非常短（1秒甚至小于1秒）。因此，采用降低延迟的技术方案（如内存数据库、高速网络，甚至是物理上接近数据源）可以优化提升组织对预测做出快速反应的能力。

最简单的预测模型是预估（Forecast）。许多基于回归分析的趋势或预测技术都可以从平滑算法中获益。平滑数据最简单的方法是通过滑动平均或是加权滑动平均。更先进的技术效果更好，如指数滑动平均（Exponential Moving Average，EMA），它引入了一个加入计算的平滑因子。可以把最小二乘法的最小化误差/残差作为起点，但确定和优化平滑因子需要经过反复迭代。处理趋势和季节性成分可以考虑采用两重指数或三重指数平滑模型。

12. 规范性分析

规范性分析（Prescriptive Analytics）比预测性分析更进一步，它不仅仅是根据已发生的动作预测结果，还会告诉用户怎么做才能得到最优结果。规范性分析会预测将发生什么、什么时候发生，并揭示为什么会发生。因为规范性分析可以推演各种决策的结果，所以它可以辅助判断如何利用机会或避免风险。

规范性分析可以不断地接受新数据，以重新预测和重新给出建议。该过程可以提高预测精度，并提供更好的解决方案。

13. 非结构化数据分析

非结构化数据分析（Unstructured Data Analytics）与文本挖掘、关联分析、聚类分析和其他无监督学习技术结合使用以处理大型数据集。除此之外，监督学习技术还可以用于在编码过程中提供方向、监督和指导，并在必要时利用人工干预解决歧义问题。

随着非结构化数据源源不断地产生，非结构化数据分析正变得越来越重要。如果不能将非结构化数据纳入分析模型，则无法进行某些所需的分析。但是，如果没有好的办法把所关注的信息与无关信息分离开来，非结构化数据分析就无从谈起。

扫描和打标签（Tagging）是向非结构化数据添加"钩子"的一种方法，这种方法可以实现相关结构化数据的链接和筛选。但是，要知道根据什么条件生成什么标签是一件很困难的事情，需要一个反复迭代的过程：先识别出待定的标签条件，在采集数据时打好标签，再利用这些标签验证匹配标签条件，然后重新分析标签数据直至收敛。这个过程会导致标签条件发生改变，或者产生更多的标签。

14. 运营分析

运营分析（Operational Analytics），也称为运营BI或流式分析，概念源于实时分析与运营结合。运营分析包括用户细分、情感分析、地理编码等活动，应用数据集进行营销活动分析、销售渗透、产品推广、资产优化和风险管理。

运营分析涉及跟踪和整合实时信息流，根据行为的预测模型得出结论，并触发自动响应和告警。为了成功完成分析，分析模型、触发器和响应的设计都需要对数据本身进行更多的洞察。运营分析解决方案包括准备历史数据，以便为行为模型预先填充数据。例如，在零售产品模型中，购物篮分析、识别经常一起购买的产品等。在预测金融市场行为时，历史价格信息和历史价格变化率经常被使用。预填充计算通常提前执行，以便在触发事件发生时及时做出响应。

一旦确定预测模型既有效果又有成本效益优势，那么整合了历史和当前数据（包括实时和流数据、结构化和非结构化）的解决方案就可以被用来填充预测模型并根据预测触发操作。解决方案必须确保使用模型规则正确处理实时数据流，并对数据中有意义的事件自动生成正确的响应。

15. 数据可视化[○]

可视化（Visualization）是通过使用图片或图形表示法解释概念、思维和事实的过程。数据可视化通过将数据呈现为图表或图形的方式，帮助人们理解数据的内在含义。数据可视化能够浓缩并概括数据特征，使其更易于理解。通过可视化，可以揭示机会、识别风险或传达关键信息。

数据可视化形式多种多样，有静态格式（如已发布的报告）和能够互动的在线格式；有些还支持终端用户的交互，其中的钻取或过滤等促进数据分析；创新的展示方式则允许用户根据需要改变数据的展示效果，如数据地图和随时间变化的数据展示。

长期以来，数据可视化一直是数据分析的关键手段之一。传统的 BI 工具包括丰富的可视化图表工具，如表格、饼图、折线图、面积图、柱状图、直方图和 K 线图（蜡烛图）。为了满足人们洞察数据的需求，可视化工具的数量不断增加，技术也取得了长足的进步。

随着数据分析技术的成熟，以新的方式可视化数据将带来战略优势。通过数据可视化发现数据中隐含的新规律可以带来新的商业机会。随着数据可视化的不断发展，组织必须大力建设商务智能团队，以便在一个数据驱动的世界中保持竞争力。商业分析团队除了需要传统的信息架构师和数据建模师，还需要寻找具有可视化技能的数据专家，包括数据科学家、数据艺术家和数据视觉专家。另外，要特别注意可视化误导引起的相关风险（见第 2 章）。

16. 数据混搭

数据混搭（Data Mashups）是将数据和服务结合在一起，以可视化的方式展示或分析结果。许多数据虚拟化工具可通过公共数据元素关联数据源的功能实现混搭/融合，这些功能最初用于将名称或描述性文本关联到存储的代码。

因为有立竿见影的效果，在数据分析的发现或探索阶段使用这种客户端呈现混搭技术是非常理想的。这种技术可以很容易地应用于互联网，在网页中，加密数据混搭技术实现了跨供应商或跨数据提供者的个人或机密信息共享。

这些混搭可以与人工智能学习算法结合使用，可以提供带有自然语言接口的互联网服务。

[○] 数据可视化是一个不断发展的领域。应用于数据可视化的原则是基于设计原则的，参见 Tufte，2001 和麦克坎德利斯，2012。存在许多基于 Web 的资源，其中包括示例和反示例。参见视觉素养领域可视化方法的元素周期表，Org http：// bit. ly/IX1bvI。

14.2 活动

14.2.1 定义大数据战略和业务需求

组织的大数据战略是其数据战略的一部分，需要与组织的整体业务战略和业务需求保持一致并为它们提供支撑。大数据战略必须包括以下评估标准：

1）组织试图解决什么问题，数据分析的目的是什么。虽然数据科学的优点是它可以为组织提供一个新的视角，但该组织仍然需要有一个出发点。组织可以决定是使用这些数据来理解业务或商业环境，还是去验证提升新产品价值的好点子，或是去探索未知的事物，如发明一种新的商业模式。在项目实施的各个阶段，制订一个评估这些举措的计划非常重要，并且需要在多个时间点评估该计划的价值和可行性。

2）要使用或获取的数据源有哪些。内部数据源可能易于使用，但也可能在可使用范围上受到限制。虽然外部资源可能很有用，但又不在业务控制范围之内（由其他人管理，或者不受任何人控制，如社交媒体）。许多供应商都在数据资源交易领域竞争，并且所需采购的数据元素或数据集合往往有多个不同来源。获取那些已经被整合的数据，可以降低总体的投资成本。

3）提供数据的及时性和范围。许多数据可以实时提供，也可以通过快照的形式定期提供，甚至可以以集成和汇总的形式提供。低延迟的数据是理想的，但通常会以牺牲机器学习能力为代价——"静态数据"和"流式数据"在计算算法上有很大的区别。因此，不应低估下游使用所需数据的集成程度。

4）对其他数据集结构的影响和关系。可能需要对其他数据结构进行修改或内容转换，使其适合与大型数据集集成。

5）对现有模型数据的影响。包括扩展关于客户、产品和市场营销方法的知识。

该战略将推动组织大数据能力路线图的范围和时间安排。

14.2.2 选择数据源

与其他开发项目一样，数据科学工作必须选择能够帮助组织解决当前问题的数据源。大数据与数据科学开发的不同之处在于数据源的覆盖范围更广。它不受数据格式的限制，同时涵盖组织内外部的数据。当然，将这些数据纳入解决方案也面临风险，需要综合评估数据的质量和可靠性，并制订长期使用的计划。大数据环境可以快速采集海量数据，但随着时间的推移需要进行持续管理，还需要了解以下基本内容：

1）数据的源头。
2）数据的格式。

3）数据元素代表什么。

4）如何与其他数据连接。

5）数据更新的频率如何。

随着更多可用数据（如美国人口普查局统计数据、购物人口统计数据、气象卫星数据、研究数据集）的出现，数据的复杂程度、质量好坏等问题也随之而来，因此需要评估数据的价值和可靠性。审查可用的数据源，以及创建这些数据源的过程，并对新数据源的管理制定规划。

1）基础数据（Foundational Data）。在销售分析中考虑基础数据组件，如 POS（销售终端）。

2）粒度（Granularity）。理想情况下，以最细粒度的形式获取尚未聚合的数据，这样可以用于各种目的聚合。

3）一致性（Consistency）。在条件允许的前提下，选择能够在各种可视化展现中适当且一致出现的数据，或者识别数据的局限。

4）可靠性（Reliability）。选择长时间稳定可靠、可信及权威的数据源。

5）检查/分析新来源（Inspect/Profile New Sources）。在添加新数据集之前进行测试更改。随着新数据源的加入，可视化结果可能会出现意想不到的重大变化。

数据源也会带来风险，如隐私问题。大规模快速采集和整合多源数据集能力，使得原本受到保护的不同数据集能够重新整合，而这带来了风险。也就是说，对公开的分析结果进行总结、汇总、聚合或建模来描述公共数据集的一个子集，会使其突然变得可识别。这是对超大群体进行大规模计算，但将结果发布到特定局部或区域的副作用。例如，在国家或省级汇总的人口统计数据，不易识别个体特征，但在经过邮政编码或家庭层级筛选后再发布时，就可能暴露个人身份信息[⊖]。

用于选择或过滤数据的筛选条件也存在风险，应客观地管理这些标准，以避免偏见或偏差。筛选也会对数据可视化结果产生实质性的影响。在删除异常值、将数据集限制为有限域或删除稀疏元素时，必须谨慎操作。通常的做法是聚焦所提供的数据，强调隔离结果，前提是必须客观、统一地进行[⊖]（见第 2 章）。

14.2.3 获取和采集数据

一旦确定了数据源，就需要获得它们，有时还需要通过购买得到，并将它们采集（加载）到大数据环境中。在此过程中，需要捕获有关数据源的关键元数据，如数据来源、大小、时效性及关于内容的其他信息。许多数据采集引擎在采集数据时会分析数据，至少会为分析人员提供部分元数据。一旦数据被存入数据湖，就可以评估它是否适用于多种分析工作。

⊖ 参见马丁·福勒博客，2013 年 12 月 12 日。马丁·福勒对我们应该总是捕获尽可能多的数据的假设提出了质疑。他指出，"抓住一切"的方法带来了隐私风险。取而代之的是，他提出了数据最小化或数据稀疏性的概念（来自德语术语数据共享器），http://bit.ly/1f9Nq8K。

⊖ 有关偏见影响科学结果的解读的更多信息，请参考以下网站：INFORMS（国际运筹学和分析专业人士协会）：http://bit.ly/2sANQRW；加拿大统计学会：http://bit.ly/2oz2o5H；美国统计学会：http://bit.ly/1rjAmHX。

因为构建数据科学模型是一个迭代的过程,所以数据采集过程也是迭代进行的。不断识别当前数据资产库中的需求缺口,及时引入相应数据源,使用分析、可视化、挖掘或其他数据科学方法探索这些数据源,以定义模型算法输入或模型假设。

在整合数据之前,需要先评估数据质量。评估工作可以简单到用查询的方式来统计出有多少空字段,也可以复杂到需要用数据质量管理工具或数据分析程序对数据进行剖析、分类及识别数据元素之间的关系。这样评估可以深入了解这些数据是否提供了有效的样本,以及如果样本有效,应该如何存储和访问数据[分散存储到逻辑处理单元(MPP)、联邦存储/查询、分布式键值存储等]。这项工作涉及 SME 主题领域专家(通常是数据科学家自己)和平台工程师。

评估工作为如何对数据与其他数据集(如主数据或数据仓库历史数据)进行整合提供了宝贵的参考意见,以及可用于模型训练集和验证活动的信息。

14.2.4 设定数据假设和方法

数据科学能够发现数据背后隐含的意义和洞察,并给出一系列最佳解释。制定数据科学解决方案需要构建统计模型,找出数据元素和数据集内部及其之间的相关性和趋势。根据输入的不同,一个模型可能会给出多个答案。例如,在计算金融投资组合的未来价值时,根据输入的预期回报率的不同,计算结果也会不同。并且,模型通常不止一个变量。因此,最佳做法是寻求确定性结果——换句话说,就是使用预期值的最佳猜测。然而,最佳猜测本身也需要进行训练。每种模型都将根据所选择的分析方法运行,对每个结果进行逐一测试和检验,即使是那些看起来最不可能的结果。

算法模型输出的效果取决于输入数据的质量和模型本身的可靠性。算法模型还能洞察数据与数据之间的关联关系,一个例子是使用 K-Means 聚类算法对需要进一步分析的数据进行分组(见第 13 章)。

14.2.5 集成和对齐数据并进行分析建模

数据分析准备工作包括了解数据中的内容、找到不同来源的数据间的联系,以及将公共数据进行标准化以供使用。

很多时候,汇聚数据更像一门艺术,而不是一门科学。例如,有一个按日更新的数据集和一个按月更新的数据集,为了使这两个数据集保持一致,必须对按日更新的数据集进行月度汇总,这样才能在数据科学研究中使用同一标准的数据。一种方法是双方使用同一个通用数据模型,并通过公共键汇聚、整合数据;另一种方法是使用数据库引擎内的索引连接和扫描数据,找到相似的数据,并记录链接数据的算法和方法。

通常在拿到数据的第一时间就要探索数据,以了解如何分析数据。聚类算法有助于确定数据的分组。其他方法可以找出数据之间的相关性,这将用于构建模型以显示结果。在初始阶段就使用相关技术,有助于理解模型在发布后会如何显示结果。

大多数解决方案都需要集成主数据和参考数据,以便解释分析的结果(见第 10 章)。

14.2.6 利用模型探索数据

1. 填充预测模型

配置预测模型需要用各种历史信息预填充模型，具体包括客户、市场、产品或模型触发因素之外的其他因素。为了第一时间响应触发事件，通常需要提前执行预填充计算。例如，需要客户购买历史信息预填充零售市场购物篮推荐模型。在预测零售市场客户行为时，还会结合历史价格、价格变化信息、客户、人口统计和天气信息等数据。

2. 训练模型

输入训练数据，执行算法模型，以训练模型。训练时会基于数据反复运行模型，以检验假设。模型训练会不断优化模型，但过程需要平衡。可以在对有限数据集进行模型训练时进行交叉验证，以避免出现过拟合现象。

在将模型部署至生产环境之前，必须完成模型验证工作。对于填充失衡或数据偏差问题，可以通过对模型偏移进行训练和验证来解决。这个操作可以在生产环境中调整，因为模型的初始偏移量可以通过实际填充数据相互作用而逐渐优化。优化特征组合可以通过贝叶斯协同选择、分类器反演或规则归纳来实现。模型也可以组合起来用于集成学习，其中预测模型就是通过组合简单模型的优势构建起来的。

识别离群值或异常值（显著偏离研究数据集中其他数据的观察值）对于评估模型至关重要。对于波动性较大的数据集，还需要根据数据集的均值和标准差进行方差检验。这两种操作都可以方便地应用于分析结果。与寻找和验证大多数数据的特征和趋势相反的是，也许离群值正是研究的目标（如在欺诈检测或医疗诊断场景中，离群值更有意义）。

在做预测分析时，通常使用实时数据流完成预测模型的填充，并触发响应（如一个警报或事件）。数据流需要特别关注极低延迟处理能力的设计和开发，在某些模型中存在预测值在 1 秒之内差异的极端需求，而解决方案可能需要具有接近光速的创新技术。

算法模型开发可以使用开源库中许多可用的统计函数和技术，如 R 语言。R 语言是一个免费、开源的统计分析软件环境，包含许多可以直接使用的内置函数[⊖]。用户还可以使用脚本语言开发自定义函数，并实现跨工具、平台和组织的共享。

一旦模型方案完成设计，并经过开发和运营评估，组织就可以决定是否要实现该模型方案。一般来说，实时运营方案通常需要大量的新架构和开发工作，可能并不划算。

3. 评估模型

一旦完成数据采集、汇聚、整合、入库等数据分析前置工作，就该轮到数据科学家上场了。数据科学家构建算法模型时，会利用训练集对模型进行训练、评估和验证。此时，一般需要结合业务

⊖ 了解更多信息，请访问 r 项目网站：http://bit.ly/19WExR5。

需求进行优化调整，而之前设定的业务目标可以指导进一步地处理或放弃相关工作，如验证一个新的假设时可能需要引入新的数据集。

数据科学家对这些数据进行查询或执行算法，看看是否会显现新的发现。在洞察发现（数据中的聚类情况、周期性的规律等）的过程中通常会使用许多不同的算法函数。数据科学家会重复操作这个步骤，反复迭代，直至收敛、找到答案。通过上述流程，就可以开发出能够揭示数据和洞察结果之间相关关系的算法模型。

在评估模型时，还需要综合考虑数据科学实践的伦理问题。算法模型可能会产生意外结果，或无意中反映建模者的假设和偏见。所有的人工智能从业者都应该接受数据伦理培训。在理想情况下，每个传授人工智能、计算机科学或数据科学知识的课程都应该包含数据伦理、职业道德和安全相关内容。然而，数据伦理、职业道德仅仅停留在理论层面是不够的。虽然它们可以帮助从业者认识到对所有利益相关方的责任，但数据伦理培训还需要在技术操作层面加强，如在建立和测试系统时采取技术预防措施，以落实数据伦理的良好目标（见第2章）。

4. 创建数据可视化

算法模型的数据可视化必须满足与模型目的相关的特定需求，每个可视化都应该能够回答一个问题或提供一个洞察，为此要设定可视化的目的和参数：时间点状态、趋势与例外、动态数据之间的关系、地理差异及其他。选择适当的展现形式实现该目的，确保可视化内容能够针对特定的受众；调整布局和复杂性以突出或简化内容，因为并非所有的受众都能接受复杂的交互式图表，所以数据可视化展示应该加上解释性文本。

可视化应该采用"讲故事"的形式呈现内容。用数据"讲故事"可以将新的问题与数据探索的背景联系起来。只有利用相关数据可视化讲述数据故事，才能获得最佳效果。

14.2.7 部署和监控

满足业务需求的算法模型，可以部署到生产环境中，投入生产并持续监控。这些模型需要进行维护和优化，有好几种技术可以支撑这项工作。模型可以在批处理过程和实时数据处理场景中使用，还可以嵌入分析软件，作为决策管理系统、历史分析或绩效管理仪表板的输入。

1. 揭示洞察和发现

数据科学研究的最后一步是通过数据可视化展示数据洞察和发现。洞察结果应落实到后续行动事项，这样组织才能从数据科学工作中获益。

可以通过数据可视化技术探索新的关系。随着模型的持续使用，底层数据和关系的变化将浮出水面，从而讲述关于数据的"新故事"。

2. 使用附加数据源迭代开发

将研究发现和数据洞察进行数据可视化后经常会发现一些新的问题，从而开启一个新的研究过程。数据科学研究是不断探索、循环往复的，因此大数据开发工作也需要不断迭代，以支持数据科学研究工作。从特定数据源学习的过程经常需要引入不同或额外的数据源，以支持所发现的结论，并增强当前模型的洞察。

14.3 工具

技术的进步（如摩尔定律、移动设备的普及、物联网等）推动了大数据和数据科学产业的发展。要了解这个行业，就必须了解其驱动因素。本节将介绍使大数据科学得到长足发展的工具和技术。

大规模并行处理（Massively Parallel Processing，MPP）技术的出现是大数据和数据科学的首批推动者，因为它提供了在相对较短的时间内分析大量信息的手段。当前大数据的工作无异于大海捞针、沙中淘金，并且这种趋势还在继续。

其他改变了人们看待数据和信息方式的技术新趋势包括：

1）高级在库分析（In-Database Analytics）技术。
2）非结构化数据分析（Hadoop、MapReduce）。
3）分析结果与业务系统的集成。
4）跨媒体和跨设备的数据可视化。
5）链接结构化和非结构化信息的语义分析。
6）使用物联网的新数据源。
7）高级可视化能力。
8）数据增强（Data Enrichment）能力。
9）工作协同技术和工具。

为了承载大数据的工作负载，现有的数据仓库、数据集市和操作数据存储（ODS）的能力正在得到增强。NoSQL 技术使存储和查询非结构化和半结构化数据成为可能。

以前，访问非结构化数据的方式主要是批量查询接口，这种逐条查询数据的方式执行效率低、响应时间漫长。而今已有多个 NoSQL 数据库可用，其设计突破了数据查询过程中的效率限制。可扩展的分布式数据库可以自动为并行查询提供分库分表的能力（原生跨服务器扩展的能力）。当然，与任何其他数据库一样，定义数据结构和非结构化数据集映射的工作基本上还是要靠手工完成。

大数据内存技术可以满足即时查询、报告和数据分析的需要，这些技术可以让终端用户构建类 SQL 的查询语句来访问非结构化数据。还有一些适配 SQL 的工具，它们能传递 NoSQL 进程并返回符合 SQL 标准的查询结果，尽管存在一定限制和注意事项。适配技术可以让现有工具附加非结构化的数据查询功能。

决策标准工具集、流程实施工具和专业服务产品都能促进和加快选择初始工具集合的过程。与在 BI 工具选型时一样，对所有可选项进行仔细评估是至关重要的，其中包括自建、购买或使用 SaaS。如第 11 章所述，与从零开始自建或从供应商处采购现有产品的费用相比，应权衡云原生工具和相关专业知识的代价，还需要考虑后续的升级费用和潜在的替代成本。通过类比一系列运维级别协议（Operating Level Agreement，OLA）就可以预见所需成本，并为设定违规条款的强制费用和处罚提供依据。

14.3.1 MPP 无共享技术和架构

大规模并行处理（MPP）的无共享（Shared-Nothing）数据库技术现已成为面向数据科学的大数据集分析标准平台。在 MPP 数据库中，数据在多个处理服务器（计算节点）之间进行分区（逻辑分布），每个服务器都有自己的专用内存来处理本地数据。处理服务器之间的通信通常由管理节点（Master Host）通过互联的网络进行控制。该架构中不存在磁盘共享或内存争用的情况，因此被称为"无共享"技术。

传统的计算模式（索引、分布式数据集等）在处理大数据量单表时响应时间过慢，甚至无法实现。即使是最强大的计算平台（Cray 计算机，曾经是世界上最快的超级计算机）对万亿行记录的表进行复杂计算，也需要花费数小时甚至数天。因此，MPP 技术得以诞生，并快速发展。

现在设想一下，一些商用硬件服务器排成一排，并通过管理节点进行控制，然后将万亿行的表进行分段或分布式存储至每台服务器，各自只负责查询其中的一部分。例如，如果有 1000 台处理服务器，那么情况将从访问 1 张表中的 10 000 亿行变为从 1000 张表中各自访问 10 亿行数据，并且这种架构的性能是线性扩展的。这对数据科学家和大数据用户有极强的吸引力，他们需要一个可扩展的平台面对不断增长的数据量。

该技术还支持在库分析功能——能够在处理器级执行分析功能（如 K-means 聚类、回归等）。将工作负载分配到处理器级别，可大大加快分析查询的速度，从而推动数据科学的创新。

一个能够自动分配数据，并将查询的工作负载并行化到所有可用（本地化）硬件上的系统，是大数据分析的最佳解决方案。列式应用架构如图 14-7 所示。

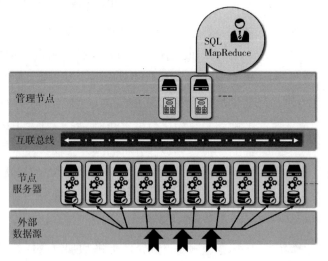

图 14-7 列式应用架构○

○ 图片来源："绿梅数据库 4.0：临界大规模创新"，白皮书，2010 年 8 月。

随着时间的推移及数据量的高速增长，公司可以添加新的节点以扩充系统的容量并提升性能。在不断增长的服务器资源池中，MPP 的并行计算能力可以轻松扩展成百上千个内核。大规模并行计算、无共享架构充分利用了每个内核，具有线性可扩展性，并提高了对大型数据集的处理性能。

14.3.2 分布式文件数据库

基于文件的分布式技术（如开源的 Hadoop）是一种可以存储大量不同格式数据且成本极其低廉的方法。Hadoop 可以存储任何类型的文件，包括结构化、半结构化和非结构化。Hadoop 使用类似于 MPP 无共享（类似 MPP 原理的文件存储模式）的配置，可以跨处理服务器共享文件。Hadoop 的多副本机制可以防止数据丢失，是数据安全存储的理想选择。但在通过结构化或分析机制（如 SQL）访问数据方面存在挑战。

由于成本相对较低，Hadoop 已经成为许多组织的首选。从 Hadoop 中，可以将数据移动到 MPP 无共享数据库，以便运行算法。有的组织会在 Hadoop 中运行复杂的数据科学查询，并不在乎响应时间要数小时或者数天（而不是 MPP 架构的分钟级）。

基于文件的解决方案中使用的编程模型/语言称为 MapReduce。这种编程模型有 3 个主要步骤：

1）映射（Map）。识别和获取需要分析的数据。

2）洗牌（Shuffle）。依据所需的分析模式组合数据。

3）归并（Reduce）。删除重复数据或执行聚合操作，以便将结果数据集的大小减少到需要的规模，以生成最终结果。

这些步骤可以用不同的方式、在许多不同的工具中、以顺序和并行的方式组合，并进行复杂的操作。

14.3.3 数据库内算法

数据库内算法（In-Database Algorithm）使用类似 MPP 的原理。MPP 无共享架构中的每个处理器都可以独立运行查询，因此可在计算节点级别提供数学和统计功能，实现新型的分析处理。用于机器学习、统计和其他分析任务的可扩展数据库内算法开源库，既设计用于核内和核外执行，也适用于现代并行数据库引擎提供的无共享并行计算，以确保在离数据最近的地方计算，从而获得最佳性能。通过将计算任务移动到数据附近，可以最大限度减少数据拷贝，显著缩短复杂算法（如 K-means 聚类、逻辑或线性回归、曼–惠特尼 U 检验、共轭梯度、队列分析等）的计算时间。

14.3.4 大数据云解决方案

有些供应商为大数据提供包括分析功能的云存储和集成整合能力。客户根据已定义的标准，将数据加载到云环境中。供应商通过公开或其他组织提供的数据集增强其服务能力。客户可以自由选择并组合数据集进行分析和开展数据科学研究。一个应用实例是以零售优惠活动为主题的数据，将其与地理数据和销售数据结合起来。如果客户同意应用以这种方式使用数据，应用还会赠送客户一些航空里程。

14.3.5 统计计算和图形语言

R 语言是一种用于统计计算和图形的开源脚本语言环境。它提供了各种各样的统计技术，如线性和非线性建模、经典统计检验、时间序列分析、分类和聚类。因为它是一种脚本语言，所以用 R 语言开发的模型可以在多种环境、不同的平台及跨地域和组织边界的协作开发中实现。R 环境还可以在终端用户的控制下生成包括数学符号和公式的出版级别质量的图形。

14.3.6 数据可视化工具

数据可视化中的传统工具包括数据表格和图形组件。先进的可视化和探索工具使用内存架构，使用户能够与数据进行交互。大数据集中的模式可能很难在数字显示中被识别。当数千个数据点被加载到一个复杂的显示器中时，就可以快速地获得一个视觉模式。在一行行展示的数据中发现大数据集隐含的规则几乎不可能，但如果把成千上万的数据点加载到精巧设计的展现形式（合适的图形或表格）中，就能用肉眼快速识别出隐含的规律。

信息图表是为有效互动和理解而设计的图形化表示。市场营销部门会利用这些方法为路演等展示增加视觉效果。记者、博主和教师们发现信息图表对趋势分析、演示和信息分发很有用。许多工具现在都支持诸如雷达图、平行坐标图、标签图、热力图和数据地图等信息可视化方法。这些可视化图表使用户能够快速识别数据随时间推移的变化规律，深入了解相关事项，并在影响发生之前了解潜在的因果关系。与传统的可视化工具相比，这些工具有以下几个优势：

1) 丰富的分析和可视化类型，如小型序列图、火花线图、热力图、直方图、瀑布图及子弹图等。
2) 内置可视化的最佳实践。
3) 支撑视觉发现的交互性极佳。

14.4 方法

14.4.1 分析建模

有许多开源工具可用于开发，如模型开发的云数据处理、可视化开发过程、网页抓取和线性规划优化。要通过其他应用程序共享和执行模型，需找到支持预测模型标记语言（Predictive Model Markup Language，PMML）的工具，这是一种基于 XML 文件格式的技术。

实时访问可以解决批处理中的许多延迟问题。Apache Mahout 是一个开源项目，旨在创建一个机器学习库。Mahout 的定位是通过推荐挖掘、文档分类和条目聚类等方式实现大数据探索的自动化。这个技术分支绕过了传统的批量查询 MapReduce 数据访问技术，通过直接利用 API 接口接入 HDFS 存储层，可以提供各种数据访问技术，如 SQL、实时数据流、机器学习和用于数据可视化的图形库。分析模型具有不同的分析深度：

1）描述性建模以紧凑的方式汇总或表示数据结构。这种方法虽然并不总是能验证因果假设或预测结果，但确实能够使用算法定义或改善变量之间的关系，为这种分析提供输入。

2）解释性建模是统计模型的应用，主要是检验关于理论结构的因果假设。虽然它使用了类似于数据挖掘和预测分析的技术，但其目的不一样。它不能预测结果，只是将模型结果与现有数据相匹配。

预测分析的关键是通过训练模型进行实例学习。模型学习方法的效果与它在测试数据集（区别于训练数据集）上的预测能力相关。模型评估结果可以指导学习算法的后续选择，并衡量所选模型的质量。模型选择是对性能的估测，而评估是对模型新数据上的泛化误差进行评判。

避免过度拟合（Over-Fitting）——这种情况发生在模型训练数据集不具有代表性、模型与数据的关系过于复杂，或者将少量噪声数据具有的特性当作大部分数据的共性时。这时可以使用 K 折验证（K-Fold Validation）等技术指明具体什么时候模型训练不会再产生更好的泛化效果。

训练误差会随着模型复杂度的增加而持续减小，并可以下降至零。因此，它不是对测试误差的有效估计指标。为此，在模型训练时，一般会将数据集随机分为 3 个部分：训练集、测试集和验证集。训练集用于拟合模型，测试集用于评估最终模型的泛化误差，验证集用于评估验证模型的误差。

重复使用相同的测试集可能会低估真实的测试误差。在理想情况下，应将数据集随机划分为 K 折或交叉验证组进行交叉验证，基于强相关的预测变量，使用一个子集以外的所有数据进行训练，用剩余的数据对模型进行测试，并基于所有 K 折的结果确定模型的泛化误差。在此过程中，可以应用和执行几种不同的统计检验，这样可以定量评估模型在特定情况下的有效性。

14.4.2 大数据建模

大数据建模是一个技术挑战，对于希望描述和管理数据的组织来说至关重要。传统的企业数据架构原则依然适用；数据需要集成、规范化和管理。

对数据仓库进行物理建模的主要驱动因素是启用数据预计算以提升查询性能。这个驱动因素并不适合用于大数据领域，但这并不是放弃建模或将其交给开发人员的借口。数据建模的价值在于它能够使人们理解数据的内容。考虑到数据来源的多样性，应该应用经过验证的数据建模技术。至少用概括的方式开发主题域模型，这样一来它就可以与对应的相关实体进行关联，并放到整体路线图中，就像所有其他类型的数据一样。挑战在于以合理的成本，基于这些大数据集绘制出一个易于理解且有用的图像。

需要掌握数据集之间的链接方式。对于不同粒度的数据，在整合过程中要避免对数据或值进行重复计算。例如，如非必要，无须在整合原子数据集之后再次整合汇总数据集（一般来说，汇总数据集是由原子数据集汇总生成的）。

14.5 实施指南

管理数据仓库的大多数普适性原则也适用于管理大数据：确保数据源的可靠性，具有足够的元数据以支持数据使用，管理数据的质量，确定如何整合不同来源的数据，以及确保数据安全且受保护（见第6、7、8章）。数据仓库与大数据环境实施的不同之处在于一系列未知的问题：如何使用数据？哪些数据有价值？需要保留多长时间？

数据增长速度可能会导致人们认为他们没有时间实施控制。这是一个危险的认知。对于更大的数据集，管理数据的采集和进行数据的盘点对于防止数据湖变成数据沼泽至关重要。

数据采集工作有时候并不需要组织对所研究的数据集拥有所有权或授权。在数据采集前期，可以考虑租用大数据平台一段时间，以探索感兴趣的数据。数据探索可以迅速确定哪部分数据具有潜在价值。建议在采集数据到组织数据湖、数据存储或数据临时区域之前，进行数据探索。因为一旦数据入湖入仓，再删除数据可能会非常困难。

14.5.1 战略一致性

任何大数据/数据科学项目都应该与组织战略目标保持一致。建立大数据战略可以推动与用户、数据安全、元数据管理、数据血缘和数据质量相关的活动。

该战略应记录目标、方法和管理原则。利用大数据需要建立组织技能和组织能力。使用组织能力管理协调业务和IT计划，并规划路线图。战略成果应考虑管理以下内容：

1）信息生命周期。
2）元数据。
3）数据质量。
4）数据采集。
5）数据访问和安全性。
6）数据治理。
7）数据隐私。
8）学习和应用推广。
9）日常运营维护。

14.5.2 就绪评估/风险评估

与开发其他项目一样，大数据或数据科学计划的实施应该与实际的业务需求保持一致。依据关键成功因素评估组织的准备情况，具体包括：

1）业务相关性（Business Relevance）。大数据/数据科学计划及其相应的应用与公司业务的一致性如何？要想取得成功，他们必须强有力地支持一项业务功能或流程。

2）业务准备情况（Business Readiness）。业务合作伙伴是否为长期的逐步交付做好了准备？他们是否承诺建立研究中心以支持未来版本的产品？目标团体内的平均知识或技能差距有多大？能否在单次迭代内弥合？

3）经济可行性（Economic Viability）。所建议的解决方案是否保守考虑了有形和无形的收益？所有权成本的评估是否充分考虑了购买、租赁及自建三者之间的选择？

4）原型（Prototype）。所建议的解决方案能否在有限时间内针对目标群体的一部分提供产品原型，以证明该解决方案的预期价值？大规模的实施可能会造成巨大的成本影响，而产品原型试用可以降低交付风险。

最具挑战性的决策可能围绕数据采购、平台开发和资源分配进行：

1）数字资料数据存储可以有多种来源，并非所有的数据源都必须由内部拥有和运营：有些可以购买，而有些可以租赁。

2）市场上的工具和技术繁多，能够完全匹配组织基本需求是一个挑战。

3）及时保护拥有专业技能的员工并在实施过程中留住顶尖人才的做法，可能需要考虑替代方案，包括专业服务外包、云采购或合作。

4）培养内部人才的时间很可能会超过交付时间的窗口。

14.5.3 组织与文化变革

只有业务人员充分参与，才能从高级数据分析中获益，这需要通过沟通和培训计划推动落实。卓越中心可以提供培训、启动集、设计最佳实践、数据源技巧和窍门，以及其他的解决方案或工具，以帮助业务用户实现自助服务模式。除了知识管理，该中心还可以为开发人员、设计人员、分析师和数据使用者团体提供及时的沟通交流。

与数据仓库/商务智能一样，大数据项目实施需要汇集许多关键的跨职能角色的力量，包括：

1）大数据平台架构师。负责硬件、操作系统、文件系统和服务。

2）数据整合架构师。负责数据分析、系统记录、数据建模和数据映射，提供或支持将数据源映射到 Hadoop 集群以进行查询和分析。

3）元数据专家。负责元数据接口、元数据架构和元数据目录。

4）数据分析主管。负责终端用户分析设计、提供相关工具集中的最佳实践指导，以及终端用户结果集的便利化。

5）数据科学家。负责基于统计和可计算性的理论知识，提供架构和模型设计咨询，交付适当的工具产品，以及将技术应用于功能性需求。

14.6 大数据和数据科学治理

与其他数据一样，大数据也需要进行治理。数据寻源、源数据分析、数据采集、数据增强和发布过程不仅需要技术层面的控制，也需要业务层面的管理，以解决以下问题：

1) 数据寻源。有哪些数据源，什么时候接入数据源，符合特定研究需求的最佳数据源是哪个？
2) 数据共享。在组织内外部需要签订哪些数据共享协议和合同，确定怎样的条款和条件？
3) 元数据。数据在数据源端的具体含义是什么，在输出端的输出结果应该如何解释？
4) 数据增强。是否需要增强数据，如何增强数据，以及增强数据的好处是什么？
5) 数据访问发布。要发布什么？向谁发布？如何发布？何时发布？

企业应从整体的数据视角出发，驱动数据处理决策的制定。

14.6.1 可视化通道管理

成功实现数据科学的方法是为用户团体提供适当的可视化工具。根据组织的规模和性质，可以在各种流程中选择应用不同的可视化工具。因此，需要让用户了解可视化工具的相对复杂程度，对工具使用熟练的用户将会提出越来越复杂的需求。为了控制项目组内部及跨项目组的可视化通道，企业架构、项目组管理和运维团队之间的沟通和协调工作会是非常重要且必要的。

注意，变更数据供应商或者数据源选择标准会对可视化通路下游造成影响，从而破坏工具的有效性。

14.6.2 数据科学和可视化标准

最佳实践是建立一个定义和发布可视化标准和指南的社区，并按照指定的交付方式审查交付内容。这对于面向客户和面向监管的内容交付尤为重要。标准包括：

1) 分析范式、用户团体、主题域的工具标准。
2) 新的数据请求标准。
3) 数据集处理标准。
4) 采用中立的、专业的展示流程，避免产生有偏见的结果，并确保所有要素都以公平一致的方式完成，包括：
   ①数据的纳入和排除规则。
   ②模型假设。
   ③结果的统计有效性。
   ④结果的解释有效性。
   ⑤采用适当的方法。

14.6.3 数据安全

拥有可靠的数据安全保护流程本身就是一项组织资产。应建立和监控大数据的安全处理和防护制度。这些制度应该综合考虑如何防止滥用个人隐私数据，并在其整个数据生命周期内保护个人隐私数据。

为授权人员安全地分配适当级别的数据，并根据事先约定的安全级别开放订阅数据访问。根据用户团体权限匹配相应的服务级别，以便针对特殊需求创建特殊数据服务，如为有权限采集数据的用户提供私有数据，并对没有权限的用户进行数据掩码处理。通常，组织需要制定强制执行的数据安全访问策略（如不允许通过姓名、地址或电话号码访问）。

为了保护高度敏感的信息（身份证号码、信用卡号码等），会对数据进行加密存储，使得信息变得模糊不清。例如，对身份证号码中间的若干位数字进行加密，相应位置显示为"＊"，这样就可以在不显示实际值的情况下展示部分信息。

数据重组（Recombination）是衡量重新复原敏感数据或个人隐私数据的能力，必须将此能力作为大数据安全实践的一部分进行管理。即使真实数据元素只能被部分推断出来，其分析结果依然可能会侵犯隐私。在元数据管理层面理解这些结果对于避免此类和其他潜在的安全违规行为至关重要。这需要了解获取这些数据预期的用途或分析，以及访问者所扮演的角色。可以在组织中遴选一些受信任的人，给他们授权，允许在必要时读取这些敏感数据。这种访问敏感数据的权利不是每个人都能拥有的，当然也不能用于深入分析（见第 2 章和第 7 章）。

14.6.4 元数据

作为大数据计划的一部分，组织将汇集使用不同方法和标准创建的数据集。整合汇聚这些多源异构数据具有很大挑战性。成功实施数据整合汇聚的关键在于这些数据集相关的元数据。作为数据采集的一部分，元数据需要进行细致的管理，否则数据湖将很快沦为数据沼泽。用户必须拥有能够创建数据资源列表的元数据管理相关工具，这些元数据用于描述数据结构、内容和质量，其中包括数据来源、数据血缘，以及实体和数据元素的定义和预期用途等。技术元数据可以从各种大数据工具中获取，包括数据存储层、数据整合层、主数据管理（Master Data Management，MDM），甚至是源文件系统。元数据管理更重要的应用是数据血缘。为了完成数据源测的血缘追踪，需要考虑实时数据、静态数据和计算数据元素之间的差异。

14.6.5 数据质量

数据质量是对数据预期结果偏离度的度量：偏差越小，数据越能满足预期，质量就越高。在工程环境中，数据质量标准很容易定义（尽管实践表明并非如此，或者许多组织并没有在定义标准上花费时间）。还有些人质疑数据质量对大数据是否重要。从常识来讲，数据质量很重要。因为只有基础数据真实可靠，数据分析结果才能值得信赖。在大数据项目中，确定数据质量似乎非常困难，但为了对大数据分析结果有信心，需要付出努力来评估数据质量。数据评估工作可以从理解数据必备的初始评估开始，通过这个步骤能识别数据集后续实例的质量测量指标。数据质量评估将产生有价值的元数据，这些元数据将是后续任何数据整合工作的必要输入。

大多数成熟的大数据组织使用数据质量工具扫描数据源，以理解其中包含的信息。大多数高级数据质量工具会提供一些有用的功能，使组织能够验证假设，并建立关于其数据的知识。例如：

1）发现（Discovery）。信息存放在数据集的哪些位置？
2）分类（Classification）。基于标准化模式，信息都有哪些类型？
3）剖析（Profiling）。数据是如何结构化和预计算的？
4）映射（Mapping）。可以将哪些数据集与当前数据匹配？

就像在数据仓库/商务智能中一样，人们很容易把数据质量评估工作放在最后。但是，如果不经过数据质量评估，人们就很难知道大数据表示什么或者如何在数据集之间建立连接。数据整合工作是必要的，而各数据源以相同的数据结构和元素提供数据几乎是不可能的。这就意味着：如果数据供应商不一样，数据集成所需的编码和其他潜在的链接数据也就不一样。如果没有事先进行初步评估，在对这些数据供应商提供的数据进行分析的需求出现之前，上述问题都不会暴露出来。

14.6.6 度量指标

指标对所有管理过程都至关重要，它们不仅可以量化活动，还可以定义观察到的结果与期望的结果之间的差异。

1. 技术使用指标

许多大数据工具提供了有价值的管理员报告功能，这些报告直接与用户社区查询的数据内容进行交互。技术使用分析手段查找数据热点（最常被访问的数据），以便管理数据分布和保持性能。数据增长情况也有助于制定硬件资源规划。

2. 加载和扫描指标

加载和扫描指标（Loading and Scanning Metrics）定义了数据采集速率和与用户交互情况。在采集新数据源时，数据加载指标预计会达到峰值，而后随着数据源被完全采集而趋于平稳。实时信息流可以通过服务查询提供，也可以在按计划处理抽取调度任务时出现。对于这些信息流，可以预见其数据加载量会持续增长。

应用层会在执行日志中提供最佳的数据利用情况指标。可以通过可用的元数据监控数据消费或访问情况，显示最常用的查询执行计划，以指导数据使用情况分析。

扫描指标（Scanning Metrics）应与分析处理之外可能发生的任何查询处理相结合。管理工具应该能够提供这种级别的报告及整体的服务运行情况。

3. 学习和故事场景

为了展现价值，大数据/数据科学项目必须评估其建设成果，以证明开发解决方案和管理流程变更的成本是否合理。评估指标可以包括效益的量化、成本的预防或避免，以及从项目启动到实现收益的时间。常见的测量指标包括：

1）已开发模型的数量与准确性。

2）从识别的机会中实现的收入。

3）通过规避已识别的风险而减少的成本。

有时候，分析结果会自己讲故事。这些故事可以引导组织重新定位、重新焕发活力，并带来新的机遇。衡量此事的一个指标可以是由市场营销部门或企业高管发起新项目、新方案的数量。

参考文献

Abate, Robert, Peter Aiken and Joseph Burke. *Integrating Enterprise Applications Utilizing A Services Based Architecture.* John Wiley and Sons, Arthur, Lisa. Big Data Marketing: Engage Your Customers More Effectively and Drive Value. Wiley, 2013. Print.

Barlow, Mike. *Real-Time Big Data Analytics: Emerging Architecture.* O'Reilly Media, 2013. Kindle.

Davenport, Thomas H. *Beyond the Black Box in analytics and Cognitive.* DataInformed (website), 27 February, 2017. http://bit.ly/2sq8uG0 Web.

Davenport, Thomas H. *Big Data at Work: Dispelling the Myths, Uncovering the Opportunities.* Harvard Business Review Press, 2014. Print.

EMC Education Services, ed. *Data Science and Big Data Analytics: Discovering, Analyzing, Visualizing and Presenting Data.* Wiley, 2015. Print.

Executive Office of the President, National Science and Technology Council Committee on Technology. *Preparing for the Future of Artificial Intelligence.* October 2016. http://bit.ly/2j3XA4k.

Inmon, W. H., and Dan Linstedt. *Data Architecture: A Primer for the Data Scientist: Big Data, Data Warehouse and Data Vault.* 1st Edition Morgan Kaufmann, 2014.

Jacobs, Adam. *Pathologies of Big Data.* AMCQUEU, Volume 7, Issue 6. July 6, 2009. http://bit.ly/1vOqd80. Web.

Janssens, Jeroen. *Data Science at the Command Line: Facing the Future with Time-Tested Tools.* O'Reilly Media, 2014. Print.

Kitchin, Rob. *The Data Revolution: Big Data, Open Data, Data Infrastructures and Their Consequences.* SAGE Publications Ltd, 2014. Print.

Krishnan, Krish. *Data Warehousing in the Age of Big Data.* Morgan Kaufmann, 2013. Print. The Morgan Kaufmann Series on Business Intelligence.

Lake, Peter and Robert Drake. *Information Systems Management in the Big Data Era*. Springer, 2015. Print. Advanced Information and Knowledge Processing.

Lake, Peter. *A Guide to Handling Data Using Hadoop: An exploration of Hadoop, Hive, Pig, Sqoop and Flume*. Peter Lake, 2015. Kindle. Advanced Information and Knowledge Processing.

Laney, Doug. *3D Data Management: Controlling Data Volume, Velocity, and Variety*. The Meta Group [Gartner]. 6 February 2001. http://gtnr.it/1bKflKH.

Loshin, David. *Big Data Analytics: From Strategic Planning to Enterprise Integration with Tools, Techniques, NoSQL, and Graph*. Morgan Kaufmann, 2013. Print.

Lublinsky, Boris, Kevin T. Smith, Alexey Yakubovich. *Professional Hadoop Solutions*. Wrox, 2013. Print.

Luisi, James. *Pragmatic Enterprise Architecture: Strategies to Transform Information Systems in the Era of Big Data*. Morgan Kaufmann, 2014. Print.

Marz, Nathan and James Warren. *Big Data: Principles and best practices of scalable realtime data systems*. Manning Publications, 2014. Print.

McCandless, David. *Information is Beautiful*. Collins, 2012.

Provost, Foster and Tom Fawcett. *Data Science for Business: What you need to know about data mining and data-analytic thinking*. O'Reilly Media, 2013. Print.

Salminen, Joni and Valtteri Kaartemo, eds. *Big Data: Definitions, Business Logics, and Best Practices to Apply in Your Business*. Amazon Digital Services, Inc., 2014. Kindle. Books for Managers Book 2.

Sathi, Arvind. *Big Data Analytics: Disruptive Technologies for Changing the Game*. Mc Press, 2013. Print.

Sawant, Nitin and Himanshu Shah. *Big Data Application Architecture Q&A: A Problem-Solution Approach*. Apress, 2013. Print. Expert's Voice in Big Data.

Slovic, Scott, Paul Slovic, eds. *Numbers and Nerves: Information, Emotion, and Meaning in a World of Data*. Oregon State University Press, 2015. Print.

Starbird, Michael. *Meaning from Data: Statistics Made Clear* (The Great Courses, Parts 1 and 2). The Teaching Company, 2006. Print.

Tufte, Edward R. *The Visual Display of Quantitative Information*. 2nd ed. Graphics Pr., 2001. Print.

van der Lans, Rick. *Data Virtualization for Business Intelligence Systems: Revolutionizing Data Integration for Data Warehouses*. Morgan Kaufmann, 2012. Print. The Morgan Kaufmann Series on Business Intelligence.

van Rijmenam, Mark. *Think Bigger: Developing a Successful Big Data Strategy for Your Business*. AMACOM, 2014. Print.

第 15 章 数据管理成熟度评估

15.1 引言

能力成熟度评估（Capability Maturity Assessment，CMA）是一种基于框架的流程改进方法，该框架是一个能力成熟度模型（Capability Maturity Model，CMM），描述了流程特征从初始状态到最佳状态的演变过程。CMA 的概念源于美国国防部为评估软件承包商而制定的相关标准。20 世纪 80 年代中期，卡内基梅隆大学软件工程研究所发布了软件能力成熟度模型。CMM 最初应用于软件开发领域，现在已广泛推广到包括数据管理在内的诸多领域。数据管理成熟度评估语境关系图见图 15-1。

成熟度模型通过描述流程特性的等级来定义成熟度级别。当组织对流程特性有了深入的理解后，它就可以评估自身的成熟度水平，并制订计划来提升相应的能力。在模型等级的指导下，它还可以衡量自身的进步幅度，并与竞争对手或合作伙伴进行比较。随着每个新等级的出现，流程的执行将变得更加一致、更可预测和更加可靠。随着流程开始遵循各级别的特征要求，流程就会得到改进。能力提升需要遵照事先设定好的顺序逐级开展，不能跳过任何等级。级别通常包括[一]：

1) 第 0 级，即无能力级。
2) 第 1 级，即初始级或临时级，指成功取决于组织中个人的能力。
3) 第 2 级，即可重复级，指已制定最基本的流程规则。
4) 第 3 级，即已定义级，指制定和使用标准。
5) 第 4 级，即已管理级，指流程得到量化和控制。
6) 第 5 级，即优化级，指过程改进的目标能够被量化。

在每个级别内，会描述跨越流程特征的标准。例如，一个成熟度模型可能包括与流程执行方式相关的标准，包括这些流程的自动化水平。它可能会专注于制度和控制，以及流程细节。

这样的评估有助于确定哪些方面运作良好、哪些方面不尽如人意，以及组织存在哪些空白。根据调查结果，组织可以制定一个目标路线图：

1) 与流程、方法、资源和自动化相关的高价值改进机会。
2) 与业务战略一致的能力。
3) 基于模型中的特征进行组织进展定期评估的治理流程。

数据管理成熟度评估（Data Management Maturity Assessment，DMMA）既可以用于全面评估数据管理情况，也可以聚焦于单个知识领域或特定某个流程。无论聚焦点范围如何，DMMA 都能帮助检查业务和 IT 在数据管理实践的健康状况和有效性并弥合差距。DMMA 为描述数据管理知识领域的进阶提供了共同语言，并提供了基于阶段的改进路径，该路径可根据组织的战略优先事项进行定

[一] 改编自精选业务解决方案，"什么是能力成熟度模型？" http://bit.ly/IFMJI8。

数据管理成熟度评估

定义：一种用于根据成熟度水平对处理数据的做法进行排名的方法，被组织用来描述当前数据管理的状态和改进机会

目标：
1. 评估关键数据管理活动的当前状态，以规划改进
2. 支持组织的运营和战略方向
3. 制定支持整体组织战略的数据的统一愿景
4. 实现改进的集成计划

业务驱动

输入：
- 业务战略与目标
- 文化与风险承受能力
- 成熟度框架
- DAMA-DMBOK
- 制度、流程、标准、运营模式
- 基准

活动：
1. 规划评估活动（P）
   （1）定义目标
   （2）选择框架
   （3）定义组织范围
   （4）定义交互方法
   （5）规划沟通
2. 执行成熟度评估（C）
   （1）收集信息
   （2）执行评估
3. 结果解读（D）
   （1）报告评估结果
   （2）制定管理层简报
4. 创建有针对性的改进计划（P）
   确定行动并创建路线图
5. 重新评估成熟度（C）

成果/交付物：
- 高管简报
- 准备情况评估
- 风险评估
- 评估参与
- 评级和排名
- 投资和成果选项
- 成熟度基准
- 路线图

供给者：
- 高管
- 数据管理员
- DM高管
- 主题领域专家
- 员工
- 基准提供商

参与者：
- CDO/CIO
- 业务管理
- DM高管和数据治理机构
- 数据治理办公室
- 成熟度评估员
- 员工

消费者：
- 高管
- 审计/合规
- 监管机构
- 数据管理员
- 数据治理机构
- 组织变革管理

技术驱动

方法：
- 数据管理成熟度框架选择
- 使用DAMA-DMBOK
- 参考现有基准

工具：
- 数据管理成熟度框架
- 沟通计划
- 协作工具
- 知识管理和元数据存储库
- 数据分析工具

度量指标：
- DMMA评级和排名
- 资源利用率
- 风险敞口
- 支出管理
- DMMA的输入
- 变化速度

（P）规划　（C）控制　（D）开发　（O）运营

图 15-1　数据管理成熟度评估语境关系图

制[⊖]。因此，它既可以用来设定和衡量组织目标，也可以用于将自己的组织与其他组织或行业基准进行比较。

在开展数据管理成熟度评估之前，组织需要建立对其当前能力、资产、目标和优先级的初步认识。进行评估首先需要组织具备一定的成熟度水平，同时还需要能通过设定目标、制定路线图及监控进度有效应对评估结果。

15.1.1　业务驱动因素

组织进行能力成熟度评估主要出于以下几个原因：

⊖　http：//bit.ly/1Vev9xx.（2015-07-18）。

1）监管。监管机构对组织的数据管理成熟度提出了保底的水平要求。

2）数据治理。出于规划与合规性的目的，数据治理需要进行成熟度评估。

3）流程改进前的准备工作。组织已意识到需要改进其数据管理实践，并从评估其现状着手。例如，组织承诺管理主数据，就需要评估其部署主数据管理（MDM）流程和工具的准备程度。

4）组织变革。组织变革（如合并）会带来数据管理方面的挑战，数据管理成熟度评估为应对这些挑战提供了规划依据。

5）新技术。技术的进步为管理和使用数据提供了新的方法，组织希望了解成功采用新技术的可能性。

6）数据管理问题。当需要解决数据质量问题或面对其他数据管理挑战时，组织希望明确其当前状态的基准，以便更好地决定如何实施变革。

15.1.2 目标和原则

数据管理能力评估的主要目标是评估关键数据管理活动的当前状态，以便制订改进计划。通过明确组织的具体优势和不足，评估将织组置于成熟度等级的度量体系中。它有助于组织识别改进机会，对机会进行优先排序和落地实施，是明确优先级并把握实施改进的最佳时机。在实现其主要目标的过程中，数据管理成熟度评估亦可对组织文化产生积极影响。它将有助于：

1）向利益相关方普及数据管理概念、原则和实践方面的知识。

2）厘清利益相关方在组织内数据相关方面的角色和责任。

3）强调将数据作为关键的资产进行管理的必要性。

4）在全组织范围内增强对数据管理活动的认识。

5）有助于促进有效数据治理所需的协作关系。

基于评估结果，组织可以增强其数据管理职能，从而支持组织的运营和战略方向。通常，数据管理职能仅在组织的各个部门中发展，很少从企业的角度看待数据。数据管理成熟度评估可以使组织具备制定支撑整体组织战略统一愿景的能力。数据管理成熟度评估有助于组织能够明确优先事项、明确目标并制订综合改进计划。

15.1.3 基本概念

1. 评估等级及特点

CMM通常定义5~6个成熟度级别，从初始/临时级到优化级，每个级别都有自己的特征，示例见图15-2。以下是对数据管理成熟度宏观状态的一般性概括，包括每个知识领域内的子类别标准的详细评估，如战略、策略、标准、角色定义等。

1）第0级：无能力级。在数据管理中，管理活动或企业正式流程处于无组织状态。在成熟度模型中，这个级别是为了方便对级别进行划分才被设定的，实际上很少有组织处于此级别。

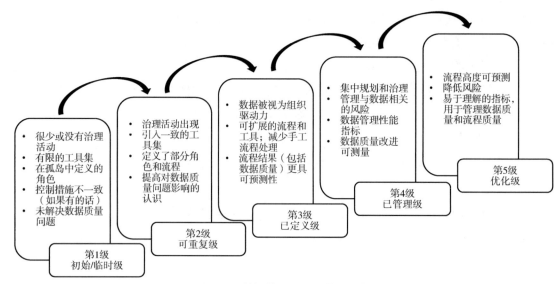

图 15-2 数据管理成熟度模型示例

2）第1级：初始/临时级。使用有限的工具集进行通用的数据管理，很少或完全没有治理活动，数据处理高度依赖少数专家，角色和职责是在各部门内部分开定义，每个数据所有者自主接收、生成和发送数据。如果有控制措施，其实施则是不一致的。数据管理解决方案有限。数据质量问题普遍存在，且尚未得到解决。基础设施支持处于业务单元层面。

评估标准可能包括对任意流程是否进行控制，如记录数据质量问题。

3）第2级：可重复级。出现一致的工具和角色定义支持流程执行。在第2级，组织开始使用集中化的工具并为数据管理提供更多监管手段。角色得到定义，流程不再完全依赖于特定的专家。组织对数据质量问题和概念有了一定认识。主数据和参考数据的概念开始得到认可。

评估标准可能包括是否对组件中正式角色有了定义，如职位描述、现存的流程文档及利用工具集的能力。

4）第3级：已定义级。数据管理能力显现化。第3级引入了可扩展的数据管理过程，并实现了这些过程的制度化，同时将数据管理视为组织发展的推动力量。其特点包括在整个组织内部复制数据（同时实施一些控制措施），全面提升数据质量，以及协调一致的制度定义和管理。更正式的流程定义减少了大量的人工干预。这与集中化的设计过程相结合，意味着过程结果更加可预测。

评估标准可能包括是否制定数据管理制度、可扩展流程的使用情况及数据模型和系统控制的一致性情况。

5）第4级：已管理级。通过从第1级到第3级的成长中获得的组织知识，组织能够预测新项目和任务的结果，并开始管理与数据相关的风险。数据管理包括性能指标。第4级的特征包括从桌面到基础设施的数据管理工具的标准化，以及完善的集中化规划和治理功能。此级别的组织在数据质量和全组织数据管理能力（如端到端数据审计）等方面有显著提高。

评估标准可能包括与项目成功相关的指标、系统的操作指标和数据质量指标。

6）第5级：优化级。当数据管理实践得到优化时，由于流程自动化和技术变更管理，它们变得高度可预测。处于这一成熟度级别的组织会更加关注持续改进。在第5级，工具使数据能够在整个流程中得到可视化。控制数据的增长以防止不必要的重复。使用明确理解的指标来管理和测量数据质量和流程。

评估标准可能包括变更管理组件和流程改进中的一些度量指标。

2. 评估标准

每个能力级别都有与正在评估的流程相关的特定评估标准。例如，如果正在评估数据建模功能的成熟度，那么第 1 级可能会询问是否有数据建模实践活动及它涉及多少个系统；第 2 级可能会询问是否已定义企业级数据建模方法；第 3 级将询问企业级数据建模方法的实施推广程度；第 4 级将询问建模标准是否得到充分有效执行；第 5 级将询问是否有流程来改进建模实践（见第 5 章）。

无论哪个级别，评估的标准都要按照同一个尺度进行评估，如"1——未开始""2——进行中""3——能使用""4——有效"，以此显示该级别内的进展情况和向下一个级别发展的趋势。可以将评估结果分数进行组合或可视化展示，以便了解当前状态与目标状态之间的差异。当使用可映射到 DAMA-DMBOK 数据管理知识领域的模型进行评估时，可以根据语境关系图中的类别制定标准：

1）活动。该活动或流程的实施程度如何？是否定义了有效和高效执行的标准？活动的定义和执行情况如何？是否产生了最佳实践输出？

2）工具。该活动在多大程度上实现了自动化并受到一系列通用工具的支持？是否在特定角色和职责范围内提供工具培训？工具是否可以按需随时随地地使用？它们是否经过优化配置以便能最高效地发挥作用？为了适应未来的能力，在多大程度上进行了长期技术规划？

3）标准。该活动在多大程度上受到一套通用标准的支持？这些标准的记录完善程度如何？标准是否由治理活动和变更管理活动强制执行和支持？

4）人员和资源。组织在多大程度上配备了足够的人员执行该活动？执行该活动需要哪些特定技能、培训和知识？角色和职责的界定是否清晰明确？

图 15-3 直观地呈现了数据管理成熟度评估的结果。对于每种能力（治理、架构等），图形的外环显示了组织在竞争中取得成功所需的能力水平，内环则显示了通过评估所确定的能力水平，两个环之间距离最大的区域代表组织面临的最大风险。此类报告可以帮助组织设定优先级，还可以用来衡量一段时间内的进展情况。

3. 现有的 DMMA 框架[一]

数据管理成熟度评估框架被划分为不同的数据管理主题。框架的重点和内容会根据其是通用行业还是特定行业而有所不同。然而，大多数框架都涉及能够映射到 DAMA-DMBOK 知识领域的主题。以下示例为数据管理领域中已经开发出的集中能力成熟度模型。许多其他供应商也开发了自己的模型，组织应该在选择供应商或开发自己的框架之前先评估如下模型。

（1）CMMI 数据管理成熟度模型

CMMI（能力成熟度模型研究院）开发了 CMMI-DMM（CMMI 数据管理成熟度模型），该模型为以下数据管理领域提供了评估标准：

[一] 有关数据管理能力成熟度模型（CMM）的更多信息和评估，请参阅以下资源：Alan McSweeney，《数据管理成熟度模型评审》，发布于 2013 年 10 月 23 日，SlideShare.net。链接：http：//bit.ly/2spTCY9。Jeff Gorball，《数据管理成熟度模型介绍》，发布于 2016 年 8 月 1 日，SlideShare.net。McSweeney 在其模型中包含 DAMA-DMBOK，尽管 DMBOK 并未以成熟度模型的形式进行组织。

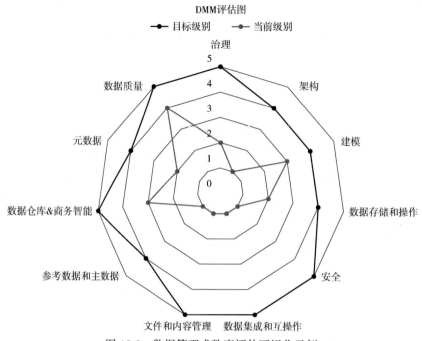

图15-3 数据管理成熟度评估可视化示例

1）数据管理策略。
2）数据治理。
3）数据质量。
4）平台与架构。
5）数据运营。
6）支持服务流程。

在每个流程中,模型都能够识别待评估的子流程。例如,"数据质量"部分应该考虑"数据质量策略"和"数据质量评估、分析和清洗"。该模型还考虑了数据管理各流程之间的关系。例如,利益相关方的一致性需要,以及业务流程与数据质量管理之间的关系。

(2) DCAM⊖

企业数据管理委员会(Enterprise Data Management Council,EDM)是一家总部位于美国的金融服务行业倡导组织,开发了数据管理能力评估模型(Data Management Capability Assessment Model,DCAM)。该模型是会员推动的成果,旨在就数据管理最佳实践达成共识,它描述了与建立可持续数据管理职能开发相关的37项能力和115项子能力。评分重点关注利益相关方的参与程度、流程的正式性及证明能力实现的组件存在情况等。

(3) IBM数据治理委员会成熟度模型⊖

IBM数据治理委员会成熟度模型是综合了55个组织组成的委员会的意见制定的。委员会成员协作定义了一组通用的可观察和可预测的共同标准,组织可以使用这些标准评估和设计自己的数据治理职能。该模型旨在通过成熟的业务技术、协作方法和最佳实践帮助组织建立治理的一致性和质

⊖ http://bit.ly/2sqaSga.
⊖ https://ibm.co/2sRfBIn.

量控制。该模型围绕 4 个关键类别进行组织：

1）成果。数据风险管理和合规性、价值创造。
2）推动因素。组织架构和意识、策略、管理。
3）核心域。数据质量管理、信息生命周期管理、信息安全与隐私。
4）支持域。数据架构、分类和元数据、审计信息、日志和报告。

IBM 模型既以成熟度框架的形式呈现，也以一组评估问题的形式呈现，其答案指出了组织的成熟度级别。

(4) 斯坦福数据治理成熟度模型[一]

斯坦福大学数据治理成熟度模型是为本校使用而开发的，虽然它无意成为行业标准，但仍然是指导和衡量标准模型的优秀案例。虽然该模型侧重于数据治理，而不是数据管理，但它仍然为全面评估数据管理提供了基础。该模型分为基础部分（意识、正规化、元数据）和项目组件部分（数据管理、数据质量、主数据），各部分都说明了人员、策略和能力的驱动因素，阐明了每个成熟度级别的特征，还为每个级别提供了定性和定量的测量。

(5) Gartner 企业信息管理成熟度模型

Gartner 发布了企业信息管理成熟度模型（Enterprise Information Management Maturity Model，EIM），该模型建立了评估愿景、战略、指标体系、治理、角色和职责、生命周期和基础设施的标准。

15.2 活动

数据管理成熟度评估需要有计划地进行。为确保获得切实可行的结果，计划中应该留出时间来准备材料并评估结果。评估应该在一个短暂而明确定义的时间范围内进行。评估的目的是揭示当前的优势和改进机会，而不是解决问题。

评估是通过征求来自业务、数据管理和信息技术参与者的知识进行的。其目标是达成对当前状态能力的共识，并提供证据支撑。证据可能来自对文档的检查（如数据库备份是否存在），通过面谈（确认某人是否正在执行系统记录评估以便重用），或者两者兼而有之。

评估可以根据组织的需求进行调整，但是要谨慎修改评估模型。如果评估模型被不当裁剪或修改，可能会导致其失去严谨性或可追溯性。因此，在进行自定义评估时，应保持模型的完整性不变。

15.2.1 规划评估活动

评估规划包括确定整体方法及在评估前后与利益相关方进行沟通，以确保他们参与其中。评估本身包括收集和评估输入、结果沟通及建议和行动计划。

1. 定义目标

任何决定都应该评估其数据管理成熟度级别的组织已经在努力改进其实践了。在大多数情况

[一] http://stanford.io/2sBR5bZ; http://stanford.io/2rVPyM2.

下，这样的组织已经确定了评估的驱动因素。这些驱动因素必须以目标的形式明确，描述评估的重点并影响评估的范围。评估的目标必须得到高管和业务部门的明确理解，因为他们可以帮助确保目标与组织的战略方向保持一致。

评估目标还提供了若干评估标准，以确定采用哪种评估模型、优先评估哪些业务领域，以及谁应该为评估过程提供直接意见。

2. 选择框架

如前所述，现有框架侧重于数据管理的不同方面。应假定在对当前状态和评估目标的背景下审查这些框架，以便选择一个能为组织提供有意义指导的框架。评估模型的重点领域可以根据组织的关注点或选定范围进行定制。框架的选择会影响评估的开展方式。从事该工作的团队应该具备模型及相关方法论方面的知识。

3. 定义组织范围

大多数DMM框架设计旨在适用于整个组织。然而，在整个组织的范围内实施DMM可能是不切实际的。对于首次评估，通常最好选定一个可控的范围，如单个业务领域或项目。所选业务领域应是组织有代表性的板块，并且参与者能够影响组织范围内涉及数据资产的关键业务流程。作为分阶段实施成熟度评估方案的一部分，可以对组织的其他领域复制这种评估模式。局部式评估和企业级评估之间存在权衡关系，如下：

1）局部式评估（Localized Assessments）可以更深入地了解细节。由于评估范围设限，整个过程可以更快地完成。要进行局部式评估，可以选择一个受到严格监管的职能单元，如上市公司内的财务报告。评估的输入、角色、工具和消费者可能超出了被评估的功能范围，这可能会导致这个范围变得模糊、执行变得复杂。因为许多数据资产是共享的，所以经过精心规划的局部式评估通常可以汇总和加权，形成企业级评估。

2）企业级评估（Enterprise Assessment）重点关注组织中广泛存在但有时分散的部分。企业评估可以根据局部式数据管理成熟度评估创建，也可以单独进行。例如，组织可以根据相同的标准评估不同的职能单元（研发、制造和融资）。输入、角色、工具和用户通常是跨企业的，且是多层次的。

4. 定义交互方法

在实施DMMA时，组织应遵循所选模型的建议。信息收集活动可能包括研讨会、访谈、调查和组件审查。应采用符合组织文化的方法，最大限度地减少参与者的时间投入，使评估能够快速完成，以便在参与者对评估过程记忆犹新时确定评估行动。

在所有情况下，都需要通过让参与者对标准进行评分来正式确定评估结果。在许多情况下，评估还包括对组件和其他证据的实际检查和评估。

如果评估完成存在延迟，利益相关方可能会失去对数据管理职能的热情及推动积极变革的动力。建议避免过于细致和全面的分析，而是强调基于评估组领导者专业知识做出的合理判断。DMM框架提供了测量标准和改进路线。这些使得能够综合出当前数据管理职能及其组成部分的完整图景。

5. 沟通规划

沟通有助于成熟度评估（及其派生活动）的整体成功。沟通将面向评估参与者和其他利益相关方。评估结果可能会使方法论和组织定位产生变化从而影响人们的工作。因此，清楚地传达沟通目的、过程及针对个人和团体的具体期望非常重要，应确保参与者了解评估模型及正确使用评估结果。

在评估开始之前，应告知利益相关方对评估的预期。沟通应描述如下内容：

1）数据管理成熟度评估的目的。
2）评估应如何进行。
3）对方参与的是哪个环节。
4）评估活动的时间表。

在评估活动（如焦点小组访谈）期间，应确保有一个明确的议程，包括解答任何后续问题的计划，不断提醒参与者评估活动的目标和目的，对参与者持续表达感谢并向其描述下一步计划。

确定计划中的方法是否可能在目标业务范围内取得成功，包括诸如阻力/合作因素，明确外部检查暴露发现问题可能引发的内部合规问题，或可能的人力资源方面的顾虑等因素。

沟通计划应包括一个时间表，以便在各层级报告调查结果和建议，包括总体报告和执行简报。

15.2.2 执行成熟度评估

1. 收集信息

下一步是根据交互模型为评估活动收集适当的输入。收集的信息除了应包括基于评估准则的正式评级，还可能包括访谈和焦点小组（Focus Group）讨论的输入、系统分析和设计文档、数据调查、电子邮件、程序手册、标准、策略、文件存储库、审批工作流、各种工作产品、元数据库、数据和集成参考架构、模板和表单。

2. 执行评估

总体评级工作和解读说明通常是多阶段的。参与者因主观意见的多样性会对相同的评估主题产生不同的评级，需要进行讨论和合理化调和以达成一致的评级意见。参与者提供输入，通过评估团队的组件评审或检查进行完善，目的是对当前状况达成共识。这种观点应由证据支持（通过行为和组件所证明的实践证据）。如果利益相关方对当前状态没有达成共识，就很难就组织如何改进达成共识。

评估优化一般按如下方式进行：

1）根据评级方法审查结果，并为每个工作产品或活动给定初步评级。
2）记录支持证据。
3）与参与者一起审查，就每个领域的最终评级达成共识。如果合适，则根据每个标准的重要性使用不同的权重。

4）使用模型标准陈述和评估人员评论，作为评级的说明。

5）开发可视化的工具，更直观地展示评估结果。

15.2.3 结果解读

对结果的解读包括识别与组织战略一致的改进机会，以及推荐利用这些机会所需的行动。换句话说，解读定义了向目标状态迈进的下一步行动。评估完成后，组织需要为其在数据管理方面实现的目标状态做出规划。实现预期目标所需的时间和精力具体取决于起点水平、组织文化和变革的驱动因素。

在呈现评估结果时，首先要理解评级对组织的意义。评级的意义可以与组织和文化驱动及业务目标驱动（如客户满意度或销售额增长）等联系起来，用来说明组织的当前能力与它们支持的业务流程和策略之间的关系，以及通过向目标状态迈进提升这些能力所产生的收益之间的关联。

1. 报告评估结果

评估报告应包括：

1）评估的业务驱动因素。

2）评估总体结论。

3）按主题评分并指出差距。

4）缩小差距的建议方法。

5）观察到的组织优势。

6）进展的风险。

7）投入和产出选项。

8）衡量进度的治理和指标。

9）资源分析和潜在效用。

10）可以在组织内使用或重复使用的组件。

评估报告是增强数据管理职能的输入（无论是作为一个整体，还是作为数据管理知识领域的部分）。组织可以据此制定或推进其数据管理策略，此策略应包括通过改进治理流程和标准进一步实现业务目标的举措。

2. 制定管理层简报

评估团队应准备一份执行简报，总结评估结果（优势、差距和建议），以供管理层在制定目标、举措和时间表时参考。评估团队必须为每个执行团队定制信息，以便向其阐明可能产生的影响和收益。管理层通常希望设定的目标高于评估建议。换句话说，管理层希望在成熟度模型中越级发展，设定更高的成熟度级别且必须在建议的影响分析中体现出来。这种越级加速是有成本的，而成本必须与收益平衡。

15.2.4 制订针对性的改进计划

DMMA 应对数据战略、IT 治理及数据管理职能和策略产生直接影响。DMMA 的建议应该是切实可行的，且应该描述组织所需的能力。在此过程中，评估可以成为帮助 IT 和业务领导者确定组织优先级和资源分配的有力工具。

DMMA 评级凸显了管理层需要关注的事项。最初，评级可能被用作单独指标来确定组织在特定活动中的表现。然而评级也可以迅速转化为持续性的衡量标准，特别是对于需要改变的活动（如"目标是级别'n'级，因为我们需要或希望能够做到一些'z'级别的要求"）。如果评估模型用于持续的测量，其标准不仅可以指导组织达到更高的成熟度，还可以使组织持续关注改进工作。

确定行动并创建路线图。DMM 评估结果应该保证足够详细和全面，以支持为期多年的数据管理改进计划，包括随着组织采用最佳实践而建立起来的数据管理能力举措。组织中的变革主要通过项目实现，因此必须强制新项目采用更好的实践。路线图或参考计划应包含：

1) 旨在改进特定数据管理职能的一系列有序活动。
2) 实施改进活动的时间表。
3) 实施改进活动后，DMMA 评级的预期改善情况。
4) 监督活动，包括在整个时间线内逐步加强这种监督。

路线图将为高优先级工作流设定目标和节奏，并附有一套衡量进展的方法。

15.2.5 重新评估成熟度

应定期进行成熟度模型重新评估。它们是持续改进周期的一部分：

1) 通过首次评估建立基准评级。
2) 定义重新评估的参数，包括组织范围。
3) 根据已公布的日程安排，在必要时重复进行 DMM 评估。
4) 跟踪与初始基准相关的趋势。
5) 根据重新评估的结果提出建议。

重新评估还可以使组织重新激发热情或重新集中精力。可衡量的进展有助于保持整个组织的认同感和持续的热度。监管框架的变动、内部或外部制度的变更，或可能改变治理和战略方法的创新，都是定期重新评估的原因。

15.3 工具

1) 数据管理成熟度框架。在成熟度评估中使用的主要工具是数据管理成熟度框架本身。
2) 沟通计划。沟通计划包括利益相关方的参与模式、要共享的信息类型及信息共享的时间表。

3）协作工具。协作工具允许将评估结果进行共享。此外，数据管理实践的证据可以在电子邮件、已完成的模板及审查文档（通过协作设计、操作、事件跟踪、审查和批准的标准流程创建）中找到。

4）知识管理和元数据库。数据标准、制度、方法、议程、会议纪要或决策，以及作为实践证明的业务和技术文档可以在这些存储库中进行管理。在某些能力成熟度模型中，缺乏此类存储库是组织成熟度较低的标志。元数据库可以存在于多个结构中，这对于评估参与者来说可能并不容易发现。例如，某些 BI 应用程序完全依赖元数据来编译其视图和报告，而不将其作为独立的单独的存储库。

15.4 方法

许多与执行 DMMA 相关的方法都是由所选 DMM 框架的方法论定义的。这里介绍一些更为通用的方法。

15.4.1 选择 DMM 框架

在选择 DMM 框架时，应考虑以下标准：

1）可访问性。实践应以非技术术语表述，传达活动的功能本质。

2）全面性。框架应涵盖广泛的数据管理活动，并包括业务参与，而不仅仅是 IT 流程。

3）可扩展性和灵活性。该模型的结构可以增加行业特定或附加的领域，并且可以根据组织的需求全部应用或部分裁剪使用。

4）内建未来演进的路线。虽然具体的优先事项因组织而异，但 DMM 框架在其描述每个功能时都概述了一个逻辑的演进方向。

5）行业通用论与行业特定论。一些组织可能受益于行业特定的方法，而另一些组织则受益于更通用的框架。任何 DMM 框架都应遵循跨垂直领域的数据管理最佳实践。

6）抽象或详细程度。实践和评估标准程度表达详细，以确保它们与组织及其执行的工作可以联系起来。

7）非指导性。框架描述了需要执行什么，而不是指导必须如何执行。

8）按主题组织。该框架将数据管理活动置于适当的场景中，使得可以对每项活动进行单独评估，同时又可以识别与其他活动的依赖关系。

9）可重复性。该框架可以得到一致的解释，支持可重复的结果，以便将组织与行业中的其他组织进行对比，并跟踪一段时间内的进展情况。

10）由中立的、独立的组织支持。应该在模型的供应商选择中保持中立，广泛选择供应商，以避免利益冲突，以确保最佳实践的选择具有广泛的代表性。

11）技术中立性。模型的重点应该是实践，而不是工具。

12）培训支持。模型有全面的培训支持，专业人员能够掌握并优化框架的使用方法。

15.4.2 DAMA-DMBOK 框架的使用

DAMA-DMBOK 可用于为 DMMA 准备或制定标准。执行负责人将看到分段职能（知识领域）和相应任务（活动）之间的直接联系。根据测量的领域、其支持活动、相关性和可用时间可以将 DMBOK 知识领域、活动和可交付成果（工作产品）配置到特定的 DMM 框架中去。这种快速检查表法可用于确定需要更深入分析的区域、表示差距或指出需要补救的热点。作为评估规划工具，DMBOK 还提供了一个额外的优势，那就是有一个庞大的专业知识人士群体把 DMBOK 作为跨多个行业的指南，并围绕着 DMBOK 的使用创建了一个实践社区。

15.5 实施指南

15.5.1 准备评估/风险评估

开展成熟度评估之前，识别潜在风险和一些风险缓解策略是十分必要的。表 15-1 总结了 DMMA 中的典型风险及其缓解措施。

表 15-1 DMMA 中的典型风险及其缓解措施

典型风险	缓解措施
缺乏组织认同	将与评估相关的概念社会化 在进行评估之前建立受益声明 分享文章和成功案例 邀请执行发起人来支持这项工作并审查其成果
缺乏 DMMA 专业知识 缺乏时间或内部专业知识 缺乏沟通计划或标准	使用第三方资源或专家资源 要求将知识转移和培训作为参与工作的一部分
组织中缺乏"数据交流" 关于数据的谈话很快转变为关于系统的讨论	将 DMMA 与特定业务问题或场景相关联 在沟通计划中声明，无论其背景和技术经验如何，DAMA 都将为所有参与者提供指导 在实施 DMMA 之前，让参与者了解其关键概念
用于分析的资产不完整或超期	标记"截止日期"或相应地调整评级。例如，对过期超过 1 年的所有内容减 1 分
焦点狭隘	将调查深度降低到浅层次的 DMMA，并对其他领域进行快速评估，以便为后续的比较基准建立评级。将首次 DMMA 作为试点，之后将学到的经验应用于更广泛的范围。在 DAMA-DMBOK 知识领域的背景下提出拟评估范围内的重点。说明哪些内容不在范围内，并讨论将其纳入进来的必要性

(续)

典型风险	缓解措施
难以接近的人员或系统	通过仅关注可用的知识领域和人员缩小 DMMA 的横向范围
出现诸如法规变化的意外情况	在评估工作流程和工作重点增加灵活性

15.5.2 组织和文化变革

建立或增强数据管理职能包括对流程、方法和工具的改进。伴随着这些变化，文化也必须随之发生变化。组织和文化变革起点是承认事情可以变得更好。度量功能通常能推动有意义的变革。DMMA 根据成熟度等级对组织进行定位，并提供改进路线图。这样做可以引导组织通过变革向前发展。实施 DMMA 的成果应该成为组织内更大范围讨论的一部分。在有效的数据治理支持下，DMMA 的结果可以整合不同的观点，形成共同愿景，并加速组织的进步（见第 17 章）。

15.6　成熟度管理治理

通常情况下，数据管理成熟度评估（DMMA）是一系列数据治理活动的重要组成部分，这些活动都有各自的生命周期。数据管理成熟度评估的生命周期包括初始计划和初始评估，接着是建议、行动计划及定期重新评估。生命周期本身也应受到管理。

15.6.1　DMMA 流程监督

DMMA 的流程监管职责属于数据治理团队。如果组织尚未建立正式的数据治理机制，那么监管工作将默认由发起 DMMA 的指导委员会或管理层负责。该流程应该有一名执行发起人，理想情况下是首席数据官（CDO），以确保数据管理活动的改进直接与业务目标对接。监管的广度和深度取决于 DMMA 的范围。流程中涉及的每个职能部门在整体评估中的执行、方法、结果和路线图都拥有发言权。每个涉及的数据管理领域和组织职能虽然都有独立的观点，但也会通过 DMM 框架拥有共同的语言。

15.6.2　度量指标

度量指标除了作为所有改进策略的核心组成部分，还是一种关键的沟通工具。初始 DMMA 度量指标是表示数据管理当前状态的评级。可以定期重新评估这些指标以显示改进的趋势。每个组织都应该根据其目标状态路线图量身定制度量指标。以下是一些示例指标：

1）DMMA 评级。DMMA 评级反映了组织的能力水平的概况。评级可能附有描述，可能是针对整个评估或特定主题领域的评级的自定义权重,以及推荐的目标状态。

2)资源利用率。强有力的指标示例,有助于以人员数量的形式表达数据管理成本。此类指标的一个例子是:"组织中的每个人力资源都花费10%的时间去手动汇总数据"。

3)风险敞口。风险敞口或应对风险场景的能力反映了组织对应于DMMA的评级水平。例如,如果一个组织想要开展一项需要高度自动化的新业务,但其当前的运营模式是基于手动数据管理级(1级),那么它将面临无法交付的风险。

4)支出管理。表示在组织中如何分摊数据管理成本,并确定了该成本对可持续性和价值的影响。这些指标与数据治理指标是重叠的。

①数据管理的可持续性。
②实现倡议的目标和宗旨。
③沟通的有效性。
④教育和培训的有效性。
⑤采纳变革的速度。
⑥数据管理的价值。
⑦对业务目标的贡献度。
⑧风险降低的情况。
⑨运营效率的提升情况。

5)DMMA的输入。这对于内容对于管理至关重要,因为它们反映了覆盖范围、调查水平和范围细节的完整性,这对于解释评分结果具有重要意义。核心输入可能包括以下内容:计数、覆盖范围、可用性、系统数量、数据量、涉及的团队等。

6)变革的速度。组织提升自身能力的速度。通过DMMA建立基线,通过定期重新评估来追踪改进趋势。

参考文献

Afflerbach, Peter. *Essential Readings on Assessment*. International Reading Association, 2010. Print.

Baškarada, Saša. *IQM-CMM: Information Quality Management Capability Maturity Model*. Vieweg + Teubner Verlag, 2009. Print. Ausgezeichnete Arbeiten zur Informationsqualität.

Boutros, Tristan and Tim Purdie. *The Process Improvement Handbook: A Blueprint for Managing Change and Increasing Organizational Performance*. McGraw-Hill Education, 2013. Print.

CMMI Institute (website). http://bit.ly/1Vev9xx.

Crawford, J. Kent. *Project Management Maturity Model*. 3rd ed. Auerbach Publications, 2014. Print. PM Solutions Research.

Enterprise Data Management Council (website).

Freund, Jack and Jack Jones. *Measuring and Managing Information Risk: A FAIR Approach*. Butterworth-

Heinemann, 2014. Print.

Ghavami, Peter PhD. *Big Data Governance: Modern Data Management Principles for Hadoop, NoSQL and Big Data Analytics*. CreateSpace Independent Publishing Platform, 2015. Print.

Honeysett, Sarah. *Limited Capability-The Assessment Phase*. Amazon Digital Services LLC., 2013. Social Insecurity Book 3.

IBM Data Governance Council. https://ibm.co/2sUKIng.

Jeff Gorball. *Introduction to Data Management Maturity Models*. SlideShare.net, 2016-08-01. http://bit.ly/2tsIOqR.

Marchewka, Jack T. *Information Technology Project Management: Providing Measurable Organizational Value*. 5th ed. Wiley, 2016. Print.

McSweeney, Alan. *Review of Data Management Maturity Models*. SlideShare.net, 2013-10-23. http://bit.ly/2spTCY9.

Persse, James R. *Implementing the Capability Maturity Model*. Wiley, 2001. Print.

Saaksvuori, Antti. *Product Management Maturity Assessment Framework*. Sirrus Publishing Ltd., 2015. Print.

Select Business Solutions. *What is the Capability Maturity Model?* http://bit.ly/IFMJI8 (Accessed 2016-11-10).

Stanford University. *Stanford Data Governance Maturity Model*. http://stanford.io/2ttOMrF.

Van Haren Publishing. *IT Capability Maturity Framework IT-CMF*. Van Haren Pub, 2015. Print.

第 16 章 数据管理组织和角色期望

16.1 引言

数据领域日新月异,组织需要改进其管理和治理数据的方式以适应新的变化。当前,数据越来越多,大多数组织面临着来源多样化、渠道纷繁复杂的数据。这种变化加剧了数据管理的复杂性。与此同时,用户要求更便捷地访问、理解并使用数据,从而及时解决关键业务问题。数据管理和数据治理组织只有足够灵活,才能与不断发展变化的环境相适应。因此,它们需要厘清关于所有权、协作、责任和决策相关的基本问题。

本节将描述在建立数据管理或数据治理组织时应考虑的一套原则。它涉及数据治理和数据管理,因为数据治理为数据管理组织执行的活动提供指导和业务背景。对于上述两者,并没有一个完美的组织架构。虽然数据治理和数据管理组织应该遵循一些公共原则,但是很多细节仍依赖于组织所在的行业驱动力和组织自身的企业文化。

16.2 了解现有的组织和文化规范

意识、所有权和责任是激活和吸引人们参与数据管理倡议、制度和流程的关键。在筹建新组织或尝试改善现有组织之前,了解与文化、现有运营模式和相关人员的组成的当前状态非常重要(见图 16-1)。例如:

1)数据在组织中的角色。哪些关键流程是数据驱动的?数据的需求是如何定义和理解的?数据在组织战略中的作用在多大程度上得到了认可?

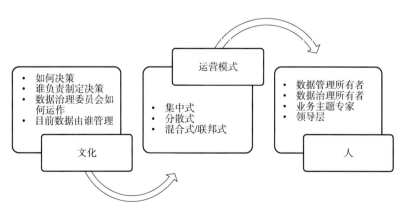

图 16-1 通过评估当前状态构建运营模式

2）关于数据的文化规范。在实施或改进管理和治理结构时，是否存在潜在的文化障碍？

3）数据管理和数据治理实践。如何执行、由谁来执行与数据相关的工作？如何决策、由谁做出有关数据的决策？

4）工作组织和执行方式。例如，项目和日常运营执行之间的关系是什么？哪些组织架构可以支撑数据管理工作？

5）汇报关系。例如，组织是集中的、分散的、层级化的，还是扁平化的？

6）技能水平。从基层员工到高管、领域专家和其他利益相关方的数据知识和数据管理知识水平如何？

在形成对当前状态的认识后，评估对当前状态的满意程度，以便深入了解企业数据管理的需求和优先级。例如：

1）组织是否拥有相关信息以做出及时、明智的业务决策？

2）组织是否对其收入报表有信心？

3）它能否追踪组织的关键绩效指标？

4）组织是否符合所有关于数据管理的法律法规？

大多数寻求改善其数据管理或治理做法的组织，都处于能力成熟度范围的中间（它们在CMM的级别认定既不是最高也并非最低）（见第15章）。理解和适应现有的组织和文化准则，对建立相关的数据管理组织非常重要。如果数据管理组织与现有的决策机制和委员会构成不匹配，那么后期将很难维持。因此，渐进式发展对组织是有意义的，不宜实施激进的变革。

数据管理组织应与公司的组织层级和资源保持一致。找到合适的人，并了解数据管理在组织内的功能和政治作用。目标应该是不同业务的利益相关方跨职能共同参与。为此，需要做到：

1）识别已经在履行数据管理职能的员工，结识他们并先邀请他们参与进来。只有在数据管理和治理需求进一步增长时，才应考虑新增招聘人员。

2）检验组织管理数据的方法，并确定如何改进流程。改进数据管理实践可能需要进行多次才能完成。

3）从组织的角度考虑，规划需要进行的各种变革，以更好地满足需求。

16.3 数据管理组织的结构

数据管理组织设计中的一个关键步骤是确定组织的最佳运营模式。运营模式阐明角色、责任和决策流程的框架，它描述了人员和职能如何互相协作。

一个可靠的运营模式能够明晰责任，确保组织内部的职能都能正常运转，促进沟通，并提供解决问题的流程。运营模式构成了组织架构的基础，但它不是组织架构图，不是简单地将人名填写到架构图中，而是描述组织各组成部分之间的关系。

本节将介绍分散式、网络式、集中式、混合式和联邦式等几种运营模式，并对各运营模式的优缺点进行具体阐述。

16.3.1 分散式运营模式

在分散式运营模式中,数据管理职能分布在不同的业务部门和IT部门之间(见图16-2)。协作通常基于数据管理指导委员会开展,而不存在一个专门的归属部门。许多数据管理改进计划是从基层开始,再延伸到整个组织,所以结构分散。

这种模式的优点是组织架构相对扁平,数据管理组织与业务线及IT部门容易达成一致。这种一致性通常意味着对数据需求有清晰的理解,相对容易实施或改进。

这种模式的不足在于,它让过多的人员参与治理机构并参与决策制定,而这种决策的实施通常比集中发布号令更加困难。分散模式一般不太正式,可能难以长期维持。为了取得成功,需要一些方法强化行动的一致性,但这可能很难协调。使用分散模式通常也难以定义数据的所有权。

16.3.2 网络式运营模式

分散式的运营模式可以通过一系列记录存案的"责任链"来使其更加正式,如可通过使用RACI(谁执行,Responsible;谁负责,Accountable;咨询谁,Consulted;通知谁,Informed)责任矩阵来实现,这种模式被称为网络式,因为它通过人与人之间和角色之间的一系列已知的链接运行,可以绘制成一个"网络"图(见图16-3)。

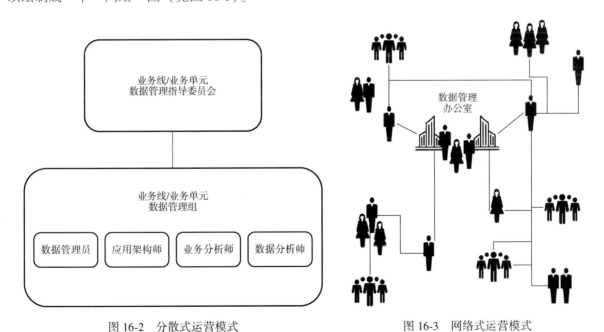

图16-2 分散式运营模式　　　　图16-3 网络式运营模式

网络式的优点与分散式运营模式类似(结构扁平、观念一致、快速组建)。采用RACI,有助于在不影响组织架构的情况下建立问责制。它的缺点是需要额外维护和执行与RACI相关的期望。

16.3.3 集中式运营模式

最正式且成熟的数据管理运营模式是集中式（见图 16-4）。所有工作都由数据管理组织掌控。参与数据治理和数据管理的人员直接向数据管理领导汇报，该领导负责治理、管理、元数据管理、数据质量管理、主数据和参考数据管理、数据架构、业务分析等工作。

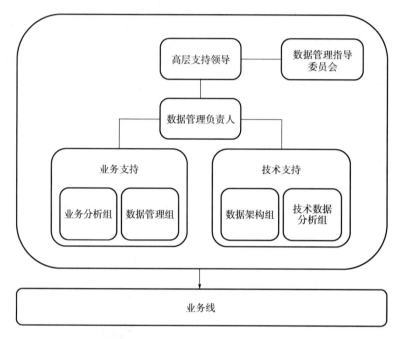

图 16-4 集中式运营模式

集中式运营模式的优点是，它为数据管理或数据治理建立了正式的管理职位，且拥有一个最终决策人。因为职责是明确的，所以更容易做出决策。在组织内部，可以按不同的业务类型或业务主题分别管理数据。它的缺点是，实施集中模式通常需要实施重大的组织变革。将数据管理的角色从核心业务流程正式分离，存在业务知识逐渐丢失的风险。

集中式运营模式通常需要创建一个新的组织，但问题出现了：数据管理组织在整个企业中的地位如何？谁领导它？领导者向谁汇报？对于数据管理组织而言，不再向 CIO 汇报变得越来越普遍，因为它们希望维护业务而非 IT 对数据的看法。这些组织通常也是共享服务部门、运营团队或者首席数据官团队的一部分。

16.3.4 混合式运营模式

顾名思义，混合式运营模式结合了分散式和集中式运营模式的优点（见图 16-5）。在混合式运营模式中，一个集中化的数据管理卓越中心与分散的业务单元数据管理团队合作，通常依托一个代表关键业务条线的指导委员会和一系列针对特定问题的执行工作组合作完成工作。

在这个模型中，一些角色仍然是分散的。例如，数据架构师可以留在企业架构组中，业务线可能有自己的数据质量团队。哪些角色是集中的，哪些角色是分散的，这在很大程度上取决于企业文化。

混合式运营模式的主要优点是，它可以从企业的顶层制定适当的指导方向，并且有一名对数据管理或数据治理负责的高管。业务团队对应承担应有的责任，可以通过业务优先级调整给予数据管理/治理更多的关注。也受益于这个专门的数据管理卓越中心的支持，业务团队更容易将重点放在特定的挑战上。

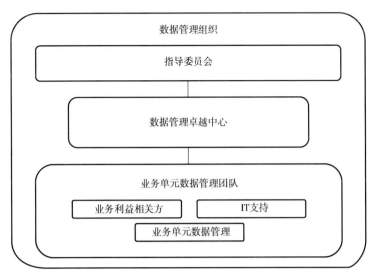

图 16-5　混合式运营模式

该模式的挑战包括组织的建立，这种模式通常需要配备额外的人员到卓越中心。业务团队可能有不同的优先级，这些优先级需要从企业的层面进行管理。此外，整个企业的优先事项与各组成部门的优先事项之间有时会发生冲突。

16.3.5　联邦式运营模式

作为混合式运营模式的一个变体，联邦式运营模式提供了额外的集中化/去中心化层，这在大型全球企业中通常是必需的。在联邦式运营模式下，企业数据管理组织应具有基于事业部或区域划分的多个混合数据管理模型，见图 16-6。

联邦式运营模型提供了一种集中策略与分散执行相结合的方式。对于大型企业来说，这可能是唯一可行的模式。负责整个组织的数据管理高管负责运营企业的卓越中心。当然，不同的业务条线可以根据自己的需要和优先级满足需求。联邦式运营模式使组织能够根据特定的数据实体、部门挑战区域优先级确定。

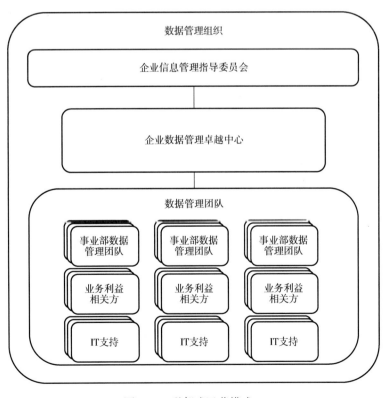

图 16-6　联邦式运营模式

这种模式的主要缺点是复杂，存在很多层级，需要在业务条线的自主权和企业的需求之间取得平衡。这种平衡会影响企业的优先级。

16.3.6 确定组织的最佳模式

为组织确定合适的运营模式是改进数据管理及数据治理实践的起点。引入运营模式之前，需要了解它如何影响当前组织及它后续可能会如何发展。运营模式的选择很关键，得当的运营模式将帮助制度和流程的定义、批准和执行。

评估当前的组织架构是集中的、分散的、混合的，是层次分明的或是相对扁平的，需要描述部门或区域的运营方式。例如，它们的运作是否能自给自足？部门或区域间的要求与目标是否有很大的差异？最重要的是，它们的决策是如何做出的（如是较为民主还是采取命令式的）？如何实施这些决策？这些问题的答案能够启发思考，从而理解组织应处于分散模式和集中模式之间的什么位置。

16.3.7 数据管理组织的替代方案和设计考虑因素

大多数组织在建立正式的数据管理组织（Data Management Organization，DMO）之前，通常都会先经历分散模式。当一个组织意识到数据质量的改进会带来进一步的影响时，它可能已开始通过数据管理RACI矩阵制定责任制度，并自然而然地演变成网络模式。随着时间的推移，分散式角色之间的协同作用将变得更加明显，而当由此产生的经济规模起来之后，一些角色和人员会被进一步拉入有组织的群体，最终变形为混合模式或联邦模式。

有些组织没有经历这个不断成熟的过程，而是基于市场冲击或迫于满足政府新的监管法规而迅速成长。在这种情况下，要取得成功和可持续的发展，积极应对组织变革中的阵痛是很重要的（见第17章）。

无论选择哪种模式，简单、可用对于企业的接受程度和制度的可持续性都是至关重要的。如果运营模式符合公司的文化，数据管理和数据治理就可以运用到运营中，并与战略保持一致。构建一个运营模式时，需注意以下要点：

1）通过评估当前状态确定起点。
2）将运营模式与组织的架构联系起来。
3）需要考虑以下因素：
①组织的复杂性+成熟度。
②领域内的复杂性+成熟度。
③可扩展性。
4）获得高层支持——可持续发展模式的必要条件。
5）确保任何领导团队（指导委员会、咨询委员会、董事会）都是决策机构。
6）考虑试点规划和分批次实施。
7）专注于高价值、高影响力的领域。
8）使用现有的资源。

9）永远不要采用"一刀切"的方法。

16.4 关键成功因素

无论数据管理组织是什么样的架构，有10个因素始终被证明对其成功发挥着关键作用：
1）高管层的支持。
2）明确的愿景。
3）前瞻性的变革管理。
4）一致的领导力。
5）持续的沟通。
6）利益相关方的参与。
7）宣讲和培训。
8）度量采纳情况。
9）坚持指导原则。
10）渐进式发展而非革命式变革。

16.4.1 高管层的支持

得到高管层的支持，可确保受数据管理工作影响的利益相关方获得必要的指导。在组织变革的过程中，有效整合那些新的以数据为中心的组织，将会获得长期持续的发展。相关管理层人员应该理解并支持这一倡议，他们必须能够有效地吸引其他领导者支持这些变革。

16.4.2 明确的愿景

明确的愿景及推动愿景的计划，对数据管理组织的成功至关重要。组织的领导者必须确保所有受数据管理影响的利益相关方（包括内部和外部）明白和理解数据管理是什么，它为什么很重要，他们的工作将如何影响数据管理及数据管理对他们自身有哪些影响。

16.4.3 前瞻性的变革管理

管理与建立数据管理组织相关的变革过程中需要规划、管理并维持变革。只有在数据管理组织建立之初就将组织变革管理考虑进去并明确可能面临的挑战，才能使数据管理组织获得长期可持续发展的可能（见第17章）。

16.4.4 一致的领导力

领导者之间的共识，确保了数据管理工作获得一致的支持，并明确定义了成功标准。领导者之间的共识，包括领导者的目标与数据管理成果和价值的对齐，以及领导者之间在工作目标上的一致性。

领导者之间未能达成一致，会导致他们抵制并释放破坏变革的信息。因此，评估并定期重新评估各级领导者之间的意见，确定他们之间是否存在较大的分歧，并采取措施快速解决这些问题是至关重要的。

16.4.5 持续沟通

应尽早展开沟通，并保持公开和一定的频率。组织必须确保利益相关方清楚地知道数据管理是什么，为什么它对公司很重要，什么在变化，以及行为需要如何变化。如果不知道该采取何种不同的方法，就无法改进管理数据的方式。围绕数据管理工作创作一个故事，并围绕它构建关键信息有助于推进这些过程。在强调数据管理的重要性时，信息必须是一致的。此外，信息还应根据利益相关方群体进行定制。例如，在数据管理方面，不同群体所需的教育水平或培训次数会有所不同。信息应该支持按需重复，能对其进行经常性的检查，以确保数据持续有效，并逐步建立数据意识。

16.4.6 利益相关方的参与

受数据管理行动倡议影响的个人和团体，会对新倡议及他们自己在其中的角色做出不同的反应。如何吸引这些利益相关方，如何与他们沟通、回应他们并邀请他们参与，都将对新倡议的成功产生重大影响。利益相关方分析有助于组织更好地理解那些受数据管理变更影响的人员。通过这些个人和团体的影响力和对数据管理实施产生的兴趣（或受影响程度）来发现利益相关方，组织可以选择用最佳的方式与不同的利益相关方进行互动，从而推动变革进程。

16.4.7 宣讲和培训

培训对于实现数据管理至关重要，需注意不同的群体需要不同类型和层次的培训。领导者应明确数据管理的方向和数据管理对公司的价值。数据管理专员、所有者和管理员（如那些处于变革前沿的人）应深入了解数据管理行动倡议，有针对性的培训有助于他们有效地发挥作用。这意味着他们需要接受新制度、流程、技术、规程甚至工具等方面的培训。

16.4.8 度量采纳情况

围绕数据管理行动计划的进展制定度量标准是非常重要的，这样可以确保数据管理路线图有效并持续有效。应计划衡量以下几个方面：

1）采纳情况。
2）改进的程度，或相对于之前状态的差异。
3）数据管理的推动因素——数据管理在可度量结果上的影响如何。
4）改进的流程和项目。
5）对风险的识别和反应能力的提升情况。
6）数据管理的创新——数据管理如何从根本上改变业务的方式。
7）可信的数据分析。

数据管理的赋能可以侧重于改进以数据为中心的流程。例如，月末结账、风险识别和项目执行效率。数据管理的创新可以通过增加可信数据改进决策和分析。

16.4.9　坚持指导原则

指导原则阐明了组织的共同价值观，不仅是战略愿景和使命的基础，还是综合决策的基础。指导原则构成了组织在长期日常活动中遵循的规则、约束、标准和行为准则。无论是分散的运营模式，还是集中的运营模式，抑或介于两者之间的任何其他形式，都必须建立和商定指导原则，使所有参与者保持一致的行事方式。指导原则是做出所有决策的参考，是创建有效数据管理行动计划的重要步骤，它能够有效地推动组织行为的转变。

16.4.10　渐进而非革命

在数据管理的各个方面，"渐进而非革命"的理念有助于最大限度地减少重大变化或大规模高风险项目的实施。建立一个随时间推移逐渐演变和成熟的组织非常重要。通过逐步改善数据管理和业务目标优先级对齐的方式，可以确保新政策和流程得到采纳，行为改变得以持续。逐步变革更容易获得支持和认同，也更容易让关键参与者加入其中。

16.5　建立数据管理组织

16.5.1　确认当前数据管理参与者

在贯彻运营模式时，应从已经参与数据管理活动的团队着手。这将最大限度地减少对组织的影响，并有助于确保团队关注的焦点集中在数据上，而不是在人力资源或政治上。首先，回顾现有的数据管理活动，如谁创建和管理数据、谁评估数据质量，甚至谁的职位和名称中带有"数据"二字。通过对组织进行调研，找出可能已经在充当所需角色和履行所需职责的人员。这些人员可能拥有不同的职位名称。他们可能是分散组织的一部分，尚未被企业识别出。在列出"数据人员"的名单后，找出空缺的角色，即执行数据战略还需要哪些额外的角色和技能支撑。通常情况下，组织中其他部门的人员可能会拥有类似的、可转移到数据管理领域的技能。请记住，组织中的现有人员为数据管理职能带来了宝贵的知识和经验，有助于数据管理工作。

在梳理完人员清单并将相关人员分配到合适的岗位后，应评估他们的薪酬，并使其与数据管理的期望保持一致。这很可能需要人力资源部门参与核实职位、岗位、薪酬和绩效目标，确定恰当的岗位，分配恰当的人员和职级，如此一来，当他们参与决策时，将拥有足够的信誉做出决策。

16.5.2 确认委员会参与者

无论组织选择哪种运营模式，都需要由数据治理指导委员会和工作组完成一些治理工作。确保在指导委员会上选对人，并合理利用他们的时间非常重要，让他们充分了解情况并专注于改进数据管理，有助于他们实现业务目标和战略目标。

许多组织因为已经有很多类型的委员会，所以不愿意再成立新的委员会。利用现有委员会推进数据管理工作通常比成立一个新的委员会更容易。但采取这一方法需要谨慎。利用现有委员会来开展活动的主要风险在于，数据管理工作可能无法获得所需的关注度，尤其是在早期阶段。无论是在为高级指导委员会选择成员，还是为执行层工作小组选择成员的过程中，都需要进行利益相关方分析以辨别谁是高层支持者。

16.5.3 确认和分析利益相关方

利益相关方指任何能够影响或受到数据管理改进计划影响的个人或团体。利益相关方可能是组织内部的，也可能是组织外部的，包括：领域专家、高层领导、员工团队、委员会、客户、政府或监管机构、经纪人、代理商、供应商等；内部利益相关方可能来自IT、运营、合规、法律、人力资源、财务或其他业务部门。对于一些具有影响力的外部利益相关方，数据管理组织也必须考虑满足他们的诉求。

分析利益相关方可以帮助组织确定在数据管理过程中如何最好地让参与者参与进来并发挥他们在运营模式中的作用。通过分析也可以为如何分配利益相关方的时间和其他有限资源提供帮助。从分析中获得的洞察力也有助于确定如何更好地分配时间和其他有限资源。越早进行此分析，效果越好，因为组织越能预见变革的反应，从而更好地为这些反应做好准备。利益相关方分析将有助于回答以下问题：

1）谁将受数据管理的影响？
2）角色和责任将如何转变？
3）受影响的人可能如何应对这些变化？
4）人们可能会有哪些问题和顾虑？

利益相关方分析将产生一个利益相关方清单，包括他们的目标和优先事项，以及这些目标对他们很重要的原因。根据分析找出利益相关方需要采取的行动。要特别关注需要做些什么才能调动那些可以决定组织的数据管理成功与否的关键利益相关方，尤其是在最初的优先事项上。需考虑以下几点：

1）谁控制关键资源？
2）谁可以直接或间接阻碍数据管理行动计划？
3）谁可能影响其他关键利益相关方？
4）利益相关方是否会支持即将发生的变革？

利益相关方评分图如图 16-7 所示，它提供了一个根据利益相关方的影响力、利益相关方对数据管理提升计划的兴趣程度或计划对他们的影响程度确定利益相关方优先顺序的简单评分图。

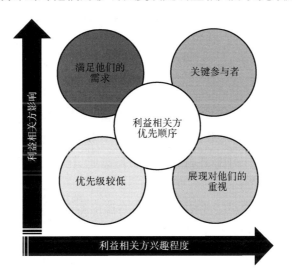

图 16-7　利益相关方评分图

16.5.4　让利益相关方参与进来

确认利益相关方、高层支持者后，或者从中筛选出一个短名单，清楚地向他们阐明每个利益相关方都参与数据管理的重要性。他们或许不会主动地马上地参与。推动数据管理工作的人员或团队应该阐明每个利益相关方对数据管理改进计划的成功不可或缺的原因。这意味着要了解他们的个人和职业目标，并能够将数据管理过程的输出成果与他们的目标关联起来，以便他们能够看到直接的联系。如果不了解这种直接联系，那么他们可能仅愿意在短期内提供帮助，但难以长期提供支持或帮助。

16.6　数据管理组织与其他数据相关机构的交互

一旦确立运营模式和参与者，即可把人员转移到新授权的角色中。使组织开始运作意味着组建委员会并与利益相关方合作。在集中模式下，大多数数据管理活动被控制在一个组织内进行。而在分散或网络模式下，数据管理组织需要与那些能够对数据管理方式产生重大影响的其他团体建立合作。这些团体通常包括：

1) 首席数据官组织。
2) 数据治理组织。
3) 数据质量团队。
4) 企业架构团队。

16.6.1 首席数据官

在某种程度上虽然大多数公司已认识到数据是一项宝贵的资产，但只有少数公司任命了首席数据官（CDO）负责弥合技术与业务之间的差距，并在高层建立了企业级的数据管理战略。但不可否认的是，CDO这一角色正在崛起。Gartner早在2015年就提出，两年后将有一半的受监管公司会聘用首席数据官（Gartner，2015）。

尽管CDO的要求和职能受限于每个公司的文化、组织架构和业务需求，但许多CDO往往是业务战略家、顾问、数据质量管理专员和全方位数据管理大使的角色。

2014年，Dataversity发布了一项概述首席数据官常见职责的研究⊖。这些职责包括：

1) 制定组织数据战略。
2) 使以数据为中心的需求与可用的技术和业务资源保持一致。
3) 建立数据治理的标准、制度和规程。
4) 为业务提供建议（及可能的服务）以实现数据能动性，如业务分析、大数据、数据质量和数据技术。
5) 向企业内外部利益相关方宣传良好的信息管理原则的重要性。
6) 监督数据在业务分析和商务智能中的使用情况。

Dataversity的研究结果还显示，不同行业的关注点存在差异。

无论在哪个行业，数据管理组织通常都可以通过CDO进行汇报。在偏分散的运营模式中，CDO负责制定数据战略，IT、运营或其他业务部门则负责战略执行。一些数据管理组织最初是在CDO刚刚制定战略的基础上建立的。但随着时间的推移，效率和规模效益初显，数据管理、治理和分析等职能也将逐步划分在CDO的职责范围内。

16.6.2 数据治理

数据治理是用于建立有效管理企业数据的战略、目标和制度的组织框架。它由管理和确保数据的可获得性、可用性、完整性、一致性、可审计性和安全性所需的流程、制度、组织和技术组成。数据治理过程需要数据战略、标准、制度和沟通的相互作用，因此它与数据管理具有协同关系。数据治理为数据管理提供了一个框架，使其与业务优先级和利益相关方保持一致。

⊖ http://bit.ly/2sTf3Cy.

在集中模式下，数据治理办公室可以向数据管理组织汇报，反之亦可。当数据管理行动计划的目标是建立将数据作为资产所需的制度和指导方针时，数据治理办公室可以作为主导角色，数据管理组织则向数据治理办公室汇报（或二者合为一体）。这种情况多在以制度和责任制度为重点的高度监管的环境中产生。

即使是在非常分散的模式中，数据治理办公室和数据管理组织之间也需要建立紧密的合作关系，数据治理办公室负责创建数据管理的指导方针和制度，数据管理组织则负责实施。约翰·拉德利（John Ladley）简洁地阐明了这种关系，数据治理是要"做正确的事情"，而数据管理是"正确地做事情"（Ladley，2012），它们是创造有价值数据所需的同等重要的两个方面。通过这种方式，数据治理为数据管理指明了方向。

最重要的是，数据治理和数据管理必须在角色、责任和职责上协同一致才能相互支持。数据治理工作组的人员从数据管理组织中抽调，而数据管理组织可以利用数据治理的监督作为保障。

16.6.3 数据质量

数据质量管理是数据组织管理实践的关键能力。许多数据管理组织对整个组织数据质量的评估提升都最早从关注数据质量开始。在一个业务条线内部或在单个应用内解决数据质量问题是可操作的，无须涉及其他团队或跨职能复杂性。然而，随着数据质量实践方法的成熟，统一的数据质量职能更能使组织受益，如通过建立统一的卓越中心来实现这个目标。伴随着数据质量管理的目标向跨业务条线或跨应用共享的方向转变，组织关注的重点也转向主数据管理。数据管理组织通过数据质量管理计划得到有机发展是很常见的，因为在提升数据质量上投资可以提高整个公司的价值。与提高数据质量相关的工作也可以扩展到其他领域，如主数据管理、参考数据管理和元数据管理。

数据质量职能可以渐进发展为近似于总体监督模式的数据管理职能，但是任何有规模的公司都极少能够集中到一处完全确保数据质量，确保数据质量这项任务通常都是在各业务条线或各应用层面分开执行的。因为数据质量职能可以是分散式的、网络式的或者混合式的（采用建立卓越中心的方法），所以数据质量的运营模式与整体数据管理组织的运营模式应该保持一致，从而使利益相关方、关系、责任、标准、流程甚至工具保持一致。

16.6.4 企业架构

企业架构团队负责设计和记录组织的总体蓝图，阐明如何实现其战略目标并进行优化。企业架构实践包括：

1）技术架构。
2）应用架构。
3）信息（或数据）架构。
4）业务架构。

数据架构是数据管理组织高效运行的关键能力。因此，数据架构师可以安排在任一团队中，并同时服务于其他团队。当数据架构师位于数据管理组内时，他们一般通过架构评审委员会（Architecture Review Boards，ARB）与其他架构同行进行交流。ARB 负责评审并指导各种项目和计划中架构标准的实施，以及它们受影响的情况。ARB 可以依据对架构标准的遵守程度批准或否决新项目或新系统。

当一个组织没有数据架构师时，数据管理可以通过以下几种方式与架构组织进行交流：

1）数据治理。由于数据管理和企业架构都参与数据治理职能，治理工作组和委员会可以提供一个共同的目标、期望、标准和活动的平台。

2）ARB。在将数据管理项目提交给 ARB 后，架构团队提供指导、反馈和批准。

3）随机模式（Ad-hoc）。如果没有正式的委员会，那么数据管理负责人应定期与架构负责人沟通交流，以确保双方对影响对方的项目和流程有共同的认识和理解。随着时间的推移，由于随机式管理流程的难度较大，可能会逐渐发展出推动讨论和决策的正式角色或委员会。

如果有数据架构师，那么数据架构师将参与数据治理讨论，并在架构评审委员会 ARB 中主导讨论。

16.6.5　全球化组织的管理

全球化组织面临复杂的数据管理挑战，这些挑战来源于各国特定法律和法规的繁多变化，尤其是与特定类型数据的隐私和安全有关的法律法规。再加上全球化组织的典型管理挑战（分散的工作人员、系统、时区和语言），有效且高效地管理数据似乎是一项循环往复的繁重任务。全球化组织需要特别关注以下方面：

1）遵守标准。
2）同步流程。
3）协调责任。
4）培训和沟通。
5）有效监控和度量。
6）发展规模经济。
7）减少重复性工作。

随着数据管理职能和组织更加全球化，网络或联邦模式变得更具有吸引力。在这两种模式中，更容易明确权责，更容易遵循标准，同时可以适应地区差异。

16.7　数据管理角色

可以根据职能或个人职级定义数据管理角色。在不同的组织，角色的名称会有所差异，对某些角色的需求程度也会有所不同。

所有 IT 角色都可以映射到数据生命周期的某个阶段，因此角色会影响数据管理，无论是直接分工（如数据架构师设计数据仓库）还是间接分工（如网页开发者编写网站）。同样，许多业务角色需要创建、访问或操作数据。某些角色，如数据质量分析师，需要具备综合的技术技能和业务知识。下面将侧重讲述那些直接参与数据管理的人员职能和角色。

16.7.1 组织角色

IT数据管理组织提供从数据、应用和技术架构到数据库管理等一系列服务。一个集中式的数据管理组织应专注于数据管理。该团队可能包括数据管理执行官、其他数据管理经理、数据架构师、数据分析师、数据质量分析师、数据库管理员、数据安全管理员、元数据专家、数据建模师、数据管理专员、数据仓库架构师、数据集成架构师和商务智能分析师。

联邦式数据管理服务方式包括一组IT单元，每个单元侧重数据管理的某个方面。在大型组织中，这些IT单元的职能一般是分散的。例如，每个业务职能可能都拥有自己的软件开发团队，并同时还采用了混合模式。例如，虽然每个业务职能可能有自己的开发人员，但数据库管理员（DBA）的职能可能是集中的。

专注于数据管理的业务职能通常与数据治理或企业信息管理团队相关联。例如，数据管理专员通常是数据治理组织的一部分。这样的组织将促进数据治理委员会等数据治理组织的设立。

16.7.2 个人角色

个人角色可以从业务或IT角度分别定义。一些混合角色，则需要同时掌握系统和业务流程两方面的知识。

1. 领导角色

数据管理执行官可能侧重于业务层面，也可能侧重于技术层面。首席信息官（CIO）和首席技术官（CTO）则是在IT层面已经非常成熟完善的角色。在过去的10年间，侧重业务层面的首席数据官（CDO）这一角色概念已获得大量认可，许多组织已经聘请了首席数据官。

2. 业务角色

业务角色主要关注数据治理职能，尤其是数据认责。数据管理专员通常被认为是领域专家，他们一般对元数据和业务的数据质量、特定领域或数据库负责。依据组织的优先级不同，数据管理专员扮演不同的角色。数据认责的重点最初通常聚焦在其领域定义业务术语和有效值。在许多组织中，数据管理专员还要负责定义和维护数据质量需求及指定数据属性的业务规则，帮助识别和解决数据问题，并在数据标准、数据制度和规程方面提供输入。数据管理专员可以被安排在企业、业务单元或职能部门。他们的角色可能是正式的（"数据管理专员"是职位名称），也可能是非正式的（他们负责管理数据，但有其他的职位名称）。除了数据管理专员，业务流程分析师和流程架构师也有助于确保商业模式和具体流程的合理性，并支持下游使用数据。其他的业务领域知识工作者，如分析客户数据信息的业务分析师增加了数据附加值，同样有助于整体数据管理。

3. IT 角色

IT 角色包括不同类型的架构师、不同级别的开发人员、数据库管理员及一系列支撑职能。

1）数据架构师。负责数据架构和数据集成的高级分析师。数据架构师可以在企业层面或某个职能层面开展工作。他们一般专攻数据仓库、数据集市及其相关集成流程的工作。

2）数据建模师。负责提取建模数据需求、定义数据、业务规则、数据质量需求及逻辑和物理数据模型。

3）数据模型管理员。负责数据模型的版本控制和变更控制。

4）数据库管理员。负责结构化数据资产的设计、实施和支持，以及提高数据访问性能的技术方法。

5）数据安全管理员。负责确保对不同保护级别数据的受控访问。

6）数据集成架构师。负责设计数据集成和提高企业数据资产质量的高级数据集成开发人员。

7）数据集成专家。负责实施以批量或近实时方式集成（复制、抽取、转换、加载）数据资产的软件设计或开发人员。

8）分析/报表开发人员。负责创建报表和分析解决方案的软件开发人员。

9）应用架构师。负责集成应用系统的高级开发人员。

10）技术架构师。负责协调和集成 IT 基础设施和 IT 技术框架的高级技术工程师。

11）技术工程师。负责研究、实施、管理和支持部分信息技术基础设施的高级技术分析师。

12）服务台管理员。负责处理、跟踪和解决与信息、信息系统或 IT 基础设施使用相关的问题。

13）IT 审计师。负责审计数据质量和数据安全性的内部或外部的 IT 职责审计人员。

4. 混合角色

混合角色需要同时具备业务和技术知识，根据组织的不同情况决定担任混合角色的人员是汇报给 IT 部门还是业务部门。

1）数据质量分析师。负责确定数据的适用性并持续监控数据；进行数据问题的根因分析，并帮助组织识别提高数据质量的业务流程及技术改进。

2）元数据专家。负责元数据的集成、控制和交付，包括元数据库的管理。

3）商务智能（BI）架构师。负责商务智能用户环境设计的高级商务智能分析师。

4）商务智能（BI）分析师/管理员。负责支持业务人员有效使用商务智能数据。

5）商务智能（BI）项目经理。负责协调整个公司的 BI 需求和计划，并将它们整合成一个整体的优先级明确的项目和路线图。

参考文献

Aiken, Peter and Juanita Billings. *Monetizing Data Management: Finding the Value in your Organization's*

Most Important Asset. Technics Publications, LLC, 2013. Print.

Aiken, Peter and Michael M. Gorman. *The Case for the Chief Data Officer: Recasting the C-Suite to Leverage Your Most Valuable Asset.* Morgan Kaufmann, 2013. Print.

Anderson, Carl. *Creating a Data-Driven Organization.* O'Reilly Media, 2015. Print.

Arthur, Lisa. *Big Data Marketing: Engage Your Customers More Effectively and Drive Value.* Wiley, 2013. Print.

Blokdijk, Gerard. *Stakeholder Analysis-Simple Steps to Win, Insights and Opportunities for Maxing Out Success.* Complete Publishing, 2015. Print.

Borek, Alexander et al. *Total Information Risk Management: Maximizing the Value of Data and Information Assets.* Morgan Kaufmann, 2013. Print.

Brestoff, Nelson E. and William H. Inmon. *Preventing Litigation: An Early Warning System to Get Big Value Out of Big Data.* Business Expert Press, 2015. Print.

Collier, Ken W. *Agile Analytics: A Value-Driven Approach to Business Intelligence and Data Warehousing.* Addison-Wesley Professional, 2011. Print. Agile Software Development Ser.

Dean, Jared. *Big Data, Data Mining, and Machine Learning: Value Creation for Business Leaders and Practitioners.* Wiley, 2014. Print. Wiley and SAS Business Ser.

Dietrich, Brenda L., Emily C. Plachy and Maureen F. Norton. *Analytics Across the Enterprise: How IBM Realizes Business Value from Big Data and Analytics.* IBM Press, 2014. Print.

Freeman, R. Edward. *Strategic Management: A Stakeholder Approach.* Cambridge University Press, 2010. Print.

Gartner, Tom McCall, contributor. *Understanding the Chief Data Officer Role.* 18 February 2015. http://gtnr.it/1RIDKa6.

Gemignani, Zach, et al. *Data Fluency: Empowering Your Organization with Effective Data Communication.* Wiley, 2014. Print.

Gibbons, Paul. *The Science of Successful Organizational Change: How Leaders Set Strategy, Change Behavior, and Create an Agile Culture.* Pearson FT Press, 2015. Print.

Harrison, Michael I. *Diagnosing Organizations: Methods, Models, and Processes.* 3rd ed. SAGE Publications, Inc, 2004. Print. Applied Social Research Methods (Book 8)

Harvard Business Review, John P. Kotter et al. *HBR's 10 Must Reads on Change Management.* Harvard Business Review Press, 2011. Print. HBR's 10 Must Reads.

Hatch, Mary Jo and Ann L. Cunliffe. *Organization Theory: Modern, Symbolic, and Postmodern Perspectives.* 3rd ed. Oxford University Press, 2013. Print.

Hiatt, Jeffrey and Timothy Creasey. *Change Management: The People Side of Change.* Prosci Learning Center Publications, 2012. Print.

Hillard, Robert. *Information-Driven Business: How to Manage Data and Information for Maximum Advantage.* Wiley, 2010. Print.

Hoverstadt, Patrick. *The Fractal Organization: Creating sustainable organizations with the Viable System Model.* Wiley, 2009. Print.

Howson, Cindi. *Successful Business Intelligence: Unlock the Value of BI and Big Data.* 2nd ed. Mcgraw-Hill Osborne Media, 2013. Print.

Kates, Amy and Jay R. Galbraith. *Designing Your Organization: Using the STAR Model to Solve 5 Critical Design Challenges.* Jossey-Bass, 2007. Print.

Kesler, Gregory and Amy Kates. *Bridging Organization Design and Performance: Five Ways to Activate a Global Operation Model.* Jossey-Bass, 2015. Print.

Little, Jason. *Lean Change Management: Innovative practices for managing organizational change.* Happy Melly Express, 2014. Print.

National Renewable Energy Laboratory. *Stakeholder Analysis Methodologies Resource Book.* BiblioGov, 2012. Print.

Prokscha, Susanne. *Practical Guide to Clinical Data Management.* 2nd ed. CRC Press, 2006. Print.

Schmarzo, Bill. *Big Data MBA: Driving Business Strategies with Data Science.* Wiley, 2015. Print.

Soares, Sunil. *The Chief Data Officer Handbook for Data Governance.* Mc Press, 2015. Print.

Stubbs, Evan. *The Value of Business Analytics: Identifying the Path to Profitability.* Wiley, 2011. Print.

Tompkins, Jonathan R. *Organization Theory and Public Management.* Wadsworth Publishing, 2004. Print.

Tsoukas, Haridimos and Christian Knudsen, eds. *The Oxford Handbook of Organization Theory: Meta-theoretical Perspectives.* Oxford University Press, 2005. Print. Oxford Handbooks.

Verhoef, Peter C., Edwin Kooge and Natasha Walk. *Creating Value with Big Data Analytics: Making Smarter Marketing Decisions.* Routledge, 2016. Print.

Willows, David and Brian Bedrick, eds. *Effective Data Management for Schools.* John Catt Educational Ltd, 2012. Print. Effective International Schools Ser.

第 17 章　数据管理和组织变革管理

17.1　引言

对于大多数组织而言，改善其数据管理实践需要改进员工之间的协作方式和员工对"数据如何在组织内扮演角色"的认知和理解，以及员工利用数据和数据部署技术（Deploy Technology）支持组织流程的方法和途径。成功的数据管理实践需要涵盖如下多个要素：

1）学会横向管理，在信息价值链中对责任进行对齐。
2）从垂直（孤岛）责任转向对信息的共同管理。
3）将信息质量从一个小众的业务关注点或 IT 部门的工作职责演变为组织的核心价值。
4）将对信息质量的思维方式从"数据清洗与评分卡"揭升转变为组织的基本能力。
5）衡量因不良数据管理付出的代价和规范化数据管理创造的价值。

尽管适当地使用一些软件工具有助于达到一定的效果，但有些程度的改变并不是完全能通过技术来实现的。相反，它的实现往往需要在组织中实施细致且结构化的管理变革。变革将在组织中的各个层面进行，重中之重是对变革进行管理和协调，以避免走入死胡同、流失信心，并损害信息管理职能的公信力和领导力。

对变革理解越深刻的数据管理专家越能通过把变革带入组织内，帮助组织从变革中获取更多数据的价值，进而走向成功。要做到这一点，需要理解：

1）为什么变革会失败？
2）有效变革的触发因素是什么？
3）变革的障碍在哪里？
4）人们是如何经历变革的？

17.2　变革法则

组织变革管理的专家们总结了一套基本的"变革法则"，这些法则描述了为什么变革不易。如果在变革一开始就能认识到这些法则，变革过程将会变得更容易成功。

1）组织不存在变与不变的问题，变与不变的是人。不是因为新组织宣布成立或新系统实施上线就要变革，而是人们认识到变革会带来价值进而需要发生行为变化时，就会发生变革。提升数据管理实践水平和建立数据治理机制会对组织有深远的影响。人们需要改变如何能基于数据开展工作，以及在与数据有关的活动中如何合作。

2）人们不抗拒变革，但抗拒被变革。大多数人都无法接受看起来武断或独裁的变革。如果人们始终参与变革、定义变革，能够理解推动变革的愿景，以及知晓变革发生的时间和方式，那么就更有可能愿意进行变革。数据相关举措的变革管理部分涉及团队合作，以在组织层面建立起对数据管理做法改进后价值的理解。

3）一些事情之所以成为现在这样往往有其历史原因。在过去的某个时间点，前人定义的业务需求、流程、系统设计、制度或约定的业务模式，恰好成为今天要变革的原因。理解当前数据管理实践的渊源，将有助于组织避免重蹈覆辙。如果员工在变革中有发言权，他们就更有可能将新的行动计划理解为改进。

4）除非有人推动变革，否则很可能止步不前。改变做事的方式，才有可能产生进步，就像爱因斯坦那句名言："我们不能用制造问题时同一水平的思维来解决问题。"

5）如果不考虑每个人与生俱来的个性因素，变革就会很容易。技术部分的变革是简单的，挑战往往来自每个人的不同需求。

变革推动者推动变革，不仅需要关注系统的因素，更需要关注人的因素。变革推动者需积极听取员工、客户和其他利益相关方的意见，以便在问题产生之前就能发现问题，并更顺利地推进变革。

最终，变革需要明确的目标愿景，要生动地并定期向利益相关方传达，以获得他们的参与、认可和支持。尤为重要的是，需要他们在面临挑战时给予持续的支持。

17.3 不是管理变革，而是管理转型过程

变革管理专家威廉·布里奇斯（Wiliam Bridges）强调了转型（Transition）在变革管理过程中的核心地位。他把转型定义为人们为了适应新情况所经历的心路历程。尽管许多人仅仅将变革视为一次新的开始，威廉·布里奇斯则断言变革应该涉及 3 个不同的阶段：首先是开始告别过去的终结现状阶段，这是最困难的一个阶段，因为人们需要放弃现有的条件；然后是相持阶段（Neutral Zone），在这个阶段旧未破、新未立；最后是新状态的新起点阶段，此时变革已完成（见表 17-1）。在这 3 个阶段中，最难预测也是最让人困惑的是相持阶段，因为这个阶段是新旧两个阶段的混合体，组织中的人员需要通过相持阶段进行过渡转换。如此，组织才能避免重蹈覆辙，成功实现变革。

表 17-1　威廉·布里奇斯的变革转型阶段

变革阶段	描述
终结现状阶段	当人们不得不承认有些东西需要被放弃时 当人们意识到已经失去了一些东西时 例如，换工作——哪怕一个人主动想换工作，他也会有一些损失，如亲密合作的同事
相持阶段	旧的已去，新的未至 当一切都在变化时，似乎没有人知道接下来应该做什么 事情变得混乱无序 例如，搬新家后的头几天甚至几个月，还没有适应，新家没有家的感觉，生活可能处于混乱中

(续)

变革阶段	描述
新起点阶段	适应了新的方式，感觉舒适，走在正确的道路上 例如，孩子出生后的几个月，经历了相持期的混乱后，进入生活的新阶段并难以想象如果没有新生儿的生活

威廉·布里奇斯指出，组织变革失败的一个最大原因在于推动变革的人很少考虑"结束"，因此未能有效管理"结束"对人的影响。他表示："大多数组织试图从'开始'着手，而不是以'开始'结束。他们对'结束'不予重视，也不承认'相持阶段'的存在，然后表示奇怪，为什么人们在面对变革时会有如此多的困难"（Bridges，2009）。在经历变革时，每个人都会经历3个阶段，只是进展快慢不同。进展取决于他们以往的经验、个人偏好风格、认识问题和制定潜在解决方案的参与程度，以及他们感受到被迫变革的压力与主动选择变革意愿之间的平衡。威廉·布里奇斯的转型阶段见图17-1。

威廉·布里奇斯强调，虽然变革管理者的首要任务是理解目标（或愿景）及如何去实现它们，但转型管理的最终目的是让人们相信他们需要开始这段旅程。在管理变革和转型时，变革推动者的角色，以及过程中的任何管理者或领导者的角色，是帮助人们认识到变革过程遇到的任何事情都是正常的。以下管理变革过程的清单总结了管理者在帮助人们经历转型时应该意识到的关键点。

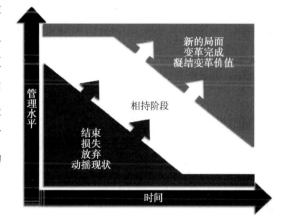

图 17-1　威廉·布里奇斯的转型阶段

1）终结现状阶段。

①帮助大家意识到当前存在的问题，并理解变革的重要性和必要性。

②了解不同的人最有可能在变革中失去什么。需要注意的是，对一些人来说失去朋友和亲密同事的重要性不亚于某些人失去地位和权力。

③损失通常是主观的。某人所悲伤的事情对其他人来说可能毫无意义，但承认主观损失很重要。不要与他人争论如何看待损失，也不要惊讶于他人对损失的反应。

④对悲伤要有预期并能接受，能公开地并富有同情心地承认损失。

⑤明确什么已经结束、什么还没有结束。人们必须在某个时刻做出改变，试图坚持旧方式只会延长困难。

⑥事情最终会过去的，人们可能在非常困难的条件下非常努力地工作。认可这一点，并表明这些工作是有价值的。

⑦展示如何结束某事可以确保对人们重要的其他事情仍然能够得以延续和改善。

⑧向人们提供信息，然后以不同的方式反复提供。例如，通过书面信息以供阅读，以及提供谈话和提问的机会。

⑨使用利益相关方分析来规划如何最佳方式对待不同的个体，了解如何调动他们的观点以启动

变革，以及了解可能存在的抵触点在哪里。

2）相持阶段。

①认识到这是一个新旧事物交织的困难阶段，但每个人都必须努力跨越过去。

②让大家参与进来并协同努力，并给他们足够的时间和空间去尝试新的想法。

③让大家感受到自己仍然被重视。

④哪怕新想法不奏效，也要鼓励提出新想法的氛围。使用"PDSA（计划、执行、学习、行动）模型"去鼓励大家尝试新事物，并从每一个周期中学习。

⑤向大家提供信息，并以多种方式反复提供。

⑥对正在测试的想法和所做的决策给予反馈。

3）新起点阶段。

①不要在时机到来之前强行开始新阶段。

②确保每个人都清楚自己在新体系中将扮演的角色。

③确保政策、程序和优先事项清晰明确，避免传递含糊的信息。

④做好庆祝新起点的计划，对已经做出改变者予以表扬。

⑤向人们传达新开始的信息，以各种方法一遍又一遍地传达。

17.4 科特的变革管理八大误区

变革管理领域最受尊敬的研究者之一，约翰·P. 科特（John P. Kotter）（以下简称"科特"）在他的《领导变革》一书中总结了组织未能成功实施变革的8个原因（简称"八大误区"），对信息管理和数据管理环境下经常出现的问题具有参考意义。

17.4.1 误区一：过于自满

科特的观点认为，人们在试图改变组织时犯的最大错误是没有先在同僚和上级中建立足够强的紧迫感，就贸然行动。这与在格莱彻公式中描述的需要强化对现状的不满情绪要求有关。科特的分析为那些希望避免重蹈覆辙的变革管理者提供了宝贵的建议，帮助他们避免他人犯过的错误。变革推动者常常：

1）高估了自己在组织中推动重大变革的能力。

2）低估了让人们走出舒适区的难度。

3）没有意识到自己的行为和方法可能会引发他人抵触，而这些抵触会导致因循守旧。

4）草率行事，在还未充分沟通变革理由和变革愿景的情况下就开始盲目行动。

5）将紧迫性与焦虑混为一谈，这反过来又会导致恐惧产生和阻力加大，利益相关方会因此（毫不夸张地说）故步自封。

尽管组织面临危机时，似乎不可能存在自满问题，但事实往往恰恰相反。在面对太多（常常是相互冲突的）的变革要求时（通常当成"如果一切都很重要，那么其实什么都不重要"来处理），利益相关方往往选择坚持现状。

表 17-2 描述了信息管理场景中显现的自满征兆的例子。

表 17-2 自满的场景

示例场景	表现形式
回应监管变化	"我们很好，根据现行规定，我们还没有被处罚"
回应业务变化	"我们所支持的业务这几年很顺利，我们很好"
回应技术变化	"新技术还不够成熟，我们现在的系统很稳定并且出现问题都有临时解决方案"
回应问题或错误	"我们能够安排一个问题排查团队去解决跳出的问题，并且一直有足够可用的人，比如××部门或团队"

17.4.2 误区二：未能建立足够强大的指导联盟

科特指出，如果没有组织内领导人的积极支持，以及一群其他领导人组成的联盟来引导变革，重大变革几乎不可能实现。领导层的参与在数据治理工作中尤为重要，因为这需要显著的行为改变。如果缺乏高层领导的许诺，短期的个人利益往往会取代更好治理带来的长期利益。

指导联盟需要一支来自整个组织的富有激情且有推动力的团队，更有利于实施新战略和组织变革。建立指导联盟的一个关键挑战在于如何确定合适的人选。

17.4.3 误区三：低估了愿景的力量

如果没有清晰的、合理的愿景，只靠紧迫感、强有力的领导团队是远远不够的。愿景是对变革引领方向清晰而令人信服的描述。愿景提供了变革努力的背景，有助于人们理解每个组件的含义。一个好的愿景可以帮助推动正确实施变革所需的能量。没有一个明确的愿景指导决策制定，每个决策都可能会引来一场争辩，任何行动都可能偏离或破坏变革举措。

愿景与规划和项目管理工作不同，它不是项目计划或项目章程，也不是对变革所有组成部分的详细分解。愿景应该是一个清晰且目标明确的变革方向。

将愿景拿去充分沟通，意味着把人团结在一起。对于数据管理规划，愿景必须清楚阐述现有数据管理实践遇到的挑战、改进后可预见的收益，以及通向光明未来的路径。

在信息管理中，某个特定项目的愿景通常会被简单描述为实施某项新技术。技术固然重要，但技术并非变革，更不是愿景，但组织可以在描述愿景时提及利用了某项新技术。例如，虽然表述为"我们将在第一季度末实施一个基于某某技术的全新集成财务报告和分析组件"确实是一个可衡量和鼓舞人心的目标，然而它几乎没有表达一个清楚的变革目的，而仅仅是一个应用了某种技术手段的预告而已。

此外，表述为"我们将提高财务报告的准确性和及时性，并及时给到所有利益相关人。优化报告中对数据流的描述使报告更可读，以增加大家对我们数据的信任，减少理解时间和不必要的数据处理工作。这个目标将通过在第一季度末实施的某系统来实现。"这个表述明确了将做什么及为什么要这样做。如果可以指出变革对组织的好处，就能够得到对变革的支持。

17.4.4 误区四：缺乏关于愿景的足够沟通

如果变革不能极大改善现状，即使人人对现状不满，他们也不愿意做出改变。

一以贯之、有效地沟通愿景和执行，是变革成功的关键。科特认为沟通不仅仅是言语，还包括行动。言语与行动之间的一致性对于成功至关重要。没有什么能比"言行不一"（Do as I say, not as I do）的情况更能迅速地扼杀变革努力的了。

17.4.5 误区五：没有及时扫清变革障碍

人们在变革道路上前行时，哪怕做好了面对困难的准备，在遇到巨大困难时也有可能会失败。随着组织的转型，组织必须学会如何识别和应对不同类型的障碍：

1）心理障碍。理解人们内心在担心什么，是出于恐惧、缺乏知识还是其他原因。

2）组织障碍。对于组织架构造成的障碍，如分工过细或是绩效评估体系迫使人们在愿景和自身利益之间取舍，必须作为变革管理进程的一部分予以解决。变革管理应解决组织架构对变革的激励和障碍的问题。

3）主动抵制。是否存在由于个别人员拒绝适应新环境而提出与转型不一致的要求而导致的障碍？若组织中的关键成员口头支持变革愿景，却未能改变自身行为、奖励所需行为，或仍以不兼容的方式运作，那么愿景的执行将会受挫，甚至失败。

科特呼吁组织中的"聪明人"主动站出来面对障碍，如果他们不以身作则，那么其他人只会感到无力，导致变革失败。

17.4.6 误区六：未能创造短期收益

真正的变革需要时间。就像健身或减重计划一样，维持变革动力和势头的秘诀在于定期设定里程碑目标，以标志性的进展去激励团队。任何涉及长期承诺、努力和资源投资的事务，都需要通过早期和定期反馈的里程碑式成绩来维持动力。

复杂的变革举措更需要短期目标来支持长期目标的完成，达成这些短期目标可以让团队振作起来并保持势头。关键是要创造短期效益，而非仅仅寄希望于长期目标。在成功的转型中，管理者应积极建立早期目标，并激励团队去达成这些目标。如果缺乏系统性的举措来保证成功，变革很可能会失败。

在信息管理场景中，短期效益和目标通常来源于解决已识别的问题。例如，如果建立业务术语表是数据治理举措的关键交付成果，那么短期效益可能来自解决了对数据理解不一致的相关问题（如两个业务领域报告KPI的结果不一样，是因为在计算中使用的规则不同）。把长期愿景拆解为识别问题、解决问题、产生解决方案，有助于团队具象化行动和目标，不断达成目标并庆祝。这也有助于沟通愿景是如何一步步通过短期目标实现而推进的。

17.4.7 误区七：过早地宣称胜利

有一种现象，在变革项目中尤其是那些持续数年的变革项目中，人们往往在实现第一次重大业绩提升时就宣布项目成功。速胜是保持势头和士气的有力工具，然而任何关于工作已经胜利完成的暗示通常都是错误的。除非这些变革已经充分融入组织文化，否则新方法仍非常脆弱，旧的习惯和做法可能会卷土重来。科特认为，完成整个公司的变革可能需要 3~10 年的时间。

"任务完成"综合征的经典例子是，将技术实施视为改善信息管理或解决数据质量与可靠性问题的途径。一旦技术被部署，项目很难继续向目标推进，尤其是整体愿景定义不清时。表 17-3 提供了几个关于过早宣称胜利的例子。

表 17-3 关于过早宣称胜利的场景

示例场景	表现形式
解决数据质量	"我们买了数据质量工具，问题就会解决" 组织中没有人审查（数据质量工具）产生数据质量报告及采取行动
混淆能力交付与实施和运营	"我们已经针对合规要求做了合规系统，满足法律监管要求" 但监管法规一旦改变，没有人对合规系统发现的问题进行审查和采取行动
数据迁移	"X 系统的数据都在 Y 系统了" 数据记录虽然一致了，但迁移过程中造成了数据在 Y 系统中缺失，需要人工额外干预

17.4.8 误区八：忽视将变革融入企业文化

组织实际上不会改变，需要改变的是人。在新的行为尚未融入社会行为规范和组织共同价值观中时，一旦变革工作的重点转移，变革就会衰减和退化。科特明确表示，参与任何变革活动，忽视文化变革都有非常大的风险。

将变革植入组织文化的两个关键是：

1）是否有意识地向人们展示特定行为和态度是如何影响绩效的。

2）是否投入充足时间将变革方法嵌入到后续管理中去。

这种风险突出了人为因素在整体变革中的重要性，这些变革可能会为数据治理执行、元数据管理和使用及数据质量实践（就以这 3 个方面来说）带来提升。

例如，某个组织可能已经对所有文档引入了元数据标记需求，以支持其内容管理系统中的自动分类和归档流程。工作人员在最初的几周内能够很好地遵守要求，但随着时间的推移，他们又恢复了旧习惯，未能标记好文档，导致大量未分类记录积压。在这种情况下，久需要进行人工审查，以使其符合技术解决方案的要求。

这个例子凸显了一个简单的事实，那就是信息管理的改进是通过流程、人员和技术三者的协作实现。这个中间部分经常被遗漏，导致交付效果不佳和进度倒退。由此可见，在采纳新技术或者新流程时，考虑人为因素如何推进变革并保证收益是非常重要的。

17.5 科特的重大变革八步法

除了变革管理的八大误区，科特还提出了一系列常见的变革障碍：

1) 内向型的文化。
2) 官僚主义。
3) 严重的内耗。
4) 缺乏信任。
5) 缺乏团队合作。
6) 傲慢自大。
7) 领导力不足。
8) 对未知的恐惧。

为了应对这些障碍，他提出了重大变革八步法模型（见图17-2）。该模

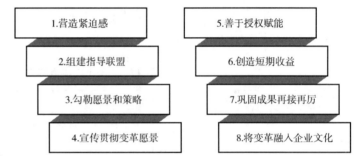

图 17-2　科特的重大变革八步法模型

型提供了一个框架，在此框架内，使每个问题都能以支持可持续长期变革的方式得到解决，每个步骤都与破坏转型努力的基本错误之一相关联。

模型的前4个步骤旨在打破根深蒂固的现状。正如科特所说，这种努力正是因为变革不易才需要额外投入。接下来的3个步骤引入了新的实践和工作方式。最后一步锁定了变革，并为未来的成果和进一步改进提供了基础平台。

科特建议，遵循这些步骤不要考虑捷径。所有成功的变革努力都必须经历所有8个步骤。尽管专注于步骤5、6、7会收获颇丰且立竿见影，但由于没有清楚地描绘愿景、没有建立指导联盟、没有勾勒清晰对现状的不满，仅靠这3步并不能为持续变革打下坚实的基础。同样，在推进过程中，每一步都需要加强，通过速胜来支持愿景和沟通，以及当前存在的问题。

17.5.1 营造紧迫感

人们面对他们认为不重要的事情时，会有千般说辞予以拒绝。如果想激励关键人群支持变革，需要营造清晰且有说服力的紧迫感。共赢需要一个目标一致的口号。

与紧迫感相反的是自满。当自满情绪高涨时，几乎不可能组建一个足够强大的团队来创造变革愿景并为之努力。在极少数情况下，面对自满的组织，能力强的人可能会取得一些进展，但这是很难持续的。

在信息管理方面，促使紧迫感产生的因素有如下几种：

1）监管要求发生变化。

2）信息安全受到威胁。

3）业务的连续性面临风险。

4）业务的战略产品变化。

5）兼并和收购。

6）监管审计或诉讼风险。

7）技术发生变革。

8）市场上竞争对手的能力发生变化。

9）媒体对组织或行业信息管理中发生的问题的揭露。

1. 自满的根源

科特列出了9个可能的原因,解释了为什么组织和人们可能会变得自满(见图17-3)。

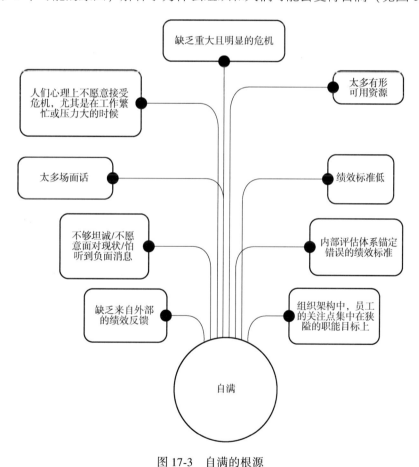

图17-3 自满的根源

1）在没有明显的危机的情况下,很难产生紧迫感。

2）成功的表象可能会遮蔽了某些情况下的紧迫性。

3）使用过低的绩效评估标准,或使用无法与外部基准或内部长期发展相匹配的标准去衡量员工绩效。

4）职能部门的绩效衡量标准存在差异，当职能目标过窄将导致当组织整体绩效不佳或者受到影响时会出现无人负责的情况。

5）如果内部计划和控制体系都在可控范围内，每个人的目标都会很轻松，易于滋生自满情绪。

6）如果绩效反馈的唯一来源是错误的内部评价，就无法指导绩效反馈、无法纠正自满情绪。

7）指出问题或收集绩效反馈时，负面信息难免会被认为损害士气、伤害他人或可能引发争论。这种收集绩效反馈的方式容易演变成一种文化——怕听到负面信息。

8）出于心理原因，人们不愿意接受他们不想听到的事情。当出现重大危机证据时，人们往往会忽略这些信息，或者以一种避重就轻的方式重新解释。

9）即使在前8个挑战不明显的组织中，来自高层管理或组织中的重要人物的"场面话"也可能创造出一种不切实际的安全感和成功感。这种"乐观言论"通常是过去成功的结果。过去的成功可能会给个人带来自满，并创造出一种傲慢的文化。这两个因素都可能降低紧迫感，并阻碍变革。

推进变革工作的经验法则是，永远不要低估那些可能强化自满情绪、维持因循守旧的力量，必须应对自满的挑战。组织如果不能找出真正的问题，就无法做出任何重要的决策。

2. 增强紧迫感

要增强紧迫感，需要切断自满情绪的源头，或把其影响降到最低限度。要创造出强烈的紧迫感，需要领导者采取大胆甚至有些激进的行动。值得回忆的是，戴明（Deming）在他的14点变革原则中告诫管理层要如何建立领导力⊖。

"大胆"意味着去做一些可能会在短期内带来痛苦的事情，而不仅仅是那些在营销邮件中看起来不错的事情。换言之，这需要采纳一种新的哲学（再次借用戴明的观点），即用适当激进的举措减少因自满带来的短期抵触和焦虑。当然，如果能够把这些抵触和焦虑引导到变革愿景上，领导者就可以利用这种短期的不适来构建长期的目标。

在缺乏支持和鼓励的领导力的情况下，采取激进的举措是困难的。那些谨小慎微的职业经理人如果缺乏紧迫感，将会降低组织变革的冲劲。

3. 谨慎使用危机感

增强紧迫感的一个有效方法是抓住一个眼下可见的危机。一般而言，如果一个组织的经济生存未受到威胁，它大概率不会进行重大变革。而即使一个组织受到生存威胁也不一定会变革，因为组织中的经济或金融危机往往会导致资源稀缺，即便有变革愿景，也难以获得支持变革的资源。

通过用现存问题、潜在问题、潜在机会的信息倒逼组织思考，或者设立雄心勃勃的目标来打破现状，有可能创造出一种"感觉上"的危机。科特建议，巧妙创建一个"恰好"有计划可以解决的危机推动变革，是更容易落地的方法。

4. 中基层的管理人员职责定位

根据变革目标的规模（如是一个部门或业务单元还是整个组织），变革的关键人物是负责该组

⊖ 在《走出危机》（1982）中，W. Edwards Deming发表了他的管理转型14点主张。http：//bit.ly/1KJ3JIS。

织单元的最高管理人员，他需要有能力消除他管理下的团队内部产生的自满情绪。如果赋予他足够自主权，他就可以自主推动变革，不受其他组织单元变革进展的影响。如果没有赋予他足够的自主权，那么小单元自发的变革努力可能一开始就注定失败，因为大组织的惯性力量太强大。通常，高级管理人员需要减少组织的惯性力量。但是，如果中基层管理者能够提出战略性的策略并行动，也有机会推动这种变革成功发生。例如，如果他们能够分析出如果在战略项目上不做出变革会有什么影响，并把这个讨论带给组织内的其他组织单元，往往能够在其他组织单元有效推动变革动力。

5. 紧迫感的程度

对某个问题的紧迫感会使人们认为现状是必须改变的。为了维持长期的转型，科特认为至少需要75%的管理人员产生紧迫感才足够。过度的紧迫感会适得其反，导致大家的关注点在"救火"而不是变革这一目标。

足够有说服力的紧迫感可以帮助组织启动变革流程，并赋予其强劲动力。同时，它还能吸引与此关联的领导参与指导联盟。此外，这种紧迫感应足够强烈，以防止在取得初步成功后自满情绪的卷土重来。一种关键的方法是借力"客户的声音"，通过与外部客户、供应商、股东或其他利益相关者沟通，了解他们对当前紧迫程度的看法。这种外部视角可以为组织评估和调整紧迫感提供重要的参考。

17.5.2 组建指导联盟

没有一个人能给出全部答案，或是给出建立愿景的全部洞察，或是拥有支持有效愿景沟通所需的广泛而灵活的关系网。为了成功推动变革，需要避免两个场景：

1）领导（如CEO）是孤胆英雄。领导是孤胆英雄会过度把变革的成功或失败压力施加在某个人身上。当今世界，组织在短期内变化非常快，一个人不可能管得过来。那么情况可能是，要么决策和沟通过程缓慢，要么在缺少对问题进行了全面评估的情况下做出决策，不管哪种方式都可能导致变革失败。

2）威信不高的委员会。当一个或多个职能部门（也可能由外部顾问支持）支持某个有能力的倡导者作为代表站出来成立"行动小组"时，威信不高的委员会就可能出现了。因为此行动小组缺乏高层有资历领导的代表，导致员工可能认为这个小组"重要但又没那么重要"（同样缺乏高层的承诺导致），以至于人们没有动力去了解现状，行动小组也不可避免地走向失败。

组建一个适当的指导联盟是有必要的，这个联盟需得到管理层承诺从而支持变革的紧迫感。此外，这个工作组还必须被高层足够信任和授权，以建立一个快速决策机制。以团队的方式建立指导联盟可以高效处理信息并快速将决策推向实施，因为有权力的决策者可以了解真实信息并对关键决策做出承诺。

一个有效的指导联盟具有4个关键特征：

1）有影响力。是否有足够多的关键人物，特别是业务条线负责人，这样其他人才不会轻易阻碍变革的进程。

2）有专业度。相关观点是否有充分的代表性，以便做出有见地和明智的决策。

3）有信誉度。高声望的人是否被纳入团队，以便团队被严肃对待。

4）有领导力。团队中是否有成功经验的领导者来推动变革过程。

领导力是核心关注点之一。指导联盟必须在管理技能和领导技能之间取得良好的平衡。领导推动变革，管理使过程可控。要获得持续的效果，两者缺一不可。

在构建指导联盟的背景下，出现的关键问题包括：

1）"需要多少人来帮助我定义和指导这次变革？"这个问题的答案是令人头疼的顾问式答案："视情况而定"，指导联盟的规模与被影响的整体群体的规模有关。需要在"团队过大"和"尽量确保利益相关方都在"这两者之间取得平衡。

2）谁应该被纳入指导联盟？区别于正式的项目委员会或者领导小组，指导联盟需要在整个组织中建立一个有影响力的平台。因此，指导联盟需要包括来自不同利益相关方群体的代表。但是，这个平台也不应变成一个收集利益相关方需求的讨论组。重要的是，从组织的信息价值链中可能受影响的人那里寻求观点。

指导联盟的一个关键属性是他们影响同僚的能力，无论是通过组织层级中的正式权威还是通过他们在组织中的地位和经验施加影响力。

在指导联盟中，行事方式至关重要。在组建指导联盟时，变革领导者需要避免削弱团队的有效性、职能和影响力的行为。例如，应关注：

1）持否定态度的人。持否定态度的人可能会阻碍指导联盟所需的积极和开放的对话，进而妨碍团队创造性地构思、完善、实施和发展变革愿景，以及发现增长机会。

2）三心二意的人。指导联盟的团队成员需要专注于变革活动。不专注的个体可能会使团队偏离方向，导致延误，或未能充分抓住早期胜利的机会。

3）自私自利的人。指导联盟的努力旨在推动整个组织的进步，影响每一个人。整个团队的努力不应该被包藏祸心的个人破坏。

1. 指导联盟发挥有效领导力的重要性

管理和领导是不同的。优秀领导者和优秀管理者对指导联盟而言缺一不可。领导力缺失的解决办法一般有从外部招聘、从内部提拔及鼓励员工担任领导。

在组建工作组时，需要警惕科特所说的"自我主义者""搬弄是非者"和"不情不愿者"。"自我主义者"是那些尸位素餐、排挤他人贡献的人。"搬弄是非者"是那些传谣、离间、引发猜忌的人。"不情不愿者"通常是那些一定程度上认识到变革的必要性但未充分理解紧迫性的高管。

这些人格类型中的任何一种都可能让变革前功尽弃，应尽量让他们远离团队，或者密切留意他们，以保持他们对变革信息传递的一致性。

在信息管理变革工作的环境中，指导联盟可以帮助组织发现不同领域中的创新举措的联系，这些领域共同构成了变革蓝图的不同方面。例如，为了响应监管要求，公司内部顾问可能已开始建立数据流向图及组织数据流程。与此同时，数据仓库计划可能已经开始绘制数据的血缘关系，以验证报告的准确性和质量。

数据治理变革负责人可将法律负责人和报告负责人一同纳入领导团队，在数据治理环境中提升信息流程的归档和控制能力。反过来，这可能还需要使用数据和创建数据的一线团队的加入，以了解变革提议带来的影响。

最终，对信息价值链的良好理解将有助于确定纳入指导联盟的人选。

2. 组建高效的团队

一个高效的团队应该有两个基础：信任和共同目标。缺乏信任往往是沟通不足或其他因素导致，如错位竞争。"业务与IT分歧"就是一个信任破裂的典型例子。为了建立信任，团队成员应尽量参与团队建设活动，创造和促进相互理解、尊重和关怀。当然，在实现这种相互理解的过程中，也应小心避免群体思维。

3. 避免群体思维

"群体思维"是一种心理效应，通常发生在高度团结的群体中，特别是那些与持反对意见的信息源隔离的群体，或是在一个喜欢怂恿他人附和自己立场的领导者所主导的群体。

在群体思维中，即使成员对某一提议有保留意见，他们也会随大流表示同意。如果出现以下情况，可能表明群体思维正在发生：

1）没有人提出异议。
2）缺乏其他备选方案。
3）不同的观点很快消失且不再被讨论。
4）不主动寻找可能挑战当前思路的信息。

防止群体思维的要点包括：

1）鼓励参与者遵循科学方法收集数据，通过基于事实和数据的方法，以了解问题的性质和原因。
2）制定一套决策评估的标准。
3）学会有效合作，避免为快速完成工作而采取群体思维的捷径。
4）鼓励头脑风暴。
5）让领导者最后发言。
6）积极从会议外部寻找知识和建议。
7）一旦确定解决方案，团队不仅要制订行动计划，还要制订一个"B计划"，以迫使团队重新思考原计划中的假设。

群体思维可能在多种场景中出现。一个场景是传统的"业务与IT分歧"。在这种情况下，组织中的每一方都对对方提出的变革持抵制态度。另一个场景是，组织希望成为一个以分析和数据收集为重点的数据驱动型组织，但这与信息管理领域中的隐私、安全或伦理问题存在冲突，导致其在整体工作计划中被调降优先级。

在组织中应用数据治理规则有很多原因。一个关键点是确保对所要应用模型和方法有清晰的认识。追求清晰度可以帮助业务与IT以适当的方式划分或平衡优先级。

4. 共同目标

如果指导联盟的每个成员都朝着不同的方向努力，信任终将破裂。

对创造卓越的承诺，或希望看到组织在特定领域能达到最高水平的期望，是一个能凝聚人心的典型目标。目标不应与变革愿景相混淆，而应与之相辅相成。

17.5.3 勾勒愿景和战略

在变革管理中，一个常见的误区是依靠独裁主义或者微观管理来推动变革。如果变革情况复杂，这两种方法都会失效。

如果变革目标是行为的改变，除非管理者非常强势，否则即使是在最简单的情况下，独裁主义也难以奏效。如果缺乏"王权"的支持，那么独裁主义不太可能突破所有的抵抗力量。变革推动者往往会被忽视、削弱或四处碰壁。并且几乎不可避免的是，一些反对变革的人会跳出来挑战变革推动者，试探变革进程过程背后的权威和影响力。

微观管理试图绕过这些弱点，详细规定员工应该做什么，并追踪制度遵从情况。这样可以克服某些变革障碍，但随着时间的推移会更加耗时，因为随着变革复杂度的增加，管理层必须花费更多的时间详细规定变革后行为的工作实践和方法。

唯一能让变革推动者不断突破现状的方法，是将变革建立在令人信服和充满动力的愿景之上（见图17-4）。

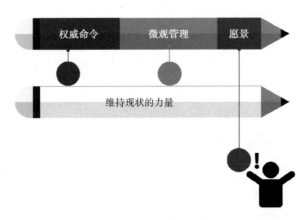

图17-4 愿景突破现状

1. 为什么愿景至关重要

愿景是对未来的描绘，附带着人们为何要努力创造未来的显性或隐形的解释。一个好的愿景有三个重要的作用：指明方向、激励人心和团结众人。

1）指明方向：一个好的愿景能明确变革的方向，并通过设定关键参数简化一系列具体的决策。有效的愿景（以及支持的备选策略）有助于解决因方向分歧或变革动因不明而产生的问题。无休止的辩论可以通过一个简单的问题避免：这个行动计划是否与愿景一致？同样，愿景还可以帮助清理杂乱无章的事务，使团队能将精力集中于那些有助于变革的优先事项。

2）激励人心：一个清晰的愿景能激励人们朝着正确的方向迈出步伐，即使最初的步伐可能让人感到痛苦。这一点在那些人们经常被迫走出舒适区的组织中尤为真实。当未来令人沮丧和丧气时，正确的愿景可以为人们提供一个值得为之奋斗的、吸引人的事业。

3）团结众人：一个有吸引力的愿景有助于协调个人的行动，并高效地团结那些有动力的人。如果没有共同的方向感，替代的方式可能就是一堆详细的指令或无休止的会议。经验表明，如果没有共同的目标和方向，彼此依赖的人可能会陷入不断的冲突和无休止的会议中。

2. 有效愿景的特性

愿景不必是宏大、全面的，也可以平凡且简单，它是变革工具和变革体系中的一个要素。与该体系中还包含的战略、计划、预算等相比，愿景是一个非常重要的因素，它要求团队专注于切实的改进。有效愿景的特点包括：

1）充满想象。描绘了一幅未来的图景。
2）令人向往。对员工、客户、股东及其他利益相关方的长期利益吸引。
3）切实可行。目标可落地。
4）聚焦。足够清晰，能够指引决策。
5）灵活。足够普适，允许个人在计划内做出一些灵活性的变通。
6）易于交流。能在 5 分钟内简明扼要地阐述。

愿景能否被想象出来是检验愿景是否有效的关键。好的愿景可能让人短期有所牺牲，但长期收益的回报是巨大的。无法描绘长远的回报的愿景容易被质疑。同样，愿景必须根植于产品或服务市场的现实。在大多数市场中，现实情况是要着眼于考虑终端客户。因此，愿景需要回答如下问题：

1）如果这成为现实，它会对客户（内部和外部）产生什么影响？
2）如果这成为现实，它会对股东产生什么影响？会让他们更满意吗？会为他们带来长期价值吗？
3）如果这成为现实，它会对员工产生什么影响？工作场所会变得更好、更快乐、压力更小、更有成就感吗？我们能有一个更好的工作环境吗？

另一个关键是愿景的战略可行性。可行的愿景不是愿望，需要协调资源和能力，才能让人信服是可实现的。同样，"可行"不意味着容易，愿景必须具有足够挑战性，驱动人们产生根本性的思考。可以雄心勃勃，但组织仍需将愿景植根于市场趋势和组织能力的理性理解之上。

愿景必须重点突出，让人理解，但又不能过于僵化，束缚员工走向"拧巴"的行为模式。通常，最好的方法是追求愿景的简洁，尽可能嵌入足够具体的要素，使愿景能够成为决策的宝贵基石和参考点。例如，5 年内成为世界领军企业。在这个背景下，领导力意味着更高效地管理信息，以带来更高的收入、更多的利润，以给员工勾勒一个能赚大钱的职场图景。实现这一雄心壮志需要基于信任的决策能力、清晰的内外沟通、对信息背景的准确理解及工具和技术的升级投入，以支持数据驱动的文化和精神，如此文化自然会得到股东、客户、员工和同行的信赖。

3. 构建有效的愿景

科特认为，构建有效的愿景是一个反复迭代的过程，要成功必须包含几个清晰的要素（见图 17-5）：

1）初稿起草。由某位有代表性的领导人起草愿景草稿，既要反映大家的梦想，也要反映市场的需求。

2）指导联盟的作用。指导联盟修改初稿，使其符合更广泛的战略视角。

3）团队合作的重要性。以团队协作的方式开展工作。鼓励人们参与并做出贡献。

4）用脑与用心。在整个过程中同时需要理性分析和"天马行空"。

5）接纳过程的曲折性。整个过程不会一帆风顺，而是一个会有很多争论、返工和修正的过程。如果没有这些，那就只能说明愿景或团队出现了问题。

6）时间框架。愿景不可能通过一次会议形成，可能需要几周、几个月甚至更长时间。在理想情况下，愿景应该是不断迭代完善的。

7）最终成果。制定愿景的过程最终带来的是一个未来的方向，这个方向是令人向往的、可行的、重点突出的、灵活的，可以在 5 分钟内解释清楚。

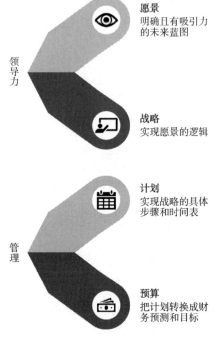

图 17-5　管理与领导力对比

17.5.4　宣传贯彻变革愿景

只有当变革活动的参与者对其目标和方向有了共同的理解、对所期望的未来有了共同的看法时，愿景才会有力量。在宣传贯彻愿景的过程中常出现的问题包括：

1）无效或不充分的沟通。

2）不畅的沟通。啰唆烦琐的措辞消除了紧迫感，反倒让听众失去听下去的耐心。

3）不深入的沟通。管理者需要向上或向下沟通，同时也要有对内和对外的沟通能力，能向更广泛的群体传达。这种范围的沟通要求领导者对问题及其解决方案非常熟悉。

另一个挑战是处理来自利益相关方、指导联盟和实施变革团队本身对愿景的疑问。通常，指导联盟首先会花费大量时间消化这些问题和准备答案，然后短平快地传递给组织（如一个常见问题解答说明、简报等）。由此将会造成愿景信息过载，导致接收者短期的恐慌和抵触。

一般来说，与变革信息有关的信息占员工接收到的总沟通内容的比例不会超过千分之五。显然简单地灌输变革信息的效果并不好，需要以更高效的方式传达变革信息。科特确定了有效宣传愿景的 7 个关键要素：

1）足够简洁。没有深奥的行话、内部术语和复杂的句子。

2）使用比喻、类比和例子。例如一个简单的图，可能胜过千言万语。

3）在多种场合宣导。电梯演讲、博客、小型会议、全员简报都可以。

4）重复、重复、再重复。人们只有在反复多次听到同一个愿景时，愿景才能深入人心。

5）以身作则。重要人物的所作所为要与愿景保持一致，否则会让所有其他形式的宣传毁于一旦。

6）解释看起来步调不同的情况。虎头蛇尾和前后矛盾都会造成误解，可能会破坏其他所有宣传的可信度。

7）表达与倾听。双向沟通总是比单向沟通更有效。

在信息管理的场景中，在由技术部署驱动的新技术或能力推广过程中，经常会见到未能定义或沟通清晰有吸引力的变革愿景。由于对新技术或方法带来的信息处理的潜在收益缺少理解和认可，利益相关方可能会对采用新的工作方式产生抵触。

例如，如果一个组织正在尝试开展以元数据驱动的文档和内容管理流程，但业务利益相关方如果没有在愿景里清晰地说明这项举措将如何对组织和他们自身产生好处，那么他们可能不会参与到理解或应用元数据标签或记录分类的前期努力中。如果没有清晰有效的愿景沟通，则这个本来很有价值的倡议可能会夭折在低水平的沟通上。

1. 简洁

人们很难与那些不自然、冗长或难以理解的语言产生情感上的共鸣。这些例子说明了当愿景不能保持简洁时的沟通问题。下面就是一个很好的例子：

我们的目标是减少"平均修复时间"参数，使其明显低于我们目标市场和区域的所有主要竞争对手。同样，我们也针对新产品研发周期、订单处理速度及与客户相关的流程进行了改进。

转化为："我们要成为本行业对客户需求响应最快的公司。"

当用简单的方式表达愿景时，团队、利益相关方和客户更容易理解变革的目的、可能对他们产生什么影响，以及他们在其中的角色。这反过来又帮助他们更容易地彼此沟通。

2. 利用多种场合

在多个场合传达愿景能使沟通更加有效。一些渠道可能因浓缩信息或受到之前变革举措的"包袱"等不同背景影响，人对每次接收到的信息的理解都会不尽相同。如果能够通过多样的渠道沟通相同的信息，就增加了信息被听到、被内化和被采取行动的可能性。因此，通过不断地重复，搭配这种"多渠道/多样式"的方法，能够更有效地沟通愿景。

3. 重复、重复、再重复

变革的愿景和信息，就像水滴石穿。水不会立即穿透石头，而是随着时间的推移，通过反复的侵蚀、磨损洞穿石头。同样，变革举措必须在不同的场合以不同的形式反复阐述变革愿景，以培养一种"黏性"的变革。可以思考以下哪种情况会更有效呢？

高管给所有员工发布一段视频信息，并通过语音邮件发布公告来简要介绍变革，执行细节则由中层随后详尽阐述。在未来的 6 个月内，公司内网将发布 3 篇关于愿景的文章，并在季度管理会议上做简报（在会议的最后进行）。计划包括 6 次沟通，但没有详细阐述具体内容。

高管承诺每天找到 4 次关于变革对话的机会，并将其与"大局"联系起来。他们反过来要求他们的直线下属也找到 4 个机会，并要求他们的直线下属也这样做。所以，当富兰克（Frank）与产品开发团队会面时，他要求他们根据大愿景重新审视他们的计划。当玛丽（Mary）进行状态更新时，她能够很快地将其与对愿景的贡献联系起来。当加里（Garry）展示负面的内部审计结果时，他也能用愿景的影响来解释其影响。在管理层的每一层，每位经理每年都有无数的沟通机会可以引用愿景（这也被称为"采用新哲学"和"建立领导力"，这是戴明质量管理转型 14 要点中的关键点）。

4. 言行一致

言行一致对于领导者来说是责无旁贷的。以身作则可以让行为进一步地印证愿景。哪怕不多做些什么，高层管理人员通过实际行动支持言论，也能激发关于愿景的故事和对愿景的讨论，这是一种非常有力的工具。反之，如果说一套做一套，就会传递一个信息，即愿景并不那么重要，在关键时刻可以被忽视。指导联盟高级成员的言行不一是最能破坏变革愿景和努力的。

在信息管理的场景中，言行不一的例子很多。例如，一名高管通过不安全的或未加密的电子邮件渠道发送包含客户个人信息的文件，违反了信息安全制度，却没有受到任何惩罚。

同样地，如果领导信息治理倡议的团队计划实施的倡议包括将组织其他部门采纳的原则和严谨性率先应用到自己的活动、信息处理、报告及对问题和错误的响应中，那么这也是"言行合一"的表现。

在实施元数据管理项目时，如果团队将元数据标准和实践率先应用到他们自己的内部项目记录中，则不仅有助于他们理解变革的实际问题，还能够向其他人展示正确标记和分类记录及信息的好处。

5. 解释不一致

不一致是不可避免的。可能出于策略上或运营方面的原因，或者为了在组织系统内部推动事情开展，变革推动者可能需要采取看似与声称的愿景不一致的行动。当这种情况发生时，必须谨慎处理和解决，以确保即使是"绕弯路"，愿景也能持续存在。例如，当组织在寻求降低成本或减少人员时却使用外部顾问，人们可能会问："一边降本增效，一边引入成本更高的外部顾问吗？"处理这种不一致可以有以下两种方法，一种会毁掉愿景，另一种则有可能让愿景重回正轨。

第一种选择是忽视问题或简单粗暴地解决提出问题的人。这通常会以对方尴尬的退让方式而告终，不一致性虽然被移除，但会损害变革长期目标。第二种选择是参与问题讨论并解释不一致性的合理性。解释必须简单、清晰、诚实。例如，引进顾问的组织可能会这样回应：我们理解，在其他地方削减成本以实现我们精益、高效、可持续盈利的愿景时，花钱请顾问看起来可能有些奇怪。但是，为了使节约成本变得可持续，我们需要打破旧的思维习惯并学习新技能。在我们内部没有这些知识的时候，需要引入外部经验，来建立我们自己的知识库。每位顾问都被分配到特定的项目上。

每个项目团队都被要求通过跟随顾问和利用他们进行正式培训，尽可能多地了解他们的新职能。通过这种方式，我们将学习和确保未来的持续改进。

关键是要明确不一致性，并明确为什么这种不一致性是合理的，以及坦诚告知如果这只是一种暂时的不一致性，那么它将存在多久。

解释不一致性是数据治理模型重要性的一个绝佳例证。它制定了"协议一致"的决策机制，并促进了对规则未尽处的"例外"的控制方式。

例如，如果数据治理标准要求不得使用真实的生产数据进行测试，但某个项目需要这样做来验证数据匹配算法或证明数据清洗程序的有效性，那么必须解释清楚为什么项目会与标准产生差异。这是通过适当的治理控制实现的。如果该项目在没有适当的批准和风险评估的情况下使用真实数据进行测试，就应该有一个裁决（"言行一致"），至少也要有一个不使用裁决的清晰明确的解释。

6. 倾听与被倾听

史蒂芬·柯维（Stephen Covey）建议渴求高效能的人遵循：首先寻求理解他人，才能被他人理解。换言之，先倾听才能被倾听（Covey，2013）。

有时候领导层团队可能对愿景的把握不那么准确，导致遇到一些本可以避免的瓶颈。信息缺乏引起的理解偏差，有时候会导致额外的管理成本和对错误的妥协，进而削弱了团队对愿景的认同和承诺。双向对话是识别和回答人们对变革或变革愿景所有关切的基本方法。客户的声音对于定义和发展愿景很重要，对于数据质量指标同样如此。如果每次对话都被视为讨论愿景和获取对愿景反馈的机会，就不需要正式让人们在会议中聚集，仅用数千小时的讨论就可能阐述清楚愿景及如何有效地执行它。

一个例子解释了双向沟通。IT 部门认为自己已经把业务利益相关方所需的所有关键数据都及时、适当地提供了，但业务利益相关方却认为 IT 部门没有做到，因此业务利益相关方自己组建了本地团队负责使用电子表格报表和数据集市。如果致力于提高信息管理和治理能力的愿景没有识别并解决 IT 部门对信息环境的看法与业务利益相关方对他们信息环境感知之间的差距，那么这个愿景注定会失败，并且无法获得确保有效和可持续变革所需的广泛支持。

17.6 变革的秘诀

格莱彻（Gleicher）公式是描述有效变革所需"配方"的最著名方法之一，涵盖了克服组织中的变革阻力所需要的所有要素。该公式为

$$C = (D \times V \times F) > R$$

根据格莱彻公式，当对现状的不满（D）与对更好替代方案的愿景（V）结合，并且有一些可行的第一步行动（F），这 3 个因素的乘积足够克服组织中的阻力（R）时，变革（C）就会发生。

影响格莱彻公式中的任何一个变量都可能提高变革努力的有效性和成功率。然而，就像操作任

何复杂的机器一样，要小心潜在的风险：

1）增加组织内部对现状不满的程度时，需要谨慎使用，以免增加阻力。

2）制定未来的愿景需要一个具体而生动的愿景，清楚描绘以后怎么做事、哪些事不需要再做了，或者他们将开始采取哪些目前尚未采取的行动。确保人们能够理解并接受所需的新技能、态度或工作模式。用一种更温和的方式来推进，避免人们对改变现状的抵触。

3）在描述变革的第一步时，确保它是可实现的，并明确地将它与愿景联系起来。

4）采取行动减少阻力，避免增加变革的阻力。直言不讳地说就是避免产生孤立。这需要对利益相关方有深入的理解。

17.7 创新扩散和持续变革

培训是在组织中实现可持续的信息质量和数据管理变革的重要保障。实施变革需要理解新思想如何在组织中传播。这一过程被称为创新扩散（Diffusion of Innovations）。

创新扩散是一种理论，旨在解释新思想和技术是如何、为什么及以何种速度在文化中传播的。该理论由埃弗雷特·罗杰斯（Everett Rogers）在1962年提出，它与赛斯·高汀（Seth Godin）提出的裂变理论有关。创新扩散理论一直被广泛应用于各个领域，从医学处方，到农业耕作方法的变化，再到消费电子产品的选用。

创新扩散理论认为，变革是由人群中非常小的一部分（2.5%）发起的，即创新者。调查数据显示，他们往往年轻、社会阶层较高，经济上可以承担错误带来的损失。他们与技术创新者有联系，且具有较高的风险承受能力。接下来是人群中另外13.5%的早期使用者，他们与创新者有共同特征，但风险承受能力较低。早期使用者能够理解正确选择的重要性，这有助于他们保持社会中心地位，成为值得尊敬的人。变革接下来被人群的最大部分接受，即早期大众和晚期大众，占68%。落伍者是最后接受特定创新的人（见图17-6和表17-4）。

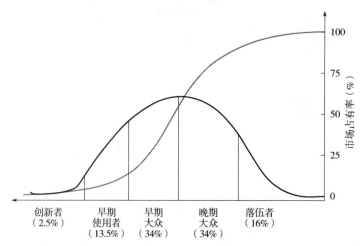

图17-6 埃弗雷特·罗杰斯的创新扩散理论

表 17-4 适用于信息管理的创新扩散类别

采纳者类别	定义（信息管理视角）
创新者	创新者是首批找到解决信息质量问题更好方法的人 他们承担风险尝试做数据剖析、构建初步的计分卡，并开始将业务遇到的症状转化为信息管理的语言。这些创新者通常使用自己的资源获取信息并发展关于最佳实践的技能
早期使用者	早期使用者是快速采纳创新的第二批人员类别 这些人在其他采纳者类别中具有最高的意见领袖。他们被视为"有远见的"管理者（或经验丰富的管理者，或负责新兴业务战略领域的管理者），已经意识到信息质量问题是他们成功的障碍。早期使用者通常会在创新者初步工作的基础上发展他们的业务场景，并开始规范信息实践
早期大众	早期大众接受创新的时间比早期使用者要长 早期大众在接受过程中较为缓慢，因为高于平均水平的社会地位，与早期使用者有联系，但在系统中很少担任意见领袖。他们大部分人处在组织的"传统核心"领域，那里的低质量数据的影响被粉饰为"业务成本"
晚期大众	晚期大众对创新有高度怀疑，在大多数人已经接受创新后才慢慢接受 晚期大众通常具有低于平均水平的社会地位，对财务感知很少，与晚期大众和早期大众的其他人有联系，意见领袖很少。在信息管理方面，这些可能是组织中预算紧张的领域，同时他们也是对创新改革产生最大阻力的人
落伍者	落伍者是最后采纳创新的人 这一类别的个人在意见领导方面表现很少或没有。他们是典型的厌恶变化的人，并且年龄偏大。落伍者更关注"传统"。在信息管理方面，这些通常指那些抵制新事物的人或业务领域，因为"新事物"意味着必须改革或放弃"旧事物"

17.7.1 随着创新扩散需克服的挑战

在组织中推广创新主要存在两个挑战：

1）第一个挑战是突破早期使用者阶段。这需要对变革进行细致的管理，以确保早期使用者对现状有足够的不满，以至于他们愿意采取行动并持续进行变革。这一步骤对于达到"引爆点"是必要的，即创新被足够多的人接受，开始变得普及。

2）第二个挑战是在创新从晚期大众阶段向落伍者阶段过渡时。团队需要认识到，他们没必要让100%的人接受新的做事方式。群体中的一部分人可能会继续抵制变革，组织只需要想好如何应对这一部分人群即可。

17.7.2 创新扩散的关键要素

在研究创新如何在组织中传播时，需要考虑4个关键要素：

© 2014 Daragh O Brien. 已获授权使用。

1) 创新（Innovation）。被个人或其他采纳方视为新想法、新实践或新目标。
2) 沟通管道（Communication Channels）。信息从一个个体传递到另一个个体的方式。
3) 时间（Time）。创新被社会系统成员采纳的速度。
4) 社会系统（Social System）。为实现共同目标而共同解决问题的一组人或组织。

首先，在信息管理的背景下，创新可以是简单的。例如，对数据管理专员角色的认识，以及管理专员需要跨职能合作解决共同数据问题而不是传统的"孤岛"思维。

其次，需要特别考虑创新传播的过程和渠道。

最后，社会系统应作为一个致力于共同事业的相互关联的单位的概念。这让人想起了戴明所描述的系统，该系统必须作为一个整体进行优化，而不是孤立地优化每一部分。如果一个创新没有传播到单个业务单元或团队之外，那么它绝对算不上一个成功的创新扩散。

17.7.3 创新采纳的 5 个阶段

任何变革的采纳往往遵循一个五步循环：始于个人开始意识到需要创新（知识），到被说服创新具有价值及与自身的相关性（劝导），继而开始确定他们与创新的关系，如果他们不拒绝创新，那么他们会展开行动并且实施，直至最终确认并采纳创新（见图 17-7 和表 17-5）。

当然，相比于被采纳，创新想法更多的是被拒绝，因此引爆早期使用者和早期大众临界点显得尤为重要。

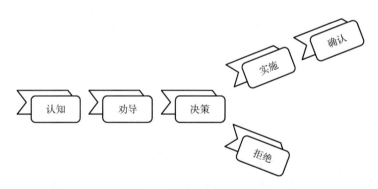

图 17-7　创新采纳的阶段

表 17-5　创新采纳的 5 个阶段

阶段	定义
认知	个人首次接触到创新，但对创新缺乏了解。在这个阶段，个人还没有主动地寻找更多关于创新的信息
劝导	个人对创新产生兴趣，并积极寻找关于创新的信息
决策	个人权衡使用创新的优缺点，并决定是否采纳或拒绝它。埃弗雷特·罗杰斯指出，由于这个阶段的独特性，它是最难做出采纳或者拒绝这一决定的一个阶段
实施	个人采纳创新，并确定其有用性或寻找关于它的更多信息
确认	个人最终确认是否继续使用创新，并充分挖掘其潜力

17.7.4 接受或拒绝创新变革的影响因素

对于接受或拒绝创新变革，人们基本上能够做出理性的选择。关键因素之一是相较以前，创新是不是在某一方面提供了相对优势。

以新一代智能手机为例。它比老一代的智能手机具有更明显的优势，因为它更易于使用，外观更时尚，并且拥有应用商店，产品的功能可以得到快速简便地扩展。同样，数据管理工具、技术和方法的实施相对于手动更新密码、定制编码或频繁地手动数据搜索或数据探索具有相对优势。

例如，许多组织中可能会抗拒对一些简单的文档和内容的管理进行元数据标记以提供上下文信息。然而，如果使用元数据做了这些事情，反过来在支持安全控制、留存计划及简单的信息搜索和检索任务方面提供了相对优势。将标记时麻烦与在搜索信息或处理未经授权共享或披露信息的问题时节省的时间联系起来，可以帮助证明这种相对优势。

一旦改进被提出，他们会立即关心这个改进是否与他们的生活、工作方式相适应。回到智能手机的例子，它融合了高质量的 MP3 播放器、电子邮件、电话等功能，这意味着它与目标用户的生活方式和工作方式相适应，能被很好地接受。

为了理解兼容性，消费者会有意无意地考虑一些因素，例如变化的复杂程度。如果创新太难落地，那么它被采纳的可能性就较小。同样，智能手机和平板电脑的发展历经太多不能很好与用户交互的失败尝试，因此一旦有简单的成功界面交互实现方式，能马上激发其他设备采用类似界面的灵感。

可试用性（Trialability）指消费者尝试新工具或技术的容易程度。应为新工具提供免费试用或增值服务。用户越愿意"试水"，他们采纳新工具或创新的可能性就越大。可试用性帮助消费者建立了对产品相对优势的理解、与生活方式的兼容性、组织文化、变化的简单性。作为迈向变革愿景的第一步，迭代原型和向利益相关方提供"试用"很重要，这个可以帮助巩固指导联盟，并得到早期使用者的支持。

可观测性（Observability）是创新可见的程度。可观测的创新应通过正式和非正式的关系网络传播出去。这可能引起正面或负面的反应。遇到负面反馈，需要制订应对负面反馈的计划。要让人们看到使用新技术或以特定方式使用信息的实例（如可视化改变了"枯燥"的数字报告的方式），这可以影响如何更好地沟通创新。

17.8 持续变革

启动变革需要一个清晰的愿景、明确且快速的第一步行动计划、对现状具有紧迫感或不满的指导联盟，以及做好计划避免让变革推动者开始即陷入的陷阱和障碍。

然而，在信息管理行动计划中（如数据治理职能）存在一个常见问题，即这些活动多是为了应对某些特定问题或达到某些特殊目的。虽然随着症状得到解决，不满和紧迫感会相应减少，但在与其他项目竞争优先级时，持续变革将变得异常困难，如果有财务或者企业政治影响，则雪上加霜。

解决这些复杂问题的方法和工具，已经超出本书的范畴了。在知识体系的背景下，回顾本书的变革管理原则，可能会有对相关解决方案的见解。

17.8.1 紧迫感/不满意感

保持紧迫感的重要性不言而喻，延伸点来说，要敏锐地关注组织中不断涌现的不满意领域及考虑如何利用信息管理变革帮助改进。

例如，为了满足数据隐私管理要求而采取的数据治理计划，其规模可以进一步拓宽，以解决涉及个人数据的数据质量问题。这和规划的主要范围有关，随着大多数的数据隐私监管都将数据质量视为其一部分，并向个人开放获得数据的权限，质量不佳的数据面临着被暴露的风险。然而，这也给数据治理职能提供了更多愿景，将信息质量方法和实践作为创新扩散"第二曲线"，一旦核心数据隐私管控已经落实到位，新的变革便可启动。

17.8.2 设定愿景

将项目范围与变革愿景混为一谈是一种常见的错误。实现愿景通常可能需要多个项目。愿景的设定，应该允许多线推进，否则容易产生单线完成阶段性胜利后无法推进下去的问题。

愿景也有不同的说法。一种说法是我们将实施一个结构化的数据治理框架，以确保符合欧盟数据隐私规则的愿景。另一种说法是我们将引领行业，在可重复和可扩展的方法上管理关键信息资产，以确保利润达标、风险降低、服务质量提高，并平衡我们作为个人信息管理者的道德义务。

相较而言，第一种说法像一个目标，第二种说法则能为组织提供更明确的方向。

17.8.3 指导联盟

如果将指导联盟的成员资格限制在被直接影响的利益相关方范围内，就会削弱变革的有效性。与愿景一样，至关重要的是，不要把负责监督项目具体交付物的项目指导小组与在组织范围内指导和发展变革愿景的工作组混淆。

17.8.4 相对优势和可观测性

虽然变革举措的落地抓手或聚焦点比较小，但在大部分情况下，该举措所使用的原则、实践和工具都具有复用性，可以应用于其他变革举措，并为其他变革举措提供相对优势，帮助扩大指导联盟并识别新的紧迫感或不满领域。例如，在一家公用事业公司中，为某客户做的数据质量剖析和计分卡方法及工具能复用于监管计费合规程序。将两者联系起来，极有可能建立企业级数据质量计分卡及相关的数据治理和整改措施，特别是对于计费数据将手工清洗数据作为次优方案的情况。

17.9 沟通数据管理的价值

帮助组织正确理解数据管理的重要性，通常需要一个正式的组织变革管理计划。这样的计划有助于组织认识到其数据的价值及数据管理实践对这一价值的贡献。然而，一旦数据管理职能建立起来，培养持续的支持也是必要的。持续的沟通可促进理解和保持支持。如果沟通是双向的，还能进一步使利益相关方分享关注点和想法以帮助加强合作伙伴关系。这样的沟通需要进行规划。

17.9.1 沟通原则

任何沟通的目的都是向接收者传递信息。在规划沟通时，需要考虑信息本身、传递信息的媒介，以及预期的受众。为了支持这一基本结构，某些通用原则适用于所有正式的沟通计划，无论主题如何。这些原则在沟通数据管理时尤为重要，因为许多人并不理解数据管理对组织成功的重要性。整体沟通计划和每次单独的沟通应该：

1）有清晰的目标和预期的结果。
2）由支撑预期结果所需的关键信息组成。
3）为受众/利益相关方进行量身定制。
4）通过适合受众/利益相关方的媒介进行传递。

虽然沟通可能会涉及多个主题，但沟通的一般目标可以总结为：

1）通知。
2）教育。
3）设定目标或愿景。
4）定义问题的解决方案。
5）促进变革。
6）影响或激励行动。
7）获取反馈。
8）获得支持。

最重要的是，为了清晰沟通，必须要有实质性的信息与人分享。如果数据管理团队了解当前数据管理实践的状况，就可以发布一个数据管理实践的改进直接与组织的战略目标联系起来的愿景和使命声明，这样关于数据管理的整体沟通将更加成功。数据管理沟通应致力于：

1）传达数据管理行动计划的有形价值和无形价值。
2）描述数据管理能力如何为业务战略和结果做出贡献。
3）分享数据管理降本增效、降低风险或提高决策质量的具体例子。

4）教育人们关于基础数据管理概念，以提高组织内对数据管理的认知。

17.9.2 受众评估与沟通准备

沟通计划应包括利益相关方分析，以帮助找出沟通的目标受众。根据分析结果，可以根据利益相关方的需求进行内容定制，确保内容相关、有意义且适用。例如，如果沟通计划的目标是获得某个项目的资金支持，就应将沟通目标定位于具有高影响力的人物，如那些想知道有什么项目回报的高管。

说服他人参与的行动策略包括多种方法，如让人们明白他们的利益与项目的目标是如何的一致。

1）解决问题。信息应描述数据管理工作将如何帮助解决与目标受众需求相关的问题。例如，普通贡献者的需求与高管的需求有所不同，IT人员的需求与业务人员的需求也有所不同。

2）针对痛点。不同的利益相关方有不同的痛点。在沟通材料中考虑到这些痛点将帮助受众理解所提议内容的价值。例如，合规方面的利益相关方或许对数据管理改进计划如何能降低风险感兴趣，营销方面的利益相关方或许对计划如何帮助他们创造新的生意机会感兴趣。

3）展现变革改进。引入数据管理实践要求人们改变他们的工作方式。沟通需要激励人们对提出的变革产生渴望。换句话说，他们需要相信做出这些改进能使他们受益。

4）拥有成功愿景。描述未来的生活状态，使利益相关方能够理解该计划对他们的影响，共同展望未来。

5）避免行话。数据管理行话和对技术方面的强调会使人敬而远之，分散对有效信息的专注力。

6）分享故事和案例。类比和故事是描述并帮助人们记住数据管理改进计划目的最有效的方式。

7）化恐惧为动力。告知数据失控的后果（如罚款、处罚）是暗示良好管理数据价值的一种方式。阐述缺乏数据管理实践如何对业务部门产生负面影响的例子会产生共鸣。

17.9.3 考虑他人的影响

在数据管理改进计划中分享的事实、例子和故事，并不是唯一影响利益相关方对其价值的看法的因素。人们同时会受同事和领导者的影响。因此，沟通应该利用利益相关方分析发现哪些群体有相似的兴趣和需求。随着对数据管理努力的支持逐渐扩大，支持者会与有共同目标的盟友分享。

17.9.4 沟通计划

好的共同计划像一幅路线图，会把需要的沟通要素都囊括进来，把需要做的工作串起来，并引向目标。表17-6展示了沟通计划中的要素。

表 17-6 沟通计划中的要素

要素	描述
信息	需要传达的信息
目标/目的	传达信息所期望的结果（如为什么要传达这些信息）
受众	沟通的目标群体或个人。对于不同的受众，计划将有不同的目标
风格	信息的正式程度和详细程度应根据受众进行调整。高管需要的细节较少，而负责项目实施的团队需要更多的细节。风格还受组织文化风格的影响
渠道、方法、媒介	信息将通过何种方式和格式传达（如网页、博客、电子邮件、一对一会议、小组或大组演示、午餐会、研讨会等）。不同的媒介有不同的效果
时机	接收信息的时间可能会影响信息的接收方式。员工愿意阅读在周一早晨发送的电子邮件，而不是在周五下班前发送的邮件。如果沟通的目的是在一个预算周期之前获得支持，那么它应该在与预算周期相关的时间进行安排。一个流程改变的信息应该在流程改变之前发出
频率	大多数信息必须重复传递，才能确保所有利益相关方都听到。沟通计划应安排分享信息的时间，以便使信息得到重复，又不会成为烦恼。此外，持续的沟通（如新闻通讯）应根据约定的时间表发布
材料	沟通计划应确定执行计划所需的材料。例如，演示文稿的短版本和长版本、其他书面沟通、电梯演讲、执行摘要和营销材料，如海报、马克杯和其他视觉品牌手段
传达者	沟通计划应确定传递沟通信息的人员。通常，传递信息的人对目标受众能有所影响。数据管理发起人或其他高管向高级别和低级别的管理人员传递消息后得到的响应会有很大差异。要根据消息的目的，决定由谁向哪些相关方传达何种消息
预期反应	沟通计划应预测不同利益相关群体的反应，有时甚至是个别利益相关方将如何对沟通做出反应。通过预测问题或反对意见并制定应对方案来完成这项工作。思考潜在的反应是澄清目标并构建支持它们的有力信息的好方法
指标	沟通计划应包含衡量其自身效果的指标。目标是确保人们理解信息，并愿意且能够根据计划中的消息采取行动。这可以通过调查问卷、访谈、焦点小组及其他反馈机制来实现。行为的改变程度是衡量沟通计划成功与否的最终测试
预算和资源计划	沟通计划必须考虑在给定预算内实现目标所需的资源

17.9.5 保持沟通

数据管理是一项持续性的工作，而非一次性项目。支持数据管理所花费的沟通成本需要被衡量并连续得到支持，以确保能够持续成功。

随着新员工的加入和现有员工角色的变化，沟通计划也要做相应更新。伴随着时间的推移，数据管理职能逐渐成熟，利益相关方的需求也会发生变化。人们需要时间来消化信息，多次收到沟通有助于利益相关方记住这些知识。随着理解的增长，沟通方法和内容也需要适时调整。

对资金的竞争始终存在。沟通计划其中的一个目标就是提醒利益相关方数据管理改进计划的价值和收益。展示进展和庆祝成功对于获得持续的资金支持至关重要。

有效的规划和持续的沟通将展示数据管理实践对组织长期影响的效果。随着时间的推移，对数据重要性的认识会改变组织对数据的思考方式。成功的沟通提供了更好的理解，即数据管理能够从信息资产中产生商业价值，并对组织产生持久的影响。

参考文献

Ackerman Anderson, Linda and Dean Anderson. *The Change Leader's Roadmap and Beyond Change Management*. Two Book Set. 2nd ed. Pfeiffer, 2010. Print.

Ackerman Anderson, Linda, Dean Anderson. *Beyond Change Management: How to Achieve Breakthrough Results Through Conscious Change Leadership*. 2nd ed. Pfeiffer, 2010. Print.

Ackerman Anderson, Linda, Dean Anderson. *The Change Leader's Roadmap: How to Navigate Your Organization's Transformation*. 2nd ed. Pfeiffer, 2010. Print.

Barksdale, Susan and Teri Lund. 10 *Steps to Successful Strategic Planning*. ASTD, 2006. Print. 10 Steps.

Becker, Ethan F. and Jon Wortmann. *Mastering Communication at Work: How to Lead, Manage, and Influence*. McGraw-Hill, 2009. Print.

Bevan, Richard. *Changemaking: Tactics and resources for managing organizational change*. CreateSpace Independent Publishing Platform, 2011. Print.

Bounds, Andy. *The Snowball Effect: Communication Techniques to Make You Unstoppable*. Capstone, 2013. Print.

Bridges, William. *Managing Transitions: Making the Most of Change*. Da Capo Lifelong Books, 2009. Print.

Center for Creative Leadership (CCL), Talula Cartwright, and David Baldwin. *Communicating Your Vision*. Pfeiffer, 2007. Print.

Contreras, Melissa. *People Skills for Business: Winning Social Skills That Put You Ahead of The Competition*. CreateSpace Independent Publishing Platform, 2013. Print.

Covey, Stephen R. *Franklin Covey Style Guide: For Business and Technical Communication*. 5th ed. FT Press, 2012. Print.

Covey, Stephen R. *The 7 Habits of Highly Effective People: Powerful Lessons in Personal Change*. Simon and Schuster, 2013. Print.

Franklin, Melanie. *Agile Change Management: A Practical Framework for Successful Change Planning and Implementation*. Kogan Page, 2014. Print.

Garcia, Helio Fred. *Power of Communication: The: Skills to Build Trust, Inspire Loyalty, and Lead Effectively*. FT Press, 2012. Print.

Godin, Seth and Malcolm Gladwell. *Unleashing the Ideavirus*. Hachette Books, 2001.

Harvard Business School Press. *Business Communication*. Harvard Business Review Press, 2003. Print. Harvard Business Essentials.

HBR's 10 Must Reads on Change Management. Harvard Business Review Press, 2011. Print.

Hiatt, Jeffrey, and Timothy Creasey. *Change Management: The People Side of Change*. Prosci Learning Center Publications, 2012. Print.

Holman, Peggy, Tom Devane, Steven Cady. *The Change Handbook: The Definitive Resource on Today's Best Methods for Engaging Whole Systems*. 2nd ed. Berrett-Koehler Publishers, 2007. Print.

Hood, J H. *How to book of Interpersonal Communication: Improve Your Relationships*. Vol. 3. WordCraft Global Pty Limited, 2013. Print. "How to" Books.

Jones, Phil. *Communicating Strategy*. Ashgate, 2008. Print.

Kotter, John P. *Leading Change*. Harvard Business Review Press, 2012. Print.

Locker, Kitty, and Stephen Kaczmarek. *Business Communication: Building Critical Skills*. 5th ed. McGraw-Hill/Irwin, 2010. Print.

Luecke, Richard. *Managing Change and Transition*. Harvard Business Review Press, 2003. Print. Harvard Business Essentials.

Rogers, Everett M. *Diffusion of Innovations*. 5th Ed. Free Press, 2003. Print.

原书第 2 版修订版致谢

许多人参与了 DAMA-DMBOK 2 修订版的工作。该计划始于 2021 年,邀请贡献者提出对错误、印刷错误和不一致之处的修正建议。有两位专家在该项目的协调中高度参与:

Chris Bradley,CDMP Fellow,担任本次发布的高级编辑。

Michele Valentini,CDMP Master,担任协调员,负责跟踪所有评审委员会的成果并负责合并文档。

评审委员会包括:

章节	贡献者
全部语境关系图	Debora Henderson,David Wiebe
数据管理	Geoffrey van IJzendoorn-Joshi,Maria Camilla Nørgaard
数据治理	Marcelo Malheiros
数据建模和设计	Marco Wobben
数据质量管理	Lloyd Robinson,Daniel Sklar,Peter Van Nederpelt,Carl Kane,Josh Fradd

米歇尔·赫伯特(Michel Hébert)

CDMP Master,DAMA 国际专业发展副主席

原书第 2 版致谢

《DAMA 数据管理知识体系指南（第2版）》（以下简称"DAMA-DMBOK 2"）是许多人倾注爱心的成果。该项工作始于 2011 年底，框架文件于 2012 年发布。DAMA-DMBOK 编辑委员会投入了大量时间编写 DAMA-DMBOK 2。他们包括：

Patricia Cupoli（DAMA 费城分会）在大部分工作期间担任主编，负责寻找作者并帮助他们撰写章节内容。遗憾的是，他在 2015 年夏天去世，当时他仍在参与该项目。

Deborah Henderson（DAMA 多伦多分会），自 2005 年 DAMA-DMBOK 产品创立以来他一直担任项目总监，是该项目的忠实支持者，并在 Patricia Cupoli 去世后努力确保项目的完成。

Susan Earley（DAMA 芝加哥分会），DAMA-DMBOK 2 框架的起草人，是 DAMA-DMBOK 2 草稿的主要编辑。她负责编辑和组织内容，并整合了 DAMA 成员的广泛公众意见。

Eva Smith（DAMA 西雅图分会），协作工具经理，负责后勤，包括使 DAMA 成员能够访问和评论章节。

Elena Sykora（DAMA 多伦多分会），书目研究员，编制了 DAMA-DMBOK 2 的全部书目。

编辑委员会还特别感谢 Sanjay Shirude、Cathy Nolan、Emarie Pope 和 Steve Hoberman 的支持。

Laura Sebastian-Coleman（DAMA 新英格兰分会），DAMA 出版官员和制作编辑，塑造、润色并最终确定书稿。在这一过程中，她得到了一个顾问委员会的指导，该委员会包括 Peter Aiken、Chris Bradley、Jan Henderyckx、Mike Jennings、Daragh O Brien 和我自己，并得到了 Lisa Olinda 的大量帮助。特别感谢 Danette McGilvray。

没有上述这些主要贡献作者的工作，DAMA-DMBOK 2 是不可能面世的，他们为框架中定义的愿景赋予了实质内容。所有贡献者都是志愿者，他们不仅分享了他们的知识，还贡献了他们的时间。

DAMA 国际、DAMA 国际基金会和 DAMA 分会会长理事会同样对 DMBOK 项目鼎力支持。他们的愿景、洞察力、耐心和持续支持使该项目取得了成功。

最后，我们要感谢所有志愿者的家庭，他们在完成这项工作时付出了个人时间。

主要贡献者：

序号	章节	主要贡献者
1	数据管理	编辑顾问委员会，DMBOK 编辑部，Chris Bradley，Ken Kring
2	数据处理伦理	
3	数据治理	John Ladley，Mark Cowan，Sanjay Shirude
4	数据架构	Håkan Edvinsson
5	数据建模和设计	Steve Hoberman

(续)

序号	章节	主要贡献者
6	数据存储和运营	Sanjay Shirude
7	数据安全	David Schlesinger，CISSP
8	数据集成和互操作	April Reeve
9	文档和内容管理	Pat Cupoli
10	参考数据和主数据	Gene Boomer，Mehmet Orun
11	数据仓库和商务智能	Martin Sykora，Krish Krishnan，John Ladley，Lisa Nelson
12	元数据管理	Saad Yacu
13	数据质量管理	Rossano Tavares
14	大数据和数据科学	Robert Abate，Martin Sykora
15	数据管理成熟度评估	Mark Cowan，Deborah Henderson
16	数据管理组织与角色期望	Kelle O'Neal
17	数据管理和组织变革管理	Micheline Casey，Andrea Thomsen，Daragh O Brien
18	参考书目	Elena Sykora

审阅者和评论者（以下人员在 DAMA-DMBOK 2 的各个阶段提供了宝贵的反馈）：

Khalid Abu Shamleh	Stacie Benton	Hazbleydi Cervera
Gerard Adams	Leon Bernal	Indrajit Chatterjee
James Adman	Luciana Bicalho	Bavani Chaudhary
Afsaneh Afkari	Pawel Bober	Denise Cook
Zaher Alhaj	Christiana Boehmer	Nigel Corbin
Shahid Ali	Stewart Bond	James Dawson
Suhail Ahmad AmanUllah	Gene Boomer	Elisio Henrique de Souza
Nav Amar	Taher Borsadwala	Patrick Derde
Samuel Kofi Annan	Antonio Braga	Tejas Desai
Ivan Arroyo	Ciaran Breen	Swapnil Deshmukh
Nicola Askham	LeRoy Broughton	Cynthia Dionisio
Juan Azcurra	Paul Brown	Shaun Dookhoo
Richard Back	Donna Burbank	Janani Dumbleton
Carlos Barbieri	Susan Burk	Lee Edwards
Ian Batty	William Burkett	Jane Estrada
Steve Beaton	Beat Burtscher	Adrianos Evangelidis
Mike Beauchamp	Ismael Caballero	William Evans
Chan Beauvais	Peter Campbell	Mario Faria
Glen Bellomy	Betty（Elizabeth）Carpenito	Gary Flye

Michael Fraser	Nicholene Kieviets	Ademilson Monteiro
Carolyn Frey	Jon King	Danielle Monteiro
Alex Friedgan	Richard King	Subbaiah Muthu Krishnan
Lowell Fryman	Bruno Kinoshita	Mukundhan Muthukrishnan
Shu Fulai	Yasushi Kiyama	Robert Myers
Ketan Gadre	Daniel Koger	Dean Myshrall
Oscar Galindo	Katarina Kolich	Krisztian Nagy
Alexandre Gameiro	Onishi Koshi	Kazuhiro Narita
Jay Gardner	Edwin Landale	Mohamad Naser
Johnny Gay	Teresa Lau	Susana Navarro
Sue Geuens	Tom LaVerdure	Gautham Nayak
Sumit Gupta	Richard Leacton	Erkka Niemi
Gabrielle Harrison	Michael Lee	Andy O'Hara
Kazuo Hashimoto	Martha Lemoine	Katherine O'Keefe
Andy Hazelwood	Melody Lewin	Hirofumi Onozawa
Muizz Hassan	Chen Liu	Mehmet Orun
David Hay	Manoel Francisco Dutra Lopes Jr	Matt Osborn
Clifford Heath	Daniel Lopez	Mark Ouska
Jan Henderyckx	Karen Lopez	Pamela Owens
Trevor Hodges	Adam Lynton	Shailesh Paliwal
Mark Horseman	Colin Macguire	Mikhail Parfentev
Joseph Howard	Michael MacIntyre	Melanie Parker
Monica Howat	Kenneth MacKinnon	John Partyka
Bill Huennekens	Colin Maguire	Bill Penney
Mark Humphries	Zeljko Marcan	Andres Perez
Zoey Husband	Satoshi Matsumoto	Aparna Phal
Toru Ichikura	George McGeachie	Brian Phillippi
Thomas Ihsle	Danette McGilvray	R. Tacza Pittman
Gordon Irish	R. Raymond McGirt	Edward Pok
Fusahide Ito	Scott McLeod	Emarie Pope
Seokhee Jeon	Melanie Mecca	David Quan
Jarred Jimmerson	Ben Meek	K Rajeswar Rao
Christopher Johnson	Steve Mepham	April Reeve
Wayne Johnson	Klaus Meyer	Todd Reyes
Sze-Kei Jordan	Josep Antoni Mira Palacios	Raul Ruggia-Frick
George Kalathoor	Toru Miyaji	Jocelyn Sedes

Mark Segall	Tenny Soman	Elize van der Linde
Ichibori Seiji	José Antonio Soriano Guzmán	Peter van Nederpelt
Scott Sammons	Donald Soulsby	Peter Vennel
Pushpak Sarkar	Erich Stahl	Roy Verharen
John Schmidt	Jerry Stembridge	Karel Vetrovsky
Nadine Schramm	James Stevens	Noriko Watanabe
Toshiya Seki	Jan Stobbe	Joseph Weaver
Rajamanickam Senthil Kumar	Santosh Subramaniam	Christina Weeden
Sarang Shah	Motofusa Sugaya	Gregg Withers
Gaurav Sharma	Venkat Sunkara	Michael Wityk
Vijay Sharma	Alan Sweeney	Marcin Wizgird
Stephen Sherry	Martin Sykora	Benjamin Wright-Jones
Jenny Shi	Akira Takahashi	Teresa Wylie
Satoshi Shimada	Steve Thomas	Hitoshi Yachida
Sandeep Shinagare	Alexander Titov	Saad Yacu
Boris Shuster	Steven Tolkin	Hiroshi Yagishita
Vitaly Shusterov	Toshimitsu Tone	Harishbabu Yelisetty
Abi Sivasubramanian	Juan Pablo Torres	Taisei Yoshimura
Alicia Slaughter	David Twaddell	
Eva Smith	Thijs van der Feltz	

苏·吉恩斯（Sue Geuens）

DAMA 国际总裁